所有企业均可上市 时间老人告诉一切

企业境内外上市融资与管理 丛书

企业境内外融资上市
必修课

带你走上境外
上市的成功之路

——著名境内外上市专家刘李胜讲堂实录

Lead Your Way to the Success of Overseas Listing

－Lectures of Famous Expert on Listing－Mr.Liu Lisheng

◎ 刘李胜／著

经济科学出版社
Economic Science Press

责任编辑：王长廷　袁　溦
责任校对：徐领柱
版式设计：代小卫
责任印制：邱　天

图书在版编目（CIP）数据

带你走上境外上市的成功之路：著名境内外
上市专家刘李胜讲堂实录/刘李胜著. —北京：
经济科学出版社，2012.3
（企业境内外上市融资与管理丛书）
ISBN 978 - 7 - 5141 - 1007 - 4

Ⅰ.①带…　Ⅱ.①刘…　Ⅲ.①上市公司 - 融资 -
研究 - 中国　Ⅳ.①F279.246

中国版本图书馆 CIP 数据核字（2011）第 186417 号

带你走上境外上市的成功之路
——著名境内外上市专家刘李胜讲堂实录
刘李胜　著
经济科学出版社出版、发行　新华书店经销
社址：北京市海淀区阜成路甲 28 号　邮编：100142
总编部电话：88191217　发行部电话：88191537
网址：www.esp.com.cn
电子邮件：esp@esp.com.cn
北京密兴印刷厂印装
787×1092　16 开　32 印张　560000 字
2012 年 3 月第 1 版　2012 年 3 月第 1 次印刷
ISBN 978 - 7 - 5141 - 1007 - 4　定价：108.00 元
（图书出现印装问题，本社负责调换。电话：88191502）
（版权所有　翻印必究）

导　言

顺利进入境外上市快车道

这部书汇集了我近几年来对中国企业境外上市培训的主要课件。

这些课件的基本内容在各次的培训会议和论坛上被多次讲过。大约有数千家企业代表、投资银行人士、律师、会计师、私募股权投资人，以及各地相关政府部门从事上市工作的官员等听过这些课程。当然，我还做了大量的企业境内上市的培训，这些课件的内容将在另外的专著中与读者见面。在这部书编辑出版过程中，我对历次课程的内容进行了更新、浓缩和精炼，以便让读者能够得到企业上市中最有价值的信息和经验。

我很理解，在每一次培训会议上，参会的企业家和高级管理人员都是带着自己迫切需要解决的问题和各自专业领域的难点问题来听课的，他们对我寄予了多么高的信赖和期望！因此，我在尽可能的范围内，把讲课与咨询紧密结合起来，与各位学员进行充分的沟通。我在正式讲课之前鼓励他们提问，讲课之中主动邀请他们提问。当然，在课余时间乃至课间休息的20分钟时间里，都需要不间断地听取和回答他们的一个个问题。至于课后，那是一种真正的"授后服务"。来自全国各地的无数电话，知道名字和不知道名字的，都可能在任何一个时间打来，与我讨论上市中遇到的各种问题。凡是需要经过多方论证的内容，我会在与有关的上市专家讨论清楚后，再次做出负责任的回答。我为广大学员提供的价值已经远远超出了培训班的内容。

我至今清楚地记得，一位来自南方的企业老板，在听完我的讲课后，紧紧握着我的双手，激动地说：刘老师，我认识你太晚了，我已经在上市的道路上，付出了沉重的代价，已经花了很多冤枉钱。如果我能早点听到你的课，就不会犯那些常识性的错误。我还清楚地记得，一位来自浙江的大企业家问我：

我的企业想去境外上市，投行找的是最有名的投行，会计师事务所找的是最大的事务所，律师找的是最大的律师所，可为什么还是上不了市呢？听完我的解答后，他才恍然大悟：原来他们是"铁路警察，各管一段"，缺少上市总顾问和上市总协调人呀！更令我心里隐隐作痛的是，在山东省某市政府邀请我去培训和指导当地企业上市的会议上，有位总经理讲述的他们企业老板的上市经历：他们企业的老板是一位非常敬业的创业者，为了开拓市场，几乎每天都在汽车轮子上度过。企业申请在境内上市，连续两次被否定掉，老板得了急性脑疾，去世了。后来改组了企业的股权结构，准备采用红筹方式去香港上市，正在这时，2006 年 9 月 8 日，六部委又出台了"10 号文"。无奈之下，企业准备改道到美国场外柜台交易系统买壳上市。可是，该企业在几年前的净利润就做到了 1.5 亿元呀！尽管是在柜台市场买壳上市，我还是告诉他，这次可能还是不能成功。果然，在两个月之后，美国的次贷危机就爆发了。该政府金融办的领导告诉我，这家企业在上市的路上，付出了生命的代价。我在心里为他们暗暗的流泪。在这里，我讲述这些故事是想说明：培训并不是仅限于明文规定的上市法规和书本上的专业技能，还有大量的是上市实际操作经验和各类的潜规则。孙子兵法中讲："奇正相交，不可胜穷也"！做任何事情，都需要两手抓、两手都要硬，包括常规性的和创造性的。我欣喜地看到，在我们培训的学员中，有许许多多的企业在境内或境外成功上市融资，如愿以偿，我在内心里由衷地为他们高兴和祝贺！

当我写下这部书的题目时，曾再三斟酌：是应当改为"助你走上境外上市的成功之路"呢，还是应当保留现在这个题目？这个题目是不是有点忽视企业上市主动性的味道？经过反复思考，我还是保留了这个题目。理由是：企业境外上市固然其本身要有强烈的主动性和迫切的愿望，但是企业本身并不能评估上市成功的把握性。这很需要为企业做上市服务的各个机构和专业人士为之把关和负责。用"带你"这个题目，更能够体现企业上市服务者应有的负责精神和敢于面对挑战的勇气。在这里，我想起了东北地区一位政府负责企业上市的领导的心得：实际上，政府在推进企业上市的整个过程中，特别是把企业带到不够熟悉的境外资本市场上市，企业的人一路上都是在心里打鼓，满肚子的不高兴。怎么办呢？就像汽车司机把一个朋友拉进汽车里一样，把车门"砰"的一关，一踩油门，汽车就冲出去了，想停都停不下来。到了目的地，企业才会感激不尽，"三呼万岁"！但是，事先要让企业彻底想通，下定决心上市，他们是难以做到的。当然，我不是鼓励所有的政府部门和上市服务机构不顾企业的意愿和条件，强迫企业或绑架企业去上市，而是说要用自己高度的诚信和专业水准，以及耐心、韧性来取信于企业上市。要在前面拉着企业，在后面推着企业，在两旁扶着企业，一路马不停蹄地走下去，就像当年红军爬雪山过草地一样。

在这里，我还想对企业家们说，上市是一个脱胎换骨的过程，是一个凤凰涅槃的过程，是一个雄鹰再生的过程，千万不要害怕困难、痛苦、磨练、曲折和新生。任何困难很大的事情，只要把其规律研究透了，这个事情就会变得容易，"知难行易"。企业家既要有自我承担压力的骨骼，还要有宽容他人过错的胸怀。上市如果暂时未能成功或不顺利，最重要的是吸取经验教训，千万不要埋怨和自弃。毕竟上市成功的企业家都是修炼到一定境界的人，是站到了宝塔尖上的人。上市成功者自有成功的道理，不成功者还处在探索之中。人们常说，"谋事在人，成事在天"，"七分努力，三分运气"。特别是在目前全球经济形势偏紧，投资者相对谨慎的情势下，企业无论在哪里上市，且没有人来找麻烦，那就是胜利。借用一位同行的话说，"上了市就是英雄，过了河就是神仙"。如果有一天，一个国家或地区的所有企业都是上市公司，所有的居民都是股民，那么，这个国家和地区无疑是世界上最强大的国家和地区，是世界上经济、金融、资本、教育最发达的国家和地区，也是世界上最和谐、最富有、最文明和最民主的国家和地区。我们要为这个时代的到来振臂高呼，并且要为实现这个遥远的目标，付出扎扎实实、点点滴滴的努力！

在此，我要高兴地告诉大家，据 2012 年 1 月 17 日香港大公报报道，中国证监会今年将全面修订境外上市法规，适度放宽上市条件，简化审核程序，降低门坎，为中小企业、民营企业到香港等境外市场直接上市创造条件。

借此机会，我再次感谢各位领导和同事对我多年来的支持和帮助！感谢各位学员和专家对我的信任和理解！

刘李胜

2012 年 3 月 28 日

于北京金融街

目　　录
CONTENTS

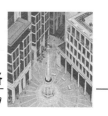

第 5 部分　境外上市公司监管及风险控制

境外上市的政策趋向与基本策略

Part 1   Policy Trend and Basic Strategy of Oversea Listing

第1讲
中国企业境外上市政策、途径与绩效

——国际资本中国行暨首届企业境外上市融资高层论坛

中国企业境外上市是指我国境内具有中国法人资格的企业经过重组、改组、组建股份有限公司或外资化后反向收购，到境外直接上市和间接上市的统称。有人把它称为国际上市（International Listing）或跨境上市（Cross-border Listing）。境外上市可以区分为在中国香港特区这个境外市场上市和在我国以外的外国市场上市两个部分。

中国境内企业赴境外上市，是我国改革开放的产物，也是中国经济快速发展和经济全球化的产物，具有鲜明的时代特征和政策背景。由于这是一项新生事物和创造性的举措，因而一直以来带有探索和试验的色彩。中国境内的企业和政府部门特别是监管机构进行了大量的探索和实践，取得了值得肯定的成就和有益的经验。根据中国企业的融资需求和国际资本市场的情况，可以预料，在今后相当长的时期内，中国企业赴境外上市的趋势不会逆转和减弱，而是将会不断增强。

一、中国企业境外上市的基本政策

我国改革开放30多年来，GDP年均增长9.67%，是世界上经济增长最快的国家，这个速度是同期世界经济平均增长的3倍。2010年1月22日，中国GDP总量超过日本，位居全球第二。中国政府在今后很长的时期内，要致力于解决东部、中部、西部地区发展差距问题、城乡发展差距问题，解决国有企业向股份制公司改制和转轨问题，解决先富起来的一部分人与相对不够富裕的大多数人的贫富差距问题，解决经济增长方式转变和经济结构战略性调整问题，促进战略性新型产业和低碳经济发展等，这就决定了中国经济在今后10~20年的时间内，还处于重要的战略机遇期，将继续保持稳定基础上的快速增长。当然，这种增长区别于以往更多注重GDP总量的增长，而是一种兼顾生态环境保护、社会和谐、人们生活质量提高等多方面的包容性增长。中国政府坚持在发展中解决问题，坚持科学发展、和谐发展和可持续发展，这对各种类型和性质的企业都带来了难得的发展机遇。

为了适应中国国民经济稳定持续快速发展的要求，中国政府一贯支持企业利用境内和境外两个市场、两种资源，"走出去，引进来"，促进自身的改革发展，不断提高竞争力。2010 年 8 月《国务院关于进一步做好利用外资工作的若干意见》（国发〔2010〕9 号）重申了这一政策，指出："利用好境外资本市场，继续支持符合条件的企业根据国家发展战略及自身发展需要到境外上市，充分利用两个市场、两种资源，不断提高竞争力。"因此，需要继续支持境内企业赴境外上市，根据国民经济的发展战略、特别是企业自身的发展战略，选择在境内和境外的资本市场发行上市，把自己做强做大，为国民经济做出更大的贡献。这既是中国经济快速健康发展的需要，也是中国经济融入全球经济发展的大势所趋。企业选择在境内和境外的资本市场上市，完全属于企业的自主行为，企业可以根据国民经济发展战略和国家的产业政策、利用外资政策、特别是自身的发展战略等各方面的情况自主做出决策。

我们清楚地看到，随着经济全球化的深入发展，发达国家（地区）的优质上市资源已经发掘的相对充分，它们把吸引优质企业上市的重点转向经济高速增长的国家和地区，比如"金砖四国"（中国、巴西、俄国、印度）和"灵猫六国"（中国、印度、越南、印度尼西亚、土耳其和南非）等。全球的各个主要的证券交易所在从非营利机构向上市公司转变的同时，通过修改上市规则，创新上市方法，提供优质便利服务等措施，吸引更多的企业到那里去发行上市，扩大融资规模和吸纳企业的容量，增强交易所在全球的竞争实力。中国境内的资本市场毫无疑问也置身于这种日趋激烈的国际竞争格局之中。近几年来，境内的资本市场改革发展取得了积极的成效。上市公司股权分置改革完成，并且由于采用国际会计准则，上市公司业绩有所提高，投资者的信心不断增强，市场资金供应增加，市场的流动性、深度、效率都有了明显的改善，市场承受大盘股的能力显著提高。特别是中国境内完善多层次资本市场体系，于2009 年推出了创业板市场，为战略性新兴产业、高成长企业提供了融资和交易的资本平台。受这些因素的影响，选择在境内资本市场发行上市的企业不断增多。但是，这并不意味着会关闭境内企业到境外上市的门路，相反，对于那些确实需要在境外发行上市的企业来说，仍然持积极支持的态度，境外上市的大门是敞开着的。一般来说，我们看到有六类企业特别适合在境外上市。它们是：境内上市难以被批准的企业；在境内上市排队等不及的企业；其产品和原料市场在境外，而且需要在境外创立品牌的企业；需要"走出去"，在境外收

购和整合资源的企业；计划先在境外上市然后回归境内上市的企业；股票发行量大而需要在两地或多地上市的企业。境内企业选择在境外上市，其目的不仅仅是为了解决融资的问题，它也是实施国家的"走出去"战略，主动参与国际竞争，主动接受更加严格的外国监管机构的监管，借助国际资本市场的力量，促进自身公司治理结构完善，提高全面素质和竞争力，实现国际化经营战略的重要举措。

二、境内企业赴境外上市的基本途径

经过 10 多年的探索，目前境内企业赴境外上市有三种基本的途径，或者说有三种基本的类型。

第一种是境内注册的股份有限公司发行境外上市外资股并到境外上市。从 1993 年开始，中国政府推出国有大中型企业到境外上市试点，先后制定并发布了《关于进一步加强在境外发行股票和上市的通知》（1997 年 6 月 20 日国发 21 号）、《关于企业申请境外上市有关问题的通知》（1999 年 7 月 14 日证监会发 83 号）等，主要要求境外上市企业符合以下条件：（1）筹资用途符合国家产业政策、利用外资政策及国家有关资产投资立项的规定；（2）净资产不少于 4 亿元人民币，过去一年税后利润不少于 6 000 万元人民币，并有增长潜力，按合理预期的市盈率计算，筹资额不少于 5 000 万美元；（3）具有规范的法人治理结构及较完善的内部管理制度，有较稳定的高级管理层及较高的管理水平；（4）上市后分红派息有可靠的外汇来源，符合国家外汇管理的有关规定等。按照这种规定，1993 年 7 月 15 日，第一只 H 股青岛啤酒在香港成功上市发行，随后上海石化、北人印刷、广州造船、马鞍山钢铁、仪征化纤共 6 家国有企业在香港成功发行 H 股。这些国有企业的挂牌地点是香港，它们通过发行全球存托凭证（GDR）和美国存托凭证（ADR），也在全球各地发行并在纽约证券交易所挂牌上市。1994 年有 11 家企业完成公开发行和上市；1995 年有 2 家完成公开发行和上市，另有 1 家增资扩股；1996 年有 6 家企业公开发行和上市，1 家增资扩股，一家发行可转换证券；1997 年中国境内企业境外上市节奏加快，发行规模明显扩大。当年新上市企业 17 家，另有 2 家上市公司增资扩股，2 家上市公司发行可转换公司债券。到 1998 年 4 月 6 日，我国境内已经有 43 家企业经过改制在香港上市。这些 H 股上市公司包括上海石化、镇海炼化、庆铃汽车、大唐电力、南方航空、华能国际等，涵盖化工、能源、交通、钢铁、电子、电器等 14 个行业，其中以基建设施和公共事业为主的国有企业为主，这些企业上市时受到众多的境外投资者追捧。2005年6月23日，以交通银行成功境外上市为契机，拉开了中国金融企业赴境外上市的序幕。交通银行以21.59亿美元的融资额，成为2004年以来除日本之外的亚洲地区规模最大的金融机构IPO；2005年10月27日，中国建设银行以112亿美元的融资额，创造了香港资本市场IPO规模及全球金融业股票IPO记录；2006年10月27日，中国工商银行以A＋H方式，同时在香港联交所、上海证券交易所上市，以191亿美元的发行规模成为全球最大规模的IPO。交通银行、建设银行、中国银行、工商银行以及招商银行的成功境外上市，不仅募集了巨额的资金，而且带来了一系列融资制度的创新，比如A＋H发行模式、战略配售、绿鞋机制、分析师大会、预披露机制规则等。截至2007年6月底，已有145家中国内地注册企业在香港和境外其他资本市场发行上市，累计筹资1 024.6亿美元。145家H股公司中，有143家在中国香港上市，其中有10家在中国香港和纽约两地上市，有中国国航、江西铜业、大唐国际发电、沪杭甬4家在香港和伦敦两地上市，有1家即中国石化在香港、伦敦、纽约三地上市，有2家即中新药业、骏马化纤在新加坡上市。当时境内有46家上市公司同时发行A股和H股。在境外上市公司中，除46家在香港创业板上市外，它们多是中国各行业中的大型骨干企业。它们是经过中国证监会批准，并符合国务院规定的上述"四、五、六"（见上文提及的国务院规定的4亿元净资产、6 000万元净利润、5 000万美元筹资额的境外上市条件，下同）条件的。当然，近几年来，随着境内外资本市场情况的变化，这些上市条件正在逐步放松，对有些企业并没有严格按照这些标准执行，而批准了它们在境外上市。

　　第二种是境外中资控股上市公司（俗称"大红筹"公司）。此类公司在境外上市，是经过国务院批准，视情况需取得中国证监会批准，或事后到中国证监会备案。这类公司是中国内地各级地方政府、各有关部门直接在香港设立的各类中资机构在香港上市的公司。它们在境外注册，在香港上市，其业务和利润来源主要是在境内的中资控股（高于35%）企业。境外人士通常称它们为"红色中国的蓝筹股"，简称为"红筹股"。香港证监会和联交所认为，至少有35%的中资股权的公司方可称为红筹股公司，而有内地背景但内地资金并不一定占控股权的公司可以被视为红筹市场的一部分。据新华社香港分社统计，1998年时，国内各级地方政府、各有关部门直接在香港设立的下属控股子公司、参股设立的关联公司，据估计有8 000家左右。这些中资机构中的一些公司通过以下四种方式在香港上市：一是在香港长期经营的中资机构以其境外资产上市；二是已经上市的红筹股公司分拆上市；三是在香港的中资机构将境内

资产转移到境外包装上市；四是国有企业、机构、在香港的中资机构在香港买壳上市。这类公司在 2007 年时大约有 84 家。按其业务范围的不同，可以大致分为三类：第一类是单一行业公司。例如，中国海外主要从事航运、集装箱租赁业务；骏威投资主要从事汽车制造销售业务；中旅国际主要从事旅游及酒店、房地产业务。这类公司的主要业务明显集中于某一行业，有的公司还具有行业垄断地位。其中虽然有的开始大规模向其他产业发展，但都是后来才开始的事情。第二类是综合性公司，而且公司带有明显的地方性概念。例如，上海实业、广东粤海、深圳深业、北京控股、天津发展等。这些公司实际上是各地政府设在香港的窗口公司，它们通过重组、注资活动逐渐发展成为综合性的控股公司，成为各地在境外的企业代表和融资窗口。第三类是以在香港和境外为主的综合性公司。例如，中信泰富、华润创业、五丰行等。红筹股公司按其控股股东的不同，基本可以分为四类：第一类是省市地方政府为主要控股股东的公司，代表性的上市公司有粤海投资、上海实业、北京控股、越秀投资、深业控股、天津发展。第二类是国务院各部委为主要控股股东的上市公司，其代表性的上市公司有中远太平洋、招商局国际、航天科技、中国海外、华润创业。第四类是国务院直属公司，其代表性的上市公司有中旅国际、光大集团的三个上市公司、中信泰富。第四类是其他（国有企业、股份有限公司等）为主要控股股东的公司，代表性的上市公司有首长四方、联想控股、四通电子、中国制药、申银万国、方正（香港）、华菱集团。红筹股公司中也包括了中国移动、中国联通、中国海洋石油等重要企业。从宏观层面来看，香港红筹股市场发展具有积极的意义。它为内地提供了长期和高效的融资渠道，支持了国家经济建设。同时，促进了内地驻香港企业的发展，使不少内地企业调整和发展了业务，参与了香港和内地的基础设施建设、金融投资等领域。这些公司在加速自己发展的同时，还将香港市场经济方面的经验带到内地，进一步推动内地改革开放。此外，红筹股公司还改变了香港证券市场的上市公司结构，一方面增加了涉及基础设施建设、交通运输、工业等领域的上市公司在香港股市上的比重，另一方面将内地资本带入香港股市，改善了香港股市的产业构成长期以房地产业和金融业为主的格局。这些大红筹股公司上市在 1997 年香港回归中国时达到了高潮。1997 年亚洲金融危机后，上市数量逐渐减小。近几年来，大红筹股公司上市数量更少，但每年仍约有 3～5 家，比如山东重型汽车等。目前许多大红筹股公司正在探讨和准备，等待中国境内推出国际板市场后，申请回归境内的 A 股市场再次上市。

　　第三种是境外注册的其他公司，即境内民营企业外资化后，到境外上市的公司（俗称"小红筹"公司）。从 1999 年开始，境内的一些民营企业开始采取红筹方式间接到境外上市。它们的通常做法是：先以股东（境内居民）个人名义在境外注册公司，再通过境外公司融资后，反向收购境内企业的股权或资产业务，将境内公司变更为外商投资企业，然后以境外公司的名义申请在境外上市。1991 年，鹰派控股在新加坡证券交易所上市；1999 年 2 月，侨兴环球在美国 Nasdaq 市场上市；同年 11 月，世纪永联在美国 OTCBB 市场借壳上市；2000 年，新浪、搜狐和网易三大门户网站在 Nasdaq 市场上市。2004 年，民营企业赴境外间接上市热潮达到了顶点。鉴于当时民营企业绕道赴境外上市已经形成一定的气候，2006 年 6 月 9 日，中国证监会对境内各律师事务所发出《关于涉及境内权益的境外公司在境内发行股票和上市有关问题的通知》（72 号令），要求律师对境内企业在境外注册公司上市提供法律意见。市场人士通常把中国证监会法律部门的这种批复函称为"无异议函"。2003 年 4 月 1 日，中国证监会发布《关于取消第二批行政审批项目及改变部分行政审批项目管理方式的通知》，取消了中国律师出具关于涉及境内权益的境外公司在境外发行股票和上市的法律意见书的要求。2006 年 9 月 8 日起，中国商务部、国资委、外汇局、工商总局、税务局等与证监会联合发布《关于外国投资者并购国内企业管理办法》正式实施，大家把它简称为"10 号文"，在一定程度上对境内民营企业外资化后到境外上市予以规范和监管。当然，许多中小型民营企业仍然在积极探讨其他的合法途径，通过遵循中国境内制定的有关外商投资企业法规，与有关的外资和有外籍身份的人士合作完成对境内股权的并购，实现在境外合法上市。特别是，还有一些民营企业遵循国际会计准则（IFRS）第 27 号和美国会计准则 FIN46R 关于合并财务报表的要求，通过可变利益主体（VIE）协议，即由境外公司投资在境内成立的外资企业（WFOE）取得对内资企业经营活动的实际控制权和重大事项的决策权，内资企业将全部或者大部分收入定期支付给 WFOE，作为其提供相关服务的对价的模式，实现在境外资本市场上市。目前，中国政府将涉及国家安全的拟采取 VIE 模式在境外上市的企业列入安全审查范围，但有一些市场专家认为，该种 VIE 模式或结构属于国际会计准则和美国会计准则要求合并会计报表的情况，为国际四大会计师事务所及主要国际会计师事务所接受，也为美国、中国香港等境外证券交易所所接受，不应当不分青红皂白地一律加以禁止。同时，在按红筹方式上市的企业中，有许多家成功的案例，对某些受外资政策限制的行业和轻资产企业具有可操作性，这已经是一种既成的历史事实。

三、境内企业赴境外上市的主要绩效

从 1993 年中国境内的情况来看，资本市场建立刚刚起步，规模很小，难以接受大盘股的发行。为了推进企业特别是国有企业的改革发展，积极合理有效利用外资，我国政府做出境内企业到境外上市试点的决策，应当说是完全正确的。尽管有人批评对外资发行股价低，对境内发行股价高，使国有资产"贱卖"，但从整体上看，境内大中型企业赴境外上市取得的绩效是明显的。为了说明这个问题，这里需要提及经济学的基本原理，了解资金对企业的时间价值。一笔资金到达企业越早，承担的风险就越大，对企业价值的贡献也就越大，定价相应也就越高。相反，企业发展成熟了，资金这个时候才到，定价就会相对较低，因为它承担的风险也较小。我们可以看看，在企业的不同发展阶段，资金对企业的贡献情况和定价情况。在企业早期甚至只有创业想法时，天使基金投入，承担的风险很大，它所占企业的股份就比较高，还要求创业者把自己身家也放进来。当企业有了一定发展，甚至有了少量的利润时，风险投资进入，这时企业仍然没有走出"死亡谷"，风险投资仍然承担极大的风险，所占公司股份也比较高。当企业发展的比较成熟，过一二年就可能成功上市时，战略投资基金进入，定价就比风险投资要高一些。战略投资基金对企业的贡献：一是对企业的新项目增加投资，使企业在短期内有利润增加，提升企业的上市价值；二是一些著名的国际大投资银行和私募股权基金对股票发行定价有很大的影响力，或者说它本身就有发行定价权，它买了公司的股票，当然就能起到公司价值的证明作用，公开发行定价一般都会高于这个价格。如果是在公司开始发行股票期间，首先对机构投资者配售股票，这个时候策略基金介入，当然股票定价要比战略投资基金更高。尽管如此，它仍然要承担上市后股价波动的风险，有些股票上市后会跌破发行价，因而策略基金对待发行定价也十分谨慎。另外，中国企业在境外上市，由于境外投资者对中国企业相对不够熟悉，获得企业信息的成本比较高，所以在发行定价中会考虑到这一因素，对发行定价有一定的折扣。

从总体上说，境内的大中型国有企业和民营企业到境外上市，取得了好的效果。对国有企业来说，筹集了大量的发展资金，改善了财务结构，缓解了资本金不足的压力，支持了一批国家重点建设工程和技术改造项目。例如，20世纪 90 年代中期，吉林化工 30 万吨乙烯项目建设、镇海炼化 800 万吨炼油项目技术改造、庆铃汽车轻卡技术升级和形成批量生产等，都是通过到香港发行

H 股而实现的。同时，促进国有企业按照国际规则进行规范运作，公司治理结构得到进一步完善，经营管理能力得到提高，公司的声誉和品牌得到提升，获得了生机和活力；推动境内企业进入国际市场开展业务，收购和开发新的资源，在竞争中得到锻炼，提高了核心竞争力和综合实力。另外，国有企业赴境外上市，对国有企业减持国有股，充实全国社会保障资金也做出了贡献。境内企业赴境外上市，尤其是赴香港上市，有力地支持了香港市场以及整个香港经济稳定和发展，巩固了香港的国际金融中心地位，也对全球应对金融危机，支持全球经济恢复起到了积极的作用。

　　境内的许多民营企业更多选择红筹方式在境外上市，当时除了使企业价值大幅增加和出于避税的考虑外，还有许多具体的原因。这些原因主要是：（1）我国国民经济持续快速增长，一批企业有好的发展项目，而苦于短缺资金，商业银行贷款谨慎，境内 A 股上市过程太长，境外直接上市又达不到"四、六、五"的条件要求，只有通过境外间接上市这条路，以期解决后续资金的来源问题。（2）部分民营企业对于境外上市或不上市并不特别关心，它们的重点是要解决资金短缺的燃眉之急，需要在上市前期引进战略投资者和其他资金，推出境外上市计划是为了解决战略投资和私募股权资金的退出问题。（3）一些企业特别是产品销往境外市场的企业希望"走出去"，到境外进一步开拓市场，树立品牌，还有的是希望收购境外的企业和资源，参与国际经济技术合作，特别是资源类的企业希望在境外收购更多的矿产资源。（4）部分民营企业在初创和发展过程中，有许多不规范的地方，比如税收、产权、股东人数问题等，还有所谓的"原罪"问题，它们希望通过境外间接上市，彻底变成外资企业，了断这些历史问题或历史遗留问题。（5）还有一些企业是迫于同行企业已经上市的竞争压力，看到人家上市筹到资金，有了更大的竞争优势和更多的发展商机，自己无法站到同一个起跑线上赛跑，而被迫到境外上市融资。

　　与此同时，民营企业采取红筹方式间接上市，应当说，也产生了相当的积极效应。这主要是：（1）许多企业通过间接上市，得到国际投资银行和私募股权基金的支持，获得了发展资金，迅速做大做强，品牌效应明显放大。（2）许多企业通过境外间接融资上市，进行公司股权结构改革，加强公司治理和内部控制，规范化程度得到了提高。（3）许多企业在境外间接上市后，通过在境内外收购兼并，整合国际资源，开拓了参与国际市场竞争和进一步发展的空间。当然，在这个过程中，也产生了一些需要引起注意的问题。比如，有些地方涉及地下资金往来，一些企业非法发行和交易股票，还出现了一些欺诈境内外投资者的事件等。可以相信，随着境内外资本市场的规范发展，国际监管合

作的加强，特别是通过不断总结经验，这些问题会在推进企业上市过程中不断得到解决，境外上市会不断得到规范，企业会取得更大的绩效。特别是在目前国际上一些大国在对我国打"贸易战"、"金融战"的情况下，如果中国企业能够巧妙合理获得外国资本，用于企业本身的发展，用于支持中国经济的发展，这无疑是值得称道的。

第 2 讲
中国企业境外上市背景、利益与经验
——中国国际金融高峰论坛

在过去的近 20 年间，我国境内企业赴境外上市一直方兴未艾。在我国加入 WTO 后过渡期结束，国内外汇储备超过 1 万亿美元，境内资本市场处于快速发展的背景下，到底还要不要继续支持企业境外上市，许多人对此产生了一些疑问。按照我们的理解，中国政府支持企业利用境内境外两个市场、两种资源，促进企业改革发展，不断提高企业竞争力，是一项长期稳定的政策，也是我国改革开放的一项重要内容。2010 年 8 月《国务院关于进一步做好利用外资工作的若干意见》（国发〔2010〕9 号）重申了这一政策，指出："利用好境外资本市场，继续支持符合条件的企业根据国家发展战略及自身发展需要到境外上市，充分利用两个市场、两种资源，不断提高竞争力。"因此，在支持企业自主选择在境内发行上市的同时，仍然需要支持企业自主选择在境外资本市场发行上市，支持企业"走出去"在全球范围发展。

一、中国企业境外上市的全球背景

大家看到，随着经济全球化的深入发展，网络技术在证券业广泛使用，进一步加剧了全球各个证券交易所之间的竞争和合作，全球几个主要的跨国证券交易所集团正在通过并购重组形成。例如，德意志交易所与纽约泛欧交易所希望合并，伦敦交易所与多伦多交易所完成合并等。同时，全球范围内的证券交易所日益从互助的俱乐部转变为商业性组织，许多证券交易所本身已经成为上市公司，其市值和收入的高低直接取决于其容纳的上市公司的数量和质量。全球各个证券交易所都在采取各种举措提高其国际竞争力，其中的一个很重要的方面，就是吸引世界各国（地区）、特别是经济高速发展国家（地区）的优质企业上市。现在，发达经济国家（地区）的上市企业资源已经挖掘得比较充分，新兴经济体的潜在上市企业资源不断增多，众多的国际证券交易机构将吸引包括中国在内的优质上市企业资源作为未来的战略重点之一。为此，境外的

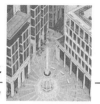
主要证券交易所纷纷加强了对中国境内企业的宣传和服务，有些交易所还适当降低了准入门槛，或者对某些原先较为苛刻的入市要求做出变通。当然，境外的主要交易所在吸引更多中国企业前往上市的同时，也没有忘记对"中国概念"的上市公司加强监管。例如，美国证券监管机构和美国国家级的证券交易所从 2010 年下半年以来就集中对"中国概念"的上市公司进行查处。同时，新兴经济体也在积极完善和发展自己的资本市场，维护本国的上市企业资源，希望有更多的本土优质企业在本土证券交易所上市。在这种国际背景下，企业境外上市不单纯是企业自身的自我选择行为，更是境内外资本市场之间的博弈结果。由于中国经济在改革开放 30 多年来持续快速增长，许多企业的成长和发展速度也很快，而且中国境内的资本市场也在不断发展和完善，中国的资本市场无疑也处于全球的这种上市企业竞争格局之中。

同时，我们也清楚地认识到，正是由于经济全球化趋势不可逆转，世界任何一国（地区）都不可能将本国（地区）的企业跨国上市予以封闭和垄断。企业也不会只把眼光局限于本地的资本市场，而会积极利用国际资本，参与国际经济技术人才的合作和竞争，在全球范围内提高资源配置的效率。企业在跨境上市方面会有越来越宽广的国际视野和胸怀。因此，各国（地区）的企业跨境上市在今后相当长的时期内，将是一个不可中断的必然趋势。一个国家（地区）可能由于资本管制、行政审批、本币升值或者股市高涨等因素，在一段时间内需要吸引或挽留更多的本土企业集中在其国内的证券交易所上市。但是，从长远来看，随着各国（地区）货币资本项下可自由兑换进程加快，全球企业跨境上市将由于企业自主选择和交易所激烈竞争而趋于均衡。这是因为，各国（地区）的证券交易所将会相互取长补短，在发行条件、服务质量、上市成本、监管措施、特别是市场环境等方面不断调整而相互接近。企业也会根据国家经济发展战略和自身的发展战略，采取市场化的行为冲破各种行政障碍，自主选择在全球各个资本市场上市。特别是，随着全球资本市场连为一体，各个市场参与主体也将趋于国际化，市场的股价行情也将相互影响。因此，顺应全球经济的市场化、国际化趋势，适应全球金融业竞争形势要求，一方面，加速完善国内资本市场体系，在证券发行、定价以及信息披露制度等方面进行大刀阔斧改革，鼓励产品与市场创新，提高自身的竞争力和吸引力，另一方面，给境内企业更多的在全球范围选择上市地和上市方式的自主权，这无疑是一种客观和必然的要求。

二、中国企业境外上市的核心利益

继续支持符合条件的企业赴境外上市，需要很好协调对外开放和对内发展的关系，正确处理企业境内上市和境外上市的关系。在这个问题上，既需要坚持扩大对外开放，切实履行我国加入 WTO 时的各项承诺，对外树立起良好的国际形象，同时又需要有利于我国境内资本市场的发展，确保国家经济金融安全，维护我国企业和投资者的利益。

中国境内企业赴境外上市，本身是一种微观经济行为，但具有重大的全球战略意义。企业通过在全球各地上市，特别是在美国、欧洲、亚太地区上市，使众多的来自各个国家（地区）的投资者成为众多中国上市企业的股东和投资者，有利于加紧全球投资者与中国企业的利益联系，形成利益共同体。这些境外投资者在共同分享中国企业收益的同时，也共同承担中国企业的风险，从而使中国通过其境外上市公司成为全球利益的中枢点和关注点，进一步增强了中国在全球经济格局中的地位。我国的一位前国家领导人曾经说过，拉住美国排名前 10 大企业，就不怕中美关系恶化。我认为这同样适用于中国企业境外上市的战略考量。就经济全球化而言，资本全球化和投资自由化已经成为一个必然的历史趋势。鼓励全球资本流动，企业境内外上市，有助于维护世界和平。同时，中国企业在境外上市，筹集了大量的境外发展资金，虽然上市不是单纯为了解决筹资问题，但筹资对许多企业的发展来说，仍然是头等重要的。我们不能忘乎所以，不要忘掉中国仍然是发展中国家。中国企业对这些外国资本的有效利用，有助于中国快速解决地区发展差异和经济结构调整及转型问题。此外，境外上市公司还可以借助国际资本市场的平台，通过严格规范的外部审计和监管，促使进一步完善公司治理结构，更好参与国际经济技术人才市场等方面的合作，在国际市场的竞争和合作中快速发展壮大。事实已经证明，大多数境内企业赴境外上市，取得了明显的成效。它们在短期内筹集了大量的外币发展资金，改善了财务结构，缓解了资本金不足的压力，获得了新的生机和活力；促进企业按照国际规则规范运作，公司治理得到提升和完善，经营管理能力得到提高，公司声誉和品牌得到提升；推动境内企业进入国际市场开展业务，收购和开发新的矿产资源等各类自然资源，拓展新的原料和产品市场，建立研究开发机构，在竞争中得到锻炼，提高了核心竞争力和综合实力。特别是，中国内地企业赴香港上市，有力地支持了香港金融市场，以及支持整个香港经济稳定和繁荣，巩固了香港的国际及亚洲金融中心地位。

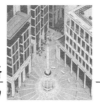
同时，我国境内的资本市场也正在快速发展。大力发展我国多层次的资本市场体系，是我国金融改革的一项重要任务。目前境内资本市场股权分置改革已经取得重要进展，市场的基础设施建设得到加强，境内外的机构投资者和境内个人投资者的资金不断注入，市场的广度和厚度得到提升，已经具有接受大盘股的实力。针对目前全球金融和经济衰退的形势，中国证券监管者还努力增加中国境内资本市场的长期资金投入。企业选择境内资本市场上市，有利于提高上市公司整体质量，增加投资者分享我国经济增长成果、增加财富的机会，有利于境内资本市场可持续发展。因此，有专家建议，要鼓励具有行业代表性的大中型企业优先选择在境内市场发行上市，或者选择在境内和境外两地或多地发行上市，也鼓励已经在境外上市的大型企业包括红筹股公司重返境内市场发行上市，并适时推出国际板市场，以满足外资企业来中国境内上市。有专家还建议，需要继续深入研究和完善 A＋H 股跨境发行和流通的机制；需要深入研究和创新外国企业来境内发行上市的法律、规则、技术及监管；需要继续加强中国政府各个有关部门的政策法规协调，完善民营企业和国有企业境外上市的法规；需要进一步建立中国企业赴境外上市的国际联合监管的协调机制。

三、中国企业境外上市的成功经验

境内企业赴境外上市，仍然需要继续完善直接上市和间接上市两种方式。企业采取直接上市和间接上市两种方式，是我国《证券法》所规定的，这两种上市方式都是我国政府和境内企业在开展国际资本市场运作试点中创造的经验。从以往的情况来看，企业直接上市是指境内注册的股份有限公司发行境外上市外资股并到境外上市，它们多是中国各行业中的大型骨干企业、特别是国有大中型企业。这些企业多是符合国家规定的特定的境外上市条件，并且完全经过境内证券监管机构批准，然后获得境外上市地的证券交易所和证券监管机构批准而后上市。采取直接上市方式的企业多是在香港上市，同时采取存托凭证的方式在美国乃至全球其他国家进行两地或多地上市。间接上市方式是指境内企业先外资化后，再到境外上市地申请获准上市。这里又分为两种方式：第一种是国有企业或国有股权经过国务院或视情况经过监管机构批准，在境外注册，在香港上市，其业务和利润来源主要在境内，并且由中资控股（通常高于35％）。人们把它简称为"大红筹股方式"。第二种是民营企业先以股东（境内居民）个人名义在境外注册公司，再通过境外公司融资后，反向收购境内企业的股权或资产，将其变更为外商投资企业，然后以境外公司名义申请在境外上市。人们把它称为"小红筹股方式"。在当前面临全球金融危机严重冲击，全球经济处于萧条状态，我国境内的中小企业处于恢复和发展的关键时期，迫切需要进一步开通民营企业、中小型企业境外直接上市和间接上市的渠道，遵循市场规律和国际惯例，寻找到更好、更有效支持符合条件的境内企业赴境外发行证券并上市的办法。既要有利于加强监管，确保上市公司合法合规，又要能够简化程序，方便企业上市融资。2009 年，中国境内推出创业板市场，就是为了更好满足高科技和高成长企业的融资上市需求，特别是满足符合国家战略性新型产业的企业融资上市。但是，由于中国经济正处于快速发展时期，处于产业结构调整和增长方式转变时期，境内需要融资上市的企业太多，仍然有很多企业不能及时享受到创业板市场带来的融资便利，创业板市场也不可能全部接纳和消化这些企业。况且，从分散风险的角度来考虑，也不能把全部中小企业的风险完全留存和集中在境内资本市场，而是应当支持中小企业"走出去"，想方设法在全球各个资本市场上市融资，待它们获得境外资金支持而发展壮大后，再回到中国境内资本市场上市，让中国的投资者分享它们的利益。

继续支持境内企业赴外上市，需要继续更好发挥香港资本市场的作用，利用好这一窗口和平台，同时积极稳妥地开发全球其他资本市场。对境内企业、特别是大中型企业来说，香港资本市场有着天然的比较优势。香港是重要的国际及亚洲金融中心之一，是国际投资资金的集散地，有着与世界其他主要金融市场相似或兼容的法律制度和市场法规；香港在地理位置上毗邻大陆，可以通过方便的渠道获知境内企业的相关信息，拥有一支庞大的针对中国经济和企业专门化的分析研究队伍；香港有着先进的证券交易和结算设施条件，上市公司已经形成牢不可破的"中国概念"，早已成为中国境内企业上市的集中地区；许多国际投资者早已把香港市场视为中国企业的母国市场，他们在投资中国企业时，通常以国内企业在香港的市场表现作为参照标准。此外，境内的证券期货监管机构与香港的证券期货监管机构保持着密切的监管合作关系。当前的国际金融形势在客观上也提出了进一步加强香港与内地经济金融合作，共同应对全球金融危机、经济衰退和共同发展的要求。除此之外，境外的其他证券市场也有着各自独特的不可替代的特点和优势。各个境外证券交易所、特别是全球的一些主要的证券交易所，都有着自己独特的文化理念、历史传统、技术手段、核心能力、规则系统、人才资源等。境内企业从国家经济发展战略和自身发展战略规划出发，自主选择在内地、香港及全球其他证券交易所上市，可以把内地、香港的优势与全球资本市场的丰富资源和广泛的投资者基础等优势结合起来，满足不同企业的特殊的多元化的融资上市需求，使它们在参与国际

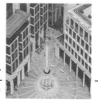
竞争中经受考验，实现更好更快的发展，也有利于推进中国经济增长方式转变，实现国家制定的"十二五"规划蓝图。

继续支持境内企业赴境外上市，最重要的是，要以境外上市为契机，促进境内企业成为一家真正的境外上市公司，将自身的组织架构和经营状况如实公开披露，并接受有关方面的监督，包括股权安排、经营模式、利润来源等。要切实完善内部治理机制，强化内部控制，建立起现代企业制度，不断扩大经营规模，提高经营管理质量，促进公司长期稳定健康发展。境外上市企业不仅要提升自己在世界上的知名度，扩大产品的市场占有率，还要能够在产品、服务、技术、原材料、人才等方面实现国际化。上市企业要逐步具备纵横全球的资源整合能力，具备覆盖全球的市场营销能力，具备决胜世界的技术研发能力，具备解决多元文化冲突的融通能力。在境外上市公司中，像中国石油、联想集团、方正集团、中国移动等，都在这方面取得了明显的成效。可以相信，随着经济全球化的进一步发展，一些"中国概念"企业在美国经历了曲折和磨难，会变得更加成熟和老练起来，今后会有更多的"中国概念"的上市企业按照境外上市地的法规要求，完善公司治理，加强内部控制，提高经营管理水平，严格按照上市规则履行责任，为投资者带来更高的回报，把自己打造成具有国际竞争实力的一流企业。

第 3 讲
企业境内外上市的基本问题

——龙江银行国际资本市场论坛

让自己的企业能够在境内外证券市场融资上市，是每一位具有强烈进取心和事业心的企业家们的共同梦想。在做出这一决策的时候，通常是令人激动，又使人焦虑。对于大多数企业家而言，他们不得不面临一些最基本的问题，需要自问自答。这些问题的深奥性不亚于人类面临的一些最基本的哲学问题：我是谁？我从哪里来？我到哪里去？我要做什么？为什么要做？怎样去做？等等。如果对这些问题有了令人信服的答案，剩下的问题就是解决操作的细节。一切所谓的上市想法都不会成为什么高不可攀的事情，有时甚至比想象的都要顺利。下面提出一些境内外上市的基本问题与大家讨论，希望能对寻求上市的创业家和企业家们有所帮助。

一、企业为什么要上市

我们的企业为什么要上市？很多企业会认为，上市就是要从资本市场融资。其实这只是上市的一个重要的方面。我在这里给出三到四个除融资之外的最重要的理由，请大家思考。

我认为，一家企业要在境内外上市，它的第一个目的或者说最大的好处，除能够快速融资外，还有就是能够提前收回几十年的创业成本，分散和规避风险。大家知道，一家企业在没有上市的时候，衡量其企业的价值主要是根据它的净资产值，包括固定资产、流动资产、无形资产、对外投资等。但是，如果上市呢，衡量这个企业的价值有多大，或者说这个企业的股权能够卖多少钱，主要的不是根据企业的净资产值，而是根据企业的未来盈利能力。衡量企业的未来盈利能力，最基本的指标或方法，有市盈率的方法、未来现金流贴现的方法、市净率的方法等。当然，市盈率、市净率这些方法中，都贯穿着可比公司定价方法。我们拿市盈率（每股税后净利润与每股价格的比率）方法来说，一家企业在境内上市，要根据上一年经过审计的净利润来进行定价，比如说上

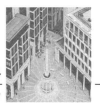
一年有 5 000 万元的净利润，那么今年要发行上市，按照 30 倍的市盈率来计算，这个企业的价值是 15 亿元。如果在境外上市，按照下一年预期的净利润来进行定价，比如说也是 5 000 万元，那么按照 30 倍的市盈率来计算，也是 15 亿元。这样，大家就可以想一想，如果公司市值是 15 亿元，当企业家、创始人经过禁售期后，卖出自己 9%、10% 的股份时，就可以回收 1.5 亿元。那么，这 1.5 亿元的资金，你可以存在银行里边，也可以放在你的箱子里边，这可能就是你十几年、几十年创业的成果。也许企业的净资产值只有 5 000 万元、1 亿元，可是你已经把这笔资金提前收回来了，同时你还经营管理着你自己其余的股份，还管理着市场上其他各类投资者的股份。所以，上市的第一个好处是分散风险。从上市公司产生来看，最早就是为了分散风险而产生的。荷兰的东印度公司从事海外贸易，可是海上气候变化无常，海盗出没，货船经常有去无来。为了分散这种风险，大家就想出了"凑份子"的办法，由许多人出资按其股份来承担风险和分享收益。中国企业的平均寿命过去是两年半，现在提高了一些，是两年九个月。世界 500 强企业的平均寿命是 40～50 年。目前 50 年前的世界 500 强企业还只剩下 1 家。所以，追求基业长青，打造百年老店，只能是企业的一种理想和奋斗的目标。著名企业家尹明善先生是立帆汽车的领导人，他 53 岁开始创业，70 岁率领立帆汽车成功上市。上市后，记者采访时，他说：如果引入外部人员管理，企业会快快死掉；如果利用家族人员管理，企业会慢慢死掉。在这里，他不是像别的企业老板那样，讲出要打造百年老店的豪言壮语，而是坦诚地承认，企业会遵循或快或慢地死掉这个规律。

企业上市的第二个好处是，可以低成本地实现快速扩张。特别是我们处在产业转型时期尤为如此。刚才讲过，既然企业上市以后，按照市盈率的方法进行定价，那么企业就可以以几十倍的高市盈率发行股票筹资。当然，市盈率也是不确定的，要根据全球的可比公司定价方法来进行定价，可以 30 倍、40 倍，有的时候是最高的，在国内达到 100 多倍市盈率，在国际上达到 1 000 多倍的市盈率，这样的情况也有。但是，对于那些同行业的没有上市的企业，你作为上市公司来整合它，来收购它，是根据它的净资产值进行定价。当这些企业遇到资金困难的时候，还可以对它的净资产值打折来进行收购。这样，上市公司的企业家一手低成本地收购未上市企业，另外一手高市盈率地发行股票，仅仅这个差价本身就是很大的，更不用说收购整合企业后的收益产生的乘数效应了。境内外的许多上市公司都是通过这种方式发展起来的。这里讲一下蒙牛乳业利用私募股权基金快速成长的例子。著名企业家牛根生领导的蒙牛乳业公司于 1997 年 7 月成立，获得了三家国际著名私募股权基金的投资后，加速收购和扩张，在 2002 年 10 月 9 日 "第五届中国成长企业 CEO 峰会" 上，它以 1 947.31% 的成长速度名列 1999 ~ 2001 年度中国超速成长百强企业的榜首，2004 年在香港挂牌上市。还有许多这样的案例。可以说，几乎所有的境外上市公司都采取了通过收购兼并来实现低成本快速扩张的方法。所以，有人说，企业不上市是爬楼梯，上市是坐电梯；不上市是一生创业，上市是一夜致富；不上市是一桶桶地挑水，上市是修好自来水管道，这是很有道理的。

第三个好处是，上市是企业制约竞争对手的一个法宝。大家知道，在一些行业领域，企业的竞争已经到了白热化的状态。哪家企业率先成功上市融资，就意味着哪家企业占有了市场，占有了客户资源，就占据了竞争的制高点；哪家企业没有能够上市，就意味着失去了市场地位，就会被人排挤掉。所以，企业之间的这种竞争是非常激烈的。一家企业一旦上市以后，它就融得了这笔社会资金，而且建立了持续融资的平台，就可以抓住最重要的发展商机，就可以得到更大的发展。在这种状况下，上市企业的竞争对手如果要想上市，因为上市企业已经在这个行业里树立了标杆，竞争对手只有在各个财务指标超过上市公司后，才有可能成功上市。因为未上市企业不可能在利润指标、盈利能力、成长性、资产规模等方面不如已经上市公司的情况下再被获准上市。对于申请境内上市的企业来讲尤为如此。所以说，上市也是企业制约竞争对手，确保自己市场地位的一个非常重要的手段。

对我们各地的政府部门来讲，企业上市对于促进当地的经济发展，促进当地就业和财政收入，促进产业的集中和积聚，提高本地区人们的生活水平，普及金融知识，发展先进文化，都是有非常明显的作用的。正如有些地方政府所说，抓上市就是抓科学发展，就是抓招商引资就是抓产业结构调整，企业上市是最好的招商引资，上市就是上新的台阶。

二、在什么时候上市

第二个问题讲一下，我们的企业在什么时候上市？许多企业对这个问题是比较困惑的，不知道应当在什么时候上市，不知道在什么时候该吸引什么样的资金。我要简要地讲一下企业的发展阶段和阶梯融资的方式。

现在我们提倡创业，当创业者只有一个商业计划，或者说有一个很好的商业机会，没有资产，也没有资金时，在这样一个阶段，一般来说是很难上市的。在这个时候，创业者最需要的是引进 "天使投资"。天使投资最初来源于

20 世纪初期富有的个人对新的艺术作品的资助，艺术家把投资人戏称为"天使"。就是说，你有激情，你有经验，别人有钱，有善心，来与你合作，来进行共同创业。天使投资的金额一般在 2.5 万～150 万美元之间。在这个阶段，由于创业的风险非常的大，谁愿意给创业者做天使投资呢？一般来说，投资人就是三个"F"：Family，家庭来给你投资；Friend，朋友来给你投资；Fool，傻瓜来给你投资。所以说，在这样一个阶段，别人不相信你，融资是非常困难的。

那么，有了这笔资金以后，企业就可以进一步发展。在未来的七年中间，这个创业企业可以说一直是处在死亡的谷底，随时都可能因技术研发失败、市场开发失败、产品生产等的失败而告终。所以，在这样一个阶段，要解决资金短缺问题，是需要风险投资的。那么，处于这样阶段的企业也比较适合于在境外上市，在境外的创业板市场上市。因为境外资本市场有比较大的抗风险能力，投资者也比较富有，能够承担亏损的压力。在境内资本市场，从创业板市场情况来看，目前处在创立前七年期间的企业还是比较难以上市的，还需要经历进一步的发展阶段。现在境内创业板市场的上市企业，绝大多数是经过了创业七年以上时间的比较成熟的企业。

当企业经过了大约 7 年以上的时间，走出了死亡谷底，有了比较大的发展，而且上市前景也比较明朗的时候，无论在境外还是在境内，企业都是最适合于上市的。在这个阶段，企业的产品市场开发比较稳定，技术比较成熟，公司团队也有了经验，正处在一个快速上升的通道中。我们说的企业的高成长性，通常就是指的这个阶段。在这个时候，各类投资商都是愿意对企业进行投资的。这种投资的资金就叫做战略投资。就是说，当它投资进企业以后，经过一两年、两三年，最多三五年的培育，这个企业就能够上市。在这种情况下，企业很容易获得资金，也很适宜在境内创业板市场和中小板市场上市。

如果企业再进一步获得发展，企业如日中天，正是产品成熟、市场垄断，银行的贷款也非常充裕的时候，在这个阶段，相对地来说，企业是不需要上市的。因为在这个阶段，"苹果熟了"，企业正处于收获的季节，利润很高，并不迫切需要让别人来分享它的成果。当然，在这个阶段，如果企业愿意上市，无疑是很受市场欢迎的。我们国内的主板市场最欢迎的就是处于这个阶段的成熟企业。但是，任何企业都有生命周期。这个阶段经过几年发展后，产品的市场开始饱和，企业的竞争者会跟进，新的产品和替代品会出现，企业就开始老化，走下坡路。所以，企业如果在这个阶段上市，一定要赶在走下坡路之前或出现拐点以前。这种企业上市目的主要是为了退出，把手中的股票卖掉，然后去做别的产业。就这一点来讲，它与境内的上市政策是相违背的。因为我国境内上市条件规定，拟上市企业必须连续三年盈利且持续增长，是不允许企业抢在走下坡路之前上市的。但是，在境外的上市公司里，以退出为目的的上市公司是不少的。实际上，这类企业在境内上市虽然是不允许的，但是由于许多企业抢在这个阶段上市，审核人员并不能准确地判断企业是处在成长期，还是处在进入下降通道前，还是有很多企业被批准上市了。这就是为什么许多企业上市后第一年盈利，第二年持平，第三年就亏损的原因。因为企业一旦已经进入了一个下降的趋势，其气数已尽，不是注入资金就能够挽救它的命运的。所以，对这个上市的阶段和上市时机，大家一定要把它把握好，正确地选择和确定在什么时间去上市最好。

当企业被批准上市前后，特别是企业股票向投资机构配售的时候，一些投资机构以配售价格买入发行公司的股票，期待企业上市后在二级市场价格比较高时卖掉，对这样的基金，我们把它称为财务投资或策略投资。

企业上市以后，那些专门利用证券衍生品的杠杆效应，在二级市场低价买进、高价卖出股票，并且伴有舆论的影响，追求高风险、高收益的基金，我们把它叫做对冲基金。

除天使投资多是腰缠万贯的个人投资者以外，其他无论是风险投资、战略投资、策略投资、对冲基金，它们的资金来源都是私募而来的。所以，我们也把它叫做私募股权投资基金。这就是我们讲的企业在融资阶梯中，正确选择上市时机的道理。

那么，企业要能够成功获得私募股权资金的投资，最主要是企业要做到三个条件：第一个条件是要有好的有说服力的融资计划书，光靠吃饭和嘴说是不行的。第二个条件是要能够真上市，基金判断近几年内可能上市。第三个条件是要能够经过审计通过，审计通过了，说明这个企业是真的，它投资就比较放心了。

三、在哪里上市

第三问题讲一下，我们在哪里上市？我们企业对上市目的地的选择，并不像一个人要立志考大学，就是一定要考到清华大学，别的学校一概不予考虑。作为一家企业来讲，选择上市地点，主要是要把握：在当时的情况下，哪一个市场最能够顺利接受你，有比较好的融资额，有比较低的成本，另外有好的维护条件。所以，企业要根据境内外资本市场情况的不断变化，来灵活地选择上

市地。

比如说，如果我们的企业非常规范，非常成熟，主业非常突出，行业属于战略性新型产业，营业额和净利润达到了创业板上市公司的平均水平，最近的一年有四、五千万元、五、六千万元的净利润，就可以选择申请在境内的创业板市场上市，或者选择在中小板市场上市。如果企业的净利润达到了七、八千万元，也可以选择在主板市场即上海证券交易所上市。但是，如果我们企业的利润目前还比较少，但有明显的高成长性潜力，可以选择在境外市场上市。

特别是，出于行业的考虑，比如说我们的金融企业、房地产企业（当然房地产企业目前在全球任何市场发行都是比较困难的）、连锁销售和市场占有率高的企业等，可以选择去香港证券交易所上市。根据清科研究中心的数据，1993～2010年，我国房地产企业境外IPO规模为111亿美元，约占全部企业境外IPO的两成。其中，90%的房地产企业境外IPO是在香港市场完成的。如果我们的企业是矿业、石油、天然气行业，可以选择在加拿大、澳大利亚、伦敦交易所和香港市场去上市。如果我们是新能源、节能环保企业、生物科技企业、自然资源和高端制造业企业，可以选择在欧洲证券市场上市，比如在德意志交易所、伦敦交易所和纽约泛欧证券交易所等上市。据深圳证券交易所研究所的有关研究报告，新能源企业在境外上市，前两年的平均市盈率在58倍以上，在境内上市平均市盈率在27倍，境外上市的价格要比境内上市高得多，而且许多企业在境外上市前处于亏损状态。另外，通信、电子、IT、网络、新能源、新材料等高新技术行业企业也可以选择在美国上市，另据清科研究中心的数据，1993～2010年，这些行业的企业在境外IPO规模为141亿美元，其中半数以上是在美国纽约证券交易所和纳斯达克交易所上市。可以说，只要是好的企业、高科技企业、高成长企业、低碳经济企业，在全球的每一个市场上市都是受欢迎的，都是可以接受的。

从全球的证券交易所来看，它们也是"风水轮流转"，很难说哪一个交易所是永远适合于你的企业的。大家知道，在10多年前，在美国上市的互联网企业，它们的定价是非常高的，许多亏损的互联网企业，有的发行市盈率都达到了1 000多倍。但是，这个"网络股"泡沫后来破裂了。这时，香港及时推出了创业板市场，两年多的时间里，上了100多家来自境内的企业。由于上市的企业还不够规范，甚至出现了欧亚农业的造假事件，创业板市场失去了投资者的信任，成为了一个亏本的市场。在香港创业板市场进入低潮后，伦敦证券交易所及时推出了AIM（即增长板）市场，在两年中，也上了100多家中国企业。现在这些上市的中国企业也开始出现分化，伦敦证券交易所已经开始重视识别来自中国的拟上市企业，希望有更大、更好的企业去上市。那么、现在企业到境外上市的机会在哪里呢？我注意到，大家在上述的证券交易所上市的同时，有许多企业准备去德意志交易所上市。因为德意志交易所是全球市值最大的交易所，它现在与美国的纽约泛欧证券交易所达成合并协议。而且，它是在2007年下半年才开始进入中国，吸引中国企业去上市。现在上市的中国企业有30多家，对中国的企业非常欢迎，而且企业上市成本非常低。特别是，德意志交易所允许企业采取分步上市的方式。中国境内企业在德国注册一个股份公司，投入50万欧元的注册资本，有三四个月左右的时间就能够批准成为上市公司。然后，由它的境外公司收购境内公司的股权或资产后，再去进行首次公开发行。这样就可以避免许多企业花了不少冤枉钱还不能批准上市的情况。此外，当然还有韩国证券交易所、新加坡证券交易所、瑞士证券交易所等，也是值得关注和选择的。我还认为，其他发展中国家和地区的证券交易所，比如印度的证券交易所、越南的证券交易所，现在还有马来西亚、中国台湾的证券交易所等，都是下一步需要开发的。

四、如何才能上市

第四个问题，讲一下怎么去上市。简单来说，就是要遵守上市地的上市规则。全世界的证券交易所的上市规则均有所区别，但它们的基本原则和理念是完全一致的。它们共同要求上市公司要及时、充分、完整、真实披露上市公司可能影响股价的信息，以便投资者能够根据这些披露的信息做出正确的投资决策，同时便于他们能够对自己的投资决策做到风险自担、收益自享。

对于准备上市的企业来说，在证券上市的背后，第一要做到"财务上市"。就是说，企业一定要把财务和会计的基础工作做好，把内部控制做好，财务报表的各项数字指标要符合上市要求，且审计机构要能够出具无保留意见的审计报告。审计人员进入公司进行尽职调查，除了现场调查外，第一要看企业的税务凭证、完税证明，才能确认收入和利润。第二要看企业的银行对账单，确认资金往来情况。第三要看企业的各种票据，包括购销发票及出货和进货的单据是否完整。现在还增加了一项，要看工商管理部门对企业的每年年检记录。对产品出口企业而言，还要看企业在海关的出口记录。一些企业在没有准备好财务账目的情况下，就匆忙让审计人员进场开始审计，企图侥幸通过审计，甚至连造假都懒得造，这种做法是比较幼稚的，无异于掩耳盗铃。

第二要做到"法律上市"。就是说，拟上市企业的主体资格和企业的董事、监事、高级管理人员等的行为要完全符合上市地的法律要求。其中境内上市最为关注的事项，包括发行人的股权结构、历史沿革、独立性、公司治理，以及各个专项法律事务，包括土地、税收、环境保护、员工劳动与社会保障等，特别是要解决好关联交易和同业竞争问题，都要求符合法律法规的要求。企业在申请上市前，由于历史的原因，也由于经济转轨的原因，存在各种不规范的问题，是一种普遍的情况。关键是企业要下决心、下功夫解决好，在主要方面和关键事项上不要留下瑕疵，更不能"带病上市"，为上市审批和核准形成障碍，为上市以后埋下隐患。

第三要做到"经营管理上市"。就是说，拟上市企业要有很好的经营管理团队和各类人才；企业的经营管理团队要具备很好的经营管理能力和经验；企业要有很好的发展战略和规划，包括资金筹措和使用计划；企业要有核心竞争力和综合实力；企业上市要有吸引投资人的"亮点"和"题材"；人力资源管理要有很好的激励和约束机制；部门管理要有科学的管理制度和岗位设计。"经营管理上市"，可以概括为一句话：打造一支团队，为了一个目标，建好一个企业，创造一个奇迹。

第四要做到"文化和观念上市"。也就是说，企业的观念、企业的文化、企业的心理也要能够上市，而且要首先实现上市。概括的讲，企业一是要有上市雄心，要有打造境内外一流企业的雄心壮志。二是要有上市决心，定下决心就不动摇，不达目的，誓不罢休，决不中途轻易变卦。三是要有上市诚心，有"精诚所至，金石为开"的态度，不欺骗中介服务机构和政府管理部门，不自用他们的劳动成果和免费享受优惠政策。四是要有上市信心，把自信建立于对自己企业的理性判断基础上，敢于"过五关斩六将"，不惧怕上市途中遇到的各种困难。五是要能够上市虚心，尊重和认真听取各位上市专家的意见，不自以为是，刚愎自用。六是也要有一定的戒心，警惕和控制各类上市风险，对各类中介服务机构和各位专业人士的意见，不盲目轻信，随波逐流，而是在综合分析各类意见的基础上，做出科学的判断。七是要有上市耐心，愿意在上市的道路上，一步一步地规范企业，哪怕是付出极大的精力和时间，也不急躁冒进，急功近利。八是要有上市恒心，把成功上市作为万里长征的第一步，愿意在上市以后继续付出努力，为全体投资者负责，创造更好的经营业绩，为投资者带来更好的回报。

五、如何看待企业境外上市

企业选择境外上市是最聪明的做法。它的聪明主要表现在：多快好省。"多"是能够多筹资金，因为境外上市遵循国际会计准则，许多按国内会计准则不能确认的收入和利润，按国际会计准则就可以确认，通常比境内上市的收入和利润会高出。"快"是批准上市快，因为境外上市采取注册制，不需要像境内上市经过发行审核委员会投票表决，不需要"走关系"，有律师的肯定意见和国际审计肯定报告和投资银行推荐，就能批准上市。"好"是上市效果好，许多企业的利润不多，还存在这样和那样的问题，在境内上市根本没有可能，却在境外成功上市了，"丑小鸭变成了白天鹅"，从此成为了一家好企业。当问这些企业老板，境外上市好不好时，他们都会说"不好"，得了便宜还卖乖，心里偷着乐。特别是现在有的机构唱空中国，打压中国在美国上市的企业，一些中国企业乘机退市，实施股权回购计划，也不失为一种聪明的做法。就像卖苹果，我1斤苹果1元钱卖给你美国人，现在美国人把苹果价格降到了5毛钱，好，我公司自己出钱买回来，我再拿到另一个地方去卖，可能又卖1元钱。一个商品，多次出售，多次赚钱。公司股票跌到一定程度时就自动收购，这样可以保护公司底线。"省"是成本低，在正常情况下，境外上市花的费用要比国内上市费用低，维护成本也比较低。所谓境外上市成本高，维护费用高的说法，那是一种笼统的夸张的说法。有一个基本的事实是，企业在境外上市，它的市值比它的净资产价值放大了几十倍，甚至上百倍，明智的老板怎么会计较花的一点儿上市费用的小钱呢！

大家知道，中国政府一贯支持和鼓励企业利用境内境外两个市场、两种资源，来促进自身的改革发展，不断地提高竞争力。2010年8月，国务院在《关于进一步做好利用外资的若干意见》中，进一步重申了这一项政策，指出要利用好境外的资本市场，继续支持企业根据国家发展战略和自己实际情况，利用境内外两种资源、两种市场，不断地提高竞争力。所以，企业家们在自主地选择境内上市的同时，也可以根据自己的情况，选择在境外上市。根据我的观察，有这样六类企业特别适合于在境外资本市场上市。

第一类，是在境内上市遇到障碍的、上不了市的企业。比如，企业的经营历史不够三年，企业的资产规模、经营业绩还达不到境内上市的要求，等等。

第二类，是在境内上市排队等不及的企业。因为企业在境内上市，一般来说，每年都会有四五百家企业在排队等待批准上市。如果企业迫切需要加快上

市融资，无法排队等待，也可以选择在境外上市。

第三类，是市场和产品就在境外的企业。这些企业需要在境外开辟市场，扩大客户资源，进一步树立自己的国际品牌，也可以选择到境外上市。

第四类，是落实国家"走出去"战略的企业。这类企业要到境外去开发资源，整合资源，包括收购企业、收购矿产资源等自然资源，建立研发机构等，在境外发展，也可以选择在境外上市。

第五类，是先境外上市、后境内上市的企业。这些企业是采取了这样一种策略和战略，先在境外上市快速融资，等待自己进一步发展壮大后，再回到境内来上市。特别是今后中国境内推出国际板市场后，这些企业回归境内上市，就有了便捷的通道。

第六类，是股票发行规模比较大，或发行盘子比较大，需要在两地甚至三地、四地上市的企业。比如，一些特大型国有企业、工商企业和金融企业，它们可以选择在境内、中国香港、美国、欧洲等多地同时上市，或二次上市。

所以，我们讲境内外上市的路子都是通的，主要是具体看企业更适合于在哪里上市。企业在哪里上市都是好样的。

第 4 讲
企业境内外上市的主要区别
—— 北京市律师协会国际贸易和投资专业委员会培训讲座

根据国家的利用外资的政策导向和企业的实际情况，企业可以自主选择在境内或者境外证券市场发行上市。但是，许多企业并不知道境内上市与境外上市有哪些主要的区别。我们许多为企业做上市服务的中介机构和专业人士对情况也是若明若暗。在实践中，许多企业对选择境内上市和境外上市摇摆不定，随时准备改变上市地点，使上市过程出现曲折。在这里，我把自己理解的境内外上市的一些主要区别提出来，与大家一起讨论，并希望在上市运作实践中不断加深认识。

一、 股价和平均市盈率

一般来说，境内上市的发行股价要高，境外上市发行股价较低。

但是，这只是一般情况而已。就单个市场来说，有些新兴市场，比如越南、迪拜，它们的平均市盈率在金融危机前都达到了 100 多倍，比我国境内的股价和市盈率都高得多。在金融危机发生以后，它们的股价掉了 1/3 ~ 2/3。另外，在境外的不同证券交易所，对不同行业的企业的定价也不相同，有些可能高于我国境内的上市公司。比如，在美国上市的互联网企业和一些高科技企业，其市盈率甚至达到了神话般的水平。在欧洲，德意志交易所对新能源和生命科学、与生命科学相关的生物科技产业的企业的定价都是很高的。在金融危机以前，它们的这些上市公司的平均市盈率多在 60 倍以上。

为什么会出现这种境内股价高于境外股价的情况？我与许多境外的投资银行家探讨过这个问题。他们认为，主要原因是：境内人民币在资本项下目前还不能完全自由兑换，中国居民的投资渠道单一，只能买卖境内上市的股票、债券、基金，还有就是房子、黄金、珠宝，许多余钱无法投到境外，资金供大于求。另外，境内投资者对境内上市公司相对比较了解、熟悉，获取公司信息的成本要小，股价自然要比境外高。境外上市公司的股价要低些，主要是因为境

外投资渠道比较多，投资者的资金可以分散到许多不同的金融产品上，包括传统证券和创新产品，都可供投资者选择。另外，境外资本市场监管相对宽松，投资者获取上市公司信息的成本要大，这也可以叫做"风险溢价"，所以股票价格相对要低些。

那么，同样一家企业分别在境内和境外发行股票，其价格情况又会如何呢？从理论上讲，这会形成一定的价差。但是，在资金自由流动的情况下，为了套利，资金会从价格低的地方流向价格高的地方，使两地的价格趋于均衡。近几年来，由于境外投资者对中国境内企业的关注度提高，认识到了中国境内企业的潜在投资价值，出现了 H 股与 A 股价格倒挂的局面。例如，中国农业银行在境外发行 H 股，价格就比境内发行 A 股的价格要高，而且上市后还有所上涨，A 股反而在境内行使绿鞋机制后不久跌破发行价。中国平安的股价也出现过倒挂的现象。这些都是由于境内外投资者人数多寡造成的。今后我国境内推出国际板市场后，大家可以进一步观察股价变化情况，会出现很多有意思的事情。如果我国能够在"十二五"期间，基本实现人民币在资本项下可自由兑换，允许外国居民投资中国境内的股票，境内居民投资境外市场的股票，境内外上市公司的股价有望趋于均衡。

另外一个重要的方面，就是境内外的股价还可以用市盈率来看。市盈率是每股税后净利润与每股价格的比率。假定一家上市公司，其境内外的股票的价格与每股收益都是既定的，它们的市盈率应当是一样的。但是，境内外上市公司的市盈率计算方法是不同的。境内上市公司的市盈率是用当前的股价与当前的净利润或上年度的净利润进行比较的结果。境外上市公司则是用当前的股价与预测的未来的净利润进行比较。我们看到，在境外上市的一些企业，它们的净利润在逐年上升，但市盈率在不断下降。这就是说，当前的每股价格是既定的，但与之相比的净利润却是预测的未来的净利润，预测的未来的净利润通常比上一年和当前的净利润要高，因此市盈率就会低。而且，在当前股价一定的情况下，预测的未来的净利润越高，市盈率就会越低。大家想想，现在股票价格在一个时点上是既定的，但是未来的净利润却在不断上升，这个市盈率是不是会越来越低呢？

二、企业上市条件规定

境内上市通常对企业规定有明确的质和量的上市条件，境外上市通常对企业没有硬性的财务数据要求。

企业在境内上市，监管机构对它们的上市条件都作了比较明确的规定，不仅对它们的资产规模、收入和净利润，以及成长性等作了外形的量的要求，而且对它们要达到的实质条件也作了规定，比如，上市公司的所属行业、行业排名、市场占有率、盈利模式、治理结构和内部控制等。在境外上市，除了一些证券交易所对某些板块和市场的上市公司有特别的财务指标要求外，很多对上市企业不做全面的硬性要求，特别是在财务方面没有绝对的数量要求。例如，在美国纳斯达克的创业板市场上市，对企业没有明确的经营历史和盈利要求。正如纳斯达克高层人士所说，"所有的企业都可以上市，但时间会说明一切。"境外上市公司的这种财务数据要求和企业的增长预期，主要是由负责审计的会计师事务所、律师和投资银行保荐人给出意见，交给市场来判断。投资者根据上市公司发布的招股说明书，来判断这个企业是不是有成长性，是否值得投资。许多企业在没有利润、甚至亏损的情况下，只要投资者愿意买它们的股票，也是可以发行上市的。在美国上市的几家中国网络公司，上市时都是没有净利润的，而且是亏损的，但是它们的发行股价都很高。百度的市盈率高达1 000 倍。2010 年在美国纽约证券交易所上市的中国企业优酷网，根据其招股说明书的披露，同年第三季度亏损 5 312 万元，这在境内上市是不符合条件的，但是在美国却成功上市了。所以，在境内外上市，有没有硬性的上市条件规定，是不是让未来的时间来证明和选择企业，这是一个很大的区别。

　　为什么境内外的证券交易所和监管机构会有这种上市条件的差别呢？这是因为，我国境内的资本市场在总体上还处在发展的初级阶段，上市公司的质量还不是很高。许多企业是在一边进行规范，一边进行上市申请，投资者还没有足够的能力来独立、准确地识别这些企业。因此，监管机构需要采取严进严出的方法，出发点是为了更好保护投资人利益。境外证券市场、特别是比较成熟的市场，投资者判断和识别上市公司的能力比较强，承担风险的能力也比较强，为了给企业更多的融资机会，证券交易所和监管机构采取了宽进严出、终身淘汰的办法。与此相关联的一个问题是，境内上市虽然有明确的上市标准，虽然有一个基本的定价标准，但是实际上由于要求上市的企业太多，实际掌握的这个上市门槛还是比较高的。比如，境内 A 股主板市场规定三年必须有3 000 万元人民币的净利润，创业板市场要求三年必须有 2 000 万元人民币的净利润，但是达到和符合这个条件的企业是很多的，并不是说只要达到这个条件就一定能批准上市。在一次沙龙会议上，深圳证券交易所的一位副总经理讲到创业板的这个上市标准，中央电视台记者严晓宁就马上提问：是不是符合这个条件就都能上市？这位副总回答：在符合这个利润指标的基础上，还要从高

往低向下选。事实上，我们也看到，在创业板上市的企业，其大多数最近 1 年的净利润都在 3 000 万元人民币以上；在中小板上市的企业，其最近 1 年的净利润多在 4 000 万元人民币以上；在主板上市的企业，其最近 1 年的净利润多在 7 000 万~8 000 万元人民币以上。这是境内证券市场的一个基本的事实。"低标准、高门槛"的好处在于能够尽可能挑选更好的企业上市。同时，这也是许多企业愿意选择到境外上市的一个原因。因为境外证券市场对上市公司没有特别的盈利指标方面的硬性规定。

三、发行定价基准

境内上市通常是根据企业上年度经审计的净利润进行定价，境外上市是按照上市当年度或下年度预测的净利润进行定价。

境外上市更注重企业的未来发展，境内上市既注重企业的未来发展，也更重视企业的历史财务数据。由于境内外的这些理念的差别，会导致一定融资额差别。比如，一家企业在 2011 年下半年发行新股，2010 年年底经审计的净利润是 5 000 万元，预计 2011 年年底净利润会达到 7 000 万元。那么，境内上市按 5 000 万元净利润定价，境外上市按 7 000 万元净利润进行定价。这两种不同的定价基准产生的市值结果是不同的。如果企业在境内发行上市，按 5 000 万元净利润来定价，假设 30 倍市盈率，公司市值为 15 亿元，发行 25% 的股份，融资额不到 4 亿元；境外上市，按预测的 7 000 万元净利润定价，假设 25 倍市盈率，公司市值为 17.5 亿元，发行 25% 的股份，可融资 4 亿多元。可以看出，这两种融资结果是很不相同的。所以，我们不能单纯地说境内的市盈率高，境外的市盈率低，还应当看境内外两个市场用市盈率方法的定价基准是什么。当然，除了用市盈率这个最基本的定价方法外，根据不同的行业和企业的情况，还会参考和使用市净率法、未来现金流贴现定价法、可比公司定价方法等。从这个意义上说，境外资本市场的市盈率低，但不一定意味着公司的市值低，融资额少，不能不加分析地一概而论。许多企业老板不知道境内外发行上市定价基准的这个细节问题，我们应当给企业讲清楚。

四、批准发行的难易程度

境内上市，符合条件的企业不一定能被核准上市；在境外上市，符合条件的企业就一定能被批准上市。

这是为什么呢？这是由于境内外的发行监管制度不同所造成的。企业在境外上市，境外证券交易所和监管机构采用的是注册制。这就是说，申请上市的企业只要按照境外证券交易所和监管机构的规定，提供了所有要求提供的文件，这些文件是经过合格的国际会计师事务所审计，经过境内外律师鉴证，经过境外投资银行推荐、保荐的，这些材料全部齐备且合法有效，就一定能被批准上市。就像我们境内企业到境内的工商管理部门申请注册一家公司一样，只要经过预名，经过验资，申请手续是齐备的，就会得到批准设立。至于这家企业实质上是不是真实的，是不是好的，这是由市场去判断的，由申请上市的企业自己来承担责任。证券交易所和监管机构强调充分信息披露。如果企业提供的信息是假的，那就要按法律进行处罚。用中国人的话说，这是一种"后发制人"的方法。外部审计人员经常这样问：你这个企业是真的吗？律师也经常问：你们是合法的吗？为什么这些话会成为专业人士的口头禅呢？因为境外证券交易所和监管机构在审批企业上市时，不需要对企业进行实质性的判断，可以先假定这家企业是假的。只要申报的材料齐备就被批准，实质上是不是真的、好的，那要由市场来判断其真假。企业一旦进入这个市场后，就要终身接受淘汰挑战。这就是境外发行监管制度的基本理念。

　　企业在境内发行上市，目前采用的是核准制。核准制是企业申请、券商推荐、发行审核委员会投票表决、证监会核准，以书面形式通知企业。核准制改变了过去采取的审批制，改变了过去完全由政府推荐企业上市、政府确定和分配发行额度、政府批准企业上市的大包大揽的做法，赋予了企业和市场更多的上市自主权和选择权。但是，它毕竟还是要经过发行审核委员会投票表决，经过证监会核准，企业才能公开发行股票。我们目前还没有一种法律制度，能够确保发行审核委员会成员能够对每个申请上市企业的法律、财务特别是行业及技术、成长周期等全面情况作出准确科学的判断，我们也不能确保每个发行审核委员会委员对符合条件的企业就一定能够投赞成票，这在很大程度上取决于发行审核委员会成员的专业水平和道德素质，取决于他们对企业的偏好。所以，符合上市条件的企业有时可能会被误伤，而没有被批准发行，或者不符合条件的企业乃至造假的企业有时可能会被批准发行上市，这样极少数的意外情况是存在的。当然，我国证券法律法规也规定了，除非是审核人员有意申通造假企业批准上市，如果被企业欺骗而批准上市则是免责的。这里存在着多种可能性：一种可能是审核人员的主观认知水平没有达到，不能准确判断企业是否具备条件；另一种可能是投票者对企业的偏好不同，他不愿意投某家企业的赞成票；还有一种可能的情况是不排除投票者本身有违法违规行为。所以，这就

是一些境内企业经常抱怨境内上市太费事、费时，上市成本高的原因，也是境内证券交易所、投资银行经常呼吁尽快向注册制过渡的原因。但是，另一方面，大家也都看到了，中国境内的企业数量太多，要求上市的企业太多，符合上市基本条件的企业也太多，如果完全按照注册制来批准上市，我们的市场有没有能力全部接受？我们的监管能力和水平能不能跟上？我们企业的素质能不能完全达到上市要求？这些都是不可回避的现实问题。因此，企业发行上市批准由核准制向注册制过渡只能是一个逐步创造条件的渐近的过程。实际上，从国外情况来看，即使是采取注册制，不对企业进行实质性判断，而进行形式审查也是严格的，审核事项也很多。

五、再融资的难易程度

境内上市再融资比较困难，境外上市再融资相对容易。

在境内上市，企业上市以后需要再融资，仍然必须得到监管机构批准才行。一直以来，境内需要融资上市的企业太多，有许多企业连一次公开发行股票的机会都没有。大家认为，不能把好事都放在一家企业身上。这家企业不断地再融资，不断地收购，不断地扩张，这对没有上市机会的企业来说不够公平。所以，境内上市公司再融资还是需要核准的。当然，在中国境内，也有许多企业，特别是一些重点的大型国有企业，包括大型金融企业，它们不断获准进行再融资，不断享受优惠政策，是什么好事都占尽了的。这种情况的出现，可能是由于政府和市场都特别看好它，或者是它有过硬的理由，特别需要给予融资支持。

在境外资本市场，上市公司再融资是非常便捷的。企业上市后，只要当时的股票价格好，企业又有再融资需求，只要董事会发一个公告，随时就能进行再融资，不需要任何其他的批准。这也就是说，境外上市公司能不能再融资，不是监管机构和证券交易所说了算，而是由市场行情和企业情况来决定。只要市场行情好，企业有融资需求，那就可以再融资。事实上，有些企业在境外上市后，已经进行了多次增发新股的再融资，再融资的筹资额已大大超过了首次公开发行时的筹资额。当然，如果境外市场行情不好，整个市场对这个企业没有兴趣，再融资也是困难的。所以，企业在选择上市地的时候，经常会问：这个上市地再融资方便不方便？这需要从企业自身的情况和上市地当时的市场情况来定。至于需要不需要再融资，对许多上市公司来说，那是毫无疑问的。上市只是企业发展的起点，而不是终点。随着上市公司不断发展，有新项目上马，需要不断进行融资，把企业"蛋糕"做得更大。

六、上市前期是否需要改制

在境内上市，企业一定要改制成为股份有限公司；境外上市，除采取直接上市方式需要改制外，境内的内资企业是不需要改制为股份有限公司的。

企业在境内上市，为什么一定要改制成为股份有限公司呢？有限责任公司也是股份公司，为什么一定要改制成为股份有限公司才能上市呢？因为当初国有企业上市时，它不是完全意义上的企业，最多是一个"企业化的社会"，或者说是"社会化的企业"。它承担着职工教育、交通、医疗、保障等很多方面的社会职能。作为这样一种经济社会实体，它需要把社会职能完全剥离出去，剩下的作为一个完整的、典型的企业来进行上市。可是，我们很多中小民营企业本身就是有限责任公司，为什么一定要改制成为股份有限公司呢？为什么有限责任公司不能上市呢？有人说一是因为股东的数量；二是因为股权转让，有限责任公司转让股权需要征得其他职工的同意。我理解，这是按照《公司法》的规定来做的。现在我们要追溯的问题是：我们的《公司法》为什么要做出这样的规定？当然，我们是要依法来运作。我们的股份有限公司股东人数为什么非要在 2～200 人之间？为什么 201 个股东就不行呢？为什么 300 个股东就不行呢？就是由于这个法条规定的原因，很多企业不能够上市，企业苦恼就苦恼在这个地方。它们在当时的历史条件下，按照当时的政府规定，向职工和社会发行了一定数量的股票，有一些还在地方产权交易所交易股票。按照现在的法律规定，这些历史问题就成了企业上市的实质性障碍，它们无法被批准在境内上市。

在境外上市，企业需要不需要改制，分为两种情况：第一种情况，根据现行法律法规，如果企业采用直接上市方法，一定要改制成股份有限公司，才能申请境外上市。第二种情况，如果企业是采用红筹、并股、借壳、买壳、造壳等间接方式上市，则不需要把境内企业变成股份有限公司。也就是说，保留有限责任公司形态更加适宜境外上市。如果把企业变成股份有限公司，当然也可以进行反向并购，但是增加了审批手续的复杂性。在许多情况下，还需要把股份有限公司还原成有限责任公司。例如，雅士利早在 2008 年 3 月，就从有限责任公司改制成股份有限公司，并且启动了 A 股上市进程，后受三聚氰胺事件影响，上市申请受阻。企业于 2010 年 11 月 1 日在香港证券交易所上市。为了降低审批手续的复杂性，境内公司又从股份有限公司恢复为有限责任公司。

此外，还有多家企业在申请境内上市前已经是股份有限公司，在国内申请 A
股上市遭到否决后，只好又变成有限责任公司，以红筹方式在香港等境外市场
上市。因为有限责任公司在境外注册离岸公司后，1 个股东也行，几个股东也
行。境外公司被批准上市后，可以向社会公众发行股票，股东人数自然就会增
多，达到股份有限公司股东人数规定。在美国纳斯达克证券交易所的创业板市
场上市，要求企业至少有 300 个股东。上市后如果达不到 300 个股东，就说明
该企业尚不具备创业板上市条件，而不是说企业在上市前就必须达到这么多的
股东人数，只要在发行股票以后达到这个要求就可以了。

当然，企业改制的目的不只是为了解决股东数量问题，还要解决企业规范
性问题，包括公司治理结构、历史遗留问题等其他方面问题的解决。单纯从股
东人数来讲，并不是改制的充分必要条件。有人说，法律是不讲情的，政策是
不讲理的。法规既然制定出来了，就必须无条件地执行，不能对谁有特殊的偏
好和照顾。

七、发行定价倾向

境内上市，企业希望首次公开发行定价越高越好；境外上市，企业公开发
行定价通常会留出一定的折扣空间。

目前有的中国企业赴境外上市，在定价问题上引起了争议。其中的一个重
要原因，就是由两个市场的发行定价倾向不同而造成的。在境内上市，企业希
望首次公开发行（Initial Public Offerings）价越高越好，最好是能定到极限，
完成这"一锤子的买卖"。发行价格定的最高，筹资量最高，上市公司才会高
兴。出现这种情况是与境内上市再融资困难相联系的。因为企业在境内发行上
市，待首次公开发行完成后，再次发行还要经过批准，再次融资批准机会很难
得到，当然会希望首次公开发行定价越高越好，筹资额越多越好。但是，企业
在境外上市后，再融资无须再经过审批。只要公司有再融资需求，当时股价又
能支持，董事会发出相关的公告，就可以随时进行再融资。因此，企业境外上
市，首次公开发行不一定追求最高定价。按照行规，投资银行通常会与发行企
业商量，让发行价留出一定的折扣区间。例如，发行企业是按 20 倍市盈率估
值，发行定价就按 18.5 ~ 19 倍市盈率定价发行，留出 1% ~1.5% 的折扣空间，
发行时就按这个打了折扣的价格发售股票。这样做，是为了使企业在上市后获
得后市对发行价的支撑，使发行价有进一步上升的空间，而不至于上市后跌破
发行价。采取后一种折扣发行的做法，有利于保护投资者利益，树立上市公司

的良好形象。

大家都可能注意到了，我国境内企业当当网在美国上市后，公司 CEO 与其委任的投资银行人士在网上微博进行了恶狠狠地对骂。主要骂什么呢？当当网 CEO 说，"投资银行总想压低发行价"。"投资银行在对公司估值工具上躲藏、气势上打压、程序上埋伏笔、感情上拉拢。"据有关的报道，的确，当当网最初在招股说明书中披露的价格区间是 11～13 美元，路演后才调到 16 美元。在美国上市后，上市首日收盘价升的较高，开盘价 24.5 美元，较发行价上涨 53%，随后其股价较发行价上涨了 86.94%。那么，股票上市后价格高涨的原因是什么呢？那只能解释为一级市场发行价定得低了。如果发行价定得高的话，上市后二级市场的价格就不会那么高了。所以，当当网的 CEO 认为，投资银行把他的企业发行价定低了。在这里，我不是要评论当当网 CEO 与投资银行谁是谁非的问题，而是要说明境内外发行定价理念的差异问题。希望各位在给企业做境内外上市服务时，要把这个发行定价的理念和惯例告诉企业，取得企业的理解和谅解，以避免产生不必要的纠纷。发行价格定在什么位置最合适，并没有一个非常科学的程式。但是，总体概念是应达到公司最高的价格标准，同时在二级市场给投资者一个比较有甜头的增值。如果企业发行股票以后，股价马上在二级市场掉下来，这显然是失败的。当然，反过来说，如果企业发行股票后在二级市场涨价太高，说明一级市场的发行价格定得低了。这里，我想说一句题外话，上市公司与投资银行应当相互感恩，着眼于大的共同利益。

八、上 市 方 式

境内上市方式较为简单，即批准公开发行后再上市交易，境外上市方式可以灵活多样。

我们说，境内上市方式相对来说比较简单，主要是指目前 IPO（首次公开发行），再就是收购兼并、借壳上市。境外上市方式则是很多，很灵活的。例如，首次公开发行，通过收购兼并买壳上市、造壳上市，分步上市，以及介绍上市等。关于境外资本市场采取先批准、后公开发行的分步上市方式，应当说是很有科技含量的。我国境内证券市场也需要引进这种办法，有望在不久的将来能够进行试点。就是说，一家企业先被批准上市，先取得上市资格，并不马上公开发行股票。允许该已经上市的企业等待时间，待市场行情变好了，再择机公开发行。这种办法在境外被称为"上架发行"，就好比一个货物摆上了货

架，等待合适的顾客来选购它。当企业觉得市场定价不太好时就不发行，认为市场好、价格合适时再去发行。在美国，这种方法更多适合于债券发行。当然，美国证券监管机构要求采取该种上市方法的企业，每隔半年时间需要重新公布一次财务报表，看看这几个月的企业财务情况发生了什么变化，让投资银行和有关机构放心。审计机构出具的这种文件，在国际上称为"告慰函"。咱们境内上市目前可能没有这种"告慰函"，因为目前不需要"告慰函"。企业今年发行股票是按去年经审计的净利润来进行定价的。境外是按照企业预测的净利润来定价的。企业在境外推迟公开发行后，各个机构需要知道企业在最近几个月内发生了什么变化，特别是财务情况发生了什么变化。审计师发出一个"安慰函"，告诉大家这家企业的财务状况没有恶化，还在继续盈利，或者在维持现状，就能使各个机构对将要发行股票的企业放心。

德意志交易所是从 2007 年 7 月才开始吸纳中国企业去发行上市的，2008 年就遇到全球金融危机，中国企业放缓了上市速度。尽管如此，截至 2011 年，仍有 30 多家中国企业在那里上市。它的高级市场上市的第一家中国企业是福建的中德环保，是生产城市垃圾焚烧炉的企业。该企业首次公开发行筹集了折合人民币近 11 亿元的欧元资金。还有一些企业是采取先在公开市场批准挂牌，然后再来并购境内企业，完成并购后再公开发行的办法。在德国成立一家普通公司，注册资本只需要 5 万欧元。如果是成立一家股份公司并且批准挂牌上市，在 2011 年春节前，要求注册资本是 25 万欧元以上，2011 年春节前一周，德意志交易所把注册资本金提升到 50 万欧元以上。一家中国企业的老板若愿意出 50 万欧元资本金，相当于人民币约 500 万元，就能在德国成立一个现金壳公司，该现金壳公司就能被批准成为一家上市公司。需要注意的是，从 2012 年春节后起，采取先批准挂牌的企业须在 2013 年 9 月 31 日前完成以招股说明书方式批准发行上市，表明德意志交易所进一步提高了上市条件。另外，我也注意到，德意志交易所并不关注房地产企业上市，它更关注新能源、高科技、生命科学、高端制造业等被欧洲看好的企业。可是，现在中国的几家房地产企业也在那里上市。后来我明白了，因为香港和其他境外证券交易所有第二上市的规定。比如，香港有后门上市、介绍上市的方式。香港证券交易所规定，一家企业如果是在别的证券交易所上市了，再转到香港证券交易所上市，就不需要经过第一次上市那样严格的审批，就能自动履行上市手续。香港实行双重存档制度，一家企业到香港申请上市，当把材料递交给香港交易所后，香港交易所会把资料复印一套交给香港证监会。香港证监会对交易所批准的上市资料可以不发表意见，表示同意，也可以对提交的上市材料提出意见，还可以对交易所的批准提出否定意见。但是，若是一家已经在别的证券交易所批准上市的公司转到香港上市，其上市申请手续就相对比较简单。目前中国境内进行宏观调控，房地产企业在境内上市比较少见，一些企业就希望先在德意志交易所获准上市，以后再择机转到喜欢的房地产企业上市的境外证券交易所，待全球证券市场行情好转后再做公开发行。

　　境外上市方式还包括 SPAC 方式。SPAC 是特殊目的的收购公司（Special Purpose Acquisition Corporation）的英文缩写。在美国，一位资深投资银行家和金融家，可以自己先拿出几千万美元注册公司，该公司经过美国证券交易委员会（SEC）批准后，就可以公开发行股票。通过公开发行筹资后，SPAC 必须在 2 年时间里找到不错的公司进行合并。如果找不到合适的公司合并，或者广大投资者不同意合并，投资者的投资就要如数退还，而投资银行家的最初出资就可能作为成本无法收回。在最初申请公开发行股票时，这个特殊目的的收购公司除有现金外，不能有业务、利润，也不能说成立这家公司是为了收购哪家公司。如果有了这些东西，这家公司就不会被批准公开发行。一家企业除了现金外，什么资产业务都没有，就被批准公开发行股票，这在中国境内连想都不敢想。一个最初只有少量现金的壳公司凭什么就能被批准公开发行股票呢？那些投资者凭什么要把钱投给这家公司呢？凭的就是 SPAC 的发起人的很高的信誉。我在这里简要地介绍了几种境外上市方式，实际上，无论是传统的上市方式还是创新的上市方式，都还有很多。

九、战略投资者引进

　　境外上市非常重视战略投资者引进，境内上市（特别是在过去）不太重视战略投资者引进。

　　为什么企业在境外上市非常重视战略投资者引进呢？大致有这样几个理由，或者说战略投资者能够起到这样几种作用。一是质地证明作用。企业在公开发行股票时，如果在前期就有国际上大的著名的战略投资者、私募股权基金投资进来，就能说明这家企业的质地不错。假如这家企业不好的话，人家战略投资者为什么敢于对它投资呢？战略投资者和私募股权基金在投资前，对企业的尽职调查做得很全面、很细致，"翻箱倒柜"，不亚于"私家侦探"的工作。这样，企业公开发行股票时，社会公众投资者就敢于买这家企业的股票，就会有好的发行价格。例如，中石油发行美国存托凭证和 H 股，它当时作为中国最大国有企业，作为传统产业和计划经济的代表，加上母公司在苏丹的投资，

美国劳工组织和右翼宗教势力的阻挠，其股票发行困难重重。最终，英国石油公司（BP）作为战略投资者参股，在关键时刻让公众投资者吃了一颗定心丸，对于中石油 IPO 的顺利完成发挥了举足轻重的作用。另外，摩根士丹利对蒙牛乳业的投资，在 IPO 过程中，也起到了提升投资者信心的作用。二是资金支持作用。企业申请发行上市时，通常是有好的项目，而现金流紧张，急需资金投入。如果这笔资金能够及时投进来，经过半年、一年最多两到三年的发展，这家企业的利润就会有新的增加，那个时候的发行定价就会更高，更有利于提升企业估值。三是增加附加值作用。战略投资者进来，它与企业不仅是一种资金的合作，也是人与人的合作。战略投资者会对企业的管理水平、治理结构、内部控制，甚至业务发展、整合上下游资源、引进技术、人才、客户资源等方面都能提供好的帮助，弥补企业的"短板"。因为这也关系到战略投资者和私募股权基金的利益，它们现在与企业是一家人了，如果企业把这笔投资浪费掉了，又没有把业绩做出来，就会直接损害它们的利益。战略投资者会从多个方面关心企业，同时也会从多个方面监控企业。就连上市地和发行时机的选择，它们也是很有发言权的。例如，高盛投资无锡尚德，为其提供了高质量的投资银行服务；SGIC 投资李宁公司，帮助其完成了家族式管理向规范化管理的转变；GOOGLE 等 8 家机构联合投资百度，为其提供了经营管理方面的专业经验。四是补充上市费用的作用。企业在上市过程中，需要支付一定的成本费用。企业在上市前，通常为了少缴税而隐瞒利润，上市则需要把利润恢复和释放出来，这就涉及补缴税款的问题。而且，企业还需要不断支付各个中介机构的服务费用。企业如果在这时拿不出这笔钱来，会直接影响上市的进程。这时，战略投资者和私募股权基金投资进来，在事先征得战略投资者和私募股权投资者同意后，企业就可以用这笔钱来解决上述的这些问题。这就是企业境外上市需要接受战略投资和私募股权基金的四个最基本的理由。

企业在境内上市，由于在过去很长的时间里，发行股票供不应求，企业不需要引进战略投资者。企业说，我的股票又不是没人买，大家都在抢着买，我要战略投资者干什么呢？我要了战略投资和私募股权投资，它的定价比公开发行价要低很多，我会被它们吸血，我会吃亏，因此不需要这个东西。但是，现在很多企业，特别是在境内创业板市场推出后，它们也感到在审批、核准上市方面不是有 100% 的把握。他们担心，如果在前期花了很多钱，花了很多时间和精力，最后还是不能被核准上市，就会承担较大的风险。因此，它们也开始找一些私募股权基金和战略投资者进来，捆绑在一起做上市，以便实现风险共担，利益共享。但是，现在有一个问题值得注意，这可能是我们制度安排方面的问题。现在允许证券公司对拟上市公司进行直接投资，最高投资可以占到企业7%的股份。从一个方面来看，这样能够检验证券公司是否真的对这家企业情有独钟，真正看好这家企业上市前景。如果证券公司不对企业进行投资，说明该证券公司不是真的看好企业，可以防止企业被证券公司忽悠上市。但是，另一方面，如果弄得不好，会出现很大的问题，影响证券公司的独立性。证券公司作为一个独立公正的第三方机构，它在给拟上市企业做保荐业务服务时，是不能够与企业有除收取服务费和承销佣金外的其他利益关联的。如果证券公司作为上市企业的保荐人，把它自己的资金投到被保荐上市的公司中来，它就变成该企业的一个股东，它还怎么有资格来独立发表上市意见呢？出于利益的驱动，它肯定会千方百计包装企业，想方设法使这家企业能够上市。出现这种情况是毋庸置疑的。很多市场人士对证券公司直接投资被保荐上市企业的做法提出了质疑，强烈要求切断这个利益链。保荐就是保荐，保荐不要投资。在现实中，更为严重的问题是，通常不是证券公司对其保荐的企业直接投资，而是证券公司里做上市业务的个人用其亲戚朋友的名义来给服务对象企业进行投资。

企业在境外上市，境外投资银行的内部机构是严格分开的，投资部门与保荐部门之间有严格的"防火墙"。如果是同一家证券公司，给同一家企业既做投资人又做保荐人，保荐部门与投资部门的人员、信息、业务就必须完全彻底分开。两个部门之间不能有任何人员和信息的交叉和串通，更不能共享企业的任何信息。它们的各个部门之间必须各做各的，各自通过自己的独立渠道，来独立获取企业的相关信息，分别对企业作出投资判断和保荐判定。投资银行中的双方人员必须在法律上保证完全符合这些要求，决不能既给企业做保荐服务，又对企业进行直接投资，决不能出现内幕交易等非法行为。只有将保荐行为与直接投资在机构、业务、人员、信息、利益等方面彻底分开，完全隔离，才有可能使上市公司的合法性、合规性得到基本保证。

十、历史问题的解决

企业在境内上市，历史遗留问题不解决不能核准上市；在境外上市，有助于解决企业的历史遗留问题。

我国的许多民营企业是从原来的国有企业和集体企业演变而来的，存在着许多历史遗留问题，有的还存在产权不清晰的所谓"原罪"问题。这些问题如果不解决，在境内上市是不能被批准的。尽管我国法律法规规定，企业在上

市前三年内不能有重大违法违规行为，把影响上市的因素限制在一定的期限内，但审核人员、法律人员和上市规则仍然倾向于摸清申请上市企业的"家底"，搞清楚它的历史沿革，以防止国有资产流失，当然也为了规避自己的责任。所以，一家企业最初是怎么产生的？最初的出资是怎么来的？每一步产权变化和历史沿革都需要搞清楚。如果企业在这个过程中遇到问题，就可能形成历史遗留问题，对上市造成实质性的障碍。山东省有一家加工制造企业，其前身是一家国有企业。这家国有企业当时已经严重亏损，资不抵债。当时的厂长和一些管理人员凑了 200 万元，买下了这家国有企业的产权，变成了一家私人企业。与此同时，在当地政府协调下，银行给该企业贷款 2 000 万元。当然，这里还有插曲，银行又是通过一家投资公司放贷，最后才完成了管理层股权收购。在企业申报境内上市时，已经过了 17 年的时间。审核人员问：企业的股权是属于谁的？是管理层用 200 万元资金购买的股权，还是银行给投资公司 2 000 万元借款而投资获得的股权？一下子把企业给问住了。如果说银行这 2 000 万元算作贷款，那么是用什么资产抵押的？企业没有资产可抵押。于是，该家企业的股权归属产生了纠纷，当然未能被核准上市。还有一些企业本来是民营企业，但是在当时的历史社会下，企业创办人为了显示自己的政府背景，就通过一些方法，让政府部门来持有它一定数量的股份，给自己的企业戴上了一顶"红帽子"。可是，现在要申请上市了，历史已经形成了事实。企业怎么让政府把股份撤出去呢？是无偿撤出还是要通过转让？这个问题也不知道该怎么解决才好。所以说，历史遗留问题不解决，企业就上不了市。

　　境外上市，特别是红筹上市，证券交易所和监管机构一般不去追溯境外公司更深远的历史问题，除非境外公司及其控股的境内企业犯有需要永久追索的重大违法行为，除非企业编造虚假信息欺骗了境外投资人。境外证券交易所和监管机构以及投资者更多的是依据境外律师出具的法律意见。境内律师出具法律意见主要是为了满足境外律师的提问，是为了回答人家的问题。境外律师只要认为不必要回答的问题，境内律师可以不对此发表意见。我们现在一些境内律师在做境外上市业务时，特别是做企业境外红筹上市业务时，抛开境外律师的具体需要，完全按照境内上市要求出具法律意见，在许多方面与境外证券交易所和监管机构以及境外律师的要求对不上号。是不是需要摸清企业家底？是不是需要搞清企业历史沿革？原企业是不是国有企业和集体企业？企业的历史沿革手续是怎样办的？境外的专业人士和投资人既看不懂，也不关心这些方面的问题。这些问题是由境内律师按中国法律法规去把关。境外律师关注的主要问题是：现在的公司法律架构是否合法？现在的上市公司资格是不是合法？现在的公司治理水平如何？现在的公司的发展前景是不是好？现在的公司存有什么法律方面的风险？人家更关心这些方面的问题。境内律师弄了半天，不去回答人家的主要问题，只是局限于某些微不足道的"瑕疵"进行纠缠，以企业的所谓历史遗留问题限制企业上市。在这里，我绝不是说境内律师不要对企业境外上市的行为是否符合中国境内法律法规发表意见，而是说我们需要明白境内外上市的一些基本的理念差别，明白境外人士和投资者头脑中的关注点、兴奋点，他们没有我们头脑中的这些概念。所以，境外上市有利于企业解决历史遗留问题，通过间接上市，企业可以变成一家外商投资企业，既受境外上市地法律约束和保护，又在境内受到中国法律的约束和保护。

十一、股票是否全流通

境内上市，通过股权分置改革后，公司股份倾向于全流通；境外上市，公司股份不一定全流通。

至于企业上市后股份全流通好不好？这个问题不能一概而论。股份全流通是有利有弊的。全流通带来的问题是什么呢？就是企业上市后，老板"胜利大逃亡"，趁着上市后股价高时把所持股份全卖了，不干了，以退却性的目的实现了上市。一般来说，大多数企业上市的目的不是为了退却，而是为了更好发展。但是，有些企业的老板不是这样，他上市的动机是为了变现股份。尽管中国证监会的发行上市监管条例规定，企业上市要有清晰的业务发展战略，最近三年连续盈利且持续增长。但是，实际上，处在不同发展阶段的上市公司的情况很不一样。一种企业是正处在上升阶段，正是成长性好的时候，既有发展前景又需要资金，这种企业最适合于上市。还有一种企业，正处于如日中天阶段，发展达到了鼎盛时期，要利润有利润，要市场有市场，要贷款有贷款，这种企业一般不需要上市。但是，这个过程并不能永远持续下去，总有一天它要走下坡路。比如市场饱和了，别的竞争者进来了，它需要产业和产品转移，再发展下去利润就会下降。这种企业在进入下降通道前，在出现"拐点"前，也会抓紧时间赶快上市。为什么国内有些企业上市后，第一年业绩好，第二年持平，第三年就亏损呢？就是因为这些企业是处在走下坡路，进入下降通道前批准上市的，而不是处在成长期这个黄金阶段上市的。大家知道，企业都是有生命周期的，有人把它分为创业期—成长期—鼎盛期—衰退期。企业真正到了衰退期，利润逐年下降，没有人愿意买它的股票，它们是上不了市的。它们是赶在由鼎盛期向衰弱期转化的这个时点实现了上市。尽管上市筹集到了大量的

资金，但那种衰退趋势是不可逆转的，钱并不能挽救它的衰退命运。这是为什么呢？这是由它的行业地位、产品、市场等因素所决定的。有些企业不是有了钱就能挽救的，不是因为解决了钱的问题就能解决它的其他问题，而是它"气数已尽"，即使注入再多的资金，也不能从根本上解决它的问题。

境外上市有所不同，比如在香港 H 股上市，H 股获准在香港上市后，股份能不能全流通呢？从法理上讲，上市以后应该是全流通的。但是，香港的上市条例规定，大股东卖股票是由小股东来进行表决的。大股东卖股票不是自己想卖就能卖，而是由小股东来决议让不让卖出股票。因为大股东卖出了股票，股票市价就会降低，影响了小股东的利益。大股东对自己的企业都没有信心，想把股票都卖掉套现，别人怎么敢继续持有该公司的股票呢！所以，企业在香港上市后，股份能不能实现全流通，这是由小股东来决定的。一般来说，除少数境外的证券交易所对股东有禁售期的规定外，许多证券交易所不去规定股东们的禁售期，像国内上市规定股东要等待 3 年才能出售股份那样，境外的上市规则没有这个限制。通常的情况是，为发行企业承销证券的投资银行与上市公司进行这方面的约定，约定在上市后的一定期限内，股东不出售股票，如果出售也是分期分批进行，一般会约定为半年或者一年或更长的时间。这样做是为了增强投资者的信心，支持二级市场的股价表现，维护上市公司市值的稳定。

十二、对企业的偏好

境内上市，通常偏好于国有企业和大企业；境外上市，在偏好大企业的同时，也喜欢成长性强的小企业。

企业在境内上市，有一个基本的理念，就是要把企业做大做强，把做大放在做强的前面。因此，倾向于首先选择国有企业和大型企业上市。国有企业是国民经济的中流砥柱，毫无疑问是需要重点支持的。甚至在本世纪初期，一度把境内证券市场的功能就定位于为国有大中型企业三年解困服务。另外，就是支持大企业上市，即使在中小板市场、创业板市场，专门针对中小型和创业型企业上市，在同样的条件下，仍然是从中选择比较大的企业上市。为什么我们有如此强烈的"大企业情结"呢？这是因为，我们境内企业的平均寿命只有2.9 个月，优先选择大型企业上市，可能抵御风险的能力会强。即使有朝一日企业被搞垮了，在清算的时候，仍然有东西可以清算，有资产可以分配。如果是一家资产规模很小或轻资产的企业，那就没有什么东西可以给股东分配。现在的问题在于，目前我国境内的中小板市场、创业板市场共有 916 家上市公司，按行业对照 2011 年工业和信息化部、国家统计局、国家发改委、财政部等四部委联合发布的"中小企业划型标准规定"，这两个市场板块的上市公司上市前 1 年的营业收入（不低于 5 000 万元）全部超过四部委规定的小型企业的上限。国家标准定义的"小型企业"营业收入区间，除建筑业（300 万元 ≤营业收入 < 6 000 万元）外，其他行业的上限均低于 5 000 万元。这说明，截至目前，我们境内的两个市场板块只有中大型上市企业，而没有一家合格的小型企业上市。

2010 年有一家广州的企业来北京找我咨询，是 5 个大学生伙伴经过 10 年创业，研发手机管理芯片。他们把研发的这种芯片插入手机，用以对大企业进行管理。比方说，中国银行每天有大量的客户贷款、存款、取款，资金流量如何？宝洁公司每天都在全国各地进行销售，每个员工销售了多少产品？每个员工和分支机构就可以通过这个装有芯片的手机输入数字后直接发到公司总部的电子系统，它不是给公司总部发去短信，而是把数据等储蓄在手机里自动发往总部，进入公司总部的计算机管理网络系统，进行自动存储和处理，而且这个网络系统能给全国各地的员工和分支机构发出指令，告诉他们应该怎么去做。这家企业的利润成长性很好，第一年盈利 3 000 万元，第二年盈利 5 000 万元，2011 年估计会盈利 7 000 万 ~ 8 000 万元。但是，这家公司没有什么固定资产，除了技术人才和技术专利及少量的电脑外，企业的办公室是租用的，也没有土地、厂房、设备、生产线。但是，它的无形资产价值可以说比较大。我国公司法规定，无形资产在公司成立时可以占到 70% 的股份。但是，在公司申请上市的时候，发行上市管理条例规定，除土地使用权、矿产开采权、水面养殖权外，其他的无形资产占股比例不能超 20%。因此，对知识产权等无形资产的评估，怎样才有利于高技术而轻有形资产的企业上市，是一个值得研究的问题。

境外上市，境外证券交易所和境外投资者无疑重视大型企业。那些大型企业有很大的资产规模，有很大的市场占有率，有很强的生产能力，有很强的抗风险能力，通常被称为"蓝筹股"。但是，境外市场选择上市企业，通常不是把"大"放在首位，不是只是看企业资产规模的大小，还更重视企业资产的回报率，更着重于企业的成长性。企业资产也有优良资产、不适资产、不良资产之分。我们特别需要了解，境外投资者投资上市公司，不是要购买上市公司的资产，不是购买上市公司的生产线，而是购买一个比较健全的整体的业务体系。他们希望看到上市公司有自己的销售能力，有自己的销售网络，有产品的研发能力，有好的发展前景。我们经常听到境外的投资银行人士说，"small，

beautiful"。他们认为，那些"小而美"的企业最适合于上市，最能获得境外投资者的青睐。《红楼梦》里说，"大有大的难处"。大型企业的产权关系比较复杂，决策程序比较烦琐，一旦遇到什么风浪，"船大难调头"。小企业上市，通常轻装上阵，营运能力强，像一只生气勃勃的小老虎。境外上市，既欢迎大企业上市，也欢迎小企业上市，尤其欢迎小而美的企业上市。那些网络股企业、教育股企业和众多的高科技企业，在没有多少固定资产的情况下能够上市，并且受到众多的境外投资人的追捧，就为说明这个问题提供了很好的佐证。

十三、市场板块

境外上市，已经形成了主板、创业板、柜台交易有机的资本市场体系；境内上市，目前还没有形成自动升降的完整有机的资本市场体系。

境外的许多证券交易所，特别是比较成熟的证券交易所，经过多年的发展，已经形成了包括主板市场、创业板市场、柜台交易的完整市场体系，而且这个市场的上市公司可以在各个板块间自动升降。比如说，企业公开发行上市的条件还不够的时候，可以先在柜台市场挂牌交易，柜台市场不能公开发行股票，只能进行私募融资；企业在柜台市场交易达到一定的标准时，就可以自动升到创业板市场，进行公开发行股票；企业在创业板市场上市后，进一步具备了主板市场的上市条件，如果企业也愿意转到主板市场上市，就可以升级到主板市场。反过来说，企业在主板市场的上市条件达不到时，就降到创业板市场；如果在创业板市场上市后，还达不到创业板市场要求的条件，就再降到柜台交易市场。这是一个上市公司自动升降的有机的市场等级体系。例如，在美国纳斯达克管辖的柜台交易市场，有两个最基本的升板条件：一是每股价格要涨到5美元；二是有300个股东。其他还有公司市值方面的要求，以及做市商数量方面的要求等。在柜台市场上挂牌交易的公司符合了上述的条件后，就可以升级到创业板市场，可以被允许公开发行股票。

目前我国境内正在致力于建设完善的多层次的资本市场体系，已经有主板市场和创业板市场，还有由中国证券业协会协调部分证券公司设立的代办股份转让系统。现在所说的"新三板扩容"，就是指在原有中关村科技园区试点的基础上，将范围扩大到其他具备条件的国家级高新技术园区，并且增加主办券商数量。另外，一些地方还建立了产权交易所和产权交易中心。但是，所有这些市场板块还没有形成相互联系的有机的市场体系。创业板市场的上市公司符合主板市场条件后，其转到主板市场是自愿的，企业可以提出申请。主板市场的上市公司是否能降到创业板市场？现在还没有这样的规则，将来是强制性的降板还是选择性的降板，目前还不知道。创业板市场的上市公司如果不符合上市条件了，是直接退市还是降到临时代办转让系统，目前正在研究，也没有明确的规定。至少来说，目前"新三板"在法规上还没有纳入资本市场的有机体系里。什么时候新三板的企业能够自动上升到创业板市场，创业板市场的上市企业能够自动上升到主板市场；什么时候主板市场的上市企业能够自动降到创业板市场，创业板市场的上市公司能够自动降到场外市场，这取决于我们证券市场的发展进程。目前企业在新三板转让股份，只能起到披露信息、私募融资、转让非上市股份的定价这方面的作用，还不能说企业进入新三板，只要条件符合后，就能自动升到创业板市场，升板时无须再进行核准。至少现在还没有这样的规定。另外，究竟是以哪一个市场为重点来设立场外市场？是把整个产权交易都连成为一体呢？还是集中在中关村这样的国家级高新技术园区？目前还不明确，国家可能会对全国各地的各类交易场所进行清理整顿。

十四、合并上市

在境内通过合并上市是有限制、有条件的，境外上市则没有这方面的限制条件。

很多企业经常问，我现在资产规模不够，销售收入和净利润也不够，能不能收购另外一些企业或者合并一些企业"捆绑上市"？大家可以去查一查证监会的有关规定，允许是允许，但是有一些条件限制。比如，收购非同一控制人下的相同、相似产品或者同一产业链的上、下游企业的资产，被收购方的资产、收入、利润任何一项超过收购方的100%的，需要运营3年后才能申报；被收购方的资产、收入、利润的任何一项在收购方的50%～100%之间的，需要运营2年才能申报；在20%～50%之间的，需要运营一个会计年度才能申报。若是收购同一控制下非相关行业的企业或资产的，被收购方的资产、收入、利润任何一项在收购方的5%～100%之间的，都需要运营3年后才能申报。

在境外上市中，通过收购兼并一些企业上市，通常是比较自由、灵活的。当然，对实际控制人发生了变化的，有的证券交易所比如香港证券交易所要求运行1年，有的证券交易所则要求运行2年或3年。特别是那些采取红筹方式上市的企业，股东们是在境外成立一家控股公司，由境外的控股公司来反向收

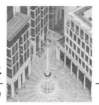
购境内的公司，那么，收购一家也行，收购两家也行，收购三家也行，收购四家也行。关键是实施收购的境外控股公司与被收购的境内企业之间的内部关系要协调好，要把它们之间的股权关系、资产业务关系理清楚，以便有利于上市企业的产业链完善。

韩国证券交易所在 2008 年批准一家名叫"联合科技"的中国企业上市。联合科技实际上并不是纯粹的高科技企业，它是由晋江的福建华源纤维有限公司、石狮市利恒织造印染有限公司和温州奥昌合成革有限公司联合参股而组建的，在香港注册成立。公司有关人员说，我们是同一行业的上下游关系，企业之间也互有参股，所以最终能够共同抱团，联合上市。但是，企业在上市以后，股东们仍然未能完全避免中国企业的传统弊端，都想自己说了算。他们在所筹集资金的使用问题上，产生了一些矛盾，其中有的企业未能及时提供财务报表。后来，在韩国证券交易所协调下，这三家企业才重归于好，达成了协作协议，使上市资格得以保留下来。这里我不是要评论这家上市企业的长短，而主要是想说明，境外上市是允许企业合并上市或联合上市的。各位在做境外上市并购业务时，可以把多家企业作为并购对象，但一定是要找同类型的、同行业的、产业链互补型的企业进行合并上市，不要把不同行业、产业链无关联的企业拼凑起来上市，一定要有利于产业链完整和主营业务突出。在这方面，可以说，全球的证券交易所的要求都是一样的，都要求上市公司主营业务突出，产业链完整，有利润增长空间，这样的企业上市才能受到境外投资者的欢迎。

十五、上市成本费用

境内上市的成本费用较难作出准确的估计，境外上市的费用通常是透明的。

大家比较关注境内上市和境外上市的费用，特别是拟上市企业更加关注。一般来说，上市成本费用包括支付给各个上市团队的服务费用，包括财务顾问费用、会计师事务所费用、境内外律师费用、保荐机构费用、承销费用、投资者关系机构费用、评估机构费用，以及向证券交易所支付的费用等。至于企业为了规范产权、纳税等专项法律事务的成本，比较难以统一计算。我认为，境内外上市的成本费用应当与筹资额联系起来考虑，不能孤立地作为一个绝对数来看。如果仅看花费的成本数额，而抛开企业的融资额，很难说这笔费用是高还是低。这里的关键是让各个服务机构的工作有利于筹资价格的提高，扣除成本后筹集资金额更多。有些企业选择上市中介服务机构时，单纯看成本费用，谁要价最低就选谁，结果选定后工作做的很差，就得不偿失了。所以，选择上市服务团队，我建议用议标的方式，不是简单的竞争投标。投标完全是死条件，而服务质量是很难完全用数字量化的。比如，我们很难说，服务是多少钱一斤？服务是多少钱一尺？上市费用在境内来说情况也很不一样。据有关资料介绍，境内上市费用约占融资额的 6% ~8% 左右。应当说，企业在创业板市场上市的费用应该比较高一些，但也没有准确的判断和精确的统计。有资料介绍，证券公司对创业板市场上市公司的收费低于 1 400 万元，就没有兴趣去做这个项目。可以说，没有机构明确规定费用到底是多少。每个机构的收费一定是按这个数字标准吗？这个也不好说。另外，上面提到，企业上市支付给各个中介机构的费用，比如会计师事务所的审计费用、境内律师的费用、投资银行的辅导和改制费用等，可能还需要支付一些补交税款、公共关系等方面的隐性费用。至于交给证券监管机构的审核费用和证券交易所的费用都不是很高的。特别应当提请企业注意的是，上市费用还要与私募融资的定价条件结合起来考虑。境内上市私募融资通常按净利润的 5 ~7 倍市盈率定价；境外上市通常按净利润的 7 ~9 倍定价。融资定价高低才是真正的成本费用高低所在。

企业在境外上市，支付给各个上市服务机构和证券交易所的费用是完全透明的。上市公司绝对不需要支付什么隐性费用，企业想把隐性费用花出去，也没有什么地方可花。各个上市服务机构收取的费用要根据不同市场、不同行业、采取不同的上市方式、企业上市难度和花费精力及时间来确定，基本上都是差不多的。当然，在境外不同的证券交易所上市，收费标准有所不同。一些证券交易所比如美国、中国香港是按照上市公司的市值进行收费，不是每年按固定金额收费，上市公司的股票价格越高，交给证券交易所的钱也越多，一般为千分之几。但是，有的证券交易所收费就很低，比如说德意志交易所，因为它吸纳中国企业去上市比较晚，目前正是欢迎中国企业去上市的时候，企业在初级市场上市交给交易所的费用也就是每年 5 万元人民币；在高级市场上市，交给交易所的也仅是每年 10 万元人民币。无论上市公司的规模有多大、筹资量有多高、市值有多大，都是交这个固定的费用。综合来看，在美国上市，定价和筹资量在全世界是最高的，相应的，企业上市后的维护费用也是最高的。通常每年需要支出 800 万 ~1 000 万元人民币费用。假定企业是在美国 OTCBB 买壳上市，如果私募融资 3 000 万元人民币，假定企业没有能够转到创业板市场公开发行，那么这家企业在 3 年后肯定是很难运作下去的。很明显，企业每年在支付维护费用比较充足的情况下，大概是支付

 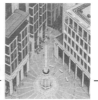
1 000 万元左右，在三年之后，私募融资的 3 000 万元资金几乎都要花出去，基本上都要还给美国人。

十六、上市的主体

境外上市对企业的行业类型限制较少，境内上市对企业的行业限制较多。

目前，在境内上市的企业是有许多限制的。能够批准上市的企业必须要符合国家产业政策，符合外商投资产业政策，符合国家环境保护政策，以及符合其他有关政策等。目前，境内的有限合伙企业、单纯外资的投资公司、纯粹的军工企业等上市还比较难，还没有成功上市的先例。另外，像学校、医院等不是在工商管理部门注册成立的盈利机构也难以上市。例如，就合伙企业而言，我国《证券法》第 166 条规定，"投资者申请开立账户，必须持有证明中国公民身份或者中国法人资格的合法证件。国家另有规定的除外。"。有限合伙企业目前没有法人资格，所以无法开立证券账户，当然也无法顺利上市。据说，监管机构已通过部门审核的拟上市公司中，有不少是有限合伙参股的公司。再如，就纯粹的投资公司而言，任何一家纯粹的投资公司很难把各地生产型企业以分公司或转投资形式作为拟上市公司的一部分，特别是外资投资性公司或控股公司通常只是一个壳公司，不具有研发、销售、生产、经营实体，很难单独上市，除非它们以控股公司及其全部子公司一起整体上市。还有，出于对国家安全等方面的考虑，军工企业一般是采取"军民剥离后民品上市"的办法。从已经上市的军工企业来看，民品占其主营业务收入的很大份额，大量的军工资产受到国家安全等因素的影响，也不能在资本市场得到应有的评价。

在境外上市，除了危害世界和平和危害人类健康及环境的企业不能上市外，除了一些国家认为会对其形成重要威胁和竞争的企业不能批准上市外，其他企业上市一般没有太多的限制。例如，就合伙企业来说，美国的黑石投资、欧洲 3i 集团和 KKR 都是上市公司。2007 年 6 月，美国黑石集团有限合伙在纽约证券交易所上市，还有越来越多的私募股权基金在考虑 IPO 上市计划。再如，就军工企业来说，美国的几家大的军工企业如洛克希洛－马丁、波音等都是民营企业，国家和企业之间建立的是一种较为简单的买卖关系，进入资本市场没有什么限制。甚至境内不可想象的博彩业企业——赌场、色情服务业企业——妓院都是可以上市的。例如，中国澳门的澳门博彩、银河娱乐、信德、新濠国际、高利澳门等公司在香港证券交易所上市。亚洲娱乐资源在美国纳斯达克上市。还有从事色情服务业的澳大利亚墨尔本的公司日月新星妓院（Daily Lanet）在澳大利亚证券交易所上市，该公司上市后在金融危机中股价仍然坚挺，被称为投资回报率极高的"无烟工厂"。按照中国境内的相关法律法规，这些公司在中国境内则是被取缔的对象。还有，中国境内生产"雀友"麻将机的松冈机电（中国）有限公司的母公司雀友休闲娱乐公司于 2009 年 1 月 8 日在澳大利亚上市。"雀友"麻将机的创始人魏国华除持有上市公司 1.794 亿股股票外，他还是海南一家地产公司和深圳一家工业发展公司的老板。据杭州市萧山区金融办负责人介绍，"雀友休闲"为国内首家境外上市的娱乐休闲行业公司。上市准备时间仅为国内上市时间的 1/5。《每日经济新闻》透露，它们选择在澳大利亚上市，主要考虑到那里的市场比较规范，上市手续也相对简单。那么，休闲娱乐企业目前在境内批准上市只是刚刚开始，随着中国实施扩大内需的政策，有望更多的服务业企业上市。至于投资公司上市，境内企业采取红筹方式在境外上市，在境外注册的几乎全部都是投资控股公司，并且就是把这种投资控股公司作为上市主体的。在境外上市，这就是由于法律的不同所导致的上市主体的区别。

十七、二次上市

企业在境外上市后，进行二次上市比较方便；在境内上市后，进行二次上市不如境外方便。

许多企业人员问，我的企业在境内上市后，还能不能到别的地方上市？当然是可以的，不过需要做一些具体分析。截至 2010 年年底，已经有 65 家同时发行 A 股和 H 股的境内企业，分布在各个行业。根据以往的经验，就大多数企业来说，还是先到境外上市，再回到境内上市比较好。这里有几个方面的考虑：一是境外上市有境外上市机构的要求，如果先发行 A 股，公司重组和股改方案都按照境内要求定型了，一旦境外机构提出新的要求，就不太好调整，再通过股东大会或董事会决议进行调整，会涉及境内投资者是否同意的问题。二是境内发行价一般比境外发行价要高些。先以一个较高的价格发行，后以一个较低的价格发行，这对两种股东都不公平。同样都是一家上市公司的投资者，为什么卖给境内投资者价格贵，而卖给境外投资者就便宜呢？这在道理上说不过去。而且，还会产生对后市不利的预期：这样究竟是境内价格把境外上市价格带动起来？还是境外价格把境内价格拖累下去？例如，力帆汽车已经在境内上市，可能有计划再去香港上市，就面临着这个问题。长城汽车是先在香港上市，再在境内上市，就比较顺利些。三是企业在境内上市后，很难再以红

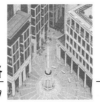
筹方式在境外上市。因为企业已经是一个境内上市的公众公司，没有办法把主要股东再变成外籍身份，让外资来收购。

如果企业在境外上市，比如选择在香港上市，然后又选择到美国上市、欧洲上市等，都是十分方便的。许多境外证券交易所规定，如果这家企业已经在其他证券交易所上市，然后来这里上市，上市手续是很简便的，一般不需要再经过审批。有一些企业，比如中国石化，就是选择中国香港、美国、英国、上海四地上市的。它的基础股票在香港上市，在美国或全球发行 ADR（美国存托凭证）或 GDA（全球存托凭证）。还有一些企业，比如开始选择在新加坡证券交易所上市，后来新加坡交易所的股价掉了下去，又选择在其他证券交易所上市交易，这可能有助于提升新加坡交易所的股价。有的企业干脆选择在这家证券交易所私有化而退市，再到其他证券交易所重新申请上市。还有一种情况，大家都是比较关心的，即一家境内企业在境外上市后，还能不能回到境内来上市？可以这样回答大家，这分为两种情况。第一种情况，如果企业先在境外上市，采取的是直接上市方式，可以走"先 H 股、后 A 股"的路子，或者企业发行规模很大，可以走"A + H"同时发行的路子。第二种情况，如果企业是采取红筹方式在境外上市，这里又有国有红筹和民营红筹之分，或者叫"大红筹"和"小红筹"之分，可以在境内国际板市场推出后，走红筹回归上市的路子，也可以走外国企业来中国境内上市的路子。当然，在境内国际板市场推出后，可能会首先选择一些大的红筹企业回归上市，逐步满足更多中小型红筹公司回归上市要求。所以，企业先在境外上市后，再在境内上市，或者再选择在别的其他市场上市，在政策和法律上都是畅通无阻的，而且会越来越方便。

十八、顾问作用

企业境外上市非常重视上市顾问的作用，境内上市特别是在过去不太重视顾问的作用。

由于中国境内企业对境外上市情况相对不够熟悉，境外的服务机构对中国境内企业的事项也相对不够熟悉，就需要企业委任一个上市顾问，该顾问既需要懂得境外上市又需要熟悉国内情况。这样的顾问公司来为企业做境外上市服务，协调境内外的各个服务团队的工作，通常会起到如下几个方面的作用：（1）总体筹划人。根据企业的具体情况，告诉企业应当在哪里上市？在什么时候上市？股价预计会怎样？上市成本费用会有多少？上市风险在哪里？应当如何规避？顾问要对企业境外上市做出全面的分析和规划。（2）企业规范人。

在企业上市的前期，要对企业的法律和财务方面进行规范，尤其是对企业的财务进行规范，使企业成为一家符合境外上市条件的企业。很多企业不明白这个道理，它们也知道自己的财务不规范，但是不知道怎么去规范，也不想下工夫去规范，就急急忙忙把审计机构引进来。如果审计机构比较负责，能为企业着想的话，在正式开始审计前，它们会安排先做一个尽职调查，看看企业财务账目存在哪些问题，评估能不能通过审计。这时，企业只是花费一些小钱而已。但是，相当多的企业不管三七二十一，马上就与审计机构签署了审计服务协议，付钱之后就开始审计。结果审计人员一看，企业的财务账目差距太大了，会计基础和内部控制太薄弱了，根本就没有办法通过审计。这样一来，审计机构既出具不了无保留意见的审计报告，又按独立性要求不能为企业进行账目处理和调整，再更换另外的会计事务所也比较困难。顾问公司在这方面起的财务规范作用是很大的。（3）资金融通人。企业上市前期是很需要资金的，需要引进私募股权融资和过桥资金等。顾问要在撰写战略融资计划书的基础上，根据企业的资金需求，为企业适当引进私募股权基金和其他类型资金。（4）国际协调人。顾问公司要为企业推荐和引进境外上市所需要的境内外的合格相关服务机构，并且要全程协调它们的工作，解决各方面的问题，直至公开发行完毕。特别是境外的投资银行，它们不同于境内证券公司抢先做协调人，通常是在企业做好上市准备工作特别是审计通过后才会进来，它们只是在企业境外公开发行阶段担任境外上市协调人。（5）公共关系人。顾问公司还要能够帮助企业完成境外上市所需要的境内外各种审批事项，甚至要与境外证券交易所和监管机构沟通，与涉及的有关境内外政府部门沟通，以及与相关的境内外媒体联系。所以，上市顾问的作用和责任是很大的。但是，能够具备这样条件和胜任这样工作的顾问并不是很多，真正有经验、有能力、真正能做好业务的应当说是很少的。而且，在不同的境外市场上市，他们又有更细的专业分工，懂美国上市不一定懂香港上市；懂得香港、英国上市，不一定懂加拿大上市；懂新加坡上市，不一定懂欧洲上市。所以，现在的顾问公司为了获得项目，往往熟悉哪个市场，当接触企业的时候，就把这家企业往哪个市场引领。因为他只熟悉这个市场，而不能根据企业情况和全球市场情况，做出综合比较分析，判断哪一个市场对这家企业上市最为适合。

　　现在，企业在境内上市，特别是在创业板市场上市，也开始重视顾问的作用了。因为许多企业看到创业板市场上市风险也比较大，可能做了很多准备工作，还不能被核准上市。同时，申请创业板上市企业多是创业型的小企业，其家族企业、伙伴企业的色彩比较浓厚，规范和辅导的工作量很大，证券公司往

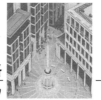
往不愿意在这方面花费太多的精力。另外，企业还可能涉及很多其他的问题，新闻媒体对上市企业的挑剔和监控也比较严格，需要开展一定力度的投资者关系管理工作。

十九、税 收 政 策

境内上市要严格执行各项税收政策，境外上市能够合理规避一定的税收。

在境内上市，企业和个人肯定是要严格按国家税收规定缴纳税款，包括营业税和增值税、企业所得税和企业分红后的个人所得税等。企业是否完税是确认企业收入和净利润的前提。依法纳税是公民和企业的应尽责任。偷税漏税在境外视为与杀人放火同罪。在境内资本市场发展早期，一些企业释放和恢复利润后，只要补交税款，证券监管机构就有可能批准其上市。但是，现在许多依法纳税的企业还没有机会批准上市，那些主要靠补交税款来确认收入和利润的企业就很难批准上市。补交的税款越多就越不能被批准上市，这说明企业在依法纳税方面差距甚远。当然，各地政府出于发展本地经济的长远考虑，为了支持企业上市，出台了许多当地的税收优惠政策。比如说，一些企业因释放利润，依法补缴企业所得税，按"先缴后返"原则，对企业所得税的地方留成部分由同级财政以项目补贴的方式等额逐步返还给企业，用于支持企业发展。当然，企业在境外上市，也同样可以享受地方政府的这一税收优惠。

企业在境外上市，特别是采用红筹方式上市，通常是在维尔京群岛、开曼群岛等避税地成立公司。这些在避税地成立的公司，成为境外上市主体公司的法律股东。按照这些避税地的法律规定，这些在避税地成立的公司的股东在避税地分红时，基本上是不用纳税的，所得税基本上是不用缴纳的。

大家会问，既然这样，为什么境内企业不用其在避税地成立的离岸公司直接作为境外上市主体，而是由避税地的公司进行投资，再在香港或者其他境外地区成立一个股份公司作为上市主体呢？为什么要设立双重的境外公司法律架构呢？这时因为，按照2006年8月21日中国内地与香港签订的《内地与香港特别行政区关于对所得避免双重征税和防止偷漏税的安排》的协定，如果香港投资者持有外商投资企业25%以上股权，调出利润分红时，中国政府对香港投资者只征收5%的预提所得税。中国与维尔京群岛（BVI）、开曼群岛等则没有签署类似的协议，如果外资企业的股东为BVI和其他地点的公司，比如美国、英国、德国、新加坡、马来西亚等地方注册的公司，调出利润分红时，则按照 10% 的税率征收预提所得税。所以，成立双重法律架构的境外公司去上市，主要是出于避税的考虑。

二十、会计准则的选择

境内上市公司由于 A 股、B 股、A＋H 股的不同，可以选择规定的会计准则来编制财务报表；境外上市企业可以选择国际会计准则和上市地本国的企业会计准则。

中国境内的 A 股上市公司必须按我国财政部制定和颁布的会计准则编制财务报表；B 股上市公司需要按国际会计准则调整财务报表；H 股上市公司可以按国际会计准则或香港会计准则出具审计报告，也可选择提交中国审计准则的财务报表。A＋H 股公司过往需要提交中国及国际会计准则两份财务报表，香港证券交易所 2010 年宣布认可中国审计准则及核数师，A＋H 股上市公司只需预备一份财务报表，任选采用中国会计准则或国际会计准则。我国目前施行的会计准则已经与国际会计准则比较接近，只是在 5 个问题上还有一些重要的差别，财政部也已提出了进一步完全接轨的路线图。但是，A 股上市公司目前仍然不能直接采用国际会计准则，会计师事务所也是按照财政部颁布的企业会计准则来出具审核意见。而且，上市公司必须在每一个财政年度结束后 4 个月内呈报年度财务报告，在每半个财务年度（6 个月）结束后 2 个月内呈报中期财务报告。

境外上市，企业可以选择上市地所在国家（地区）的会计准则，也可以选择国际会计准则，来编制企业财务报告。在某些国家（地区）还规定，如果上市公司不适合上市地所在国家（地区）的会计准则，则可以选择美国会计准则和国际会计准则。例如，在美国上市，美国本土公司采用美国会计准则，外国公司可采用美国证券交易委员会理解的准则，但必须采用美国公认会计原则调整过的损益表和资产负债表项目。有些国家还规定，企业可以选择所在母国的会计准则。比如日本，日本允许在日本上市的外国企业呈交所在国即母国的会计准则；若日本政府认为企业按母国的会计准则编制的财务报告不能够满足其要求的时候，企业可以呈交按国际会计准则出具的财务报告（第三国原则）；若以上均未达到日本政府认可的会计准则要求，大藏省可以指定使用一种会计准则，即"大藏省会计准则"。企业财务报告一般用日文撰写或附日文译本。目前日本会计准则与国际会计准则还有一定的区别。日本在其企业会计准则里，为鼓励企业大规模发行，鼓励企业不断把所有的盈利分出，使得它

不断进行再投资。在日本会计准则下，对折旧有很高的要求，折旧率比美国和国际会计准则要高很多。因此，同样的公司，同样的盈利水平，在东京证券交易所上市，按日本会计准则编制财务报表时，企业的盈利水平普遍都比较低，对采用市盈率方法定价有一定的影响。所以，在日本上市，在会计准则方面会比较复杂。但是，东京证券交易所的股价还是高的。东京证券交易所原来有两家中国境内企业上市，现在只剩下了一家。其中一家上市后不久，该企业的老板把境外投资者的资金转移挪用到他自己的私人公司中，结果被退市了。中国企业在日本上市数量很少，是因为那里的上市程序目前比较费事，在遵循会计准则方面比较麻烦。

二十一、股票面额及标价币种

境内上市公司的股票面额有固定的规定，境外上市公司的股票面额各不相同。

在中国境内上市，主要根据两种注册资本或净资产来确定总股本。企业采取直接上市方式赴境外上市的，除特殊情况外，法律对于公司发行股票的最低面值、计价币种及交易币种均有规定。根据《国务院关于股份有限公司境外募集股份并上市的特别规定》，按《中华人民共和国公司法》成立的股份有限公司向境外投资人募集并在境外上市的股份，应当采取记名股票形式，以人民币标明面值，以外币认购。此外，根据《到境外上市公司章程必备条款》的规定，到境外上市的公司发行的股票，每股面值为人民币1元。为了防止国有资产流失，国有控股和参股企业的发行价，还要求不能低于每股的国有资产净值。

对境外上市公司，各国（地区）对于股票面值的要求各不相同。股票最小面值可以低于、等于或大于该货币的最小货币值。例如，在美国上市，每股通常为25美分。美国德拉瓦州及加州法令均无最低面额的限制，也无面额币别的规定，但美国境内公司以外币为单位者并不常见。又如，香港公司条例也无股份面值最低金额的规定，在惯例上一般不会少于港币0.10元。公司成立时的法定股本、法定股本中的股份数及其面值，均由成立公司的股东自行决定。香港公司条例也无规定公司的股份面值必须以港币为单位。再如，开曼群岛无法定的最低面额的限制。每股面额由公司董事或股东决议。有关股份面额也无任何货币限制规定。开曼群岛公司在成立后，其股份面额可以变更。开曼公司发行的股票面值可为每股0.001美元。一家开曼公司共可发行1亿股份，若以每股 0.001 美元计算，总资本仅为美元 100 000 元。这使资本金的分拆和分配更具灵活性。马来西亚法律也未对股份设有最低面额之限制，故该面额之高低可由公司自行决定，公司股票面额通常为马币 1 元。马来西亚公司法也未规定股票是否得以外国货币为发行单位。然而，以外国货币发行股票并无法源，实务上难以达成，例外情形仅为设立于马来西亚纳闽岛（Labuan）的境外公司。该岛设立的境外公司应适用境外公司法（Offshore Companies Act），而境外公司法第 47 条则明确规定，股票的相关价值与价格可以外国货币表彰。总的来说，为了方便众多的散户投资者购买股票，境外倾向于把股票面额拆细，使每股的价值比较低。目前中国境内企业在德国上市，一般为 1 股面值 1 欧元。相对来说，这个股票面额是比较高的，将来也可能会被拆细。

二十二、监管幅度

境内上市一般来说监管幅度较宽，境外上市监管幅度相对较窄。

很多企业经常讲，我不想到境外上市，我对那里的法律和文化不了解，人生地不熟。如果在境内上市的话，我比较熟悉环境，出了问题可以找关系解决。我个人认为，对这个问题应当辩证地看，这涉及境内外上市的监管幅度问题。在境内上市，虽然企业比较熟悉境内的情况，有众多的人脉关系，但是企业处于监管机构的眼皮底下，受到境内监管机构、境内投资者和媒体的监督较严，再加上中国境内存在的普遍"仇富"心理，稍有风吹草动，企业受到的影响就很大。当然，我绝不是说，让企业想方设法去规避监管，而是说，如何尽可能减少由多重监管带来的上市公司危机。

在境外上市，企业的确不太了解境外的情况，反过来说，境外的监管机构、投资者、新闻媒体也不太了解境内企业的情况。上市公司只要如实按时披露财务报告，及时报告重大可能影响股价的临时事件，企业的盈利状况比较好，且持续增长，境外的证券交易所和监管机构及投资者就不会来找企业的麻烦。即使一旦发生什么事情，它们也一般不会轻易来境内找企业。不然，为什么出现大的欺诈案，多是境外上市公司呢？前几年，有一家广州的房地产企业在伦敦交易所上市，募集资金完成后，这个企业老板上市当天就从地球上消失了，再也找不到了。在境内上市能出现这种情况吗？通常是不能的。当然，境内上市公司也出现过许多例大的欺诈案。正是由于这些原因，美国上市公司监管者认识到了境外上市的中国概念公司存在监管空白和漏洞，正在尝试加强国际间的联合监管。

为了保证境内外上市公司依法规范运作，拓宽监管幅度是很重要的。许多年来，我国证券监管机构已经与几十个国家（地区）的监管机构签署了联合监管备忘录，确立了联合监管的基本原则、内容、方法等事项，但是执行起来却比较费事。例如，调查和处理一个案子，双方投入的财力、人力、时间很多，往往还缺乏足够的经验，举证也比较困难。拿境内企业在香港上市来说，被举报的是香港上市公司，可是上市公司的注册地和运营都是在中国境内，香港有关方面会要求境内履行举证义务。可是，境内的人说，企业是在香港上市出了问题，是在香港被人举报的，境内怎么才能举证啊？再如，美国证券交易委员会（SEC）意识到一些中国境内企业在美国上市后，存在着财务不实甚至造假问题，以及为这些公司上市做服务的中介机构形成的利益链问题，从2010年下半年以来，集中调查了数十家中国概念上市公司，并且希望调查为这些上市公司进行审计的会计机构。但是，这些上市公司的境内营运公司都在中国境内，一些为之审计的会计师事务所也在中国境内，美国监管者如何与中国监管者进行联合监管，就需要很好地协商，并且拿出切实可行的办法。因为中国企业在美国上市是由美国证券监管机构批准的，是具有美国监管机构和交易所认可的资质的机构所推荐的，"借壳上市"方式是美国方面认可的，美国应当首先反思自己的监管规则。因此，调查和处理一个境外上市的案子，在取证、举证等方面都是比较困难的，联合监管面临着一定的挑战。特别是今后境内建立国际板市场后，在境内外两地上市的企业会不断增多，如何加强国际联合监管，这有待于境内外的监管机构、证券交易所、上市公司、各种上市服务机构共同努力，在共同认可的正确的理念下，形成合力来解决这些问题。

第 5 讲
中国企业境外红筹上市的路径与规则

—— 中国企业境内外发行上市操作实务高层研讨会

从 1992 年起，中国境内企业陆续在境外证券市场通过红筹上市方式实现在境外融资的目的。那些市场前景明朗、商业模式成熟、财务业绩良好的企业在境外上市中获得追捧。伴随着中国企业境外红筹上市的实践，中国政府对境外红筹上市的相关政策法规也在不断发展和完善中。与此同时，中国境内企业采取红筹方式上市面临的境内外形势也更加复杂，对中国境内企业境外上市提出了许多挑战。这里，从中国境内企业境外红筹上市涉及的基本法规、政策的角度，谈一下企业应当把握的哪些最基本的方面，知道境外红筹上市的可考虑的基本路径与规则。

一、判断哪些企业类型不被境外市场接受

中国境内企业赴境外上市，首先要能够判断上市地所在国是否对上市持接受态度，这个国家（地区）是否会认为拟上市的企业可能损害其国家安全而被阻止上市。

一般来说，拟上市企业如果能给境外投资者带来丰厚经济利益和可观的回报，会受到境外投资者的欢迎。但是，如果一家企业在给境外投资者带来回报的同时，对其上市地的所在国的根本利益和安全有损害，它们是会抵制这些企业上市的。一个国家（地区）决不会筹集资金给它认为可能损害其国家安全和利益的企业，让这些企业用它的国民的资金发展起来后，来损害它的国家安全和国民利益。

这里通常有以下几种情况。

第一种情况是被认为可能威胁其国家安全、军事、环保和人类健康的企业，以及一些特殊的高科技企业。例如，1988 年，美国国会通过了著名的《埃克森 – 佛罗里奥法案》。"9·11 事件"之后，美国对国家安全的关注迅速升级，并于 2007 年通过了监管范围更广、要求更高的《美国 2007 年外国投资

与国家安全法》。在这部法案中，美国除强化了其对传统"国防安全"的关注外，还将所有对美国至关重要的有形或无形系统或资产纳入了监管范围。我国的华为公司向美国外国投资委员会（CFIUS）提交收购三叶公司（3Leaf）技术资产申请后，就遭到美国的拒绝，华为公司不得不主动撤回申请。2008 年，华为联合贝恩资本收购 3Com 公司，也遭到美国外国投资委员会拒绝。其原因同样都是被认为华为的收购会威胁美国的"国家安全"。2010 年，华为竞标美国斯普林特公司移动电讯设备的合同，也因部分美国人士提出危及"国家安全"而被受阻。此前，2005 年，中海油并购美国尤尼科公司，也被认为涉及国家安全问题而被迫流产。再追溯到 2009 年 11 月，当时正值我国民生银行推进 H 股发行和在香港上市前夕，由于美国联合银行于当年 11 月 6 日被加州金融管理局关闭，导致其股东发生投资损失风险。民生银行对该银行的累计投资折合约为 8.87 亿元人民币，约占总股本的 9.9%，是最大的单一股东。在美国联合银行倒闭之际，民生银行曾提出了注资申请。但是，美国出于政治考虑，就是不愿意卖给中国人，而宁愿让它倒掉。最后在美国联邦存款保险公司（FDIC）协助下，美国联合银行被华美银行收购。其实，民生银行收购美国联合银行，双方都属于中小银行，民生银行也并不谋求取得控股地位，并不会对美国造成安全威胁，但仍有很多美国国会议员表示反对。对全球的互联网企业，许多国家的政府对认为不良的内容都进行抵制。美国早就制定了严格的军事信息管理制度和相关法律，用于限制美国商业卫星公司出售有损国家安全的卫星图片。一些国家与谷歌公司的冲突表明，在网络时代，如果有意触犯这些国家的规章制度，必然会受到这些国家的限制和抵制。这些遭到抵制的企业如果想在这些国家上市，其难度是可想而知的。至于生产及其产品有可能危害环境保护和人类健康的企业，其存在的合法性都是问题，更不要说被批准上市了。

第二种情况是被认为可能属于被反垄断的惩罚性企业。反垄断是指当一个公司的营销呈现垄断或有垄断趋势的时候，国家政府或国际组织对其采取一种干预手段。早在 19 世纪末期，当世界经济发展进入垄断资本主义时期，反垄断就成为各国规制的对象，各国均采取严厉的立法，来进行反垄断的法律规制。当然，是否需要对一家企业实施反垄断，不是以该企业的市场占有率、厂商规模大小、市场中厂商数量为判断标准，关键是看其是否滥用了市场力量。美国政府在审查大型企业并购案时，把能否提高市场绩效作为企业重组的唯一标准。在市场开放而没有准入限制的条件下，那些具有市场力量的企业不一定是垄断，只有利用市场力量采取了不正当手段、限制竞争才被判为垄断。国际上，许多国家（地区）对大的上市公司和非上市公司的并购重组案子都实施反垄断审查。一些可能被认为属于反垄断的企业并购未被批准，一些希望通过并购重组实现上市的企业也未能被批准。

第三种情况是被认为属于反倾销（Anti-Dumping）、反补贴而进行国际贸易纠纷的企业。国际贸易中的倾销行为是指一国（地区）的生产商或出口商以低于其国内市场的价格或低于成本的价格挤进另一国（地区）市场的行为。反倾销就是指进口国（地区）对实行倾销的进口商品采取严厉的措施，以抵消对本国（地区）产业所造成的损害，防止对新建产业形成威胁。反倾销的措施一般是对外国商品除征收一般进口税外，再增收附加税，使其不能廉价出售，此种附加税称为"反倾销税"。例如，美国政府规定：外国商品刚到岸价低于出厂价格时被认为商品倾销，立即采取反倾销措施。虽然 WTO 在《关税及贸易总协定》中，对反倾销问题做了明确的规定，但实际上各国各行其是，仍把反倾销作为贸易战的主要手段。反补贴是指一国政府或国际社会为保护本国经济发展，维护公平竞争秩序，或者为了国际贸易自由发展，针对一国政府或者任何公共机构，向本国的生产者或者出口经营者提供的资金或财政上优惠措施，包括现金补贴或者其他政策优惠待遇，使其产品在国际市场上比未享受补贴的同类产品处于有利的竞争地位的补贴行为而采取必要的限制性措施。这些措施包括临时措施、承诺征收反补贴税。在不同的时期，国际上反倾销、反补贴的关注度和力度不同。特别是在国外的经济情况不太好时，我国的许多行业的企业都卷入过反倾销、反补贴调查。另外，与此相关的属于"特定产品过渡性保障机制"和"特殊保障措施"（简称"特保"）的企业也难以上市。例如，我国在《加入 WTO 议定书》中承诺：中国产品在出口有关 WTO 成员方时，如果数量增加幅度过大，以至于对这些成员的相关产业造成"严重损害"或构成"严重损害威胁"时，那么这些 WTO 成员可单独针对中国产品采取保障措施。"特保"实施的期限为 2001 年 12 月 11 日至 2013 年 12 月 11 日。例如，2009 年 4 月 20 日，美国钢铁工人联合会向美国国际贸易委员会提出申请，对中国产乘用车轮胎发起特保调查。其在诉状中声称，从中国大量进口轮胎损害了当地轮胎工业的利益；若不对中国轮胎采取措施，到今年底还会有 3 000 名美国工人失去工作。9 月 11 日，美国总统奥巴马决定，对从中国进口轮胎实施为期三年的惩罚性关税。之后，中国出口美国的钢管再次成为两国贸易争端的另一个焦点。美国钢铁公司向美国商务部提交申请，要求对从中国进口的某些钢管征收最高 90% 的反倾销和反补贴关税。我们先不评论这些裁决是否符合世贸组织和美国法律的相关规定，是否公正、公平，但可以肯定，遭受特

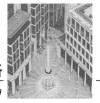

保调查和裁决的企业在美国是很难上市的。而且，这些企业在国内上市也很难，因为美国征收特别关税后，这些企业对美国出口的盈利会大幅减少。

二、判断需要采取怎样的合法红筹架构

中国境内企业赴境外上市，还要能够判断红筹方式适合怎样的法律架构，了解境内公司的股权或者资产业务如何被收购到境外公司，境外上市公司的募集资金又如何调入境内企业使用，保证企业建立的红筹架构合法有效。

特别是，在我国已经建立并且逐步完善外资并购安全审查制度的情况下，中国境内企业采取红筹方式赴境外上市，既要考虑境外上市地是否接受中国境内企业上市，也要考虑我国境内政策法规是否允许外资并购境内的相关企业。如果涉及我国的国家安全问题，我国政府将不会批准外资对中国境内的内资企业的并购，因此无法完成这种红筹架构上市。我国政府涉及并购安全审查制度的法规，目前主要有《国务院办公厅关于建立外国投资者并购境内企业安全审查制度的通知》（国办发〔2011〕6 号）以及《商务部实施外国投资者并购境内企业安全审查制度的规定》（商务部公告 2011 年第 53 号），后者自 2011 年 9 月 1 日起实施。对不影响国家安全的，申请人可按照《关于外国投资者并购境内企业的规定》、《外商投资企业投资者股权变更的若干规定》、《关于外商投资企业境内投资的暂行规定》等有关规定，到具有相应管理权限的相关主管部门办理并购交易手续。

（一）红筹法律架构

我已经多次在不同的场合讲过红筹股概念和红筹上市基本模式。所谓传统的红筹架构，是指自然人（包括境内居民和境外居民，但实际上大部分为境内居民）以个人名义在香港、开曼群岛、百慕大等离岸中心设立拟上市公司（SPV，可能有 2～3 层的境外结构），用来自于境外的外汇资金在境内购买上述自然人在境内公司拥有的权益，拟上市公司即境外公司以上述境内公司权益在境外上市。换句话说，红筹上市通常是指中国境内企业的自然人股东通过在境外成立公司或购买壳公司，由境外公司收购境内公司的股权或资产业务，由境外公司在境外申请上市的方式。由于境内企业不是采取改制为股份有限公司，把境内股份公司股权直接申请在境外上市，而是先把境内公司的股权外资化后，由对其控股的境外公司作为上市主体在境外申请上市，因此对境内企业而言，它是一种间接上市的方式。

上述传统红筹模式主要通过股权关系对境内公司进行控制。当然，根据情况，按照中国境内的外资企业法规，境外公司也可以在境内设立一家外商独资企业（WFOE），通过 WFOE 来控制境内的内资公司。另外，在此架构的基础上，可以演变出若干类似的红筹架构。例如，按照中国法律法规，新设中外合资（合资）公司，使红筹架构符合相关外商投资企业法律法规，北如《关于外商投资企业境内投资的暂行规定》、《外商投资企业投资者股权变更的若干规定》等。

　　这里有一家在香港红筹上市企业的法律架构，我们可以它作为参考，谈谈主要的操作环节。可以分为三个具体步骤。

　　第一步：聘请一位香港律师负责协助 N 位自然人在百慕大群岛或开曼群岛设立一家公司 A，再在英属维尔京群岛（BVI）设立一家 A 公司的全资控股子公司 B（完全免税）。B 公司收购国内 C 股份有限公司的全部股权，或者收购境内公司的全部资产业务，可以连续计算业绩。中国律师协助做法律文件。收购完成后，境内企业变更为外商独资企业，申请税收减免。

　　第二步：N 个自然人以其所持有的股份作为抵押，在国内银行分 N 次共取得特定数额的短期（1 个月）贷款。在境外谈好一家融资机构，以国内的银行存款作为抵押，在境外银行借款，款项相当于境内同等数额人民币的美元。具体付款手续可以在国内股权收购完成后履行。但是，一定要有银行对账单，包括国外借款取得的所有文件。例如，贷款可以分期取得，比如每次获得 1 000 万元贷款，抵押取得境外美元借款（US＄121 万元）。按照中国商务部文件要求，签订股权转让协议，并取得外商独资企业营业执照后，在 N 个月内，分 N 次共投入境内特定数额的支付收购款。自然人股东收到后还给境外机构。

　　第三步：聘请香港中介机构：保荐人兼牵头经办人、境外律师（2 家）、百慕大律师、中国法律顾问、境外会计师、境外评估师、印刷翻译商、财经公关公司，这些机构陆续进场工作，各自先做尽职调查。

　　第四步：开始写招股说明书并不时修改，所有的中介机构都参与，审计师负责审计，评估师负责评估，律师负责作法律文件。完成招股说明书最后一稿后，报送香港联交所。

　　第五步：香港联交所审核文件并提问，直至聆讯前，约需 2～3 个月。通过聆讯，香港联交所核发批文，财经攻关公司组织路演，发行成功，挂牌上市。

　　该企业的香港上市红筹架构，可大致描述如下，见图 5－1。

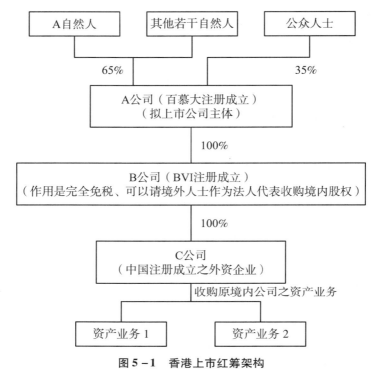

图 5-1 香港上市红筹架构

（二）境内企业的股权或资产业务如何被收购到境外公司

讲境内企业的股权或资产业务如何收购到境外公司，也就是讲，采取什么样的并购方式，境外公司完成对境内公司股权或资产业务的收购。在这里，如果讲境内企业一定要把股权或资产业务收购到境外公司，境内企业才能通过境外上市公司实现间接上市，那么目前主要有三种方法，即现金收购股权、现金收购资产业务、跨境换股。至于另外一种方法，即境内企业的股权、资产和业务不被收购到境外公司，而实现境内企业通过境外上市公司实现在境外间接上市，那是一种境外公司用协议控制境内企业的方法，即 WIE（可变利益主体）架构，实现在境外上市。这个问题将在下一个题目中专门阐释。

第一种是现金收购股权的方式。

这种方法是企业红筹上市采取的主要方法。按照这种方法，新设立的境外控股公司需要以境内公司的股权进行私募，获得境外私募基金，或者用境内公司股权质押获得境外过桥贷款，该笔资金必须从境外汇入，境内企业必须拥有获得境外公司并购资金的通道，然后才能收购境内公司的部分或全部股权，从而完成境内外公司的重组。当境外公司全资拥有境内公司股权时，境内公司变更为外商独资企业；当境外公司获得境内公司 25% 以上股份时，境内公司变更为中外合资企业。

境外公司收购境内公司股权后，境外控股公司成为境内公司的股东，变更设立的外商投资企业承继被收购的原境内公司的债权和债务。在股权收购中，纳税义务人是被收购的境内公司股东，与被收购的公司无关。除缴纳合同印花税外，股东为自然人的，在向境外公司转让股权所产生的溢价，应按《中华人民共和国个人所得税法》的规定，缴纳 20% 的个人所得税。

有的民营的境内企业愿意以低于其净资产值的价格向境外公司出售资产，以降低收购的现金额，在收购完成后，再恢复境外公司的净资产值，这涉及对境内外公司审计的会计处理问题。

以现金作为支付手段收购境内企业股权的方式，其优点是比较直接、便利，境内公司作为境外公司控股的子公司不涉及资质的转移，同时境内外公司的实际控制人可不发生重大变化，境内公司的历史沿革可以通过包装手法移植到境外新设立的公司。

第二种是现金收购资产业务的方法。

按照这种方法，新设立的境外控股公司同样需要像现金收购股权方法一样，获得私募融资或过桥贷款，并且该笔资金必须从境外汇入，在境内设立外商独资企业，然后由该外商独资企业去收购相关联的境内企业的资产业务。并购资金的额度一般为境内企业经评估后的净资产值，首期资金到位不得低于并购总金额的 20% ，有的地方需要达到 30% 以上。

采用以现金作为支付手段收购境内公司资产业务的方式，境外公司需要在境内再设立一家外商投资的全资子公司（WFOE），再由这家外商全资子公司（WFOE）收购相关联的境内企业的硬件设备、知识产权等核心运营资产，完成境内公司权益的导出，从而实现在境外上市。境内公司向境内设立的外商独资企业（WFOE）出售的资产，需要经过评估，并且需要完成相关资产的产权过户。

以现金收购境内企业的资产业务，纳税义务人是收购公司和被收购公司本身。根据资产的不同，纳税义务人需要缴纳不同的税种，主要有增值税、营业税、所得税、契税和印花税等。

以现金收购资产业务，除收购方即外商独资企业（WFOE）愿意以承债方式收购外，债权和债务由出售资产的境内企业承担。收购方除承担环境保护、职工安置等法定责任外，只需关注资产本身的权属和抵押情况，就基本可以控制风险。

采取现金收购资产业务的方式，其好处是可以选择有效资产，能够剥离土地、办公用房、现金等非核心资产，降低境外公司的收购金额。收购资产业务完成后，原境内公司可保留在上市集团公司之外，但今后不能从事与上市公司相同的业务，以免发生同业竞争。如果这些被剥离的资产转让给上市公司股东以外的其他股东，则可以从事相同的业务。但是，收购资产业务方式可能会导致新公司无法连续计算被收购公司的业绩。

第三种是跨境换股的方式。也即境外公司以股权作为支付手段置换境内公司股权。采取跨境换股方式，不发生现金交易关系，这种方式在境外非常流行。我国10号文正式肯定了跨境换股的方法，允许外国投资者以股权作为支付手段并购境内企业，境外公司股权应在境外公开合法证券交易市场（柜台交易市场除外）挂牌交易。10号文出台后，由于操作细则至今未予颁布，跨境换股还未见有案例。更多的红筹上市企业是采用现金并购股权的方法。需要注意的是，对于境外的非上市公司，国家通常是不允许通过换股方式来收购境内企业的。大家可以设想，如果允许，所有的境内企业都可以与其设立的境外公司通过换股协议完成换股，中国境内企业就可以堂而皇之地全部被境外企业全资控股了。

（三）境外上市公司发行股票的融资如何调入境内公司

虽然境外公司是上市主体，但其拥有的境内企业是运营实体。境外上市公司所募集的资金，只有调入境内供企业使用，境内企业利用这笔资金进行经营活动，才能保证上市公司利润增长，给境外投资者分红。所以，境外上市公司所募集的资金如何合法调入境内企业使用，也是企业关注的一个极为重要的问题。一般来说，有以下几种方法可以把境外资金调入境内使用。

第一种是按照国家外汇管理局的有关规定结汇的方式。

如果一家境内企业是在2006年9月8日以前，也即国家六部委《关于外国投资者并购境内企业的规定》（10号文）生效前，境内居民以其持有的境内企业资产权益或者持有的合法境外权益，以实现境外融资并且以返程投资为目的，就在境外设立了特殊目的公司，并且依据《关于境内居民通过境外特殊目的公司融资及返程投资外汇管理有关问题的通知》（75号文）、《关于印发〔国家外汇管理局关于境内居民通过境外特殊目的公司融资及返程投资外汇管理有关问题的通知〕操作规程的通知》（106号文）的规定，办理了境外投资外汇登记手续，或者境内居民通过所设境外特殊目的公司已完成返程投资（被返程投资企业已领取了外汇登记证），但尚未就所设特殊目的公司办理境外投资外汇登记的，办理了境内居民境外投资补充登记手续，或者境内居民的特殊目的公司已在境外成立但尚未办理特殊目的公司境外登记手续，且返程投资尚未完成（被返程投资企业尚未领取外汇登记证），按新设程序办理了特殊目的公司境外投资登记手续的，可以结汇。境内居民通过特殊目的公司对境内开展的直接投资活动，包括但不限于以下方式：购买或置换境内企业中方股权、在境内设立外商投资企业及通过该企业购买或协议控制境内资产、协议购买境内资产及以该项资产投资设立外商投资企业、向境内企业增资。

第二种是用增加资本即扩大外资股本的方法注入境内企业的方式。

如果一家境内公司已经按照我国政府制定的外商投资企业法律法规，成为一家境外公司全资拥有的外商独资企业，该境外公司也于境外证券交易所上市融资，那么可以将其所筹集的资金作为对境内的外商独资企业增资扩股的办法调入。这种资金的调入，既包括对外商独资企业的增资扩股，也包括对新设立的外商投资企业的投资。

中国商务部为深化外商投资管理体制改革，落实国务院关于进一步做好利用外资工作的通知，于 2010 年 6 月 10 日，发布《关于下放外商投资审批权限有关问题的通知》（商资发〔2010〕209 号），规定：《外商投资产业指导目录》鼓励类、允许类总投资 3 亿美元和限制类总投资 5 000 万美元（以下简称限额）以下的外商投资企业的设立及其变更事项，由省、自治区、直辖市、计划单列市、新疆生产建设兵团、副省级城市（包括哈尔滨、长春、沈阳、济南、南京、杭州、广州、武汉、成都、西安）商务主管部门及国家级经济技术开发区（以下简称地方审批机关）负责审批和管理。

国家外汇管理局发布的汇综发（2008）142 号文（于 2008 年 8 月 29 日生效）规定："外商投资企业资本金结汇所得人民币资金，应当在政府审批部门批准的经营范围内使用，除另有规定外，结汇所得人民币资金不得用于境内股权投资。除外商投资房地产企业外，外商投资企业不得以资本金结汇所得人民币资金购买非自用境内房地产。外商投资企业以资本金结汇所得人民币资金用于证券投资，应当按国家有关规定执行。商务主管部门批准成立的投资性外商投资企业从事境内股权投资，其资本金的境内划转应当经外汇局核准后才可办理。"

第三种是以在境外借贷方式投入境外上市公司所属的境内附属公司的方式。

如果一家境内企业按照合法程序设立了境外公司，该境外公司已经在境外上市，所募集资金调入境内的变更为外资企业的公司使用，可以采用境内的外资公司对境外上市公司借款的方式。这是我国政府规定的外资企业享受的一项特别权利。但是，境外上市公司在境内设立的所有返程投资的外资企业的注册资本或者增资后的注册资本加上外债的总额，应当小于或者等于已经向外汇局

办理申报并获得核准的境外上市主体公司的融资资金。境外上市公司对境内企业的投资总额与注册资本的差额是境内企业向境外举借外债的额度。境内的外资企业应该根据拟定注册资本的金额和投资注册差额规定范围计算并确定投资总额，以便使预留外债额度最大化。境内的外资企业可以永远不借外债，但是可以保留自己举借外债的权利。

根据 2003 年 1 月 8 日国家发展计划委员会、财政部和国家外汇管理局联合颁布的《外债管理暂行办法》中第二十六条和第二十七条关于外债用途的规定，境内企业所借中长期外债资金，应当严格按照批准的用途合理使用，不得挪作他用。确需变更用途的，应当按照原程序报批。境内企业所借短期外债资金主要用于流动资金，不得用于固定资产投资等中长期用途。外债结汇不得用于股权投资或者其他投资性用途。不允许外债资金结汇用于偿还外资企业人民币债务。

境内的外资企业通过境外上市公司举借外债，虽然外资的使用比较灵活，但其监管手续比较繁杂，从外债登记到资金使用的周期比较长。所以，境内的外资企业举借外债，应当作为注册资金使用的一个补充。境外上市公司将第一次融资金额，扣除境外日常经营所需费用后，应将大部分资金调回境内作为注册资本，只将少部分资金作为外债数额。

三、判断采取协议控制模式的适当性

中国境内企业赴境外上市，要能够谙熟企业所在国对外商投资行业和企业的限制和禁止政策，以及外国投资者并购中国境内企业的安全审查法规，如果企业属于没有向外资开放的行业，企业又拟采取红筹方式上市（即境内企业先外资化后到境外上市），就需考虑境外企业上市后如何才能不影响中国境内企业开展相关业务的资格。

根据中国的现行政策和法律法规，有许多行业领域，比如 ICP（互联网内容提供商）、清算行业、出版、教育等，都是禁止外资进入或禁止外资控股的。但是，中国境内企业要在境外上市，又必须引进外国投资者，在境内成立外资企业，为了既绕过制度禁区，又适合境外上市要求，中外律师们设计出"协议控制"或"协议安排"的模式。按照该种协议控制架构，外资股东虽然无法直接通过股权或资产业务控制境内企业，却可以通过设立特定公司以及签署特定协议，获得企业的经营控制权。这一潜规则是在中国境内的新浪公司赴美国纳斯达克上市时所首创的，因此它又被称作"新浪模式"。当时的三大门户网站即新浪、搜狐、网易，和后来的空中网、百度、阿里巴巴、盛大、分众，以及上市不久的土豆网、世纪佳缘等，都是通过这种协议安排模式在境外上市成功的。2006 年 9 月 8 日，我国商务部等六部委发布对外资并购和红筹上市产生了重大影响的"10 号文"，使我国境内的民营企业赴境外上市审批难度增大，导致一些其他的"非外资限制投资"产业的企业也使用该种"协议控制"模式。例如，境内居民无法提供其境外权益的合法性证明，无法满足境外公司成立满 2 年的要求，无法提供境外公司有经营往来财务数据的审计报告，以及其他无法按 106 号文办理登记境外间接上市法律架构的原因等。最为典型的是近些年来在境外资本市场屡创佳绩的电信增值业务和互联网内容提供及服务公司，例如盛大网络、百度、灵通网、协程等企业。我未经过精确的统计，大约有 42 家公司采用 VIE 架构在美国上市。

特别需要注意的是，2011 年 9 月 1 日，我国商务部发布《实施外国投资者并购境内企业安全审查制度的规定》（2011 年 53 号文）。根据该文第九条的规定："对于外国投资者并购境内企业，应从交易的实质内容和实际影响来判断并购交易是否属于并购安全审查的范围；外国投资者不得以任何方式实质规避并购安全审查，包括但不限于代持、信托、多层次再投资、租赁、贷款、协议控制、境外交易等方式。"国务院办公厅 2011 年 6 号文规定的并购安全审查的范围为："外国投资者并购境内军工及军工配套企业，重点、敏感军事设施周边企业，以及关系国防安全的其他单位；外国投资者并购境内关系国家安全的重要农产品、重要能源和资源、重要基础设施、重要运输服务、关键技术、重大装备制造等企业，且实际控制权可能被外国投资者取得。"以上列举的安全审查范围可以概况为 7 个主要的方面。在 2009 年 6 月 22 日商务部等六部委发布的《外国投资者并购境内企业的规定》中，只是明确了外资并购境内企业的两种形式，即股权并购和资产并购，协议控制并不属于《外国投资者并购境内企业的规定》所应规范的并购内容。现在，我国商务部并购安全审查的制度规定（53 号文）中，第一次将"协议控制"明确列为外资并购内资的第三种形式，同时把协议控制方式列入安全审查的内容。按照 53 号文的规定，如果外资采用协议控制方式并购，属于上述并购安全审查范围的，首先应提交商务部进行安全审查。当然，据有关的律师解释，并不是说在安全审察前已经签署的合同属于无效的合同，而是效力待定的合同。在安全审查部际联席会议审查通过时，合同即生效，否则不生效。与此相关，根据国务院办公厅 2011 年 6 号文及央行《非金融机构支付服务管理办法》第九条规定，外商以协议控制方式投资或并购金融机构及非金融支付机构，估计也会在不久的将来纳入监管范围。

1. 什么是"协议控制"模式

"协议控制"或"协议安排"模式，是指境外控股公司或境外上市公司与境内的实体公司（被定义为可变利益实体，Variable Interest Entities）并没有真正形成以股权或资产为纽带的控制关系，而是通过一系列的商业合同或协议的约定，将境内运营实体的经营权和收益权转移给境外控股公司，从而实现其境外发行上市的过程。也就是说，境外控股公司或境外上市公司通过 VIE（可变利益实体）协议，取得对内资企业经营活动的实际控制权和重大事项决策权，内资企业将全部或者大部分收入定期支付给境内的外商独资企业（WFOE），作为其提供相关服务的对价，WFOE 的收益可以合并报表到境外的上市公司。协议控制下的内资公司的实际控制人为外国企业或自然人。根据中国法律的规定，实际控制人是指虽不是公司的股东，但通过投资关系、协议或者其他安排，能够实际支配公司行为的人。简言之，实际控制人就是实际控制公司的自然人、法人或其他组织。在 VIEs 模式下，境内企业的经营决策、财务、人事、技术等实际控制权转移给了外国投资者。协议控制模式与现金并购境内权益的不同之处在于，在不涉及并购安全审查情况下，目前无须经过严格的外资并购审批和复杂的变更注册手续，境内公司权益的导出是通过一系列受我国《合同法》保护的商业及托管协议保障的。

协议控制模式的基本操作程序，可以大体描述如下：

（1）境内公司的创始人或管理团队设立一个离岸公司，基于法律监管、税务筹划等目的，一般会选在维京群岛或开曼群岛等地注册，即俗称的 BVI 公司；

（2）BVI 公司与风险投资、私募股权基金及创始人股东等再共同成立一个公司（通常是开曼，因为根据开曼的法律，设立的公司在欧美证券市场的接受程度较高，而且符合股权重组的避税要求），作为上市主体；

（3）上市主体再在香港设立一个壳公司，并持有该香港公司 100% 的股权。这个香港公司同时有避税的目的，这主要是因为香港与境内之间签署有最优税收互惠协议（预提所得税）；

（4）香港公司再在境内设立一个或多个外资全资子公司（WFOE），称为外商独资企业，以其调回注册资本金和或借香港公司的外债的形式调回境内；

（5）该 WFOE 与境内的运营业务的实体公司即境内的内资企业签订一系列协议，达到享有 VIE 权益的目的，同时符合境外上市地的法规要求。

协议控制模式的境内和境外的股权法律架构如图 5-2 所示。

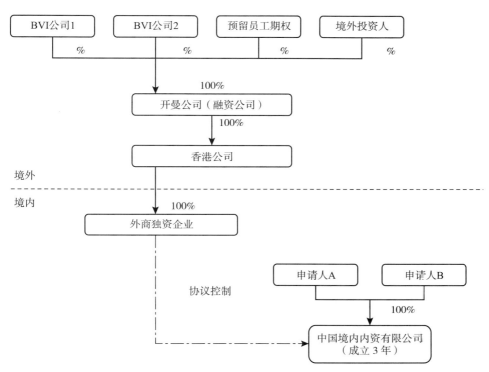

图 5 - 2　协议控制模式的境内和境外的股权法律架构

VIE 控制协议一般包括如下几类：

（1）股权托管协议。主要内容是境内居民授权 WFOE 排他性地代理境内的内资公司股东的表决权、管理权，行使管理境内内资公司日常经营事务的权利。此协议一经签署，境内的内资公司股东的签字权、表决权将受 WFOE 的控制。这些权利包括但不限于：参加内资公司股东会，行使按照法律和内资公司章程规定享有的全部股东权利和股东表决权，包括但不限于出售或者转让或质押或处置境内居民股权的全部或任何一部分；作为境内居民的授权代表，指定和任命境内居民的法定代表人（董事长）、董事、监事、总经理以及其他高级管理人员等。

（2）资产运营控制协议。通过该协议，由 WFOE 实质性地控制内资实体公司的资产和运营，这些资产主要是不动产、机器设备等，运营也只能限于大的方面。

（3）股权质押协议。如果按照中国现行的法律法规，外商独资企业暂时

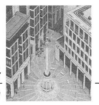

不能行使购买内资公司股权的专有权，境内的内资公司股东将其拥有的全部境内内资公司股权权益质押给 WFOE，以保证 WFOE 对内资公司股权的控制权，也保证境内的内资公司及时完整履行授权问题协议。境内的内资公司的股东不得将其股份再转让他人。在该协议中，WFOE 为质权人，境内居民为出质人，境内居民持有的内资公司的股权权益为质物，主债权也称为担保债务：WFOE 因境内居民和内资公司违反已签订的《授权委托书》、《独家业务合作协议》、《独家购买权协议》中相应的协议义务，以及出现任何违约事件而遭受的全部直接利益的丧失，以及 WFOE 为强制境内居民和内资公司履行其协议义务而发生的所有费用。我国工商行政管理总局颁布的《工商行政管理机关股权出质登记办法》，为境外投资者和境内居民共同持股和控制的境外公司成功控制境内居民持有的境内公司的权益提供了法律保障。

（4）高管人员控制协议。主要内容包括：WFOE 除与境内运营实体的股东签订一系列控制协议外，还要与该企业的高管人员、市场人员、技术人员签订有关控制的协议，并承诺对其提供更好的工作环境和薪酬待遇。

（5）独家技术支持及许可协议。主要内容包括：WFOE 作为境外控股公司在中国境内设立的全资子公司，将其认定为技术输出型高科技境外企业，其与境内的内资公司即运营实体签订独家技术支持及许可协议，将其技术或专利有偿提供给境内运营实体使用，境内的内资公司将就 WFOE 提供的服务支付相关的技术服务费用。

（6）独家咨询服务和市场推广协议。该协议规定境内的内资公司即实体公司的实际业务运营所需要的知识产权、咨询服务等均由 WFOE 独家提供，而实体运营公司的利润以咨询服务费、特许权使用费等方式支付给 WFOE。对于新兴的高科技行业的企业来说，WFOE 控制知识产权是非常有效的办法。WFOE 也将与境内的内资公司即运营实体签订市场推广协议，以控制境内运营实体的发展方向和市场渠道及市场占有率、上下游资源信息等。

（7）设备租赁协议。它是指境外控股公司可以通过境外私募融资方式，融入部分资金，采购先进设备，然后通过 WFOE，将这批设备有偿租赁给境内运营实体公司使用。

（8）收益分配协议。主要规定了境内公司运营的收益或利润，在缴纳各项税费后，按一定比例自己留存，将剩余部分分配给 WFOE，作为 WFOE 提供技术支持、独家咨询服务和设备租赁、市场推广服务的收益。这一比例通常为 1：9，即境内运营实体留存 10% 的收入和利润，其余的 90% 分配给

WFOE。

（9）独家购买权协议。境内居民不可撤销地授予 WFOE 在中国法律允许或不违反法律的前提下的一项不可撤销的股权独家购买权，即 WFOE 拥有随时一次或多次从境内居民购买，或指定一人或多人购买其所持有的内资公司的全部或部分股权的一项不可撤销的专有权，WFOE 通过收购内资公司的股权，成为正式的控股股东。通常协议中约定的"人"可以是个人、公司、合营企业、合伙企业、信托或非公司组织及其他法律允许的主体；WFOE 行使购买内资公司股权独家购买权时，其股权转让对价确认应当遵循中国法律的相关规定。

（10）个人贷款协议。即 WFOE 贷款给境内的内资公司即实体营运公司的股东，而内资公司的股东应以其在实体公司中的股权作为质押。这种个人贷款不属于外债，不需要报外管局批准；也不属于企业拆借，没有无效的风险。该借款的款项往往还得投入实体公司营运。贷款人在一定的时期内，可以通过加速还贷这一约定控制创始人股东。

我们拿灵通网的协议控制上市架构来说，其上市公司及其全资子公司与营运公司、营运公司股东之间共签署了 7 组协议。这些协议是：（1）上市公司及其全资子公司为营运公司提供排他性的技术咨询与服务；（2）上市公司为营运公司股东提供营运资金贷款；（3）为保障上市公司资金安全，营运公司股东将其所持有的营运公司股权抵押给上市公司；（4）上市公司有权以事先确定的价格在任何时候购买营运公司股东在营运公司所拥有的权益；（5）营运公司股东将营运公司的经营权包括董事会任命和组成、经营管理、人员聘用等全部委托给上市公司的全资子公司；（6）域名、软件、商标、许可证和知识产权等先转让给上市公司全资子公司，然后由上市公司全资子公司排他性地许可营运公司使用；（7）营运公司股东将其投票权委托给上市公司实际控制人。这些协议中的 1、6 将营运公司的受益权置于上市公司控制下；协议中的 2、3、5、7 将营运公司资产的使用、处置权赋予上市公司；协议中的 4 使上市公司随时可以有条件获得营运公司权益的占有权。由此来看，营运公司的全部权益在未实施股权购并的前提下，转移到了境外上市公司。审计师依据 VIE46R，判定在签署上述 7 组协议的前提下，上市公司的全资子公司与营运公司之间构成了可变利益的关系，前者是后者的主受益人，后者是前者的可变利益主体，因此必须合并财务报表。

2. 建立 VIE 架构的会计准则依据

VIE 架构属于美国会计准则 FIN46R 和国际会计准则（IFRS）第 27 号要

求的需合并财务报表的情况。美国会计准则 FIN46R、FAS167 报表合并对涉及的可变利益主体（VIE）、国际会计准则 SICR 对涉及的特殊目的实体（SPE），都有明确的规定。

VIE 概念始于 2001 年的美国安然造假事件。在安然事件之前，一家公司对另一家公司拥有多数投票权时，才需要合并报表。鉴于安然事件的教训，美国财务会计标准委员会紧急出台了 FIN46，规定当实体公司符合 VIE 标准时，即必须合并报表。根据 FIN46 条款，满足以下三个条件之一的特殊目的实体（SPE）都应被视作 VIE，将其损益状况并入"第一受益人"的资产负债表中。这三个条件是：（1）风险股本很少，这个实体公司主要由外部投资支持，实体公司本身的股东只有很少的投票权；（2）实体公司的股东无法控制该公司；（3）股东享受的投票权和股东享受的利益分成不成比例。

从美国合并财务报表准则第 51 号会计研究公告（ARB51）分析，它主要是以母公司理论为基础，比如将少数股东权益单独列示于负债和股东权益之间；以少数股东在子公司净资产账面价值中所占份额作为少数股东权益的计价。但是，它也吸收了主体理论的合理内核。具体表现在：首先，规定编制合并财务报表的目的是将企业集团视为有一个或多个分支机构的单一主体，反映母公司及其子公司的财务状况及经营情况；其次，允许采用全额抵消法，抵消逆向内部交易未实现损益，这体现了更注重权益控制的主体理论精神。

1989 年颁布的国际会计准则第 27 号，对合并报表的范围和程序作出了规定。合并财务报表范围的内容如下：

（1）一个提供合并财务报表的母公司应合并所有的附属公司，不论是国外的还是国内的，但第（3）段所指的附属公司除外。

（2）合并财务报表应包括由母公司控制的所有企业，但不包括由于第 13 段所述原因而排除在外的附属公司。如母公司直接或通过附属公司间接控制一个企业超过半数的表决数，即可认为存在控制权，除非在特殊情况下，能清楚地表明这种所有权并不构成控制。如符合以下条件，即使当母公司拥有另一企业半数或半数以下的表决权，也存在着控制权。

①根据与其他投资者的协议，拥有半数以上的表决权；

②根据法规或协议，拥有决定企业财务和经营政策的能力；

③有权任免董事会或类似管理机构的大部分成员；

④在董事会或类似管理机构的会议上，有权投多数票。

（3）附属公司在下列情况下不列入合并的范围：

①由于收购和持有附属公司是专门为了在近期内出售，因此控制是暂时的；

②附属公司长期在严格限制条件下经营，严重削弱了它向母公司转移资金的能力。

对于这类附属公司，应视同投资，按国际会计准则第 25 号"投资会计"进行核算。

（4）有时，附属公司会因其经营活动不同于集团的其他企业而被排除在合并范围之外，根据这些理由将其排除在外并不合理，因为对这些附属公司进行合并，同时在合并财务报表中对附属公司的不同业务加以进一步的揭示，可以提供更好的信息。例如，国际会计准则第 14 号"按分部报告财务信息"要求作出的揭示，有助于说明集团内不同经营业务的重要性。

关于合并程序的内容如下：

（1）在编制合并财务报表时，母公司及其附属公司的财务报表采用将资产、负债、权益、收入和费用等相同项目逐项相加的方式进行合并。为了使合并财务报表将集团视作单个企业来提供财务信息，应采取以下步骤：

①抵消母公司对各个附属公司投资的账目金额和母公司占各个附属公司权益中的份额（见国际会计准则第 22 号"企业合并"，该准则也阐述了对合并所产生商誉的处理方法）；

②确定予以合并的附属公司报告期内净收益中的少数权益，以此调整集团的收益，以便得出应归属母公司股东的净收益；

③确定予以合并的附属公司净资产中的少数权益，并在合并资产负债表中与负债和母公司股东权益分开列示。净资产中的少数股权包括：根据国际会计准则第 22 号"企业合并"计算的最初合并日的金额；在合并日以后少数股东应占权益的份额的变动。

（2）将附属公司的留存利润分配给母公司时，母公司或附属公司的应付税金应根据国际会计准则第 12 号"所得税会计"进行核算。

（3）集团内往来余额、集团内交易以及由此产生的未实现利润应全额抵消。由集团内交易产生的未实现亏损也应抵消，除非成本不能收回。

（4）集团内往来余额和集团内交易，包括销售收入、费用和股利，应全额抵消。由集团内交易产生的，包括在诸如存货和固定资产等资产的账面金额中的未实现利润，也应全额抵消。在计算资产账目金额时扣除的，由集团内交易形成的未实现亏损也应抵消，除非成本不能收回。由于抵消集团内交易形成的未实现利润和亏损而产生的时间性差异，应根据国际会计准则第 12 号"所

得税会计"进行会计处理。

（5）如果用于合并的财务报表按不同的报告日编制，对于发生在这些日期与母公司财务报表的日期之间的重大交易或其他事项的影响应进行调整。在任何情况下，报告日之间的差距应不超过三个月。

（6）在编制合并财务报表时所使用的母公司和附属公司的财务报表，通常应按同一日期编制。当报告日不同时，附属公司出于合并的目的，通常采用与集团相同的日期编制财务报表。在不能这样做时，如时间差距不超过三个月，可以按不同的报告日编制财务报表。根据一致性原则的要求，报告期的长短和报告日的差距，在各期之间应当相同。

（7）编制合并财务报表，对在相似情况下相同的交易和其他事项，应采用统一的会计政策。如不能采用统一的会计政策来编制合并财务报表，应当说明这一情况，同时应说明在合并财务报表中采用不同会计政策的项目的比例。

（8）在很多情况下，如果集团的某一成员，对类似情况下的相同交易和事项，采用了不同于合并财务报表所采用的会计政策，其财务报表在用于编制合并财务报表时，应作适当的调整。

（9）附属公司的经营成果，应从购买之日起并入合并财务报表。根据国际会计准则第 22 号"企业合并"，购买日是指对所购买的附属公司的控制权实际上转移至购买者的日期。所处置的附属公司的经营成果，直到处置日才应包括在合并财务报表中，处置是指母公司停止控制附属公司的日期。处置附属公司的收入，与其在处置日的资产扣除负债后的账面金额的差额，应在合并损益表中确认为处置附属公司的利润或损失。为确保财务报表在各个会计期间的可比性，通常需要提供关于购买和处置附属公司对报告日的财务状况，报告期经营成果的影响，以及对上期相应金额的影响的补充资料。

（10）对某一企业的投资，应从该企业不再属于附属公司的定义范围，并且也不成为国际会计准则第 28 号"对联营企业投资的会计"所定义的联营企业之日起、根据国际会计准则第 25 号"投资会计"进行核算。

（11）停止成为附属公司之日的投资的账目金额，应作为以后的投资成本。

（12）少数股东权益在合并财务报表中，应与负债和母公司的股东权益分开列示。集团收益内的少数股东权益也应分别列示。

（13）在予以合并的附属公司中，少数股东应占的亏损可能超过少数股东在附属公司中的权益。超过的部分以及应归属少数股东的亏损，除了少数股东有约定义务并能够弥补的亏损以外，应冲减多数权益。如附属公司以后报告利润，所有这些利润均应分配给多数股东，直至以前由多数股东承担的少数股东的亏损额已收回为止。

（14）如果附属公司拥有发行在外的累积优先股，并且为集团外部所持有，不论股利是否已宣布发放，母公司应在调整附属公司优先股的股利之后，计算其利润或亏损的份额。

可见，在确定合并报表编制范围这一问题上，认定和界定对权益的控制是国际会计准则理事会关注的核心。国际会计准则27号的主要基础是母公司理论，但向主体理论演变的趋势已非常明显。首先，27号准则规定，合并财务报告是将集团视为单个企业的财务报告，这反映了主体理论的要点；其次，27号准则要求全额抵消逆向内部交易未实现损益，这是主体理论的体现；最后，27号准则要求将少数股东权益在合并报表中以所有者权益项目单独列示，表明国际准则在这个问题上已由母公司理论转向主体理论，更注重权益的实际控制。

3. 协议安排的法律架构

下面以某家医药连锁企业在境外（比如德国）上市为例，对这种模式做一个简要的总结（见图5-3）。具体的内容会根据企业的不同情况，在搭建法律架构的过程中，加以具体的调整和变化。

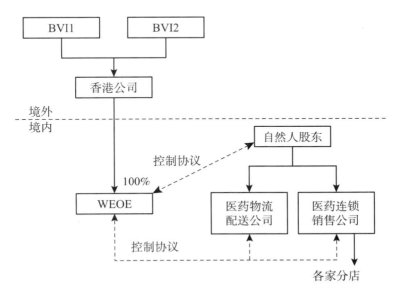

图5-3　VIE架构初步完成

香港公司在境内设立外商独资企业（WFOE），由 WFOE 与自然人股东和/或境内的内资公司分别签署控制协议。

设立德国股份公司（AG，上市公司），通过与 BVI1 和 BVI2 换股，成为香港公司的全资股东，并间接持有 WFOE 的全部股权。该步骤完成后，上市架构基本搭建完成（见图 5－4）。

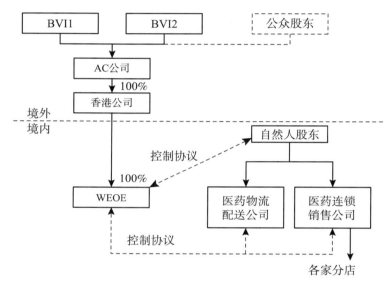

图 5－4 上市架构基本完成

4. 采取协议安排方式的其他条件

除不涉及并购安全审查外，出于审慎运营的考虑，采取该协议控制模式时，还需要了解一些必备的条件。主要有：

（1）拟在境外上市的企业，其境内的经营实体应为轻资产运营企业为宜，其无形资产在核心资产中所占比例应很大，非核心资产均可被其他资产所代替或重新购置及租用。

（2）境内企业的所属行业、产品或服务属于我国《外商投资产业指导目录》或相关产业主管部门规定的外商投资禁止类或限制类产业。

（3）拟境外上市企业须在招股说明书及相关推荐资料中，予以重点描述和解释该模式。在几乎所有以协议控制模式实现境外上市的公司上市材料中，都有关于中国法律的风险提示。

（4）这种协议安排须得到境外的监管机构、证券交易所及会计师事务所、律师的认可，尤其需要得到境外投资者的理解和认同。

另外，还要看到，协议控制模式在为企业红筹上市带来便利的同时，也存在一些不确定性的因素，有待从法规政策上进一步明确。这些风险一般认为有以下几种类型：

（1）法规政策风险：协议控制模式目前尚待中国境内证券监管机构做出明文规定，并且有待于立法层面予以正面认可。有人建议，对采取协议控制模式赴境外上市的企业，要采取"新老划段"的方法解决，即"老的用老办法，新的用新办法"。他们认为，既然是国家限制或禁止外资进入的行业，就不要允许用变通的方法处理或解决。

（2）外汇管理风险：境内实体公司的利润在转移至境外时，可能会面临外汇管制风险。比如，世纪佳缘在其招股说明书中披露：其子公司北京觅缘信息科技有限公司未能如期取得国家外汇管理局审批的外汇登记证。

（3）税务风险：采取 VIE 结构的公司将无法回避关联交易和反避税问题，还有可能在股利分配方面存在税务风险。比如，新浪在其年报中承认，上市的壳公司没有任何业务在中国内地，境外公司靠 VIE 向其协议控制方及境内注册的公司分配股利，并不能保证其持续性。而且，根据中国税法，VIE 公司和控制它的 WOFE 不可避免存在双重纳税问题。

（4）控制风险：由于境外控股公司没有与境内经营实体产生实质性股权或资产控制关系，协议控制力通常比股权和产权控制力要低。一旦境外和境内某个环节出现纰漏和纠纷，不利于对股东和投资者保护。另外，根据境内《合同法》，诸如委托合同、技术合同、承揽合同等，其中一方当事人享有任意解除权。因此，选择有利于最大限度维护协议稳定性的准据法和透明、公正、中立、高效的仲裁机关也很关键。

当然，也有许多市场专家认为，协议控制模式依据的是国际会计准则和美国会计准则，VIE 架构已经为四大会计师事务所及主要国际会计师事务所接受。许多境内外的律师也认可这一模式。特别是 VIE 模式在美国已运用多年，非常成熟。因此，包括境内外的投资者在内的市场人士认为，中国境内会计准则已经基本与国际会计准则接轨，对剩下的一些差异，中国财政部也制定了进一步接轨的时间表，总不会我国境内的会计准则及法规今后离国际会计准则越来越远吧。人们的基本看法是，该协议控制模式的法律风险是可控的。

四、利用好各级地方政府上市优惠政策

中国境内企业赴境外上市，要能够合理利用和享受当地政府制定的支持企业境内外上市的优惠政策，恰当地处理拟上市公司与当地政府之间的关系，争取进入当地政府的"上市绿色通道"，形成企业和政府及各中介服务机构齐心协力争取成功上市的合力。

企业在境内外上市是一项政策性强、涉及面广、程序比较繁杂、不确定性大的系统工程。企业在境内外上市过程中，必然会与各级政府发生密切的关系，离不开各级政府的大力支持。在目前国家重视进一步做好利用外资工作的大背景下，许多地方政府把支持和鼓励企业赴境外上市，作为进一步做好利用外资工作的一项重要举措，或者说是最重要的举措之一，并且以此来促进当地经济社会发展，因此制定和采取了各种优惠的政策措施予以大力支持。企业能不能恰当地享受这些优惠措施，对能否实现成功上市至关重要。从资金方面说，企业要规范过去为避税而隐瞒利润的行为，需要补缴企业所得税和其他税；企业聘用中介服务机构，需要向其支付费用报酬。许多企业面临补税和罚税的政策，担心花了钱上不了市。从企业发展的角度看，需要取得地方政府在土地、产品、高科技认证等方面的大力支持。拟上市企业只有恰当处理与各级政府的关系，调动一切积极因素，避免和减少各种阻力，才能保证企业上市工作顺利进行。

根据我们所获得的一些地方政府部门的公开资料，可以看到，许多地方政府采取了如下的支持企业上市的优惠政策措施。这些政策措施主要是：

（一）财税扶持政策

（1）对拟上市企业改制设立股份有限公司涉及的企业所得税和拟上市企业设立股份公司时因未分配利润、盈余公积金转增股本而需缴纳的个人所得税应依法征收后，再由同级财政按其上缴所得税地方所得部分安排专项支出，全额返给企业支持其发展。

（2）拟上市企业在企业改制设立和上市过程中，涉及资产登记过户过程中缴纳的土地增值税、营业税、城建税及附加、契税等税收的地方留成部分，由同级财政以技术开发专项补贴形式或通过其他适当途径全额补助给企业，支持其发展。

（3）进入上市辅导期的企业，在辅导期内缴纳的企业所得税，由同级财政按其上缴所得税地方所得部分的 50% 安排专项支出，扶持企业发展。

（4）拟上市公司在股份制改造和申报上市过程中，因对利润、税收进行规范而形成的地方财政增收部分，由受益财政作为扶持资金奖励给企业。

（5）财政、税务、房产、国土资源等部门对拟上市企业在改制重组过程中进行资产置换、剥离、收购、财产登记过户中涉及的土地、房屋契税，按照《财政部、国家税务局关于企业改制重组若干契税政策的通知》（财税〔2003〕184 号）规定予以免征，其他过户费用按国家规定标准减半收取。

（6）上市后备企业改制中按规定量化到个人资产以及因未分配利润、盈余公积金转增为股本的，缓征个人所得税，在发生转让时就其转让收入额，扣除个人取得该股份时实际支付的费用支出和合理转让费用后的余额，按"财产转让所得"项目计征个人所得税。

（7）对因执行新《企业会计制度》导致会计政策改变，追溯调整后引起以前年度应税所得额或应税收入变动的，其净增应税额在企业上市前准予挂账，免收滞纳金；导致以前各期应税额减少的，允许企业选择直接抵扣当期应税款。

（8）历来享受国家有关优惠政策形成的"国家扶持基金"，经财政部门审核并报当地政府部门批准，可归原企业股东所有。股份有限公司设立后到上市期间，仍可享受原有的优惠政策。

（二）土地优惠政策

（1）上市后备企业、拟上市企业和上市企业在本地区范围内投资新建符合国家产业政策的项目，优先立项，优先保证土地计划指标，优先办理核准预审和报批手续，优先供应土地；并可根据实际情况享受所在地工业用地最低价优惠。

（2）股份制改造时，原行政划拨土地使用权转为出让的（不改变用地性质），由同级财政将所收的土地出让金地方所得部分全额返还或暂借给企业发展生产。若企业一定期限内未上市的，则按改制时土地评估价的一定比例补交出让金。

（3）企业在改制时，一次性缴纳土地出让金确有困难的，可先在本地国土资源部门申请办理土地证，随后在两年内分期付清，上市成功后则在半年内缴清。

（三）奖励政策

除执行上一级地方政府对上市企业的补助奖励政策外，同时享受以下

奖励：

（1）在上市改制、申报上市期间，按所发生的顾问、评估、审计、律师等中介服务费用的一定比例给予补助，通常为200万元。

（2）企业成功上市后，按其首次融资额的一定比例给予奖励，从几百万元到2 000万元不等。

（3）企业采取实现"买壳"等方式上市，并将公司注册地迁至本地区的，给予一次性奖励，通常金额为100万元以上。

（4）通过收购兼并等资本运作方式绝对控股外地上市公司的本地企业，给予一次性资金奖励。

（四）特别政策

（1）设立企业上市专项扶持资金，由当地财政在年度预算中安排。拟上市企业所必需的前期费用，可从上市专项扶持资金中垫支。如企业在一定时期内未成功上市，则如数退还财政支持资金。

（2）政府向担保公司注入资本金，增加担保公司实力，鼓励担保公司给中小企业担保，对担保公司的坏账、欠息和逾期利息分别给予一定比例的补贴。

（3）企业首次公开发行（IPO）上市募集的资金和已上市企业通过配股、增发等在资本市场上再成功融资的资金，可视同引进外资计入当年招商引资任务，按招商引资政策给予奖励。

（4）上市后备企业、拟上市企业投资高新技术项目、重点技术改造项目、科技创新方面的项目，在同等条件下，优先推荐享受国家及地方贴息债券、贷款及支持企业技术成果转化资金、技术改造和结构调整专项资金、技术创新扶持资金等各类政策性资金补助。

（5）支持拟上市中小企业申报高新技术企业和技术创新优势企业，以及申请国家和省高新技术产业基金、中小企业专项资金、科技三项经费等各项政策性扶持资金。

（6）上市后备企业、拟上市企业和上市企业开发的新产品，符合国家新产品认定条件的，优先申报、享受新产品优惠政策。

（7）上市后备企业、拟上市企业因生产发展需要贷款的，可通过政府融资平台予以优先安排。

许多省市政府还为企业上市建立了"上市绿色通道"，对拟上市企业尽可能地提供全方位的服务，包括与涉及的政府审批部门进行沟通和协调；对涉及的政府部门各项审批事项进行查询、咨询；引进市场专家对拟上市企业进行培训和指导；为拟上市企业介绍相关服务机构，并且为企业对中介机构进行把关；针对特定企业协调有关政府部门特事特办，及时研究解决企业上市中遇到的困难和问题等。拟上市企业可以去当地政府的上市办公室等相关部门咨询，具体了解当地政府出台的有关文件规定，充分利用好这些优惠条件。

第 6 讲
企业跨境上市与外资并购动力及趋势
——澳门城市大学工商管理硕士（MBA）班

我国加入世界贸易组织（WTO）10 多年来，面对经济全球化发展的新形势，在我国境内人民币资本项目尚不能完全自由兑换的情况下，积极寻找和把握对外开放的有利契机和可行通道，在资本市场对外开放方面迈出了坚实的步伐，提高了资本市场的国际化水平。当前，我们面临着全球金融和经济形势多变，经济增长速度放缓的局面，如何通过证券市场进一步改革开放，寻找促进全球经济复苏和我国经济稳定增长的新动力，更好引进和利用外国资本，利用好境外和境内两个资本市场，优化资源配置，促进国民经济结构战略性调整，进一步实现科学发展，是我国资本市场稳定发展的一项重要任务。

一、寻找我国证券市场发展的新动力

适应全球股权投资在整个资本流动中比例越来越高的趋势，中国政府在20 世纪 80 年代境外发行债券的基础上，先后探索了 B 股、H 股、红筹股等多种境外筹资渠道，把债权融资与股权融资结合起来，为中国企业到境外资本市场发行上市和开展资本运作创造了条件。中国企业走向境外资本市场发行上市，这不仅缓解了中国企业资本金不足的压力，降低了企业的财务风险，更为中国企业参与国际市场竞争，向国际型企业发展创造了有利的条件。

在肯定取得成绩的同时，我们也清醒地看到，中国企业赴境外发行上市在总体上尚未形成合理的行业布局和经济规模，许多企业还面临着不能充分适应国际资本市场监管标准和措施的问题。一些企业的公司治理结构和内部控制机制不尽完善，对境外信息披露制度的严格性和强制性认识不足，缺乏应有的对国际投资者创造更高回报的责任心，投资者关系管理工作薄弱。特别是在2010 年下半年开始美国集中查处中国概念上市企业和收紧上市标准的情况下，一些上市公司对由此加重的信息披露、应对诉讼、退市以及公司董事、财务主管的责任等不够适应，增大了上市成本和诉讼风险。这个问题既关系已上市公司在国际资本市场能否站稳脚跟，也影响后续赴境外上市公司的资源供给。同时，与国际成熟资本市场和许多新兴市场上都有许多外国公司发行上市的情况相比，我国境内的资本市场尚无纯粹的境外企业发行上市，这种情况与我国到2020 年要把上海建成与中国的经济实力以及人民币地位相适应的国际金融中心的国家战略，使我国金融市场开放与实体经济发展相匹配的要求是很不适应的。

因此，我们需要积极寻找促进我国资本市场改革开放的新动力，探索新的融资方式和措施，增加对我国证券市场的长期资本供给，开拓更多优质上市企业资源。我们需要继续推进境内企业境外上市的进程，支持实力强、业绩好、信誉高的外向型工商企业和金融企业到境外发行上市，上市地包括中国香港以及美国、英国、欧洲、新加坡、日本、加拿大、澳大利亚等国外证券市场；还要注重和鼓励科技含量高、成长性好的不同所有制类型的中小企业在境内创业板市场上市的同时，选择性地到境外证券交易所的创业板市场上市；并鼓励已在境外上市的中国企业进行产业转型和资产重组，逐步实现由传统企业向高科技企业转变，允许有条件的国内企业将其境外资产进行整合、重组，选择有利时机在境外上市或出售，及时调整、优化产业结构。此外，还应继续允许和鼓励有实力的外国企业在中国境内市场开展资本经营，兼并收购中国属于竞争性行业的上市公司和非上市公司股权，并放宽外资持股比例，使境内企业与跨国公司组成战略性合资，使中国证券市场获得新的发展动力。在继续支持符合条件的境内企业勇敢"走出去"的同时，还要大胆地"引进来"，允许符合条件的注册在境外的外国企业来中国境内证券市场发行上市、收购兼并，使两种资源、两个市场得到更充分的利用。中国政府关于利用境内境外两种资源、两个市场的既定方针，与 WTO 的基本原则及经济全球化趋势是一致的。

目前世界大多数国家（地区）的证券市场，特别是世界主要国际金融中心，都有大量的外国企业挂牌上市。根据世界股票交易所联盟组织统计显示，在有数据统计的全球 52 个股票交易所中，有 39 个（超过 70%）会员交易所建立了国际股票市场，只有 13 个股票交易所没有外国公司挂牌。在全球市值排名前 10 位的证券交易所中，只有中国内地与印度的证券交易所没有境外上市公司。按照外国公司挂牌数统计，截至 2011 年 4 月底，伦敦证券交易所挂牌的外国公司数量最多，达 593 家，占其上市公司总数的 20%；此外，外国上市公司挂牌数量排名靠前的证券交易所还包括：纽约泛欧证券交易所（524家）、新加坡证券交易所（316 家）、墨西哥证券交易所（307 家）、NASDAQ

（299 家）、卢森堡股票交易所（265 家）。在新兴市场国家中，除墨西哥交易所外，其他股市对外国公司挂牌都在逐渐开放。例如，南非的约翰内斯堡证交所挂牌的外国公司就有 45 家；秘鲁的利马证交所挂牌的外国公司有 48 家；韩国交易所挂牌的境外公司有 18 家；波兰的华沙证交所挂牌的外国公司有 16 家；马来西亚证交所挂牌的外国公司有 8 家；阿根廷的布宜诺斯艾利斯证交所也有 6 家外国公司挂牌。此外，中国台湾股票交易所挂牌的境外公司多达 36 家，中国香港证券交易所挂牌的外国公司共有 18 家。日本的东京交易所 1991 年最多时有 129 家外国公司，占总市值的比重达 7%。上市企业主要是一些欧美的大型跨国公司。在日本泡沫经济破灭后，经济陷入长期萧条，日本投资者对外国公司股票兴趣大减，外国公司开始快速从东京证券交易所撤离。到 2009 年 6 月底，东京证券交易所总共 2 364 家上市公司，外国企业仅有 15 家，到 2011 年 2 月更是降至 12 家。

就外国企业拟到中国境内证券交易所上市而言，据我所知，目前已有数百家跨国公司、台资企业、香港上市的红筹股公司表示了到中国境内证券市场发行上市的意愿。这些公司包括但不限于汇丰控股、恒生银行、纽交所、大众汽车、奔驰、可口可乐、西门子、东亚银行、星展银行等。涉及的公司主要分为两类，一类是在中国香港上市的红筹公司，如中国移动、中国海洋石油总公司等；另一类是在中国境内有大量业务，并十分看重中国市场的境外公司，如汇丰银行、纽约证券交易等。它们都明确表示希望能够成为登陆中国境内证券市场的首批上市企业。其实，早在 1994～1995 年间，德国奔驰汽车就向中国国务院申请到中国境内上市，所筹集的资金全部投向中国境内项目，当时国内没有相关的法规政策，最终未能实现。联合利华早在六七年前也曾公开表示想要在 A 股上市，后来陆续有汇丰银行、渣打银行、东亚银行等都表示过这个意愿。中国政府强烈希望能把上海建成一个国际金融中心，而国际金融中心的标志之一，就是证券交易市场向国际开放，所以在上海证券交易所开设"国际板"，允许外国企业到中国境内上市，是把上海建设成国际金融中心的非常重要的一步。

二、境内企业赴境外上市

狭义的境外上市是境内企业向境外投资者发行股权或附有股权性质的证券，该证券在境外公开的证券交易所流通转让。广义的境外上市是指境内企业利用自己的名义向境外投资人发行证券进行融资，并且该证券在境外公开的证券交易场所流通转让。

在境外上市方面，我们的步法是走的比较快的。从 1993 年开始，就进行境内企业境外上市的探索。根据中国证监会的统计，截至 2011 年 4 月，境外上市公司 H 股已有 165 家，2008～2010 年 H 股公司境外筹资总额分别为 3 596.16 亿元、4 609.54 亿元和 10 275.20 亿元，2011 年 1～4 月为 49.94 亿元。此外，10 余年来，内地民营企业纷纷通过在百慕大等地注册离岸公司，采取间接上市方式在境外上市。在赴香港上市的内地民营企业中，这类境外注册公司占大多数，以 H 股形式上市者较少。倘若将离岸公司纳入统计，赴香港上市的中国公司筹资规模还会大大提高。在国外市场上，美国是中国公司上市筹资最多、公司营业收入和市值最大的市场。根据纽约证券交易所统计，从 2006 年起，中国企业在美国上市数目激增。不考虑任何形式的买壳交易，2010 年中国企业在美国 IPO 为 34 家，是迄今中国公司在美国 IPO 最多的一年，筹资额达 36 亿美元。按 2010 年年末的汇率 1 美元兑 6.6227 元人民币计算，2010 年中国境内企业在中国香港、美国两大境外上市主要市场筹资总额为 2 604.04 亿元。

（一）　境内企业境外上市的重要意义和基本原则

境外上市作为企业发展的一项战略决策，具有极其重要的意义。由于境外的资本市场比境内的资本市场更加成熟，资本供给比较充分，资金成本相对较低，因而在新的国际形势下，我国企业加快境外上市步伐具有重要的现实意义。

1. 低成本在境外资本市场进行融资

企业发行股票进行融资，主要是考虑发行成本和融资数量之间的关系。从客观上讲，目前境内证券市场上，外资受全球金融经济形势的影响有所减少，长期资金供应不足，主板市场、中小板市场、创业板市场发行新股速度并未减缓，股市规模在不断地扩张。但是，如果在短期内发行新股过多，长期资金供应不足，必然会对二级市场产生消极的影响。从主观上讲，发行公司由于在国内发行新股受到种种限制，为了扩大生产经营规模，提升国际竞争力，加快资本运营步伐，必然会选择低成本到境外上市。从目前已到境外上市的中国企业的市场状况来看，这些企业通过低成本在境外直接融资，提升了比较竞争优势，大大加强了企业的可持续发展能力，经济效益也得到很大改观。

2. 进一步完善公司治理结构和现代企业制度

我国境内企业赴境外直接上市，首先要求按照上市地的法律法规组建股份

有限公司。目前，境内的一些上市公司虽然也建立起公司治理结构，但是企业政府化的倾向仍然比较浓厚，企业生产经营管理并没有完全按照现代企业制度要求去实施。国内企业在境外上市，吸引外资股东后，外资股股东将会依照公司章程来保护他们的出资人权利，要求上市公司切实履行公司章程承诺的义务，及时、准确、完整地进行信息披露，从而有效地防止"内部人控制"现象的发生，有利于提高公司经营管理效率。企业通过境外上市，学习到国外公司的先进管理经验，对我国企业素质的全面提高，增强在经济全球化环境中的国际竞争力将大有裨益。

3. 提升企业在国际资本市场上的形象

我国境内有一大批企业不仅在管理、技术方面，而且在效益、行业地位方面都处于领先地位。但是，境内企业在与国外企业经济交往活动中，境外企业因不太了解境内企业的生产经营发展状况，双方合作的难度较大，增加了交易成本，降低了交易机会，不利于境内企业融入国际资本市场中。在新的国际形势下，中国资本市场将与国外资本市场逐渐接轨，中国资本市场将逐步开放，境内企业通过境外上市，既为国外企业了解国内企业提供了信息平台，也为境内企业走向国际资本市场创造了良好开端。通过在境外上市，企业在无形之中提高了自己的海外声誉，为企业全面发展创造了有利的条件。

我认为，在新的国际形势下，我国境内企业赴境外上市，还应坚持以下一些基本原则。

一是低成本快速利用外资。境内企业到境外上市，应该最广泛地吸引境内外的金融机构、公司及个人的资金，争取有好的发行定价和二级市场的价格，加强上市公司市值管理，适时进行再融资和多次、多地上市，促进我国经济持续快速稳定发展。

二是有利于国家产业结构调整。境内企业在境外上市所募集的资金，应当主要用于发展国家在"十二五"规划中提出的战略性新兴产业，如节能环保、新能源、信息技术、生物、高端装备制造、新材料、新能源汽车等。当然，也要支持国家的重点建设项目。

三是积极稳妥地实施。目前境内企业境外上市的实际操作程序基本成熟。今后需要进一步注意上市地国家对外经济战略和策略的变化，注意根据我国市场经济的发育程度系统掌握境外上市的规模，密切注意国际资本市场的情况，采取相应的措施，以应付随时可能发生的变化。

四是统一规划和集中管理。境内企业赴境外上市，涉及多个政府部门和多项国家政策等，需要尽可能避免多头管理、多头审批的现象。对于一些大型、特大型企业集团境外上市也不例外。企业境外上市是全国统一证券市场体系中的重要组成部分，要能按我国证券法的要求，加强统一集中的监管。

　　企业通过境外上市，可以了解国外的政治、经济、法律、文化等环境。这些环境因素是我国境内企业开展境外业务的最基本的要素。这必将有利于企业经营业务的进一步开展，有利于企业素质的进一步提高。

（二）境内企业境外上市的多种可选择途径

　　1. 首次公开发行上市模式（Initial Public Offering）

　　这种模式是指境内企业直接以自己的名义在境外发行股票，并在境外证券交易所挂牌上市交易。它为境外投资者了解境内企业形象提供了平台，以挂牌交易为契机，通过大量的新闻媒介把境内企业报道出去。当然，由于首次公开发行上市涉及境内和境外两地或多地的政治、经济、文化等因素，因而也存在着一些困难。一是境内和境外之间的法律不同。中国企业有关公司设立和管理的基本法律是中国方面的法律，比如《公司法》、《证券法》等，但如果要到境外上市，就要符合上市地的法律要求，否则就有可能被拒绝。二是上市地国家（地区）之间的会计准则方面的差异。境内企业到境外上市，既要按照中国的会计准则编制报表，又要按照上市地的会计准则编制报表，增加了公司的会计成本。三是审批手续繁杂。境内企业采取直接上市方式到境外上市，按照目前境内的规定，首先需要向中国政府有关部门和中国证监会提出申请，获准后进行股份制改造，再经过中国证监会复审，同意后才能向上市地的证券主管机关提出证券注册申请和准备注册登记表，运作时间较长，程序也较为复杂。

　　2. 买壳上市模式

　　这种模式是指一些企业以现金或交换股票的手段，收购另一家已在境外证券市场挂牌上市的公司的部分或全部股权，然后通过注入母公司的资产业务的方式，实现母公司到境外上市的目的。买壳上市可以避开繁杂的上市审批程序，手续比较简便，可以在节省时间的同时，达到实际上市的目的。但是，这种模式在实际操作中也有一些问题：一是选择目标壳公司的问题，考虑到收购成本和风险，选择比较满意的壳公司是不容易的。二是有关税收问题，被收购的壳公司实际上是境内企业控股的子公司，可能存在着双重纳税的问题，即既要将所得收入向上市地政府交税，对于境内企业的合并报表的收入，又要向中国政府纳税，双重纳税降低了境内企业的利润率。三是融资能力的问题。境内企业通过收购目标公司，定向配股，把境内企业的资产业务注入壳公司，间接

地通过壳公司上市。但是，境内企业还需要通过壳公司增发新股或债券，仍然存在着一个发行新股或债券进行融资的成本问题。

3. 造壳上市模式

这种模式是指利用境外未上市公司的名义在境外上市。境外未上市公司与境内企业在产权方面和人事方面有着确定的紧密联系，并且境外未上市公司的注册地一般在拟上市地或与拟上市地有着类似的政治、经济、文化、法律等背景，以便取得上市地位。境外未上市公司取得上市地位后，境内企业可以通过壳公司进行融资。这种模式是介于首次公开发行上市模式与买壳上市模式之间的一种相当便利的上市模式。它的优点在于：一是境内企业能够构造出较满意的"壳公司"，并且不必支付壳公司的成本和承担收购失败的风险。二是可以避开境外直接公开发行上市中遇到的中国和拟上市地的法律相抵触的问题，节约上市时间。但是，造壳上市也存在着双重征税、控制和管理壳公司及在境外的影响力不足等问题。

4. 可转换债券上市模式

可转换债券（Convertible Bond）是公司发行的一种债券，它规定债券持有人在债券条款规定的未来某一时间内，可以将这些债券转换成发行公司一定数量的普通股股票。可转换债券是一种信用债券，不需要用特定的抵押去支持可转换债券的发行。发行公司用其信誉担保支付其债务，并以契约形式作为负债凭证。发行可转换债券在境外上市具有许多有利的条件：一是便于境内企业低成本地在境外债券市场筹集资金，既降低融资成本，又增加财务控制机会。二是可转换债券具有股票的某些性质，为外国投资者投资中国证券市场提供回避风险的方法，受到广大外国投资者欢迎。但是，可转债上市也有一些困难，主要是：一是境内企业的信用等级评定问题，可转换债券上市对境内企业的信用等级要求极高。一般的境内企业特别是中小型企业难以满足要求。二是可转换债券转换成普通股时，存在着境内企业股本扩张的问题，必须由股东大会通过，并进行工商变更登记，转换是"动态过程"。而变更股份是"静态过程"，这两者之间存在着时间差异。境内企业在境外发行可转换债券，还应当重点考虑发行市场、融资币种、主承销商和发行时机的选择问题。

5. 存托凭证上市模式

存托凭证（Depository Receipt）是一种以证书形式发行的可转让证券。一般是由美国银行发行的，代表一个或多个存放于原发行国（地区）托管银行的非美国发行人股权份额的可转让证书。按其发行范围可分为：美国存托凭证（American Depository Receipts）是向美国投资者发行；全球存托凭证（Global

Depository Receipts) 是向全球投资者发行。ADR 种类又可分为非参与型 ADR 和参与型 ADR。参与型 ADR 又可分为第一级 ADR (OTC 交易)、第二级 ADR (挂牌上市)、第三级 ADR (公开发行)、RADR (144A 规则下私募) 及 GDR (全球交易)。从美国投资者的立场看，投资者在取得外国公司发行股票时，要想股票在国内证券市场上流通有种种不便，ADR 为美国投资者投资非美国公司股票提供了便利。利用美国存托凭证 (ADR) 程序来募集新股 (或上市)，一般要涉及五种人：①外国发行人；②存托银行 (在美国的银行)；③保管行 (一般是存托银行在发行人国家的分支机构或有代理关系的银行)；④承销商；⑤美国投资者。全球存托凭证 (GDR) 是指只发行一种证券，即可在多个市场同时集资的方式，一次 GDR 上市包括了一个公开或不公开的美国发行以及欧洲发行。境内企业以 ADR 形式上市，应注意的问题主要是：一是公司的形象塑造。主要是考虑企业的经营管理能力和业务发展领域这两个核心问题。二是信息披露。主要是考虑企业在公开披露信息时，要注重充分性、及时性和准确性。

(三) 境内企业境外上市的相关条件准备

境内企业在境外上市时，应特别注意以下几个问题。

1. 财务会计政策

境内企业境外上市，会面临着许多困难，其中的一个困难是会计和审计标准差异。因此，我们首先要明确差异，然后针对差异进行调整，使境内企业在境外顺利上市。目前中国会计准则与国际会计准则在会计核算一般原则、资产核算、利润分配、股东权益、外币折算、会计报表等方面的差异已经在缩小或趋同。针对某些差异问题，为了使境内企业对这些会计事项与境外股市规则要求一致，应该对编制基准、存货、坏账准备、长期投资、股东权益、资产负债表、子公司会计报表及外币业务等进行调整。在财务报表上反映的盈利，会因所采用的会计政策不同而有所增减。境内企业对境外的会计政策可能因不习惯和不熟悉，在编制会计报表时，采用了不合乎境外会计标准的政策。因此，境内企业在编制会计报表时，需要多与境外会计师沟通，使他们有足够的资料，对企业盈利预测提出自己的意见。

境内企业通过境外上市，利用借入资本提高自有资金的收益率，是一种有效的财务手段。在通常情况下，借入资金越多，比例越大，自有资金利润率也就越高。但是，如果融资企业生产经营状况不好，就会出现相反的结果，甚至会出现亏损。在企业资金总额中，借入资金比例越大，财务杠杆利益就会越

大，风险也就越大。

境内企业进行股份制改组，并在境外直接上市过程中，财务会计问题的核心是如何处理非生产性资产的剥离问题。企业在资产重组过程中，既要把利害因素考虑周全，又要考虑到上市公司与母公司的责权利及财务处理问题。

2. 税收政策

境内企业境外上市，从事国际经营的根本目标在于，通过全球经济贸易交往达到利润最大化。税收是公司利润的一个较大部分的扣除，这是税收管理当局和纳税主体之间对立的根本原因，也是公司加强税收管理的根本原因。因此，境内企业境外上市，必须了解上市地的税收制度和税收政策，因为国家（地区）与国家（地区）之间对收入的等级划分、征税额的确定、税收种类及各种税收惯例等存在着差异。

境内企业境外上市涉及到资本的国际流入和流出。由于资本和收入流动涉及两个不同的国家（地区）、不同的当事人，在纳税方面存在很多的问题；由于征税原则不一样，在实际国际往来中，很容易引起双重征税。双重征税对于投资者来说，是一个沉重的负担，降低了投资者的利润率。因此，两国（地区）之间可以就收入、利润、股利、利息等流动签订避免双重征税的协定，可对双重征税进行减免和减征。目前主要的税收有：证券交易所得税、印花税、发行税、继承税、股息利息预提税及其他相关税种等。境内企业在选择境外上市地点和方式的时候，应充分考虑税收方面的问题，使境外上市成本最小化。

3. 法律法规政策

境内企业境外上市涉及的法律问题主要是关于上市公司的法律文件，比如《公司法》；关于上市公司发行的股票交易的法律文件，《证券法》等。境内企业境外上市首先面临的问题是本公司的设立、管理问题，以及公司发行股票的基本法律依据，这要受中国法律的管辖。如果到境外上市，就要研究境外上市地的法律法规是否可以为我们所接受，并且我国的法律是否许可作出相应的变通问题。到境外挂牌上市交易，就要适用境外证券注册登记地有关法律，否则就可能被拒绝在这个国家（地区）发行。因此，境内企业到境外上市，基本依据的是中国的法律，但也要兼顾到上市地的法律。在境外挂牌交易后，就要受上市地的有关法律、上市地证券交易所规则的管辖，我国的法律管辖相对会减少一些。

当前，我们需要进一步完善有关法律法规体系，清理原先过时或陈旧的不合时宜的法律法规，制定符合当前实际和未来趋势的与时俱进的法律法规，使境内企业到境外发行上市有法可依，促进我国对外股权市场的规范化、国际化，建设逐步与国际市场接轨，从而有利于增强境外投资者直接投资中国上市企业的信心。

三、外国企业来中国境内上市

目前世界多国（地区）证券市场都有大量的外国企业挂牌上市。然而，长期以来，我国境内证券市场对外资企业来上市大门一直紧闭。因此，包括 H 股在内的 2 000 多家境内上市公司，很少出现外资控股的情况。从目前在 A、B 股市场被外资控股或持股比例较大的多家上市公司的情况看，外资企业介入这些公司的过程，大致可以分为以下两种。

第一种是上市公司本身是由中外合资企业发展而来。这类企业大多属于台商或港商在内地投资设立的独资或合资企业改制而来，而且上市时间基本上都是在 1993 年以前，其中又以深圳和福建地区的公司居多，显示出当时政策的宽松。

第二种是通过受让股权或以战略投资者的身份介入，成为上市公司的大股东。这种情况比较多的出现在 B 股上市公司中，典型的是通过参与 B 股的认购和配售，成为国内上市公司的大股东。

在中国加入 WTO 已经 10 年，中国证券市场国际化进程加快的背景下，我们在把境外优质企业"引进来"的步伐上也需要适当加快。现在已经有多家中外合资的企业在中国境内证券市场上市。从总的方向看，将继续实行所有在中国的外资企业都被按国民待遇对待，即对国有企业、民营企业及外资企业一视同仁，所有的企业只要符合上市条件，都可以在上海或深圳证券交易所发行上市，而且享受平等的国民待遇。同时，还需要更加积极地创造条件，制定和完善相关的法律法规，积极争取让符合条件的外国企业，特别是世界知名的500 强企业，到中国境内的证券市场发行上市。

在两年前，中英两国发表的财经联合公报称，两国政府同意，允许对方国家的企业到本国证券交易所上市。中方同意，按照审慎监管原则，允许符合条件的境外公司（包括英国公司）通过发行股票或存托凭证的方式在上海证券交易所上市。2010 年 4 月 29 日国务院发布《关于推进上海加快发展现代服务业和先进制造业建设国际金融中心和国际航运中心的意见》，其中明确提出适时启动符合条件的境外企业发行人民币股票。同年 5 月 11 日，上海市政府对外发布的《贯彻国务院关于推进"两个中心"建设实施意见》，其中表示要积极支持上海证券交易所建设国际板市场，适时启动符合条件的境外企业在上海

证券交易所上市，推进红筹企业在上海证券交易所发行股票。这表明，外国公司来中国境内发行上市指日可待。

（一）允许并鼓励外国企业到境内上市的重要意义

（1）允许外国企业到中国境内上市，有利于改善上市公司结构，满足市场多方面的需要。外资企业一般素质较高，业绩较好，成长性较强，运作比较规范。随着外资企业在 A 股市场家数的增多，将使上市公司主体结构得到优化，证券市场的成长性基础得到增强，市场的运作效率得到提高。同时，也有利于促使我国证券市场组成一个完整的统一体，从价值回归的角度，对上市公司进行价值再发现，从而充分发挥资本市场的整体功能，产生综合效应。此外，引进国际上流行的重视上市公司长期投资价值而非二级市场短期涨跌投资理念，有利于中国资本市场投资理念趋于成熟，无疑会对中国股市长期稳定发展产生重要影响，进一步增强证券市场优化资源配置的功能。当然，外国公司也有财务造假等违法违规行为，这需要加强国际联合监管的力度。

（2）允许外国企业到中国境内上市，有利于吸引外国直接投资，扩大利用外资的规模，为深化国有企业改革，建立现代企业制度提供强大资金支持，增强其资本实力和抵御风险能力。境内投资者可以用人民币在国内直接购买境外优质企业的股票，并使境内投资者以人民币开展境外直接投资时可以规避汇率风险。同时，在境内上市的外国企业如果要将所募集的资金转移到境外使用，就会把募集到的人民币资金兑换为美元，这会在一定程度上降低我国外汇储备存量，从而减少汇率风险损失。

（3）允许外国企业到中国境内上市，有利于健全和完善上市公司治理结构，强化董事及董事会的责任，增强董事会的独立性，改善董事会运作质量，以构建科学合理的法人治理结构，形成完善的制衡、约束机制，有效地防止和消除目前上市公司中普遍存在的"内部人控制"现象，提高上市公司营运质量和运作效率。这样才能促使上市公司严格履行道德规范和市场规则，依法规范、稳健运作，按时兑现为投资者分红的承诺，切实保障广大中小投资者的合法权益。同时，可以引进国外比较先进的科学技术和经营管理经验，对国内企业产生强烈的示范效应和技术扩散效应。

（4）允许外国企业到中国境内上市，有利于提升人民币的国际地位。自2008 年年底开始，我国逐渐通过各种途径增强和推广人民币计价和结算，使跨境贸易人民币结算额迅猛增加。当境外的机构或个人持有的人民币达到相当规模的时候，就要求人民币具有长期储备价值，且有相应的成熟投资环境使其保值增值。这在客观上就需要一个包括 A 股市场在内的庞大的人民币金融市场来满足交易需求。在中国境内上市的外国企业股票用人民币标价，本身就是人民币走向国际化的体现，它表明 A 股市场具备了对国际资产定价的能力，不仅可体现人民币在国际资本交易中的计价单位作用，还可以提高境外企业对人民币的接受程度。

（5）允许外国企业到中国境内上市，有利于促进外资企业实施本土化战略，进一步推动企业技术创新和振兴国内市场。寻求在中国境内上市的外国企业，直接面对中国境内上市地的政治、法律和市场环境要求。它们为规避多方面的风险，必然会大力推进本土化的战略，不断调整经营管理模式，以本地市场开拓为主，以管理人员本土化为主。同时，其研究发展系统、销售系统以及管理模式也会适应本土化的要求。外国在中国境内的上市企业不断加大研发投入，势必对技术创新产生深远的影响，国内消费者也将分享其产品创新所带来的利益。外国企业上市筹集的人民币资金也将用于在中国境内开展业务，能够振兴中国境内市场。特别是在 A 股及其衍生证券发行上市过程中，外国企业必须遵守中国的法律、行政规章、会计准则，接受中国证券监管机构对金融市场的监管，履行相应的信息披露义务，将会创造出中国金融业和相关服务业的需求，给投资银行（股票承销）、交易（证券经纪）、银行存管、投资管理、审计、税务、法律顾问等行业创造大量的就业机会，并且提高自己的服务水平。

（二）　外国企业到中国境内上市的方式

针对中国目前的实际情况，外国企业到中国境内上市，可以采取"渐进式"的改革策略，统筹规划，全面安排，有计划、有步骤地加以实施，待积累了一定的经验和条件成熟后，再逐渐地全面予以推开，从而最终向外资企业全面开放市场。

根据世界各国（地区）证券市场开放经验和做法，对我国境内国际板市场的上市挂牌方式及挂牌品种的设计，可以考虑更加包容和多样化，不必局限于某一种形式。概括地讲，只要让投资者达到跨境投资及多市场投资境外股票的目的，国际板市场挂牌上市的系列投资品种可以包括境外股票、存托凭证（CDR 或 CDS）及交易所交易基金（ETF）等。在这三大系列的挂牌品种中，每个大类品种又可以区分为"融资性挂牌"与"非融资性挂牌"两种情形。因此，国际板市场的挂牌上市并不一定完全是"融资性挂牌上市"。

一般来说，外国企业到中国境内上市，可以采取直接发行 A 股普通股方

式和发行 CDR（中国预托凭证）方式。

外国企业采取直接发行 A 股普通股方式，即首次公开发行方式，其优点是：在实际操作过程中较为简单，时间上可以更快地实现上市融资，而且直接在 A 股市场上市的境外企业的市值可以计入 A 股总市值之内，有利于直接扩大 A 股市场的规模。在推出初期，外国企业募集的人民币资金将用于该企业在中国境内的投资，这样就不会涉及货币兑换问题，且境外公司在境内的业务拓展也能得以规避外汇风险。但是，采用直接发行股票上市方式，面临的首要问题是法律上的限制。例如，根据《公司法》第一百二十一条规定，上市公司是指其股票在证券交易所上市交易的股份有限公司。《公司法》第二条规定，本法所称公司是指依照本法在中国境内设立的有限责任公司和股份有限公司。也就是说，在境内证券交易所挂牌上市的公司必须是在中国境内设立的有限责任公司或股份有限公司。所以，采用直接发行股票上市方式，就需要对相关法律进行修改，赋予境外企业在中国境内证券交易所直接上市权利。

有许多外国企业是已经在境外上市的公司，这些企业在直接上市前，也可先尝试境外中资红筹股公司和一些香港公司在境内发行 CDR 方式。CDR（Chinese Depositary Receipt）的中文全称是中国存托凭证，是指在中国证券市场针对中国境内投资者发行流通的代表境外公司有价证券的可转让凭证，即境外企业向中国境内居民发售股票，基础股票留在其国内或地区内，中国居民在其境内当地购买这种股票的凭证，并在其当地由发行公司指定的存托银行进行存托、交易、结算、分红。其操作流程一般是：境外公司作为拟上市主体，将其一定数额的股票委托给其所在地的中间机构（通常为银行），该托管银行接受委托后，通知发行地的存托银行在当地发行相应的存托凭证，之后这些存托凭证便可以在当地证券市场上进行交易和流通。外国企业采用 CDR 的发行方式，可以绕开中国法律对 A 股上市的注册地要求，而且 CDR 发行方式不受发行地严格的上市要求限制，发行手续更为简便。但是，问题在于：目前人民币在资本项目下还不能完全自由兑换，如果以人民币发行 CDR，股票以外币发行，则中国境内的投资者用人民币购买 CDR 后，人民币不能顺利换成外币；境外公司发行 CDR 在 A 股市场筹集的人民币也无法自由兑换出境，那么现阶段在境内 A 股市场发行 CDR 的公司，必须是项目运作在境内，并将募股资金完全投向境内项目的公司。如果以外币发行 CDR，因为 A 股市场采用人民币计价，CDR 市场采用外币计价，则会造成中国证券市场的紊乱，会给监管、会计制度等方面造成很大的不便。

（三）外国企业到境内上市的步骤

外国企业到中国境内上市，关于进入的次序，可以依次为合资企业、外商投资企业和海外外国企业。

1. 第一步：安排合资企业率先上市

典型案例如北方股份，其前身就是由内蒙古第二机械制造总厂与英国特雷克斯设备有限公司共同投资设立的内蒙古北方重工业集团有限公司，英国特雷克斯设备有限公司参与了公司的改制与上市。由于中方一般会作为第一大股东，因而这种企业将在上市申请方面获得与境内企业同样的待遇。显然，这种方式将有可能成为主流方式。由此，将使目前市场上的外资股队伍得到相当的扩充。

2. 第二步：安排外商投资企业国内上市

当然，这些企业必须是在境内注册，并在内地经营。相信今后会有许多已在国内投资的国际著名企业提出在境内上市的要求。

3. 第三步：安排境外的外国企业直接上市

在这方面，要重点引进国际上的大型企业上市，如世界 500 强企业，以提高中国证券市场在国际上的地位，完善证券市场引进外资的功能。

（四）外国企业到境内上市的准备条件

1. 修改《公司法》和《证券法》

我国《公司法》和《证券法》在制订和修订之时，还未就外国公司来中国境内上市加以考虑。《公司法》对外资企业在中国境内证券市场上市虽然没有限制条款，但是《公司法》中关于股份公司发起、改制、公开发行的一系列具体规定，主要都是针对国内企业而定的，这就使得外国企业难以准确地参照执行。《证券法》则是在《公司法》的基础上制定出来的，它与《公司法》一样，都没有预见到会如此之快地面临外国企业在 A 股市场上市的问题。由于法律本身还缺乏预见性和前瞻性，以至形成目前外国企业到中国境内上市无法可依的尴尬局面，具体操作尚无从谈起。

所以，需要进一步加强法制建设，完善相关的法律法规体系。在制定外资企业在中国境内上市规则时，应遵循现行有关法律法规的根本原则。虽然现行法律法规并未涉及外资企业在中国境内上市，但其在维护投资者的合法权益、促进市场规范、稳健运行等方面的根本原则应该是完全一致的。对于现行的《公司法》和《证券法》以及其他相关法规，应在结合外国企业上市要求的情

况下，予以补充、修正和完善。

2. 吸引外国直接投资

应当继续采取有效的措施，不断吸引外国直接投资，进一步扩大利用外资的规模和质量。宽松的投资环境将有利于我国不断吸引外商投资，进一步扩大吸收和利用外资的规模和质量，从而为外资投资我国股市和外国企业在中国境内上市创造有利的外部条件。特别是，需要适当加快引进合格的境外机构投资者（QFII）的步伐，增加其投资额度，尽快出台人民币回流资本市场（RQFII）的实施办法，逐步扩大港澳地区投资沪深股市的实际规模，特别是投资于交易所交易基金（ETF）的规模，促进双边的金融市场体系持续快速健康发展。此外，庞大的外资企业群体对中国境内证券市场有十分强烈的上市欲望，都将成为我国证券市场的重要上市企业资源。

3. 实现人民币在资本项目下的完全可自由兑换

逐步实现人民币在资本项目下的完全可自由兑换，这是境外投资者在中国证券市场投资股票和外国企业在中国境内上市的另一个必要前提。

四、外资并购境内上市公司股权

（一）外资并购境内上市公司的国际背景

允许并鼓励外资在中国境内资本市场进行并购适应了世界经济潮流，也符合我们的战略发展要求。在全球的各个证券市场里，一个公司公开发行股票并且上市后，或迟或早都会面临对存量资产通过并购重组，来进行第二次资源优化配置的需要，并购重组是证券市场最能体现其市场效率和最具有创新活力的一环。美国道琼斯工业指数从1896年创建，当时由12种股票组成，其成份股中保留至今的只有通用电气一家，而在100年中先后进出该指数的上市公司数目则高达上百家。在所有从道琼斯工业指数中消失的公司中，大多数是由于并购重组等原因导致公司业务发生了巨大改变。

跨国并购近几年来已成为全球跨国投资中的非常重要的方式。所谓并购（M&A）是收购（Acquisition）与合并（Merger）的合称，前者为跨国收购，即外国公司通过购买股权而取得对当地企业的资产与经营控制权，使其成为外国公司的子公司；后者为跨国合并，其结果是原来分属不同国家的（投资国和东道国）的两个企业合并为一个新的法人实体，或者被并入投资者企业中。在外资对境内企业的并购中，合并的案例很少，绝大多数情况是收购。在国际范围内，跨国并购也以收购为主，合并仅占跨国并购的 3%。收购可以是少数股权收购（外国企业拥有被收购企业投票权股份的 10% ~49%），也可以是多数股权收购（50% ~99%）或全额收购（100%）。我们知道，不管是股权并购，还是资产并购，投资主体并购的目的都是为了获得目标公司的经营控制权，或者对目标企业经营权产生重大的影响。所以，一般把收购的股权少于 10% 的视为证券投资，而不把它看做国际直接投资，因为前者的投资主体的目的是为了获得短期的资本利得，而不是为了获得对目标公司资产的控制和管理权，或对目标公司经营政策产生重大影响。联合国贸发会《2008 年世界投资报告》指出，全球外国直接投资流入量四年来连续增长，2007 年再增 30%，达到 18 330 亿美元。其中，跨国兼并和收购（并购）继续进行的整合是推动这种增长的重要因素。2007 年全球完成的跨国并购交易额达 16 370 亿美元，比 2000 年的创纪录水平增长了 21%，比 2006 年的 8 800 亿美元（以现在的美元价格算，等于 11 180 亿美元）增长 46.4%。从联合国贸发会 2004 ~2008 年《世界投资报告》来看，2003 ~2007 年的全球跨国并购交易呈连续较快增长态势，构成全球外国直接投资的重要组成部分。

中国经济在改革开放后一直高速成长，使中国一直是外商投资的热土。中国加入世界贸易组织 10 年来，共批准外商投资企业 36 万家，几乎平均每天批准 100 家，共吸收外资 7 637 亿美元。2001 年中国入世当年，吸收外资 470 亿美元，2010 年是 1 057 亿美元，年均增长 9.5%，与我国 GDP 这 10 年的年均增长是持平的。2011 年 1 ~6 月，我国吸收外资有 609 亿美元，这个趋势今年还会有新的突破。但是，其中基本上是直接投资居多，通过跨国并购方式引进外资的少。因此，在新的国际形势下，如何适应当今跨国并购的潮流，通过资本市场进一步引进和利用外资，以推动我国经济结构调整，实现经济增长方式转变，保持国内企业和经济的稳定成长，已成为一项重要的议题，也具有重大的战略意义和价值。

在中国境内证券市场上，要允许和鼓励有实力的境外企业来开展资本经营，兼并收购中国属于竞争性行业的上市公司和非上市公司股权，并放宽外资持股比例，使境内企业与跨国公司组成战略性合资，在中国证券市场获得新的发展动力。长期以来，中国证券市场不允许外资控股境内上市公司。早在 1995 年，外国投资者就曾经通过收购境内上市公司国有股和法人股的方式进行过成功的并购行动。同年 8 月，日本五十铃自动车株式会社成功受让了境内上市公司北旅汽车（600855）的未上市流通法人股，成为公司第一大股东。后续又有上市公司股权被境外投资者收购的案例。1995 年 10 月 22 日，国务院

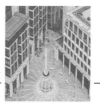

带你走上境外上市的成功之路

发布通知，暂停向外商转让上市公司国有股和法人股。此后，外资通过受让境内上市公司国有股或法人股并购的做法就陷入了沉寂。期间虽然也有公司试图尝试，但几乎都以失败而告终。例如，美国华凌拟并购广华化纤，就被中国证监会宣布为违规行为。但是，外资通过间接方式进入上市公司仍有几起案例。最典型的是赣江铃1995年9月增发B股，向美国福特汽车公司增发了其中的80%，占到江铃汽车总股本的20%。由于法律方面的障碍，向外商出售股权总体上是一个禁区。直到2001年，国家明确了外资并购中国企业的基本政策：除关系国家安全和经济命脉的重要企业由中方控股外，其他企业均可由外方控股。2001年11月，中国证监会与外经贸部联合发布《关于上市公司涉及外商投资有关问题的意见》，其中允许外资非投资性公司如产业资本、商业资本通过受让非流通股的方式收购国内上市公司股权，实现买壳上市。2002年11月1日，中国证监会、财政部和原国家经贸委联合发布《关于向外商转让上市公司国有股和法人股有关问题的通知》，允许向外商转让上市公司的国有股和法人股，暂停多年的外资并购上市公司重新全面启动。11月7日，证监会和人民银行联合发布了《合格境外机构投资者境内证券投资管理暂行办法》，允许合格的境外机构投资者通过托管银行投资于境内A股市场。2003年4月12日施行的《外国投资者并购境内企业暂行规定》更为系统地规定了外资并购境内企业应当注意的若干问题。特别是规定了外资并购的审批机关、登记机关、外资支付的方式与期限、注册资本与投资总额的比例、资产评估应当采用的标准、并购中的反垄断问题、债权人及股东权的保护问题等，相对于以前的规定来说，该规定具有较强的操作性。2003年2月，中国华润总公司与华润轻纺（集团）有限公司（外资）签署《股份转让协议》，中国华润总公司将其持有的华润锦华（000810）股权全部转让给华润轻纺（集团）有限公司。该股权转让分别获得了财政部、原经贸委和商务部的批准以及中国证监会的要约收购豁免。该事件是我国1995年"北旅事件"后首例外资直接收购并控股上市公司成功的案例。自此以后，外资通过协议受让法人股的事件层出不穷，如柯达收购乐凯公司20%的法人股；新加坡佳通集团通过公开竞拍的方式受让ST桦林法人股权；韩国三星受让赛格三星国有法人股，与赛格集团并列成为第一大股东；新桥投资受让深圳投资管理公司，深圳国投、深圳城建、深圳市劳保局四家所持深发展国有及法人股，成为深发展第一大股东。目前国际上一些外资企业主要采取合资方式，与我国上市公司组建由外方控股的合资公司，然后待进一步的法规出台后，通过合资公司反向收购上市公司的核心业务，来实现间接上市的目的。例如，中视传媒与香港凤凰卫视合作，首创股份与Vivendi water（国际最大水务公司之一）签署战略合作协议，济南轻骑集团（济南轻骑的控股公司）与印度尼西亚国际财团韩氏集团进行战略性重组，ST 东北电与世界 500 强之一的法国阿尔斯通公司合资成立东北电阿尔斯通互感器有限公司，雅戈尔与日本株晃、美菱电器与德国西格玛合作设厂，广州药业与英国 Opalm mind 国际控股有限公司合作在英国设立广州药业（英国）有限公司，等等。在两个市场贯通、两种资源共享的情况下，中国证券市场上市公司结构将会发生巨大变化，上市公司的经营管理水平和生产技术水平将得到大幅度提高，上市公司的盈利能力和整体素质将得到明显改善。

（二）外资并购国内上市公司的意义和价值

1. 促进国内的产业结构调整和国有经济战略性改组，推动战略性并购

产业整合是全球化时代的企业生存和发展的基本竞争策略。战略性并购是产业整合的基本途径。产业分散、企业规模小是我国企业缺乏国际竞争力的主要原因之一。我国加入 WTO 后，行业的竞争进一步加剧，通过战略性并购提高产业集中度，加强产业整合，是企业生存和发展的必然选择。另一方面，国有企业已经开始了战略性改组的进程，国家逐步从竞争性行业退出，鼓励收购兼并国有企业，以重新整合经济资源，提高资源配置效率和经济活力。进一步促进外资并购，通过证券市场引进国外的资金，有利于消除企业之间低水平的过度竞争，取得规模效益，对于中国产业结构调整和国有经济战略性改组具有重大的推动作用。

2. 提高国内企业的综合水平和竞争力，优化资源配置

当前我国经济仍然处于转轨时期，属于新兴市场国家。与诸多成熟市场相比，在转轨中的新兴市场国家里，企业在适应市场经济的能力、长期稳定经营、严谨的财务管理、长期性的研发力量、产品的更新换代、持续增长能力等方面，往往不够理想。企业上市后，经营出现过失就需要战略性调整，借助并购重组来调整产权和产业结构的空间很大。通过证券市场的外资并购，引进国外的先进经营管理理念、技术、管理经验，将有利于提高国内企业的质量，促进产业结构调整。

3. 发展控制权市场，改善公司治理结构

良好的公司治理结构是公司持续健康发展的保证。目前，国内上市公司在股权结构方面还存在一些缺陷，在股东大会上缺乏制衡的力量，使建立完善的法人治理结构存在障碍。通过外资并购，有利于形成控制权市场，可以在一定程度上分散上市公司的股权集中度，弥补上市公司股权结构的缺陷，同时，有

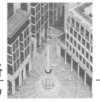

利于形成市场约束和激励机制，促使上市公司治理结构进一步改善。

（三）外资在我国资本市场并购的方式和法规

长期以来，中国证券市场对外资并购的开放有限，外资不被允许控股境内上市公司。外资想要并购国内的上市公司，一般是通过迂回的方法得以实现，主要有以下三种形式。

第一种是对那些上市发行 B 股的上市公司，通过上市公司向外资定向增发 B 股的方式，使外资大量增持 B 股，最终达到参股或控股的目的。一个典型的案例是江铃汽车 1995 年 9 月增发 B 股，向美国福特汽车公司定向增发了其中的 80%，占到江铃汽车总股本的 20%，福特成为江铃汽车的第二大股东。二是华新水泥 1999 年 3 月向 HOLCHIN B. V. 定向增发 B 股，使后者的持股比例达 23.45%，成为其第二大股东。

第二种是外资控股或参股上市公司的母公司或控股企业，将该控股企业变成外商独资企业或外商投资企业，从而间接控制上市公司。典型案例是 2001 年 10 月，阿尔卡特通过受让上海贝尔的股权，以 50% 加 1 股控股上海贝岭的第二大股东上海贝尔有限公司，阿尔卡特因此成为上海贝岭的间接第二大股东。

第三种是跨国公司在中国新建合资企业，通过它来间接收购上市公司。典型案例是 2001 年 3 月，轮胎橡胶与米其林公司组建合资企业，由该合资企业收购轮胎橡胶核心业务和资产，米其林通过合资企业实质性地控股轮胎橡胶。

我国加入世界贸易组织以来，2001 年 10 月，原外经贸部和证监会联合颁布《关于上市公司涉及外商投资有关问题的若干意见》，允许外商投资企业通过受让上市公司非流通股的形式收购国内上市公司股权。2002 年 9 月，证监会颁布《上市公司收购管理办法》，不再对上市公司的收购主体加以限制，境外投资者可以收购国内上市公司的国有股和法人股。2002 年 11 月，证监会等部门颁布的《向外商转让上市公司国有股和法人股有关问题的通知》，标志着外商以受让非流通方式并购境内上市公司进入实质阶段。2002 年 11 月，证监会等部门颁布的《合格境外机构投资者境内证券投资管理暂行办法》规定，外国投资者可以以合格境外机构投资者身份进入二级市场购买上市公司的股份。2006 年 1 月 31 日，证监会、商务部等部门联合颁布的《外国投资者对上市公司战略投资管理办法》施行，进一步拓展了外资并购上市公司的空间。2007 年 9 月 17 日，中国证监会颁布的《上市公司非公开发行股票实施细则》第九条明确规定，上市公司可以向境外战略投资者定向发行股份，股份的锁定期为三年，在此期间不得转让。

这些政策的颁布，表明国家允许外资通过并购方式进入国内资本市场，搭建起了监管外资收购境内上市公司的基本政策和程序框架。它从政策上允许外商受让上市公司国有股和法人股，解决了收购主体的国民待遇问题；对外商受让的程序、外资行业政策、外汇管理等方面都作出了明确的政策规定，解决了外资收购的程序和权利义务问题；明确和建立了外资并购的信息披露制度，从此一个完整的外资收购监管法规体系建立起来。

（四）有关外资并购上市公司的规范要点

1. 外资并购上市公司非流通股份的规范要点

2005 年以来，中国境内的上市公司虽然绝大部分进行了股权分置改革，使得历史上形成的非流通的国有股和法人股可以上市流通。但是，就当时的情况而言，并非所有的公司都已经完成股权分置改革，仍然有部分上市公司存在非流通股。因此，外资通过购买上市公司的非流通股并购上市公司仍然存在可能。外资购买上市非流通股适用的法律规范主要是 2002 年 11 月 4 日证监会、财政部、国家经贸委联合发布的《关于向外商转让上市公司国有股和法人股有关问题的通知》。根据该文件规定：

（1）向外商转让上市公司国有股和法人股，应当符合《外商投资产业指导目录》的要求。根据该目录及相关产业政策的要求决定是否能够转让以及转让股权的比例。

（2）向外商转让上市公司国有股和法人股，原则上采取公开竞价方式。不过，《关于外国投资者并购境内企业规定》规定的并购可以采取协议收购的方式，而且确定股权的价格将根据评估结果确定。显然，二者的规定存在法律适用的冲突。我认为，如果采取购买上市公司非流通的国有股的形式进行并购，则应依据《企业国有产权转让管理暂行办法》规定，必须采取进入产权交易所挂牌转让的方式进行，这样《关于向外商转让上市公司国有股和法人股有关问题的通知》中规定的"公开竞价"方式是适用的。如果采取购买上市公司非流通的社会法人股的形式进行并购，则也应当适用《关于向外商转让上市公司国有股和法人股有关问题的通知》中规定的"公开竞价"方式，因为该文件相对于《关于外国投资者并购境内企业规定》属于特别法，应当优先适用。

（3）关于转让价格是否需要评估的问题。《关于向外商转让上市公司国有股和法人股有关问题的通知》中没有规定股权转让价格是否需要评估，证监会也

没有其他文件规定此种情况下是否需要评估。在此情况下，我们认为，应当适用靠后颁布的《外国投资者并购境内企业规定》，即应当通过评估确定价格。

（4）外资采取此种方式并购上市公司股份的，应当符合中国证监会关于上市公司收购、信息披露等规定。根据中国证监会《上市公司收购管理办法》规定，外资协议购买的上市公司股份已经达到上市公司已发行股份 5% 以上但未超过 30% 的，应按照规定履行信息披露义务。外资协议购买的上市公司股份超过上市公司已发行股份总数 30% 的，对于超过 30% 的部分，投资者应当履行要约收购义务（除非存在豁免要约收购的情况）。

（5）转让当事人应当凭国家主管部门的转让核准文件、外商付款凭证等，依法向证券登记结算机构办理股权过户登记手续，向工商行政管理部门办理股东变更登记手续。转让价款支付完毕之前，证券登记结算机构和工商行政管理部门不得办理过户和变更登记手续。

2. 外资并购上市公司流通股的规范要点

随着股权分置改革的大规模进行，上市公司原有的非流通股的比例越来越少，而流通股的比例逐渐加大。因此，规范全流通情况下的外资并购上市公司股权问题就显得越发紧迫。

2005 年 12 月 31 日，商务部、证监会等部门联合颁布《外国投资者对上市公司战略投资管理办法》。该文件可以说是外资并购上市公司的专门规范，对指引外资并购上市公司十分重要。根据该文件：

（1）该文件适用于外国投资者对已完成股权分置改革的上市公司和股权分置改革后新上市公司通过具有一定规模的中长期战略性并购投资，取得该公司 A 股股份的行为。可见，该文件的适用具有特定性，即仅仅适用全流通背景下流通股的并购行为，不适用并购非流通股的行为。

（2）外国投资者进行并购应当经过商务部的审批，而不是地方商务主管部门。

（3）并购的方式可以采用以协议转让、上市公司定向发行新股方式，以及国家法律法规规定的其他方式取得上市公司 A 股股份。根据沪、深两地交易所和证券登记公司联合颁布的《上市公司流通股协议转让管理办法》，外国投资者对上市公司进行战略投资的，可以协议转让股权，并且详细规定了协议转让的流程。此外，根据 2007 年 9 月 17 日，中国证监会颁布的《上市公司非公开发行股票实施细则》第九条规定，外国战略投资者可以采取购买上市公司定向增发的股份方式进行战略投资。这就是说，目前以协议转让、上市公司定向发行新股方式实行外资并购均有章可循。

（4）外资进行上市公司战略投资，首次投资完成后取得的股份比例不低于该公司已发行股份的 10%，但特殊行业有特别规定或经相关主管部门批准的除外。

（5）外资进行战略投资取得的股份限售期为 3 年。

（6）根据该文件的规定，投资者购买上市公司股份达 25% 以上的，应当加注"外商投资股份公司（A 股并购 25% 或以上）"。根据该文件的规定，外资对上市公司进行战略投资的比例在 10% 以上，但没有上限，也就说外资并购上市公司的股权比例同样会达到 30% 以上。这样该种情形自然会引发上市公司收购的问题。因此，应当依据《上市公司收购管理办法的规定》履行要约收购义务（除非存在豁免要约收购的情况）。

另外，需要说明的是，根据 2006 年 7 月 1 日商务部《关于外商投资举办投资性公司的补充规定》，允许投资性公司根据国家有关规定对上市公司进行战略投资，投资性公司应视为股份有限公司境外股东。因此，根据上述规定，类似外国实业投资有限公司性质的投资性公司可以对上市公司进行战略投资，实施外资并购。

2006 年 8 月 24 日证监会、人民银行和外汇局联合颁布了《合格境外机构投资者境内证券投资管理办法》，这是对 2002 年 12 月底《暂行办法》的一次全面修订。同时，中国证监会发布《合格境外机构投资者证券投资管理办法实施通知》。这两个文件，是针对境外机构投资者投资于中国证券市场的专门规范，推动发挥合格境外机构投资者在我国资本市场发展的积极作用。根据这两个文件，其中的要点如下：

（1）合格境外机构投资者（以下简称合格投资者），是指符合本办法的规定，经中国证券监督管理委员会（以下简称中国证监会）批准投资于中国证券市场，并取得国家外汇管理局（以下简称国家外汇局）额度批准的中国境外基金管理机构、保险公司、证券公司以及其他资产管理机构。该项制度是在我国目前人民币尚未实现可完全自由兑换的情况下，为允许外国资本直接进入中国境内资本市场提前做好准备，有限度地引进外资、开放证券市场的过渡性的措施。

（2）合格投资者应当委托境内商业银行作为托管人托管资产，委托境内证券公司办理在境内的证券交易活动。

（3）中国证监会依法对合格投资者的境内证券投资实施监督管理，国家外汇局依法对合格投资者境内证券投资有关的投资额度、资金汇出入等实施外汇管理。

（4）申请合格投资者资格，应当具备下列条件："（一）申请人的财务稳健，资信良好，达到中国证监会规定的资产规模等条件；（二）申请人的从业人员符合所在国家或者地区的有关从业资格的要求；（三）申请人有健全的治理结构和完善的内控制度，经营行为规范，近3年未受到监管机构的重大处罚；（四）申请人所在国家或者地区有完善的法律和监管制度，其证券监管机构已与中国证监会签订监管合作谅解备忘录，并保持着有效的监管合作关系；（五）中国证监会根据审慎监管原则规定的其他条件。"《合格境外机构投资者证券投资管理办法实施通知》对于合格投资者的资格从资产规模等条件分别进行规定："（一）基金管理机构：经营资产管理业务5年以上，最近一个会计年度管理的证券资产不少于50亿美元；（二）保险公司：成立5年以上，最近一个会计年度持有证券资产不少于50亿美元；（三）证券公司：经营证券业务30年以上，实收资本不少于10亿美元，最近一个会计年度管理的证券资产不少于100亿美元；（四）商业银行：在最近一个会计年度，总资产在世界排名前100名以内，管理的证券资产不少于100亿美元；（五）其他机构投资者（养老基金、慈善基金会、捐赠基金、信托公司、政府投资管理公司等）：成立5年以上，最近一个会计年度管理或持有的证券资产不少于50亿美元。"

（5）合格投资者在经批准的投资额度内，可以投资于下列人民币金融工具："（一）在证券交易所挂牌交易的股票；（二）在证券交易所挂牌交易的债券；（三）证券投资基金；（四）在证券交易所挂牌交易的权证；（五）中国证监会允许的其他金融工具。"合格投资者可以参与新股发行、可转换债券发行、股票增发和配股的申购。

（6）境外投资者的境内证券投资，应当遵循下列持股比例限制："（一）单个境外投资者通过合格投资者持有一家上市公司股票的，持股比例不得超过该公司股份总数的10%；（二）所有境外投资者对单个上市公司A股的持股比例总和，不超过该上市公司股份总数的20%。"境外投资者根据《外国投资者对上市公司战略投资管理办法》对上市公司战略投资的，其战略投资的持股不受上述比例限制。

（五）外资并购的创新支付方式

《关于向外商转让上市公司国有股和法人股有关问题的通知》第七条规定，"外商应当以自由兑换货币支付转让价款"。但是，《上市公司收购管理办法》第六条中已明确规定，"上市公司收购可以采用现金、依法可以转让的证券以及法律、行政法规规定的其他支付方式进行。"相信随着今后外资并购案例的增多和日益频繁，国际市场上流行的许多创新支付方式也将会应用到中国市场上来，并会逐渐得到法律法规的允许，从而更加有利于兼并收购的实施。目前国际市场上并购操作中，除现金外的支付方式主要为以下两种：

1. 换股并购

在国外，换股并购非常普遍，大部分并购都是通过部分现金、部分有价证券或者全部用股票换购目标公司股票的方式进行。由于换股并购不需要大量现金，在税收上也有诸多优惠，因此在公司的收购兼并中被广泛采用。例如，美国 United Rentals 公司为了收购 Neff 公司，以 0. 18∶1 的比例，用其新发行的普通股交换 Neff 公司 660 万股发行在外的普通股，交易完成后，拥有了 Neff 公司 72% 的股份，实现对 Neff 公司的收购。

然而，外资采取这种方式并购中国境内公司还有一定的政策障碍。一方面，换股操作的前提是有股可换，在我国，公司的资本制度实行法定资本制，且不允许公司持有自身的股票，因此上市公司获得新股的方式只能是增发新股，但是目前增发新股的条件相对苛刻，这将限制大规模的换股操作。另一方面，大股东为国有企业的上市公司，其对外投资行为受到一定的限制，持有国外股权相对较难。这些都需要对于有关政策和法规进行进一步完善。

2. 资产置换

过去，资产置换方式在国内公司并购重组中被广泛使用，因为它方式简便，更节约收购公司的现金。同样，外资并购国内上市公司也可以通过资产置换的方式来实现。

境外类似的并购案例有李泽楷的盈科集团并购上市公司得信佳。其具体操作方式为：得信佳发行新股 297. 77 亿股，盈科集团以数码港项目和部分物业换得其中的 240 亿股，占得信佳总股本的 75%，同时还包括 10 亿港元的 3 年期可转债；同时，得信佳将其除了在香港的通讯器材以外的其他所有业务和香港债务转让给原控股股东星光科技，这样就实现了对得信佳的资产置换，置换后的得信佳改名为盈科动力数码，成为盈科集团的龙头企业。其实，外资采用这种支付方式并购中国境内上市公司具有很强的操作性。例如，外资可以利用国内子公司的资产直接与上市公司的资产进行置换，后者置换给准备转让股份的上市公司大股东。如果涉及到国有股股份转让则相对比较复杂，目前还需要国家有关部门的审批。同样，采用这种支付方式，也要考虑到国家产业政策和竞争政策的限制。

Part 2

国有企业及不同行业企业境外上市

Oversea Listing of
State-owned Enterprise and
Enterprises in Other Industry

第 7 讲
我国国有大中型企业境外发行上市有关问题

—— 国有大中型企业境外上市与管理高层培训班

自我国实行经济改革和对外开放以来，积极有效合理利用外资，促进国民经济发展，一直是我们对外开放政策的一项重要内容。

1991 年我国境内证券市场建立之前，利用外资主要采用吸引外商直接投资，建立中外合资企业、中外合作企业和外商独资企业；借用外国贷款，包括政府贷款和国际商业银行贷款以及在境外直接发行债券的方式。这些利用外资的方式对促进我国经济发展起到了十分重要的作用，但客观上存在筹资方式单一、债务负担加重、融资成本高和承担外汇汇率风险等问题。

国际经验表明，当一国（地区）经济发展呈稳步增长态势，并有许多商业机会时，吸引境外股权投资则是最佳的融资方式。为了研究更灵活、便捷、有利的利用外资方式，充分利用境内外股票市场筹集资金的功能，1992 年初在听取境外证券界人士意见的基础上，经中国国务院领导同志批准，开始让国有大中型企业改制为股份有限公司后，直接到境外发行上市试点。截至 2008 年 8 月底，已有 153 家中国内地注册企业在境外上市，其中在香港上市 110 家（其中香港、纽约同时上市 10 家，香港、伦敦同时上市 4 家，香港、纽约、伦敦、上海同时上市 1 家），在香港创业板市场上市 40 家，在新加坡单独上市 3 家。在 153 家 H 股公司中，有 57 家同时发行 A 股。目前这些境外上市企业累计筹资总额为 1 119.44 亿美元。中国企业到境外上市，既开拓了企业筹资的新方法、新渠道，又为国际投资者提供了直接从中国经济高速增长中获利的机会。

特别需要说明的是，为了保证我国国有大中型企业境外上市顺利进行，保护境外投资者的合法权益，促进中国证券市场的规范化、市场化和国际化，国家先后制定并颁布了《公司法》、《证券法》、《国务院关于股份有限公司境外募集股份及上市的特别规定》和《到境外上市公司章程必备条款》等一系列法规政策文件，在实行中取得了好的效果。实践证明，我国国有大中型企业到境外上市试点工作是成功的。今后在支持符合条件的国有大中型企业在境内发行上市的同时，还将继续支持国有大中型企业在条件成熟后到境外发行上市，这将成为我国有效利用境外证券市场筹集资金的重要渠道。

一、国有企业到境外发行上市地点的选择

香港于 1997 年 7 月 11 日正式回归中国，香港的金融市场仍将在原有的制度框架内运作。为了巩固香港的国际金融中心地位，保持香港金融市场的繁荣稳定，中国境内国有企业仍将把香港作为主要的境外上市市场，同时积极稳步开拓美国、欧洲、日本、韩国、新加坡、加拿大、澳大利亚等境外其他资本市场，研究和开发新的上市金融产品。

对境内的大中型国有企业来说，香港的资本市场有着天然的比较优势。香港是重要的国际金融中心，有着可以与世界其他主要金融市场相似的或相兼容的法律制度和市场规则，有着世界先进的通讯条件和信息手段；证券交易和结算程序运作有极高的效率，是国际投资资金的集散地；香港在地理位置上毗邻大陆，可以通过方便的渠道获取有关境内的丰富信息，已经拥有一支庞大的专门针对中国境内企业、中国经济的专门化研究分析队伍；各国主要的投资银行在香港都设有分支机构，聚集了国际上大多数专业的机构投资者。此外，境内的证券期货监管机构与香港的证券期货监管机构保持着密切的监管合作关系。从以往境外上市企业的市场表现来看，香港已经成为中国境内企业赴境外上市的集中地区。许多国际投资者已经把香港视为中国企业的母国市场，他们在投资中国企业时，通常以境内企业在香港的市场表现为参照标准。对于股票发行规模比较大的国有企业，可以考虑采用在香港和纽约、伦敦、德国、东京、新加坡、加拿大和澳大利亚等两地或多地上市的方式，这样可以把香港的优势与这些国家、地区的资本市场的丰富资源和广泛的投资者基础等优势结合起来，同时可以避免境内企业境外上市过度分散和多个市场之间的不利竞争。此外，两地或多地同时上市，由于股票在两个或多个市场之间流动，可以形成两个或多个市场之间股价的制衡机制，也可以避免当某个市场不利时企业陷入被动局面。

当然，企业在选择境外上市地点时，还要结合自身的情况和条件综合考虑。一般来说，需要考虑的因素主要有：企业发行股票规模的大小，企业的长远发展战略，主要技术和设备的来源地，产品出口市场及主要贸易伙伴，目标市场的主要特点，投资者的行业偏好，以及上市成本和监管制度等。

二、企业境外上市的境内规定条件及香港主板市场条件

中国政府为了保证国有企业到境外上市工作顺利进行，保证上市公司的质量，初期采用对上市公司进行推荐（最初由政府主管部门负责推荐，《证券法》实施后，由承销股票的券商负责推荐）和预选的办法。中国政府对推荐到境外上市预选企业的条件进行了具体而明确的规定，并对境外上市企业的总规模和产业分布实施宏观调控。后来随着经验的不断积累后，采取企业经主管部门批准后，自主向境内证券监管机构申请上市的办法。

到境外上市的国有企业大多是中国优中选优的企业。这些企业不仅在行业领域占很大的市场份额，而且在整个国民经济中居于举足轻重的地位。这些企业如果在境外上市获得成功，并取得良好表现，就会对境内其他企业产生巨大的示范效应，带动境内其他企业转换经营机制，完善公司治理结构，建立内控制度，向现代企业制度迈进。具体来说，到境外上市的境内企业应当具备如下条件。

（1）符合国家产业政策。

国家制定的外商投资产业政策把产业分为允许类、限制类和禁止类三类，对外商投资进行指导。国家政策重点向能源、交通、原材料等基础设施、基础产业和高新技术产业及国家支持的重点技改项目倾斜，适当考虑其他行业。某些行业允许外资有限介入，但份额不能超过一定比例。某些行业和部门（比如邮电、通讯、国防工业等）严禁外资进入。不同的行业有不同的具体政策，只有符合国家产业政策和利用外资政策的国有企业，才有可能被获准到境外上市。国家在"十二五"规划中，提出了若干战略性新型产业，无疑也是支持境外上市的重点行业。

（2）企业有发展潜力，急需资金。

企业发行股票所募资金应当有明确的用途，主要用于企业发展生产，并应符合向集约化经营转变的要求。部分资金也可用于调整资产负债结构、补充流动资金等。原则上企业应具备基本落实资金使用的计划。属于基础设施建设、技术改造项目建设的，应符合国家关于固定资产投资、技术改造立项的规定。有经国务院批准急需外汇的重大技术引进项目的企业，可优先考虑境外上市。

（3）企业具有一定规模和良好经济效益。

申请企业应有连续三年的盈利业绩，同时考虑到企业筹资成本，上市后的表现和运作合理性。申请上市的企业需要达到一定规模，企业改组后投入上市公司部分的净资产规模不少于 4 亿元人民币，经评估或估算后的净资产税后利润达到 10% 以上，上年度税后净利润规模需达到 6 000 万元人民币以上。募集资金后国有股一般应占控股地位，对于国家政策要求绝对控股的行业或企业，企业发行股票后国有股的比例应超过 51%。对于国家支持发展的基础设施建设项目，境外证券交易场所对业绩有豁免的，可以不需要连续三年盈利业绩。

（4）中国国有资产管理委员会管辖的中央企业将被鼓励整体上市，但会以传统的分拆部分优质经营性资产上市方式为主。为了从整体上搞好国有企业，配合国有企业、经济结构的战略性调整，国有大中型企业发行股票上市时，鼓励其收购兼并有发展前景但目前还困难的企业，从而壮大上市企业的实力，又使被兼并企业重新焕发出新的活力。

（5）企业发行境外上市外资股，按合理的市盈率计算，筹资额预计可达 4 亿元人民币（折合 5 000 万美元）以上。

（6）企业有一定的创汇能力。企业按 25%（以前为 33%）所得税率和适当的市盈率（比如 12 倍）倍数计算公司市值，按发行后的股本额摊薄，每股价格应高于每股净资产。创汇水平一般需达到税后净利润 10%，确保上市后分红派息有可靠的外汇来源，属于基础设施等行业的可适当放宽，但应征得有关外汇管理部门的同意。

（7）企业有规范的法人治理结构和完善的内控制度，以及有一定的知名度和经营管理水平。企业产品市场占有率要在国内同行业中名列前茅，连续 3 年比较稳定；企业主要管理人员应有良好的专业水平和管理经验，在上市前后能基本保持稳定。

近几年来，随着境内外情况的不断变化，这些条件对不同企业境外上市已经有所放松。主要根据上市地的证券交易所和监管机构的要求，以及根据市场行情的情况，灵活的掌握。特别是其中被市场人士称作"4、6、5"上市条件的规定和市盈率的倍数，主要由市场来选择和决定。2012 年初中国证监会高层领导表示，2012 年将全面修订境外上市法规，适当降低上市条件，简化审核程序，为中小企业、民营企业到香港等境外市场直接上市创造条件。

中国企业到香港发行和上市 H 股，由于香港目前是中国的一个特别行政区，中国企业还必须遵守香港的有关法律。根据联交所《证券上市规则》第八章，到香港主板市场股票上市必须具备基本条例规定的条件。

1. 企业及业务类型适宜上市

拟上市公司及其业务必须为联交所认为适宜上市者。资产全部或大部分为现金或为短期证券的公司或集团（投资或证券经纪公司除外）一般不会视为

适宜上市，除非该发行人只从事或主要从事证券经纪业务。

2. 营业记录、管理层及拥有权

申请人需具备不少于 3 个财政年度的营业记录（获联交所依据有关规定豁免的除外），管理层在最近 3 个财政年度维持不变，及最近一个经审核的财政年度内拥有权和控制权维持不变（新申请人须证明其董事及管理层在新申请人所属业务和行业中拥有至少 3 年及令人满意的经验，及经审核的最近一个财政年度的管理层维持不变）。

3. 财务指标

新申请人必须在相同的拥有权及管理层管理下，财务状况符合以下三条中的一项：

（1）盈利测试。过去 3 年盈利达 5 000 万港元，最近一个年度不少于 2 000 万港元，其前两个年度累计不少于 3 000 万港元，上市时的预计市值不得少于 2 亿港元，由公众人士持有的证券市值不得低于 5 000 万港元。联交所 2009 年将新申请人盈利条件放宽为"上市前三年盈利总和最少达 3 000 万港元"。

（2）市值/收入/现金流量测试。企业上市时，市值不少于 20 亿港元，最近一个经审计年度的收入不少于 5 亿港元，及过去 3 个年度的营运业务现金流入合计不少于 1 亿港元。

（3）市值/收入测试。企业上市时，市值不少于 40 亿港元，最近一个经审计年度的收入不少于 5 亿港元，及上市时至少有 300 名股东。

4. 股东数目及公众持股比率

（1）新上市股票的持股人应最少有 300 名。如果发行人上市时的预计市值超过 100 亿港元，联交所可酌情接纳 15% ~ 25% 的比较低的百分比，条件是发行人须于其首次上市文件中适当披露其获准遵守的较低公众持股量百分比，并于上市后的每份年度报告确认其公众持股量符合规定。

（2）初次申请上市的证券，股东数目最少为 300 名。

（3）由持股量最高的 3 名公众股东拥有的百分比，不得超过上市时由公众人士持有的证券的 50%。

5. 股份禁售期

控股股东必须承诺在上市后 6 个月内不出售其股份，且在随后的 6 个月内控股股东可以减持股份，但必须维持相对控股的股东地位，即 30% 的持股比例。

6. 管理层及企业管治

（1）公司上市后至少有两名执行董事常驻于香港。

（2）董事会应包括至少 3 名独立非执行董事，其中至少一名须具有适当的专业资格或适当的会计或相关财务管理专长。

（3）审计委员会。申请人必须成立审计委员会，其成员全部由非执行董事组成，成员人数应不少于 3 名，其中至少要有一名独立非执行董事应具有适当的专业资格或适当的会计或相关财务管理专长。审计委员会的成员必须以独立非执行董事占大多数，主席应由独立非执行董事担任。

三、国有企业到境外上市前的重组

中国境内企业从本国的具体情况和条件出发，参照世界各国（地区）的通行做法，在上市前需要改制为股份有限公司。在改组为股份公司的过程中，需要进行资产重组，以适应香港及其他境外上市地的要求。

国有企业大都是在计划经济体制下建立起来的。较长时期以来，一些大型国有企业不仅要从事生产经营，还要负担职工的生活、医疗、养老、子女教育等各种问题，企业实际成为"大而全"的小社会。显然，这样的企业是不能原封不动地直接到境外上市的。同时，国有企业寻求在香港及境外上市是其长期发展战略的一个重要组成部分，企业及其管理层应当借此机会对企业的各项业务和组织结构做出全面合理长远的安排，并进行战略性的重新组合，使企业进入一个新的发展阶段。因此，上市前的重组是完全必要的。

1. 企业重组原则

（1）集中相关业务，分离无关业务。对于"大而全"或多元化经营的国内企业，要把生产性的资产与非生产性的资产加以区分，进而把生产性资产中的高盈利性资产和低盈利、无盈利性资产加以区分，使二者"剥离开来"。可行的办法是分拆出一家子公司上市或新成立一家控股公司来收购原企业集团欲上市的资产和业务，由控股公司在香港上市，从而使公司上市后能以鲜明的形象、较好的盈利能力出现。例如，上海石化公司将其生产经营职能与社会服务职能分开，分别成立上海石化股份有限公司和上海金山实业公司，就遵循了这种原则。

（2）避免利益冲突。根据香港证券上市条例的要求，上市公司的控股股东不得在其他有竞争性业务的公司拥有股权。如果上市的控股股东（即持有30% 以上投票权的股东）在其他公司拥有权益，而该公司的业务直接或间接与上市公司的业务形成竞争，形成利益冲突，则上市公司将被香港证券交易所认为不适合上市。因此，国有企业在考虑把某一项主要业务上市时，应当同时把

企业集团有关联的或者有业务来往的各个部分一并上市，以避免在上市业务外形成利益冲突的资产，从而保证上市公司能成为一个可以独立经营的实体。

（3）有利于长远发展。申请上市企业为了提高上市股票的吸引力，有更好的定价，筹集更多的资金，无疑在重组时要把高盈利资产和业务上市。但是，为了获得企业的长远发展，对那些暂时盈利能力不强的资产甚至非盈利资产，只要符合国家产业政策和企业的长远利益，也应纳入上市公司内。特别是对有利于开拓和引领国际市场，有利于提高技术水平的公司，重组时应把它们保留在上市公司内。

（4）与第三者的关系要规范化。国有企业在境外获准上市后，就成为拥有众多中外股东的公众公司，其所有的经营活动都必须服从全体股东的利益，由此上市公司与原来企业集团、原来企业主管部门、原有的原材料供应商、产品销售商及主要客户之间的关系都要规范化。公司在上市前重组时，要把原有企业与主管部门的管理与被管理关系、与国有资产管理部门的拥有和被拥有的关系转化成参股或控股股东与上市公司的关系；把原来企业与原料供应、产品销售业务往来的非正式关系转化成合同关系；把原企业领导与职工的关系转化成董事、经理和雇员的关系；在重组时执行董事、总经理等主要高级管理人员应签订三年以上的服务合同，包括薪酬条款、服务条款、非竞争条款等。

2. 企业重组的实施

（1）重组方式的选择。国有企业在上市重组前，通常有三种方式可供选择：①以本企业为中心进行业务取舍。这种重组方式适用于中等规模、业务单一，而且资本比较集中的企业。②以某家子公司为中心进行重组。这种方式适宜于"一业为主、多元经营"的大中型企业。要从多家子公司、分公司或联营公司中，选择本企业（集团）中经营主要业务（通常为优质业务）的子公司，以该子公司为中心出售其劣质或无关的资产，收购或集中相关的优质资产，以形成"拳头公司"再上市。③成立一家控股公司，并以其为中心进行重组。这种方式适用于多元化经营的企业集团。

（2）重组的执行方式。重组执行方式有三种：①如果资产的收购代价不高，可以现金收购方式进行，对于出售资产应争取以现金支付。②以股份收购资产。将要上市的公司以自己的股份换取收购的资产，被收购资产的原拥有者成为上市公司的股东之一。③以协议方式收购资产，及双方商定以现金和股份以外的其他方式支付，比如资产置换、长期租赁、以供货为条件换取某项资产等。

3. 资产评估

（1）资产评估管理。对国有企业进行资产评估的直接目的是获准境外上市，实际上是一项涉外的资产评估，要确保国有资产不流失和"贱卖"，政策性和技术性都很强。这项工作必须严格遵循国家规定的评估程序，即申请立项、资产清查、判定估算和验证确认四个环节。在评估结果出现后，待国有资产管理部门对资产评估报告加以审核，对其合法性、真实性、科学性、公正性等方面验证后，如各项都符合规定要求，下达了资产评估确认书，评估报告方能生效。

（2）资产评估方法。目前国际上通行和公认的资产评估方法有三种：收益现值法、重置成本法、现行市价法。收益现值法是将评估资产的预期的同期性收益折算量化成现在价值的方法。重置成本法是在现实条件下重新购置或建造一个全新状态的评估对象所需成本减去评估对象的各种陈旧贬值后的差额，以其作为对评估对象的现实价值。现行市值法是通过市场调查，选择相同或类似参照物来计算评估对象的价值的方法。国有企业在境外证券市场发行股票并上市，运用现行市值法进行资产评估时，应当以国际市场为背景，不能仅仅限于国内市场。

（3）国有企业无形资产评估。国有企业的无形资产包括专利权、特许经营权、商标权、商誉、土地使用权、水面养殖权、矿物开采权等，它们是企业获得巨额利润的重要源泉，是企业生存和发展的重要支柱。到境外（包括香港）上市的国有企业都是经国家挑选和特许的效益高、商誉好、实力强的大中型企业，它们往往拥有多项技术专利、优惠购料权和土地使用权、专有权等无形资产，在评估时既不能作价过低，也不能疏忽漏评。在原则上，这两种情况都会造成国有资产流失，使国家和股东权益蒙受损失。当然，也不主张高评，防止把国有资产的实物形态不当转化为价值形态，以及把一些过时的机器设备价值的自然贬值当做国有资产流失。

（4）土地使用权的评估和评估后处理。土地是一种特殊的稀缺的固定资产，具有永承性和不可再生性。土地使用权价值只能采用现行市价法和收益评价法评估，而不能采用重置成本法。对到香港和其他境外资本市场上市企业的土地使用权进行评估，首先要根据国内地产市场或出租行情，通过综合分析土地的地质、面积、地段、交通通讯、地下设施等因素，确定以国内市场为参照市场的评估价值作为底价；同时，要考虑国际地产市场行情，权衡国内廉价原材料、劳动力及优惠税收政策等因素给上市企业带来的巨额利润，正确评估土地使用权的价值。

在土地使用权评估后，由于企业转变为中外合资的上市股份公司，有 3 和可供选择的方式处理土地使用权：①企业以现金支付地价，实现土地使用权向

企业一次性转移，这种方式适用于企业占用土地不多、地价金额不是很大的情况。②把土地使用权折成国有股投入上市公司，实现国有土地保值增值。这种方式适用于地价占企业总资产比例不大的情况。③以协议形式由国家每年向企业收取土地使用费。

从今后的情况来看，还将进一步推进中央企业改制上市，支持符合条件的中央企业加快实现主营业务整体上市或集团整体上市。借助境内外资本市场，加快推进中央企业的调整、重组，进一步推进国有资本向关系国家安全和经济命脉的重要行业和关键领域集中，优化资源配置，完善企业价值链和产业链，提升综合竞争能力，培育一批具有自主知识产权、国际品牌和有竞争优势的企业，提高参与全球资源配置和产业整合能力。

四、国有企业到境外发行上市审批程序

中国政府为了规范境内企业到境外上市，积极支持符合条件的企业成功上市，同时防止一哄而上到境外发行股票，避免国有资产产权受到侵害，保护国家和投资者利益，对境内企业到境外发行股票和上市规定了一定的审批程序。

（一）H 股的审批程序

1. 申请及批准程序

（1）中国境内企业在向境外证券监管机构或（和）证券交易所提出发行上市初步申请（比如向香港联交所提交 A1 表）3 个月前，须向中国证监会报送下述文件的（1）至（3）文件，一式五份。

（2）中国证监会就有关申请是否符合国家产业政策、国有产权规定、利用外资政策，以及有关固定资产投资立项规定会商国家发改委、国资委和商务部。

（3）经初步审核，中国证监会函告公司是否同意受理其境外上市申请。

（4）公司在确定中介机构之前，应将拟选中介机构名单书面报证监会备案。

（5）公司在向境外证券监管机构或（和）证券交易所提交发行上市初步申请 5 个工作日前，应将初步申请的内容（比如向香港联交所提交 A1 表）报证监会备案。

（6）公司将向境外证券监管机构或（和）证券交易所提出的发行上市正式申请（如向香港联交所提交 A1 表）报中国证监会备案。

（7）公司在向境外证券监管机构或（和）证券交易所提出发行上市正式申请（如在香港联交所接受聆讯）10 个工作日前，须向中国证监会报送文件的（4）至（14）文件，一式二份。中国证监会在 10 个工作日予以审核批复。

2. 须向中国证监会和境外证券监管机构和证券交易所报送的文件

（1）申请报告。内容应包括：公司演变及业务概况，重组方案与股本结构，符合境外上市条件说明，经营业绩与财务状况（最近三个会计年度的财务报表、本年度税后利润预测与依据），筹资用途。申请报告须经全体董事会或全体筹委会成员签字，公司或主要发起人盖章。同时，填写境外上市申请简表。

（2）所在地省级人民政府或国务院有关部门同意公司境外上市的文件。

（3）境外投资银行对公司发行上市的分析推荐报告。

（4）公司审批机关对设立股份公司和转为境外筹集公司的批复。

（5）公司股东大会关于境外筹集股份及上市的决议。

（6）国有资产管理部门对资产评估的确认文件，国有股权管理的批复。

（7）国土资源管理部门对土地使用权评估确认文件、土地使用权处置方案的批复。

（8）公司章程。

（9）招股说明书。

（10）重组协议、服务协议及其他关联交易协议。

（11）法律意见书。

（12）审计报告、资产评估报告及盈利预测报告。

（13）发行上市方案。

（14）证监会要求的其他文件。

3. 香港证券交易所申请批准程序

（1）由上市保荐人代表拟上市公司，向香港交易所报送拟上市公司到香港证券市场（主板）上市的全套材料。

（2）拟上市公司书面回答香港交易所上市科对拟上市公司若干问题的聆讯。

（3）香港交易所上市委员会讨论与批准拟上市公司在香港交易所证券市场（主板）上市融资的申请。

（4）按照双重存档制度，在正式批准之前，香港交易所会将申请及拟批准情况与香港证监会审核，香港证监会有否决权。

（二）红筹股的审批程序

境内企业利用境外设立公司的名义在境外发行股票和上市（香港称为红筹股）的审批程序与境内企业在香港发行 H 股的审批程序基本相同。

在境外新设立公司发行红筹股，同样要经过以下步骤：由省级人民政府或国务院有关部门向国务院呈报企业申请和有关材料，并抄送证监会；证监会审核有关申请材料；或者直接向中国证监会申报，由中国证监会审批认可后报国务院批复。但是，对利用境外已经设立的公司发行股票和上市的情况则较为复杂，分四种情况：

（1）境外中资控股上市公司分拆上市、增发股份等活动，受当地证券监管机构监管，但其中中资控股的股东的境内股权持有单位应事后将有关情况报证监会备案，并加强股权的监督管理。

（2）境外中资非上市公司和中资控股上市公司，以其拥有的境外资产和由其境外资产在境内投资形成并实际拥有 3 年以上的境内资产，在境外申请发行股票和上市依当地法律，但其境内股权持有单位应当按隶属关系事先征得省级人民政府或国务院有关主管部门同意，其不满 3 年的境内资产，不得在境外申请发行股票和上市，如有特殊需要的报中国证监会审核后批复，上市活动结束后，境内股权持有单位应将有关情况报中国证监会备案。

（3）凡将境内企业资产通过收购、换股、划转以及其他任何形式转移到境外中资非上市公司或者境外中资控股上市公司在境外上市，以及将境内资产通过先转移到境外中资非上市公司再注入境外中资控股上市公司在境外上市，境内企业或中资股东的境内股权持有单位应按隶属关系事先经省级人民政府或国务院有关主管部门同意，并报中国证监会审核后，按国家产业政策、国务院有关规定审批。

（4）禁止境内国有企业未经任何批准，擅自通过购买境外上市公司控股权的方式进行买壳上市。

五、境外上市公司外汇管制、税收政策及会计准则

中国政府鉴于香港和内地在外汇、税收政策上的差异，即香港实行外汇自由和免税政策，内地实行外汇管制，税收对内资和外资企业一视同仁的政策，在外汇分红派息的汇出、派息用汇的币种和汇率、外资股份的地位和税收政策等方面，做了灵活变通、符合实际的规定。

1. 外汇账户的设立

境内企业到境外发行股票，其发行股票所筹集资金属于资本项目收入，经国家外汇管理局批准，可在境内开立外汇账户，保留现汇。境内企业在境外发行股票应当在外汇资金到位后，将所筹外汇资金全部调入中国境内，存入经批准设立的外汇银行账户。

2. 外汇派息的汇出

境内企业在香港发行外资股，其派息也必须以外币支付，境内企业的部分外汇必然要汇出到境外。经国家外汇管理局批准，境内企业在境外发行股票派付给境外持股人的股息、红利所需外汇，开户银行可以从其外汇账户中支付并汇出。

3. 派息外汇的来源

国内企业的外汇来源主要有三种渠道：企业在从事国际投资或贸易中创汇，从开户银行和外汇调剂中心调剂，以及各种外汇贷款。显然，外汇贷款只能用于扩大生产经营，不能作为企业分红派息的外汇来源；从开户银行和外汇调剂中心获得的外汇只能作为其外汇派息的临时补充来源，其长期的主要派息外汇应靠自身创汇，并力求争取平衡。为此，就境内企业来说，在境外（香港）上市就应当扩大外向经营，开拓国际市场，增强创汇能力，以满足其每年分红派息和不断发展壮大所需外汇资金要求。

4. 派息外汇的币种及汇率确定

在香港上市的企业发行的是港币股（H 股），对 H 股股东的派息应按人民币计价，以港元支付。对于那些以美元或其他外币为主要外汇收入来源的企业，可以以特例的形式，在招股说明书中特别说明以美元等外币支付。具体支付方法是：汇率采用宣布股利当日之前一个公历星期中国外汇交易口心的平均收盘价，委托香港"托管银行"作为"支付代理人"，通过香港中央结算有限公司付给香港股东。

5. 税收优惠

在香港上市发行 H 股，吸引的是境外资金，原则上发行企业应当享受中外合资企业的各种优惠政策。中国政府规定，境内企业在境外发行股票所筹外汇资金额达到企业净资产额的 25% 或以上时，可以按照《中外合资经营企业法》的规定，向商务部或其他授权部门申请办理中外合资企业有关手续，经批准后享受中外合资企业的税收优惠政策。2008 年，在国家新税法统一了内资企业与外资企业统一缴纳 25% 的企业所得税后，中外合资企业仍享有 5 年的过渡期优惠。对中国境内持有 B 股和海外股（包括 H 股）的外籍个人，从发

行 B 股和海外股的企业（为外商投资企业的）所取得的股息暂免征收个人所得税。中国境外上市公司居民企业向境外 H 股非居民企业股东派发 2008 年及以后年度股息时，统一按 10% 的税率代扣代缴企业所得税。主管税务机关审核非居民企业股东符合税收协定（安排）规定的实际受益所有人的资料无误后，应就已征税款和根据税收协定（安排）规定税率计算的应纳税款的差额予以退税。至于印花税，国内上市的 A 股和外资 B 股统一按 1‰标准征收，H 股由于在香港发行和交易，并受香港法律管辖，由香港税务机关征收。

6. 会计制度

中国政府适应资本市场国际化迅速发展的需要，不断制定和修订国内新的会计制度，逐步缩小与国际会计准则的差距。根据香港联交所于 2010 年 12 月刊发的《有关接受在香港上市的内地注册成立公司采用内地的会计及审计准则以及聘用内地会计师事务所的咨询总结》以及联交所证券上市规则的相关修订（《经修订上市规则》），准许内地注册成立的发行人采用内地的会计准则编制其财务报表；及准许经中国财政部及中国证券监督管理委员会认可的内地会计师事务所为上述发行人提供服务时，采用内地审计准则。

股票获准上市的一个基本前提和要求，是要向所有或潜在的投资者公布公司的财务资料和经营业绩，并确保其所公布的内容的公正性和准确性。然而，由于各国（地区）的会计标准不同，相同的经济业务会得出不同的财务结构，甚至出现某家企业按国内会计准则财务状况良好，而按国际（香港）会计准则则出现了亏损的情况。针对过去内地会计标准与国际会计准则不接轨、内地会计师事务所执业水平不够高等情况，为保护投资者利益，内地一度实行"双重审计"制度，香港《上市规则》也作出了相关规定。H 股企业、特别是 A＋H 股企业，由于同时在内地与香港上市，需要按照内地会计准则和香港财务报告准则（或国际财务报告准则）同时编制两套财务报表，同时聘请境内外两家事务所进行审计。

近年来，内地会计制度经过一系列改革，审计准则已与国际准则趋同、与香港等效。从 2010 年 1 月 1 日起，由内地会计师事务所从事 H 股审计（包括定期审计和 IPO 审计）的工作目标。根据双方的互惠安排，H 股企业可以继续选择香港会计师事务所进行审计，也可以由内地会计师事务所进行审计，增加了 H 股企业对会计师事务所的选择权。允许内地会计师事务所从事 H 股审计业务，内地在港上市企业可以选择只编制一套财务报表，只聘请一家事务所进行审计，有效地降低了内地企业赴香港发行上市的成本，相应带动内地和香港两地会计行业的健康发展。后续监管的基本原则遵循属地原则，即依靠本地监管机构对本地会计师事务所进行监管。目前，内地企业去香港上市，可选择以内地会计准则编制财务报表，并由内地会计师事务所按照内地审计准则进行审计；今后香港企业来内地上市时，可以选择按香港或国际财务报告准则编制财务报表，并由香港会计师事务所按照香港或国际审计准则进行审计，将为香港会计师事务所拓展了业务空间。

六、境内市场与香港市场的协调合作

中国政府鉴于内地与香港有着不同的货币金融制度，为了加强两地的金融联系，促进香港金融经济的繁荣稳定，两地的监管机构建立和加强进一步合作的关系，共同保护投资者的权益和维护市场稳健操作。

国内企业外资股（H 股）在香港上市交易，人民币股（A 股）在内地上市交易，同一股票就形成了两个市场。这两个市场如何协调，特别是两个市场监管如何协作，这一直是两地证券监管机构致力于解决的问题。

（一）两地监管的合作与协调

为了加强两地监管机构之间、证券交易所之间的合作，保证两地证券市场都能在"三公"原则下有序、有效地运转，中国证监会、上海证券交易所、深圳证券交易所、香港联交所于 1993 年签署合作备忘录，确定了相关的联合监管事项。

1. 合作的基本原则

两地证券监管机构的监管活动基于共同的原则和目标，这是合作的基础。各方遵循的基本原则是：

（1）证券交易应以公平、公开、有序、高效的方式进行；

（2）意向投资者应得到充分、准确、及时的信息，以使他们在充分知情的前提下，对发行人及其发行的金融工具做出判断；

（3）上市公司应完整、准确、及时地向其股东和公众披露任何可被合理地认为可能对上市证券的市场行为或价格有实质性影响的信息；

（4）所有证券持有者均应得到公平的对待；

（5）上市公司董事的行为应符合全体股东的整体利益；

（6）欺诈投资者、压迫小股东、操纵市场和内幕交易等行为均应受到制止及依法制裁；

（7）上市公司的控股权如有改变，通常应以同等条件向该公司其余所有

股东发出全面收购、兼并要约；

（8）所有证券商及投资顾问均应有充分的资金来源、符合适准原则（包括具备相关经验、资格、信誉、道德品质以及在财务上稳健可靠），并以高效、诚实和公平的态度从事其业务。

2. 合作方面

（1）通过相互协助和信息交流，加强对投资者的保护，维护公平、有序、高效的证券市场；

（2）通过互相协助和信息交流，确保各方的有关法规得到遵守；

（3）通过定期联络和人员交换，促进互相磋商和合作。

3. 合作范围

（1）内地或香港证券市场的证券发行人及要约人、所有上市或申请上市的公司的董事、高级人员、股东及公司的专业顾问，应当遵守所有有关法规，并有义务完整准确及时地披露与投资者有关的信息；

（2）执行有关证券及其他金融工具的发行、交易、安排、管理和咨询服务的法规；

（3）推广证券商和投资顾问的适准原则，确保证券商和投资顾问具有适当的、合乎标准的业务能力和职业道德素质，促进上述人员在其从业活动中遵守高标准的公平交易原则和职业道德素质；

（4）监督证券市场及其清算交割和登记过户活动，以及在上述活动中对有关法规的执行情况；

（5）协助调查内幕交易、操纵市场以及其他就证券交易和上市公司的活动中出现的欺诈行为，并对此采取制裁措施；

（6）人员的培训和交流；

（7）各方同意的其他事项。

（二）"同股异价"情况需要解决的问题

1. "同股异价"产生原因及问题

国内同一企业发行A股、H股两种股票，H股在香港以港币挂牌上市，A股在内地以人民币标价流通。在内地证券市场没有完全对外开放的情况下，两个市场的行情不可能完全相同，必然会存在价格差异的情况。这是因为：（1）从股票供给方面看，内地与香港两地筹资需求不一样，H股和A股的股东名册也是完全独立的。（2）从投资需要方面看，两地对同一企业的评价方法不同，两地资金充足程度不同，两个市场的影响因素（香港市场受国际因素的影响要大）不同，从而对上市公司股份需求程度不同。正因为两个市场的定价偏好和供求关系不同，两种股票的行情完全相同是偶然的，最大的可能是两个市场可以相互影响，股价有差异而且很大是必然的。

"同股异价"通常会产生一些问题。比如，价位不同会导致市盈率高低不同，股息率也不同，这会引起信息混乱，影响投资者的信心；当上市公司利用供股方法再度筹资时，供股价格会因 A 股和 H 股的价格差异太大而无法确定。这些问题如果解决不好，可能会影响股市的表现和上市企业发展。

2. 恰当处理"同股异价"及其问题

（1）在内地人民币在资本项下未完全自由可兑换的环境中，内地与香港两个市场的投资者群体和供求关系及影响不同，"同股异价"的现象将会长期存在，即使在两个市场关联度增强，股价逐渐接近的情况下也是如此。除非发生特殊情况，比如世界性的股灾，通常无须进行人为的干预。在境内人民币在资本项下完全可自由兑换实现后，这种情况就会得到变化。

（2）在两个证券市场正常的情况下，A 股和 H 股两种股票的价差会在一定区间自由浮动，自行调整。因为两地股市的大势都受国内和国外宏观经济形势左右，两种股票反映的都是同一企业的经营业绩。同时，两地证券市场之间已经有套利机制，人民币可以在香港流通，港币也大量流入内地，内地投资者持有港币可投入港股市场，香港投资者持有人民币可以投入内地市场。当同一企业的 H 股行情高于 A 股一定幅度时，资金的趋利避险性就会使 A 股的需求增大，甚至大量港币和美元就会流入内地，从而消除过分悬殊的价差。目前，两地股市投资相互渗透的现实情况已经形成了两地股价的制约机制。

（3）市盈率和股息率的差异只是两地股价差异的衍生物和表现。既然两地的股市在正常情况下差价不会太大，那么其市盈率和股息率也不会相差太大，而且这两个指标是投资者在投资时的重要参考数据，差价会引导投资者在两个市场做出投资选择，从而消除差价过大。

（4）如何确定再融资时的股价，可以考虑以下几种情况：首先，决定企业供股价格的基础是净资产值，而不是其股票价格，只有股价高于其每股净资产值一定幅度时，企业才能采取供股集资方式。其次，如果有一个市场的股价行情过低，企业就不应该用供股方式融资，而应采取发行债券、银行信贷、租赁融资、发行优先股等方式。对于供股时机的选择，企业应在其股票行情看涨，两个市场价位相近时进行供股融资。

七、境外上市公司的非境外上市
股份管理和国有股减持管理

境内企业到境外上市后，形成了境外上市的外资股和留在境内的非境外上市股份，而且该企业并未在境内公开发行人民币普通股，中国证监会要求境外上市公司将这些非境外上市股份在中国证券登记结算公司集中登记存管，由中央登记结算公司实行无纸化管理。如投资者持有实物股票，也应当委托上市公司将实物股票存交中央登记结算公司管理。企业在境外上市后 15 个工作日内办理此手续。

这里涉及几种情况：第一种是存量非境外上市股份减持，上市公司要到中央登记结算公司办理股份转让手续；第二种是股份转让双方协议或行政划拨非境外上市股份，上市公司要到中央登记结算公司办理股份过户登记手续；第三种是上市公司回购股份，中央登记结算公司审核通过后，将相应股份过户到上市公司名下，同时注销其保管的这些部分被回购的股份。第四种是非境外上市股份用于质押和解除质押，质押双方要到中央登记结算公司办理质押和解除质押登记手续。第五种是上市公司派发股份股利及公积金转增股本要委托中央登记结算公司办理；派发现金红利可自行派发，也可以委托中央登记结算公司派发。

另外，中国财政部规定，凡国有企业在境内外发行上市，向公众投资者首次发行和增发股票时，均应将融资额的 10% 出售国有股，出售国有股所筹资金交由全国社会保障基金理事会管理。减持国有股原则上采取市场定价方式。

第 8 讲
我国金融企业境内外发行上市
有关问题

——清华大学国际投融资与资本运营总裁研修班

金融企业是指包括商业银行、保险公司、证券公司、信托投资公司、财务公司等各类从事金融业务的法人机构。在过去较长的时期内，由于受到国家政策的限制，我国金融企业到境内外资本市场发行上市几乎是空白。据我所知，是现任中国人民银行行长周小川担任中国证监会主席期间，首次明确提出要推进金融企业在境内外发行上市。近几年来，我国的金融企业包括若干家股份制的商业银行和证券公司、保险公司获准在境内外资本市场发行上市，尚未上市的金融企业也在积极筹划之中。我们认为，所有的金融企业迟早都会挺进境内外的资本市场的，这是一个不可逆转的长期趋势。下面我讲四个方面的问题。

一、我国金融企业在境内外上市非常必要

金融是现代经济的核心，金融业在国民经济中具有重要的战略地位。金融类企业特别是商业银行在境内外发行上市，既适合我国金融机构改革的需要，也符合境内外证券市场的发展趋势。当前，在市场经济和资本市场相对发达的国家、地区，绝大多数商业银行及其他金融机构都采取股份有限公司的组织形式，而且大多数都通过发行上市来扩大资本和市场，增强其实力和影响力。发行上市的金融企业不仅在产品和市场份额方面远远大于非上市金融企业，而且在经营管理、公司治理、内部控制、整体水平以及信息披露方面，也都明显优于非上市的金融机构。例如，英国《银行家》杂志公布的"世界 1 000 家大银行"排名中，绝大多数是上市公司，名列全球前 50 家的国外大银行几乎全部都是上市公司。就香港本地注册的持牌银行来说，它们也多是上市公司。截至 2000 年 6 月 30 日止，在香港注册的 31 家持牌银行中，有 19 家是上市公司，12 家已经被上市银行所控制。在美国 1 000 家大公司中，证券公司有 9 家，其中 8 家是上市公司。日本 224 家证券公司中，最大的 25 家也都是上市公司。

在保险行业，1997 年全球最大的 10 家保险企业中有 4 家是上市公司，到 2000 年全球最大的 10 家保险公司中有 8 家为上市公司。像美国的 AIG、德国的 AL-LIANCE、英国的 PRUDENTIAL 和法国的 AXA 等实力雄厚的保险公司，都是上市公司。1988 年深圳发展银行在深圳证券交易所挂牌上市，是我国证券市场第一只银行股。1999 年浦东发展银行于上海证券交易所上市，拉开了我国金融机构上市浪潮的序幕。继中国建设银行在香港上市和中国银行先后在香港与境内上市、中国工商银行于 10 月 27 日成功在香港和上海 A＋H 同时两地公开发行上市后，中国农业银行也成功在境内发行上市。直到 2003 年，中信证券成功上市，我国才出现了第一家真正意义上的专业上市证券公司。证券公司的上市进程不仅慢于大型国有企业的上市进程，也比不上银行、保险等其他金融企业。显然，这一状况与我国金融业在国民经济中的重要地位还需要进一步取得相称。

从当前和长远看，更多合格的金融类企业在境内外发行上市，对促进我国金融企业改革发展和资本市场快速健康发展，培育与国际接轨的金融机构，建立与社会主义市场经济体制相适应的金融体制，都有重要的积极意义。具体来说，一是推进产权多元化发展。产权是法律规定的对某一资源的所有及其使用方式，它具有明显排他性或独占性的特征。产权的明晰可以优化资源配置，规范交易行为，提高利用效率。例如，在我国过去的商业银行体系中，国有商业银行的所有权属于国家，在实践中，缺乏有效的代表国家行使所有者权益的董事会（或类似机构），没有一个真正对国有资产负责的持股主体。通过股改上市，引进境内外的战略投资者和社会公众股东，实现产权结构的多元化，有利于增强境内外投资者的认同，提升境内外资本市场对我国金融企业改革发展的信心，从而提升金融企业上市后的投资价值。二是完善公司治理结构。国有企业制度变迁如果过多依靠行政的强制性干预，容易造成各种利益主体的短期行为，导致政策、规则、指令等经常性调整，影响资源优化配置。通过境内外上市，实现产权主体与股份多元化的产权结构，建立经营权、所有权与监管权的"三权分立"的经营管理框架，各产权主体依靠自己的管理经验、知识水平和对金融机构经营管理，能够形成制衡机制和对经营管理者的激励约束机制，从而把金融企业改造为真正的金融企业。就国有保险公司而言，现行的国有独资组织形式阻碍了现代企业制度的建设。上市可以改变国有独资公司的股权结构，形成有效的约束机制和规范的治理结构，使其摆脱国有独资形式下的产权主体缺位、行政管理和经营低效的局面。同时，上市后实行严格的信息披露制度，接受广泛的社会监督，有助于公司加强内部管理，提高决策效率，寻求有效的激励与约束，建立其规范的治理结构。三是形成良性的资本补充机制。我国金融企业只有增大资本规模，才能奠定长期发展的基础，提高核心竞争力。上市对于金融企业增加资本规模和流动性，解决不良资产问题，提高防范风险的能力，有十分明显的作用。我国商业银行、保险公司与国外大型金融机构在资本实力方面是无法比拟的。例如，在 1998 年时，仅美国普天寿一家保险公司的资本金就达 85 亿美元，而同年我国所有中资保险公司资本金之和仅为 19.9 亿美元。2003 年，国内保险公司的资本总额只有 250 亿元人民币左右，而最早进入中国的美国国际集团，其股东权益是 271 亿美元，至于在中国设立合资保险公司的德国安联和法国安盛公司，其股东权益分别是 261 亿美元和 150 亿美元。美国美林证券公司一家的总资产为 2 130 亿美元，而国内 96 家专业证券公司的资产总额不足 2 000 亿元，相差 10 倍以上。如就单个证券公司相比较，差距可多达上百倍。我国国有商业银行上市前，通过股改进行的注资、剥离及引进战略投资者等方式，较为彻底地解决了历史遗留的资本金不足与不良资产问题。上市后，国有商业银行要达到股权明晰、财务透明、管理规范等要求，增强吸收资本市场特别是证券市场资金的能力，依靠市场化手段形成良性的资本补充机制，通过股市优化资源配置的功能，来持续壮大自身实力。四是增强国际竞争力。20 世纪 90 年代以来，以欧美为代表的国外金融界兼并融合风起云涌，各类金融机构重新整合，显示出强强联合的态势，对我国金融界形成了巨大挑战和压力。例如，1996 年日本东京银行与三菱银行合并，合并后总资产达到 5 900 亿美元；1997 年瑞士联合银行与瑞士银行合并成新的瑞士联合银行，总资产达 8 020 亿美元；1998 年美国花旗银行（万国宝通）银行与旅行者集团合并，总资产达到 6 980 亿美元；1999 年德国第一大银行德意志银行集团收购美国孚信银行，收购后德意志银行总资产达到 8 340 亿美元；巴黎国民银行并购巴黎巴银行，总资产达到 6 910 亿美元。强强联合的结果，使世界银行业出现了全球化、全功能型的超级金融集团，加深了经济全球化与全球金融市场一体化的趋势。我国加入 WTO 后，我国金融服务市场已经更加开放，外资银行和保险公司已经更多进来，资本市场也在逐步对外国基金管理公司和证券公司开放。以现有的国内金融企业的综合竞争力是难以与国外的大金融机构相抗衡的。在这方面，香港证券公司的现状就是前车之鉴。在香港上市的 6 家本地证券公司，如时富证券、南华证券、大福证券等，在一大批美资和欧资投资银行的包围下，显得微不足道，时刻处在消亡边沿。因此，支持有条件的国内金融企业在境内外发行上市，利用募集资金扩充资本金，拓展国内外经营网络，开展新的经营品种，提升规模效应，在与国外金融机构的合

作与竞争中尽快成长壮大起来，并增加公司的知名度和品牌效应，在国际上建立起独立信用，都是十分必要的。尤其是国际知名金融集团的加盟，有利于我国国有商业银行借鉴国际先进管理经验、技术和方法，促进管理模式和管理理念与国际接轨，缩小与国际先进银行的差距，提高核心竞争力，实现建立国际一流商业银行的目标。另一方面，金融企业在境内外发行上市，也有利于完善我国的证券市场结构，促进证券市场长期稳定发展。证券市场是信息较为充分、资本高度流动的市场，也是多重博弈、优胜劣汰的市场。金融企业进入证券市场，为国内同类企业提供了一个公平竞争的舞台。那些经营规范、发展迅速的金融企业将源源不断从证券市场获得资金支持，而那些缺乏生机和活力的企业将不被市场认可。在市场选择机制的作用下，我国的金融业的市场结构将会朝着愈来愈合理的方向演变，并对其他上市和非上市企业在完善内部治理结构、改善经营管理等方面产生辅导和示范作用，进而推动整个证券市场结构朝着合理化和完善化的方向演变。同时，发行上市的商业银行、证券公司、保险公司本身就是证券市场的资金提供者和机构投资者，它们增强实力将会有效提高证券市场组织和运行效率，所筹资金将直接进入国民经济运行系统，起到拉动投资需求的作用，促进证券市场乃至整个国民经济持续健康快速发展。总之，在我国加入 WTO 后，我国市场进一步与国际市场接轨的背景下，为应对外国金融业竞争的挑战，几乎中国所有的金融机构特别是商业银行都会有在境内外发行上市的考虑。但是，它们的上市时间和进度取决于多方面的因素，需要做好充足的准备。金融机构特别是商业银行的战略投资者也有责任让自己的合作伙伴在上市过程中做好充足准备。只有这样，这些金融企业在上市后，才能使它们的资产升值，为境内外投资者带来好的回报。

二、金融企业在境内外发行上市有着更高的信息披露要求

金融企业不同于一般的工商企业，在经营对象、定价方式、资金结构、运营机制、业务性质等方面都有自己的特点，属于特殊行业，因而监管机构对发行上市的金融企业要有一些特殊的要求。金融企业的一个显著特点，是其经营中时刻伴随着潜在的、可能的风险，这种风险不仅对投资者利益影响很大，而且对全社会利益影响也很大。正是基于金融企业的这种经营特性，国外大多对发行上市的金融企业都采取某些特殊的、专门的监管措施。例如，美国证券交易委员会（SEC）就对金融企业发行上市采取某些单独的办法，比如要求银行在贷款损失准备、投资证券、金融衍生工具和其他金融工具等方面做出披露。

借鉴国外成熟市场的做法，我们也应当根据我国的实际情况，对发行上市的金融企业提出一些最基本的带共性的专项信息披露要求。金融企业在实际处理的时候，商业银行、保险公司、证券公司也可能会有所区别，但在充分披露风险因素和应对策略方面，应当是完全一致的。凡是发行上市的金融企业，不论是商业银行、保险公司还是证券公司，都要按规定的办法，如实披露其资产质量状况，让人们清楚地了解其肌体的健康程度。同时，还要揭示各种已经暴露的和潜在的风险因素。商业银行应主要披露贷款风险、流动性风险、经营风险等，会计报表项目要明示存放同业、拆放同业、拆放金融性公司款项的有关信息。保险公司应主要披露偿付风险、经营风险、利差损失风险等，会计报表项目要明示实际资产、实际负债、最低偿付能力的金额、精算管理和保险资金运用等信息。证券公司应主要披露市场风险、流动性风险、操作风险等，财务报表项目要明示经纪业务、承销业务、自营业务、资产管理业务，以及各种记名或不记名证券保管、转托管等财务信息。同时，证券公司还需要另外披露净资本充足率、净资产负债率、流动资产占净资产比例等财务信息。此外，还要注重披露敏感性的会计科目以及体制政策保证与内控机制的完整性、合理性、有效性。

应当看到，对于中国的金融企业来说，加大信息披露力度，有效保护投资者利益，并不是一件轻而易举的事情。多年的计划经济体制，使金融企业比较习惯于传统封闭的管理模式，而上市公司的首要任务就是要信息公开，要把公司业绩、经营状况、资金流向、利润水平、资本构成、财务状况、风险因素等统统向投资者披露，公司的任何动向都有义务向股东解释清楚。公司的经营行为和财务状况不仅要接受监管部门的监管，更要接受股东的监管。这种透明状况就像香港把证券交易所比作"金鱼缸"那样，鱼的自由游动是在一个给定的环境和可见的状态中进行的。然而，目前金融企业的这些数字和资料则是公司的核心机密，不仅公众无法了解，可能连大多数同行也很少知道。在金融企业成为上市的公众公司后，从保密到公开，可能是一个痛苦的过程。然而，为了向所有的投资者负责，向市场负责，必须忍受这种痛苦，必须彻底完成这种转变，在保密与公开之间找到各方可接受的平衡点。

下面以商业银行为例，说明信息披露的重要性和存在的差距情况。目前全球银行业务随着创新在日益综合化和复杂化，提高银行透明度成为国际银行业的共识。特别是"巴塞尔新资本协议"将市场纪律作为三大支柱之一，更加突出了信息披露在银行风险监管中的重要地位。根据上市地的监管规定和国际惯例，做好上市金融企业的信息披露工作，是需要认真研究的重要课题。

从境内上市银行的情况来看，目前以年报为主的信息披露形成了较为规范和统一的体系，在内容覆盖面上达到了现行法规的基本要求。但是，受我国信息披露现行法规完善程度的影响，上市商业银行信息披露与巴塞尔委员会的相关标准和国际先进水平仍存在着差距。这不仅影响着商业银行信息披露的透明度，也影响到信息使用者获取和使用公开披露信息的效率。要形成更加积极自愿的信息披露的动力，自觉提高信息披露的标准，还有相当长的路要走。我国商业银行信息披露的新规定与巴塞尔委员会新资本协议的差距，主要表现在：（1）市场风险披露。市场风险是商业银行在经营过程中，由于市场变化给资产运用带来的可能损失。国际上商业银行一般使用 VAR、EAR 风险计量模型来分析各类资产的风险状况和风险程度，进行定性和定量的信息披露。我国虽然要求"商业银行应披露其市场风险状况的定量和定性信息"，但没有明确的适用于以上的两类信息披露计量模型。由于标准法模型的假设前提、模型参数、模型测试等对使用者有很高的技术和管理要求，目前我国商业银行风险评估技术和管理还基本停留在定性披露管理策略和定量披露静态指标的阶段。（2）利率风险披露。我国金融市场的国际化水平在日益提高，人民币利率市场化的改革在日益深化，利率风险无疑会成为商业银行的重要的经营性风险之一。巴塞尔新资本协议特别强调银行要披露其账户中的利率风险，并做了具体的定性和定量要求。我国目前还没有对相关的内容规定更细致的要求。个别银行在这个方面作了粗略的定性分析，缺少披露利率或汇率变化可能对资产、负债及权益资本的经济价值影响的具体数值。（3）衍生金融工具披露。巴塞尔委员会和国际会计准则委员会在衍生金融工具的信息披露方面的差别很小。新资本协定要求披露衍生金融工具的风险定性和定量的信息。我国的衍生金融市场还处于初始发展阶段，相应的信息披露规定无疑很少。信息披露的要求仅停留在"会计报表附注中说明衍生金融工具的计价方法"。在补充财务报告中，我国各家上市商业银行都基本按照国际会计准则披露了衍生金融工具的有关信息，但是缺乏披露衍生金融工具的风险定性、定量信息，对于运用衍生工具进行套期保值对风险管理影响的定量信息也没有披露。（4）信用风险披露。我国的上市商业银行对信用风险和不良贷款的大部分项目的披露情况好于国际平均水平。披露较为薄弱的项目主要表现在对衍生工具的信用风险和不良贷款的分布情况的披露，对内部评级法在银行应用的定性、定量信息则缺乏披露。（5）关于资本结构和资本充足性披露。我国要求商业银行在会计报表附注中，披露包括风险资产总量、结构，以及资本净额等信息，对金融监管部门、存款人和相关利益人了解和判断商业银行的风险状况极为重要。但是，在对资本结构的明细披露和有关资本结构的定性信息上，新资本协定规定要明确说明资本工具的损失吸收能力，包括期限、优先次序、票面利率升级条款等，我国则缺少披露。即使对一级资本、二级资本的有关情况有所披露，各家商业银行的披露水平也参差不齐。（6）会计和列示政策披露。与巴塞尔委员会调查的结果相比，我国银行在绝大部分项目的披露比例超过了国际平均披露比例。但是，国外银行对诸如员工福利、退休金计划、库藏股份、租赁、每股收益额等会计政策的披露比较详尽，我国银行在会计政策方面的披露则需要进一步完善和加强。

从境外上市的商业银行的情况来看，国家控股商业银行也普遍面临着信息披露的严格考验。国家控股商业银行之所以选择在香港上市，而不是选择在其他国家或地区上市，其中一个很重要的原因就是，我们的信息披露标准还达不到那些国家（地区）的要求。在香港联合交易所上市的公司，其年度报告在资料披露问题上必须遵守的规则方面有三个大的方面：《香港联合交易所有限公司证券上市规则》、香港《公司条例》中有关披露的条文，以及香港会计师公会颁布的《会计实务准则》（或国际会计准则委员会所颁布的《国际会计准则》）。在香港上市的商业银行除要遵守上述的规定外，还要遵守香港金融管理局颁布的《认可机构财务披露的最佳执行指引》，并在编制年度报告时予以参考。此外，香港联交所主板上市规则的附录中对上市商业银行的年度报告、中期报告和初步业绩公告中的信息披露，也作出了最低标准的要求。香港和内地一样都不是巴塞尔委员会的成员，香港金管局对银行业信息披露的监管主要靠《财务信息披露的最佳执行指引》。比较分析香港财务信息披露指引和银行遵循的有关信息披露规定可以发现，双方对于银行财务数据和财务指标的要求基本一致，对于银行特殊资产（如不同种类贷款）、金融衍生工具（如外汇交易合约、利率期货、远期汇率合约、货币和利率套期、货币和利率期权等）和银行风险（包括信贷风险、流动性风险、市场风险、经营风险）等重要项目的具体披露也均做出了相似或相近的要求。但是，从两地上市商业银行的年报中，我们还是可以看出一些细节上的差别：（1）财务概况的差别。例如，中国工商银行（香港）的年报中财务概况比其在内地总行的相应内容在层次上更分明、重点更突出，在内容上多了存款、其他营业收入、贷款组合这三项，其中贷款组合这一项中按行业、剩余到期日、货币三种方法对贷款进行了划分。同时，香港年报的可读性更强，在存款、贷款、投资等重要项目上都把近五年的增长状况用柱状图表现，发展趋势一目了然。可以看出，香港监管当局很重视对信贷风险的披露，将其放在整个年报最前面的位置进行披露。（2）在账

目附注的具体细节上，有以下三点差别：衍生工具的披露，内地的年报只是列出各类衍生工具的交易总额，香港年报不仅有总额统计，同时在存款、贷款和投资等重点项目的明细下均有衍生产品的具体数额；市场风险信息的量化披露，香港银行比如香港汇丰银行就已经就 VaR 方法的多种参数等进行披露，内地商业银行的年报基本不涉及市场风险信息的量化披露；会计和列示政策披露，香港的这份年报中对诸如员工福利、退休金计划、库藏股份、租赁、每股收益额等有较多披露，而境内银行一般披露较少。

推进金融企业境内外发行上市的一个重要原则，就是要切实保护投资者的合法权益，维护社会经济秩序和社会公共利益，坚决纠正通过发行上市"圈钱"的行为，更不允许利用编制虚假财务信息等欺诈手段骗钱，要真正体现"公平、效率、透明"的监管理念。

三、金融企业在境内外发行上市可供选择的模式

充分利用境内境外两种资源，开辟境内境外两个市场，是我国金融企业改革发展的基本思路。国际证券市场有着巨大的资金潜力，对于中国真正具有发展前景、实力强大的企业上市是持欢迎态度的，是愿意进行投资的。中国境内的证券市场经过 20 多年的发展，已经具有相当的实力，能够接受和消化大盘股的发行，中国境内投资者对其也是持欢迎的态度的，是愿意进行投资的。中国的一些经过不良资产剥离，又有国家信誉担保的有实力的金融企业在境内外上市是具备条件的。因此，我们在推动金融企业在境内资本市场发行上市的同时，要支持更多符合条件的金融企业到境外发行上市。特别是对某些大盘股的金融企业而言，选择境内外两地发行或多地发行，有利于成功筹集资金。

目前，金融企业上市可操作的模式大致分为整体上市、分拆上市、联合上市、买壳上市四种。金融企业可以根据自身的情况，进行上市模式的选择，也可以进行上市模式的创新，以早日实现成功上市。下面对这几种模式作一些概要的分析比较。

1. 整体上市模式

整体上市是指每一家金融企业分别以其整体资产业务进行重组，改制为股份制公司，然后直接以集团公司或总公司的名义发行上市。例如，深圳发展银行、浦东发展银行、民生银行和招商银行等股份制商业银行就采用了这一模式。金融机构整体上市，可以减少和防止金融企业上市重筹资、轻改制的圈钱

倾向，避免集团公司一票控制上市公司，使金融企业真正建立起有效的约束机制和规范的公司治理结构；可以确保资产和业务完整性，避免同业竞争和关联交易，并且使筹集资金统一调配，符合投资者的根本利益；可以避免分拆上市后非规范经营的很多隐患，极大地减少上市公司与证券市场的联动风险。但是，整体上市对股票市场规模、上市公司的整体资产质量和财务指标都有较高要求。这些金融机构需要将非经营性业务和可能导致亏损的政策性业务剥离和清理，保证经营业绩和竞争力。另外，还需要就集团公司整体上市后是否打算分拆资产做出承诺。从目前情况来看，采取集团公司整体上市，内外条件都需要进一步创造和完善。

2. 分拆上市模式

分拆上市是指金融企业将金融发达地区的机构或收益良好的特定资产业务从统一的法人中分离出来，用于组建股份有限公司上市，原总公司或集团公司将继续存在，并依照其持有的股份数量对上市金融企业行使相应的股权。这一模式的弱点是未上市的总公司或集团公司的存续部分会面临更严峻的经营压力。特别是，把不良资产拨给母公司即控股公司，国家股东的负担就会很大。同时，在混业经营趋势日益明显的今天，金融企业分拆上市会产生复杂的关联交易和同业竞争问题。尤其是上市商业银行在开展业务时，必须利用国有商业银行庞大的业务网点和网络拓展业务，不能将上市部分和未上市部分之间的业务往来割断。

3. 联合上市模式

联合上市是指位于同一行政地区或经济区域内的几家分支机构的资产业务进行合并重组，新建一家股份制上市的金融企业。这一模式可以改变按行政区域设立分支机构的传统方式，适应区域经济发展的客观要求，减少了不必要的竞争，避免因过度竞争造成不必要的资源浪费。由于合并后占垄断优势的市场份额，以及金融企业对上市金融企业进一步扩张资产的潜在支持，联合重组后的上市金融企业都可能发展成为区域性的"金融航母"，必然对投资者产生巨大的吸引力。但是，这一模式实施比较困难，从国外的经验来看，由于各机构的利益难以协调，同业竞争对手合作组成的联合企业往往以失败而告终。

4. 借壳上市模式

借壳上市是指金融企业利用与境内外资本市场上的另一上市公司的特殊关系，通过资产或业务的注入、控股等方式来达到上市的目的。借壳上市包括造壳上市和买壳上市。买壳上市是指金融企业通过收购已在境内外上市的公司的

部分或全部股权，购入后以现成的上市公司作为外壳取得上市地位，然后对其注入资产业务，实现间接上市的目的。境外买壳上市是最方便、最省时的一种境外上市方式。当然，买壳成本较高，风险也比较大，还要保证公司的业务不发生重大变化。例如，美国纽约证券交易所就规定：如果收购行为引起被收购上市公司在资产、业务性质和管理层等方面出现较大变化，则被视为新上市公司，相应的要求及费用就会高得多。

鉴于我国目前金融企业特别是商业银行的资金规模较大，境内证券市场的容量相对有限，可以考虑更多地采取到境外整体上市和分拆上市的模式。对于经过整体股份制改造的商业银行，特别是原国有商业银行，可以在彻底剥离不良资产、基本满足境外上市条件后，整体上市；对于暂时没有进行整体股份制改造的商业银行，可以将原有的海外分支机构或分行改组为股份制的子公司，在境外分拆上市，然后对其逐步注入境内的优质资产，或者收购、兼并国内的其他金融企业。

鉴于目前我国的证券公司的资产规模普遍较小，实力不强，可以考虑采取先整合、重组，形成具有一定规模和国际竞争力的大型证券公司后，在境内外发行上市的模式。如果把实力较小的证券公司分别推向证券市场，势必缺乏对投资者的吸引力，特别是不能引起国外投资者的重视。只有通过证券公司之间的兼并重组，扩大资本规模，拓展业务范围，提高市场占有率，实现优势互补的强强联合，才能在国际资本市场上有立足之地。绝大多数的上市证券公司都是通过买壳上市，到了 2007 年下半年，IPO 上市开始受到追捧。

鉴于目前我国的保险公司发展历史较短、资产规模偏小，而进驻中国的国外保险公司实力雄厚、发展成熟，可以考虑采取先以股份制形式组建中外合资保险公司，尔后在境内外上市的模式。在保险公司中，目前财险业务风险较小，经营业绩较好，而寿险业务则潜伏着较大支付风险，因此目前可以将一家开展综合性业务的保险公司，在业务和资产上分拆为经营财险和寿险的两家独立的股份公司，首先将财险部分的资产业务推向市场。尔后再将寿险部分的资产业务以配股、收购等形式注入上市公司，带动寿险资产业务上市。当然，对于经营业绩良好的综合性保险公司，也可以一次性推向资本市场。

为了顺利推进金融企业在境内外上市，我们应当认真吸取以往中资企业境外上市的经验教训，要把上市公司的质量真正提高，把基础性的准备工作做实。要加快股份制改造的步伐，加大剥离不良资产的力度，加强人才的培养和引进，提高金融创新和技术装备水平，抓紧相关法规制度建设，促进会计准则与国际通行标准尽快接轨，完善证券市场和监管体系，使更多的金融企业在较短的时间内达到在境外上市的标准。

四、金融企业境内外上市的发行定价

金融企业在境内外上市，发行定价是一个重要的问题。定价的原则应当是既要体现金融企业的市场价值，又要为资本市场的广大投资者所接受。许多人也经常抱怨我国的金融类企业、特别是商业银行对境外投资者定价较低。这个问题需要按照充分的市场化的方法来对待，不能用惯常的行政命令的思维方式来理解。一般来说，资本市场上对企业发行定价有市盈率法、未来现金流贴现法、参照市场平均市盈率法、市净率法等。哪一些方法适合于什么样的金融企业定价，我们需要对其做出分析。通常金融企业会综合运用这些方法定价。

从国际资本市场来看，不同的市场对金融企业的发行定价方法有所不同。美国通常采用市盈率法和市净率法。市盈率法是：根据美国一般会计准则预测未来的盈利（通常是未来 2 年的盈利）；市盈率的确定要考虑增长率和盈利可预测性受增长率和可预测性的影响。市净率是：根据最新经审计的净资产值，对初次公开发行股本做加权调整，它也是基于美国一般会计准则，受每股盈利的影响。英国和欧洲通常采取内在价值和评估价值法、市盈率和市净率法。内在价值和评估价值法是：确定企业调整后的净资产值和现有业务价值；确定内在价值和新业务价值。新业务价值由增长率和反映未来业务盈利能力可靠性的资本化倍率决定，与未来市盈率类似。市盈率和市净率法：大多根据国际会计准则，各国（地区）略有不同的披露标准。香港和亚洲主要采用三种方法：市值比调整后净资产值法：大多根据当地会计准则；由于有标准化盈利和净资产值定义，不同国家（地区）间不具有可比性。内在价值和评估价值法：与英国和欧洲情况相同。市盈率法：作为参考。在我国境内市场，由于金融技术手段不太发达和普及，多采取市盈率方法。

1. 市盈率法

这种方法是对企业的上年度或当年预测的净利润乘以一定的倍数进行定价，每股净利润与每股价格之间的比率就是市盈率倍数。如果一家金融企业在境内上市，它的税后净利润很高，而且预测的净利润增长率也很高，是可以把这种方法作为主要定价方法的。但是，许多金融机构，特别是人寿保险公司，

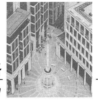

主要为长期险种，成立时间不长，新保单所占比率较高，网点建设支出大，净利润不是很高，通常在成立6年后才能盈利，大多数在成立初期还处于亏损状态。如果单纯按市盈率法计算，股票定价会低于面值，既不能募集到足够的资金，公司原有股东也不会同意。

2. 精算估值法

这种方法是在正确评估企业资产现值的基础上，对公司资产的未来价值进行预测和贴现，乘以一定的倍数。每股净资产与每股价格之间的比率就是精算估值的倍数。它与市净率方法是一致的，市净率法是对现实的净资产进行评估，而它增加了对未来净资产预测和贴现。一般来说，商业银行境外发行定价，其估值水平的高低通常主要看市净率（每股市价/每股净资产）指标的高低。例如，中国建设银行在香港上市，经过基础分析后，承销商分析师的研究报告给予其估值范围普遍为1.8~2.0倍的市净率。该倍数比当时亚洲其他新兴市场上市银行的市净率水平高出许多，与全球一流的商业银行如汇丰银行、花旗银行1.9~2.0倍的市净率相比也不逊色。

3. 参照市场平均市盈率法

金融企业境内上市，其发行定价还可以综合考虑对资金的需求和发行环境以及自身条件的限制，参照境内证券市场的平均市盈率来定价。这样对企业的价值评估有一定的综合和中和作用。采取该种方法定价，应当通过市场平均市盈率计算出定价下限，通过路演形成定价上限，在正式发行中通过累积投标方式确定最终发行价格。

4. 市净率法和平均市净率法

例如，根据当时农业银行分析师研究报告，预期发行价的市净率略超1.6倍，市盈率约11倍。1.6倍的市净率已成农业银行一降再降的底线。以农业银行当时约1.50元的每股净资产值计，这相当于每股约2.50元的发行价。农业银行考虑到A股和H股同时发行，采用了港股市场和国外市场一般通行的PB即市净率定价方式，1.53~1.62倍的发行市净率。这样做不仅减小了对市场承受力的冲击，而且也给二级市场预留了一定的空间，规避了上市后跌破发行价的风险。光大银行在发行时机上略好于适逢银行股普遍超跌折价的农业银行。但是，其考虑到种种因素，其在发行定价上仍应以不超过股份制银行2010年1.8倍的预测市净率为宜。

一般来说，根据市盈率法和市净率法定出的价格与市场价格比较接近，定价较低；根据内在价值法和评估价值法定出的价格与市场价格差距较大，定价较高。但是，市盈率法和市净率法属于可比公司定价法，其前提是要掌握境内外大量业务性质、资产规模、增长前景、净资产收益率等方面相似的公司的资料，才能做出判断。精算估值、内在价值等方法，需要有完全市场化的定价环境。因此，金融企业选择在境内和境外发行上市时，需要针对具体情况，综合运用这些方法对企业做出发行定价，以便更符合企业和市场的情况。

我们相信，通过各方面的共同的努力，更多的金融企业在境内外资本市场发行上市的新局面一定会到来。

第 9 讲
中国民航企业境外发行上市有关问题①

—— 中国国航高层管理人员境外上市培训班

中国国际航空公司②目前确定了在境内外融资上市的发展战略。公司领导层和全体员工都在紧锣密鼓地做好境外上市的各项准备工作。公司赴境外上市是实现跨越式发展的重大步骤，是公司发展史上的一个重要转折点。大家了解境外资本市场的上市规则和要求，解决公司赴境外上市的各种问题，这是实现成功上市的重要基础性的工作。下面我讲五个问题。

一、我国民航企业境外上市的基础

1. 国内航空业的高速发展

1997 年亚洲金融危机以来，特别是美国"9·11"事件发生后，欧美国家的航空业出现萧条，全球投资者对航空业的信心大减。与欧美航空公司的财务危机相对照，我国航空公司近几年来掀起了赴境外上市的热潮。我国的航空业这几年发展相对迅猛，2010 年上半年，国内航空业增长率达到 15%，客货运总量上升至国际第 6 位。中国国航经过多年的不懈努力，实现了连续三年盈利，在同期组建的三大航空运输集团中，率先初步实现了主业安全运行，航线网络配置、市场销售、财务管理一体化，被上市中介服务机构认为是最具实力和潜质跻身于世界民航前列的航空公司之一。

从总体上说，中国民航业在全球民航业发展中呈现出一枝独秀的态势。目前美国的航空业低迷，正是我国大型航空集团公司进入境外资本市场的有利时机。同时，我们看到，在民航公司重组的大背景下，国内各航空公司都

---

① 本讲稿准备中得到长江证券研究所帮助，特此致谢。
② 2004 年 12 月 15 日，中国国际航空股份有限公司在香港（股票代码 0753）和伦敦（交易代码 AIRC）成功上市。2006 年 8 月 18 日中国国际航空股份有限公司成为中国第一家在香港、伦敦、中国内地（上海证券交易所股票代码 601111）三地上市的航空公司。

在积极扩充自己的实力，境外融资成为一条可以利用的重要途径。1997 年，东方航空公司、南方航空公司先后在境外上市，外资也借此机会，以一种新的方式向中国民航业渗透，目前南方航空和东方航空所拥有的外资股份都已逼近 35％ 的比例。根据中国民用航空总局、中国商务部、国家发展改革委联合签发的《外商投资民用航空业规定》（第 110 号），外商投资公共航空运输企业，应当由中方控股，一家外商（包括其关联企业）的投资比例不得超过 25％。

2. 航空企业上市环境日趋规范

为鼓励我国航空业对外开放和航空公司境外上市，我国政府相继出台了多项法律法规。

1980 年，北京航空食品公司首先引入香港资金，成为中国航空业的第一家合资企业，从此外资陆续进入我国航空企业。

1994 年 5 月 6 日，中国民用航空总局、对外贸易经济合作部发布《关于外商投资民用航空业有关政策的通知》，规定外商投资比例不得超过 35％ 的股权比例。

1995 年 9 月 27 日，海南航空与美国航空投资有限公司签署协议，美航投资以每股 0.2449 美元的价格，认募 1.0004 亿的外资法人股，当时占总股本的 25％，海南航空由此成为国内首家中外合资的航空运输企业。

2002 年 6 月 21 日，中国民用航空总局、对外贸易经济合作部、国家发展计划委员会发布《外商投资民用航空业规定》，进一步扩大外商投资通用航空领域，允许外商投资现有的任何一家公共航空运输企业，涉及国家秘密的项目除外；增加了外商投资的方式，包括民航企业在境外发行股票和在境内发行外资股，以及其他经批准的投资方式，为民航企业尤其是民用机场今后探索各种新的投资方式留有余地，例如 BOT（建设—运营—转让）投资方式；放宽了外商投资比例，从中方 51％ 的绝对控股放开为中方相对控股；增加了外商管理权力，对外商投资的民航企业的董事长、总经理可由中方或外方人选担任，没有限制条件，可按《公司法》、《中外合资企业法》等法律法规办理。新《规定》的出台，是为了扩大民航业对外开放，鼓励外商投资，鼓励民航企业和机场更好地利用国内国外两种资源，更多地引进资金和管理，从而增强民航企业和机场的实力，促进企业和机场的不断发展壮大，实现民航事业的新发展。

3. 东方航空和南方航空境外上市

（1）东方航空境外上市。

1996 年 12 月 3 日，国家体改委（1996 年第 180 号文），批准了东方航空公司修改的公司章程，同意公司转变为境外发行股票并上市的公司，同意公司新增发境外上市外资额 140 000 万股，并可视当时市场情况行使超额配股权，其比例不超过 140 000 万股的 15%。

1997 年 1 月 7 日，国务院证券委员会以证委发（1997）4 号文，批准东方航空公司的 H 股发行后，可向香港联合交易所申请上市，并以美国存股证的形式在纽约股票交易所申请上市。

1997 年 2 月 5 日，东方航空公司上市外资股（H 股及代表 H 股的 ADR），在香港联合交易所和纽约股票交易所双重挂牌，经批准境外上市外资额 140 000 万股，在行使超额配股权后，超额发行 16 695 万股，合计发行 H 股 156 695 万股。

东方航空公司发行 H 股共募集资金 2.8 亿美元，除去有关发行费用，实际收入约为 2.6 亿美元，已分别用于归还 FK100 飞机贷款、支付 MD90 和 A340 飞机预付款等。剩余部分资金用作支付未付的改制律师费、审计费、资产评估费、印刷费等及公司营运资金。

（2）南方航空境外上市。

经南方航空公司 1997 年临时股东大会决议，并报国家体改委体改生（1997）66 号文《关于同意中国南方航空股份有限公司转为境外募集公司的批复》和体改生（1997）76 号文《关于同意中国南方航空股份有限公司调整境外上市外资股股份数额的批复》、国务院证券委员会证委发（1997）33 号文《关于同意中国南方航空股份有限公司发行境外上市外资股的批复》批准，1997 年 7 月 25 日以每股 H 股 4.75 港币在国际资本市场共发行每股面值人民币 1.00 元的 H 股 103 000 万股，并于当地时间 1997 年 7 月 30 日、31 日在纽约、香港两地成功挂牌上市。1997 年 8 月 23 日公司行使超额配售权，超额配售 14 417.8 万股普通股后，公司的总股本达 337 417.8 万股。本次发行总计募集资金共计人民币 59.71 亿元，扣除发行费用后，实际募集资金 54.59 亿元。

二、我国民航企业境外上市面临的问题

全球航空业的基本特点表现在以下几个方面：一是周期性长。国外航空业的经验表明，一个航空公司成长期大约是 30 ~ 40 年；另有数据表明，国际航

空业在 60 年间其盈亏是持平的，可能平均盈利期限要长于 60 年。二是资金密集和技术密集。三是高负债经营。由于航空公司是固定经营，资产负债率一般高达 70% ~ 80%。中国国航在 2003 年年底的资产负债率达 94.3%（未包含 2003 年年底集团 20 亿元的注资）。与在境外上市的其他行业的企业相比，中国民航企业既与它们有共性的地方，也有自己的特点。主要表现在以下几个方面。

1. 资金规模小，抗风险能力较低

虽然国内的几家航空公司在境外上市前进行了大规模的重组，但与国际航空公司相比，中国所有的航空公司运力总共有 600 家，大体与美利坚航空公司干线的运力相等，等于人家一家干线公司。同时，由于航空业本身是资本密集型的行业，是属于实体经济的行业，如果资本规模小、特别是流动资金规模小，必然会大大降低航空公司的抗风险能力。另外，高负债的经营特点也对资金规模提出了较高的要求，这恰恰是我国民航业的弱点所在。中国国航也是这样，多年来运营累积的国家资本金仅为人民币 22 亿元。

2. 管制强度大，政府垄断经营严重

我国航空业目前还处于高度管制的状态。首先，在航线航权的管制上；其次，在航油的管制上，都属于垄断经营。但是，整个管理机制目前也在逐步向市场化方向改变。民航总局计划将来只考虑负责行业管理和法规方面的制定。我国航空业消费结构还是以国内市场为主商务消费为主，旅游消费所占比例较低，这与国际航空业相比还有很大的差距。

3. 企业历史负担重，素质有待提高

我国航空公司与其他国有企业一样，背有较多的历史包袱。主要表现在：（1）较多的社会职能。在传统的计划经济体制下，流行"企业办社会"，几乎所有的国有大中型企业都有学校、医院、幼儿园、职工宿舍等社会服务机构。（2）业务大而全。由于受计划经济体制的影响，我国企业在业务设计上，以"大而全"为标准，这使得企业主营业务不突出，不利于境外上市推介。（3）"三角债"问题。具体表现在公司的资产负债表上，有大量的应收款和应付款。有的企业应收款额占年销售额的比例很高，而且有些应收款的账龄已超过中国会计制度规定的三年作坏账处理的期限。这种状况造成了几方面的问题：企业资产运转困难，资产负债率较高，无法完全反映企业的真正盈利情况。因为按国际会计准则，对一定账龄以上的应收款要提取一定比例的坏账准备金。因此，经国际会计师调整的境外上市企业的盈利往往小于最初未经调整的水平。（4）管理问题。国有企业在管理方面存在的问题主要是政企不分，

未能形成以市场经济原则为指导的管理体系，各有关主管部门的直接行政干预仍然存在，管理层的权责利仍不够分明，企业对成本控制和产品更新换代质量强调不足，而且职工人员过剩，社会福利负担过重。在境外投资者的眼中，这些问题都会影响企业上市形象，需要做大量的工作，予以调整和改变。

4. 会计处理的差异

我国企业适用的一套会计制度虽然与境外上市适用的国际会计准则大体一致，但是仍然存在一些差别，这对企业的资产价值和盈利水平会产生一些影响。具体表现在以下几个方面。

（1）固定资产。

按照我国会计制度的规定，固定资产投入使用后，但尚未办理竣工决算之前所发生的有关借款利息和费用、遗留汇兑差额，应该资本化划归固定资产的成本。按国际会计准则，该项费用应在固定资产投入使用后停止资本化，在当期开支中列出。这样一来，按我国规定核算的固定资产成本值就可能比按国际会计准则所核算出来的更高。同时，按我国的会计制度规定，固定资产的折旧是按国家规定的估算使用年限和估计残值计算。按国际会计准则的做法，折旧应按国际市场的估计使用年限和残值计算。因为两者在年限和残值方面可能不一样，故固定资产的折旧率亦可能不同。

（2）存货成本。

按我国会计准则的规定，存货按实际成本计算，国际会计准则的做法则是按实际成本及可变现净值最低者计价。所以，如果存货因市场价格变化，致使在出售这些存货时受到损失，或根本无法出售，则该存货的价值，按国际会计准则的做法，必须在当前提取，以冲减当期利润，而我国的会计准则是没有这个要求的。

（3）坏账准备。

按照我国的会计准则，企业所提的坏账准备金，其数额按国家规定计算。按国际准则的做法，企业按实际情况计算所需提取坏账准备金。我国的会计准则规定，满足三个条件之一的可作坏账损失、冲减坏账准备金或当年利润，即超过三年不能收回；债务人破产清偿后不能收回；债务人死亡遗产清偿后不能收回。按国际会计准则，只要企业认为该应收款已没有机会收回，就可作坏账处理，不一定要符合以上三个条件。

5. 境外上市的市场准入问题

各国（地区）的资本市场对上市申请人都有不同的规定。其中有如下两条规定，我国的企业需要特别予以注意。

（1）业务竞争规定。

业务竞争问题是决定上市申请人是否适合上市的重要标准之一。例如，香港联交所上市规则规定：如新申请人的控股股东在新申请人业务以外的业务占有权益，而该项业务直接或间接与申请人的业务构成竞争或可能构成竞争，以致控股股东与新申请人的全体股东在利益上有所冲突，则交易所可视新申请人为不适合上市。因此，企业在上市前进行重组时，应考虑尽量将所有与上市主要业务有潜在竞争的业务放入上市公司中。另外，在同一主管部门（控股股东）旗下，一般有若干个国有企业，这些兄弟单位间的业务竞争问题一般可通过下列两种办法来解决：①确定在同一主管部门下的兄弟企业在区域和产品等方面有所不同；②控股股东（或主管部门）保证在股份公司上市后，其在原材料供应、生产和销售等方面获得公平和合理的对待，其待遇不会比控股股东（或主管部门）的其他下属企业差。

（2）关联交易规定。

恰当处理关联交易问题对于企业上市也十分重要。例如，根据香港联交所的规定，拥有股份公司或其子公司的 30% 以上权益的控股公司或其子公司之间的交易为关联交易。对外国境内的上市国公司而言，出现关联交易的可能性很大。按香港联交所的规定，除非金额很小，否则，关联交易必须由独立股东批准，或做适当的披露。由于历史经营的原因，取消该项关联交易变得不可能，故此需要尽早分析情况，与香港联交所商讨并寻求适当的豁免。但是，豁免并非必然，保荐人和拟上市公司必须设立一套方案，使关联交易在公平合理的原则下进行，以保障小股东的利益。另外，在考虑豁免申请时，香港联交所可能会要求保荐人进行必要的尽职调查，以确认有关的关联交易是在通常的业务范围内，以正常的商业条款进行，并且其条款对股东来说是公平合理的。同时，香港联交所还可能要求拟上市公司对有关的关联交易的类别发生额设定每一年度的最高限额，如在某一年度超过该最高限额，股份公司就需要独立股东事先批准，才可以进行额外的交易。

三、我国民航企业境外上市的主要经验

根据我国民航企业成功在境外上市的经历，可以总结以下主要经验，供我们在境外上市过程中借鉴。这些主要经验有以下几点。

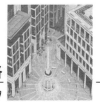

1. 深入开展企业重组工作

企业在上市前必须进行股份制改造，这就涉及企业的重组。重组是企业在整个境外上市过程中最为关键和难度最大的工作。它包括资产、业务、机构、人员和职能的重组，其核心是资产的重组。资产重组处理的好坏，直接关系到公司上市后的运作效率及规范程度。重组一般可分为三种模式：①原企业包括非生产经营性资产整体改制上市；②原企业一分为二，重组分立后上市；③原企业存续，部分资产改制。究竟选择哪种模式，要视企业的具体情况而定。但是，不论选择何种模式，合理划分资产范围，确定股份公司的基本框架，都是搞好资产重组的重要环节。

在设计股份公司结构时，必须考虑好几个方面的要求：①重新设立的股份公司结构一定要符合产权关系明晰的原则，要明确股份公司与原有主管部门的关系，资产结构、股本结构要合理；②要考虑股票发行规模对进入股份公司资产的限制，如净资产的最低限额、总股本的最低限额、境外发行股票的最低市值，以及国家股本必须占总股本的比例等；③在持股股东的构成上，要尽量避免和减少关联交易，并把"不宜上市的关联交易"设法转为"不影响上市的关联交易"；④考虑重组后的股份公司结构是否有利于提高上市公司的盈利率，同时也不能不顾及留在原有企业的资产，如果生存和发展出现了问题，也会直接或间接地对上市公司产生不利的影响。

2. 严格按国际惯例办事

严格地按照国际惯例办事，是境外成功上市的基本要求。我国企业赴境外上市，不仅要遵守境内的有关法规，还要遵守上市地的法规。上市前均应按国际惯例，进行改制重组、资产评估、业绩审核、会计报表转换、申请上市等一系列的工作，达到国际资本市场的上市要求。企业上市后，也应按国际规范进行经营管理、公布业绩、披露信息，并不断提高资金的回报率，从而赢得投资者的信任，真正取得上市持续成功。

3. 聘请合适的中介机构

选择好适当的中介服务机构，是确保企业上市成功的重要一环。企业境外上市是一项非常复杂的工作，涉及法律、公关、会计、审计、资产评估和承销渠道等一系列待定的内容。拟上市企业必须依靠具有全球投资途径和经验，在全球资本市场设有传播服务网络的财经公司、公关公司为其提供有效的宣传，树立良好的企业形象。同时，上市保荐人和主承销商的挑选更是至关重要。民航企业成功发售 H 股和 N 股的经验表明，需要挑选排名世界前列、有极强的做市和协调能力、拥有曾帮助许多国家企业成功上市纪录、有诚恳的服务态度等的保荐人和主承销商。如果中介服务机构选择不当，不仅工作费时费力，困难重重，而且可能发行失败，前功尽弃，使企业蒙受巨大损失。

4. 加强公关宣传

公司股票发行上市能否成功，企业的知名度也至关重要。尤其是企业赴境外上市，因地理、历史和文化背景的差异，有些在国内享有盛誉的企业走出国门则未必能获得投资者的认可。国际资本市场的证券品种很多，投资者的选择余地较大。只有加强公关宣传，让投资者充分了解企业的优势特点、经营状况、战略部署以及发展前景等情况后，投资者才会做出购买选择。中国国有企业特有的"行业垄断"或"政府背景"对境外投资者意义已经不是很大。

公司在开展境外宣传时，要与主承销商和公关公司密切合作。首先要准备好演讲宣传材料和可视辅助材料，同时还要及时准备好公司财务状况、发展规划、年度和季度报告等有关材料，供投资者分析和参考。然后，再开始巡回宣传，也称作国际路演或推介。在路演中，使投资者与企业代表接触，了解企业的实际情况，并回答投资者的有关问题，增加投资者的信心，促进公司股票顺利发售。

5. 选择合适的上市地

上市地的选择也是决定公司股票发行上市成功与否，以及上市后表现如何的关键所在。在选择上市地时，应考虑以下因素：①上市地的投资者对上市公司所处行业的了解程度，也就是公司能否引起上市地投资者的兴趣；②上市地的证券监管程度如何，例如美国证券交易委员会的证券监管制度要远远严于香港，尤其是在法律和财务方面的要求极为严格，企业要考虑自身的承受能力；③发行费用与收益的比较：以美国和香港市场比较，前者发行价高、筹资额大，自然发行费用也较高，后者正好相反。因此，企业在选择上市地时，也应考虑筹资额与上市费用的匹配问题。此外，在境外证券市场发行股票和上市，还可采用存托凭证的方式。

四、境外上市程序

（一）发行前的准备工作

企业要发行境外上市外资股，必须首先做好以下准备工作：

（1）外资股发行准备之许可。

①关于企业改组为境外上市公司和外资股发行准备的许可，包括申请报告和可行性研究报告。

②企业股份制改组方案的批准。

③国家证券监督管理部门关于批准同意股份公司设立的批复。

④同意原公司转为社会募集公司的批复。

⑤核发外商投资股份有限公司的批准证书。

⑥其他来自政府部门的许可与批准。

（2）外资股发行前的尽职调查。

在得到外资股发行准备许可后，该企业可着手选择中介服务机构。这些中介服务机构包括：将担任国际主承销商或国际协调人的投资银行；将担任审计工作的国际会计师事务所和中国会计师事务所；将承担资产评估与土地评估工作的中国评估机构和境外估值师；将担任发行人法律顾问的境外律师事务所和中国境内的律师事务所等。这些机构要对公司的法律、财务、经营等进行全面的尽职调查。

（3）外资股发行前的资产评估。

评估目的：①为实现原有企业的股份制改组；②为满足某些国家与地区对于外资股发行与上市的要求，确定发行前的"公开市值"；③为发行定价提供参考依据。

评估对象：①境内评估机构应当对投入股份有限公司的全部资产进行资产评估；②境外评估师根据外资股上市地有关规则的要求，通常仅对公司的物业和机器设备等固定资产进行评估。

评估机构：①国内的资产评估人员应当是具有证券从业资格的机构；②土地评估人员应当具有证券从业资格和A级评估资格；③国际估值人员应当由在上市地有一定声誉，特别是具有国际资产估值标准委员会会籍资格或者英国皇家特许测量师学会会籍资格的估值机构来担任。

（4）外资股东发行的财务审计。

应当分别聘请国际会计师和中国会计师，对公司财务进行审计。

（5）外资股发行法律意见。

应当聘请境内外的律师对企业境外上市行为是否合法，出具专项的法律意见书。

（6）外资股发行招股说明书。

企业招股说明书应当根据不同国家和地区有关信息披露规则和具体发行形

式的要求，由保荐人和承销商以及相关律师来编写。

（二）国内审批程序

（1）申请取得发行境外上市外资股的许可；

（2）申请取得对企业股份制改组报告的批复；

（3）土地评估确认与国有土地使用权处置方案的批复；

（4）资产评估确认与国有股权管理方案的批复；

（5）申请取得批准发起设立股份有限公司的批文；

（6）申请取得转为社会募集公司的批文；

（7）申请取得同意股份有限公司境外发行与上市方案的批复；

（8）申请取得外商投资股份有限公司批准证书。

国内目前还没有统一的规范境内企业境外上市的法律。这种审批带有综合性和特许性，每项审批报送的文件又有具体的规定。在此不再赘述。

（三）国内审批条件

依据上市地的不同，应当依据不同的条件。

1. H 股发行审批条件

①生产经营符合国家的产业政策；

②急需建设资金，尤其是进入国家立项的企业，同时该行业或企业应是允许外商投资的，有经准许的引进项目，急需外汇资金的企业；

③一般情况下，募集后的股本总额应在 4 亿元人民币以上，募集后的国有股一般占 51% 以上；募集前的股本面值应在 2 亿元人民币以上，募集的 H 股的面值应在 1 亿元人民币以上。

④按当时 33% 的所得税率（目前已经改为 25%）和 12 倍市盈率计算的市值，按发行后的股本均摊以后，每股价格应至少高于每股净资产。原则上，年创汇能力应高于 H 股面值的 10%。

香港联合证券交易所针对国有企业在香港上市的要求，专门对其《上市规则》作了补充。在《上市规则》第十九节中，对在大陆注册成立的或以其他方式成立的发行人在香港发行股票做出规定。依该章规定，寻求在香港上市的股份有限公司应满足一定的条件，例如：公司上市时的股票总面值不少于 1 亿港元，而由公众持有的股票市值不少于 5 000 万港元；如发行人未在国内发行 A 股，则除非公司 H 股预期市值超过 40 亿港元，公众持有的 H 股股份不得低于公司总额的 25%。

2. N 股发行审批条件

N 股是指在纽约证券交易所上市的境外上市外资股。目前进入美国证券市场的外国公司基本上都是采用美国存托凭证（ADR）形式，而不是普通股的形式。ADR 是一种可转让的代表股份的证明文书，它是由美国银行发行，表示拥有一个或多个存于原发行国托管银行的非美国发行人的股权份额。ADR 实际上就是股票的替代物，从法律角度而言，它同股票一样，是一种股权证书，其拥有者享有股东的一切权利。N 股发行的审批条件，除要符合 H 股上市审批的四个条件外，还要遵守国家有关部门的规定：募集前的股本面值应在 10 亿元人民币以上，募集的外资股股票面值应在 8 亿元人民币以上。

美国相关法律的规定，主要是四个方面的要求：①满足美国证券及交易委员会（SEC）发行注册登记的条件；②满足上市注册登记的条件；③满足注册登记后申请上市的条件；④满足证券交易市场上市的条件。

（四）上市的费用

在上市融资的过程中，各个企业的花费区别很大。一般而言，所涉及的各项成本主要包括：

（1）承销费用（包括佣金、佣金外杂支）。这两项费用一般占发行额度的 11% ~13%。

（2）专业顾问费用（包括律师费用、会计师费用、投资银行及顾问的费用）。其中，律师费用是承销费用之外的企业的又一大支出，占发行额度的 2% ~4%。如果企业财务状况复杂，会计师费用也会上涨。投资银行及顾问通常要求占有一定的股份或者股票选择权。这三项费用一般占股票发行额度的 4% ~6%。

（3）其他的必要支出（如注册登记费、邮资、印刷费、电话费、办公用品、宣传、交际费用等）。这几项费用在发行额度中只占较少的部分，大概为 2% 左右。

（4）潜在费用和后继开支（企业在争取公募发行过程中，常会有一些额外的开支，如专业顾问的预算外的交通费、午餐费、文件修改复印费、会议费、董事和经理的责任保险等）。这些意外开支也应引起企业的重视，以便能够对这些潜在的开支进行控制。

（五）小结

1. 境外上市流程如图 9 – 1

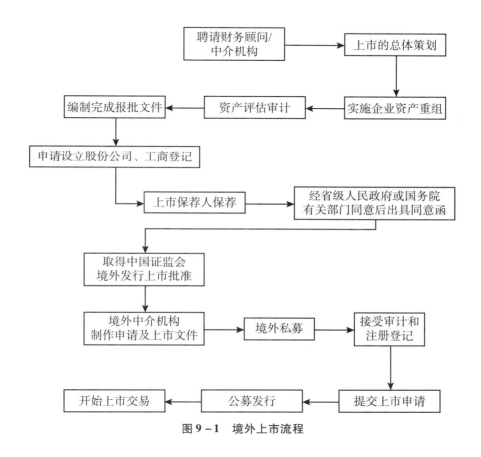

图 9 – 1　境外上市流程

2. 香港上市流程如图 9 – 2

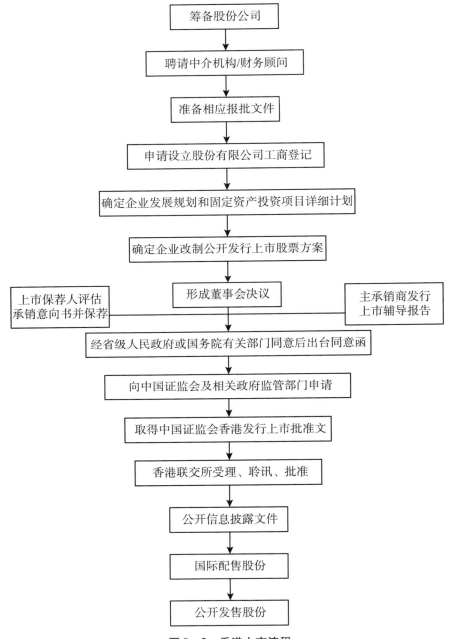

图 9 - 2 香港上市流程

五、我国民航企业境外上市后管理

这种境外上市公司管理涉及公司的很多方面，包括经营管理、财务管理、战略管理、危机管理、投资者关系管理等。这里仅选择某些问题加以介绍。

（一）企业境外上市后面临的主要问题

1. 效益增长压力巨大

境外的资本市场是相对比较成熟的市场，投资者一般都非常重视上市公司的经营业绩，并把公司的经营业绩当做投资决策的重要指标。他们虽然也重视通过二级市场的股价高低而买进卖出来获取差价（资本利得），更多的是希望企业上市后以高成长性获得利润高额回报。国有企业在境外上市路演过程中，经常会听到投资者的各种质疑和不信任的声音，主要表现在对公司的运营能力、盈利能力等方面的关注。一些企业上市以后的经营业绩与市场的预期和公司招股说明书披露的盈利预测形成较大差距，更加剧了投资者的失望。一家著名国际投资银行在进行了一项投资者意见调查之后，得出了这样的结论："中国的上市企业的共同点是，在上市时先搞一连串的轰动的巡回推介，上市后便音讯全无，到了公布公司业绩时，才突然宣布令人失望的业绩。"这样的评语对中国企业境外上市是极为不利的，这也是一些企业在国际资本市场表现欠佳的主要原因之一。因为这些企业在境外成功上市以后，其经营观念并没有彻底改变，管理水平也没有相应提高，导致业绩不断下滑。企业境外上市后，如何降低成本，提高盈利水平，给投资者带来满意的回报，是投资者重点关注的问题，也是上市公司的艰巨任务。

2. 履行法律义务责任重大

中国企业到境外上市后，不仅要遵守我国的有关法律法规，而且要遵守上市地的有关法律法规，这种"双重遵守"会使企业的运作环节增多。此外，境外上市公司的透明度要求更高，整个企业处于社会监督之下，有关重大信息要定期和随时披露，有关重大决策要依法定程序进行，经常性和临时性的法律义务约束很严，稍有不慎就会使公司的信誉和声望受到影响，甚至陷入司法纠纷之中。不久前弄得沸沸扬扬的美国 SEC 调查中国人寿的事件就是一个例子。中国人寿保险于 2003 年 12 月分别在纽约证券交易所和香港联合交易所同时上市，净募集资金约 272 亿元人民币。2004 年 1 月 31 日，国家审计署网站披露了审计署 2003 年工作报告摘要，其中包含中国工商银行、中国人寿保险公司

被查出违规金额350亿元的相关内容。这时大量媒体就"原中国人寿涉嫌违规资金54亿元"进行报道，美国投资者进行集体诉讼。2月2日后，香港联交所、香港证监会、美国纽约证券交易所向中国人寿公司提出质疑；4月27日，SEC发出非正式调查函。目前参与诉讼的美国律师已征集到9家，主要指控中国人寿违反美国《1934年证券交易法》。中国人寿也采取了一些应诉措施，最后花费了不少费用，通过律师使美国投资者撤回了诉状。当前境外上市公司普遍存在着信息披露不及时、不充分、公司透明度不高的问题。公司管理层不清楚应该向投资者披露哪些信息资料，尤其是在对涉及中小投资者利益的重大信息的披露上，不少公司的董事会未能做到公开、及时、充分，引起了境外广大中小股东的不满。

3. 缺乏对国际资本市场的了解和经验

中国的境外上市公司基本是大型国有企业改组而成的。这些企业在传统体制下运行多年，管理层缺乏市场经济和国际资本市场运作知识，习惯于向上级或政府有关部门汇报工作，而对如何向股东负责，如何实现股东利益最大化，如何让投资者了解自己，则相对缺乏经验。一方面，公司管理层对于哪些信息需要公告、对公告的及时性和准确性要求把握不准；另一方面，国内给予境外上市公司的各种优惠政策结构复杂，时收时放，没有明确的法律法规作为依据，使境外机构投资者无所适从。再加上国内新旧体制处于转换时期，许多重大的经济政策在调整之中，各种传闻很多，且真假难辨，境外投资者又缺乏有效的渠道来澄清事实，一遇风吹草动就会盲目抛售股票，引起境外上市公司股价波动。

4. 各种中介机构费用高昂

境外上市公司要维持上市地位，每年要聘请国际注册会计师两次审计公司财务；必须聘请境外律师和公关公司担任常年顾问、保荐人。此外，还要向证券交易所交纳上市费用，而且有些交易所规定，要按公司的市值的一定比例交纳费用。上市企业每年必须支付的上市维护费用是比较高的，增加了企业的运作成本。

（二）企业境外上市后应加强的工作

企业境外上市仅就上市过程而言，可以说是一种阶段性的目标。但是，从这个企业发展进程而言，只是一种手段，而不是目的。上市不仅是要从资本市场融得资金，拥有进一步发展的资本，更重要的是要通过融资过程，来改进经营管理，使企业在技术、管理、销售、服务等方面与国际接轨。企业在境外上市后，要继续保持良好的声誉和发展态势，走上一个新的平台，要能够在吸引未来新的投资者的同时，保护好先前的投资者的利益。

1. 公司上市后的规范化运作是一项长期任务

公司实现在境外成功上市，可以说，这是万里长征走完了第一步，后面还有很长的路要走。境外上市是企业通向成功的一种途径，但不是企业发展的目标和终点。在一次研讨会上，一位境外投资银行的副总裁说得好，境外上市只是国有企业获得的进入国际资本市场的一张"通行证"，其筹资活动并未结束，上市后要得到投资者的认同，就必须以企业良好的发展前景作为依托。对中国企业来说，股份制改组和筹资在短期内就可以完成，而上市后的规范化运作则是一项长期的任务。境外上市公司的高级管理人员需要更新知识结构，更新经营管理理念，认真学习上市地的法律法规，下大气力掌握国际企业的运作方式，完善企业治理结构，坚持不懈地转换企业经营机制。上市公司提高规范化运作水平是扩大国际投资者基础，逐步消除国际投资者疑虑，树立中国境外上市公司良好国际形象的关键所在。主要着重于以下几个方面。

第一，切实遵守有关法律、法规和监管部门的要求。规范运作的最基本要求就是要严格遵守上市地和国内的有关法律法规和规则。中国企业境外上市的时间不长，境外相关法律法规更是全新的事物，境外上市公司的高级管理人员要加强对有关法律法规的学习，重点掌握关联交易、信息披露等境外监管机构关注的敏感问题。为了规范中国企业境外上市活动，我国政府制定了一系列法律法规，这些法律法规考虑到了我国企业的实际情况，也为境外上市公司规范运作提供了依据。

第二，完善法人治理机构，保障全体股东利益。完善法人治理结构是规范运作的核心。从中国公司的实际情况看，确立上市公司的独立性，建立健全外部董事和独立董事制度，以及完善内部监督机制，是完善法人治理结构的重点内容。公司高级管理人员需要强化为全体股东负责的意识，为股东创造更高的回报。①上市公司与控股机构在经营管理、经营资产、人员机构、财务及业务等方面要严格分开。上市公司与控股股东不能是一套领导班子、一套机构，上市公司与控股机构的经理层不能相互兼职；上市公司与控股股东在财务管理特别是财务系统上也要严格分开，各自独立核算，独立承担责任和风险。控股机构主要通过股东大会以法定程序对上市公司行使股东权利，不能通过下发文件等形式来影响上市公司机构的独立性。②建立健全外部董事和独立董事制度。外部董事是指来自上市公司以外的专职董事，独立董事是指来自上市公司及其关联机构以外的非专职董事。这些外部专业人士可以对公司的重大决策提供专

业的咨询意见，并对损害中小股东利益的行为作出独立判断，避免"内部人"对上市公司的控制和大股东对公司的操纵。这一点对境外上市公司至关重要。在聘任这些外部董事和独立董事的时候，应该慎重，既要求他们熟悉境外上市地的有关法律法规，具有一定的财务等专业知识，又要了解中国企业的实际情况，他们还要有相应的精力能够投入，而不应当只图名誉，而不能很好发挥作用。③完善内部监督机制，充分发挥内部监督作用。境外上市公司应强化监事会的职能，制定监事会的具体工作规则和议事程序，赋予监事会了解和调查公司经营管理特别是财务情况的权利。监事会主席应列席董事会和经理办公会等与经营管理有关的重要会议。监事会有权对公司聘用的会计师事务所发表意见，也可另行聘请会计师事务所独立审查公司财务。监事会成员应该包括不在公司内部任职的人员。

第三，建立有效的人才聘用机制和激励机制。境外上市公司要建立与法人治理结构相适应的人才聘用机制和激励机制，这是一种更广泛的规范运作。现代企业的法人治理结构对公司的经营管理者素质提出了更高的要求。公司在聘用高级管理人员时，不应只局限于本地区，要立足境内和境外人才市场，择优聘任。公司的高级管理人员应是全方位的，不仅要涉及本公司的专业领域，还要具备一定的法律和其他专业知识。由于公司在境外上市，更需要有具备较高外语水平的专业人员。为使公司董事等高级管理人员真正勤勉尽责，建立内部激励约束机制十分必要。国际投资者认为，激励约束机制是否完善，是衡量上市公司是否有发展能力的标志之一。对公司高级管理人员的激励原则是报酬与公司业绩密切挂钩，可以采用包括现金、股票和认股权证等在内的各种形式。

2. 提高境外上市公司的基本素质

境外上市公司的基本素质的提高取决于境外上市公司管理人员和普通员工素质的提高。提高普通员工素质，主要包括两个方面：一是通过岗位培训、业务学习等方式使员工达到完全胜任工作的标准；二是通过职业道德教育，增强员工的敬业精神。提高管理人员素质，首先是完成经营和管理观念的转变，树立市场经济和现代企业的经营观念和管理观念；其次是知识的更新，不仅要加强学习与本公司经营业务直接相关的现代科学技术知识，了解最新的科学技术研究成果，而且要加强法律法规和现代经营管理知识的学习；三是严格履行对公司、对股东的勤勉尽职、诚信义务。

3. 大幅度提高公司的经营业绩

经营业绩是境外上市公司的投资者普遍关注的问题，也是影响境外上市公司市场表现的重要因素。从根本上说，支撑一个企业的股票价格和市场形象的主要因素就是经营业绩。一家上市公司如果没有良好的经营业绩，那上市就是无源之水、无本之木。缺乏良好的经营业绩支撑，上市公司最终会被市场淘汰。提高境外上市公司的经营业绩，主要应从以下几方面入手：（1）加强市场研究，对公司自身的市场定位和同行业竞争者所处位置进行科学分析，对消费者的需求和开发潜在的消费需求有明确的把握。（2）加强产品和技术的研究与开发，不断改善现有产品质量，以新产品开拓市场，引导需求。（3）加强成本管理和成本控制。（4）实现规模经营。没有规模就没有竞争力，没有竞争力就没有效益。

4. 加强和完善信息沟通与信息披露

信息披露制度是上市公司区别于一般企业的重要特征，也是上市公司必须严格履行的义务。客观地说，在什么情况下需要公布可能影响公司股票价格的信息，有时候确实不好把握，对中国的境外上市公司尤其如此。在很多情况下，境外上市公司并非不愿意或者有意隐瞒某些信息而不进行披露，而是不知道哪些信息需要及时披露，哪些信息不需要披露，以及哪些信息需要披露到何种程度。一般来说，国外投资者、证券分析人员及新闻媒体对我国境外上市公司关注的问题，主要包括政策变化、市场环境、公司经营管理的重大事件以及财务状况等。境外上市公司需要针对境外投资者关注的公司透明度问题，采取主动措施，关注市场情绪，密切与投资者之间的关系。根据证券分析师、投资者的建议，境外上市公司在充分、及时、客观披露信息方面，需要认真做好以下几项工作：（1）公司管理层必须高度重视信息披露对公司的影响，制定信息披露的基本原则，委派专人（公司高级管理人员）负责领导和组织公司中期报告、年度报告的编制及其他信息披露工作。（2）加强与股票承销商、上市保荐人联系，及时沟通情况，使他们成为公司与投资者、社会公众联系的桥梁。（3）加强与证券分析师和投资者的信息沟通，建立固定联络制度，定期召开信息沟通会议，定期举行巡回推介会，主动介绍公司经营情况和发展前景，介绍国家的宏观经济及其相关政策，介绍可能对公司产生影响的政策及其变化，介绍行业发展情况及其变化，并详细解释为什么会对公司产生影响、影响的程度，以及公司将采取哪些措施应付这种变化。（4）不管是在信息沟通会、推介会还是接受投资者、证券分析师的访问，都要耐心、细致地对他们不明白、不理解和表示担心的问题给予必要的说明和解答。（5）提高公司驻港人员的基本素质和职权层次，使驻港员工能够及时准确地获得公司的有关信息，并向证券交易所和投资者进行披露。（6）有专人负责收集、整理和研究各种市场分析报告，一旦发现问题，及时给予必要的说明，尽可能避免一切不

实报道对公司产生的不利影响。

随着经济全球化的进一步发展，中国企业走向世界是大势所趋。境外上市公司为中国企业走向世界起到了带头羊的作用，为其他企业开辟了崭新的融资道路。随着中国的政治经济地位在全球不断提高，各项法律法规制度不断健全，特别是证券、法律、财会等制度日益完善，内部和外部环境对企业境外上市越来越有利，中国国有企业在境外上市的前景将会更加广阔。我们相信，中国国航经过认真的准备工作，一定能够取得境外上市的圆满成功！

第 10 讲
新能源企业境内外发行上市有关问题
——北京环境交易所及北京绿色金融协会高层会议

发展低碳经济需要借助资本市场的作用，这在全球已经达成基本共识。许多专家和政治家指出，目前发展低碳经济还没有充分重视资本市场的作用，或者说资本市场在发展低碳经济中的作用被忽视。例如，英国气候大臣巴克说，资本市场对气候变化中的作用已经被忽视，帮助发展中国家向低碳经济需要资金速度和规模流动。我们需要将次贷危机抛之身后，重新集中投资在真正的财富创造中，并以不破坏生态环境的方式展开。我完全同意巴克的这种观点。借此机会，向各位简要介绍新能源企业境内外上市情况，以及发展低碳经济需要借助资本市场作用的看法。下面我讲四个相关的问题。

一、全球资本市场支持低碳经济发展概况

目前各国（地区）都在为碳排放量进行谈判，最终会折算为一定期限内对二氧化碳数量的限制，其配额及其分配涉及世界和各国的利益。根据世界银行的定义，碳排放交易是指一方凭购买合同向另一方支付以使温室气体排放减少或获得既定量的温室气体排放权的行为。《京都议定书》引入了清洁发展、排放贸易和联合履约三个灵活机制，温室气体排放权交易市场由此而产生，以二氧化碳为主的温室气体的排放权成为一种在国际资本市场流通的新产品。根据世界银行的预测，2008～2012 年间，全球碳交易市场的规模每年可达 600亿美元，在 2012 年以后，全球碳交易市场年交易额将达到 1 500 亿美元，有望超过石油市场，而成为全球的最大市场。

在碳金融应运而生的背景下，国际上的一些大型碳交易中心已经形成。例如，诞生了氧化碳交易体系、欧洲气候交易所、芝加哥气候交易所等，还出现了排放权证券化衍生工具。与此同时，2011 年，全球与发展低碳经济相关的新能源上市企业也达 180 家之多。美国、欧洲、日本等国的新能源企业绝大多数选择在本国的资本市场上市融资。从 IPO 市盈率来看，境外上市的新能源公

司的平均市盈率达 58.46 倍，平均募集资金为 3.92 亿美元。欧洲各个证券交易所的新能源上市公司的股价最高，平均发行价达 25.46 美元。其次是美国和日本的市场，最后是中国的香港、台湾的市场。中国政府在"十二五"规划中，把新能源和节能环保产业作为国家的战略性新型产业，并且支持这些产业的企业在创业板市场上市。2010 年，中国的新能源企业在境内外上市达 60 多家，其中境外上市为 30 多家，在深圳和上海证券交易所 IPO 上市的有 14 家。中国境内的证券交易所上市的新能源企业发行市盈率平均值为 27.83 倍，募集资金总额平均值为 0.95 亿美元，均远低于境外市场。另外，境外大多数证券交易所不强调新能源企业上市前的盈利水平，而是侧重于对高成长型企业的挖掘。有数据显示，境外上市的新能源企业中，有 48% 的企业在上市前属于亏损状态。从近 5 年的情况看，在纳斯达克市场上市的 14 家新能源企业中，上市前亏损的有 8 家。但是，纳斯达克市场还是发掘出了类似"第一太阳能（First Solar）"这样的高成长性的具有未来"行业领袖"特质的企业。

二、新能源企业需要资本市场支持的主要理由

涉及低碳经济的新能源发展迫切需要获得资本市场支持，从不同的角度看，是有许多不同的理由的。在这里，我给出三个最基本的理由，来与大家分享。

（1）新能源企业多是资本密集型和技术密集型的企业，其发展需要太多的资金支持。在 2009 年年底时，主要发达国家已经宣布的低碳经济发展计划的资金规模超过了 5 000 亿美元，目前全世界每年节能减排仍有 1 700 亿 ~ 3 000 亿美元的融资缺口。新能源企业进行内源性融资，许多还不具备条件，不少企业规模偏小，技术成本较高，尚未商业化的项目面临着投融资两难的困境。发达国家正在形成包括直接投资、银行贷款、碳排放权交易、碳期权期货等一系列金融工具。在引导私人部门投资于有利于减缓和适应气候变化的重点领域的同时，发展以资本市场为重点的直接融资无疑是必要的。

（2）新能源企业的技术更新速度很快，成长性高，相应风险也很高，间接融资相对困难。新能源企业发展的关键是技术创新，先进技术的研发和创新成败决定着这些企业的生命力。从风力发电企业来看，核能、风能和太阳能企业已经具备了一定的盈利能力，但它们大多数在投产后的前七年是不盈利的，七年以后才可能收回成本。生物质能、新能源汽车和 LED 类的企业大多还徘徊在盈亏的边缘。从 2009 年的情况看，选取 112 家企业为样本，其净利润均

值为 1. 63 亿美元，净利润率均值为 4. 85%，其中 23 家企业出现亏损，占比为 20. 5%。现实的情况是，商业银行惧怕承担风险，对新能源企业放贷谨慎。尽管不少商业银行根据自身的规划，制定了关于支持低碳项目融资的制度和办法，但对低碳项目的贷款尚未形成统一的标准。它们对节能减排项目的服务面临着增加成本或增加经营风险的两难境地。一些金融机构认为，低碳节能项目类似于扶贫项目。由于节能项目存在资金和技术方面的风险，因而少数项目很难通过银行项目风险评审程序。同时，风险投资基金的眼光比较高，对于规模较小、技术成本较高且尚未得到市场认可的低碳项目往往不去关注。

（3）新能源产业发展到一定程度后需要整合，需要有效进行企业收购兼并和资产重组。以 LED 照明产业为例，该产业真正进入大规模的产业化和商业化只是最近几年的事情，掌握了 LED 照明产业核心技术的企业都通过上市和并购，实现自己的快速发展。1983 年诞生于德国亚琛工业大学的 AIXTRON 公司，1997 年在法兰克福证券交易所上市之后就进行全球收购。它于 1999 年收购了英国的 THOMAS SWAN 公司，2000 年收购了法国 J. I. P 公司的股份，2001 年收购了瑞典 EPIGRESS 公司 70% 的股份，2005 年反向收购了美国的 Genus 公司，并在纳斯达克证券交易所上市。在我国境内上市的新能源企业中，通过重组上市和 IPO 上市的企业各占一半。其中有 14 家企业通过重组上市，大体分为三种情况：①企业的原属行业出现了成长瓶颈，企业主动改变主业方向，进入新能源领域，形成了新能源业务与原有业务共存的模式。例如，原主业属于纺织类的江苏阳光、孚日股份进入光伏太阳能领域，生产家电的德豪润达进入了 LED 照明产业领域。②上市公司的子公司或所投资的公司进入新能源领域。例如，天威保变拥有天威英利 25. 99% 和新光硅业 35. 66% 的股权，2009 年天威英利和新光硅业分别向天威保变贡献 1. 55 亿元和 2 972 万元的投资收益。③原有的上市公司陆续亏损进入退市阶段，通过重组进入新能源领域。例如，进入 LED 照明产业的三安光电原为湖北的活力 28，后曾重组为天颐科技，2008 年正式变更为三安光电。

三、我国新能源企业选择境外上市的主要原因

（1）境外资本市场有不同的市场板块和上市机制，可以满足不同细分行业的新能源企业的上市需要。

境外的上市地既包括成熟的主板市场，也包括创业板市场和三板市场。新能源企业的多样化特征决定了其有着不同的融资需求和上市地选择。从我国深

圳证券交易所的分析报告来看，我国境内的部分新能源企业呈现出传统制造业的特征。例如，核能和风能企业多数属于规模较大的国有企业，它们的技术趋于成熟，市场占有率较高，经营模式和业绩均趋于稳定，大多数属于细分行业的龙头企业。它们在二级市场上的定价和市盈率偏低，超额收益率和波动性较小，市场风险较低。这类企业比较适合在主板市场上市融资。另一部分新能源企业呈现出创新型企业的特征。例如，光伏太阳能、生物能源、电动汽车和LED 类企业，它们多数属于民营企业，资本和生产规模较小，注重技术创新，一旦技术突破，成长具有非线性特征；一旦技术落伍，企业很可能陷入发展的困境。它们在二级市场上的定价和市盈率偏高，超额收益率和波动性较大，市场风险较大。这类企业比较适合在创业板和三板市场挂牌融资。据有关报告显示，在纽约证券交易所上市的我国新能源企业，在上市前均获得了私募股权基金和创投资金的注入，其中以外资为主。在纳斯达克市场上市的7 家中国新能源企业中，有3 家公司上市前获得了外资风险投资（Venture Capital）和私募股权基金（Private Equity）的投入。以无锡尚德为例，公司曾在初创期的2001年获得无锡高新投的 VC 投资，在 2005 年上市前的一年时间里，引入高盛亚洲、龙科创投、普凯投资等6 家外资 PE，引入资金达 8 000 万美元。它最后以瑞士信贷第一波士顿和摩根士丹利两家国际知名的投资银行为其承销商而发行上市。

（2）境外资本市场有灵活的定价机制和便捷的再融资渠道，有利于企业实现首次公开发行和再融资。

从我国境外上市的新能源企业来看，它们在上市前一年处于亏损和微利的占比超过 1/3。按照我国境内的上市规则要求，这些企业难以在上海和深圳证券交易所上市。然而，这些处于亏损或微利状态的企业却在纳斯达克市场完成了 IPO。另外，境外的证券交易所的发行定价相当市场化，即使是已经盈利的新能源企业，根据企业的具体情况，它们的 IPO 定价也不相同。例如，同样是在纽约证券交易所上市的光伏太阳能企业，英利绿色能源的发行市盈率为 220倍，而天合光能的发行市盈率则为 28 倍。还有，境外证券市场的再融资和私募融资渠道也非常畅通。例如，无锡尚德在 2005 年登陆纽约证券交易所融资5 亿美元后，又先后完成再融资或私募融资 1 亿多美元。

（3）境外的资本市场有接纳外向型企业上市的天然优势，有利于企业树立品牌和拓展国际市场。

境外的资本市场遵循国际会计准则和美国会计准则，有适用于企业建立境内外法律架构的法律体系。境内企业在境外发行上市，除了可以筹集发展资金外，也可以提升企业的知名度和拓展市场。以往互联网企业前往境外发行上市的主要原因是，企业在上市前无法达到境内要求的盈利指标。而且，我国的互联网行业也没有对外资开放，它们多采用 WIE（可变利益主体）模式成功上市。然而，在境外上市的新能源企业则有所不同。这些企业在上市前大多已经获得盈利，并满足国内主板和中小板市场要求的上市标准。其选择在境外上市更多是由于其技术、原料和市场"两头在外"的经营模式。以光伏太阳能产业为例，我国的企业主要集中在中游太阳能电池生产环节，上游的多晶硅原料供给主要来自欧美日的七大厂商垄断，90% 以上的光伏电池组件和系统销往国外，其中德国安装的太阳能光伏发电设备九成为中国制造。

四、新能源企业境内外上市需要关注的问题

（1）各国政府的新能源政策变更对企业经营发展的影响。

各国（地区）目前均对新能源产业实施多种扶持政策，对新能源企业发展有重要的影响作用。例如，中国国家发改委 1204 号文件强调，"风电设备国产化率要达到 70% 以上"，这为境内风电企业发展提供了良机。但是，随着国内企业实力的增强，以及欧美的企业和政府认为上述规定限制了外国企业在中国风电产业的公平竞争，2010 年 1 月，发改委又取消了此项规定，这就对已经产生政策依赖的国产风电企业发展带来了不确定性。又如，前两年政府提示我国的光伏太阳能、风能等产能超过需求量的 4 倍，希望控制这些项目上马，但不久这些行业的产品价格不断上涨，行业人士认为政府说产能过剩是对行业需求的误判。再如，去年年初德国政府提议，在 7 月 1 日降低太阳能屋顶补助 16%，9 月 1 日降低太阳能地面型（Ground）补助 15%。3 月，德国参议院针对新太阳光电补助费率调整案，提出降低幅度不应超过 10% 建议。这些政策变更也给全球的光伏太阳能产业带来巨大影响。

（2）境内上市规则对新能源企业核心技术披露要求的影响。

我国的创业板市场发行上市规则中，有一节是关于"业务和技术"，要求披露企业的主要产品或服务的核心技术，包括技术来源、技术水平、成熟程度，说明技术属于原始创新、集成创新或引进消化吸收再创新的情况。对于新能源企业而言，核心技术问题是上市关注的重点。在已经发行上市企业的反馈意见中，新能源企业大多数被明确要求披露公司的核心技术来源及定价依据，并需说明以专有技术出资的专有技术权属不存在纠纷，且有认定机构和评估机构证明其合法合理性。的确，在占据新能源战略制高点中，不能单纯依靠外资

和外国技术的引进，必须重视解决新能源开发的核心技术和核心原料基本是"两头在外"的情况。在这个过程中，还要防止新技术陷阱，防止企业成为新技术的实验基地，试验不成功会造成亏损。以光伏太阳能产业为例，目前该产业的单晶硅和多晶硅技术以原材料资源丰富、转换效率高等因素略胜一筹，我国企业在此方面的产能已经达到国际领先。不过，目前以第一太阳能为代表的薄膜太阳能已经快速崛起，成本迅速降低，预计在未来几年将对单（多）晶硅太阳能产生巨大的冲击。这一技术变革无疑也将对中国的光伏太阳能企业带来新的挑战和机遇。

（3）上市后的市场炒作风险对新能源上市公司发展的影响。

境外资本市场的投资者以机构投资者为主，尽管上市的新能源企业 IPO 市盈率明显超过市场平均水平，个别市场的个别股票也存在暴涨暴跌的现象，但就整体而言，这些上市公司的股票价格相对稳定，不会大起大落。我国境内的资本市场的散户投资者仍然占据相当比例，投机和炒作风气很浓。对于新能源上市公司来讲，由于它需要一个长期稳定的成长空间，因而需要有相对长期的资金支持，并不需要太高的换手率和流动性。相反，希望股票价格相对稳定，使投资者对这些企业有较长期的利好预期，这样才有利于上市公司健康成长。研究发现，我国新能源上市公司的股价暴涨暴跌主要表现在重组类型的上市公司，市场风险也主要集中于这些通过重组进入新能源产业的上市公司，这需要在公司重组中加以避免。

（4）新能源企业的商业模式如何获得资本市场的更好理解。

作为一个新兴的产业，新能源企业不仅在技术上要求创新，在商业模式上也要求创新。如何理解新能源企业的商业模式，成为新能源企业上市的一个重要因素。例如，不少新能源企业采取节能环保工程外包服务的模式，即客户（一般企业）将节能环保重点工程外包给新能源企业，通过合同能源管理和环保设施特许经营，完成节能环保工程。这种新兴的商业模式的关键在于，企业能否真正通过节能减排为客户带来效益，并从其效益中获得工程外包的报酬。还有一种情况是，一些新能源企业采取将某些零部件生产业务外包给外部企业完成的模式。例如，金风科技上市时，采用以系统集成为主要特征的经营模式，风电机组的配套零部件由外部合作厂商按照金风提供的技术参数和质量标准进行生产，公司对采购的零部件进行检测、总装、调试，形成最终产品。这种经营模式使公司得以利用外部供应商的资源，减少了资本投入，缩短了新产品的产业化周期。因此，这种模式被看做是一种轻资产、高成长的战略合作模式，在企业发展早期具有很大的优势。但是，在企业发展到一定规模后，比如成为全球前十名后，该模式能否应对国际巨头的竞争，就会成为所关注的问题。

（5）新能源企业上市面临涉及税收等财务方面的处理问题。

我国的新能源产业在税收方面享受政府的各种优惠。例如，核电行业的税收优惠政策是：核电发电企业生产销售核电产品，自核电机组正式商业投产次月起 15 个年度内，统一实行增值税先征后退政策，返还比例分三个阶段逐级递减；同时，核电发电企业取得的增值税退税款，专项用于还本付息，不征收企业所得税。另外，节能环保工程外包项目大多数由政府推动，太阳能和风能并网发电的上网电价由政府制定，盈利也主要来源于政府补贴。然而，境内上市规则要求企业不能主要依赖政府的税收优惠和财政补贴。还有，新能源企业在新的商业模式中，客户为了确保节能环保外包工程的质量，往往会与新能源企业签订利用节能效果分期交付工程实施款项的合同，即客户用每期节约的电费（或者是获得的政府补助）支付外包工程款项，那么，如何确保从客户手中及时获得相应的工程款项，使新能源企业的收入及时得到确认，也成为企业上市中需要解决的问题。

第 11 讲
中国时尚企业赴伦敦、米兰上市之路

——中国（大连）全球时尚资本论坛

当前，在世界金融危机出现转机，中国的纺织、面料、服装、服饰等时尚市场逐步回暖的今天，越来越多的时尚产业的企业意识到，要摆脱纺织服装业的生存困境，要振兴中国的以纺织、面料、服装为主的产业，需要借助于境内外的资本市场，并且要大力推进科技进步和商业模式创新，提高自主品牌效应。可以说，随着许多纺织、服装企业登陆境内外的资本市场，种种迹象表明，中国境内服装、纺织等相关时尚市场正迅速呈产业经济向呈几何级增长的资本经济转变。

中国的纺织服装业是一个传统的产业，又是一个巨大的市场，它具有时尚市场的潜质。中国具有最完备的纺织服装产业基础、充足的原料资源、良好的行业竞争、全球最大的纺织服装消费市场。这个行业和市场对劳动力就业的吸纳、出口创汇，乃至中国建设和谐、小康社会都会发挥重要的作用。从长远来看，纺织服装业在中国乃至全球都不会成为一个消亡的行业或者说夕阳行业。犹太商法的第一条就讲，"为了嘴和女人"，这个行业就能赚钱。况且，纺织服装行业是为了女人、孩子、老人和男人。这个行业的产品是人类生存最基本的必需品之一，而且随着人口数量的增长和生活质量的提高，人们对它的需求会越来越多，要求的质量会越来越高。我在出席国务院发展研究中心完成浙江绍兴市纺织行业发展战略报告的评审会上就曾提出，相对来说，实际上没有什么落后的行业，只有落后的技术、落后的商业模式和经营管理。中国和世界现在要做的，不是要淘汰什么纺织服装行业，而是要通过不断提升市场化的水平，来提高和改造自己的技术水平、商业模式和自主品牌，大幅度提高核心竞争力，来更好满足全球不同地区、不同民族、不同消费群体的日益增长的不同偏好和需求。

从当前的实际情况来看，可以说，中国的纺织服装行业的投资价值还未引起境内外的资本特别是私募股权基金的应有重视。它们更多关心高新技术、新能源以及生命科学等相关的产业，这无疑是正确的。在境内的创业板市场上市，重点支持战略性新型产业的企业。在我看来，传统行业加上真正的高新技术和新的商业模式也是眼下十分重要的，这样才能真正满足创业板市场自主创新和高增长这两个实质性的上市标准要求。大家可以看到，传统产业进入门槛很低，投资风险也低，一旦资本介入传统产业，由于它的市场需求规模很大，其回报率一定会大于高科技行业。有资料表明，在同样的行业周期里，传统行业平均回报率约为 48 倍，高科技企业平均回报率大约只有 5～28 倍。我在绍兴市、吴江市、常州市、江阴市对许多服装企业进行调研时，就看到有生产阿拉伯民族服饰的企业、用棉花的纯色加工服装的企业、用先进技术进行高支纱布料和服装加工的企业、有从棉花外的其他种植物中提炼加工材料做布料和服装的企业，都有好的经济效益。因此，从这个意义上说，中国乃至全球的纺织服装行业都有着不可低估的商业价值，对全球资本投资者都有着不可替代的商业机遇。

我们欣喜地看到，在当前这场令人惊魂未定的全球金融危机中，一些独具慧眼的境外纺织服装企业家和投资商在逆市而上，他们在发展本国（地区）纺织服装产业的同时，也把看好的眼光推向中国的纺织服装业，特别是把国际知名品牌开拓的重点转向中国市场，而且在市场进入的途径选择和策略上也更加务实和老道。同时，许多国际证券交易所也向中国的纺织服装等时尚企业伸出橄榄枝，吸引和欢迎它们前去发行上市或私募融资。今天到会的伦敦证券交易所亚太区总裁祝晓健女士，就明确地向中国企业传达了这样的良好意愿。大家知道，2007 年 8 月 8 日，伦敦证券交易所与意大利证券交易所完成合并，它们分别是两家有 300 多年和 200 年历史的老牌证券交易所，这两个市场分别有着 40 多家和 20 多家国际时尚企业上市，合并后实行统一的上市标准，可以实现企业两地同时上市，目标是打造"全球的资本市场平台"。伦敦和米兰都是国际著名的"时尚之都"、"时装之都"，那里的投资者和消费者对纺织、服装等时尚消费品的品牌和流行趋势都有前瞻的眼光和独特的理解，在那里都有一些生产高端时装、消费品的企业上市，这也为中国纺织、服装企业提供了新的融资上市机会和渠道。中国的纺织、服装企业以及其他时尚消费品制造企业完全可以根据自己的实际情况和发展战略，自主地选择上市地和上市时机，实现以尽可能低的成本，高效率地成功融资上市。通过境外上市，更好地开拓国际市场，打造国际品牌，更好地利用境外资本市场、技术、人才、市场资源，在与外国的合作和竞争中，把自己打造成国际著名的有竞争力的时尚产品企业。刚才有位发表演讲的企业家问：我们究竟是应树立民族品牌还是国际品牌？我可以说，最民族性的也是最国际性的，最国际性的也是最民族性的，这

是马克思的名言。就是在几个月前，中国政府与英国政府签署了中英财经对话公报称，"双方将继续支持符合条件的中国公司以不同方式在伦敦证券交易所上市，并合作推动这一进程尽快向前发展。""中方同意按照相关审慎监管原则，允许符合条件的境外公司（包括英国公司）通过发行股票或者存托凭证形式在中国证券交易所上市。"利用境内境外两个市场、两种资源，促进中国企业改革发展，这是中国政府的一贯政策，我们相信，这个政策是不会改变的。与此同时，我国各地政府为了促进国民经济发展和本地区经济发展，也在采取各种优惠政策和扶持政策，包括财税优惠、科技创新扶持、土地使用、资金奖励、信息提供、政府咨询等，千方百计支持和帮助企业在境内外资本市场融资上市。应当说，中国企业在全球金融危机的环境中，仍然面临着极为宝贵的境内外上市机会。

为了帮助中国企业更好走上境内外上市之路，特别是中国纺织、服装等时尚企业走上伦敦、米兰上市之路，在这里，我也向企业家和投资家们提出几点建议：（1）要加大对科技研发、品牌树立、销售网络建设的投入，实现供应链的集成创新和产业链的完整发展，改变目前单靠成本比较优势和数量规模扩张的盈利模式，尽快形成和完善集质量、创新、自主品牌、快速反应和社会责任为一体的商业模式，把低技术含量变成高技术含量，把低附加值变成高附加值，把中国制造变成中国创造，把低端产业链变成高端产业链。（2）要加大行业内部的产业集群资源整合，推进企业间的并购重组，淘汰一批无可救药、没有前途的落后企业，培育一批发展前景好、国际化程度高的企业，改变目前企业同质化和产品同质化现象，使这个行业保持适当的产能，向产业和产品细分化、专业化、服务化、国际化、集团化方向发展，并且要保持收购兼并者在行业整合中各得其所，实现双赢。这样就会大大增强企业的品牌商誉、设计力量、市场认可度、营销网络资源的效能。（3）要认真学习和掌握境内外上市的法律、财务等知识，了解和熟悉境内外市场上市的要求、程序和责任。在上市过程中，企业既不欺骗为你上市服务的各专业服务机构，也不要受各中介机构的欺骗，在相互信任和理解中，同心协力、不屈不挠推进上市。上市以后，企业家可以经过禁售期后，变现自己的部分股权，转移和释放风险，收回十几年或者几十年艰苦创业的成本，但也要真正为境内外投资者负责，尽力为他们带来满意的回报。那种像在日本上市的一家企业老板把国际投资者的钱卷入自己个人的公司，在伦敦上市的一家地产企业老板在圈到钱后就从地球上逃匿，破坏中国境外上市企业形象的行为，是应当受到法律制裁和道德谴责的。

我相信，中国企业只有在产业市场和资本市场上树立起良好的形象，才能真正把时尚产品、时尚企业与时尚资本有机结合起来，成功走上境内外上市之路，那时中国的时尚企业和具有时尚潜质的企业，在境内外上市的春天才能真正到来！

第 12 讲
通向境外房地产投资信托基金
（REITs）之路

——清华大学房地产企业总裁研修班

当前，许多房地产企业在资金和经营方面遇到了困难，现实地感到"地产资本"时代已经到来。早在 1990 年，诺贝尔奖获得者夏普和米勒两位教授就在实证分析和逻辑推导的基础上预言，不动产证券化是 21 世纪全球金融业的发展趋势，是金融结构调整和金融工具创新的主要内容之一。现在许多房地产企业都把精力转到融资方面，特别是证券化的融资方面，以增强资本实力，抢占竞争的制高点。在开辟多元化的融资渠道和方法中，比如上市融资、发行债券、银行和其他非银行金融机构贷款、合作合资开发、典当融资、项目融资、信托融资，以及前沿货币合约、房地产辛迪加、信托融资、租赁融资、回租融资、回购融资、夹层融资等，我认为都是可以尝试的。但是，我认为其中最有前途、最能解决问题、最有战略意义的融资手段是发行房地产信托基金（Real Estate Investment Trust，REITs）。

REITs 这种产品或者说手段，在房地产企业的资金链条中，充当了一个"接盘者"的角色。它通常是在房地产项目（主要是以商业地产、工业地产为主）已经开发运作，并能产生稳定收益时介入，为房地产开发前期投入的各种资金提供了一个退出渠道。它虽然不能解决房地产业从投资获得土地到完成开发期间的全部资金需求问题，但它毕竟提供了从国际市场广泛进行融资的渠道，并且推动中国目前房地产企业经营模式从开发型向投资型转变。

一、境外发行 REITs 是可行的选择

（1）REITs 融资方式在国际上已经成熟和普及，近几年来在亚洲国家和地区也开始兴起。

根据标准普尔公司的统计，REITs 在美国已有相当规模的发展。1960 年美

国国会在《房地产投资信托法案》中批准这项业务，赋予符合特定标准的房地产公司以税收优惠，为中小投资者参与这个资本密集型的房地产行业打开大门。1986 年美国国会又通过《税收改革法案》，从两个方面对 REITs 进行改革：允许 REITs 不仅可以拥有房地产，还可以直接运营和管理；取消投资者可以将 REITs 的损失直接冲抵其应纳税收入的规定。1993 年美国国会进一步允许养老基金对 REITs 投资。40 年后的今天，美国已有 300 多家 REITs，管理总资产超过 3 000 亿美元，其中 2/3 在证券交易所上市。根据全美 REITs 协会的数据，目前 REITs 股息收益为 6.4%，并且其税后股息率是标准普尔指数成分股平均收益率的 3 倍。

澳大利亚是全球第二个开设 REITs 的国家，发展速度也很快。自 1971 年引入第一只 REITs 以来，目前已经有超过 50 只 REITs 在 ASX 挂牌交易，总市值超过 600 亿澳元，占整个股票市场的 8%。这些 REITs 的发起人多为当地的大型金融集团、不动产开发商，标的包括各种零售、办公室、工业、酒店、娱乐地产，年报酬率平均达 7% ~ 10%。

其他欧美国家如荷兰（1970 年）、比利时（1990 年）、加拿大（1974 年）以及法国（2003 年）等也纷纷创设了 REITs 性质的房地产投资基金，运营情况基本良好。

亚洲国家和地区近几年来 REITs 开始兴起，尤其以日本、新加坡最具代表性。日本在 1995 年通过了资产小口化法，于 2000 年 11 月修订了《投资信托法》，并修正 SPC Law，采取 SPT 与 SPC 双轨制。2001 年 3 月，证券交易所公布了挂牌标准，上市门槛为 50 亿日元。2001 年 9 月，日本办公建筑基金和日本房地产投资公司被核准在东京证券交易所上市，它是亚洲地区最早出现的真正意义上的 REITs。到 2004 年年底，已经有 15 只 REITs 在东京证券交易所（TSE）挂牌交易，总市值为 170 亿美元。

新加坡于 1999 年 5 月颁布《房地产基金指引》，2001 年在《证券和期货法》中对 REITs 上市作出具体规定；2002 年颁布《集合投资准则》，进一步细化对 REITs 的要求。当年发行了国内第一只 REITs（CapitaMall），募集资金主要投向郊区购物中心和专业零售中心，同年另一家专门投资于工业园和商业区建筑的 REITs（AREIT）在交易所上市交易。经过三年的努力，新加坡已经有 6 只上市 REITs，即嘉茂、腾飞、置富、嘉康、枫树、丰盛。目前，新加坡证券交易所共上市 13 家 REITs，市值约超过 150 亿新元。新加坡 REITs 持有的房地产包括零售商场、旅馆、办公楼、工业园、停车场和物流分配中心。REITs 持有的房地产估计占新加坡可投资房地产资产的 8%。截至 2006 年 10 月，新

加坡 REITs 持有的房地产价值达到 210 亿新元，其中不超过 20% 的部分投资在地区内的其他国家。

韩国于 2001 年 7 月通过房地产投资信托法，允许设立 REITs。韩国的 REITs 是用于低价收购金融机构的不良房地产，然后出售获利，期限为 5 年，以支持国内大型集团公司资产重组，因此又称为 CR – REITs。2002 年年初，立法机构又通过组建可以设立 REITs 的资产管理公司的法规，使 REITs 的设立进入了实施阶段。但是，由于税收不够透明，再加上限制过严，韩国的 REITs 发展不算成功。

我国台湾于 2004 年 9 月也发行上市了第一只 REITs。马来西亚也在发展 REITs，但还不太成功。

（2）香港证监会于 2005 年 6 月 16 日发布经修订的《房地产投资信托基金守则》和 3 月征询意见后的相关总结，放宽了香港 REITs 投资海外物业的限制。

香港证监会于 2003 年 3 月 7 日发表《房地产投资信托基金守则》草案，公开征求市场意见，7 月 30 日正式发布该守则。同年 12 月，香港特区政府房屋委员会开始进行 REITs 计划，将旗下的 180 个商场和停车位分拆出售给领汇基金，总资产达 309 亿港币。2004 年 12 月 6 日，领汇基金开始接受认购，市场购买踊跃，大量超额认购。就在这时，香港两位公房居民向香港高等法院申请司法复核，认定"房委会"违反《房屋条例》，禁止将资产注入领汇基金，使最终定于同年 12 月 20 日挂牌上市的全球首发失败。2005 年 3 月 30 日，香港证监会发表《关于证监会认可的房地产投资信托基金的海外投资的应用指引草拟本的咨询文件》，经过修订后于 6 月正式发布。

新发布的这两份文件涉及许多修改内容，其中最主要的是三点：①放宽香港 REITs 投资海外物业的限制，允许中国内地房地产企业通过 REITs 方式到香港上市；②放宽 REITs 的负债比率从到总产值的 35% ~ 45%；③房地产项目定期估值也由原来建议的每一季度放宽至每年一次。在新的守则出台后的不长时间，今年 11 月 25 日，香港的第一只 REITs——领汇正式挂牌上市，总筹资超过 220 亿港币，成为全球集资额最高的 REITs。领汇上市后走势强劲，带动了市场对 REITs 投资的热潮。长江实业旗下的泓富产业信托也在 12 月 5 日公开招股。据悉，泓富基金将发行 8.8818 亿个基金单位，每个基金单位价格定为 2 ~ 2.16 港币，上市筹资约 17.784 亿港币，公开发售部分于 12 月 16 日挂牌。

香港证监会的这两份文件包含的新信息，对内地房地产企业有着石破天惊的作用。它表明了中国境内的房地产商可以把自己的部分或全部物业资产打包通过香港 REITs 适当套现，同时也给境外的房地产投资者带来投资中国内地商业化地产项目的机会。

目前中国境内的房地产商到境外发行 REITs，有两种渠道：

第一种渠道是已经在香港设立公司的内地房地产商可以在境外直接申请发起 REITs。这主要适合于红筹股公司。红筹股公司是在境外注册、在香港上市、业务和利润主要在境内的中资控股公司。目前越秀投资公司已经在香港发行上市 REITs。越秀投资是广州市政府在香港设立并上市的红筹股公司。越秀投资推出的 REITs 计划，是分拆一些房地产资产，以 REITs 方式在香港主板上市。上市资产包括广州天河区的城建大厦、财富广场、维多利亚广场及越秀区的白马商贸大厦。它是中国内地首只在香港上市的 REITs。我们可以把这种上市渠道称为"越秀模式"，它的操作相对容易些。

第二种渠道是纯中国内地的房地产商持有内地物业，在境外没有现成的壳公司，可以先到境外注册公司，反向收购自己的资产包，然后在境外申请上市，或者把自己的房地产资产出售给境外的其他公司和 REITs。2005 年 11 月 11 日，国家外汇管理局发布并且实施《关于境内居民通过境外特殊目的公司融资及返程投资外汇管理有关问题的通知》，明确规定允许境内居民（包括法人和自然人）可以特殊目的公司的形式设立境外融资平台，通过反向收购、股权置换、可转债等资本运作方式在境外资本市场从事各类股权融资活动。按照该通知的要求，居民设立特殊目的公司不需报外汇管理局审批，手续简便，境内企业也可以向特殊目的公司支付利润、清算、转股、减资等款项。私营企业可以直接到境外注册公司，并反向收购境内的资产，向国家外汇管理局备案。例如，大连万达正在与一家知名的美国投资银行合作，选择万达的一部分购物中心打成资产包，采取境外注册公司的方式，于明年第一季度到中国香港或者新加坡发行 REITs。但是，2006 年 9 月 8 日商务部等六个政府部门联合发布《外国投资者并购中国企业的规定》，要求境内居民到境外设立特殊目的公司，进行反向并购境内公司资产业务，然后境外公司在境外申请上市，需要报经上述六个政府部门批准。在实践中，尽管没有这类公司获经上述政府部门批准，但仍然有许多境内公司按照外商投资相关法律，通过变通的方法，在境外注册公司并且获得上市。至于国有股权在境外注册公司并且申请境外上市，一直以来都需要经过国有资产管理部门批准方可实施。从上市地的要求看，无论是民营企业还是国有企业，凡是在境外注册公司，并申请发行上市，都需要符合境外上市地的监管机构规定的条件，包括公司的资本规模、利润额和公司治理等

方面。这种渠道的操作相对复杂些。但是，从总体上讲，中国境内的房地产企业到境外发行 REITs 是没有法律和政策障碍的，只是在行政审批手续上还需要政府做进一步的简化和完善。

（3）内地对设立 REITs 已经做了大量的前期准备工作，为今后建立规范的境内外 REITs 创造了条件。

早在 1995 年，我国央行就出台了《设立境外中国产业基金管理办法》，允许中国内地企业在境外发起外资基金，投向中国内地产业。万盟投资、北京国际信托投资公司等去年在香港发起设立了"中国住宅产业精瑞基金"（CHIEF），并且成立了"中国住宅产业精瑞基金管理公司"，依据的就是央行的该项法规。精瑞基金规模为 2 亿美元，性质为离岸基金、私募（中国香港、中国台湾、德国资金）、封闭式、公司型投资基金。主要面向住中国境内宅产业比较活跃的大中城市，投资范围涵盖整个住宅产业链。该基金没有在香港上市，以投资公司的方式运作。

我国 2001 年颁布《信托法》，2002 年颁布《信托投资公司管理办法》和《信托投资公司资金信托业务管理办法》（统称"一规两法"），为发行信托产品提供了法律依据。现有的房地产信托计划是 200 份合同限制的非标准化的金融产品，大多针对某个房地产具体项目，资产单一，不能在证券交易所上市流通，风险较为集中。由于有 200 份合同的限制，加上融资规模较大，单位合同金额很多都在 30 万、40 万元以上，面对的都是高端客户，小投资者难以参与。虽然这种信托计划还不是规范的 REITs，但它对设立规范的 REITs 积累了经验。目前有关机构正在研究这方面的事情。9 月 19 日，商务部、财政部、建设部联合下发了《关于进一步做好地级城市商业网点规划工作的通知》。商务部在向国务院提交的全国商业地产情况报告中，正式提出了开通 REITs 通道的建议，国务院领导很快做出了批示。央行副行长吴晓灵在前些时的研讨会上也指出："房地产企业如果要用信托基金的方式解决开发商的融资问题，应该建立权益型的基金，而不是债权型的基金，让资金持有人承担风险的同时享受回报。"她认为，用公开发行收益凭证的方式设立 REITs 才是房地产直接融资的方向和可持续发展模式，也是解决房屋租赁市场投资来源的重要融资方式。

目前，发展我国的 REITs，尚有一些短缺的条件需要补充和完善。最主要的是法律环境。它不仅涉及最基础的物权法律关系，还涉及产业基金、税法等多项法律关系。我国许多房地产项目完工后，仍未得到房地产权证，不符合 REITs 完整业权的要求。我国已经颁布了证券投资基金法，尚无产业型的证券基金法。我国对赴境外发行上市 REITs 企业也没有减免企业所得税的规定。国外通常有对 REITs 层面不征收税的优惠政策，即不征收公司所得税。如果内地和境外重复征税，企业就无法实现境外投资者期望的 10% 的回报率。明年我国会出台企业所得税和个人所得税合一的政策，避免双重征税。这些法规、政策的研究和出台，需要央行、银监会、证监会、财政部、税务总局等部门协同完成。国内目前也没有房地产企业赴境外发行 REITs 的专门规定，只能参照境外设立公司的相关规定。此外，对持有中国房地产的境外 REITs 还会有一定的汇率风险。专业人才队伍短缺也是一个非常突出的问题。由于境内以前没有 REITs 产品，也就无法培养出足够的专业管理队伍。这种人才需要精通基金管理和房地产管理两种业务。内地房地产业多年存在的不规范操作，造成会计制度严重不透明和信息披露严重不对称，以及短期收益模式和依赖银行的单一融资方式及高负债率，都使其与 REITs 高度制度化和专业化的创新金融方式缺乏系统性的准备和接口。

（4）境外 REITs 通过投资商的角色进入中国内地市场，内地的许多房地产商通过变通的方式向规范的境外 REITs 靠拢。

国外知名的投资基金在数年前就开始投入中国内地的房地产市场。美国在 2000 年 6 月就成立了专门投资于中国房地产项目的投资基金。澳大利亚、加拿大、德国、新加坡、韩国、中国香港等国家和地区也纷纷成立了专门投资于中国房地产业的定向基金，特别是于近几年来连续进入中国市场。同时，国内一些富有远见的金融机构和房地产企业也通过各种变通的方式，向规范的 REITs 靠拢，以便在国内法律环境允许后，顺利转变成真正意义上的 REITs。

2004 年 4 月，摩根士丹利房地产基金与顺驰中国控股公司宣布合资设立公司，投资中国境内的房地产项目。5 月，荷兰国际集团宣布收购一家亚洲房地产基金，再度与复地集团合作投资上海房地产业。6 月，摩根士丹利房地产基金与金地集团、上海盛融投资公司共同出资成立一家项目公司，摩根士丹利出资占 55% 股权。中国香港瑞安集团成立了资产总值达 10 亿美元的瑞安地产公司，获得花旗亚洲企业投资公司、渣打银行、惠瑞基金、新加坡等机构的 3.5 亿美元的注入，专注发展上海的房地产业。雷曼兄弟、澳大利亚麦格理银行、美国洛克菲勒等跨国地产商也进入中国房地产市场。美国普林顿、英国投资集团进入中国房地产市场时，没有按照惯例选择大型房地产开发商作为合作伙伴，而是选择有开发经验和金融运作背景的东泰融信管理公司进行合作。双方组成的基金平台为 1.25 亿美元，而前者掌握 200 亿美元的基金。

2005 年 7 月初，新加坡凯德置地再次与深国投合作，收购其 15 家商场，占 65% 的股份，在半年多的时间中，完成了在华总额约 50 亿元人民币的商场

投资。凯德置地希望将这些投资项目与先前在华投资的商业项目组合成一个中国购物市场 REITs，于 2006 年年底前在新加坡上市。8 月 23 日，华银资产管理公司称，将努力推出一只在新加坡上市的 REITs。该 REITs 由新加坡星展银行和瑞士信贷第一波士顿承销，采用在国内收购成熟地产打包公募资金的方式。其收购项目为工业厂房和店铺类的商业地产。北辰实业也正在考虑把旗下的酒店、公寓、写字楼等物业以 REITs 方式在境外上市。广州城建拿下了中国未来第一高的写字楼珠江新城西塔，需要融资 30 亿元资金，预计也会走上境外发行 REITs 的路。深圳铜锣湾集团也打算采取 REITs 方式在境外上市。

2005 年 8 月 15 日央行的《2004 年中国房地产金融报告》指出，境外资金通过多种渠道进入上海、北京等热点房地产市场，利用外资 228.2 亿美元，同比增长 34.2%，占到开发资金来源的 1.3%。戴德梁行的最新研究表明，有 62% 的境外机构投资者希望在 2006 年、2007 年投资于中国房地产市场，预计未来的 2~3 年内将有 120 亿美元的境外房地产基金进入中国境内市场。中国城市化进程不可逆转，需要大量的建设资金，这一进程将给境内外的 REITs 带来巨大的发展空间。

二、REITs 的概念和提法

（一）REITs 的概念

按照香港证监会《房地产投资信托基金守则》的定义，房地产投资信托基金（REITs）是以信托方式组成而主要投资于房地产项目的集体投资计划。有关基金旨在向持有人提供来自房地产的租金收入的回报。它透过出售基金单位获得资金，会根据组成文件加以运用，以在其投资组合内维持、管理及购入房地产。

一些国家和地区设立 REITs，是为了解决不动产资本的流动性和中小投资者对高额回报的需求问题。其主要目的是让一般的小额投资人在证券市场上能买到不动产信托类型的基金，不像过去只能投资于营建公司的股票。基金受托银行将按原先募集的公告，将每年扣除管理费后的收益，100% 配发给基金持有人。我们说一个公司上市，是指这个公司的股权上市。说 REITs 上市，是指一个建筑物上市，把这个建筑物像公司那样分成若干股份上市，即资产被证券化了。以前中小投资者没有足够的资金去买整个建筑物，现在就可以买其中的一股或者几股。目前 REITs 已被视为股票、债券、现金以外的第四类资产，其投资价值比传统的资产类别要好，市场趋于成熟和完善。

（二） REITs 的主要类型

（1）开发型：参与项目开发，从房地产开发的前期就介入。例如，新加坡政府投资公司（GIC）、摩根士丹利、德意志银行、荷兰 ING、澳大利亚麦格里银行。

（2）收租型：只购买有租户的成熟物业，长期持有，收入来自出租和租户业务。例如，美国国际集团（AIG）、新加坡政府投资公司（GIC）、新加坡腾飞基金（Ascendas）等。

（3）抵押型：将基金资产用以发放各种抵押贷款或房地产贷款支持证券（MBS），收取抵押贷款利息和手续费，以及收取用于抵押的房地产的部分租金和增值收益。

（4）不良资产处置型：收购以房地产为抵押的不良资产，将其证券化，打包处理，变现赢利。人们把它称为专吃腐肉的"秃鹰基金"。例如，高盛、雷曼兄弟、摩根士丹利等。

（三） REITs 的主要特征

（1）其净收益的绝大部分（比如90%）必须以股息形式支付给持有人；

（2）其总收益的绝大部分必须来自房地产租金收入、房地产抵押利息或出售房地产的收益；

（3）其总资产的投资组合中，必须以房地产、现金、政府证券占高比例；

（4）严格限制资产出售；

（5）有明确的最高负债率规定；

（6）有特定的投资理念和投资范围，比如高、中档住宅；追求均衡的物业类型和地理分布；出现财务危机的"烂尾物业"。

（四） REITs 几种提法的辨析

（1）它是一种证券化的产业投资基金。

这种提法，旨在说明它是一种产业型的证券基金或者证券化的产业基金。产业基金往往投资于某类产业中具有成长潜力、缺乏资金支持，而不具备上市资格的企业。它有两个要点：①基金资产专门投资于房地产项目，特别是收益型的房地产项目，比如公寓、购物中心、写字楼、酒店、工业厂房和仓库、教育医疗地产、会展中心和娱乐地产等。②这种基金资产是以基金单位（也叫受益凭证或基金股份）的形式表现出来，资产被证券化了。

（2）它是一种集合投资制度。

这种提法，旨在说明这些基金资产是从公众那里聚积起来后，要交给符合监管机构规定条件的基金管理公司进行专业化管理和经营，这是一种制度安排。它的要点是：在这种制度下，基金资产的运营要受到投资者、监管机构、媒体和社会等多重监督。

（3）它是一种持有并在大多数情况下经营收益型房地产的公司。

这种提法，旨在说明这种 REITs 在美国是一种公司型的基金。在美国，除了信托（契约）型房地产基金外（它不是法人而是一种资产），还可以是公司型的，按照公司法设立，有独立的法人资格。股东会就是发起人和投资者，管理层就相当于契约型基金中被委托的基金管理公司。

（4）它是一种组合资金投资计划。

这种提法，旨在说明这笔资金交给基金管理公司管理后，管理公司使用这笔资产时，必须按照一定的证券组合原理，投向几个同质或者同类的项目，避免"把所有的鸡蛋放在一个篮子里"，防范可能出现的风险。其要点是：①这笔资金由来自众多投资者的闲散小钱聚积而成。②它对房地产项目的投资是经过组合的。③这种组合是理性的、有计划的。

（5）它是一种间接性的投资工具。

这种提法，旨在说明投资者投资该基金，不是要亲自管理该基金，也不是亲自管理基金所投资的物业，而是委托给专业的管理公司来替他们管理。对于投资者来说，购买 REITs 是多种投资方式中的一种。投资者在分享该基金带来的利益时，也需要承担相应的投资风险。

（6）它是一种合理可行的房地产投资方式。

这种提法，旨在说明 REITs 是为了解决房地产业的资金需求量大、中小投资者资金分散，而又需要投资获利的矛盾而设计的。也旨在说明它采取投资者、管理者、托管者三权分离、相互制衡的机制，不同于直接投资、合作、有限合伙等方式。它是一种信托契约的商业模式。

国际房地产联盟（FIABCI）主席 LEVET 指出："合作"这个词不适合 REITs。REITs 与房地产开发商不可能合作，而是投资。"合作"这个词有公正的含义，基金不是非营利机构，其最基本的目的是赢利。

（五）REITs 与国内普通房地产信托产品的主要区别

（1）REITs 是标准化的可流通的金融产品；信托计划是有 200 份合同限制的集合的非标准化的金融产品。

（2）REITs 一般从上市和非上市公司收购房地产资产包，并且严格限制资产出售；信托计划一般不涉及收购房地产资产包的行为。

（3）REITs 主要收益来自房地产租金收入、房地产抵押利息、出售房地产的收益；信托的收益视信托计划的方案设置而定。

（4）REITs 能在证券交易所上市流通；信托计划目前尚无二级市场，不能在证券交易所流通。

（六）REITs 与普通房地产公司的主要区别

（1）派息政策：REITs 占营运现金流量 90% 以上，属于高收益；地产公司酌情决定，通常低于 50%，回报收益较低。

（2）投资政策：REITs 额外注资需要股东批准，只有同类相关资产才会被批准；地产公司一般完全掌握在管理层手中，酒店、基建、电信、证券等可能成为投资对象。

（3）公司治理：REITs 由股东、受托人、房产信托管理人员等多重监管，公司治理透明度高；地产公司由大股东控制董事会，公司治理难以规范。

（4）风险：REITs 大部分为房地产市场和资产相关风险，属于资产导向投资；地产公司的风险除房地产市场及资产相关风险外，还有公司发展和财务风险。

（5）回报成长因素：REITs 的总回报包括股息和资本收益，回报波动性较低；地产公司主要是资本收益，回报波动性较高。

三、REITs 的要素与基本构架

（一）基本要素

REITs 的构架主要涉及持有人、管理者、托管人三个最基本的要素。

1. 基金单位持有人

基金单位持有人将其资金投入 REITs，按其投资份额获得基金的收益分派，享有基金资产的一切权益，并承担投资风险。REITs 的收入来自所持有物业的租金，而且需要按规定将大部分净收入（比如 90%）分派给基金单位持有人。REITs 的合格投资者享有税务透明度，即所得税不是从基金层面征收。房地产个人投资者不论国籍如何，都可以获得免征所得税的股息分派。

2. 管理人

REITs 将基金资产以信托的方式，委托给合格的专业管理公司经营管理，谋求所管理的基金资产不断增值。管理人对 REITs 本身和所持有物业进行管理。基金管理不同于物业管理。前者主要是从事财务和租赁管理，包括制定投资策略、收购不动产、出具年报、公告、管理物业、安排租赁等。在中国香港，管理公司必须获得证监会的发牌方可营业。在新加坡，则不需要获得监管机构批准。管理人必须具备应有的资源和执业操守，不得拥有和行使超越组成 REITs 的文件所赋予的权力。基金管理公司对 REITs 提供管理服务，同时获得一定比例的管理费，通常为管理资产净值的 2% ~5%。有的还设有业绩收益的一定百分比作为奖励报酬。

3. 受托人

REITs 还将基金资产委托给保管人进行保管。保管人也称受托人，通常由商业银行担任。保管人在职能上必须独立于管理公司，并在维持基金资产在法律上的完整性时，必须以维护持有人的最佳利益的方式行事。受托人必须确保以其勤勉和审慎的态度履行职责。受托人在代表基金单位持有人行事，监管基金管理公司履行职责的同时，要向基金收取托管人的托管费用。它通常按托管基金的资产净值的一定百分比收取，一般为 0.2% ~0.3%。

（二）派生要素

在 REITs 基本架构中所包含的三个最基本要素的基础上，还派生出其他若干关联要素。

1. 贷款机构

REITs 可以用可持有的房地产资产作抵押，向商业银行和其他非银行金融机构贷款，或者向它们发行债券，来支持房地产收购。不同国家和地区的监管机构都规定了借款额所占总资产比例的限额，中国香港为 45%，新加坡为 60%。商业银行和其他借贷机构向 REITs 收取利息和息票，并到期归还本金。

2. 物业主

REITs 一般持有物业资产的直接投资，因而成为物业主。它从所投资的物业资产处获得净收入。有时，REITs 将物业管理职能直接授予基金管理公司，其内部可雇用具备物业管理经验的管理人（个人），物业管理人的经验一般要比租约的年期长 3 ~5 年。

3. 物业管理人

物业主将聘任物业管理公司对物业资产进行管理。物业管理公司对物业主提供管理服务，从物业主处收取物业管理费。

（三）基本架构

REITs 的基本架构如图 12 - 1 所示。

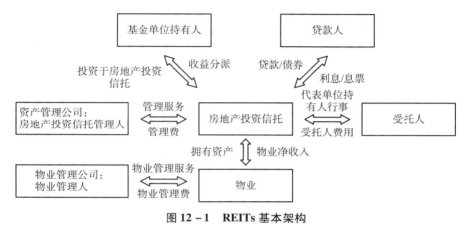

图 12 - 1   REITs 基本架构

四、REITs 的基本推动力

REITs 对发起人和物业主是很有益处的，这种益处构成了 REITs 发展的基本推动力。

（一）对发起人的益处

1. 重新调整资产

发起人把物业作为基金单位投入 REITs，可以释放和兑现高质量、低回报的资产。他把物业投于 REITs，实际就是在收回投资，或者说是收回投资的一种方式。当发起人手中持有庞大的物业资产，又不以物业投资作为核心业务时，就可以视情况将部分物业售给 REITs。如果发起人认为持有的某些物业资产是不适资产（非不良资产），而对 REITs 是适宜资产时，也可以把这些资产出售给 REITs。这样，沉淀于不动产中的一部分或者大部分资金就得到了变现，可以投资于其他的新项目；剩余部分的所有权以证券化的形式持有，获得其所带来的长期经营产生的利润。REITs 在购买发起人的地产资产时，多以市场价格交易，不一定非要折让价格，不像房地产企业的股票价格

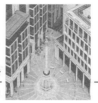
多低于其净资产值交易，这有利于释放发起人持有的房地产资产价值。如果发起人不把物业资产投入 REITs，只是作为大股东以公司的方式持有物业资产，这些投资的大部分就只能锁定于物业中，只能靠经营物业的利润来慢慢收回投资。

2. 改善资本（资产）回报率

发起人如果急需现金用于新项目开发，可以将资产净值折让较大的物业出售给 REITs 套现，加强企业的现金流。发起人还可以将品质较好与品质较低的物业资产捆绑打包出售，增强物业在市场上的吸引力，获得理想的成交价格。发起人还可以继续持有部分 REITs 控制下的资产，并通过 REITs 每年的分红获得稳定的收益。发起人在调整物业资产的同时，也就相应调整了业务范围，有利于开发投资回报率高的项目。特别是各国和地区有关 REITs 的政策都会规定，绝大部分（甚至90%以上）的 REITs 收益都要返还给投资者。所以，投资 REITs，有利于改善发起人的资产（资金）回报率。

3. 降低负债率

发起人通过发行基金单位筹集资金，相当于发行股票筹资，投资者购买基金单位后不能撤回，只能在二级市场交易。这不同于向商业银行和其他金融机构借贷，在财务安排上是增加了股权投资，扩大了股本规模。在新的负债未增加的情况下，相应降低了资产负债率。发起人还可以减持部分房地产基金单位，获得现金，以应对以后的再融资需求，这样可以减少对商业银行贷款的依赖。当然，REITs 按规定可以减免企业所得税，贷款利息也可以免税，这就需要权衡借贷的利弊。一种意见认为，REITs 贷款必须在资本市场上与普通公司竞争借贷成本，使用贷款后的税后成本会高于其他公司，因此 REITs 缺乏使用贷款的动力。另一种意见认为，REITs 的投资者希望更多的得到包括应纳税收入在内的股息分派，尽管折旧不是现金流的出项，分派后手头上仍有大量的现金，仍然需要通过借贷增加现金流。

4. 开发新业务

发起人如果是一家物业发展能力很强的公司，而在物业管理方面并不擅长，通过加入 REITs 后，可以让基金管理公司和物业管理公司专门负责管理；自己套现不流动的物业资产后，专注于物业发展，有更多的精力去开发新业务，更好地扬长避短。特别是发起人投入 REITs 获得变现资金后，可以更有资金实力去开发新的业务项目，比没有参与 REITs 的同类房地产商更有发展机会，更具有竞争力。

（二）对物业主的益处

1. 优化资本配置

物业主通过 REITs 形式，可以重组其物业资产，将不符合发展战略的物业套现，将所得款项重新配置到较好的投资项目上去，此外还可以向持有人分派股息收益。E&Y/肯尼斯－列文塞尔房地产集团公司执行合伙人 Stern Ross 说：REITs"是真正的进行租赁、整修、管理、拆除、重建和从零开始发展的成长性房地产公司"。物业主在对物业资产进行一系列整合和打理后，物业资产的价值会增加。物业主通过优化资本配置，充分发挥了该房地产隐藏的价值，同时持有相当数量的基金单位份额，保留了其控制权。这是一个价值发现、价值提升、价值实现三个方面不断循环的过程。在这个过程中，物业主从传统的房地产开发商转化为房地产投资商，从房地产企业家转化为不动产资本家。

2. 获得更多融资

物业主通过发行 REITs，其获得的融资总额可以超过物业抵押贷款的融资总额，交易价格接近净资产值。在通常情况下，商业和工业物业主向商业银行抵押贷款，仅能获得物业总值 60%～70% 的资金，同时还要支付较高的财务费用或租赁费用等手续费。采用 REITs 方式，根据市场标准综合物业进行整体考虑，对物业进行整体评价，可以引入外资投入。从实际操作经验中发现，采取 REITs 方式筹资，所获得金额要高于银行贷款或金融租赁等方式。另外，采用 REITs 方式，既可以股权融资（占 55%），也可以债权融资（占 45%），从而改善资本结构。

3. 开拓以收费为主的业务，提高资产回报

物业主通过与物业管理公司签订协议，物业管理公司与租户签订租用协议，除了收取租金外，还可以开拓收费业务。收费业务在收入来源中会逐步成为主要部分，可以替代租金收入，缩小资产基础，进一步提高效益。市场一般对收费收入给予较高的估值，因为它是在物业资产以外，由于提供良好的服务而增加的收入。

4. 充当收购工具

商业物业主加入 REITs 后，会产生并购需求。REITs 并购可能产生的好处是：（1）税收利益。如果两家 REITs 合并，其中一家经营亏损，可以被另一家所利用。（2）有效管理。REITs 合并可以取代无效管理，或者使没有得到充分利用的资产得到更好的利用。这是一种用 A REITs 置换或合并 B REITs 的方式。还有一种是用 REITs 收购物业资产，即把我持有的 REITs 给你，你把一定

价值的物业资产给我，这是一种用 REITs 换资产的方式。无论是哪一种并购，都要求所涉及的房地产权属是清晰的，在法律手续上是合法的，是可转移的。REITs 在明晰物业产权，实现交易方面发挥了独特的作用。目前中国内地的相关法律规定，通过抵押式证券化形成的不动产的产权转移不受法律保护，这是境外 REITs 不敢在内地进行实质性运作的主要原因。REITs 通过收购新的不动产，可以在短时间内壮大规模。例如，新加坡的腾飞基金在上市后的 3 年内，连续完成了 16 次房地产收购。第一次发行 REITs 用于收购 5 家大工商业物产；第二次发行用于收购 C&P Logistics Hub 和 ProgEnBuilding；第三次发行用于收购 13 座工商业房产。其基金规模从 2002 年年末发行时的不足 4 亿美元，迅速扩大到目前的 15 亿美元。

5. 提升企业品牌影响力

物业主投资于 REITs 后，会受到国际投资者和社会各方的广泛关注，有利于提升品牌效应。品牌包括品质、品位、品行等多个方面。国际上的商业银行通常愿意为 REITs 的开发项目提供融资便利，从而为企业后续开发项目融资提供了支持。

五、REITs 的投资吸引力

投资者投资 REITs 有高回报率、高流动性，这构成了 REITs 投资的吸引力。

（一）分派稳定、额高

（1）派额高：房地产是个容易积累财富的行业。REITs 投资的物业通常都是成熟的物业，都是已经开发，并有相对稳定现金流的物业资产，其租金收入是稳定的。按照一般的规定，REITs 应税所得中至少有 90% 的部分要以股利的形式分配给基本单位持有人。因此，股息率优厚，投资者可以获得比较稳定的现金收入。当然，上市房地产公司可以酌情决定股息分派，可以将红利转增股本。REITs 的投资目标是既获得稳定的当前收入，又得到富有潜力的资本增值，这在投资界被誉为"全面收益型"（Total Return）投资。

（2）投资集中：REITs 通常集中投资于某一类特定用途的物业。比如，开发型基金专门投资大城市的中、高档物业；收租型基金专门投资有稳定租户的成熟商用物业；不良资产处置型基金通过发行资产支持证券（ABS），专门投资"烂尾物业"，帮助处置不良资产。当然，在集中投向某一特定用途物业时，也在进行投资项目的合理组合。这种投资组合的侧重点一般在发行前都在招募说明书中订明。上市房地产公司的业务种类一般比较分散。

（3）在低息环境中，分派额有吸引力。当商业银行的存款利率调低时，由于投资 REITS 有稳定的高回报，因此投资者更愿意购买基本单位。特别是在通货膨胀时期，它具有保值和增值的功能。REITs 的资产价值与租金收入随着物价水平上升而提高，间接抵消了通货膨胀对资产的侵蚀。在有效的资本市场结构中，REITs 的投资成长性比高成长公司的股票低，但比债券收益要高。以摩根士丹利房地产投资信托指数为例，该指数自 1999 年以来，一直跑赢标准普尔 500 指数，升幅高达 108.5%。从中长期来看，REITs 具有资产高升值的收益特性，具有很强的保值功能。

（4）抗跌能力强：β 系数低，投资波动风险小。虽然投资 REITs 的回报率不低于股票，但它的收益风险却远远低于股票。衡量某一投资工具的市场波动性的指标是 β 系数。β 系数是指某种投资工具的波动性与某一标准指数波动性的相对值，其基准值是该投资工具本身的价值。如果某种投资工具的 β 系数大于 1，则其市场价值的波动性大于指数的波动性；反之，如果该投资工具的 β 系数小于 1，则其市场价值的波动性小于指数的波动性。例如，从 REITs 发展最成熟的美国市场来看，1972 ~ 2000 年，REITs 的 β 系数平均为 0.56，也就是说，REITs 的波动性只及标准普尔 500 的 0.56。目前 REITs 的风险远低于 Nasdaq 指数，比标准普尔指数低 3% ~4%。

（5）基金守则规定严格，投资者权益可以得到保障。香港《房地产投资信托基金守则》规定：该计划每年必须将不少于其经审计年度除税后净收入 90% 的金额分派于单位持有人作为股息。此外，守则还注明：①受托人须厘定是否有任何汇入收入项下的重估盈余，或透过出售房地产项目而获得的利润，应构成须分派予单位持有人的净收入的部分。②凡该计划透过特别目的投资工具持有房地产项目，每家特别目的投资公司须将其收入按照有关司法管辖区的法律及规例的允许派发予该计划。

（二）中长线资本增值潜力大

（1）REITs 收入增长潜力高，单位价格可随日增长。REITs 由于受高分红支出要求和买卖资产能力的限制，不可能、也不应该把它作为成长型证券，它应当是收益型证券。REITs 的回报可以分为资本利得和红利两个部分。从红利收入来看，由于 REITs 拥有的都是有稳定收益的房地产项目，只要它能获得更多的经营控制权，至少在一定的规模内，就能从与其成长相关联的规模经济中

得到潜在收益。同时，还可以通过拥有更大的市场份额获得竞争收益。从资本利得收益来看，它是 REITs 在二级市场买卖中获得的差价。由于人口增长和房地产消耗加快，房地产价值在总体上呈上升趋势，市场倾向于对 REITs 的增长支付溢价。一些分析资料表明，在 REITs 的总回报中，红利部分通常比资本利得部分要大，而且更加稳定。

（2）管理人经验丰富，勤勉尽职，相信能为投资者带来更大回报。REITs 通常聘用外部专业管理公司或者使用内部专业人士组成的管理公司进行经营管理。其目标都是实现股东（投资者）财富的最大化。日本只允许外部管理，美国、荷兰、比利时等国都由外部管理转为内部管理。一般来说，使用内部专业顾问和经理人员创造的绩效更好。在中国香港，基金管理公司必须持有证监会允许执业的牌照，使证监会确信其具备人力、技术及财政资源，足以使其可以有效及负责任的方式，履行其对有关的房地产投资信托基金的职能，包括执行所定明的投资政策，比如实行多样化的投资策略，选择不同地区和不同类型房地产项目和业务。就此而言，管理公司必须在廉洁稳健、市场操守、公平交易及公司治理方面都遵守最高的标准。此外，管理公司不得超越其所获有房地产投资信托基金的组成文件所赋予的权力。

（3）基金资产通过 REITs 伞子基金"管理"，有助于提高成交量、租户组合等。伞子基金也叫"伞形结构基金"，是基金的一种组织形式。REITs 发起人根据一份总的基金招募书，设立多只相互之间可以根据规定的程序及费率水平进行相互转换的基金，即一只母基金之下再设立若干只子基金，各个子基金依据不同的投资方针和投资目标进行独立的投资决策，其最大的特点是在母基金内部就可以为投资者提供多种投资选择，费用较低或者不收取转换费，能够方便投资者根据市场行情的变化选择和转换不同的子基金。投资者通过各种伞形基金，获得了配置资源的权力，能够决定如何搭配品种，何时买进卖出，活跃了交易，提高了成交量，也有利于实现租户组合的优化。

（三）投资起点低，流通性强

（1）REITs 单位面额普遍较低，普通中小投资者容易接受，适合个人投资者投资。REITs 单位面额是指每基金单位的资产净值的票面价格。每份基金单位面额代表的实际资产净值的计算公式是：NAV（Net Asset Value）=（总资产－总负债)/单位总数。基金单位发行时，发行价格以基金单位面值为基础，再加上很少的发行和销售费用。如果采取上网定价发行，只需加上发行费用，通常为每基金单位 0.01 元。如果基金单位发行时供不应求，有时可以溢价发行，即高于基金单位面额的价格发行，形成溢价收入。这一部分资金一般要转入基金公司的法定准备金，待以后基金经营良好时，再转入基金持有人的资本权益账户。在少数情况下，为了开拓市场，如进入新的区域或领域，吸引投资者来买基金单位，也会采取折价发行，即低于基金面额所代表的资产净值的价格发行。大多数情况采取平价发行。

（2）基金单位在认可的证券交易所上市及买卖。REITs 是由特定地区的监管机构批准公开募集的，符合特定证券交易所的上市条件，便可以在该交易所挂牌交易。投资者可以自由买入和卖出，增强了基金的流动性。基金上市可以使基金运作更加规范，信息披露更及时充分。投资者可以方便地获取基金运作的信息，了解基金运作情况，及时调整自己的投资。未上市的 REITs 一般情况下也可以在柜台市场进行交易流通。因此，相对于传统的房地产实业投资而言，REITs 的单位凭证有好的流通性。

（四）透明度和公司治理

基金有严密的信息披露机制、上市条例和物产信托守则规定，投资者的利益可以得到保障。

1. 良好的公司治理

基金管理公司必须以维护 REITs 持有人的最终利益的方式行事，对持有人负有受信责任。管理公司为 REITs 进行的交易必须是公平和按一般商业条款进行的，必须确保遵守已设立程序，以确保员工替基金进行的交易不会损坏持有人的利益。就所有与 REITs 有关和任何就其在任何证券交易所上市或买卖而产生的事宜而进行的活动和交易，管理公司必须遵循和秉持良好的公司治理原则和最终的业内标准。受托人、管理公司、物业估值师和该计划的任何代表必须遵守最佳的管制标准。

2. 严格的披露机制

REITs 的有意投资者和现有持有人，必须获得提供有关该基金的全面、准确和及时的资料，以便可以完全了解该基金的投资及风险因素，从而有助于他们在掌握充分资料的情况下作出投资决定。所有可能会造成利益冲突或会使人认为会造成该冲突的交易、委任或活动，应向投资者和持有人披露。REITs 广告不得载有虚假或误导性的资料，也不得以欺诈的方式表述。

许多国家和地区对 REITs 的组织结构、资产运用、收入来源和收益分派都有严格的要求。一旦违规操作，就面临摘牌的危险。1962 ~ 2000 年，美国共有 486 家 REITs 首次公开发行，有 293 家被摘牌，在证券市场上存续时间最短

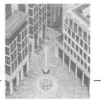
的只有 201 天。

六、跨境发行 REITs 需要考虑的问题

（一）上市目的

（1）受资金短缺的压力，物业财务状况出现危机，希望对所持有的不动产进行变现，盘活沉淀于不动产的资金，以满足其流动性的需求，并用于开发具有增长潜力的新项目。特别是一些规模较大的房地产上市公司，股价较低，向商业银行贷款和发售新股都比较困难，直接出售资产必然因市道原因而遭趁火打劫，采取发行 REITs 是一种较好的减债方式。例如，一家上市公司将价值 30 亿左右的出租物业以 REITs 方式上市，肯定会减少一些较为稳定的现金流入，表面上对公司的赢利能力有所影响，但实际上由于 REITs 可以夹带资产总值 45% 的债务上市，即可减少 10 多亿元的债务利息，再加上所持有基金每年的税后股息以及担任资产管理经理、物业经理的收入，几项资金收入相加与所减少的租金收入相比，应该为正现金流，对上市公司有正面的推动作用。

（2）一些大中型企业，比如各大金融机构，并不以投资房地产为主业，由于受多元化经营或其他原因的影响，持有大量的不动产，在经营绩效的驱动下，需要分拆不动产而突出主业，就需要采取 REITs 形式，来改善资产结构。香港证券交易所通过了允许香港境外的物业在香港以 REITs 形式上市的条例，在香港上市的红筹企业、国企房地产 H 股企业都有了机会。这些公司可以采取的 REITs 形式是重大资产出让，而不是分拆上市。根据有关上市公司条例，REITs 上市将涉及上市公司分拆或重大出售问题。上市公司分拆工作需要召开股东大会由小股东投票同意，程序复杂，耗时长，需做大量的解释工作，还不一定能获得通过。如果能获得监管机构的同意，可以采取重大资产出售方式。根据香港证券交易所的规定，假如 REITs 上市物业的净资产值，在不包括负商誉及少数股东权益的情况下，只要不超过上市公司 50% 的净资产值，仅需发通函给股东通知有关出售资产事宜，而不需在特别股东会上投票通过有关决议。

（3）一些地方企业、特别是民营企业，在资本原始积累阶段，多家主体合作开发，甚至建筑公司垫资投资，还有的收取租户的资金，造成所有者众多，产权结构分散，不利于科学经营决策，也不利于企业发展，需要建构一个结构清晰、产权完整的资金池，以增强其核心竞争力。坦率地讲，中国的房地产市场目前采取的是非常原始落后的经营方式，从开发、建设、出售、管理全程由一家公司承担，用的企业老板的话来说，"我们是靠关系拿地，靠银行拿钱"。虽然快速完成了资本原始积累，但是当银行醒悟过来收紧银根之后，后续发展就受到了严重的阻碍，难以再有大的作为。这种商业模式与全球房地产市场经营模式是错位的，是两种完全不同的做法。全球的房地产市场是被金融化了的房地产体系，是房地产基金的市场。先知先觉的房地产商会及早考虑如何走上国际市场的规范化的融资轨道。

（4）一些大的房地产商即使经营不错，但由于这个行业是资本密集型的行业，需要的资金量很大，在滚动发展中需要及时回笼资金，开发新项目，也需要采取 REITs 的方式来套现资金。不过，房地产建好后，最好能经营 3 ~ 5 年再发行 REITs，因为这几年是商业物业的培养期，租金增长很快。如果马上上市，会失去租金收入。当然，如果确实急需资金，就可以通过尽早上市来套现一部分。如果房地产是未完工的项目，可以通过私募基金过桥。

（二）　上市地选择

中国香港市场和新加坡市场之间是竞争关系，两个市场都在吸引中国境内的房地产商发行上市 REITs。从一些基本的 REITs 规则来看，两个市场都在试图增强自己的吸引力。

（1）负债比率限额：香港把 REITs 负债率限额从 30% 放宽到 45%；新加坡从 25%、35% 放宽到 60%（有的人说放宽为 70%）。

（2）税收：香港按利得税 17.5% 征收；新加坡实行税收优惠，给海外非个人投资者预扣税从 20% 降至 10%，豁免注入 REITs 的物业应交付的印花税。并且宣布，根据中新双边税务互免协议，中国内地的房地产组成 REITs 在新加坡上市时，在两个国家中只缴一次税。如果双重征税，就达不到 5% ~ 6% 的回报率。

（3）分派：香港需要付税后 90% 的净收入；新加坡要求分派包含税收在内的 90% 给持有人。

（4）公司管理：香港要求管理公司必须取得证监会发的牌照；新加坡没有要求。

（5）财务：香港要求房地产商投资的物业有历史数据，这对中国房地产商较为困难；新加坡只要求有估值单据。

（6）财产转移：香港要求资产全部转移；新加坡要求能证明资产未来可能转移。

（7）投资限制：香港要求 90％ 资金投入房地产业；新加坡要求资金 70％ 投入房地产，不能投入开发项目。新加坡今后可能会让一小部分资金投入开发项目，目前正在讨论。

概括地讲，新加坡的上市政策较为优惠。但是，新加坡的市场容量没有香港大。它目前上市的 7 只 REITs 市值约 70 亿美元（100 亿元新币或 550 亿元人民币），而香港发行的第一只领汇 REITs 市值就达 30 亿美元。新加坡目前有 83 家中国企业在那里上市，发行额最大的只有几亿港币，香港的发行额有的达几百亿港币。在新加坡上市时往往跌破发行价。对于已经在香港上市的红筹股、H 股企业来说，如果发行 REITs，一般应选择在香港为上市地。对于新发行 REITs 的中国内地企业，可以权衡两地上市的利弊再做决定。

（三）物业资产选择

1. 资产规模

发行 REITs 首先要选择优质物业资产，然后打成资产包，这些资产要能提供既高又稳定的租金收入。一般来说，物业资产规模以 30 亿元港币左右为好。2003 年在新加坡上市的长江实业旗下的置富房托和本土 CAPITALMAIL 筹资规模为 36 亿元港币和 6.8％ 的回报。在新加坡上市的 REITs 中，市值最小的为 15 亿元港币。

2. 地理位置好、租户分散、有竞争力

选择的物业应当是甲级物业。位置要考虑宏观地域分布，比如沿海发达城市、中西部发展中地区，或者全国中心城市等。在这个前提下，还要考虑微观地理位置，以及该地区所在环境的经济发展状况。如果区域经济发达，交通便利，租户分散，在全国甚至世界有竞争力最好。

3. 能带来稳定收入

选择的物业要能够产生长期持续稳定的现金流。能满足这个条件的主要是商业地产（比如酒店、百货楼、写字楼、娱乐中心等）和工业地产（比如工业园区、仓储等）。住宅类物业的收益是一次性的，卖出去就没有收益了。如果改为公寓租出去，长期收取租金，就符合这个要求。

4. 增长空间

要考虑选择的物业有升值的潜力，升值的潜力越大越好。能否升值主要取决于物业的供求状况。如果该物业在该地区求大于供，土地及其附属物价值就会上升。此外，还要求地积率偏低，有再开发和扩大建造的空间。一般来说，REITs 收益率平均为 9％，对外承诺为 6％，财务成本为 3％ ～ 4％。新加坡回

报率为 5% ~7% ，澳大利亚为 7% ，美国为 5% 。这个数据可供大家选择资产和评估资产潜力时参考（目前新加坡 REITs 回报率在 6% ~7% ，由于市值一直在涨，现在投资者可接受的回报率为 4% ~5% ）。

概括地讲，以下房地产资产适合于 REITs 标的：

（1）能在未来产生稳定、可预期的现金流量；

（2）发起人对标的资产管理经营熟悉；

（3）资产的同质性高；

（4）资产本身有较高的变现价值；

（5）资产本身的维护、价值保存容易；

（6）不宜有一大笔金额的资产所占比例过高；

（7）不宜有债务人修改契约内容的权利，或者监管机构对资产运营有大的干涉、限制的空间。

（四）估值

房地产估值包括对房地产描述、对房地产状况的意见、房地产在限定用途下的效用，以及在公开市场可能的货币价值。对 REITs 的估值是确定 REITs 单位价格的基础。确定 REITs 单位售价，可以用多个不同的计算方法来评估，包括资产净值、派息率、现金流量折现和增长比率等方法。亚洲地区的市场普遍以资产净值来评估 REITs 的价值，事实上，投资者更看重 REITs 的收益及其增长性。一切的眼光和专业能力都体现于价值的提升。物业长达几十年的寿命，只有收益的高增长才能给投资者带来高回报。因此，投资者需要认识总回报概念包括投资收益及其增长。

评估是基金管理公司自己评估还是另外找专业公司评估，评估的标准是不同的。REITs 上市后，基金管理公司每年都自我评估，提供财务报告。市场是经常变化的，租金收入也会变化，需要向投资者及时披露变化情况。

1. 资产净值

投资者通常关注资产净值及计算资产净值折让。但是，按照现有的定价机制和现金流量折现评估方法，一般 REITs 都不作资产净值折让。

2. 派息率

投资者最关心派息率。如果派息率高，会减低投资者对资产净值计算的专注。一般来说，REITs 派息率要比股票低，比债券高。其派息率一定要高于长期债券的利息率，才对投资者有吸引力。国外学者福里斯特研究表明，REITs 的较高红利收益是把投资者吸引到 REITs 市场的主要原因。

当其他的股票的红利分派比较高的时候，REITs 要能够吸引投资者，就必须有高的分派率。当然，投资者要看总回报与风险情况，不是单纯看红利水平。

3. 增长性

在风险既定和控制成本的情况下，REITs 总回报的提升取决于增长因素。为此，就需要明确界定增长机会，看清长远的增长前景。增长机会包括两个方面：一是要通过积极对资产和物业管理，提高收益；二是要通过收购物业，产生新的高增长。

（五）境外建立基金及其管理公司

在境外可以先建立 REITs 公司，也可以先建立 REITs 管理公司。在香港建立 REITs，只能先在金融管理局申请设立基金公司，只有香港证监会（SFC）批准发行 REITs 后，才能把这个公司叫做××REITs。如果是注册在百慕大等避税地，可以直接叫××基金。此外，也可以先建基金管理公司，由基金管理公司作为发起人设立基金。也可以先建立一家资产管理公司，并把自己旗下的资产出售给该公司管理。例如，李嘉诚旗下在新加坡上市的置富产业信托（Fortune Reit）由一家名叫 ARA 的资产管理公司公开管理，长江实业持有其30% 股权，剩下的 70% 股权由该公司的行政总裁林惠璋持有。许多房地产商发行 REITs，并不想放弃对物业的控制权，因此可以设立控股基金的资产管理公司。因为根据 REITs 条例规定，REITs 是由基金管理公司进行管理的，基金持有人对日常运营并不具有干预权利。目前新加坡的有关条文规定，只有在75% 以上的基金持有人同意情况下，才能够更换基金管理公司。通常情况下，除非基金管理公司犯有严重错误，否则不能随意更换。因此，只要能够控制基金管理公司，就能控制 REITs。管理公司团队必须具备经验，应与物业管理团队进行专业分工，要进行战略管理，要识别新业务发展潜力，要有公司的内部专家，也需要有外部专家、独立董事等。美国的一部教科书讲到，当发起人建立一家 REITs，并且成立全资的分支机构作为其顾问或者管理公司时，该 REITs 就成为发起人集团的自营型 REITs。这个结构如图 12-2 所示。

国外有研究者认为，这种集团自营型 REITs 是为发起人融资服务的。发起人与股东之间会产生冲突，从而增大特殊形式的代理成本，降低 REITs 的价值。另外，还有两个与 REITs 母公司（发起人）的交易关联问题：①人们怀疑集团自营 REITs 从其发起人处购买物业时会支付过高的价格；②可能会以低于市场利率的成本，为同一个发起人的其他分公司提供融资。

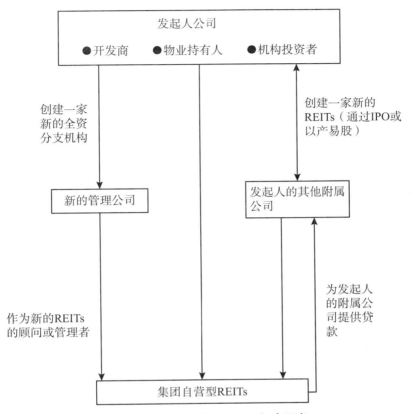

图 12 – 2   集团自营型 REITs 概念示意

（六）私募

REITs 从设立到批准首次公开发行有一个过程，其间需要做很多事情，最主要的是房地产商急于把部分资产套现；还有许多物业已被用于商业银行抵押贷款，要能投入 REITs，需要一笔资金还给商业银行解除贷款。这就需要寻找愿意投资房地产业的私募股权基金，引入战略投资者，或者说引入外资发起人。应当说，国际上的战略投资者、大财团对投资项目都是非常挑剔的。他们在寻找合作伙伴进行战略投资时，会仔细研究项目的升值潜力，对出租的物业会考虑地理位置和潜在的租金收入。他们还需要有退出机制，一般在持有物业 5 年后出售，待市况好和资产升值时卖掉套现。他们在加入 REITs 时，会计算内部收益率，即通过计算物业现金流的现值，知道每年可以从投资中获得多少

回报。

中国的房地产商在建立 REITs 进行私募时，虽然可以吸取更多的投资者，这个数量只要没有达到公募数量的标准，并不需要经过监管机构批准，不需要经过公开发行的程序。但是，也不必要去广泛寻找私募股权基金投资者，只要重点选好一家基金就好。这家基金要真正在资金实力、文化理念、投资政策等方面适合自己。建立 REITs 时，私募融资要能获得成功，需要与私募股权基金谈好一个价格，这个价格要有吸引力，使投资者看到有升值的空间，特别是在上市后价格能达到预期目标。私募股权基金可以由房地产商自己在全球范围联系、寻找，也可以通过中介机构和专业人士帮助联系、寻找。私募股权基金的金额进入 REITs 账户时，要付给中介机构和专业人士佣金，一般为融资额的 2‰不等，引入的资金额越大，佣金比率可以越小，因为引入资金的基数大了。REITs 对内部员工引进的投资，也需要给予高的奖励金额。

（七）公开上市

公开发行 REITs 必须获得上市地证券交易所和监管机构批准。需要注意以下几个问题：

（1）税率。中国税率偏高，企业所得税为纯利的 25%，如果在香港上市，会有双重征税，这有赖于中国政府对 REITs 境外上市支持，采取税收支持政策。

（2）上市币种。通常会采取本地货币，以降低汇率风险。特别是预期人民币还会升值，最好采取人民币。但是，人民币目前受外汇管制，尽管香港人也持有人民币，但 REITs 发行上市所融的资金量很大，可能还要以港币、美元或者新加坡币为上市货币。

（3）资产负债率。中国香港和新加坡都允许 REITs 负债。借款的来源可以是国内和境外的银行，币种可以是美元或者人民币。但是，央行目前限制商业银行对房地产企业贷款，可能会有所影响。

（4）风险溢价。REITs 的发售价格需要以其他市场同类的 REITs 价格为基准，这是可比公司定价法。但是，国际投资者会认为中国的房地产资产有风险，房地产市场处于发展阶段，会要求有一个风险溢价，同时要考虑物业拥有者出售有关资产给 REITs 时而确定的价格。领汇基金的推出，向投资者提供了 6.65%～6.85%的净收益，为以后 REITs 发行定价提供了新的基准。据新加坡星展银行分析，中国内地房地产商发行 REITs 比领汇的风险溢价还要高些，最后的分派率可能要求在 7.5%～8%之间，也有人认为要达到 10%。如果双重征税，没有几家企业能得到这个回报率。与其他 REITs 市场相近，中国 REITs 回报率为政府 10 年期债券利率加上 2%，再加上风险溢价，回报率为 7%～7.5%。

（5）选择中介机构。在新加坡上市，需要聘请的中介机构比中国香港略有增加。包括上市公司律师、包销人律师、房托律师、信托律师、中国律师、保荐人、估值师、税务顾问等。选好中介机构，可以帮助 REITs 成功上市。其中选好上市顾问非常重要，它是发行上市的总策划人、国际总协调人，也是上市总顾问。它需要完成的工作是：帮助企业挑选加入 REITs 的物业资产；设计有关交易的架构，比如资本架构、税务、法律架构和定价机制；协助建立基金管理公司；与监管机构沟通，获得批准；协调律师、税务及会计师、受托方和其他第三方的工作关系；协助编制税务模式，确保达到收益率及内部收益率；进行路演和市场推广，确定增长策略，物色潜在投资者，协商条款和谈判等。

（6）监管与报批。香港证监会与香港证券交易所达成谅解，实行双重存档制度。证监会作为集体投资计划的负责机构，主要认可信托基金及持续监管的相关规则得到遵守。证券交易所负责上市事宜，包括监管上市程序及监察《上市规则》遵守。成熟的方案制订好后，上报香港证监会，获得批准后提交给香港证券交易所，获得审查通过，便可以公开发行上市。目前集体投资计划申请收取的费用为 20 000 港币，认可费用为 10 000 港币，拟增加申请费用。股票上市费用介于 15 万～65 万元港币，年费约为 14.5 万～118 万元港币。审批工作分为产品审批和基金管理审批。REITs 产品方面，视其复杂程度和申请资料的清晰度，一般需要 30～35 个工作日审批。

（八）市场推广

REITs 管理人必须能详细地解释 REITs 的优势，并能举出有说服力的增长个案，使投资者愿意买你推荐的 REITs 单位。如果 REITs 的管理层富有经验，特别是由一些有知名度的专家组成，会取得市场的信任，投资者会给予溢价评价，价格会卖得高些。

（九）风险因素

REITs 的风险因素主要有：（1）流动性风险。房地产资产转换成 REITs 后，基金单位每天的交易量的多寡，将会影响这类基金的价值。在过去的一年中，境外的几个主要的 REITs 指数显示，投资于 REITs 的本金起落为 10% 左右。（2）不动产估价风险。REITs 所投资的房地产标的物的价格的高低，对未来收益影响很大。如何识别买进价格是否合适，一般投资者没有这样的经验。

（3）利率风险。在银行利率升高时，人们愿意到商业银行存款，会减少投资 REITs 的积极性。同时，银行利息率升高，会影响 REITs 的价格，也不利于 REITs 向银行借贷。（4）商业房地产景气度风险。未来商业房地产的租金价格或者销售单价，可能受整体市场供给的影响，也受企业本身经营情况等因素的影响。国家宏观经济发展和宏观调控政策的实施，会间接和直接地影响 REITs 的收益率。

（十）若干案例

案例 1：领汇 REITs

领汇	根据证券及期货条例第 104 条认可之集合投资计划
■ 管理人	领汇管理有限公司
■ 受托人	汇丰机构信托服务有限公司
■ 全球发售	共发售 1 925 846 000 个基金单位 其中中国香港公开发售 577 754 000 个基金单位 及国际发售 1 348 092 000 个基金单位
■ 架构	在美国境外根据 S 规则及在美国境内根据 144A 条例
■ 发售价范围	不高于 10.30 港币不低于 9.70 港币
■ 香港公开发售折让及申请时应付价格	5% 折让；支付折让后最高发售价 9.78 港币，另加 1% 经纪佣金、0.005% 香港交易所交易费、0.005% 证监会交易徽费及 0.002% 投资者赔偿徽费
■ 投资者须付费用	支付 1% 经纪佣金、0.005% 香港交易所交易费、0.005% 证监会交易徽费及 0.002% 投资者赔偿徽费
■ 集资用途	集资 22 016 百万港元，根据收购安排支付房委会购买价格 34 185 百万港币
■ 超额配售权	授予联系全球协调人认购权，向国际包销商提供最多达到代价基金单位之全部集资款项用途
■ 策略伙伴的认购	按发售价认购 18 000 万美元或管理人可能厘定之较低款项（不少于 12 000 万美元）之等值港元（以 1 美元兑 7.8 港币之汇率折算）可购买之基金单位数目
■ 策略伙伴禁售	于上市日后满 12 个月之日前任何时间处置其根据合作协议认购之任何基金单位；于上市日后满 36 个月之日前任何时间，处置基金资产，因而导致其持有之基金单位数量低于原来的 75%；于合作协议终止前任何时间，处置基金单位，因而导致其持有之有关基金单位数量低于原来的 50%

案例 2：嘉茂 REITs

■ 发售数量：	1.13 亿个单位
■ 超额配售权：	最多 3 195 个单位
■ 累计投标价格范围：	每单位 0.94～0.96 元新币

■ 盈利预测：	价格	2002 年财政年度	2003 年财政年度
	0.96 新币	7.06%	7.25%
	0.95 新币	7.14%	7.35%
	0.94 新币	7.21%	7.40%

■ 同步发售：	机构发售　公开发售
■ 上市：	新加坡交易所主板
■ 投资者：	新加坡全球和全球性机构投资者（S 规则）新加坡散户投资者
■ 牵头包销商：	新加坡星展银行
■ 牵头经办人和 唯一账簿管理人：	新加坡星展银行
■ 目前总资产：	增长超过 100%　由 9.7 亿新币增至 19.5 亿新币

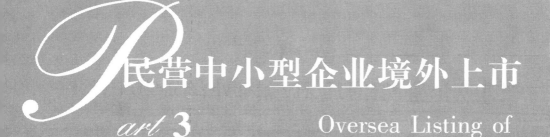

民营中小型企业境外上市

Part 3

Oversea Listing of
Private SME

第 13 讲
创业企业如何应对境内外创业板市场
——广东佛山市民营企业创业板上市培训会

我很高兴与各位企业家和创业家讨论利用创业板市场融资问题。许多企业家反映，目前我国许多中小企业正处于发展的扩张期、转型期，再生产、上项目、扩产能、调结构，都需要大量的资金投入。但是，在原始积累过程中，大多数金融部门、担保公司认可的有效资产都已经抵押完毕，发行债券、上市融资等直接融资达不到政府规定的标准，这些成长型企业处于融资难、贷款更难的困难境地。因此，他们把融资的希望寄托在创业板市场身上，寄托在降低创业板市场上市标准上面。特别是我国推出创业板市场后，出现了高市盈率、高发行定价、高筹资额的"三高"现象，许多处于融资困境中的创业企业家对创业板上市公司真是羡慕嫉妒恨，从而产生了一定的急功近利的浮躁心理。在这里，我想引用古人的话说，"临渊羡鱼，不如退而结网"，面对别的企业在创业板市场成功上市的情况，我们需要调整好心态，通过进一步的努力来创造条件，以便今后能够有机会成功登陆创业板市场。根据我对境内外创业板市场上市企业的观察，认为有以下几个方面，特别值得各位企业家和创业家重视，并且要努力做到、做好、做扎实。

一、要把高科技与高成长性相结合

寻求在境内外创业板市场上市的企业，首先要努力开发某种独家拥有的高科技项目，提高产品的科技含量，提高公司的成长性，把高科技与高成长性紧密结合起来。

境内外设立创业板市场的目的，就是要为科技含量高、成长性好的中小型企业提供直接融资渠道，为风险投资提供退出机制。因此，寻求在创业板市场上市的企业，必须在提高行业或项目的科技含量上下工夫。联合国科技署和中国科技部都曾提出过若干高新技术产业领域，比如微电子科学与信息技术、空间科学与航空航天技术、光电子科学与光机电一体化技术、生命科学与生物工程技术、材料科学与新材料技术、地球科学与海洋工程技术等。特别是中国政府在"十二五"规划中，把发展节能环保、新一代信息技术、生物、高端装备制造、新能源、新材料和新能源汽车七个产业作为战略性新型产业，成为我国境内创业板市场上市重点支持的对象。这七个产业中都贯穿着一根主线，就是高科技，离开了高科技，这些产业就不能成为新能源、新材料、高端制造等，它们就还是传统的行业。我们说的"高科技"，我认为应当有三个主要的特征：（1）它是能对生产力发展有重大突破，能改变人类生活方式和工作方式的重大科技发明；（2）它是产业化的，能够运用于具体的产品生产，而不是停留在实验室和初试阶段。（3）它是能带来垄断利润的，是随着新的科技发明商业化的成功而形成的带有垄断性的新兴产业。最起码它要在最近的几年能够带来垄断利润。如果一家企业号称有高科技，但这个技术你有我有他也有，那就不是高科技了，说明这个高科技现在已经普及化了，它已经不能带来垄断利润了，说明大家在竞争中都把价格降到了制造成本的水平，利润平均化了。因此，高科技与高成长性是统一的，高成长性必须以能够带来巨大商业利润为前提。高科技与高成长性在垄断性的商业利润最大化这个基础上实现了统一。

高成长性在不同的国家（地区）是有不同的标准的。发达国家（地区）的经济发展已经相对饱和，企业年均有 10% 的增长率就很满意。中国是经济高速发展的国家，有巨大的市场潜力，创业板上市规则要求企业每年有 30% 的增长率。判断高成长性的指标之一就是看企业利润增长率，当然利润的增长率，是结构合理的增长率，是有质量的增长率，而不是拼凑的利润的增长率。另外一个重要的指标就是看产品的订单数量和金额，产品订单数量金额与目前销售量的比例越大，说明该产品的需求不断增长，行业前景看好。高成长性的第三个特征是企业所处的行业具有独特性。这个企业所处的行业独特，它的产品一诞生就能垄断市场，较少遇到竞争对手，有潜在的行业竞争优势。即使当它对大公司的地位形成威胁时，大公司对它也奈何不得，大公司也往往愿意出高价来收购它，以保持自己的垄断地位。另外，传统产业的企业也存在着向高科技产业提升的问题。传统行业的产品本身是有市场需求的，如果再有了高科技含量，其收益率往往比单纯的高科技行业还要高。现在许多企业都想在创业板市场上市，无论是在境内还是境外，到处都在寻找高新技术项目，但往往不重视项目的独家商业价值，也不重视建立自己技术竞争优势，更不重视自主知识产权的开发利用，甚至不关心产品的市场需求，而是跟在别人的屁股后面跑，别人搞什么他就搞什么，希望通过大量的资金投入来设厂、生产，重复建

设，导致产能过剩，这与风险投资者心目中理想的高科技企业模式是相违背的。

二、切实完善公司治理结构

寻求在境内外创业板市场上市的企业，还要切实建立和完善公司治理结构，敢于对原先的家族企业模式动大手术，把企业建设成符合现代企业制度要求的规范的股份公司。

境内创业板市场上市规则规定，在创业板市场上市的企业必须是有三年经营业绩的股份有限公司，有限责任公司按账面净资产值整体变更为股份有限公司的，原先的经营业绩可以连续计算，这是境内创业板上市规则的要求。而且，一个能够在创业板上市的企业必须建立起完善的法人治理结构，有完全的的独立性，这些大家都已经知道。OECD（经济合作与发展组织）针对亚洲国家的许多家族企业容易引致金融危机的弊病，提出了公司治理的五个目标：（1）维护股东的权利。（2）确保包括小股东和外国投资者在内的所有股东受到平等待遇，如果股东的权利受到损害，他们应有机会得到有效补偿。（3）确认利害相关者的合法权利，并且鼓励公司和利害相关者为创造财富和工作机会，以及为保持企业财务健全而积极地进行工作。（4）保证准确地披露与公司有关的任何重大问题，包括财务状况、经营状况、所有权状况和公司治理状况的信息。（5）确保董事会对公司战略性指导和对管理人员的有效监管，并确保董事会对公司和股东负责。中国证监会也具体规定了建立完善的法人治理结构的要求。现在许多想在创业板市场上市的企业，都是通过个人创业、家族创业、伙伴创业而发展起来的，在创业阶段更加重视产品研发和市场开发，内部控制和公司治理还没有提上日程，这是非常正常的现象。如果一开始就要求非常规范，企业就很难发展起来。因此，这些企业难免存在着产权不清晰、财务不健全、决策不民主、信息不透明等问题。这些问题在公司创立初期并不突出，待企业发展到一定规模，就成为制约企业进一步发展的严重障碍。我们看到，许多家族企业和伙伴企业，开始时大家同心同德，后来有了一点利润，就"同床异梦"，各怀心思，等到快上市了，利益分配不均，就同室操戈，最后大家和企业一起同归于尽。市场上已经发生了多起创业企业上市前股权之争，包括夫妻离婚要求分割股份、财产的事件。这里有一个"大夫效应"，医生很难给自己动手术，企业也很难给"自己动手术"，监管者作为政府机构，也不能插手企业内部的具体事务，主要依靠法律法规和行政手段去规范。这就需要企业创办者、管理者要有自我革新、自我超越的勇气，敢于对自己动手术，提高改革和革新的能力，建立起完善的法人治理结构，向上市企业目标迈出实质性的步伐。

具体来说，寻求在创业板市场上市的企业要做到以下几点：（1）要建立足够有效的内部控制系统，确保公司严格遵守财务规则和各项业务监管制度。（2）公司董事会要有 1/3 的独立董事。独立董事与公司及主要股东不存在任何商业利益关系，必须是市场有关专业人士，消除和防止"内部人控制"现象，为全体股东特别是中小股东负责。（3）要强化监事会的作用。公司主要管理人员要以合同形式向公司做出业务上非竞争性的承诺，监事会成员应当具有较高的素质，有很强的独立性，敢于对公司高级管理人员是否尽责发表独立意见，并能切实履行核查责任。（4）公司可设立审核及监察委员会，由独立董事担任主席。该委员会应具备适当的权力及清晰的职权范围，主要职责是对公司的财务计划、制度机制结构、董事会和管理层的薪酬方式、高级管理人员的选聘等事宜进行审核和监督。（5）上市公司必须在上市公司文件中披露公司支付董事及高层管理人员薪酬的方式。薪酬的调整要经过审核及监察委员会通过，并于财务年报中披露。

三、注重培养资本经营能力

寻求在境内外创业板市场上市的企业，要在搞好产品经营的同时，注重培养资本经营能力，制定上市前后的收购兼并策略，实现企业低成本快速扩张。

现代高科技企业发展历程表明，资本经营越来越成为企业快速发展的一种主要手段。一些属于传统产业的上市公司纷纷介入高科技企业行列，以增添新的生机和活力，培育新的利润增长点。更有一些高科技企业以各种方式实现快速发展壮大，以达到规模扩张和业务拓展的目的。目前，我国的高科技企业、创新企业、战略性新型产业企业的规模普遍偏小，如果仅靠内涵式发展，很难在短期内实现迅速扩张。因此，这些企业需要在日后利用资本市场，通过收购兼并手段来实现发展壮大。那么，从现在起，就需要学会收购兼并的手段，培育资本运营能力。

从国际资本市场情况来看，高科技上市公司要成为收购者，基本有两种类型：一种是策略性收购者（Strategic Buyer）；另一种是金融收购者（Financial Buyer）。策略性收购是企业为增强其竞争能力，寻找一些在策略上对本身业务有帮助的企业进行收购或合并，它的好处是企业合并后可以互相取长补短，形

成核心优势，扩大产品市场占有率。金融收购的动机主要是从金融方面考虑，比如收购对象价格比实际资产价值低，或者股票价格的市盈率（每股税后利润与每股价格的比率）比较低。金融性收购方法很多，比如收购者把收购过来的公司重新组合和包装，再以比收购价格更高的价格将公司整体或部分卖出，从中获取差价。还可以以较低的价格收购企业后，对之进一步培育，在条件成熟后统一纳入上市公司。想在创业板市场上市的企业，要尽早引进和培养这方面的人才，做到在企业改制辅导阶段就由这些人员参加。企业的管理层经过保荐人的辅导，也要对此形成一定的认识，做到熟悉和掌握资本运作的程序、技巧和相关法规。在实施收购合并的前后，要制定恰当的策略，包括并购方式（比如直接收购、杠杆收购、管理层收购等）的选择、收购对象（比如自己找、通过中介机构找、被收购对象主动找上门等）的寻找、中介机构（比如商业银行、会计师事务所、律师事务所、风险投资公司、财务顾问等）的借助、收购价格（比如市盈率、市净率、未来现金流贴现、经济附加值、可比公司等定价方法）的确定、支付方式（比如现金、股票、债券证券等）的采用、并购过程（比如并购前的准备、并购中的操作、并购后的重整等）的安排等。

另外，还有一点需要提醒企业，就是自己也可能成为被收购的对象。究竟是等待自己发行上市，还是选择被别的企业所收购，这需要根据企业自身的情况决定。如果企业离上市的条件相差还远，价值不高，产品单一，科技应用范围比较狭窄，也可以选择被收购的形式。这样做，虽然自己的企业失去了上市机会，也失去了控制权，但从被收购中得到的利益可能高于等待上市获得的利益。因为这样的企业选择上市，可能不会引起投资者的多大兴趣，股价较低，造成市值较低，上市增值程度会低于被收购增值的程度。这种情况在国外高科技企业中并不少见。当然，企业具体做出决策时，还要考虑时间、价格、风险等其他综合性因素而定。

四、要根据企业发展阶段"阶梯式融资"

寻求在境内外创业板市场上市的企业，要准确认识不同类型的基金的特点，根据自己企业的不同发展阶段和战略规划，选择适当的私募融资和公募融资。

现在可以把基金分为三种基本类型。第一种是产业基金。这种基金通常本身就是有实力的从事实业的大企业发起设立的基金，它主要投向与自己产业关联的或能够弥补自己产业链的企业，当然对能够有利于自己产品开发的销售企业，他们也会投资。这类基金的特点是资金实力雄厚，它们愿意进行长期投资，共同发展产业，投资非常稳定。只要你的企业需要资金，它们有的是钱，可以满足企业融资的需求。当然，它们寻找的投资对象往往也是它们的收购兼并对象。当创业企业得到该基金比较大额的投资后，就会受到该基金的控制，资金、技术、人才、市场都逐步掌握在人家的手里。许多创业企业不了解该基金的特点，天天喊着只要产业基金，不要其他基金，认为这种基金可以弥补自己的产业链，带来技术和拓展产品市场，殊不知人家也是想要你所想要的东西。第二种战略基金。这种基金是投向那些有可能在最近几年就能够上市的企业。它们投资后，能够增加企业的现金流，上马新的项目，产生更高的利润，使企业在发行时有更高的定价，筹集更多的资金。同时，这类基金通常还能补充企业上市需要支付的费用，包括支付中介机构的服务费用和补缴税收的费用等。它们在对企业投资时，通常也以一个比较低的价格进入。比如，企业在境内上市，它们通常按净利润的 5 ~ 7 倍的市盈率定价投入；企业在境外上市，它们通常按净利润的 7 ~ 9 倍的市盈率定价投入。一般来说，企业接受这类基金以不超过稀释 15% 的股份为宜。这类基金等到所投资的企业上市后，它们再在二级市场上，以一个高的价格出售股票而退出。所以，需要资金的企业的自由度比较大，但基金的投资期限也不太长。第三种是对冲基金。这类基金是专门在二级市场上，低价买入企业的股票，然后高价卖出，并且以买空卖空为手段，来赚取股票的差价和利益。这类基金的投资极不稳定，也许今天买进，明天就卖出了。但是，这类基金也是需要的，它有利于增强上市公司股票的流动性和吸引力。

企业在不同的发展阶段需要吸引什么类型的基金呢？（1）在企业初创阶段，企业的资金十分短缺，需要吸引天使基金投入。天使基金通常是腰缠万贯的大富翁，对创业者非常友善和给予理解，通常由家庭和朋友来担任，敢于承担风险。由于企业初创时期的风险很大，企业能够得到天使基金的投入肯定是很幸运的。天使投资者往往是以慈善家面目出现，投资于一个白手起家的企业，所以成为天使基金。（2）在企业上升阶段，通常是企业创立后的七年间，虽然比初创时的情况要好，但企业仍然没有走出死亡谷底，仍然随时面临倒闭和歇业的风险。这时候，需要引进风险投资基金。由于该基金也面临比较大的投资风险，因此对企业的考察十分严格，投资定价也比较低。但是，在这个阶段，企业能够得到这些风险投资，其作用无疑是巨大的，它往往是雪中送炭，能改变一个企业的命运。（3）在企业接近或进入成熟阶段，企业的产品市场已经打开，处于比较稳定的发展阶段。可能再经过 2 ~ 3 年或 3 ~ 5 年的发展，企业就可能成功上市。这个阶段需要引进战略投资基金。这些基金投入后，通

常待企业上市后，再按事先约定的时间和股份比例，分阶段和分比例逐步退出。引进战略投资基金的好处是：它可以在企业公开发行时起到证明作用，说明国际投资者看好这个企业，以便吸引更多的投资者购买公司的股票。它可以增加企业的流动资金，改善企业的财务状况，支持新项目和新生产线上马，快速增加利润，发行时获得更好的定价和筹资额。它可以补充企业上市费用，用于支付补缴的税款、补缴员工的"五险一金"，以及支付中介机构的服务费用。它还可以起到增加企业附加值的作用，帮助企业完善内部管理，改善治理结构，对上市提出好的建议。当然，有些这类基金也是强势的，它进入企业后，往往不太重视企业的意愿，而自以为是。但是，在这个阶段，企业也往往是比较自信的，也往往希望把基金的价格压低，因而会与基金签署"对赌协议"，向基金承诺达到的利润水平，以便基金按承诺的利润水平进行投资定价。因此，"对赌协议"实际是对企业承诺的利润额和基金所占的股份数按照到期的情况进行调整的协议。一般来说，根据许多企业的经验，企业不要超出对赌幅度的 3% 为宜。（4）在企业批准上市，进入发行配售阶段时，需要引进策略投资基金。策略投资基金是专门投资于上市公司发行阶段的股票，期待企业股票上市交易后，在二级市场退出。该基金投资和退出的期限都比较短，希望上市后很快就能退出。但是，上市企业为了保持股价的稳定，往往与它约定退出的时间段。吸引这类基金也是很重要的，如果它们的投资活跃积极，往往能够提高发行价格，获得超额认购，避免首次公开发行失败的风险。一些企业发行失败，就是由于机构投资人认购不活跃，导致股票卖不出去而中断或取消本次公开发行的。（5）在企业公开发行完毕，在二级市场公开交易后，需要更多的投资人参与，包括机构投资者、个人投资者参与，也需要各类基金包括公募的证券投资基金、私募的证券投资基金投资。投资人越多，股票交易越活跃，股价就越高，就越有利于企业的再融资和发展。

五、要增强经营管理能力和抗风险能力

寻求在境内外创业板市场上市企业，要苦练"内功"，全面增强企业经营管理能力和抗风险能力，努力使企业在资本市场中立于不败之地。

创业板市场是一个高风险的市场，是一个充满机遇和挑战的市场，这一点大家都知道。但是，对具体有哪些风险，还需要有全面的认识。美国科技行业的一项调查表明，只有不到 50% 的企业创立者能够带领企业最终走向上市；只有 10% 获得风险资金的企业能够最终走向上市。可见，企业面临的巨大失

败挑战是不言而喻的。一般来说，创业板市场的上市企业面临的风险主要有：（1）创新技术失败的风险。这是企业上市前的主要风险。这种技术创新失败，可能是由于关键核心技术开发未取得突破性进展，也可能是由于相关类似的技术发展更快，封杀了项目的市场发展空间，还可能是由于产品成本过高、产品未进入成熟期、产品不被市场所接受等，这些因素都可能导致企业经营失败。国外对高科技风险投资项目有一个约定俗成的说法，平均 10 个风险投资项目，其中一个成功赚大钱；三个基本成功，不盈不亏，或小盈小亏；六个严重亏损，开发失败。（2）申请发行上市中的风险。主要是中介机构选择不当的风险和发行失败的风险。如果选择的中介机构素质不高，缺乏经验，或其行为严重违规，就可能会延缓发行上市进程，甚至上市需要推倒重来，另起炉灶，重新开始，浪费大量的资金资源和机会成本。同时，投资者对上市公司概念的偏好变化快，行情波动频繁，造成发行价格难以确定，上市时机难以把握。比如，1999 年某些门户网站在 NASDAQ 市场很受欢迎，市盈率普遍高过 100 倍，但很快就被 BTOC（企业对个人）和 BTOB（企业对企业）类电子商务取代，2000 年门户网站上市公司的股票就成为垃圾股，许多股票跌到几美元之下。如何更好进行投资者关系管理，使投资者了解这些企业的发展前景，提高他们对上市公司的忠诚度是很重要的。（3）上市后被炒作和被操纵股价的风险。中国境内投资者的投机心理相当严重，喜欢炒作股票，创业板市场的股票发行时多达 60 多倍的市盈率，上市当天达到 100 多倍的市盈率，有的达到 200 多倍，这是机构投资者在进行操纵和炒作，散户投资者在跟风。上市公司的股东在纸面上成为几亿元或十几亿元的大富翁，但当 3 年锁定期结束后，股东可以出售自己的股票时，股价就没有那么高了，股东只是当时一时实现了"华丽的转身"。（4）被恶意收购和退市风险。创业板市场是实行股票全流通的市场，上市公司盘子大多比较小，在股价低时，特别是企业遇到困难时，很容易被恶意收购。收购者往往利用媒体和网络散布对上市公司的不利信息，落井下石，进一步把股价砸低，强行迫使企业贱卖股权。另外，上市公司出现不按期披露定期财务报告、净资产为负和审计机构出具否定意见或拒绝表示意见的即被退市。创业板上市公司的整体特点决定了其中有相当数量的公司股票会被摘牌和退市。以美国 NASDAQ 市场为例，在 20 世纪 90 年代后期，在 5 年的时间里，5 000 多家上市公司中有 1 000 多家被退市，甚至出现退市企业家数高于新上市企业家数的情况。2010 年下半年以来，美国证券交易委员会（SEC）对中国在美国上市的企业进行集中调查，有的企业甚至被卷入司法调查，以便查处这些企业财务造假等欺诈行为，已经导致多家中国上市公司停牌和摘牌。中国

的创业板市场今后也会推出退市制度，而且可能由于创业板市场的上市公司过度包装上市，那些造假的上市公司原形毕露后，会引起更大的诚信风险，而使更多的企业退市。

面对上述的这些风险，上市公司要能够在各个环节防范和化解风险。在申请上市前，要对开发的高科技项目进行充分的科学论证，争取更多的开发成功把握和胜算，还要综合考虑环境是否适宜开发项目和产品，包括顾客、竞争者、供应商和可替代产品的供应者，以及法律政等。在申请上市过程中，要审慎选择和对待中介机构，了解和考察其业务和道德水准，避免上当受骗，走弯路，或招致不必要的损失。企业在做到"疑人不用"的同时，也要做到"用人不疑"，不可以抛开或背着已经签约的上市服务机构，"要小心眼"，搞"小动作"，自以为是另搞一套。同时，还要选择好适当的上市发行时机，切不可在条件不成熟时急于求成，欲速则不达，也要避免因各方利益难以协调而久拖不决。企业在上市后更是任重道远，要能够保持持续的上市地位，保持具备从资本市场再融资的条件，要大幅度地提高经营业绩和盈利水平，能够给投资者带来更高的回报，成为上市公司的绩优股和蓝筹股。

我相信，境内外的创业板市场的大门始终都是敞开的，它们为一切有志于打造世界一流企业的企业家和创业家们提供了大显身手的舞台，也为各类不同的投资商和各类服务机构创造了合作和竞争的平台。我很欣赏山东六和集团公司老板办公室里的一条横幅，上面写着"往好处想，往好处做，就会有好结果"。在这里，我转告大家去分享，我甚至想告诉大家，这就是一切企业想要成功的秘密所在，当然也包括企业融资上市的成功。中国古人也讲，"苍天不负苦心人"，"有志者事竟成"。只要我们下定决心，不怕牺牲，排除万难，去争取胜利，就一定能够达到胜利。

第 14 讲
中小企业境外上市的相关准备
——中小企业创业板上市与私募股权融资实务高级培训班

我国的中小企业是国民经济最活跃的主体，它在国民经济增长中占有极为重要的地位。截至 2008 年年底，我国各级工商部门注册的中小企业共有 970 万户，另有个体工商户 2 900 万，广大中小企业创造的 GDP 占全国的 60%，提供税收占 50%，外贸出口占 68%，发明专利占 66%，提供了 75% 以上城镇就业岗位。中小企业对我国经济社会稳定与快速发展作出了突出贡献。但是，中小企业经营具有不稳定性，信贷风险较大，再加上受我国金融机构的融资机制不够完善的制约，中小企业在商业银行及其他金融机构贷款更为困难。很多中小企业选择了引进境外的风险投资或直接在境外证券市场上市融资，利用境内外的资本市场实现自己的发展目标。未经过精确的统计，目前我国已经有上千家中国境内企业在全球证券市场发行上市或买壳上市，比如在美国、中国香港、新加坡、英国、德国、欧洲、瑞士、加拿大、澳大利亚、韩国、马来西亚、日本、中国台湾等证券交易所上市。其中，2005 年 8 月成功登陆纳斯达克市场的百度最为引人注目，其 2 000 多倍的市盈率、40 亿美元的市值，向全球资本市场宣告了中国概念再次崛起。除了新浪、搜狐、网易、百度这样的互联网企业和中国电信、中石油这样的行业巨擘境外上市外，一些中小型民营企业也通过买壳、造壳等方式，纷纷在境外资本市场上市，许多企业成功地实现了融资上市。

下面我来谈谈中小企业在境外上市之前需要做好哪些相关准备工作。

一、权衡境外上市的利弊

中小企业选择在境外上市，需要首先评估上市利弊和上市可行性，这对于企业成功上市有重要意义。

（1）获得发展资本。企业通过境外上市，可以筹集大量外汇资金，而且其成本往往比引进直接投资或创投基金的成本要低。主要原因是，上市时所筹资的市盈率比私募融资要高。上市筹集的资金是股权投资，没有银行贷款的偿

还时限压力，企业可以比同类企业获得更多扩展业务的机会。

（2）提升企业形象。企业在境外公开发行和交易股票，可以吸引全球投资者和证券专业人士的关注，提升企业在公众中的影响力、形象和声誉。这是最好的广告宣传。企业推销其产品和服务时，这种影响力会有杠杆作用。同时，贷款人和供应商的信心也会大大增强。

（3）改善员工关系。企业在境外上市后，通过薪水加股票的方式，对员工和高级管理人才实施报酬和奖励计划，表明公司有允许员工成为公司部分股权所有者的意愿。员工能够分享企业不断成长成果，会带来生产力的提高和员工忠诚度的增强。

（4）开展收购兼并。企业在境外上市后，其股票会被看做与现金一样有价值。企业可以通过发行股票来合并及收购其他企业的股权或资产业务，以达到快速扩张的目的。通常运用股票收购另一家企业，比用其他方式收购更容易，且成本更低。

（5）厘定企业价值。境外上市企业的价值是依据股票交易价计算。上市后，投资者基于对公司未来前景的良好预期，公司股票价格通常比上市前高出若干倍。同时，由于股票可以自由流通，股东可以在限期结束后，随时在市场出售其股票，增加了个人资产的流通性，提供了变现和退出通道。

由于我国的市场经济发展历史相对不长，法治不够健全，许多民营中小企业在发展初期存在"原罪"问题。我国的金融机构和资本市场体系还有待于进一步完善，短期内无法接纳所有希望上市的企业，不能满足全部企业的上市需求。在这种情况下，选择到境外上市，对境内的一些中小企业还有如下的特殊的重要意义：

（1）国民经济持续快速增长，一批企业有好的发展项目而短缺资金，商业银行贷款谨慎，境内A股上市过程长且结果不确定，境外直接上市达不到政府规定的"4、6、5"要求，只有通过境外间接（红筹）上市，才有可能解决后续发展资金来源问题。如果不能成功境外上市，就会坐失良机，企业的发展前景十分暗淡。

（2）部分民营企业需要解决资金短缺的燃眉之急，需要在前期引进战略投资者和其他资金，推出境外上市计划，是为了解决战略投资和私募股权资金的退出问题。有些企业如果不能尽快上市融资，或者不能获得私募融资，可能其资金链条就会断裂，企业就会破产，境外上市是孤注一掷，舍此没有别的出路。

（3）企业的产品市场在境外，客户在境外，企业希望"走出去"，到境外开拓市场，在境外树立品牌，扩大客户群体，并且享受境外的某些优惠政策。

（4）企业希望在境外发展，收购境外的企业和资源，参与国际经济技术合作，特别是资源类的企业希望收购更多的境外矿产资源，奠定进一步发展的资源基础。对于某些类型的企业来说，境内的资源有限，如果仅局限于境内资源的利用，它的生命力就会很弱，生命周期会很短。这类企业境外上市是生存和发展的需要。

（5）一些企业在初创和发展过程中，存在着许多不规范的地方，比如税收、产权、财务等方面，带来所谓的"原罪"问题，希望通过境外间接上市，彻底变成外资企业，了断这些历史问题或历史遗留问题。他们知道，法律是无情的，政策是变化的，许多企业家存在着某种不安全感。通过境外上市，企业可以改变为外资企业，老板的身份也可以改变为外国国籍。

企业在境外上市，在享受上市带来好处的同时，也会承担随之而来的若干风险。如何应对上市后的诸多问题，是对众多中小企业上市面临的一个挑战。这些上市后的问题主要是：

（1）与别人分享利润。特别好的高利润企业，通常不希望将经营成果与市场投资者分享。企业是否境外上市，应以本身的长期资金需求而定。银行贷款简单直接，不需要摊薄或分享企业最终成果，但企业要有还款能力和抵押品（如存货、应收账款、机械设备、房屋及土地等）。短期贷款只能解决流动资金的支持问题，对于长期投资所需要的资金，企业应考虑长期贷款或永久股份转让等方式。短期或长期贷款对企业的风险其实比想象中要高。当企业遇到经济低潮或国际利率上升时，企业的承受能力便会大大减弱，不能按期还款付息，造成资不抵债的情况。一些上市企业由于借贷过多而导致股价下降。

（2）花费上市成本费用。大部分企业对能否成功上市没有把握，担心上市要付出不少费用，承担花了钱，还不能成功上市的风险。企业在决定上市之前，都应找一家良好的财务顾问，先评估上市的成功机会和胜算。同时，先将上市的前期费用减至最低，以降低费用风险。上市是各种融资方式中最便宜及最具成本—效益的方式。其他的融资方式（比如贷款、合伙、风险基金投资及私人配售股份等）的成本都比公开发行上市成本要高。"小钱不花，大钱不来。"企业家需要算清账，用老百姓的话说，就是要弄清九个指头与一个指头的关系。

（3）商业秘密的泄露。企业境外上市后，要遵守境内外的证券法规、股票交易所规则及公司治理规则、内控制度等要求。有些企业家不希望向外界公布企业的内部数据，比如营业额、毛利率、竞争条件、生产技术及董事薪金

等。可是你不公布这些东西，人间又怎么敢投给你钱呢？上市公司的信息披露是对投资者负责的要求，也是建立规范公司的基本要求。对极为机密乃至至关重要的商业秘密，可向监管机构和证券交易所申请豁免披露。

二、企业确定目标资本市场

从目前的情况来看，比较适合中国内地企业境外上市的境外股票交易市场主要有：中国香港联合交易所的主板市场和创业板市场（创业板已经定位于转向主板的桥梁）、美国纽约证券交易所及纳斯达克股票交易市场、英国伦敦交易所、德意志交易所、韩国交易所和新加坡交易所等。资源类的企业还可以优先选择中国香港、加拿大、伦敦和澳大利亚的证券交易所等。近几年来，境外的证交所频繁地在中国内地展开公关推介活动，准备在境外上市的企业应当对境外主要的证券交易所的不同特点有客观、全面的了解。企业需要知道不同证交所的上市规则、收费标准、年费标准、再融资要求、市场行情、流动性、所在国家与地区的法律、财务、税收制度、经济社会特点等，还要注意及时掌握各个境外证交所争取中国内地企业上市的最新策略变化。

（一）确定的原则

1. 根据企业的发展战略

企业发展战略是关于企业发展的整体性、长期性、全局性的规划和谋略，对企业目标资本市场的选择有直接的影响。如果企业确定了境外发展战略，其市场和产品销往境外，其原材料和品牌效应来自境外，在境外引进技术和合作伙伴，甚至直接在境外开发项目，就应当选择在境外证券交易所上市。如果企业确定本土化发展战略，立足于境内市场开展业务，其可以开发和利用的资源基本上在境内，则可以选择在国内上市。另外，选择在经济发达的大国及其声誉卓著的交易所上市，本身就是证明公司资质的国际广告宣传。如果打算在该国（地区）开展经营活动，例如并购，则在该国（地区）上市是参与并购的前提条件。

2. 根据企业的行业特征

境内外不同的资本市场对上市公司有不同的行业偏好。美国纳斯达克市场侧重于互联网等高科技行业企业；加拿大多伦多证券交易所、澳大利亚证券交易所和英国的伦敦证券交易所，以及中国香港证券交易所是矿业等资源行业企业的理想上市地；德意志证券交易所及欧洲的证券交易所对从事生物科技和新能源、节能环保、高端制造企业尤为欢迎；新加坡证券交易所和中国香港证券交易所对 REITS 也更加关注，并且已经有多家境内房地产企业上市；中国香港证券交易所还重视金融企业和规模比较大的连锁销售企业；中国香港证券交易所和韩国证券交易所也接受传统产业的企业上市。原则上讲，对高科技和高成长性的企业，全球各个证券交易所都持欢迎态度，企业可以根据自己的行业特点来选择不同的证券交易所上市。

3. 根据企业的生命周期

每个企业都有自己的生命周期，处于不同生命周期阶段的企业，其规模和抗风险能力不同。企业应当选择与自己发展状态相适应的证券交易所上市。美国的招示板市场（OTCBB）对挂牌企业要求比较宽松，主要服务于成长期的中小企业上市。当企业上市且获得发展后，即企业符合主板上市条件后，可以转入主板上市；新加坡证券交易所规定的上市门槛比较低，它定位自己是为急需资金支持的中小企业提供初期融资，企业上市获得发展后，可以选择在全球多地上市。中国香港的创业板市场现在定位为企业转入主板上市的跳板。多伦多证券交易所对没有利润但按照加拿大矿业协会的 NI43 - 101 条款经过评估的矿业企业，也可以接受其上市。伦敦证券交易所的高增长市场，适合于高成长的中小企业上市。德意志交易所的初级市场适合于各类规模和成长期企业上市，还可以接受现金壳公司上市，然后收购境内公司后，再首次公开发行。

4. 根据企业的经营业绩

不同的境内外证券交易所对上市公司有不同的业绩要求，上市公司的年度销售额和净利润及业绩增长率是企业能否上市的基本条件。国内的证券交易所比较重视企业的注册资本和资产规模，也更重视企业的净利润、销售额和现金流的情况。美国的证券交易所和其他境外证券交易所除关注企业规模和股东数量外，更关注企业的销售额、净利润以及它们的增长率。如果企业的业绩比较好，特别是增长潜力大，原则上可以选择任何一家证券交易所的创业板上市，然后转入主板上市。美国资本市场的上市理念是，所有的企业都可以上市，但时间会说明一切。如果企业没有增长潜力，上市后没有好的利润支持，那就不能选择在美国柜台市场买壳上市，否则难以筹集资金，也升不到主板市场，长此下去，流通性会很差，公司会变成一个"死壳公司"。企业应当依据自己的经营业绩情况选择适当的可以接受自己上市的证券交易所。

5. 根据企业的支付能力

境内外不同的证券交易所的不同市场板块，对企业上市的费用有不同的规定。特别是企业在不同的国家和地区上市，需要支付给中介服务机构的费用也

很不相同。一般来说，企业在境外上市，需要支付给中介机构的费用为融资额的7%～12%不等，费用比较透明。其中在美国上市的费用相对高些。在美国的柜台市场买壳上市，不同时期有不同行情和报价，但通常只能买到90%以下的股权，10%的股份持有者会分享买壳企业利润增长后的股价收益。如果企业前期资金困难，拿不出钱来支付服务机构的费用，这些机构有时会与私募股权基金联合，让私募股权基金垫资运作，但它们占有企业的股份相对要高。企业如果选择在境内上市，据有关国内证券公司介绍，它们的收费最低标准是人民币1 200万元，少于这个金额数目，券商就不大愿意去做，当然对特别好的企业是例外。至于其他的额外费用，则无法精确统计。

（二）对境外需要考虑的因素

1. 对中国企业的认知度

境外的不同证券交易所对境内不同企业的认知度不同。大多数公司更愿意选择到与本国文化背景类似的国家（地区）上市，这样可以减少沟通成本。通常，可将文化类似的国家划分为如下几类：德国、奥地利、荷兰、瑞士作为一组；比利时、法国、意大利、西班牙作为一组；英国、美国作为一组。在这些组内，语言、文化传统、价值观念都比较靠近。一般来说，香港证券交易所等亚洲资本市场，由于文化比较接近，特别是香港回归中国后，被认为香港是母国市场，其证券交易所与境内同文同宗，更容易认可境内企业。当然，判断对中国企业的认知度，不能仅从地理文化上看，现在经济在按全球化方向发展，各个证券交易所都关注新兴经济体的企业资源，它们都对这些企业的发展和存在的不足有更多的理解。美国等证券交易所强调好的企业要有好的证券交易所相配。比如，无锡尚德选择在美国上市，就是由于纽约证券交易所主席亲自给无锡尚德领导人通了电话，表示对企业有极大的兴趣，企业才作出美国上市决定的。当然，由于一些中国企业在境外上市后，暴露出财务造假等违规行为，境外证券交易所也对中国企业抱有一定的警惕，通常要求国际著名会计师事务所出具审计意见，有的还要求对公司资料进行公证。境外资本市场对于企业的不同认知度，对企业募集资金有重要影响。企业在选择境外资本市场时，需要认真考虑这一因素。从投资者的基础来看，纽约、伦敦、法兰克福、中国香港都是比较广泛和实力最强的。另外，企业境外上市，还需要关注上市地的分析师队伍的素质，看它们的研究支持力度。研究的实力直接影响企业在一级市场的估值，特别是还影响二级市场的股价表现。如果分析师能够对上市公司不断发表研究报告，使投资者对上市公司不断有深入的了解，有利于上市公司在二级市场的成功。特别是对某些出自特殊行业的企业，更需要有特殊的行业研究人员予以支持。我们选择承销商的时候，要把这方面也作为判断的重要依据。对这方面的判断，可以通过证券行业分析师的人数、学历、薪酬、发表的研究报告的质量和数量来考察。例如，全世界的网络公司都愿意到美国 NAS-DAQ 上市，原因就在于华尔街有一大批成熟的、经验老到、分析准确的网络行业分析师，他们能够比较准确地给公司股票进行发行定价。

2. 市场行情高低

境内外的不同资本市场处于什么样的行情，对企业股票发行定价影响极大。一家好的企业在股市低迷时发行定价甚至低于一家差的企业在公司高涨时的定价。企业应该选择市场行情好的时候发行上市，这有利于股票发行成功和更好的融资。在市场低迷的时候，企业可以考虑推迟上市，或者通过引进基石投资者，少量发行一些股票，等到市场变好后再增加发行。当然，要预先准确判断境内外资本市场行情是一件比较困难的事情。国际资本市场具有联动效应，中国境内市场受国际市场的影响也越来越大。过去境内资本市场由于投资者的投资渠道比较单一，股价比境外要高。随着境内外企业相互跨境上市，现在看来股价已经比较接近，今后的趋势更是日益接轨。我们只能在全球行情的大背景下，看看哪个市场的平均股价、哪些行业的上市公司的平均股价相对较高，对企业发行定价相对更有利些。

3. 上市准入的实际门槛

通常境内外的主板市场上市条件比较严格，对公司的资产规模、盈利能力、经营年限等有很多限制。另外，企业从申请上市到正式发行上市往往需要较长的时间。例如，中国境内的 A 股市场就需要企业有较长的准备期和排队期，甚至需要几年的时间，这是它的一个"短板"。有一家企业在境内上市后，它的老板谈的第一个体会就是需要经过"八年抗战、三年苦战"。有鉴于此，一般中小企业对主板市场上市是望尘莫及的。但是，大公司都是从小公司成长起来的。例如，在美国 NASDAQ 上市的微软、英特尔等经营非常成功的大公司，都是从小公司在柜台交易开始的。由于 NASDAQ 的成功，20 世纪 90 年代，日本、德国、英国、新加坡、中国香港都创办了上市要求比较低的二板（创业板）市场，德国推出创业板市场 3 个月后就关闭了。20 多年来，除了英国的 AIM（增长板）市场比较成功外，其余的运营都不太理想，交投比较清淡。当然，小公司可以选择到这些二板市场上市，待发展壮大后，再转到主板市场上市。境内外不同证券交易所的创业板市场对外国企业上市大多都规定了不同的标准，这些标准一般来说都比较宽松。但是，由于中国境内企业的情况

不同，仍然需要研究境外创业板市场的实际准入标准，既要知其一，又要知其二。这里有两种情况：第一种是"易进易转"，即容易进入且容易转板。例如，中国香港证券交易所将创业板市场发展为第二板市场，成为中小企业到主板挂牌的"踏脚石"，并且把转板上市费用调低50%。新加坡证券交易所发展出"凯利板"，其英文名称为"Catalyst"，是由"Catalyst"（催化剂）和"Listing"（上市）两个单词合并而成，寓意在凯利板上市将是快速成长企业成功的"催化剂"。另一种是"易进难转"，即容易进入市场但转板较难。例如，美国 OTCBB 市场基本没有初始挂牌的标准，中小民企以反向收购方式在 OTCBB 市场借壳上市，成本小，所花时间短，而且能保证100%上市。但是，企业需要运营一段时间，现已改为至少运营 1 年时间，待经营业绩及股票价格达到相关标准后，才可以申请转入 NASDAQ、AMEX、NYSE 的主板市场交易，这就要求企业必须有发展潜力，必须有后发优势。

4. 市盈率与发行定价

中国境内企业在境内外证券交易所上市，其发行价格的确定确是很重要的，企业最愿意到市盈率和定价比较高的资本市场上市。然而，不同资本市场的发行市盈率的定价是不断变化的，不会长期固定在一个价格水平上，在市场行情最高时与最低时会差别很大，特别是针对不同行业和不同质地的企业，其发行定价也很不相同。如果认为某个证券市场定价高，我这个企业就一定会定价高；某个证券市场定价低，我这个企业也就一定定价低，这种想法是不全面的。我们以 2008 年 8 月 11 日时的主要股市的平均市盈率倍数为例，中国境内股市沪市的平均市盈率为 18.65 倍，深市为 21.3 倍；境外道·琼斯工业指数 17.72 倍，NASDAQ 指数为 20.88 倍，标准普尔指数为 15.5 倍，恒生指数为 13.24 倍，国企指数为 15.11 倍，日经指数为 16.06 倍，孟买指数为 16.3 倍，英国富时指数为 10 倍，德国指数为 10.61 倍，法国指数为 10.61 倍，俄罗斯指数为 8.92 倍。从这些情况可以看出，除中国和美国的股市价格较高外，全球的股价基本已经接轨。当然，越南和迪拜的股市曾经很高，平均市盈率达 100 多倍，后来又不同程度的跌幅，越南股市下跌了 60%。德意志交易所对生物科技和新能源。清洁能源的企业看好，在高点时平均市盈率达 30 倍以上，金融危机前平均达 60 倍。韩国股市在去年上半年时平均市盈率达 16 倍以上，现在最低时只有 10 倍左右。我国境内企业境外上市时，需要与投资银行等机构一道准确预测和判断上市目标市场的股价未来走势。

5. 市场规模和流通性

境内外资本市场的规模和流通性对上市公司股价也很重要。股票市场的规模可以通过在该交易所上市的公司数量和流通市值来考察。显然，股票市场的规模越大，吸引大盘股的能力就越强。前些年，我国境内的一些大盘股选择到境外发行上市，其中的一个主要原因，就是境内股票市场规模太小，"浅水养不活大鱼"。流动性是指能否快速变现股票，以及以尽可能小的成本来变现的程度，通常可以用换手率和买卖价差来衡量。换手率越高，买卖价差越低，表明流动性越好。流通性好说明该上市公司的股票交易比较活跃，容易提高上市公司的股价，便于其再融资。流通性从根本上取决于股票投资总量与股票需求之比。有些人喜欢把中国境内市场以散户为主的炒作产生的流动性与境外市场以机构投资者稳定交易为主产生的流动性加以比较，得出境内市场的流动性比境外市场要好的结论，这是不正确的，因为二者的流动性产生原因和基础不同。与此相关，企业的再融资是否便捷也是境内企业赴境外上市需要考虑的因素。如果再融资很方便的话，即使首次公开发行筹资不多，也无须顾及资金使用的缺口。实际上，全球的各个证券交易所由于其规模大小不同，以及交易商数量和实力不同，再加上交易制度的差别，其流通性是有所不同的。我们看到，那些处于全球或地区金融中心位置的证券交易所通常有好的流通性，比如美国、中国香港、伦敦、德国等的证券交易所。美国处于全球证券市场的领头地位，香港是全球特别是亚洲的重要金融中心，英国、德国则是欧盟乃至全球的金融中心，那里的市场都有好的流通性。一般来说，已经在流动性较差的证券交易所上市的公司，更愿意到流动性好的证券交易所交叉上市，这样可以降低资本成本。但是，这会面临一个困境：在这个证券交易所上市，股价比较低，再到另一个证券交易所上市，股价也高不到哪里去。因为全球证券交易所都讲究同股同价同权，如果同一只股票，以不同的价格卖给不同的投资者，以高价买的投资者就会吃亏，那显然不符合公平的原则。所以，企业选择境外上市，一开始就要有长远观点和再融资准备，尽量选择流通性好的证券市场发行上市。

6. 上市费用和维护费用

上市财务费用成本也是境内企业到境外上市所考虑的问题之一。到任何一家境外证券交易所发行上市，都不是"免费的午餐"。财务成本主要包括上市前的筹资成本和上市后的维护成本。但是，这个问题不是绝对的，上市费用需要与融资金额联系起来考量。特别是对一些规模大、有实力的企业来说，它们并不把这个问题放到首要位置去考虑。一般来说，企业上市要支付上市费用和上市后的维护费用。上市费用包括聘请顾问、投资银行、律师、注册会计师等中介机构而支付的费用，维护成本则包括支付给证券交易所的费用、编制会计

报表、聘请注册会计师审计等的费用。交给证券交易所的费用包括入市费、上市年费和附加上市费。入市费是公司证券初次上市时一次性缴付给证券交易所的费用。各境外证券交易所一般依据上市证券股本总额制定了入市费收取标准。通常公司规模大则费用较高，但不少证券交易所都制定最高限额。在计算方法上，有的证券交易所根据发行公司的上市股数大小分档设定费用标准，如香港联合交易所。有的则是区分基本费用和浮动费用，即设定基本费用，再根据上市股数分档收取浮动费用，如 NASDAQ。此外，有的证券交易所还收取一定额度的上市申请费（或上市材料审阅费）。如果公司上市申请成功，将在基本费用中冲减。若企业申请上市未获批准，这笔费用将不再退还。上市年费是发行公司在上市以后每年缴付给证券交易所的固定费用。境外各证券交易所的上市年费计算依据、类别及是否设定限额等问题的处理，基本与入市费相同。维护费用则包括支付的证券交易所年费、编制会计报表、聘请注册会计师审计等的费用。附加上市费是指如果发行公司采取诸如收购、合并或重组、私募发行、交换发行、股东优先认购或预约发行、公开发行等行为时，发行公司需要支付给证券交易所的附加费用。此项费用一般按次收取或按发行股数收取，多数设有上限。2002 年美国《萨班斯—奥克斯利法案》要求在美国上市的所有公司重新按本法案的 404 条款完善内部控制。据称，上市公司平均花费为 460万美元。高昂的上市费用和维护费用使一些在美国上市的企业叫苦不迭。所以，维护费用也是中国境内企业在境外上市前就必须仔细考虑和客观估算的。

7. 市场的监管强度

境外各证券市场的监管强度决定着上市企业维持上市的付出成本以及违规的风险。世界上的法律体系可以简单分为两个大类：第一类是大陆法体系，以欧洲大陆国家中的法国、德国、意大利为代表，向外延伸到日本、中国台湾、中国大陆、拉丁美洲等地区；第二类是海洋法体系，以英国、美国为代表，向外延伸到英联邦国家、中国香港等地区。大陆法体系注重成文法，海洋法体系注重习惯法。学者们研究认为，英美国家在投资者保护方面比大陆法系国家做得要好，这也就是导致英美国家的股票市场更为发达的主要原因。美国早在1933 年和 1934 年就分别颁布《证券法》和《证券交易法》，其监管比较严格，而且辅助的法律制度也很多。例如，"集体诉讼"和"举证责任倒置"等。2003 年，中国人寿公司在美国刚上市，就遭到美国投资者的"集体诉讼"，官司打了几年，最终中国人寿赔钱了事。2002 年，美国出台《萨班斯—奥克斯利法案》，对在美国的上市公司采用严刑峻法。该法案要求上市公司的 CEO 和财务总监在公司财务报告上签名以示负责，如果有造假行为，将会罚款 500 万美元和判处 20 年监禁。该法案还要求在美国上市的公司建立内控制度。美国的这些举措导致很多公司选择从美国退市或转到其他证券交易所上市。例如，全球最大的 IPO 项目、募集资金 220 亿美元的中国工商银行就没有选择赴美国而是选择到中国香港上市。现在香港证券交易所也要求上市公司建立内控制度。我国境内的证券交易所要求从 2009 年开始实施内控制度。当然，国际上也还有一些证券交易所没有严格要求建立内控制度。就目前情况来说，哪一家境外证券交易所的中国上市公司数量较少，正在吸引中国企业去上市，就对中国企业的要求相对宽松，监管比较有弹性。如果中国企业已经有 50 ~ 60 家企业在此证券交易所上市，通常就会对企业的要求严格一些，并且开始注重于公司的质量，而不单纯是数量。当然，对中国境内企业来说，如果某个境外证券交易所吸引了很多同行业的企业前往上市，通常表明到该证券交易所上市是有利可图的。因为道理非常简单，如果该证券交易所不能使企业有利可图，则不会有如此多的同行业的公司前往上市。

三、全球各主要创业板市场上市标准

（一）NASDAQ（小盘股市场）

NASDAQ 是全美证券交易商自动报价系统的简称，是全球著名的场外交易市场，与 NYSE 并列为美国最活跃的股票交易市场。该市场成功地吸引了 IT 业、互联网业的优秀企业登陆美国，其中中国的网易、神狐和盛大等是国人耳熟能详的企业。

1. 上市标准

（1）股东权益或市场资本总额或净收益分别达到 500 万美元或 5 000 万美元或 75 万美元；

（2）公众持股数量为 100 万美元；

（3）公众持股市值为 500 万美元；

（4）最低股票价值 4 美元；

（5）做市商为 3 个，股东为 300 人；

（6）经营历史为 1 年；

（7）市场资本总额为 5 000 万美元。

2. 优点

（1）投资者基础雄厚；

（2）互联网等高科技行业公司能得到更好的估值。

（二）伦敦证券交易所（AIM）

伦敦证券交易所从早期在咖啡屋中开展交易，至今已有300年的历史。来自60余个国家和地区500多家大型企业云集这里上市筹资。前西欧各个证券交易所IPO在伦敦进行，全世界70%的欧元在此交易。在主板市场有2 000家上市公司，其中来自中国的企业有6家。高增长市场（AIM）有1 640家上市公司，其中来自中国的企业就多达80多家。

AIM市场有34个行业板块和85个细分行业。拟推出中国企业指数股。其总市值为5 565亿元人民币，约折合为632亿美元。

1. 上市标准

AIM虽然在规模、资金、业绩方面未对上市企业规定要求，针对我国境内中小企业，在实际操作中还是有标准的。这些标准是：

（1）净资产在3 000万元人民币，净利润为1 200万元人民币；

（2）年增长率在25%以上，以能够吸引投资人为佳；

（3）具备两年主营业务赢利要求。

2. 优点

（1）入市审批灵活，无最小规模限制；

（2）成本低，时间短，一般为6个月上市，融资额在200万～1 500万英镑，上市后年费约为10万英镑，上市时间约6个月；

（3）管理灵活，除100%兼并外，不需股东大会通过；

（4）中介费用占融资额的10%左右。

（三）德意志交易所（初级市场）

德意志交易所成立于16世纪，位于德国法兰克福市，提供了初级市场、一般市场和高级市场，可供企业上市选择。德意志交易所初级市场不是创业板市场，但门槛相对较低。目前，来自70多个国家多达8 000家公司在此交易。其中60%的交易量来自德国以外的国家（地区），是世界上流通量最好的证券市场之一。目前，有350只中国股票在此交易。中国铝业、东方航空、中国石化等交易额已达32亿欧元。从2007年以来，至今已经有36家以上的中国境内企业在德意志交易所上市。

1. 上市标准

以下是德意志交易所初级市场的入市门槛。

（1）平均销售量 2 200 万欧元，平均税前利润 120 万欧元；

（2）入市费：750～1 500 欧元；

（3）年费：5 000 欧元；

（4）通常融资额在 500 万～1 亿欧元的企业在此市场完成。

2. 优点

（1）流通性最好；

（2）提供欧元货币支持；

（3）进入欧盟市场的通行证；

（4）上市成本低：企业首次公开发行（IPO）成本为融资额的 6%～9%，伦敦证交所的成本为融资额的 7%～12%，上市后续 SEO 成本为 3.3%，伦敦证交所为 4.5%；

（5）高流通性促进最大的交易量。

（四）泛欧证券交易所（二板市场）

泛欧证券交易所由法国、比利时、荷兰、葡萄牙四国的证券交易所及这四国和英国伦敦国际金融期货交易所合并而成，具有统一的交易规则和一体化的交易平台。泛欧证券交易所目前已被 NYSE 纽约证券交易所收购，改称为泛欧—纽约证券交易所。

1. 上市标准

初级市场（Alternext）

（1）运营时间需要 2 年；

（2）最低公众持股额为 250 万欧元。

2. 优点

相对简单的上市条件。

（五）多伦多证券交易所（创业板）

多伦多证券交易所是主要偏重能源和矿业企业上市的资本市场。多伦多交易所创业板市场（TSXV）是目前世界上唯一一家真正意义上的风险资本股票市场，其交易量在北美排名第四。

1. 上市标准

（1）管理层：有与业务相关的经验和专业技术，有足够的相关上市公司经验。

（2）保荐人：作为充分尽职的证据，一般都要求，经认可的经纪人、交

易商出具的推荐信，对企业履行上市公司义务的能力作出评价。

（3）财务要求：依据业务发展成熟度而有显著不同的要求。一些类别对收益和现金流量有要求，但没有收益的公司可以通过满足其他财务要求而上市。

（4）项目要求（资源行业类公司）：从早期勘探直到赢利生产阶段的企业皆可上市。对处于不同阶段的企业制定有不同的具体要求，反映了对资源行业的理解。

2. 优点

（1）矿产、能源类企业更能得到良好的估值；

（2）良好的风险资本。

（六）澳大利亚证券交易所（ASX）

该所在全世界市场总资本排名中名列第七，2003 年、2004 年和 2005 年被连续评为最佳的世界交易所，总市值为 1.8 万亿美元，有 2 000 多家上市公司。

1. 上市标准

（1）持股至少 500 人，2 000 澳元/人，或者持股至少 400 人，2 000 澳元/人，其中 25% 为公众持有。

（2）利润或资产评估：3 年净利润达 100 万澳元，并且最近一年为 40 万澳元，或者有形资产净值达 200 万澳元，或市场总资本价值达 1 000 万澳元。

2. 优点

（1）门槛低，上市时间快，一般为 6 个月；

（2）费用低，IPO 费用是融资总额的 5% ~ 10%；

（3）融资金额占公司总资本的 20% ~ 30%。

（七）新加坡证券交易所（SGX）

该所成立于 1999 年 12 月，是首家实现全电子化及无场地交易的证交所；2000 年 11 月成为亚太地区首家通过公开私募和私募配售的交易所。目前有 665 家上市公司，总市值 4 313 亿新元。有中国（包括香港、台湾）企业 158 家，是亚太地区比较活跃的资本市场。

1. 上市标准

以下三种方案选其一。

（1）前 3 年税前利润达 750 万新元（约合 3 375 万元人民币），同时每年利润超过 100 万新元，约合 450 万元人民币（须提供 3 年营业记录）。

（2）最近 1 年或 2 年的税前利润达 1 000 万新元（4 500 万元人民币）。在实际操作中，年利润达 2 500 万元人民币。

（3）首次公开发行市值不少于 8 000 万新元。

二板市场更好、上市条件更宽松，对传统产业企业要求累计赢利 1 000 万元人民币。

2. 优点

（1）在 1 年内就可以挂牌上市；

（2）募集资金在新加坡元、港币、美元之间选择；

（3）年费不超过 2 000 新元；

（4）上市成本：一般在 600 万 ~ 1 000 万元人民币，占上市融资额 6% ~ 8%。

（八）香港证券交易所（创业板）

香港联合交易所 2000 年 6 月上市，作为一家向股东负责的上市公司，能把握亚洲区内同世界金融市场的接轨，是亚洲最为活跃的证券交易所。

1. 上市标准

（1）申请人必须提交上市申请日前至少 24 个月的业务记录，若符合以下条件者，可减至 12 个月：①首次上市文件中显示过去 12 个月内的营业额不少于 5 亿港币。②该财务报告显示上一财务年度内总资产不少于 5 亿港币。③上市时厘定之市值不少于 5 亿港币。

（2）在上市时，公众持有市值不少于 1.5 亿港币，至少有 300 名股东，其中最大的 5 名股东，及最高的 25 名股东合计的持有量不得超过公众持有的 35% 和 50%。

（3）股票的首次公开招股价格不少于 1 港币。

2. 优点

（1）地理优势，文化接近；

（2）新出台的上市标准提供更灵活的准入条件。

（九）东京证券交易所（创业板）

日本作为亚洲经济实力很强的国家，吸引了全球投资者的注意力，其资本市场在世界具有相当的影响力。

1. 上市标准

（1）公司经营必须在 1 年以上；

（2）提供两个财务年度的报告；

（3）市场资本需要在 10 亿日元以上；

（4）最低发行股票数量为 1 000 股；

（5）最少的股东人数为 300。

2. 优点

（1）条件宽松；

（2）适合与日本有密切商务联系的企业上市。

（十）深圳证券交易所（中小企业板和创业板）

在中小企业板旨在维持现行法律法规不变、发行上市标准不变的前提下，在深圳证券交易所公开发行主板市场中，设立的一个运行独立、监察独立、代码独立、指数独立的板块。该板块主要安排主板市场拟发行上市企业中流通股本规模相对较小的公司在此上市，并根据市场的需求，确定适当的发行规模和发行方式。目前主要安排公开发行 5 000 万股以下的公司在中小企业板上市。

与此同时，深圳证券交易所推出了创业板市场，关注于高科技、高成长性的战略性新型产业的企业上市。

上市标准（前两条任选其一）：

（1）最近两年连续赢利；最近两年净利润累计不少于 1 000 元人民币，且持续增长；或者最近 1 年赢利，且净利润不少于 500 万元人民币；最近一年营业收入不少于 5 000 万元人民币；最近两年营业收入增长率均不低于 30%。净利润以扣除非经常性损益前后孰低者为计算依据。

（2）最近 1 期期末净资产不少于 2 000 万元人民币，且不存在未弥补亏损。

（3）发行后股本总额不少于 3 000 万元人民币。

（4）其他标准。

（十一）韩国创业板市场（Kosdaq）

该市场板块建立于 1996 年 7 月，1999 年情况好转，目前运行状况良好。上市公司对外投资从 2000 年开始大幅增加，对中国投资位居第二。

1. 上市标准

（1）资本要求：最近财政年度期末净资产值为 30 亿韩元（约 2 400 万元人民币）以上。净资本不少于注册资本。

（2）股东分散：少数股东 500 名以上，韩国内招股量 30 万股（存托凭证）以上。IPO：少数股东 30%，公募 10% 以上。

（3）利润和 ROE：本期净利润不少于 2 亿韩元（约合 1 600 万元人民币）。最近会计年度 ROE 为 10% 以上。

2. 优点
（1）上市标准简化；
（2）上市周期短；
（3）制造业高价发行。

四、上市方式的选择

1. 直接上市（H 股模式）

第一种是境内注册的股份有限公司发行境外上市外资股并到境外上市，即 H 股模式。中国政府于 1993 年推出国有大中型企业到境外上市试点，先后制定《关于进一步加强在境外发行股票和上市的通知》（1997 年 6 月 20 日国发 21 号）、《关于企业申请境外上市有关问题的通知》（1999 年 7 月 14 日证监会发 83 号）等，要求企业符合下列条件：

（1）筹资用途符合国家产业政策、利用外资政策及国家有关资产投资立项的规定；

（2）净资产不少于 4 亿元人民币，过去一年税后利润不少于 6 000 万元人民币，并有增长潜力，按合理预期的市盈率计算，筹资额不少于 5 000 万美元；

（3）具有规范的法人治理结构及较完善的内部管理制度，有较稳定的高级管理层及较高的管理水平；

（4）上市后分红派息有可靠的外汇来源，符合国家外汇管理的有关规定等。

通常企业境外直接上市都是通过 IPO 方式进行，这样可以使公司股票达到尽可能高的价位，而且股票发行的范围更广，上市公司可以获得较大的声誉。但是，境外直接上市的操作程序非常复杂，要聘请许多中介和服务机构，需要经过境内、境外监管机构审批，在主流股票市场进行 IPO 还要经过严格的财务审计，时间和货币成本都很高，而且还要符合上述的"四、五、六"的规定，尽管近几年来该规定的条件要求已经放松。但是，大多数中小企业还是很难符合这样的境外上市条件要求。

2. 间接上市（大红筹模式）

第二种是境外中资控股上市公司，即在境外注册，在香港上市，其业务和

利润来源主要在境内的中资控股（高于35%）企业。境外人士通常称它们为"红色中国的蓝筹股"，简称为"红筹股"。此类公司是经过国务院批准的，视情况需取得中国证监会批准，或事后到中国证监会备案。这类公司目前大约有84家，它们是我国政府行业部门下属的大型国有企业和某些地方政府在香港设立的窗口公司，以航天科技、招商局、中国华润、上海实业、北京控股、广东粤海等为代表，其中也包括中国移动、中国联通、中国海洋石油等重要企业。

红筹股公司上市在1997年香港回归中国时达到高潮。亚洲金融危机后逐渐减小，近几年上市数量更少。许多红筹股公司在探讨回归A股市场上市。

3. 间接上市（小红筹模式）

第三种是境外注册的其他公司，即境内民营企业外资化后到境外上市的公司。其通常做法是：先以股东（境内居民）个人名义在境外注册公司，在通过境外公司融资后反向收购境内企业股权或资产，将其变更为外商投资企业，然后以境外公司名义申请在境外上市。

从1999年开始，境内一些民营企业开始采取红筹方式间接到境外上市。2006年6月9日中国证监会对境内各律师事务所发出《关于涉及境内权益的境外公司在境内发行股票和上市有关问题的通知》（72号令），要求律师对境内企业在境外注册公司上市提供法律意见。市场人士通常把中国证监会法律部的这种批复函称为"无异议函"。

2003年4月1日，中国证监会发布《关于取消第二批行政审批项目及改变部分行政审批项目管理方式的通知》，取消了中国律师出具关于涉及境内权益的境外公司在境外发行股票和上市的法律意见书的要求。

2006年9月8日起，商务部、国资委、外汇局、工商总局、税务总局等与中国证监会联合发布《关于外国投资者并购国内企业管理办法》（10号文），在一定程度上对境内民营企业外资化后到境外上市予以规范和监管。

五、境外上市专业团队的聘任

1. 财务顾问

在挑选境外上市各专业团队前，企业应首先挑选合适的财务顾问。有经验的财务顾问可以对企业境外上市可行性做出详细分析，进行风险评估，并预算上市费用及可集资的能力。

一家有能力的财务顾问对企业上市成功集资有重要的影响。财务顾问可以协助企业挑选及组成其他上市专业团队成员，同时可以减轻企业在上市过程中的负担。有些人认为，可以由聘用的担任承销商和保荐人的投资银行及其下属的部门兼做财务顾问，但这样做通常是不妥当的。这里需要区分两种性质的财务顾问：一种是拟上市公司的贴身财务顾问，它是完全站在企业立场上，与企业利益绑定，而提供类似于企业内部工作部门提供的服务。另一种是独立财务顾问，它是站在独立的第三方立场上，对企业上市的合格性进行把关，并承担与投资银行连带责任的中介服务机构。这一类的财务顾问通常需要获得上市地证券交易所认定的资质。许多企业甚至财务顾问弄不清楚二者的区别，发生了许多或利益冲突或丧失独立性的事情。

一般来说，上市企业对选择的财务顾问公司需要支付一定比例股权和现金作为顾问报酬。支付的股权通常是在帮助企业成功发行后才能生效；支付的现金报酬可以根据工作进度和付出劳动分阶段支付。支付现金和股权多少为宜，需要依据顾问公司付出的工作量和解决问题的难易程度而定。劳动与报酬保持合适的比例关系，便于使财务顾问与拟上市公司形成相对长期稳定的关系。

在上市的最初准备阶段，财务顾问便要开始工作，协助解决以下各项问题：

（1）企业结构重组、改组事宜及有关法规问题。包括建议重组方案、管理结构、董事会组成、重大合约，以及选择控股公司注册地点、财务会计、利润预测、税务责任及资产评估等。

（2）设计和论证上市方式和上市地点，以及资产出境和资金调入渠道。

（3）引进私募股权基金和其他资金。

（4）招股说明书资料收集及文件制作，尽职审查。

（5）股票分销。与分销商及包销商合作推介股票工作。

（6）对整个上市过程负责整体策划，并负责与其他团队的联络协调工作。

2. 保荐人

保荐人是一个法人机构，保荐人代表可以是个人。它是负责向股票交易所推荐上市申请的经纪商。在境外的许多证券市场，监管证券市场和上市公司不是全部由证券监管机构和证券交易所来完成，而是要通过相当数量的保荐人完成。保荐人需要获得证券交易所的资格认定，完全站在投资者的立场行事。保荐人通常由承销商来担任。但是，在不同的证券交易所，也可以由律师等机构担任。保荐人除了代表企业办理申请上市手续外，并负责决定上市时间表、上市集资金额、价格、分销给其他证券经纪商或机构投资者、巡回推介等。同时，保荐人在企业上市三年内（伦敦等证券交易所要求对上市公司终身保荐）

都需要继续担任该企业的保荐人。企业在香港地区上市，香港证券交易所要求保荐人要向每一位董事讲清楚上市条例的每一条款，否则保荐人就会违反上市条例。在美国上市，没有设立保荐人要求，上市公司对监管机构负最终责任。

3. 承销商和做市商

股票承销商负责对企业发行的股份认购，并把它们分销给投资者和其他分销商。在境外不同的证券市场，承销商有不同的销售股票方式。有些市场（例如韩国）需要承销商采取包销方式，把股票全部买下来，再卖给投资者。在大多数市场，承销商根据累积订单，把股票尽力销售出去。因此，需要根据发售结构来组建承销团。在整个香港市场中，大约10年前，投资者的构成大体上30%~40%来自美国，30%左右来自欧洲，另外30%或更高比例来自亚洲地区，包括日本、新加坡、马来西亚、泰国、中国香港等。从目前的投资者构成来看，已经有所改变，其中的36%来自美国，23%来自英国，16%来自亚洲地区，另有11%来自欧洲等地，同时有12%来自中国内地投资者（主要以QDII方式）。从投资者结构来看，62%以上均为机构投资者，这显示出香港市场的成熟一面。因此，承销商通常不是一家投资银行来做，而是由几家投资银行联合来做，组成一个承销团。值得注意的是，主承销商一定是实力强、有信誉的投资银行，不能选择一家名不见经传的机构来做主承销商。有一种见解是，选择的承销商并非越大越好，关键是要符合匹配原则，看承销商具体从事承销业务的人员是否专业、负责，是否有足够的市场资源，是否能够密切配合企业，这有一定的道理。的确，"大医院也有小护士"，"小医院也有名大夫"。通常人们倾向于选择大医院，可能是由于大医院里除了有名气以外，名大夫可能会多些，选择的余地会大些。发行企业与承销商的关系类似于恋爱关系。双方总是试图建立一种相互尊重、相互信任的密切关系，然而这个过程中，由于利益的不完全一致性，也难免会产生一种爱恨交加的情绪。

一般来说，上市规则并没有要求一定要委任承销商。例如，美国NASDAQ可以允许企业在上市时并不进行集资。但是，除特别有实力和经验的大企业外，几乎所有的公司都是需要承销商的。对于大多数发行公司来说，选择合适的承销商有成功与否的决定作用。发行公司的首次公开发行的信誉最终依赖于主承销商。反过来说，发行企业的好坏也会影响到主承销商在行业内的信誉。选择主承销商的一般标准是：有从事相关或类似IPO的经验和记录，但保证不向利益冲突着和竞争者泄露公司的机密信息；主承销商或管理承销商在业界有良好的声誉和口碑；能够提供该行业领域的高水平的证券分析师；对公司有浓厚的兴趣和成功公开发行的信心；有足够的分销渠道和能力，能够建立高品质的承销团，保证最优的分销、流动性和透明度；有售后支持能力和再发行经验；与公司关系融洽；能够接受承销商的发行价格和承销折扣意愿，但这最终取决于路演情况。企业需要仔细阅读投资银行提供的公司介绍和业绩记录及客户名单，并且与投资银行的管理层当面交流。

做市商则是在二级市场上，促进股票流通的特许经纪商。他的职责是为某只股票"创造一个市场"，并确保有买卖意图的双方能够完成交易。当投资者出售某只股票，但找不到买方时，它有义务用自己的钱率先买进；当投资者购买某只股票时，但找不到卖方时，它有义务率先从自己的账户卖出。做市商对股票的交易价格影响巨大，可以介绍他们自己的客户来买卖股票。通过他们的工作，能平衡市场的供需要求，保持市场的流动性。

4. 律师

律师的工作范围包括草拟法律文件、重大合约、公司合同与章程、提供企业重组及符合公司法的意见，出具法律尽职调查报告和法律意见书。在有些境外市场，需要律师负责撰写招股说明书，草拟申请文件，并向证券交易所申请上市。在实际工作中，看律师所代表的是哪一方，从而确定其工作范围和职责。一个上市申请中，所需要的律师至少有两家，一方是代表保荐人的，另一方是代表上市企业的。假若控股公司需要在海外如百慕大或开曼群岛等地成立时，也需要聘请负责当地业务的律师。如企业有业务在中国境内，亦需要委任中国证监会认可的中国境内律师提供法律意见。律师职责是保证申请上市企业不违反法律法规，保证申报文件的每句话都真实无误。聘任高素质、有经验的发行上市律师对发行上市成功是非常重要的。高素质的律师应当博学多识、精通业务，除有上市法律咨询经验外，还应当在证券诉讼、雇员利益与补偿、反托拉斯法方面的咨询和诉讼、税收及知识产权等方面有全面服务能力，并且与企业关系融洽，愿意帮助企业理解整个公开发行上市过程，有耐心且肯花时间帮助处理企业上市中的各种法律问题，对上市前景充满信心，性格风趣幽默机智。

5. 审计师

审计是证明公司财务报告真实性和可靠性的一项会计活动。审计师的工作包括对企业进行财务尽职调查，对企业财务账目进行审计，出具审计报告，并且对企业未来几年的现金及赢利预算进行审核，并对税务、资产评估等在招股说明书内刊登的财务数据进行审核和同意，还负责向承销商和公司董事会传达"安慰函"（Comfort Letter）。审计师的职责是保证披露的财务报表的每个财务数字真实无误。挑选和聘任负责任且业务熟练的外部审计师是非常重要的。

审计师必须是完全独立的，他们不允许与被审计企业有任何经济利益关系。美国证券交易委员会的 S－X 条例明确规定了审计师必须遵守的独立性规定。主要是：（1）在审计过程中坚持独立性原则；（2）与企业没有任何经济上的利益关系；（3）不能是企业的发起人、管理者、董事或员工；（4）不能出面保证另一个审计师的工作；（5）避免与企业的员工或员工的亲属有任何关系；（6）必须独立完成审计工作，不能转交给其他审计师；（7）不能把冲销过到总账中（这是企业内部的会计师应当做的工作）。这些审计原则对所有的会计师都是适用的。

选择外部审计师的一般标准是：有好的声誉和全面的 IPO 经验；对所审计的企业所属行业有一定的产业经验；能够跟踪被审计公司的声明和遵守纪律行为等有关记录；能够胜任 IPO 之后的会计事务，诸如税务规划、并购的会计影响评估、对启动新业务提出建议等；考虑好终结审计关系后的后果，因为上市公司需要向证券交易所披露更换（解聘或辞职）会计师事务所的原因。企业需要查阅会计师事务所的介绍资料，了解审计师的经营、判断力、责任心和工作效率。

6. 物业评估师

企业在香港上市，价值评估师的委任是必需的。即使企业本身没有拥有土地及楼房，而办公室也是租赁使用的，也需要评估师作出评估。

7. 印刷商

印刷商在制作招股说明书过程中，从开始排板及修改招股说明书初稿，直至上市申请批准后印制最终招股说明书，便完成了其工作。

8. 上市公关顾问

上市公关顾问负责上市前协助设计招股说明书及其他推广文件，并组织路演的公关工作，邀请基金经理，机构投资者及记者参加各推介会，目的是使公众及投资者对上市企业及其管理层有一个良好的印象。

9. 股票保管人

根据上市规则，有些公司原有要股东的股票需要依规则禁止一段时间才能出售。在这段禁售期间内，上市公司必须将有关禁售的这部分股票放在股票保管人账户内。一般股票保管人大多是由商业银行来承担的。

六、组建企业上市工作小组

在整个境外上市项目过程中，拟上市公司的高层管理人员需要积极参与项目，提供支持和资源上的保证，及时解决上市过程中产生的问题。公司参与人员应当拥有与公开资本市场交流的经验，有在复杂多变的证券市场和严格规范的公司治理框架内高效工作的能力，能够在压力下对来自分析师和投资者的问题做出反应，保持 IPO 上市前冲刺 100 天或更长时间的工作劲头。

　　拟上市公司应成立配合性的项目小组，并与上市辅导机构组成项目联合工作组，全程参与上市项目工作过程。根据一些上市公司的成功经验，可以设立这几个方面的工作小组：综合组，负责整体协调和文件起草、法律、费用、公共宣传等；财务组，配合会计师进行审计和赢利预测；评估组，配合评估师进行资产评估；重组组，研究编制资产和人员重组方案；项目组，制定近期和远景发展规划和项目立项。在项目执行期间，上市辅导机构会根据不同时期的特点提交工作计划书和时间表，工作计划书和时间表经过拟上市公司认可后，才能得以实施。在上市项目进展过程中，项目联合工作组监控项目的整个进度及质量，并统筹协调各中介机构的工作。企业与各个中介机构之间需要密切配合，相互信任，及时分享信息。如果不能及时沟通，会影响后续的工作。在很多时候和很多情况下，企业上市工作慢，实质上就是快。

　　在上市工作实质性开始之前，上市辅导机构将在拟上市企业项目小组的共同配合下，完成财务和法律评估工作，最终完成如下的工作成果：

　　①《财务尽职调查报告》：进行上市赢利预测、审计评估、内控体系评估和国际会计准则下调整等工作。

　　②《法律尽职调查报告》、《建议的上市重组计划和时间表》：预测上市过程中的重大法律障碍，解决法律问题的途径，构建法律重组框架，产生该报告和上市法律事项的时间表。

七、配合做好上市前尽职调查

　　尽职调查，又称细节调查、核查，是由上市辅导机构在正式开展上市工作之前，需要依据本行业公认的执业准则，以自己应有的职业道德，谨慎的工作态度，从法律、财务的角度，对发行公司一切与本次融资或上市有关的事项进行现场调查和资料审查。尽职调查是一种重复的发现事实的调查，其目的和主要领域如图 14 - 1 所示。

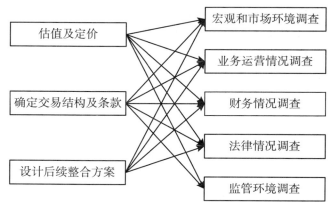

图 14 - 1　尽职调查的目的和主要领域

　　尽职调查是现代证券法制为维护社会投资公众基本利益，对上市公司在程序上的要求，也是投资银行及各上市服务机构避免自身风险，保护自身利益的要求，也是对拟上市企业负责的要求。一般来说，发行公司及其董事会和管理层通过合理的尽职调查，可以避免上市申请文件和招股说明书有错误陈述和遗漏，避免上市文件不完善的可能性。承销商既有商业动机也有法律动机来执行彻底的尽职调查。承销商除了要进行与上市申请相关的一般尽职调查外，还会了解审计师对审计和财务尽职调查的情况，重点关注公司关键的会计政策、会计控制和会计制度能否满足公司上市后持续信息披露和公司业绩趋势的要求。承销商还会对公司的当时和高级职员进行尽职调查，检查他们的履历表和他们对调查问卷所做出的反馈。按照美国联邦证券法的规定，如果董事和高级职员以及特定参与者能够证明自己已经进行了合理的尽职调查，即使上市文件中有重大的误导性，也能够避免个人的责任。由被告所进行的这种辩护被称为"尽职调查辩护"。目前国际上还没有形成一个统一的尽职调查辩护标准。在美国联邦证券法案中，合理的调查标准和信任的合理基础被定义为："一个谨慎的人在管理自己的财产时所必需的标准和基础。"这是一种过失标准（Negligence Standard），即只要工作组的成员在工作中没有过失，并且确保了上市文件相当准确和完整，就有利于避免或减轻除公司以外的工作组成员的责任。承销商会根据企业上市地和上市方式的不同，尽职调查的项目会有所侧重，但一般会围绕以下内容进行。

　　1. 企业基本情况调查

　　包括公司对外的正式公司介绍资料，例如企业经营宗旨、企业愿景、企业发展战略规划等；

所有有关公司历史的重要资料，包括其前身的组建过程，以及公司成立之后进行的重组、兼并、合并、分立、资产交换或收购、出售等重大活动；

公司正式的组织架构图，提供公司各主要业务部门的职责描述、核心业务介绍和经营目标；

公司股东会、董事会主要成员的背景资料（股东出资、股权占有情况及股东、董事简历和背景介绍）；

公司自成立以来的文件记录，包括：董事会会议记录、股东会会议记录，以及监事会会议记录；向公司主管部门或机构提交的报告、公司编制的或由其管理层委托编制的报告或分析报告、对员工所作的管理报告等；

公司人事计划（配备、招聘、培训、考核）以及公司现行的薪资、福利方案。

2. 公司业务状况调查

包括公司现有产品或服务项目的介绍资料，以及公司主要产品的发展方向，研究重点及正在开发的项目和新产品清单；

公司生产流程，包括但不限于原材料采购及产品设计、生产和装配；

公司所需原材料的主要供应商及其所供应的原材料清单；

列表说明公司现有的主要竞争对手的情况：公司实力、产品情况（种类、特点、价位、销售、市场占有率等）；

分别从销售渠道、方式、行销环节和售后服务等方面说明公司的市场营销模式；

提供公司市场促销和市场渗透的方式、安排及预算方案（包括主要促销方式和策略）；

公司产品价格方案（包括定价依据和价格结构、影响价格变化的因素和对策）；

公司市场开发规划，销售目标（近期、中期），销售预估（3~5 年）销售额、占有率及计算依据；

公司的产品符合产品质量和技术监督标准的证明，自成立以来因违反有关产品质量的规定和（或）技术监督方面的规定而受到调查或处罚的文件。

3. 公司财务状况调查

包括公司近 3 年的资产负债表、损益表及现金流量表，以及最近的评估报告；

未来 5 年财务预测，包括：公司业务计划、损益表预测、合并财务报表、

 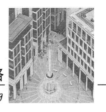
现金流量表预测、资产负债表预测；

公司固定资产的有关资料，如固定资产清单、权属证明文件、固定资产的抵押情况；

公司拥有的主要生产经营设备的产权状况；

公司无形资产明细表；

公司银行借款及其他负债情况；

公司经营管理费用、其他非经常性项目及异常项目，包括：补贴收入、营业外收入及支出、非经常性项目及异常项目的形成原因及其占净利润的比例；

公司短期和长期投资收益预算；

公司承担的主要税赋、税率、公司享受的税收优惠政策及相关文件、最近三年的完税证明文件；

主要的供应商及销售客户，所有进货和销售数量。

4. 公司法律状况尽职调查

提供公司的营业执照、公司章程、公司发起人协议、股东协议、批准证书，以及与公司成立、组建及改组有关的政府批文，包括任何对该文件进行修改的文件；

提供公司成立的验资报告、出资证明和资产评估证明及产权登记证，公司现有注册资本及历次变更的验资报告、相关证明文件和工商变更登记证明；

提供公司历次股权变更的证明文件及相关的协议；

提供公司相关的内部管理制度及劳动合同；

公司为从事其经营范围内的各项业务而获得的由政府授予的所有经营许可证、批准及认证，包括但不限于从事现在正在进行的主要业务的经营许可证及批准；

列表说明公司拥有的（在国内和国外注册的）重要专利、专利申请、商标权、商号、版权（包括但不限于公司拥有的软件版权），并提供有关注册证书；

公司为当事人的知识产权转让或使用许可协议，公司作为一方的技术转让协议、技术交换协议和与专利权、商标权、著作权、专有技术、商业秘密有关的其他协议；

列表说明在公司的动产和不动产上设定的担保物权或其他债权，并提供所有重要的抵押、质押或授予其他担保物权或其他债权的文件，及影响公司财产或财产的所有担保和抵押协议；

列表说明公司所有重要的保险合同或保险单（包括就财产、职工工伤事故、第三方责任、盗窃、环保等的保险），并写明保险公司的名称、保险的范围及保险额；

提供公司在正常的业务以外，放弃价值重大的索赔或权利的任何协议，以及在正常业务以外，对应收款账目作出重大的降低账面值，或注销账面值的任何文件；

提供任何界定或限制公司股东权利（包括对股票权或支付利息的任何限制）的协议或文件，包括以受托人身份持有股份的信托协议、表决委托或依然有效的委任代表书；

提供所有以公司或以公司的董事长、总经理、高层管理人员、公司股权5%以上的股东为当事人的（或对其具有约束力的）裁决、判决、命令、和解协议及其他协议，或者正在进行的诉讼、仲裁和其他法律程序，或其所了解的任何可能在未来引起重大诉讼和仲裁的事实或潜在的争议；

提供所有未包括于前述的公司签订的其他任何重大协议和合同；

提供公司关于环境保护的相关文件，具体包括：公司所准备的环境影响评价报告（如适用）及其批复。公司受到的环境保护部门的奖励及其惩罚，公司是否发生环境污染的重大事故。

如果公司有下属企业，下属企业也应当提供上述相关材料，还应当提供公司和下属企业之间的业务往来情况，以及相关的法律文件。

5. 企业人力资源状况尽职调查

包括管理架构（部门及人员）、董事及高级管理人员的简历、薪酬和奖励安排、员工的工资及整体薪酬结构、员工招聘及培训情况、退休金安排制度等。

6. 其他情况尽职调查

是否有历史遗留问题，比如一厂多制等；是否存在大股东占用资金、重大同业竞争等问题。

此外，上市辅导机构还要对股票一级市场、二级市场进行调查，对国家的产业政策、投资政策、环保政策、税收政策进行调查。经过上述的工作，投资银行及有关各中介机构对公司各方面的资信情况得到肯定答案后，才可以与公司签署顾问协议，开展实质性的工作。

八、制订上市方案并解决问题

企业在整个境外上市过程中，必然会遇到很多复杂的问题。要解决这些问

题，就需要在尽职调查的基础上进行统筹规划，制订合理的上市方案，指导后续的上市工作。在经过审慎的尽职调查之后，由投资银行（辅导机构或者主保荐人或承销商）会同上市公司上市工作小组、律师、注册会计师、评估师等认真分析企业目前存在的各种问题，找出解决问题的思路和方法。上市方案应包括以下内容：

①行业概况，包括行业现状、前景及主要竞争者、境内企业赴境外上市台阶式工作流程图。

②公司改制和重组的目标、股权结构的调整、资产重组的原则及内容、重组中应注意的问题。

③在目标证券市场发行上市的相关事宜，主要有：新股发行时机的选择和发行价格的确定；在目标证券市场上市所能筹集资金的估算；多项财务审计；募集资金投向。

④工作程序和时间表。

⑤实施组织及职责。

根据我们的经验，企业通常需要解决的问题主要包括：

（1）产权调整。调整的动力是要符合目标市场的要求；调整的原则是不改变主要股东结构；避免的问题是要能够突出主营业务，避免同业竞争，规范关联交易；调整的手段是重组并购、分立与减资。

（2）董事会组成。董事类别：执行董事 3 名以上；独立董事（考虑聘用）。原则：不能改变企业的历史沿革。要求：要有同行业的管理经验、团队精神；董事会秘书，可由顾问人员担任；董事会要能够规范。

（3）经营管理者要求。要有本行业的足够管理经验；要考虑历史沿革；不能兼职；不能有不良记录；有团队精神；建立激励约束机制（考虑股票期权计划）和考核制度；岗位职责说明；建立有效的内控制度。

（4）员工安排。进行员工的岗位测评；员工身份所属是否变化（是否重新订立劳动合同）；员工的保险；员工的待遇；员工的团体；员工的管理、激励约束机制和考核制度；员工培训及企业文化展现。

（5）完善公司治理结构。公司的内控制度是否建立；公司的流程是否需要再造；现代公司治理结构是否完善；不要重复建设和设置机构部门；要节约管理成本；公司管理模式和层级要适合。

（6）公司业务调整。主辅业务分离，主营业务突出；主营业务的资源；主营业务的保证；主营业务的稳定；拓展主营业务的计划；应对主营业务危机的管理方法。

（7）市场营销的调整。营销部门是否有市场分析数据和合理的销售目标；市场定位是否准确；营销管理费用是否合理；品牌战略；售后服务体系是否健全；应对营销危机的方法；新的营销计划及可行性分析；竞争者及市场环境分析。

（8）财务调整（一般问题）。财务周期调整；利润率是否每年有一定幅度增长；有效降低负债率和坏账准备；考虑并购以减少企业净资产值；企业税金是否交足；员工负担的税金是否合理；企业现金流问题；企业折旧问题；企业的固定资产和无形资产问题；企业债权及抵押担保问题；企业的原始凭证及银行对账问题；为未来36个月的赢利预测做好准备。

（9）财务调整（境外投资者关注的财务数据）。企业净利润及其增长率；企业现金流（每月或每季度）；企业未来赢利预期；企业负债及比率；企业应收账款；企业税金；企业总资产、净资产及固定资产；无形资产；净资产收益率。

（10）法律调整。商业合同是否规范，有无重大隐患；土地证及土地租赁合同是否规范；固定资产权属清晰；有无诉讼；有无担保；管理层及员工合同是否合法；企业工商注册及相关政府部门许可；企业股东、董事及经营管理制度是否合法；企业商标及无形资产；企业债权；企业子公司、分公司及关联公司；企业运营涉及的其他法律事项。

九、提交上市文件

上市文件是指有关上市申请而刊发或建立刊发的招股说明书（招股章程）、通函及任何同等的文件（包括有关重组安排计划的综合文件和介绍上市的文件）。向证券监管机构递交上市文件，必须确认所有所需的资料已经载入上市文件，或将于提交审核前载入上市文件。其中最重要的是招股说明书，它既是发行时的推销文件，也是公司法律责任的基础所在。招股说明书要披露很多的资料，包括风险因素、行业背景介绍、经营业务情况、公司的市场地位及竞争情况、公司的业绩、未来计划及前景、筹资目的及用途、管理层的介绍、股票发行结构及其他有关的资料、会计师报告、资产评估报告、盈利预测、公司章程的主要内容、公司的一般法定文件等。招股说明书不能有重大的不实陈述或有重大的误导性遗留。按照不同的证券市场的上市规则，拟上市企业一般需要递交如下文件：

各种上市申请表格、公司历史业务记录、公司上市后的业务目标、会计师报告、发行人股东大会相关决议案、发行人已通过根据相关公司法须予以登记的决议案副本；批准配发该等证券、提出上市申请及作出使该等证券获准参与中央结算系统的一切所需安排，及批准并授权刊发上市文件的决议案的经认证副本、临时所有权文件的预期定稿、所有权证书或其他所有权文件的预期定稿、会计师报告中所述年度的各年度报告及账目、经每名董事监事签署的正式承诺、发行人注册证书及任何易名注册证书或同等文件的经认证副本、发行人开业证明文件（如有）的经认证副本、控股股东间关联交易的说明文件及证明文件、关于风险因素的说明，等等。在中国香港证券交易所申报上市，审批的最后一个环节是上市委员会聆讯；在美国上市，美国证券交易委员会审批的最后一个环节是正式注册。

十、路　演

路演一词源自英文 Road Show，是街头表演的意思。企业获准上市后，下面的工作就进入股票促销阶段。从投资银行内部分工来说，工作就由投资银行部转入资本市场部。这两个部门是上、下游的工作关系。如何在发行前这一段时间创造出一级市场的强劲需求，这是估值成功的先决条件，也是成功发行的先决条件。因此，需要做好早期的宣传工作，发表一些行业性的报道。比较谨慎、负责的做法，通常是在路演前的 1 周或 2 周内，通过自己的研究人员做一个先期路演，使公司先期了解市场对公司的期望、要求、顾虑等，一步步把投资者的思维固定下来，把投资者与上市公司的距离拉近。

正式的路演是直接针对可能投资人的一种宣传推介活动，针对性强，命中率高。这个过程是上市公司及其承销股票机构等各方大显身手的时候。大的发行需要在全球跑七八个国家，十几个、二十个城市。参与路演的各方需要做好准备，提前熟悉情况。企业高管人员要能按照投资者的习惯方式，进行极具感染力的公司陈述，其内容和顺序基本如下：（1）承销商或公司代表对公司介绍；（2）司仪介绍承销商的名称、公司名称、发行数量、发行所在州、生效日期、交款日期、结算日、上市交易日以及其他相关事项；（3）公司的简要介绍；（4）介绍公司董事会主席和首席执行官；（5）总裁或首席执行官对与会者表示感谢，并向与会者介绍公司的历史及详细信息；（6）播放录像带；（7）管理层代表或每位管理者简要自我介绍；（8）总裁或首席执行官或董事会主席简短介绍董事会成员；（9）总裁或首席执行官简要介绍顾问委员会成员；（10）与会者提问和有关人员回答；（11）承销商的总结陈词。公司高级管理人员要能够对答如流地回答投资者提出的各种问题。在路演中，投资者可能会提出一些很现实的问题，比如"你如何有把握搞好企业？""企业的总经理没有持有公司股票，他如何会尽心尽力为企业负责？"甚至还会提出一些当前的宏观经济问题，比如宏观调控、通货膨胀、反倾销等。如果投资者对企业的回答不够满意的话，投资者可能会不下订单或减少订单。

路演主要有现场推介会和网上推介会两种方式。网上推介针对所有的投资者和大众，现场推介主要针对基金及机构投资者。美国证券交易委员会对电子路演已经提供了一些有限的指导，比如仅对那些通常受邀请参加路演的观众传达信息，要使这些观众在提前收到或看到招股说明书；电子路演披露的信息要与招股说明书披露的信息完全一致，不允许观众复制、下载和散发任何路演资料等。特别要高度重视"一对一"的会谈，这种投资者买股票的可能性最大。

路演的主要目的包括：查明策略投资者的需求情况，保证重点销售；使策略投资者了解发行人的情况，作出价格判断；利用销售计划，形成投资者之间的竞争，最大限度地提高价格评估；为发行人和策略投资者保持良好关系打下基础。

路演所需要的资料包括：专业的企业推介画册（中英文）；招股说明书（中英文）；研究报告（产品技术分析，市场分析，募集资金可行性分析报告）；发行公司文件封套（中英文）；幻灯片和幻灯彩册；企业推广录像带（中英文）、礼品、文件礼品袋等。

国际推介活动中应注意的问题是：防止推销违例；宣传的内容一定要真实；推销时间应尽量缩短和集中；把握推销发行的时机。投资者通常喜欢在星期二、先期三、星期四参加这样的会议，安排会议还要尽量避免与重大赛事、假日、假日前一天等冲突。

十一、定　价

股票发行定价是最重要也是最难办的环节。在香港公开发行，要用固定认购法；在国际市场发行，用累计订单法。这些方法都是约定俗成的，基本上两者都要加以结合。

股票定价与股票发行紧密相关。发行一般分为公开发行与配售两个部分：公开发行是面向公众投资者，发行比例为 10%～50% 不等；配售是面向专业投资者和机构投资者，大部分股票都是配售给这部分机构的。在香港小规模发

行用固定定价法，国际配售通常用竞价定价法。竞价定价法通常是在路演时，定下一个价格区间，经过路演、推销取得订单后，考虑市场因素、投资者需求后，才把价格确定下来。在香港上市，公开发行与国际配售是同时进行的。最好的做法是先国际配售，定价后再用一个固定价格在香港公开发行。如果公开发行先于国际配售，因固定价格还未定好，投资者可能交了高于定价区间的钱，若价格比最高价格低，就需要把一些钱退给投资者。

还有几点需要特别引起注意：（1）在路演开始前，就要与主承销商进行估值谈判。定价的依据是合理地、充分地分析公司的资产状况、盈利状况、营业水平等。要明确用哪一个赢利基础作为谈判的条件。若上半年发行股票，最好用当年的赢利预测来定价；若下半年发行股票，最好用下一年的赢利预测来定价。（2）要尽量挖掘能够提升利润的各种因素，包括成本因素、利息收入、还贷后利息支出减少因素等。与其在市盈率确定方面讨价还价，比如在赢利基准方面多做一些工作。（3）要确定一个合理的市盈率区间，在正式发行之前，甚至在正式发行的前一刻，还要对发行价格再三斟酌、调整，最终把发行价定下来。例如，搜狐在美国纳斯达克市场上市前，根据当时的路演情况，对发行价进行了调整，发行才得以顺利进行。中国联通在香港发行时，初期对定价偏于保守，后来根据路演情况，对发行价进行了适当的提高。（4）要提前跟踪同类上市公司市盈率区间和市场估值表现。投资银行为了减少它自己的风险，会尽量把发行定价压低，因此需要企业和投资银行有一个好的谈判价格参照系。

十二、发 行

拟到香港发行上市或到其他境外市场发行上市的中国公司，可以采取对公众公开发售、对私人配售和推荐上市等方法。

对公众公开发售是指申请上市的公司将要发行的股票向市场公众报价，以备公众申请认购。因为香港市场有很多散户参与投资，香港证监会和联交所为了照顾小股东的权益，要求有相当一部分股票在香港市场公开发行，以供小投资者申购。至于在香港市场发行多大比例的股份，这要依发行"盘子"的大小而定。随着上市项目规模的增大，在香港公开发行的比例可以调低，而国际配售部分的比例可以增大些，这样能使上市股票获得超额认购，从而获得较高的发行价格。在过去我们看到，在香港公开发行的比例从 10% 到 50% 都有，每个发行计划都不是相同的。采用这种发行方式上市的公司，必须向香港联交所提供一份招股章程，所发行的股票必须由承销商足额包销。

　　私人配售是指在国际市场上以及在香港市场上，配售给机构投资者。在对私人配售中，负责包销的证券商要将最少 60% 的私募股份按一定比例分配给联交所会员，各会员要将所分得的股份的 75% 或以上分售给公司。各包销商、分销商、联交所及证券经纪人均须提交有关股份分配情况和价格的市场声明，在上市前呈交香港证监会批准和备案。私人配售方式避免了公开申购和分配股份等工作，公司可以以最短时间和最少费用完成资本筹集工作。这种发行方式一般只在市场化资本发行总额比较小，从而表明私募能节省销售费用的情况下才被采用。

　　推荐上市方式是指申请将已广泛发行的股票在交易所挂牌交易的资格。采用推荐上市的方式，并不涉及公司筹资问题，不需要在销售方面做任何安排。它需要具备以下基本条件：预备上市的股票发行面广、市值较大，并需有一定比例已被公众广泛持有，也就是要保证上市时该股票有适当的流通量。推荐上市方式一般适用于以下情形：申请上市的股票已在海外证券交易所挂牌交易，现申请在联交所挂牌；已在联交所上市的公司将其所持有的附属公司的股票分配给其股东或另一控股公司的股东，该附属公司股票便可申请在联交所上市交易的资格；一间新控股公司成立，发行自己的股票以替换原有上市公司已发行的股票，新发行的股票便可考虑申请以推荐方式上市；推荐上市方式往往与私募方式配合使用，以达到既可选择有利的上市时间，又可选择最佳股本结构的目的。

　　同时，企业在香港发行上市，也不仅限于在香港市场发售新股，还可以用多种方法向香港市场以外的国际投资者发售。这些发售包括：向香港以外市场上的有关联的公司和专业机构进行策略配售；根据美国证券交易委员会（SEC）于 1988 年起草、1990 年颁布实施的 144A 规则（即"在私募市场面向机构的证券再销售"），进行 ADR 私募，向美国 4 000 多个合格投资者定向配售；在美国 SEC 注册，以三级 ADR 形式公募；国际配售 H 股等。具体来说，中国内地企业在香港发行上市，可以有以下三种发行方式：①只在香港市场公开发行，并在香港联交所挂牌上市。例如，早期上市的北人印刷、昆明机床、天津渤海化工等采用了这种方式。②在香港市场公开招股并上市，同时在美国及其他国际市场私募配售。这种方式的特点是：在香港地区以公开招股方式供投资者认购，公司筹资后将股票在香港联交所挂牌上市；在美国地区根据144A 条款私募配售，由合格的机构投资者购买不在美国证监会注册的股票；在欧洲及世界其他市场，也通过私募方式配售。在美国和世界其他地区市场配售的股票，可通过美国的 PORTAL 交易系统和欧洲的 SEAQ 国际交易系统交

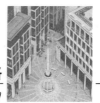

易。上市公司的股票可以通过这两个交易系统交易，而不需要在美国的证券交易所挂牌上市。例如，青岛啤酒、广州造船、马鞍山钢铁、仪征化纤、东方电机、洛阳玻璃、庆铃汽车、海兴轮船、镇海炼化、成都电讯、哈尔滨电机等都采用了这种发行方式。③在美国和香港同时发售股票及上市，并在其他国际市场通过私募配售形式出售。其特点是：中国香港地区以公开招股形式供投资者认购，招股后，股票将在香港联交所挂牌上市；美国地区采取公开发行方式并向美国证监会注册，在纽约泛欧证交所以三级 ADR 形式挂牌上市；在中国香港、美国以外的国际地区采用私募配售方式出售，并可通过 SEAQ 国际交易系统交易。采用这种发行方式，可以获得很高的流通性、定价、筹资额，但在美国上市信息披露非常严格，编制文件要求很高，时间较长，费用昂贵。例如，上海石化和吉林化工采用了这种发行方式。

十三、二级市场对售后支持

企业成功发行股票后，股票要在二级市场上流通。如何使上市公司的股价定到最高水平，同时又能被投资者所接受，在二级市场有一定上升空间，这是一个比较棘手的问题。根据经验，通常有"五道防线"可以采用。

第一道防线：采用绿鞋机制。授予承销商一定数量的超额配售权。例如，企业发行 100 张股票，允许承销商销售 110 张股票。如果在发行过程中股价往下掉，企业和承销商就可以把超额配售的这部分股票往里买。

第二道防线：在绿鞋之外，再多超额配售一部分股票，称作光脚。如果股价一直往上走，承销商多卖出的部分是在市场上以高价买进来的，按发行价卖出去，要承担较大的风险。

第三道防线：承销商用自己的资本，在二级市场制造市场，维护股价。

第四道防线：在配售时与投资者达成谅解，答应配售给投资者一定比例的股票，同时让投资者承诺在二级市场购买一定比例的股票。

第五道防线：发行完后，通过官方文件再次刺激购买。

如果股票发行后要长期成功维护股价，就要加强投资者关系管理，提高投资者的忠诚度，这是一项更长远、更扎实的工作。一家真正有远大理想和坚强意志的上市公司，是不会不肯在这方面投入资源的。

第 15 讲
境外上市团队及其主要职能
——企业发行上市与私募股权融资实务高级研修班

　　一家中国企业要能够在境外成功上市，绝不是一件一蹴而就的事情，它取决于一系列周密的策划及可行的步骤。整个上市过程必须有足够的资源和专业中介机构投入工作，并且这些机构的工作要有效率和效益。企业在付诸上市行动之前，必须认真制订一个详细的上市计划，确切地了解企业在整个上市过程中，在业务及构架方面需要做出哪些调整和变更，以及所需要的资源及时间，其中可能涉及的法律、会计、企业包装及市场推广等问题。专业中介机构在制定和执行企业上市计划的整个过程中，扮演了极其重要的角色。可以说，除了企业本身的质地外，上市成功与否，在关键环节上就取决于各个中介服务机构的质量、水平。有执业操守和职业能力的中介服务机构参与，就能大大提升企业上市的成功率，帮助企业避免上市过程中的潜在陷阱。

　　在境外上市，企业主要涉及的中介机构包括：上市顾问、投资银行、会计师事务所、律师事务所、财经公关公司。此外，还涉及收款银行、股份登记处、印刷商等。在不同的证券交易所上市，涉及的专业机构略有不同，但基本是一致的。下面我们来介绍上市团队中各个专业机构的职能。

一、上 市 顾 问

（一）上市顾问的职能

　　在境外上市过程中，一般需要具有国际专业水准和中国境内丰富经验二者兼备的上市顾问来担当国际（境内外）协调人，负责协调境外上市的各中介服务机构之间的工作，及时沟通和解决好境外上市过程中存在的各种问题。上市顾问过去通常由境外投资银行兼任。近些年来，由于中国企业情况复杂，企业所处的中国境内环境也比较复杂，拟上市企业和境外投资银行都倾向于让企业另外聘任熟悉中国情况和境外上市地情况的专业顾问公司担任上市顾问。实

践证明，这种做法是有效的、必要的。因为聘任专业的顾问公司，可以先行帮助拟上市公司规范好自己，逐步达到境外上市的条件，而避免直接引入境外投资银行后，由于企业不能马上达到境外上市条件而造成企业工作的被动。同时，上市顾问多是站在企业的立场上，对企业进行培育和规范，然后让投资银行对其工作进行检验和评价，这就避免让境外投资银行直接对企业进行包装，而影响境外投资银行的独立性问题。此外，许多境外投资银行并不十分了解中国境内的情况，它们无法全面解决中国境内企业上市中遇到的各种难题，而且许多境外投资银行也不愿意花费时间来做这些细小琐碎的工作，它们倾向于让专业的上市顾问来做这些工作，为正式进入公司启动首次公开发行做好前期的各种准备工作。

准备。

（二）上市顾问的不同角色

（1）境外上市总体策划人，制订上市计划和方案。

企业从有上市动议到引进各上市中介服务机构启动上市，是一个较长的准备过程。在此期间内，需要根据企业情况和境外市场情况，制订境外上市的整体工作方案，包括上市地选择、上市时间规划、上市方式设计、上市收益预测、上市成本测算、上市风险评估及规避措施等。

（2）境外上市的法律、财务规范人，确立公司法律结构和规范企业财务。

这项工作的内容包括两个大的方面：一是协助律师建立适应境外上市的公司法律架构。目前中国境内企业赴境外上市有两个基本途径：直接上市和间接上市。这两个上市途径对企业上市前的要求是不同的，所涉及审批事项也是不同的。无论采取哪种方式上市，都需要协助律师建立起符合境外上市条件的公司法律架构。同时，还要对企业人员培训相关境外上市法规和知识。二是帮助企业规范财务账目，建立企业内控制度。该项工作是十分重要的，而且是十分艰巨的，要求的专业技能是十分高的。许多境内企业境外上市受阻，主要是由于这方面的工作没有做好，没有做扎实，就匆忙引进境外会计师事务所审计，造成审计机构无法出具无保留意见的审计报告，企业内控制度经不起检验和评审。

（3）境外上市前的资金融通人，引入私募基金和其他资金。

企业在境外上市前，往往资金十分短缺，影响着上市公司工作的正常进行。这就需要上市顾问在参与全面尽职调查的基础上，为企业编制尽职调查报告，撰写上市实施方案，去起草战略融资计划书等文件，引进必要的私募融资和其他资金。引进私募融资和其他资金，起码对拟上市公司有 4 个方面的积极作用：①质量证明作用。说明该拟上市公司是受国际战略投资者信任和看好的。在公司公开发行股票时，国际投资者购买股票就会比较积极，而且顾虑较少。②利润提升作用。拟上市公司在上市前往往有好的投资项目，而资金短缺，战略投资和私募融资进入企业后，企业可以很快利用这些资金上新项目，建立新生产线，企业的利润会在比较短的时期有很快的提升，有利于企业公开发行股票时提高定价。③智力支持作用。战略投资者和私募融资进入企业后，他们既有资金的合作，也有人的合作。战略投资者和私募股权基金往往要对企业的战略发展、治理结构、内控制度、经营管理等方面给予全面的关注，并提出比较好的建议，因此能够提高企业的附加值。④资金补充作用。拟上市公司在境外上市过程中，需要支付各专业服务机构的工作费用，有些还要对以往的税收、员工的各类保险等进行补交，现金流是很紧张的。私募融资和战略投资者进入后，有利于缓解这方面的资金压力。

（4）境外上市的国际协调人，帮助企业引进需要的服务机构，并且协调他们的工作。

在这方面，上市顾问的国际协调职能往往会前移。从企业上市工作启动，就需要发挥这方面的职能。境外投资银行往往在企业做好全部上市基础工作后，才会进入企业，发挥其在公开发行过程中的国际协调职能。因此，上市顾问与境外投资银行需要在国际协调中有好的配合和分工。上市顾问除协助发行人选择各专业中介机构，组织协调各中介机构的工作外，还要协助相关机构特别是境外投资银行的工作。例如，参与公司的资产评估和股票发行定价；参与编写上市招股说明书；参与股票发行路演工作等。

（5）境外上市的公共关系人，与上市涉及的各类机构沟通。

上市顾问首先要与境外证券交易所及各境外上市合作中介机构及时沟通。同时，还要与上市所涉及的境内外的相关政府机构、监管机构进行沟通。此外，根据情况，还需要与特定的机构投资者和新闻媒体沟通。

二、投 资 银 行

（一）投资银行的不同角色

根据境外不同证券交易所的要求，投资银行一般在企业首次公开发行中担任保荐人，起到牵头作用。保荐人一般也担任主承销商、全球协调人、账簿管理人角色。保荐人、主承销商、全球协调人、账簿管理人在整个上市的不同阶

段，为拟上市企业提供了不同的专业服务。

如果上市涉及几家投资银行，负责组织和运作发行的那家投资银行通常称作"全球协调员"。全球协调员将负责协调准备公开招股说明书，组织尽职调查和协调承销、市场营销和证券的派发。对于较小规模的发行，尤其是非国际性的发行，牵头发行的投资银行就被称为牵头经理。全球协调员和牵头经理负责建立投资者购股意愿档案，亦即负责为一笔发行组织承销、拟定不同市场的发行规模、执行促销活动、定价、配置和后市稳定工作，又被称为账簿管理人。

投资银行以及律师经常在发行公司与证券监管部门之间扮演中介的角色，他们可能被要求向证券监管部门或证券交易所证明该公司符合上市条件。

除了负责证券营销外，投资银行也扮演着发行承销商的角色。通常与一家或几家投资银行组成承销团，负责销售公司和股东出售的所有股票，并募集到他们想要募集的资金数目。这样的承销方式可以是根据市场需求尽最大努力销售（称为"软承销"），也可以是一种"硬承销"，即不以市场条件、投资者需求为前提的硬性承诺。承销协议将规定他们承销发行、销售股票的义务，以及为此获得的佣金比例。典型的承销协议会设定一些前提条件，比如取决于发行的结果和证券的支付。另外，承销合同将包含一些由公司赋予承销商、有关公司及其业务和招股说明书内容的陈述、保证和赔偿条款。

投资银行可以要求发行公司，或许还有出售股东，在首次公开发行后的一定时期内，不得进一步出售股票。这一锁定条款也可以在承销协议里约定。最后，承销商可以要求发行公司或出售股东赋予其"绿鞋"或"超额认股权"。这是一种给予承销商的买入期权，要求发行公司在 30 天的期限内，发行（或要求出售股东卖出）一定比例的额外股票给承销商，以覆盖超额配股要求。这样做的目的，是为了稳定上市的股票价格。

（二）投资银行的主要任务

1. 协调尽职调查过程，评估公司上市适宜性

境外投资银行是尽职调查过程的协调人，一般将协调尽职调查过程。这一过程是为了确保公开招股书所含信息是准确可靠的。它牵涉到财务、法律和运营审核，由审计师、律师和投资银行负责执行。有些时候，其他方面的专家，如环保顾问或房地产评估师，也可能会参与其中。

2. 参与起草公开招股说明书，确保信息披露的准确性

公司的境外律师通常会牵头起草公开招股说明书。但是，投资银行的律师

们会在整个起草过程中参与该项工作，以确保没有遗漏有关信息、适当的核查已经完成、文件包含境外证券监管机构和证券交易所关于招股说明书指令要求的所有信息。投资银行自身也将就文件加以评论，尤其是关于运营和财务审查方面，与招股说明书中涉及历史和示范性财务信息的部分。

3. 为发行结构的选择提出建议，确定股票发行价格并承销股票

一旦做好所有必要的上市准备步骤后，发行公司就需要就发行结构与投资银行达成一致。首次公开发行有两种常见的发行结构：（1）竞价建档发行。通过邀请潜在的认购者或买方，参与不具法律约束力的投标竞价，然后由负责发行的投资银行（这里被称作"账簿管理人"）确定实际价格。市场营销是通过使用价格区间的招股说明书完成其中列出发行的指示性价格区间。发行规模和发行价格将由投资银行和发行公司在竞价建档结束时确定，取决于投标的数量和价格。投资银行的承销承诺直到竞价建档结束时才会做出，从而控制投资银行的承销风险。（2）固定价格发行。这是以事先确定的固定价格向潜在的认购者或买方发行股票的方式。尽管正式发行期要在包含该固定价格的招股说明书被审批并发表之后才开始，先期向某些投资者作的市场营销工作可以使用未标明价格的公开招股说明书草案。投资银行将在价格公布之后做出承销承诺，并一直持续到股票被分派、交易开始后，可能持续的时间要大大长于竞价建档的发行结构方式。供求关系的匹配只有通过降低每笔订单分派的数量来完成。

机构配售比起完整的公开发行来说，是更加直接的选择。它仅仅是投资银行按照配售协议向机构投资者发售股票，投资银行有寻找配售对象的义务，而且如果实行配售承销的话，投资银行要做出承销承诺。发行价格通常通过上面所述的竞价建档过程确定，其他结构也可以采用。投资银行和发行公司确定采用的发行结构，经常取决于诸多因素和变量，包括发行规模和募集资金、潜在目标投资者身份类型（机构投资者、零售投资者、员工及其组合）、发行的国际性和发行公司希望完成首次公开发行的时间表等。

4. 行使上市代理职能，联络证券监管部门

境外证券交易所通常要求发行公司指派一个上市代理。该上市代理一般由参与准备公司上市的投资银行担任。上市代理需要熟悉上市地上市过程和机制。上市代理将在发行公司和证券交易所之间充当联络人角色，还将负责所有与上市有关程序的合规工作。

5. 监督结算，担任付款代理人

要指定结算和付款代理人，这些通常由组成承销团的投资银行担任。结算

代理将确保股票被引进结算系统，并转到发行过程中的购买股票人名下。支付代理将持续不间断地确保股利的正常派发。

（三）投资银行在销售和营销过程中的职责和作用

1. 确定适当的投资者

公开发行针对的投资者类型取决于发行的目的、发行公司及其业务的性质。另外，发行结构的选择反映了对投资者的选择。为了增强公司的知名度，一部分发行可以针对零售投资者，但这样会增加发行成本，而针对公开发行还会有更多的监管规定。如果发行的目的仅仅是募集资金，在机构投资者之间进行私募可能更加有效。作为对公司进行分析和评估的一部分，投资银行将确定哪些投资者会更易于接受计划中的发行，并在此基础上作市场营销。

2. 准备市场营销资料

发行公司在销售其首次公开发行的股票时，面临着发行方式、时间和发行对象等各个方面的法律限制。特别是当发行涉及美国投资者时尤其如此。公司的律师可以在一开始就为公司提供必要的宣传指导。营销过程涉及市场预测、投资者演示和路演，这些都是由投资银行来组织。类似的市场营销资料由投资银行和发行公司的律师来审核，以确保其准确性和与招股说明书的一致性。

3. 发布独立研究报告

在发行公司宣布其上市打算后，早在公开招股说明书发布之前，作为承销团成员的投资银行，其关联的分析师就经常会发布有关公司的研究报告。为了保证其研究是独立的和客观的，在银行协助发行的销售队伍和研究分析师之间，要设立严密的分工和保密措施。就研究报告的独立性问题，欧洲和美国的监管机构在此类报告的撰写阶段就会加以要求，因此对于发行公司和投资银行来说就更加重要。其目的就是，防范在首次公开发行之前或之后的发布所带来的责任风险。主要的风险是：首次公开发行中，投资者会在做出购买股票决定时，依据的研究报告可能包含着错误的或不实的信息，而不是完全依赖招股说明书提供的信息。全球协调人与其律师一道，将为与首次公开发行、发行前后发布的研究报告相关的投资银行们制定需要遵守的原则。除了涉及研究报告的内容和发行方面的具体限制之外，该指导原则将设立发布期限限制，通常在招股说明书散发前的两周内，直到首次公开发行完成后的一段时期。在此期间内，任何与承销团成员的投资银行关联的证券经纪人不得发布研究报告，目的是在研究报告发布和公开招股说明书发布之间，设定一个时间间隔，以便阻断该研究报告和投资决定之间的关联。研究报告的终稿可以在发布之前由承销商的律师们审核，以确保他们符合指导原则并与事实相符。是否由发行公司来审核报告，做法各有利弊。如果采取发行公司审核的做法，可以降低信息不准确和失实的风险，但同时也会产生与发行公司的关联，增加了责任风险。律师可以建议发行公司不要审核报告草稿，以避免产生与内容的关联。

4. 制作演示稿并向投资者演示

发行公司管理层和投资银行需要制作路演时向投资者展示的演示稿。演示稿通常是带有文字和图片的幻灯片。发行公司的律师和投资银行的律师需要对此把关。准备演示稿的目的是向各类投资者推销公司，所以要求其内容必须真实、准确，并与公开招股说明书的内容完全一致。另外，通常这些演示稿不宜以硬拷贝或软拷贝的形式发放，并要在每次演示结束后收回。

5. 制作公开招股说明书

如果仅向机构投资者发行股票，投资银行可以用招股说明书“草稿”或“暂定”稿进行市场营销。这些草稿或暂定稿有时称作“红头招股说明书”，在美国称为“红鲱鱼”，即还未经监管部门正式批准的招股说明书版本。如果同时向零售投资者和机构投资者发行，招股说明书在使用前就必须由监管部门批准。在有些辖区里，考虑到零售投资者倾向于使用互联网，有时发行公司会在网上提供可下载的招股说明书版本和申请表（要设计合适的防护措施检查投资者资格），这样可以减少或免除派送硬拷贝的必要性，降低上市的成本。有时，也可以下载一份迷你文件，其中列举发行事项、发行公司及其业务情况的关键内容。零售投资者需要完成申请表，写明他们的需求水平，并返还给发行公司的代理。

6. 组织路演活动

投资银行将组织一次路演，由发行公司和投资银行作演示（如上所述）。路演的对象是欧洲和美国乃至全球感兴趣的机构投资者，这取决于发行种类和目标投资者。近些年来，一些公司开始提供在线路演，即可以在互联网上观看路演。同样，演示后的幻灯片也不会有软拷贝或硬拷贝。

7. 竞价建档、定价和配售

在竞价建档发行中，在做路演时，投资银行要建立一个发行股票需求账簿，记录机构投资者准备购买股票的数目和价格。如果是零售发行的话，当竞价建档过程结束后，申请表返回期限已过，发行公司和投资银行将召开定

价会议，来决定股票销售的确切价格。这一最终价格通常在招股说明书发布的价格区间之内，但在特殊情况下，也可能超出该范围。发行公司和投资银行然后开始向提出申请的投资者分配股票。如果对股票的需求很高，投资者申请购买数量超出总数，该发行被称作"超额认购"。如果是这样，每一位投资者的申请将按比例削减，或执行投资银行和发行公司事先在招股说明书中达成的协议方法，包括承销和必要时行使超额配股权和价格稳定操作机制。

8. 结算

发行的结算日一般发生在批准交易后的第三天（"T+3"）。结算代理将确保出售股东卖出的既有股票和公司新发行股票进入结算系统。例如，在欧洲证券交易所上市，要进入 Euroclear。要允许股票所有权转到买方的证券账户上。同时，买方将为购买的股票支付价款。

三、会计师事务所

（一）报告会计师的职能及主要工作

拟上市公司聘请的会计师一般来自国际会计师事务所。同时，这些国际会计师事务所也会与其在中国境内的作为合作伙伴的会计师事务所合作。通常先由中国境内会计师事务所进行尽职调查和初步审计，尔后由国际会计师事务所进行复核和审查，出具正式的审计报告。发行企业与其聘请的国际会计师事务所，以及国际会计师事务所与其中国伙伴之间的合作，他们的合作条件、工作范围及目的通常在聘任书中有具体的约定。与公司的律师一样，会计师的职责取决于市场的做法和每个上市地证券交易所和证券监管机构的规定，以及每个责任环节的约定。公司的律师要实施法律方面的尽职调查，而会计师要实施公司财务方面的尽职审查。该审查可以覆盖很广的领域，包括历史交易记录、预计流动资本、利润预测、内部管理，以及财务系统和控制。会计师通常要为发行公司和投资银行签发一些安慰函。发行公司或投资银行经常要求通过这些安慰函能够证明他们已经满足了某些监管的规定。一家公司已有的账目很可能不能完全满足公开招股说明书的内容要求。比如，他们使用当地 GAAP 会计原则，而不是 IAS/IFRS，或者将要上市的公司是一家更大公司的分支子公司。会计师就要协助另外起草一套账目，来满足招股说明书的需要。不管怎样，会计师的审查将协助各方确保招股说明书中的财务信息是正确无误的。

（二）会计师在上市前的职责

1. 审查公司结构

在发行企业上市前，会计师将审查现有的和（如果需要）新的公司架构，以确保财务报表系统的一致性，以便在招股说明书中展示近三年的财务历史，并建议新架构可以最有效地管理公司当前资产、负债和发行资金的流入。

2. 税务规划

会计师可以审查公司的税务结构和规划体系，这一般与公司的税务顾问一同完成。

3. 财务尽职调查

（1）安慰信。

一般在公开招股说明书发布和交易结束之时，会计师将提供给投资银行一份安慰函，确保其作为发行公司的独立审计师，已经对发行公司以往三年的财务做了无保留的审计报告，说明通过他们的工作和与发行公司的沟通，没有发现发行公司存在明显的财务或交易状况的恶化。在安慰信中，会计师也将确认，招股说明书中包含的所有财务数据是从发行公司账目上正确地截取下来的。

（2）融资结构。

会计师也会审查发行公司的偿债义务的现状，以确保计划中的发行不会违反该义务（或者如果可能违反的话，取得一份弃权书）。另外，会计师会对发行公司的流动资产状况做出判断。

（3）财务报告。

会计师将审核发行公司的财务报告业务和系统，其财务和运营的结构和程序，以确认这些是否满足上市公司严格的财务报告要求。

（4）制作报告。

会计师将就上市的相关事宜制作一份或几份审计报告，日期为公开招股说明书的发布日期。他们将出具一份完整的公司最近三年的历史财务审计报告，其内容一并包含在招股说明书里。如果有附加非审计信息在内，它们将同时出具一份审阅报告。这些报告将复制在公开招股说明书里（取得会计师的同意），安慰函也将提交给发行公司和投资银行，其形式可以是交易开始时协议聘书的所附格式。招股说明书中的财务部分里的每个数字可能需要以安慰函形

式加以确认（成为 Circle Up，即圈认）。发行公司和（或）投资银行也可以与会计师谈判，在股票批准交易和补充招股说明书发布时，为每一份以上所列的报告提供"承转"安慰。这一承转安慰采取确认书的形式证实，尽管报告注明的日期为招股说明书发布日期，其所包含的信息在批准交易之日和（或）补充招股说明书发布之日依然正确。

四、律师事务所

（一）企业律师角色和主要任务

1. 中心任务

在律师的各种任务中，受聘于发行公司的律师通过协助或建议上市所需的公司重组，帮助公司准备首次公开发行；制作一份完整的公司尽职调查报告；参与起草并评价公开招股说明书、新闻稿和其他与发行相关的宣传材料；评价谈判交易文件，包括聘任书、承销协议和所有辅助文件。

发行公司的律师还将就公司董事的法律和监管责任、义务以及潜在责任风险提出建议。

2. 法律尽职调查

发行公司的律师将就公司的业务和核心资产实施全面的法律尽职调查。公司律师收集的信息可以帮助起草招股说明书，以及与投资银行及其律师一同起草招股说明书。在此期间，他们与发行公司密切磋商，通常是通过各方参加的起草会议进行。律师将协调核实招股说明书的内容是正确、完整和属实的，还要与尽职调查的结果对照。执行尽职调查的主要目的是，明确招股说明书中需要披露的相关信息，确保公司适合上市并符合上市条件，以及对那些可能负责招股说明书的人（包括公司、公司董事、出售股东、投资银行）可以提供有效的尽职调查保护。一旦投资者称其遭受损失的原因是信赖不完整或不准确的公开招股说明书，并要求赔偿的话，负责招股说明书的任何一方可以通过法律尽职调查报告更好地保护自己，指出其已经做到恰当的调查，并在当时相信招股说明书发表之日其所含信息是真实、准确和属实的，也不曾缺失规定的信息。

根据具体情况以及适用法律和监管规定的不同，首次公开发行所采用的尽职调查也不同。但是，市场实践告诉我们，它应该包括投资银行与公司董事们的尽职调查会议、公司律师和投资银行完成的法律尽职调查（可以双方或单方面出具尽职调查报告），以及会计师出具的财务尽职调查报告。

3. 公司重组

发行公司的律师将对企业实施必要的公司重组，以帮助公司采取必要的发行形式，达到发行的目的。开始时，采取法律内部处理的形式，确保公司的所有条件以及其他推荐的重要重组（与投资银行一道）符合上市公司的所有条件。譬如，在荷兰和比利时，一家公司必须是公开公司（"NV"，法国为"SA"），才可以公开发行股票。发行公司需要寻求股东们同意，并获得其他关联方批准，才可以改变其法律身份，准备首次公开发行。

发行公司可能需要其股东同意以下事项：

（1）增资或重组，发行适当估值的新股及其发行数量；

（2）通过新公司章程或其他章程性文件的修正；

（3）终止限制或禁止公司及其董事自由转让公司股份的协议或其他协议。

4. 为起草公开招股说明书提供建议

公开招股说明书通常由发行公司的境外律师和投资银行与发行公司一起制作。其他首次公开发行顾问在起草会议期间有机会提出意见。招股说明书必须包含公司所有的实质性信息，以及投资者可以期待在类似文件中找到的信息，包括董事和股东信息、公司业务的细节、重要的合同和客户、公司财务和未来计划、员工、诉讼和土地房屋。尽职调查的结果将是很重要的信息来源，并且尽职调查中发现的、与投资者密切相关的问题在招股说明书中都要充分反映。招股说明书一般分成几个部分，阐明：发行的要素和条件；风险因素；责任风险声明；公司业务细节；财务信息或公司财务状况分析和相关规定可能要求的额外信息。一些属于特殊行业的公司，比如石油和天然气公司、生物科技公司、IT 公司和投资公司，可能需要提供附加的或特殊的内容要求。如果证券监管机构认为，由于公司业务或市场的原因，潜在投资者对公司股票的投资涉及较高的风险，监管机构可以实行更高的信息披露标准。

公开招股说明书起草完毕后，公司律师将协调检查或"核查"招股说明书内容的准确性。招股说明书的内容核查，一般尽可能参考独立的信息源。当招股说明书已经实质性完成，就可以递交给主管部门审查。

5. 谈判配售条款

在公开招股说明书发表前，要在发行公司、投资银行和其召集的承销团之间签订承销协议。概括地说，承销协议规定在没有其他人认购或购买的情况

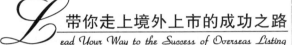
下，投资银行（以及其他承销商）负有认购或购买发行股票的义务。谈判的关键内容包括签订的先决条件、安慰函及给投资银行（和其他承销商）法律意见的递送；公司和（或）董事和（或）出售股东承诺的所有保证和赔偿，在其中将为招股说明书内容保留绝对责任风险例外；撤出权的影响；公司支付承销佣金的具体细节；终止条款；超额配股权和超额认股权；董事和非出售股东的股票借贷和锁定协议安排。

6. 雇佣协议

首次公开发行和上市之前，公司董事会需要考虑、审查和批准一系列的其他公司文件，包括员工股票期权计划、长期激励计划和执行委员会成员聘用合同。对上市公司来说，管理层和员工的激励和约束是一个关键的领域，尤其是当公司业务成败在很大程度上取决于高技能的员工时。发行公司需要在符合市场规则和限制的情况下，考虑税务成本最低的员工薪酬安排计划。

通常发行公司的董事和重要雇员要签订新的聘用合同，其内容要在公开招股说明书中予以披露。如果是公司的董事，签订新合同的目的主要是明确其职能和责任，以及他们的具体薪酬（上市公司要求股东批准）。

7. 股票期权计划

发行公司的任何员工的股票期权计划必须在公开招股说明书中予以披露，股票期权计划书中包含的优先权也不适用于将要发行的新股票。

8. 董事的责任

发行公司的律师将向公司董事会成员通报其作为上市公司董事的新权利和新责任。这在每个国家和地区的情况稍有不同。

9. 董事会会议纪要、决议

公司的律师必须在尽职调查过程中核实公司的正确记录，并且保存以往董事会会议纪要和决议。对于未来，公司律师应该告知公司在董事会会议和决议方面应遵守的程序，比如包括董事要披露其权益、会议纪要记录的方式等。

10. 上市过程和持续责任的一般法律咨询

一家上市公司将承担一系列的上市后的持续责任。这些持续责任包括：

（1）定期准备和发布财务结果的责任，比如每季度或每半年；

（2）向市场通告某些事项的责任，包括主要股东权益，公司管理层变化，以及交易或其他可能会影响公司股票交易价格的重大事项；

（3）某些交易的生效必须征得股东们的同意，即使公司章程没有这样的规定。

（二）公司的境外律师

发行公司的境外律师的主要职责是：确保一切有关上市的事宜，如重组、关联交易、董事承诺、公司及母公司的承诺，均符合境外上市地规则及有关的法律要求；牵头编写招股说明书及相关文档（例如在德意志交易所上市）；编写招股章程内的法律部分，如重组过程中债权、债务、合同、合约，对外投资企业的处理等；负责起草及审阅重要法律文件；向公司董事解释其需要对招股章程的内容负全部责任及作为上市公司董事的责任。

（三）承销商的境外律师

在境外上市项目中，承销商也需要聘用境外律师，以协助承销商、保荐人提供专业意见。承销商的境外律师负责招股说明书的编写（在有些国家和地区，由投资银行负责编写招股说明书，他们的律师也会参与）和审核工作，草拟及处理相关文档，就保荐人的法律责任提供意见，以及协调保荐人完成其对企业上市必须进行的尽职调查工作等。

他们具体的主要职责包括：编写或审核招股说明书及相关文档；就保荐人的法律责任提供意见；编制包销协议、验证招股说明书报告；向包销商提供有关销售事宜的意见，包括起草编写研究报告的指引、国际配售的范围及限制、审阅研究报告等。

在许多情况下，代表承销商的中国律师会与代表发行企业的中国律师会合二为一，就企业的相关境外上市事件提供中国法律意见。

五、财经公关关系、投资者关系公司

企业首次公开发行要经历一个较长的过程，包含细致的决策程序，牵涉众多的公司合作伙伴，比如投资银行、律师和审计师等。这其中涉及大量的沟通、复杂的数据流和严格的规定（如图15-1所示）。

由于发行公司需要在特定的时段内，引起投资者的注意及投资兴趣，同时也需在监督机构允许的范围内进行宣传活动，很多拟上市公司会聘请专为机构和发行公司服务的专业财经公司，为其担当财经公关顾问。这些财经公关顾问的主要职责包括：协助公司编制公司推介数据、短片及幻灯片；协助上市工

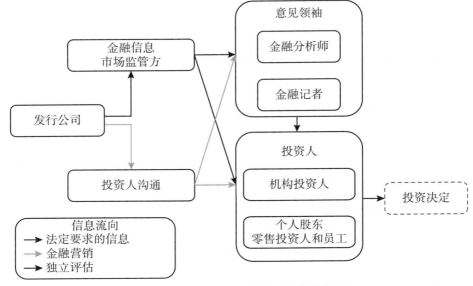

图 15 - 1　IPO 过程中的相关者及信息流

作，确保公司在上市推介中的表现具有专业水平；提醒公司与分析员及基金经理会谈时须注意的细节；安排公司及其管理层与新闻界的联络。

将投资者沟通和市场监管机构要求的财务信息分开是非常重要的。监管机构规定披露哪些财务信息自有其考虑，而投资者沟通则强调披露重要的事项，以构建一个成功的投资案例。证券市场监管机构试图通过确保公司为潜在投资者作出决策提供足够的信息，来保护股东的利益。投资者沟通将此信息向公众展示。

金融沟通代理将与首次公开发行的相关各方合作，形成一个有效的沟通战略，并帮助首次公开发行获得成功。这些专业的代理有着金融市场、不同主体、首次公开发行技术规定方面的深入知识。他们的专业知识使得他们可以展示一个符合投资者标准和投资法则的公司。投资者沟通战略的目标是确保公众能看到公司的真实价值。这包括强调重要的不同之处，比如财务业绩、管理质量、竞争优势和未来前景。

在首次公开发行中，针对每类目标受众，有最低的财务沟通内容，如图 15 - 2 所示。

	分析师	投资者	记者	当前股东	管理层
吹风会	×	×	×		
路演		×			
幻灯片演示	×	×	×	×	×
财务出版物（公开招股书、条款清单）	×	×	×	×	
投资者广告（公开招股书、程序）	×	×	×	×	
网站（投资者关系部分）	×	×	×	×	
Q&A					×
媒体培训					×
首次公开发行全过程中的这些沟通活动被市场主管部门密切关注					

图 15 - 2　在首次公开发行中针对每类目标受众有最低的财务沟通内容

六、财经印刷公司

在首次公开发行（IPO）过程中，财经印刷公司也是一个非常重要的角色。财经印刷公司能够协助发行人按照境外交易所规定的类型和格式，编制、编辑、管理、印刷和分发文件，以及合规性地呈报文件，以满足发行人公司的投资者对信息的需要。印刷商还会为上市企业提供翻译招股说明书及提供招股说明书起草、会议场地等服务。

七、境内外评估师

根据香港交易所上市规则第五章《物业估值及资料》中的规定，有关（股票）发行人拟上市企业（或如属债务证券、则于适用时指担保人）在土地或楼宇（物业）中所拥有的全部权益的估值及数据，必须列入拟上市企业新申请人所刊发的上市文件内。且上市规则中的第五章第八节也规定，除获香港交易所豁免外，所有物业估值报告须由合资格的独立估值师编制。因此，在香港交易所上市过程中，估值师也扮演了一个重要的角色。他们的主要职责包括：对公司的物业及机械设备作出估值及提交报告；房地产物业评估报告必须按照英国皇家特许测量师学会及中国香港测量师学会的评估报告指引而发出。

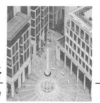
八、收款银行

在向公众公开招股的过程中，发行企业需要通过收款银行及其网点，向公众发放其提供的上市招股说明书以及公开招股申请表格，从而扩大潜在投资者的资金来源。收款银行也会代表拟上市企业接收及处理公众的认购申请及认购资金。由此，他们的主要职责包括：向公众提供上市招股文件以及申请表格；接收及处理公众的认购申请；通常公司认购为期3.5天，收款银行安排认购支票的清算及退款；募集资金交付发行公司。

九、股份过户登记处

在香港证券交易所上市，股份过户登记处对股东及上市公司的服务，主要包括以下内容：

（1）与保荐人、包销商、收款银行及香港中央结算有限公司（下称"中央结算"）联系，并参与有关的工作会议。

（2）安排制作股票、认股权证、股票和认股权证转让书及退款支票等的草稿及颜色稿。

（3）向保荐人、包销商汇报有关发售股份的认购结果，及与收款银行核对所收款项总额，核对认购股份申请表格及编制有关的认购股份报告，呈送给保荐人、包销商及上市公司和联交所。

（4）以申请人的姓名及身份证明文件号码为准则，核对重复及怀疑重复的申请。

（5）协助保荐人、包销商制定分配股份及抽签的基准。

（6）拟备及派递黄色表格申请者的股份分配报告书予中央结算，编印支票或安排自动转账方式支付有关的经纪人佣金、联交所交易费及证监会交易征费。

①当新股认购出现超额认购时，编印及寄发退款支票；

②印制及寄发股票予成功的申请人，及/或承配人或中央结算系统参与者；

③就发出新股寄发股票事项，向联交所发布确认函；

④设立股东持有人的名册；

⑤处理有关退款支票及（或）股票的邮误查询及追讨。

第 16 讲
私募股权基金与企业私募股权融资

—— 中小企业私募股权融资与境内外发行上市实务高级培训班

在我们现在所处的鼓励人们创业的时代，很多企业都在寻找私募股权融资，很多私募股权基金也在寻找好的可投资企业。这两个方面如何才能对接在一起，实现互利共赢，是一个很需要解决的问题。对于大多数企业家来说，他们比较熟悉自己公司的情况，比较熟悉商业银行贷款这种融资方式，而不熟悉私募股权融资和公开发行上市。所以，今天我就企业家和企业关心的私募融资问题，着重讲讲私募股权基金如何投资，作为企业家和企业应当如何进行私募股权融资。

一、私募股权基金的性质和特点

私募股权基金有时也叫私募股权投资。"私募股权"（Private Equity）一词并没有科学上的意义，它是在英语国家的金融实践中逐步发展起来的概念。私募股权与公募股权是相对应的概念。公募股权是指企业通过股票交易所公开发行股票获得的股权，私募股权是指企业在股票交易所之外获得不需担保而承担风险的私人资本。企业家会问，天底下怎么会有这种好事呢？企业获得资本，既不需要证券交易所批准，也不需要企业担保和质押，还不需要承担风险，风险由基金本身承担，这的确是需要很有善心和眼光的大富翁才能做到的事情。但是，我们一定要知道，天底下没有免费的午餐，这些资本的获得，是以出售企业存量或增量的股权为前提的。企业家最难决策的问题之一，就是在获得企业的发展资金与保留自己股权之间做出平衡。这些富翁或者富人在证券交易所之外，将自有资本投放到自己或自己的委托管理人看好的企业中，支持企业或行业创新发展，也期望自己能够获得理想的投资回报。倾向于利用私募股权基金的企业家希望把别人的钱加进来，把"蛋糕"做大，其理念是"宁愿要一片西瓜，也不愿只要一整个葡萄干"。在私募股权基金的历史档案中，大家肯定多次听到过哥伦布这个人物的名字。这个意大利人的最大爱好就是环球海航

探险，开始他没有资金实力。1492年，西班牙女王伊莎贝拉经过多年的考虑，决定投资哥伦布的探险商业计划。两人签署了一份投资协议——"圣塔菲协议"，约定哥伦布获得海航探险收益的10%，并成为新发现领地的总督，剩余收益归女王所有，但女王须预先支付哥伦布的全部探险费用。后来双方获得了巨大的成功。当年如果没有西班牙王室对他的财力支持，哥伦布是绝对不可能发现美洲新大陆的。所以，我可以笼统地讲，私募股权基金是指企业外部的第三方在股票交易所之外向企业提供的负责任的自有资本或类似自有资本的资金。

私募股权基金（以下简称基金）有哪些主要的特点呢？我们可以从以下方面来看：第一，从融资时机来看，基金投资不同于银行放款，没有担保和抵押，它要承担很大的风险，甚至带有赌博的成分，因而期望有很大的回报。在通常情况下，需要资金的企业只有在耗尽了自己的负债能力时，不能再借入资本的情况下，才会使用私募股权融资。第二，从责任风险来看，基金投资要承担与其投资规模匹配的全部企业风险。如果被投资的企业破产，它们的股权出售顺序是在其他债权人之后的。第三，从出资期限来看，基金通常是中长期投资，过桥资金一般为2年，风险投资为8～12年，战略投资3～5年，平均期限为3～7年。第四，从投资收益来看，基金期望被投资企业有长期价值增长而收益，它们的主要收益来源于股权出售而退出。第五，从信息掌握和对企业监督来看，由于基金承担的风险较大，为了保证较高的投资收益，它们对被投资企业的监督力度较大，特别是要行使知情权、监督权、参与权，以及适当的表决权。这样它就可以为企业改善经营管理带来附加值。

二、私募股权基金关注哪些行业领域

基金选择投资对象，是从上往下看，一看产业、二看行业、三看企业、四看项目。基金本身是没有行业偏好的，它只有逐利的本性。但是，行业是有周期性的，受经济环境影响很大。所以，基金也必须要关注行业。基金关注的第一个方面是国家确定的战略性新型产业。我们现在正处在世界两次技术革命之间的谷底，全球经济增长的黄金时期已经过去。未来的发展取决于出现新兴产业，但这些新兴产业到底是什么，各国都在研究和关注。我国政府在"十二五"规划中提出了七个方面的战略性新兴产业，并且确定了它们的突破方向。许多基金75%的投资都投向了这些产业和行业。其中，节能环保产业，重点发展高效节能环保、资源循环利用技术及相关服务业；新能源产业，重点发展核能、太阳能、风能以及生物质能；信息技术产业，重点发展新一代信息网络、"三网"融合、物联网、云计算；生物产业，重点发展生物技术新药、生物医学工程、生物育种、绿色农用和海洋生物技术；高端装备制造业，重点发展航空和高铁等先进运输装备、海洋工程装备、高端智能制造装备；新材料产业，重点发展纳米、超导、稀土等新材料制备技术和装备；新能源汽车，重点发展动力电池、驱动电机、电子控制、插电式混合动力汽车、纯电动汽车。这七大行业也称为在新兴产业群圈定的七大板块。其中节能环保、新一代信息技术、生物和高端装备制造产业将成为国民经济的支柱产业，新能源、新材料、新能源汽车产业将成为国民经济的先导产业。五大消费板块不太确定，可能是医药、家电、零售百货、汽车、食品饮料。对这 7 个战略性新型产业，私募股权基金当然会首要给予关注。

　　不过，从投资收益的角度来看，大家还需要明白以下几点：（1）这些新兴产业发展初期是不赚钱的，需要有一个长达七年或更长的投入期、研发期。尽管基金愿意投"明星"和"幼童"，不愿投"金牛"和"瘦狗"，它们还是会选择在比较恰当的时机投进去。这些行业的企业有它的"天花板效应"。如果投入太早，引领市场太早，风险会比较大，赚不到钱；如果投入太晚，企业成长性已经减弱，上升空间不够，也没有太大的价值。基金不是对所有属于这些行业的企业全部都投资。（2）基金重视这些行业的企业的自主知识产权保护，它要看企业家从事的这些行业，是有自己的自主知识产权，还是用别人特别是国外的知识产权，以及各种专利保护期限的长短等。它们关注技术专利门槛的高低。如果技术专利门槛很低，别人一迈脚就过去，说明企业的生命力和垄断性比较弱，很容易被别人替代。基金希望被投资的企业在技术上去革别人的命，而不希望被别人革命。（3）基金还关注这些行业的企业受经济环境影响的大小。受环境影响通常有两个方面：一个方面是这些行业本身受环境影响的大小。比如，消费行业受环境的影响比较小；生物工程受环境的影响比较小。另一个方面，是行业中企业本身受环境影响的大小。有一些企业虽然所处的行业受环境影响比较大，但它本身抗风险能力却比较强，本领比较大。在这次全球金融危机中，有些行业受到的影响最大，而该行业中有些企业却没有倒下，反而发展突飞猛进。这个现象说明，在经济环境变动时，机会仍然会向少数好企业集中，基金重视发现这些能力强的企业，希望对它进行投资。

　　基金关注的第二个方面是传统产业转型升级的企业。在对战略性新兴产业谨慎投资的情况下，基金对传统产业转型升级的企业通常也会作为重点进行投资。包括但不限于以下这样几个方面：（1）技术创新企业。虽然企业的某种

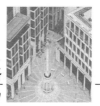

产品、商品是传统的东西，但只要在生产过程中应用了科学技术，提高了它的科技含量和技术附加值，这个东西就得到了升级。产品本身应用技术改进后所创造的那一部分剩余价值，称为技术含量；产品生产过程中，因采用先进技术而降低了成本或提高了质量，扩大了销售量，而增加的那一部分剩余价值，称为技术附加值。产品、商品高的科技含量和高的附加值，能够为企业带来更高的经济效益，促使经济良性发展。（2）经营和服务内容创新企业。比如，企业原来是卖产品的，现在变成主要卖服务，有的主要变为卖品牌，这个产品虽然是很传统，但通过卖服务、卖品牌，就实现了经营和服务内容的创新。就单纯的服务业企业而言，也可以不断进行创新。其创新方式大致可以归为几类：经营管理创新（如运用 IT、电脑、资讯处理、网际网络等技术）；营销手法创新；新商品或新品牌开发创新；服务内容创新（精致化、多元化或客制化）；市场区隔与定位创新；多元通路与配送服务创新；资源整合或组合不同的服务内容产生综合效益；服务流程创新等。这些创新做法是取得竞争优势的蓝海策略，能够塑造差异、扩张市场，提高行政效率和节省经营成本，为客户提供最优质、贴心、快速的服务，从而获得更好的效益。（3）业务模式创新企业。业务模式是指企业价值创造的基本逻辑，即企业在一定的价值链或价值网络中，如何向客户提供产品和服务，并获取利润。一些 CEO 经常说，产品与服务可以复制，而业务模式是独特的。业务模式创新包括行业模式创新、收入模式创新、企业模式创新三种。比如，我们看到一些进出口公司，它们过去都是很好的公司，现在都不行了。但是，有一些进出口公司演变成供应链服务商，它的产业就升级了。还有一些企业卖产品，比如卖空调、电脑、汽车等，可是这些产品的价格越来越低，它们就主要转向卖服务，通过完善售后服务网络，来获得价值增值。这种业务模式创新可能会使一个不好的行业会变得好起来。（4）经营方法创新企业。比如，有的企业过去是卖产品，现在加进了合同管理方式，进行市场化的推广，这样它就有了新的变化。又如，有的企业过去是一条龙加工生产，现在把低端的生产外包出去，公司只负责产品的设计和市场营销，就提高了生产效率和盈利能力。全球运动鞋制造商耐克公司、美国的波音公司、荷兰的菲利浦公司，以及国内的美斯特·邦威、TCL 等公司都是进行虚拟经营的。这样不仅减少了大量的制造费用和资金占用，还能充分利用他人的要素投入，降低自身风险。（5）经营路径创新企业。比如，一家服装企业，它到处开专卖店卖服装，大家想，社区人又少，怎么卖的出去呢？它就搞了很多内容的创新，它在每个店里设一个咖啡厅，也可以是茶吧，顾客来买服装时，也可以在这里喝酒、品茶，同时顾客买的衣服可以在这里免费洗熨。通过这些经营创新，使更多的人愿意在这里消费，它的营业额就可能超过了闹市区。再如，从国外的情况来看，航空业是传统行业，全球 1 500 多家航空公司处于保本状态，甚至巨亏。但是，德国汉莎、英国维珍、美国西南航空公司都是赚钱的。它们更加重视品牌和销售网络，增加附加值。它们推出旅游者包机、包舱服务、私人包机服务；开辟便宜的新航线；欧洲境内点对点飞行，最便宜的只需 9 欧元。比如，在法兰克福机场的头等舱候机，提供完整的奢侈服务，包括用奔驰汽车全程接送和豪华酒店入住等。（6）连锁销售企业。中国的制造业多属于传统行业，面临着成本上升和渠道商压价双重压力。制造业开掘利润空间的途径就是提高品牌效应，扩大销售网络，提高附加值。例如，百丽就是国内制造业企业"工商并举"的一个典型。2007 年，它在香港上市，它通过 4 000 多个零售网点的渠道规模，增加了很大的附加值。在考察连锁服务企业中，基金更加注意这样几个方面的问题：一是在内容上有没有优势。不是任何事情都可以做连锁的。二是连锁会不会"烧钱"。做连锁一定是要靠"烧钱"来发展的，钱从哪儿来，怎么"烧"，"烧"的策略非常重要。三是管理上的适用度。连锁企业的管理难度远比一个工厂要大得多。它的多层次管理，它对现金管理的要求，它从大的战略方向以及小到一个店长的经营，这种管理都是非常复杂的。连锁服务企业要在管理上能够做到标准化、规范化、连锁化，需要下很大的功夫。一些餐饮连锁企业主要在这些方面存在问题，审计没有办法通过。有的基金主张对连锁企业不能投初创期企业，只能投中期和后期的企业，这与投资新模式和技术类的企业不一样。（7）消费品生产和销售企业。由于中国的社保体系不完善，保障水平比较低，老百姓的消费受到了压抑。随着社会保障体系的进一步完善，百姓生活水平的提高，巨大的潜在购买力会释放出来，内需将成为拉动经济增长的另一个发动机。与人民生活密切相关的衣食住行等方面的品牌产品生产、销售越来越重要。当然，企业在转型升级中要夯实基础，使原先的产业有一个好的基础，要做好人才方面的准备。还要处理好老的产业和新的产业的两个形态的衔接和转变，不能向与自己完全无关的方向转型升级。应该让人家看起来这种转移是自然而然的，是顺理成章的，是合乎逻辑的，是向一个更高的产业台阶转型升级。（8）文化创意产业企业。文化创意产业是近年来国家才更加重视发展的产业。沃伦·巴菲特提出了经济护城河评价（Economic Moat Rating）概念，他把一家公司相对于本行业其他公司所具有的竞争优势，包括著名品牌、定价权、大部分市场需求等，称作护城河。护城河越宽，竞争优势就越大，别人就越难进来，就越有持续性。公司的竞争优势的评级可以分为无、狭窄、广泛三个等级。我想基金在这些方面都是会给予关注的。

基金关注的第三个方面是特殊资源型企业。主要包括这样几个方面：（1）资源矿产业。按矿产资源的分类细目，共有能源矿产、金属矿产、非金属矿产和水气矿产四类 168 种，其中地下水具有矿产资源和水资源双重性质。金属矿产包括：基本金属。它是指国民经济和社会各方面使用量相对较多、使用范围较广的常用金属，一般包括铁、锰、铜、铝、铅、锌、锡。在我国境内，其年消耗量为：铁数亿吨，锰、铜、铝数百万吨，铅、锌数 10 万吨，其他金属最多的在 10 万吨左右，一般的在几千吨至几万吨，最少的如黄金铂金等稀贵金属只有几百吨。（2）绿色产业。包括林业、环保业、生态工程等。（3）特殊行业。比如政府特许经营领域。（4）不动地产。包括工业地产、旅游地产、商业地产等。（5）非物质文化遗产。（6）库存积压产品、闲置资源设备、人脉关系等。这些东西在一个地方是废物，换到另一个地方就是宝贝。（7）垃圾回收。比如废油、废气、废弃家电、废弃金属回收提取加工和再利用等，产业都是前途无量的。

三、企业如何才能把基金引入

许多企业家讲，我的企业所处的行业不错，国家大力鼓励和扶持，利润也好，可基金就是不投钱进来，或者说基金的钱老是投不进来。根据我的经验，许多企业在引进私募融资问题上，犯的是常识性的错误，它们往往抛开许多前提条件和基本工作步骤，直奔要钱这个主题和目标，当然钱是进不来的。这很像我小时候读过的一篇寓言故事，名字叫《富翁盖三层楼》，富翁只让工人为他盖第三层楼，不要盖第一层和第二层楼。我相信，如果企业的质地不错，行业前景也好，只要做好以下几个方面的事情，融资自然会水到渠成。

1. 要有好的融资计划书

现在许多企业吸引私募股权基金，很不重视写好融资计划书，动不动就是请人吃饭，在饭桌上介绍情况。基金经理是很忙的，每个月要看很多份商业计划书，没有更多的时间在饭桌上东拉西扯。双方偶尔吃一次饭认识一下，增进感情是必要的，但不能主要靠吃饭喝酒来促进融资。基金了解企业，筛选企业，第一步是靠企业的商业计划书或者战略融资计划书来了解。商业计划书是企业的法律文件，它要把企业的历史沿革、股权结构、机构设置、行业背景、主要产品、市场情况、生产流程、盈利模式、固定资产情况、知识产权、竞争优势、财务报告、成本因素、盈利预测、管理团队、发展战略和规划、筹资用途及使用计划、风险因素及对策等情况都全面准确地介绍清楚，而且每句话都要实事求是，有根有据，还要根据情况的进展和变化及时更新内容。商业计划书的内容就是企业出售股权的"卖点"。有人说，企业的商业计划书主要包括两个部分：前半部分是报告文学，后半部分是科幻小说。从形象比喻角度说，这是可以理解的，但实际上内容远比这复杂得多。我看了许多企业写的商业计划书，可以说99%都是不能用的。你千万不要轻易说，你能够写好一份商业计划书。撰写和编制一份好的商业计划书，通常企业要支付给专业机构10万~20万元人民币费用，许多企业不愿意在这方面花钱，往往让公司内部人员来写，结果写出来的东西支离破碎，答非所问，也可能是限于专业水平，也可能是限于时间精力，不能回答投资人的问题。企业写的东西最多只能算是个企业情况介绍。我国的绝大部分企业都是好的，是有潜在投资价值的，资金投不进来，可以说，就是由于商业计划书写的不好，引不起基金的兴趣。我之所以把话说的这样绝对，确实是有切肤之痛，看在眼里，急在心里，希望能够引起企业家的重视。

2. 要真心实意上市

现在许多企业家为了控制风险，都希望先融到钱，再启动上市，再支付费用。我很理解，企业是希望用私募融资的钱来支付上市费用。可是，你想过没有，你的企业没有实质性地启动上市，自己的钱一分都不想花，别人怎么相信你是真上市呢？现在有不少企业装出上市的样子，来骗取基金投资，甚至来骗取政府的支持政策。实际上，通常基金只有看到企业与上市顾问和投资银行签署了上市服务协议，支付了第一笔费用，才敢与你谈投资的事情。甚至地方政府对企业上市的奖励和支持，也是根据企业与中介机构签署的协议，来分步骤支付和兑现的。如果一家企业并不想真正上市，只是在投石问路，那么，投资者资金投进来，找不到退出渠道和升值途径，长期供企业使用，基金是不愿意的。私募股权基金只有看到企业是真心实意地上市，它才会对你投资，甚至会主动找上门，与你谈判，甚至请求你接受其资本投资。当然，基金也有对付企业"假上市"的办法，它会在投资协议里约定，上市前企业每年必须达到的内部收益率和利润增长率，以及如何回报基金。还有另外一种情况，开始企业并没有下定决心上市，但基金认为这家企业不错，有成功上市的希望，会动员企业去上市。企业承诺在一定期限内上市，然后基金才会投资进去。因为企业上市后，一般来说，股价至少也能会有15倍的市盈率，基金投入时才7~8倍的市盈率，它还能有1倍的投资收益。

3. 要能通过投资方的审计

企业在没有获得上市审计前，私募股权基金只是愿意与你企业谈投资，但

资金不可能进入企业的账户。因为它不了解你的财务状况和账目的真实情况，也不知道依据什么来进行投资定价。企业老板往往自己说，销售收入有 1 亿元、2 亿元，净利润有 3 000 万元、5 000 万元，但是实际上并没有那么多，通常会有所夸大。因为审计人员审计时，会剔除各种无法确认收入的因素，最后得出净利润额。因此，在出具审计报告哪怕是初步审计报告前，除了极少数的情况外，基金的资金并不能真正投进企业。有些企业喜欢拿出自己聘请常年审计机构出具的审计报告来说事，不用我说，这些常规审计通常是很不规范的。有些审计机构只是按照企业自己报告的数字，盖上章拿钱了事。我看过许多这样的审计报告，其中的财务报表错误百出，常识性的低级错误比比皆是，可是审计竟然也能出具审计报告通过。所以，基金通常会自己出钱聘用有信誉的、能为基金负责的会计师事务所，对拟投资的企业进行审计。基金通常会与审计人员充分沟通，来了解企业的财务和经营情况。还有一些企业老板抱着侥幸心理，在没有真正完成账目规范之前，就让正规的审计人员进来审计，结果遇到很多障碍，无法出具无保留意见的审计报告。这样既延长了审计时间，也增加了审计费用的支出。有的老板以"小人之心度君子之腹"，认为多向审计机构支付一些费用，审计机构觉得收取的钱差不多了，就会通融通过审计，就会为其出具无保留意见的审计报告。这样想就错了。因为审计机构即使想为你通融通过，你也需要给它以合法的证据支持，审计结果要能给经得起历史检验。有一家民营企业，一边进行审计，一边进行整改，结果审计机构前前后后收取了 1 000 多万元的费用。最后，老板听说审计机构的内部风险控制部门还是不同意出具无保留意见的审计报告，当场就哭了。"男儿有泪不轻弹，只是未到伤心处。"

4. 要获得证券交易所认可

私募股权基金在投资前，肯定会与相关的企业顾问和投资银行沟通，探讨这家企业上市的可能性。现在境内的一些投资银行为了给自己揽生意，通常会给企业打上市保票，承诺企业一定能够保证上市。但是，按照投资银行的国际行规，全世界的投资银行都是不能给企业打上市保票的。这是因为，有很多导致不能成功上市的因素，都是投资银行无法掌控的。比如，企业的质地如何、审批机关能否批准、市场行情的变化、意外因素出现等。如果哪一家投资银行承诺保证你的企业上市，那它一定是在忽悠你，你一定要警惕起来。上海证券交易所的一位副总在一次公开会议上讲，实际上，券商和企业就是狼和羊的关系，狼把羊吃光了就走。从境内的券商来看，它对待企业一般有三种情况：第一种是企业现在已经基本具备了申请上市的条件，净利润在 7 000 万～8 000

万元以上，它们马上启动上市程序，尽快申报上市材料。第二种是企业的净利润有 2 000 万 ~ 3 000 万元，它们就先为你的企业进行改制，然后冷冻起来，待过 1 ~ 2 年，企业的利润进一步增长了，再启动申请上市。第三种情况是企业的净利润在 1 000 万元左右，就先与你的企业签署上市服务协议，锁定这个项目，作为储备企业，然后就顾不上不理你了。等到过了几年，企业的利润做上来了，再回头启动上市。所以，企业能否上市，要听听证券交易所的意见。境外上市采取注册制，中国香港采取聆讯制，证券交易所认为能够上市，基金就会比较放心地投资。在境内上市，因为采取核准制，是企业申请、证券公司推荐、发行审核委员会投票、证监会核准，所以证券交易所也难以发表能否上市的意见。

5. 经过基金尽职调查

基金对企业融资的许多方面是不会轻信的，它要亲自做尽职调查，做出独立的投资判断，还要能够经过一定的内部决策程序。这也是可以理解的，投资人把真金白银投进来，一定要投个明白，最起码不能上当受骗。通常在尽职调查前，基金要与企业签署一份保密协议。然后，基金向被调查的企业提供一份调查清单，列出需要企业提供的各种文件资料索引，让企业事先准备好。同时，还需要企业指定一个房间，来专门放置这些资料，该房间被称为资料库或数据室。基金调查的内容主要包括：（1）行业和技术情况。基金会找一些与企业同业经营的其他企业询问大致的情况。如果企业的上下游甚至竞争伙伴都说好，那基金自然有投资信心。技术尽职调查多见于新材料、新能源、生物医药等高技术行业的投资。（2）财务及账目情况。基金会要求企业提供详细的财务报表，有时会派驻会计师审计财务数据的真实性。（3）法律情况。基金的律师会要求企业就设立登记、资质许可、治理结构、劳动员工、对外投资、风险内控、知识产权、资产、财务纳税、业务合同、担保、保险、环境保护、涉诉等各方面的情况提供原始文件。为了更有力地配合法律尽职调查，企业一般在融资顾问的指导下，由企业的律师来完成问卷填写。基金人员一定要到工厂实地察看，比如看看企业的厂房、设备及生产线、工人人数，判断企业的生产能力；比如，看看企业每天的进货单和出库单，就能统计出每天的产品生产情况。基金人员还要详细审阅大量的文件资料，要找企业各方面的负责人和供货商、客户等相关人员谈话，询问各种情况，以便验证企业提供的资料、情况的真实性。基金人员还会查阅公司网站和各类网站上有关企业的信息，看看网上有没有负面的报道和评论。有些基金人员还要调查企业主要股东的许多背景情况，甚至包括私生活情况，比如结过几次婚、有几个孩子等。因为这些会涉

及股东的潜在财产分配的法律纠纷。有人总结了一些尽职调查的小经验，基金人员要从 1 到 9 依次做到：至少与普通员工吃一次饭；对项目企业要保持 20 个关键问题；要考察 3 个以上项目企业的竞争对手；至少访问 4 个上下游客户；考察团队的管理、技术、市场、财务、法律 5 个因素；在项目企业连续待上 6 天；看过项目企业的 7 个以上的部门；8 点钟原则，即 8 点钟按时上班；与 90% 以上的企业股东和管理层见过面。

四、私募股权基金的投资模式和工具

私募股权基金对目标企业的投资模式，通常可以分为以下三种：

第一种是增资扩股。私募股权基金的增资扩股是对拟投资企业按一定的估值方法对企业的价值做出评估，然后用自己的出资资本共同成立一个新的公司，基金按自己的出资额在新公司中占有一定比例股份。增资扩股的结果是公司资本增加，股份数量也增加。如何评估企业的现有价值，根据企业的不同行业情况，有不同的方法。对大多数企业而言，基金通常会按市盈率的一定倍数乘上企业去年、今年或明年的净利润数，得出企业的市场价值。对于开采业的企业，基金通常不是按市盈率，而是对其开采权或勘探权等无形资产做出评估，当然也要加上其他资产的价值。基金投入多少资金，占取多少股份，通常以不超过总股份数的 15% 为宜。要考虑到基金不能成为大股东，以免大股东和实际控制人发生变化，需要再运营 3 年才能申请上市。另外，还要首次考虑到公开发行后，各个股东的股份会进一步稀释，不要影响大股东的控股地位。按照我国《公司法》的规定，有限责任公司股东会对增加公司资本做出决议，必须经代表 2/3 以上表决权的股东通过；股份有限公司对增加注册资本决议，必须经出席股东大会会议的股东所持表决权的 2/3 以上通过。

第二种是股权转让。股权转让是指公司股东依法将自己的股份让渡给他人，使他人成为公司股东的民事法律行为。我国《公司法》规定，股东有权通过法定方式转让其全部出资或者部分出资。但是，《公司法》还规定，公司原有股东有优先购买转让的股份的权利，只有当内部股东放弃优先购买权后，才能向外部寻找受让人。私募股权基金也可以通过这种方式取得公司股权，达到投资的目的。但是，基金需要注意自己的身份是否符合公司相关法律法规及公司章程的规定。比如，上市公司的提前申报制度、有些行业的自然人排斥制度、外国人的限制制度等。另外，还要注意转让的价款是现金、固定资产还是知识产权。如果是固定资产，要考虑物的所有权；如果是知识产权，要考虑能否最终取得该权利。付款方式主要是提示付款时间。最后要到工商管理部门备案，这是完成转让的正式生效程序。如果没有到工商管理部门备案，按照法律规定以未转让论处。

第三种是增资扩股与股权转让结合。这种模式是基金购买原有股东的股份，形成新的股东，然后按照新的股东构成进行增资扩股，增加公司的资本金，改变企业股东持股比例，形成新的股权结构。当然，也可以倒过来做，先增资扩股，然后再进行股权转让。究竟是先增资扩股，还是先股权转让，也没有必然的顺序。关键是看新老股东的意愿，看哪一种方式为先操作更方便，以及税收等成本多少。私募股权基金参与增资扩股与股权转让结合的投资并不少见，而且有利于公司将来 IPO 时资产规模、注册资本金、合理股权结构的达到上市要求。

上面我讲了基金的投资模式，下面再讲一下基金的投资工具。

第一种投资工具是可转换公司债券。基金在一下子确定不好公司价值，对上市时间没有把握，特别是公司前期需要借一些钱来完成境外公司对境内公司股权或资产业务收购时，往往先借给公司这笔钱使用。等到公司能够确定上市时，再按照约定的价格转换成公司的普通股股票。公司上市以后，基金再把持有的股票交易卖出，完成资本退出。如果被投资企业没有达到预期的经营目标，或者无法实现 IPO 时，基金投资的就是被投资企业的负债，企业需要按照原先约定的债券权利和程序对基金还本付息。由于可转换公司债券为基金增加了选择债券或转换为股权的投资机会，"上不封顶，下可保本"，风险较小，通常比一般债券的收益要低。从基金对可转换公司债券的操作来看，最重要的是，基金要与被投资的企业预先约定好三个基本的转换条件：一是转换价格或转换比例；二是转换时发行股票的内容；三是转换期限。

第二种投资工具是可转换优先股。在基金首先考虑投资后优先分红和公司清算时优先分得公司剩余资产时，基金往往购买公司发行的可转换优先股。基金投资购买了这种股票，就可以按约定的条件，在一定的时期，将自己持有的股票转换成普通股票或另一种优先股。优先股是相对于普通股而言的。优先股股东一般不能参与公司的管理经营活动，但股东具有优先分红权和优先剩余财产分配权。但是，在涉及优先股股票所保障的股东权益时，优先股股东可以发表意见，并享有相应的表决权。同时，对于企业而言，发行优先股可以不让基金过问公司经营管理，不对公司有表决权，有利于公司减少基金的干预而独立决策。优先股股东不能要求退股，由于公司定期向其支付固定的股息，公司可以赎回优先股股票。基金和被投资企业双方在签署协议时，就要预先约定好转

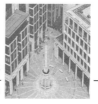

换为普通股的比例和价格。

第三种投资工具是可转换债券与普通股组合。基金的一部分资金以可转换公司债券形式投入，另一部分以普通股形式投入。等到企业确定上市时，再将可转换公司债券按约定的价格转换为普通股。这样，准备境外上市的企业既可以预先获得一部分股权融资，不用支付债券的利息，有利于增加企业的利润；又可以为企业的境外公司收购境内公司股权或资产业务获得了收购资金。

五、私募股权基金的自我保护和风险控制

中国有句俗话，买的不如卖的精，会买的不如会卖的。私募股权基金作为投资方，无论其多么强势和精明，它都是新股东和小股东，存在着信息不对称交易。它需要采取各种手段来保护自己的利益，进行投资风险控制。

私募股权基金通常会采取哪些手段来保护自己，防范风投资险呢？

第一种手段是选好企业。选择好一家企业无疑是最为重要的。如果选择了一家差的企业，特别是选择了一个假的企业，那就什么都不用说了，肯定是风险巨大。选好一家企业，又分为两个方面：一个是"选好人"，就是公司大股东和经营者一定是素质好，对投资人负责，而且是专业的。这一点是基金中的"投人派"所始终强调的，特别是风险投资基金更是如此。有的风险投资人甚至开玩笑地说，评估项目最重要的就是三个指标：团队、团队、团队。投人派认为，投资企业从根本上说是对人的投资。有的企业老板没有创业的雄心壮志，只是想多圈点钱，供自己和家庭享用而已。他不知道赚钱是为了推动人类社会进步和造福整个人类，只是围绕个人和家庭说事。如果基金把钱投到这些人身上，资金肯定发挥不了好的效益，创造不出更大的财富。有的企业老板心术不正，他也许有创业的心愿，但是人品不够好。他七分靠歪门邪道、阴谋诡计和黑恶势力来赚钱，三分才靠正常经营。他把基金的钱骗进去，就故意把钱挥霍掉，造成企业亏损。他最后对基金说，要钱没有，要这个烂企业全部给你。这种人是最为危险的。还有的企业老板工作努力，专业也好，但私生活混乱，家庭关系处理不好，有潜在的法律纠纷。韩国三星董事长李健熙在改造企业时有句名言："除了妻儿，一切皆换！"我们境内的许多企业老板的做法是恰恰相反。还有的企业老板工作很努力，但过于情感化。这些人往往是创业者，对于企业有深厚的感情，日常又喜欢阅读马云等人的名人传记，总觉得自己和企业都非常伟大，现在基金上门来谈私募，更加进一步膨胀了他对企业价值的估计，不能理性公平地对待基金投资。所以，基金在对企业投资前，是会

对企业的人进行仔细考察和选择的。选好企业的另一个方面是"选好事"，就是企业所从事的商业确实有发展前途，项目有很好的成长性，盈利模式能够带来高回报。基金通常要求企业年投资回报率一般在 20% ~ 30% 之间。一般认为，高回报行业当属垄断型、资源型和能源型的项目，产品具有稀缺性和垄断性，这些行业中的优质项目年回报率都在 40% 以上。这是基金中的"投事派"所关注的。如果选择的被投资企业没有很好的主营业务和资源，所投资的项目没有真正的合法性、可行性、规模性，这些钱投进去就不会有好的回报，甚至会完全打水漂。所以，基金在筛选被投资企业的时候，也会仔细地考察企业的项目、业务和事业。有一个故事讲，美国的一个老太太的狗死了，她把死狗装到一个手提袋里，准备打车送到宠物墓地去。结果下车时，一个年轻人主动提出帮她提袋子，结果袋子一提到这个年轻人手里，他就飞快地跑掉了。请想一下，当这个年轻人打开袋子时，会有什么表情呢？有时候，基金与企业相互之间也会发生这样像看到手提袋里的死狗那样的令人惊讶的事情。

　　第二种手段是过程控制。基金在选好企业的前提下，通常还要采用以下手段来进行投资过程控制，防范各种可能的风险。一是组合投资。如果私募股权基金的投资资金规模较大，被投资企业的项目又是多个，基金通常会把资金投到不同的项目中去。但是，不同项目的进展和成熟情况是不一样的，基金就可以针对每一个项目的情况确定投资方案。二是分阶段投资。基金不是一下子把钱全部投给企业，而是只提供企业发展到下一阶段的资金。根据企业不同阶段的效益情况，保留和放弃追加投资的权利，以有效进行预算管理，控制风险。这样基金可以控制投资进度，看前一阶段的投资所产生的效果，是否实现了预期的利润。许多企业完成了第一阶段的业绩后，获得了第二轮、第三轮投资；也有许多企业的业绩效果不好，基金放弃了追加投资。三是事中控制。基金投资以后，要对被投资企业实施非现场监控，要参与企业的重大决策，督促被投资企业及时报告相关事项，定期披露财务和市场信息，并且保管相关的原始凭证、资料等。同时，基金的项目小组要负责对被投资企业实施现场监控，及时跟踪项目营运和使用资金的情况，发现情况，及时采取应对措施。四是股份比例调整。基金可以运用复合型的金融工具，包括上面讲的可转换优先股、可转换公司债券、可认股债券及其组合等，进行投资中的股权比例调整，降低自己的风险。还要调动被投资公司的管理层的积极性，使企业得到更大的发展，通过把"蛋糕"做大，来使自己的利益增大。五是违约补救。基金投资后，当被投资企业管理层不能按照业务计划的各种目标经营企业时，比如违反协议、提供的信息明显错误、发现有大量负债等，基金要对被投资企业提出更严厉的

要求。通常的惩罚和补救措施有：调整优先股转换比例，提高投资者的股份比例，减少公司及其管理层的个人股份，投票权和董事会席位转移到基金手中，解雇管理层等。

第三种手段是通过协议安排，来保护自己的利益。基金在与企业签署的投资协议中，有专门的各项保护性条款，具有法律约束力。协议安排主要包括以下内容：

（1）企业估值条款。企业与基金约定按什么方法对企业的价值进行评估，以便为基金的投资额确定被投资企业的股权对价。常用的方法主要是市盈率法、市净率法、未来现金流贴现定价法等。在特殊的情况下，也参考可比公司法、可比交易法等。

（2）反摊薄条款。企业得到一家基金的投资后，可能还会得到另外一家基金的投资。那么，第一家基金（原始投资人）就会要求，后来的投资商的等额投资获得的股权不能超过原始投资人。比如，企业的净利润是3 000万元，10倍市盈率定价，3亿元的市值，投入3 000万元，占10%的股份。第二家基金进入时，净利润不变，企业按8倍的市盈率卖给它股份，那就损害了第一家基金的利益。正确的做法是，谁的钱到得早，承担的风险大，股价卖的价格就应该比后来的投资者更便宜，而不是相反。事实上，当被投资企业经营不好，不得不以更便宜的价格出售股权或以更低的作价进行融资时，前期进入的投资基金便可能贬值，从而使股权被稀释，即融资后导致每股净账面价值下降。假如企业一旦这样做了，前期投资者就有权获得免费的股份。通常的反稀释有两种合同条款：一是完全棘轮条款（Full Ratchet Provision）。在完全棘轮条款情况下，基金过去投入的资金所换取的股份全部按新的最低价格重新计算。例如，基金以每股10元钱的价格投资100万元，购买了10万股优先股，稍后企业又向一家战略伙伴以每股5元的价格发行5万股，换取25万元的资金。按照完全棘轮的算法，原先基金的股份应该从10万股调整到20万股。无论以后的投资者购买多少股份，先期的投资者都会获得额外的免费股票。二是加权平均价格条款（Eighed Average Antidilution Provision）。在极端的情况下，如果新一轮的融资作价低于前一轮基金投入的资金，除非企业中途取消融资，或者前一轮的基金放弃反稀释条款，企业创办人就可能失去大部分股权。所以，企业家应该要求以更合理的加权棘轮条款，也就是以所有股权（股票）的加权平均价格重新计算投资商和创始人的股份，这样创始人的股份稀释就没有那么严重。还可以要求投资商的所有可转换公司债权全部与普通股同样计算，这样万一以后以较低价格增资扩股，创始人的股份也不会被稀释得太多。

例如，当初创业投资公司以每股 1 元的价格投资 10 万元，投资公司与企业创办人各占企业的 10 万股（50%）；过了一段时间后，企业以每股 0.1 元的价格增发 1 万股，再次融资 1 000 元，如果用完全棘轮方法计算，二次融资后投资公司占 100 万股（10 万元/每股 0.1 元），企业总股数增至 111 万股；如果用加权棘轮法计算，融资价格为每股 0.918 元（10 100 元/11 000 股），投资公司拥有 10.89 万股（10 万元/每股 0.918 元），总股数为 21.89 万股（投资公司 10.89 万股 + 创办人 10 万股 + 新发 1 万股）。加权平均法是使用一个公式来确定以后廉价销售股票的稀释效应，并通过授予投资者足够的免费股票来抵消这一效应。在可能的情况下，企业家应首先争取加权平均反稀释条款。另外，反稀释条款要明确反稀释权利的效力期限，并非是无限制的，投资者的该反稀释权利在企业重组、兼并、上市等情况下，按约定自动停止。

（3）肯定性和否定性条款。基金与企业在投资合同中约定，企业获得投资后，企业的管理层必须从事哪些行为，而不能从事哪些行为。必须从事的行为的反面就是不能从事的行为。①要给投资人及其代表（通常安排董事职位）适当的身份和渠道，使他们能够接近企业的职员和获得经营管理记录。②被投资企业要进行年度预算，要得到董事会甚至基金同意。③被投资企业要确保自己持续存在，并拥有企业各项经营条件和财产经营权，并处于良好状态。企业不能在获得基金的投资后，把企业搞垮，或者把企业抵押、转让，而造成企业没有完整的财产所有权、使用权。④被投资企业管理层要定期提交公司盈利和财务状况报告。⑤被投资企业要购买足够的保险，为主要的高层管理人员购买人寿保险。⑥被投资企业要支付应付债务与应缴税款。⑦被投资企业要遵守相关的法律规定。⑧被投资企业要告诉投资人任何与之有关的法律诉讼、主要协议未履行情况，以及可能对被投资企业造成不利影响的任何事项，以防止任何潜在的法律风险。⑨被投资企业的财务要采取合理的措施，保护自己的知识产权和商业秘密，还包括公司雇员之间的保密协定或业务非竞争协定。⑩被投资企业必须按约定的用途来使用投资人资金。

（4）对赌条款。企业与基金对公司的估值和盈利预测通常态度不一样，企业比较乐观，基金则比较谨慎。当双方有较大争议和差距时，一般会设定对赌条款。也就是说，按照企业预测的利润进行定价，到期后再按照实际完成的利润额对公司重新估值，调整双方的股权比例。比如，企业去年的净利润为 3 000 万元，估计明年会有 5 000 万元，企业要求按 5 000 万元的净利润进行定价。好，那就按 5 000 万元净利润进行定价。如果到了明年，净利润只有 4 000 万元，那就要赔偿基金股权。如果超过了 5 000 万元，基金要奖励给企

业管理层股权。具体赔偿或奖励多少股份，要通过算账来确定。我们来看看蒙牛乳业与境外投资人的对赌协议，其中规定：如果到 2003 ~ 2006 年，业绩复合增长率达不到 50%，管理层将 7 830 万股（相当于已发行股本的 7.8%）转给投资者，或向其支付对等现金。反之亦然。还有些附加因素，比如要聘到新的 CEO、企业回购优先股、上市期限、管理人员不得离开公司等。对企业来说，对赌协议的底线是不丧失控制权，通常的股权调整比例在 1% ~ 3% 之间为宜，像蒙牛乳业这样高达 7.3% 的股权调整比例是个特例。约定对赌条款的好处是：如果企业夸大了业绩，让投资者进行投资，事后可以根据真实业绩进行调整，能避免企业欺骗投资者。同时，能够激励企业完成预定的或更高的业绩，以便获得更多的股份。其缺点是：双方谈判比较费事，浪费时间，影响交易速度。同时，对管理层压力过大。当公司业绩定得太高时，管理层会想，反正也实现不了业绩，干脆卖给投资者算了。永乐电器愿意被美方投资商并购就是如此。太子奶更是一个对赌失败的案例。另外，顺便说一下，如果是企业在境外上市，境外基金与境内企业的境外控股公司签署对赌协议，是没有法律争议的。境内企业与境外基金签署对赌协议的合法性还有一定的争议。一种意见认为，按照《公司法》规定，所有股东都是同股同权，利益共享，风险共担，不能有特殊股东享受特殊的优惠和保护。另一种意见认为，按照民法的"意思自治"原则，对赌是双方意思自治的结果，就应当承认其合法性。现实中出现的一些对赌协议，已经被市场所接受。

（5）优先购股权。被投资企业在首次公开发行前，如果向第三方转让股权，在同等的条件下，基金有优先购买权。

（6）共同卖股权。被投资企业首次公开发行前，如果原股东向第三方转让股权，基金也有权向第三方转让股权，以同样的价位、条件和比例，参与谈判，达成价格和协议。例如，原股东向第三方转让 20 万股，现在股权比例为 75%∶25%，原股东最多可转让 15 万股，基金转让 5 万股。除非基金放弃行使该权利。共同出售权不仅可以限制大股东的退出方式，也有助于基金维持与大股东相同的股权变现能力。

（7）股票被购回的权利。如果被投资企业在一个约定的期限内没有上市，或者未达到预期的利润，被投资企业要以一个约定的价格，买回基金所持有的全部或部分被投资企业的股份。否则，基金有权出售企业，以此实现自己的退出，达到保护自己利益的目的。当然，股票被回购也是企业家保护自己控股权的手段，如果企业的利润达到双方约定的水平，企业家有权以约定的价格从基金手中回购这部分股权。

（8）强制原有股东卖出股份的权利。该权利也称为领售权。如果被投资企业在一个约定的期限内没有上市，基金有权要求原有股东和自己一起向第三方转让股份，原有股东必须按基金与第三方谈好的价格和条件，按与基金在被投资企业中的股份比例向第三方转让股份。如果基金将强制卖出权设计的对自己有利，则会损害企业股东和管理层的利益。强制出售权的要点如下：①哪些股东受领售权的限制。基金希望全体股东都受此权利限制。②领受权的激发条件。通常基金要求的激发条件是由某个特定比例的股东要求（比如50%或2/3的 A 类优先股，或某特定类别优先股）；是否同时需要董事会同意。③出售的最低价格。④现金支付或股票支付。⑤时间。在约定的时间内，如果企业无法上市，基金没有其他退出渠道，才通过出售公司而退出。

（9）清算优先权。基金选择可转化优先股的投资方式，最重要的就是获得清算优先权。它决定企业在清算后资产如何分配，即资金如何优先分配给持有公司某特定系列股份的股东，然后再分配给其他股东。清算优先权包括优先权和参与分配权两个部分。后者有无参与权、完全参与分配权、附上限参与分配权三种。

（10）保护性条款。基金为了保护自己的利益，要求被投资企业对所提供的信息的真实性负责。保护性条款通常有"陈述和保证"、"承诺"、"违约补救"等。"陈述和保证"（Representative & Warranties）条款是要求企业对过去的行为做出保证，规定企业提供的所有财务和经营信息必须是确定、充分、完全的，是按照有关标准制定的，其中特别是关于公司的资本、股份分配、资产、或有负债、未决诉讼、未定专利权等。因为基金是根据企业提供的信息做出投资决定的，不论其做不做尽职调查，也不论尽职调查做到什么程度，如果发现这些信息是不真实的，或者保证人所承诺的事项发生了重大变化，被投资企业必须向基金做出赔偿，基金通常会以增持企业的股份作为赔偿条件。同时，基金还要求被投资企业对投资后应当做的和不可以做的行为做出承诺，具体包括上面讲的肯定性和否定性的条款。被投资企业在执行某些有可能损害基金利益的事件前，要获得基金的事先同意，赋予基金对某些特定事件的否决权。基金通常要求以下事件需要至少持有 50% 优先股的股东同意。①修订、改变或废除公司注册证明或公司章程中的任何条款对 A 类优先股产生的不利影响。②变更法定普通股或优先股股本。③设立或批准设立任何拥有高于或等同于 A 类优先股的权利、优先股或特许权的其他股份。④批准任何合并、资产出售或其他公司重组或收购。⑤回购或赎回公司任何普通股。⑥宣布或支付给普通股或优先股股利。⑦批准公司清算或解散。⑧公司公开发行上市等。保护性条款

根据情况可多可少，从几条到几十条不等。

第四种手段是找好退出渠道，这是更根本的利益保护。基金的设立通常有一个时间结构，它的退出应当早于基金到期之前。一般来说，基金有这样几种退出渠道。一是境外红筹上市。这是境外基金最理想的退出渠道。因为它是"两头在外"，基金的资金在境外，基金卖掉股票变现的钱也在境外，对境外基金最为方便。二是境内上市。这是境内基金最为理想的退出渠道。因为它是"三头在内"，基金、企业、变现后的资金都在境内，对境内基金非常方便。三是股权转让。这里有几种情况。如果基金已经获得了比较好的收益，在上市前，基金也可能转手给其他的投资人。如果基金看到短期内上市无望，如果遇到适当的转让机会，价格也可以接受，也可以转让给别人。如果基金与被投资企业事先有协议安排，或者中途能够达成协议，也可以由被投资企业或被投资企业的原股东和管理层回购基金的股份。被投资企业回购基金的股份，这对境内公司的外国控股公司来说，是没有法律障碍的，但对境内公司就有法律障碍。我国《公司法》第三十四条规定，有限责任公司的股东在公司登记后不得抽回资金；第一百四十九条规定，股份有限公司原则上不得收购本公司的股票。因此，我国境内基金回购退出方式主要是指原股东回购或管理层回购。基金通过回购退出的收益明显达不到公开上市后退出的收益，但肯定要比进入时的价格要高。对于基金的其他退出方式，比如破产清算、非破产清算等，这是基金最不愿意看到的。但是，对不成功的投资项目也只好早点清算，能收回多少算多少，这是不得已而为之。

第 17 讲
境外首次公开发行（IPO）的估值定价

—— 北京大学私募股权融资及企业上市高级培训班

企业在境外首次公开发行（IPO），进行股票估值定价，是一项核心技术和一门高超的艺术，也是一个高度市场化的过程。原中海油原董事长卫留成先生在中海油境外发行成功后，在日记里这样写道："有人说定价是一门技术，也有人说定价是一门艺术，让我来说，定价就是技术加艺术。"发行定价是否科学合理，它直接决定着股票发行的成败和效果，历来为发行公司和承销商等机构高度重视。在严格按照上市地监管机构要求，进行信息充分披露的前提下，适应国际资本市场高度竞争的要求，证券发行和证券投资双方最终达成的买卖价格是按照市场机制形成的公平价格。当然，这种公平价格也是相对的，世界上没有什么绝对公允的价格。下面我讲有关的四个问题。

一、估值定价的基本过程

具体来说，企业境外首次公开发行的估值定价过程，主要分为基础分析、市场调查和路演定价三个阶段。

1. 基础分析

拟 IPO 上市的企业的保荐人或承销商通过尽职调查，研究、了解企业的现状，与发行企业一道解决企业历史遗留问题，挖掘企业未来增长的潜力，引进新的管理体制与机制，完善公司治理和内控制度，制定未来业务发展战略和计划（包括引进战略投资者）。企业经过重组后，其价值得到充分体现和提升，并达到上市监管要求的信息披露标准。在此基础上，承销商分析企业业务发展前景和未来财务表现等多种影响企业未来价值的基本要素，与市场可比公司做出对比，同时考虑国际资本市场环境，对拟发行上市企业的估值作出一个初步的预测。这种估值是为股票发行定价进行准备，股票定价以估值为基础。

以中国建设银行发行为例，承销商根据企业重组改制的进展及战略投资者的引入，给出了较好的估值。上市银行估值水平的高低通常主要看市净率（每

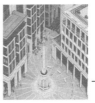

股市价/每股净资产）指标的高低。经过基础分析后，承销商分析师的研究报告给予建行的估值范围普遍为 1.8~2 倍的市净率，比当时亚洲其他新兴市场的上市银行的市净率水平高出许多，与全球一流的商业银行如汇丰银行、花旗银行 1.9~2 倍的市净率相比也不逊色。

2. 市场调查

企业的证券承销商向国际投资者介绍拟发行公司的投资故事及其估值分析，投资者根据承销商的推介和自己的研究，对公司的估值作出初步的判断，并反馈给承销商和发行人。如果国际投资者认可公司的发展前景，他们可能会接受较高的估值；反之，接受的估值将较低，甚至拒绝参与认购拟发行公司的股票。

还以中国建设银行发行为例，在对中国建设银行发行前市场调查中发现，国际投资者普遍认可建设银行的重组改制成效和引进美国银行作为战略合作伙伴的正面作用，看好建设银行的投资故事。因此，建设银行和主承销商在市场调查后，将首次发行价格区间定为每股 1.80~2.25 港元，对应 2005 年市净率 1.59~1.90 倍。考虑到投资者出价一般有一定的折扣，建设银行上市后的股价可能有所上升，发行价格区间的高端意味着建设银行的市场估值水平比许多一流的可比公司还要高。

3. 路演定价

建设银行管理层与投资者进行"一对一"路演和最后定价。对许多境外的长线机构投资者来说，发行企业管理层的能力和表现是其股票长期增值的最根本保证。如果管理层的推介效果良好，投资者能接受在发行价格区间里的更高价格，认购会更加踊跃。如果条件允许，投资者会超额认购，在路演过程中甚至可以适当提高发行价格区间。

由于境外投资者看好中国经济和银行业发展前景，肯定中国建设银行重组改制的成效，认可引进国际同行知名企业作为战略投资者的积极意义，认可中国建设银行管理层所推介的投资亮点，路演第一周的市场反应热烈。建设银行的管理层和承销商最终决定将发行价格区间提高至每股 1.90~2.40 港元，对应 2005 年的市净率为 1.66~2.00 倍市净率，最后定价为 2.35 港元，接近调整后价格区间的高端，市净率约为 1.96 倍。中国建设银行的发行市净率确定在承销商在基础分析阶段给出的估值区间的上端，并且比国际一流商业银行汇丰银行当时的市场价 1.87 倍的市净率有 5% 的溢价，显示出定价取得了巨大成功。中国建设银行行使绿鞋后（即实施 15% 的超额配售选择权后）的融资规模达 92 亿美元，创下了有史以来融资规模最大的中国公司公开发行上市（IPO）、有史以来全球最大的商业银行 IPO、有史以来全球第六大 IPO 以及近五年半来全球最大 IPO 等多项辉煌纪录。

二、估值定价的方法

通常一家发行公司的估值定价是根据以下四种方法中的一种或多种来考虑的。

（一）市盈率（P/E），以利润为基础

市盈率通常是对一家公司估价的主要考虑因素。唯一的例外，是那些将所持有的资产用作投资和交易，而不是用作生产货物或提供服务的公司。例如，房地产公司和一些现金流量可作较长远预测的公司，如公用事业公司。

市盈率是企业每股价格除以每股税后净利润，或每股税后净利润与每股价格之比（本益比）。假定企业每股税后净利润为 1 元，每股价格为 10 元，则市盈率为 10 倍。那么，公司价值 = 净利润 × 市盈率。

用市盈率估价可视作现金流或收益的资本化过程，或把市盈率表述为资本化率的倒数。资本化率和折现率是一个概念：有期限的叫折现率；无期限的叫资本化率。假定企业的年利润为 100 万元，资本化率或贴现率为 0.1，企业价值则为 100 万元/0.1 = 1 000 万元。

市盈率法的逻辑是：投资于同类企业的投资者要求有相同的利润，因此同类企业应有相同的价值乘数。这个逻辑虽然有道理，但可能推导出同类企业的价值不同只是由于企业的规模不同的机械结论。这个指标的积极意义在于：投资者看到这个指标，就能知道需要多少年可以收回投资成本。例如，一个企业股票的市盈率是 10，如果现有收入能力不变，大约需要 10 年可从企业盈利中赚回投资本金。这可以提醒投资者控制投资风险，把这个指标维持在一个可接受的范围内。

运用市盈率法有两个主要因素：一个是用什么来表示收益；另一个是如何寻找价格与盈利的比率。公司的盈利是指税后的正常和可持续的盈利，它不计及一次性的或非经常性的盈利或亏损。国际会计专业机构不断辩论在损益表中的"特殊"和"非经常"项目的不同之处，以及这些项目是否应在财务报表中不计入盈利。但是，证券分析师和专业投资者会对其认为是非经常损益项目作出适当的折让。

在某些情况下，可以考虑息税前利润（EBIT），即未扣除利息和税项的盈利。这是在不考虑不同资本组成结构和减税方案的情况下，比较不同公司的经营溢利。例如，一家负债高的公司，必须支付高昂的利息，这就会降低其税后

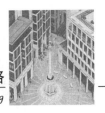

盈利。同时，其净资产值将会减少，从而影响其每股盈利。

估值定价最常用的比率方法，是以已经上市的同类企业的平均市盈率作为目标企业的乘数（市盈率），也有的通过研究具有相似经济特点（相同地域、相同销售能力、相同产品质量等）的公司的当前市盈率来确定乘数。如甲企业与乙企业是类似的企业，甲企业本期市盈率是 15，乙企业本期净利是 1 元，则根据甲企业的本期净利市盈率估计乙企业的价值是 $1 \times 15 = 15$（元/股）。中国境内对发行企业定价通常用上年度企业净利润作为基准，乘上一定的市盈率倍数。国外对企业定价通常用下年度企业盈利预测作为基准，乘上一定的市盈率倍数。

对盈利所用的比率，需要考虑一些因素，其中包括：

其他可比较的已上市公司；

类似行业的其他公司；

其他发售新股；

公司盈利增长的以往业绩记录；

公司未来盈利增长潜力；

公司的各种风险，例如有关其行业、产品、出口、生产或倚靠单一客户的风险；

公司管理层的经验和能力。

未上市企业的股票不能随时流通变现，确定其价值时，应当减去流动性溢价，即与可比的上市公司的市盈率打一个折扣。这个折扣数与企业的产品技术领先程度、战略管理能力、高层管理人素质及市场竞争对手情况有关。艾斯贝尔德公司研究认为，企业未上市的股票价值只有上市后的 40%。

很明显，在决定所用的比率时，主观因素很大，而股市的波动也会有重大的影响。对类似公司和发售新股作出评估，可以反映市场的变动和情绪，由此对公司的估值将随时间而有所改变。

（二）市净率（P/B），以资产为基础

对于上面讲到的持有资产做投资和买卖用途的公司，例如房地产公司，其资产净值是很重要的。在这种情况下，必须得到该公司的资产在市场上的最新估值。如果是房地产公司，则要根据其基本投资的股市价格而作出估值。处于高成长的互联网企业和矿业企业在没有盈利时，甚至收入为负数时，也多采用这种定价方法。例如，A 企业 2010 年的每股净资产为 1.92 元，选取同期 10 家相似的上市公司得出它们的平均市净率为 2.89 倍，则 A 企业按市净率估价为：$1.92 \times 2.89 = 5.55$（元/股）。

市净率是股价与账面价值之间的比率，账面价值 = 总资产 − 无形资产 − 负债 − 优先股权益。公司清算解散时，需要先偿还债务，无形资产不再存在，优先股东先分钱，因此它实际是公司解散清算价值。由于中国目前没有优先股，就用每股净资产值代替了账面价值。

用公司账面价值乘以一个买卖双方都能接受的数字或行业内平均的数字，就能算出公司的大概估值。用公式表示：公司价值 = 账面价值 × 市净率。

采用市净率法对企业定价，要以净资产的盈利能力为依据。只有净资产收益率等于经济的平均收益率时，股票的理论价格才等于净资产值。当净资产收益率超过社会平均利润率时，股价才应当高于净资产值。投资者愿意用企业净资产值一定倍数的资金来收购仅含有净资产值的股权，可能有两个原因：一是这种溢价来自企业的无形资产。净资产值反映的仅是有形资产价值，股价反映的则是有形资产和无形资产的共同价值。二是资源类企业拥有的不可再生资源是稀缺资源，随着时间的推移有升值潜力，因此投资者愿意以大于净资产值的出价收购企业净资产。

对市净率需要动态地看。因为每股净资产中包含的利润会不断变化。去年企业盈利增加了每股净资产值，今年若亏损就减少了每股净资产值。另外，其中的构成基数不同，也影响企业净资产值。如果企业在主营业务、生产技术、管理人员等方面没有发生变化时，市净率指标大幅上升是没有意义的。

在对企业估值时，寻找一个适当的市净率指标也是困难的。同样，采用市净率估值时，也要考虑其他类似公司和股市的情况。因为这类公司的股票市价通常都会较其资产净值出现折让，有时候还会大幅折让。

对其他类别的公司而言，资产净值方法也有用处。但是，多是用作与类似公司比较经营效率，而不是用作定价基础。例如，重工业公司当然比一家服务业行业公司拥有更多的资产。我们所说的资产净值通常是指有形资产净值，而不包括无形资产，比如商誉等。但是，在某些情况下，适宜在招股章程中列示出无形资产的价值，比如消费品公司名下的品牌和出版人的出版权等。

（三）贴现现金流（DCF），以现金流量为基础

在传统上，一项投资或一家公司的价值，在于其一段时间内所产生的收益。对投资者来说，它是股息的收益；对公司整体来说，它是每年的现金流量。现金流量的估值方法通常是对将来的现金流量打一个折扣，其依据的理论是明年的 1 元收益的价值比今年的 1 元收益的价值小。最重要的因素是决定一个适当的折让率。其计算方法通常是根据相对"无风险"投资回报的风险报

酬，换言之，投资者投资于这家公司需要比投资于政府长期债券的回报率高多少。决定折让率时，需要考虑的另一个因素是预期的通胀率。

具体来说，该方法是把企业未来全部现金流量的现值总和作为企业目前的价值。未来的一笔收入对现在的影响，除其自身数额的大小外，还与时间和折现率有关。用公式表示为：

$$V = \sum tCFt / (1 + rt) n$$

其中：V 为资产的价值；n 为资产的寿命；CFt 为资产在时期 t 产生的现金流量；rt 为反映预期未来现金流量风险的折现率。

企业的未来可按其生命周期划分为近期（第 1 ~ 5 年）、中期（第 6 ~ 10 年）、远期（第 11 年 ~ 永远）三个时段，每个时段都必须假定一些运营参数：最初销售额、成长率、息税前利润率（EBIAT/销售额）、（净固定资产 + 营业运营资本）/销售额；假设的这些参数之间应当保持平衡关系，在这些假设的基础上，才可以把折现率应用到资本的加权平均成本（WACC），投资者采用的折现率35% ~ 80% 不等；用自由现金流价值（第 1 ~ 10 年）加上期末价值，此期末价值为公司成长到无限期时的价值。下面我们举个简单的例子，来说明贴现现金流是怎么运用的。

假设某公司 2000 年的有关数据如下：销售收入每股 10 元，每股净收益占收入的25%，每股资本支出 1.2 元，每股折旧 0.7 元，每股营业运营资本 4 元。预计 2001 ~ 2005 年期间每股销售收入增长率保持33% 的水平，2006 ~ 2010 年增长率按算术级数均匀减至 6%，2010 年及以后保持 6% 的增长率不变。假设企业在经营中没有负债，资本支出、折旧与摊销、营业运营资本、每股净收益等与销售收入增长率相同，则公司股票价值的计算过程见表 17 - 1。

未来现金流和折现率实际上难于确定。采用不同的现金流和折现率，会导致不同的估值结果。国外使用这种估值方法时，通常会设计乐观、一般、保守三种估价方案。一般来说，传统行业、制造类企业、消费类企业会优先选择DCF 估值方法。这种估值方法特别适用于那些收益和成本可以相对准确预测的公司，如电力公司和海底隧道公司。工业公司大多数都较难预测其收益和成本，因此该方法只适宜用作对其他估值方法的比较。

（四）可比公司，以同等上市企业为基础

该方法是寻找同类上市公司为参照对象即可比公司，然后通过市场已经对参照对象形成的价格水平（包括其他公司对其收购的价格），来判断对目标公

企业股票的价值估计

单位：万元

表 17－1 年份	2000	2001	2002	2003	2004	2005	2006	2007	2008	2009	2010
销售增长率（%）	33.0	33.0	33.0	33.0	33.0	33.0	27.6	22.2	16.8	11.4	6.0
每股收入	10.00	13.30	17.69	23.53	31.29	41.62	53.10	64.89	75.70	84.43	89.50
每股净收益	2.50	3.33	4.42	5.88	7.82	10.40	13.28	16.22	18.95	21.11	22.37
资本支出	1.20	1.60	2.12	2.82	3.75	4.99	6.37	7.79	9.10	10.13	10.74
减：折旧	0.70	0.93	1.24	1.65	2.19	2.91	3.72	4.54	5.31	5.91	6.26
经营营运资本	4.00	5.32	7.08	9.41	12.52	16.65	21.24	25.96	30.32	33.77	35.80
本年净投资		1.99	2.64	3.51	4.67	6.21	7.25	7.96	8.15	7.68	6.50
股权自由现金流量		1.34	1.78	2.37	3.15	4.19	6.03	8.26	10.80	13.43	15.87
股权资本成本		13.875	13.875	13.875	13.875	13.875	13.710	13.545	13.380	13.215	13.050
折现系数		0.8782	0.7712	0.6772	0.5947	0.5222	0.4593	0.4045	0.3567	0.3151	0.2787
前五年现值	8.22	1.18	1.37	1.61	1.87	2.19					
中间五年现值	18.62						2.77	3.34	3.85	4.23	4.42
后续期现值	66.51										238.66
每股价值	93.35										

司的投资应该具有的价格区间。该方法的核心因素是参照对象的选定，遴选出的可比公司必须具有可比性，主要从行业分类、营运状况、资本结构、财务指标等方面进行评判，选择的财务指标必须与公司的市场价值具有相关性。

投资银行和投资商往往需要在最短的时间内，对某个企业的价值区间做出粗略估计。它们通常运用行业粗算法，根据行业内特有的经济技术指标对企业价值进行粗略的估算。这些经济技术指标包括公司规模、净利润、销售额、增长率、投资规模、投资回报、公司发展阶段等。运用行业粗算法估算的结果是企业价值，要得到企业股权价值，还需要对债权进行调整。该种方法有赖于对公司会计报表的数据进行计算，报表数据通常受特定会计政策、会计估计、会计准则、税收政策及非常项目的影响，而不像现金流量那样真实和有可比性，而且市场本身的因素也会影响目标企业价值的高估和低估。这种方法适用于成熟证券市场上市公司并购。

三、定 价

我们上面讲了各种估值方法，现在需要看看如何把这些方法实际用于发售新股的定价中。我们只需要看看各个上市公司之间差异颇大的市盈率，便知道一家公司的市场估值与其"内在价值"是有差异的。

（一）定价目标对定价的影响

关于定价方面，我相信任何发售新股的定价目标是：

为公司及卖方谋求最高的收益；

确保股票能以高于发行价的合理溢价获得有力的后市支持；

避免售股后损及股价；

为公司日后进行集资行动维持有利的环境。

（二）市场供求关系对定价的影响

当一家公司首次公开发行股票时，实际上便是与数以千计的其他上市公司争取投资者的青睐。所以，发售新股的定价比类似的公司的价格有折让属于正常情况，而折让幅度及与其他公司的可比性往往是承销商与发行人争议的重点。

市场在许多时候都会事先知道新股的发行，虽然有关溢利记录及预测的最后细节通常需要最后一分钟才会公布。关于新发行股票是否有潜在吸引力的争论从此时开始，保荐人和承销商会收集市场的各种意见。对于大规模的国际性股票发行，初步开发招股章程是国际惯例，并且会列出定价范围，以便发行人在国际市场进行巡回推介，介绍该公司的投资优势。保荐人和承销商将会与发行人评定推介活动的反应，并且据此决定最终的价格。

当然，定价的最基本因素是要考虑股票市场的一般供求情况。对于某些发行人来说，还要考虑股市的特别情况。这个市场在过去的 12 个月的表现及对定价的影响，通常是人所共知的。

（三）　发售机制对定价的影响

从世界范围内来看，首次公开发行股票的发售机制主要有累积订单询价机制（Book-building）、固定价格机制（Fixed Price）以及拍卖机制（Auctions）三种方式。我国境内企业在英国、新加坡和中国香港直接上市首次公开发行股票时采用固定价格机制；在美国首次发行股票采取包销方式（Firm Commitment），这属于累积订单询价机制，而尽力推销方式（Best Effort）则属于发行银行拥有完全分配权的固定价格发行机制。采用拍卖机制进行首次公开发行股票，主要适用于法国、以色列和日本。不同发行机制对股票首次发行价格的影响，主要源于最终发行价格的确定时间差异、主承销商对拟发行股票分配权差异，以及股票向投资者分销渠道差异等方面。

在累积订单询价发行机制下，实际发行股票的价格和发售数量在发售上市的前一天最后确定；在固定价格发行机制下，股票的最终发行价格往往在最后发售前的数天就已经确定下来。例如，在英国，股票首次公开发行时，最终发行价格在最后发售的前 10 天就已经确定。通常来讲，如果最终发行价格的确定与实际上市交易之间的间隔时间较长，市场容易发生意外情况，发行失败的可能性较大。因此，首次公开发行股票的抑价程度就较大，其首次公开发行的价格往往低于累积订单询价发行机制。

在采用累积订单询价发行机制下，主承销商可以利用对发行股票的支配权，通过运用低价发行与配售来揭示上市公司的真实信息，发现首次公开发行股票的均衡价格。在固定价格发行机制下，主承销商没有决定股票分配的权利，主要按照申购比例或者按照摇号抽签等方式进行分配，也就没有均衡价格发现功能。由于股票分配方式不同，那么不同机制下的首次公开发行价格当然会不一样。

在累积订单询价机制下，股票分销通过经纪人进行，而不只是依靠机构投资者的参与。不允许通过广告形式对拟上市企业作信息宣传，主要通过路演（Road Show）公布有关信息。在固定价格发行机制下，一方面可以通过做广告对拟上市企业进行宣传，另一方面社会公众可以直接向承销商收购股票。可以看出，累积订单询价机制中股票首次发行定价的市场化程度要较高，其价格比

较能够反映市场的供需关系，固定价格机制的发行定价则较多决定于承销商的定价情况。

从上述分析可以看出，累积订单询价发行机制比固定价格发行机制，更能使首次发行价格确定接近于市场均衡价格的水平。

四、估值定价的基本经验

1. 估值定价应当有一定比例的折让

合理地估值定价是企业首次公开发行前的最重要工作，直接关系到企业能否成功融资上市。如果发行人和承销商对企业价值的评估高于市场认同的企业价值，这时候就会出现定价过高，投资人不愿意购买股票，投资银行就得自己包销，自己掏出几亿元、十几亿元或几十亿元的真金白银购买这些股票，巨额的认购资金压在手里，这是投资银行的巨大的风险。另外，如果发行定价过高，即使股票发行出去了，但是股票在二级市场开始交易后价格下跌，也会影响上市公司的声誉，也会给投资人造成损失，投资银行也承担不了这个风险。通常的做法是发行企业和承销商对发行的股票价格有一定比例的折让，以便股票上市流通后价格得到支撑。我们常说投资银行的风险大，大就大在这个地方。投资银行必须经过一系列的全过程的工作以后，才能判断和确定究竟给这个企业定什么价位，以便非常有把握地把股票销售出去。投资银行的核心技术也就主要体现在发行证券的定价这个方面。

2. 估值定价的方法要综合应用

首次公开发行企业估值定价的基本方法有贴现现金流量法、市盈率法、市净率法、可比公司法等。每一种方法都有其适用性和局限性。对处于不同行业、不同财务状况、不同成长阶段的企业进行估值定价，通常会综合利用几种方法，其中以一种方法为主。比如，对传统生产企业定价，由于其产品生产、销售最终体现为现金，现金是其经营业绩的主要体现，应主要采用贴现现金流量法。又如，对于许多盈利企业，判断其价值主要是看其净利润的多少，而不是主要看净资产值，因而多采用市盈率法。但是，对许多处于成长阶段的企业来说，还没有产生更多的利润，但它的发展前景很好，如果采用市盈率法定价，企业就会吃亏，所以也采取现金流贴现定价法。再如，对资源类的企业，资源的潜在价值并不能马上产生效益，它的利润是逐步开发和生产而形成的，采取市盈率法就不利于客观评价其真实价值，所以多采用市净率法进行估值定价。当然，无论采取哪种方法定价，都要参照同类企业的发行价格进行定价。同类企业包括相同行业、相同规模、相同利润、相同盈利模式等。从全球范围来看，只有全球性的大投资银行才掌握这些企业的资料和数据，所以它们掌握着企业的发行定价权。

3. 估值定价最难的是对人的能力定价

对企业估值定价，最重要也是最难的是对管理者的经验和企业商业模式的发展潜力及可调配的资源的估量。企业的利润是由人创造的，企业的商业模式是由人设计的，企业的资源及其作用是由人整合和发挥的，因而企业的价值是由人的价值生成的。对企业的估值定价，最终是对经营管理企业的人的素质和创造力的估值定价。人对企业的经营管理是通过创新商业模式，来放大可调配的资源效应来实现的。商业模式可以概括为销售模式—运营模式—资本模式，核心就是对资源的有效整合和充分利用。为什么卖豆浆、油条的企业可以受到境内外风险投资的青睐？为什么轻资产型的企业广受追捧？答案就在于企业的经营管理者采取的商业模式不同。对企业的价值判断不应该只停留在企业的资源本身的价值和利润绝对值判断的层面，更重要的是要注重对企业的经营管理团队和全体员工的创造力以及由其带来的盈利能力的判断。这是一种更高层次和更高境界的判断。所以，对企业的估值定价，既要依靠财务数据推算，更多要依靠经验和直觉。我们需要深入企业和市场的第一线，与创业者、创新者们面对面的交流，感同身受地透彻理解中国企业的新变化、新特征、新需求，才能科学、客观地把握好企业的全面价值。

4. 采用招标机制并用于股票公开发售

发行人公开发行新股时，常常采用一种结构性的销售方案：一部分是固定价格部分，通常是总发行量的30%；其余部分是以招标决定价格的部分。这几乎是一种国际惯例。招标决定的价格通常会超过固定价格，而溢价介于2% ~ 100%或更多。在有的国家和地区，整个发行以固定价格由投资银行包销。因此，发行人从取得固定价格可获得保证，并从招标所产生的溢价中获利。其他沿用英国发行结构的国家和地区，很少采用这种机制，主要是因为投资者需要更长时间，才能明白招股机制如何运用，以及如何判断应在什么价格水平申请购买。

招标定价机制主要是为了吸引散户投资者，因为散户投资者愿意承担风险，在不同的价格区间申请认购。机构投资者不喜欢招标机制，因为招标机制不但使定价方面有不明朗的因素，而且配售方面也是如此。他们宁愿选择配售，因为配售不但保证了配发数量，而且价格也已公开。即使该价格高于公开售股的固定价格，他们也在所不计。香港的配售价格几乎总是与公开售股价格相同。

虽然美国式的招标认购与招标机制类似，但很少像公开招标结构那样正式化。如果用这种方式在中国香港市场公开发售，可能会造成协调上的困难。

第 18 讲
境外公开发行失败的原因与防范

—— 北京大学境内外发行上市实务高级研修班

中国企业赴境外发行上市，毫无疑问，其基本想法是"快快筹资，多多筹资"，确保获得发行上市成功。然而，境外资本市场风云变幻莫测，发行上市过程充满不确定性。无论你的企业做了怎样充分的准备，如果遇到市场行情不好，市场不配合，就会出现发行失败的情况。准确地说，改变发行计划和推迟发行时间应当是国际资本市场上的一种常态情况。所谓发行失败，就是指发行人（上市公司或者非上市公司）没有能够按照原定融资计划完成公司股票、债券、其他权益或债务凭证的公开发售。企业选择赴境外发行上市，需要事先就有应对发行失败的思想准备。有了充分的思想准备，再加上得力的措施，就能比较有效地防范发行失败风险。

早在 2000 年时，我在美国考察证券发行市场，发现市场行情像"过山车"一样有意思的事情。2000 年 3 月，美国股市结束长达 10 余年长期上升行情。在 2000 年第一季度，平均每周有 30～40 家公司发行股票，同时新股上市的前 5 个交易日升幅达到 100%，在中途撤销上市申请的公司比例不到 30%。可是，从当年第二季度开始，随着全球股市走熊，新股发行市场日渐衰落。到该年第四季度，每周 IPO 家数下降到 10～20 家，新股上市的前五个交易日平均升幅则下降到 15%，申请撤销的公司比例上升至 60%。到 2001 年第一季度，向美国证券交易委员会（SEC）申请撤销发行的公司达到 83 家，这相当于正常市场情况下每季度提出 IPO 申请公司数的 50%～80%。2000 年真是全球股票市场急剧转变的一年，相应地，也是 IPO 市场发生戏剧性变化的一年。提出发行申请的公司数目从多到少的变化，表明市场在转向衰落后，发行股票失败的风险会趋于明显，发行人和证券承销机构在处理有关融资需求时态度会更为谨慎。同时，我认识到，美国证券发行采用注册制，公司只要符合公开发行股票的基本条件，在向证券交易委员会（SEC）登记后，即可以在投资银行的协助下，向公众和机构投资者发行股票，公司上市门槛比较低。反过来讲，对于公司上市融资的条件和融资成本的控制则要求较高，当发行公司管理层认为发行上市的融资成本高于其他融资方式时，就可能撤销发行上市计划。从融资成本控制的角度来说，发行失败对于公司不一定产生不利的影响，也不必然反映发行公司价值的降低。从目前国际资本市场的情况看，在金融危机情况下，这种情况也没有发生根本的改变。例如，2009 年 10 月 21 日和 12 月 7 日，卓越置业和融创中国发布了全球招股文件；到 10 月 27 日和 12 月 14 日，它们分别宣布：鉴于目前的市况，为对投资者争取最大利益，"决定不会按原定时间表进行全球发售"，并退回募集资金，搁置上市计划。此外，原定 2009 年 12 月 1 日发布招股文件的泰丰控股，也因市况的原因而推迟发行，而没有提出明确的时间表。这样的情况在全球各个市场都有。

那么，在企业境外发行上市中，有哪些具体原因可能导致发行失败呢？

一、发行人不符合公开募资条件导致发行失败

这种情况是属于法定因素导致发行失败，是指证券监管机构核准新股发行后，发现不符法律法规要求而予以撤销发行；尚未发行的停止发行；已经发行的，证券持有人可以按照发行价并加算银行同期存款利息，要求发行人返还。

在全球证券市场环境中，证券发行管理体制一般分为两种：一种是以美国为代表的注册制，另一种是以英国为代表的核准制。它们的主要区别在于对强制性信息披露与合规性检查两种监管方式的侧重点不同。在注册制下，管理者认为只要公司信息披露完全、及时、准确，投资者就可以做出正确的投资判断。管理者无需将市场可以解决的事情作为自己的职责，他们强调公司信息的强制性披露。在核准制下，管理者假设投资人在获取公司信息方面处于不利的地位。为了防止公司利用信息优势欺诈投资人，管理者需要对公司发行股票的资格进行审查。如果一家公司不符合有关发行上市条件，也就意味着它发行股票的计划会随时失败。

在发展中国家或新兴市场经济国家，证券发行管理多采取核准制，因此而导致的发行失败也比较常见。这是因为，在这种初级形态的证券市场环境中，良好的股东权益意识还没有得到树立，严格的上市条件或审核程序使企业发行上市比较困难。一些企业为了获得发行上市资格，不顾法律威严乃至以身试法，编造虚假申请资料和招股说明书，欺骗投资者，再加上监管体系不完善，使造假者得不到应有的惩罚，不但没有增加违规成本，反而增加了违规价值。另外，市场化的、独立的支持体系也比较缺乏，如独立的律师事务所、会计师事务所、评估事务所等，也是造成发行上市公司违规发行上市的原因之一。当

一家公司在申请发行或已经批准发行时，一旦发现其有造假等违法行为，就会驳回其申请或取消其发行资格。

在国外比较成熟的证券市场上，管理机构对于公司公开募集资金的规定比较宽松，上市门槛比较低，公司无需为上市融资而不择手段。同时，严厉的法律和巨额的惩罚性赔偿制度也使得对公司上市有保荐责任的投资银行一般不敢与公司串谋造假。这个三方面保证了拟上市公司通常可以达到上市的公众公司的基本条件，在公开发行申请过程中，只要申请文件合乎要求，通常就能获得批准发行。

二、市场环境不利导致发行失败

在成熟的境外证券市场上，市场行情无疑也会有低迷之时，这往往是股票发行失败主要的原因之一。当发行人不能按照最低价格融到足够资金时，或者投资者压低股价，为完成融资计划原股东需要付出过高的代价时，他们会主动取消发行计划。在另一些情况下，投资者对于认购新股的获利前景缺乏信心，对于公司的价值不认同，因此认购不踊跃，发行人也会因为认购达不到一定比例，而被迫取消新股发行计划。

市场环境的不利变化对于新股发行影响很大。例如，在 2000 年下半年，美国只有 189 家公司完成了股票首次公开发行，比 1999 年下半年的 259 家减少了近三成。IPO 低落的主要原因是美国股票市场特别是 NASDAQ 市场在 3 月份见顶后的大幅下跌打击了投资者的信心。在 1999 年带动 IPO 市场火爆的三大支柱（网络、生物科技和替代能源类股），随着市场泡沫的破灭，使投资人损失惨重，从而造成数量众多的该类公司股票在发行市场无人问津。

市场环境的不利变化可以从中国海洋石油公司（简称"中海油"）第一次海外募集资金失败的案例中看出。这种原因导致的发行失败通常与发行企业的竞争力或者企业价值甚至发行价格完全无关。中海油是一家于 1999 年 10 月在香港设立的红筹股公司。上市前中国海洋石油总公司持有其 91.5% 的股权。中国海洋石油总公司通过中国海洋石油有限公司及其附属机构在中国国内从事石油、天然气的勘探、开发与生产。大家知道，全球的石油资源有限，未来的需求却越来越大。中海油在中国和世界的发展前景相当乐观，况且该公司对中国近海石油开采几乎有垄断权。外国石油公司在中国海上开采石油时，中海油是其当然的合作者，这样的公司理应对国际投资者有很强的吸引力。此外，该公司的资产状况和公司经营水平与其他即将在境外上市的中国公司相比，可以说是最好的。所以，在 1999 年首次推出公开发行上市计划之前，市场都相信中海油能顺利发行上市成功。中海油于 1999 年 9 月 28 日开始在国际路演。9 月 28 日至 10 月 2 日，主要在亚洲地区路演，包括中国香港、新加坡和东京；10 月 2 ~ 8 日，主要在欧洲地区，包括英国、瑞士、德国、法国等；10 月 8 日，开始到美国路演。中海油此次拟发行 20 亿股（相当于 1 亿个 ADR），其中 90% 进行国际配售，10% 在香港公开发行。开始路演前，承销商和公司商定每份 ADR 以 22 ~ 25 美元的价格区间进行推介。1999 年 10 月 12 日，该公司开始国际路演后，却遇上美国股市在加息阴影笼罩下的下跌和国际市场油价下跌两个极为不利的因素。到 9 月底，国际市场油价由高峰期的每桶 24 美元下降到不足 21 美元，并且由于 OPEC 对于原油量迟迟不能达成协议，期货市场上的原油价格呈现出贴水状态，市场对于石油生产类公司的经营业绩并不看好。据参与该次路演的人员介绍，在路演的第二周，国际原油价格下跌 15%，国际油气公司股价也因此出现较大波动，有些跌幅超过了 10%。虽然下跌后的油价（20 美元/桶）仍高于公司估值所使用的油价（18 美元/桶），但投资者看到油价下跌的趋势，态度趋于谨慎。在路演的第三周，股票市场出现较大波动，道·琼斯工业指数下跌近 700 点，香港股市受其影响也出现较大波动，且"官股"基金即将推出，蓝筹股受压，加大了港股跌幅深度。由于上述的市场原因，有一些大型股本或债务融资项目被迫延期或缩减规模，其中属于亚洲企业的发行项目有近 10 个，除中海油发行外，还有摩根士丹利承销的韩国进出口银行 10 亿美元的股票发行、高盛承销的泰国汇商水泥 7.5 亿美元的配股、第一波士顿承销的泰国军人银行 7.6 亿美元的配股等。此外，再加上中国"广信事件"的余波未了，境外投资者对于红筹股公司资信状况普遍缺少信心。在这些综合性不利因素干扰下，中海油在路演过程中，投资者对公司发行反应冷淡。虽然公司在本次主承销商的建议下，于 14 日宣布将集资规模由 25.6 亿美元缩减为 10 亿美元，每股招股价从 8.46 ~ 9.61 港元降低为 6.98 港元，仍不能唤起投资者的热情。由于不能获得足够的认购，中海油第一次境外发行计划不得不宣告失败。

2011 年，在全球金融危机尚未完全走出阴影的情况下，中国境内海通证券于当年 12 月 5 ~ 8 日正式启动了 H 股发行程序，12 月 9 日为定价日，后推迟至 12 日，原计划于 12 月 15 日在香港证券交易所上市。公司本来拟在全球发行 12.29 亿股 H 股，国际配售部分占 95%，公开发售仅占 5%，招股价区间在 9.38 ~ 10.58 港元，包括超额配股权在内，最多可募资 130 亿 ~ 150 亿港元，从而将成为今年 9 月底以来香港证券市场最大的 IPO。然而，就在海通 H 股发

行紧锣密鼓进行之际，12 月 12 日（定价日）晚间，突然传出因大量基金和机构投资者撤资，国际配售未获足额认购，海通证券的 H 股发行不得不推迟的消息，本次 H 股发行宣告失败。尽管今年下半年以来，因受市场环境影响，多宗 H 股发行计划，如三一重工、光大银行等都被迫延迟，但像海通证券那样发行所有程序都已启动，甚至有报道其公开发售、国际发售两部分均已获得约 1 倍的超额认购，但在最后关头还是功亏一篑的个案却是极为少见的。海通证券 H 股发行失败的关键在于机构压价，发行人则"为保护 A 股投资者利益"不肯让步。有报导称，虽然此前占大头的国际配售已获足额（甚至超额）认购，并初步计划以稍高于招股价下限定价，但 8 日美股大跌，一些机构投资人即要求继续减价，而海通证券方面则担心 H 股上市后走势不佳拖累 A 股，于是将定价日从 9 日延至 12 日，承销团队试图在周末力挽狂澜说服投资者，结果还是未能达成共识，遂引发大量基金和机构投资者临时撤销认购。

三、股票发行定价不合理导致发行失败

股票发行定价过高也是公司证券发行失败的主要原因之一。定价过高是指发行人及其承销商为证券发行确定的最低可接受价格高于投资者愿意接受的价格。在市场化的发行体制中，如果公司普通股在确定发行价格时，首先是承销商根据公司的经营历史、财务历史以及行业的未来发展前景等，预测公司未来现金流量并折现，以确定公司的内在投资价值；其次是将拟发行证券的公司与同类型的上市公司进行价格比较，以确定可行的发行定价区间，最后向机构投资者询价。如果在发行价格的区间内，预计认购能够实现，则与承销商签订包销协议。由于发行定价过程中充分考虑了发行人和投资者双方的要求，所以在平稳及上涨的市场环境中，发行定价失败的概率不高。

定价失败主要是由于发行人和承销商对企业价值评估高于市场认同的企业价值，比如发行人认为企业在行业内具有独特的资源优势，能够保持高速成长性，但投资者可能认为企业的资源优势具有时间性，企业的高速增长不具有可持续性，双方对企业价值的判断存在巨大的差异。一般而言，发行人对于企业价值的判断是较为理性的，而投资者的判断容易受到市场环境的影响。回顾纳斯达克市场科技股最近几年的走势，不难发现同一家公司在投资者眼中的价值，在不同的行情中差别是很大的。

中海油在 1999 年发行失败的另一个主要原因无疑是定价偏高。中海油第一次招股计划的内容是：共发行 20 亿股新股，招股价为 8.46～9.61 港元之

间，发行市盈率为 21 ~ 24 倍，这个定价大大高于正常情况下的石油生产类公司在美国市场上的 10 ~ 15 倍的平均市盈率。显然，发行人和主承销商认为，中海油在海洋石油的勘探与生产方面具有垄断性；同时认为，国内对于石油需求在未来几年内处于高速增长期，较高的市盈率反映了公司良好的成长性。但是，市场却对中海油能否保持其垄断地位持怀疑态度，对于其成长性也不完全认同。发行定价的高市盈率成为阻碍认购的主要障碍之一。在 1 年零 3 个月后，中海油第二次向海外投资者发行股票，此次中海油共发行 16 亿股，其中国有股 12 亿股，预计筹资额约 105 亿港币。以 ADR（美国存托凭证）的形式向国际和香港投资者配售，每份 ADR 代表 20 只股票资金，每支 ADR 发行价在 13.30 ~ 16.60 美元之间，相当于每股 5.14 ~ 6.41 港币。相对于首次公开发行的定价，发行价格折让了 30%。

四、承销商的承销能力不足导致发行失败

投资银行在新股发行中担任着中介的角色，起着沟通发行人与投资者的作用。因此，券商的销售能力能够决定一家公司股票发行的数量与价格。承销能力强的券商能够为公司引进有价值的投资者，吸引更多的公众购买，并实现较高的发售价格。在中海油上市失败的案例中，承销团的销售能力不足也是上市失败的重要原因之一。1999 年承销团的主要成员中，除所罗门美邦和汇丰投资外，其他机构的国际配售能力均不很强。在 2001 年的承销团中，除了保留中银国际外，主承销商由美林证券和瑞士信贷第一波士顿担任，而两者在 2000 年的国际承销业务排名分别列为第四位和第一位。

在 1999 年首次公开发行失败中，承销商对于市场定位的失误也是导致招股失败的原因之一。承销商认为亚洲市场不熟悉原油行业，将推销新股的重点放在了美国市场，美国无疑是石油行业中最发达的国家，且美国股市最能够接受石油上市公司，但美国投资者看到亚洲投资者表现冷淡，也转而变得踌躇不前。在 2001 年路演中，主承销商将推介的重点放在新加坡、中国香港和英国伦敦，体现出对亚洲投资人的重视；另外也因为主承销商与亚洲和欧洲的机构投资者长期保持着密切的接触，在这些地区发行具有较大的影响力。

五、原有股东不认可导致发行失败

在增发新股活动中，如果增发新股的价格或增发筹集资金的用途得不到原

来股东认可，增发股票活动会导致股票价格下跌，从而给投资者带来风险。例如，1998 年 12 月份，英国一家图书公司 EMAP，准备增发 3.59 亿股以筹集 12 亿美元，用于兼并一家美国图书公司。按照增发方案，原有股东可以以每 5 股购买 1 股新股，购买价格是 875 便士，但在公司宣布这一增发方案的当天，股价就下跌了 8%。原因是股东认为这一方案筹集的资金用于收购另一家企业的价格过高。尽管市场专业人士和 EMAP 公司首席行政官都认为这是一项很好的收购活动。

六、其他原因导致发行失败

除了上述几个原因之外，政治、文化、商业习惯差异在国际证券发行中也可能导致发行失败。例如，2000 年年初，在 NASDAQ 网络股市泡沫破灭前，中国石油天然气股份有限公司（简称"中石油"）在境外发行美国存托股份及 H 股，在发行路演过程中，受到了境外多种力量的反对，其中包括美国的劳工组织，它们认为中石油损害了职工利益；也包括环保主义者，它们认为中石油破坏环境。甚至包括人权组织，由于中石油在苏丹拥有一个油田项目，而苏丹列在美国人权组织的黑名单上，中石油因而受到拖累。众口铄金，美国最大的几家基金（如纽约城市基金）率先宣布放弃了对中石油的认购，中石油险些因此而遭受失败。但是，值得庆幸的是，中石油终于于 2000 年 4 月 6 日及 4 月 7 日，分别在纽约证券交易所和中国香港联合交易所挂牌上市，并且于 2007 年 11 月 5 日在上海证券交易所挂牌上市。另外，北京珠穆朗玛电子商务网络服务有限公司（8848.net）在美国发行失败，则是一家民营网络企业的境外投资人获得控股权后坚持改变主业方向的失败案例。8848 这个数字是地球的最高点珠穆朗玛峰的高度，也确实是当时中国的电子商务的巅峰，8848 是 B2C 业务领域里的绝对王者。国际风险投资组合对其进行几轮投资后，获得了企业的绝大部分股份。据公司创始人王峻涛介绍，当时正值 2000 年，国际投资人面临互联网泡沫，认为 B2C 模式已被大多数投资者所抛弃。他们既不想流血上市，也不能继续等待纳斯达克市场回暖，于是请来华尔街分析师进行包装，将只有少量 B2B 业务 8848 包装成 B2B 模式的电子商务解决方案提供商上市。原有股东与新股东之间最后相互妥协，采用折中的方法，将 8848 中的 B2C 业务拆分出来，只留下刚发布的 Market Place 和 ASP 业务，单独以 B2B 的概念上市；分拆出来的 B2C 业务由王峻涛另找投资人买下，自己经营，这就是后来的 MY8848。王峻涛认为，8848 没有按照企业创业时拥有的核心优势发展下去，而是"跟着外面的流行转，反而将8848原有的资源消耗光了"，Market Place业务也最终无疾而终，8848彻底不复存在了。

七、应对发行失败的主要对策

可以预见，在向市场化进程迈进过程中，发行市场上的无风险收益将逐步减少。市场化意味着风险和收益对等，对于习惯于成功新股发行的我国发行企业和投资者来说，迫切需要了解和防范新股发行失败的风险。

由于导致发行失败的因素很多，某些相关因素变化具有不可预测性，所以预测股票发行失败是一件十分困难的事情。但是，我们仍然可以参考某些新股发行失败案例，从中吸取宝贵的经验教训。针对发行失败的常见原因，采取防范性的措施。

（1）拟在境外发行股票的企业要优化自身股权结构和财务状况，加强企业的经营管理，提高企业的盈利能力，树立良好的品牌形象和社会责任形象，以求得到广大境外投资者认可。

（2）选择有利的市场环境。市场环境低迷和恶化是新股发行失败的重要原因之一。例如，在1997年亚洲金融危机、2000年下半年美国金融市场低迷、2008年美国次贷危机引发全球金融危机的时候，一些国家（地区）就出现不少新股发行失败的例子。在市场环境不好的时候，可以选择暂停或者推迟发行，等待市场环境变好后发行，从而减少发行失败的风险。

（3）合理设计新股发行价格。仔细研究新股发行价格是否与公司的内在价值相等，合理确定发行价格区间，深入调查广大投资者对于新股发行价格认可度和承受能力。

（4）选择优秀的承销商。承销商在新股发行的过程中扮演着举足轻重的角色。发行企业在选择承销商的时候，要综合考虑承销商的资信状况、融资能力、承销能力、研究力量、专业水平、工作建议书的质量以及费用等因素。

（5）国内企业选择境外上市，面对的是一个陌生的市场。要仔细研究上市地的政治因素、法律情况、文化习惯、商业惯例等各方面的差异，避免因以上因素的冲突引起新股发行失败。

第 19 讲
美国资本市场与中国上市企业

—— 中国铝业高层管理人员美国发行上市培训班

中国铝业①作为一家在纽约和香港两地上市的大型国有控股企业，积极适应国际金融形势的变化，对美国证券市场和监管进行再认识，并且按照美国新颁布的《萨班斯－奥克斯利法案》及美国 SEC 等的要求，加紧对公司内控制度的建设，我认为这是非常必要和非常及时的。无论大家对美国资本市场比较熟悉，还是不太熟悉，我们现在都需要有一个基础性的再认识、再理解。一般来说，美国的资本市场是全球规模最大、流动性最强、效率最高的市场，也可以说是法制最健全、投资人受到最好保护的资本市场。对于世界各地需要融资上市的公司，美国的资本市场有着巨大的吸引力。

大家知道，美国安然公司（Enron）、世界通讯公司（Worldcom）等上市公司财务欺诈事件暴露后，美国于 2002 年 7 月颁布《2002 年公众公司会计改革和投资者保护法》，该法又被称作《萨班斯－奥克斯利法案》，在会计师执业监管、公司治理、内部控制、信息披露等方面制定了许多新的规定，对包括外国公司在内的在美国上市的公司实行更加严厉的监管措施，加重了对违法违规行为人的处罚力度。其中该法案第 404 条款规定，上市公司年报中必须包含管理层出具的内控报告，陈述管理层建立和保持内控结构和编制财务报表程序的可靠性，并且要予以评估，由负责审计的会计师出具相应的意见。《萨班斯－奥克斯利法案》的部分条款采取了逐步生效的方式，最晚生效的第 404 条款规定，外国公司将于 2006 年 7 月 15 日开始适用该条款。据国际会计师事务所有关统计，在实施第 404 条款的第一年，外部审计师对 13% 的美国公司的内控报告出具了否定意见，其中包括通用电器、柯达等大公司。面对美国突然的监管环境的变化，许多在美国上市的公司感到比较难以适应，对美国的证券

---

① 中国铝业于 2001 年 12 月 12 日分别在香港联合交易所有限公司以及以美国存托凭证方式在纽约证券交易所上市，并于 2007 年 4 月向本公司之子公司山东铝业股份有限公司（"山东铝业"）和本公司之联营公司兰州铝业股份有限公司（"兰州铝业"）除本公司以外的股东发行了 1 236 732 千股人民币普通股（A 股），以换股方式取得了山东铝业和兰州铝业 100% 的股权，并在上海证券交易所上市。

市场开始感到陌生起来。

一、美国资本市场的特点

（一）200 多年的快速发展历史

美国的资本市场有着 200 多年的发展历史。早在独立战争时期，美国政府发行了多种期限不同的债券。这些债券的发行和交易形成了美国最初的证券市场。在这个基础上，一个以公开证券市场为核心的证券市场逐渐发展起来。

在美国证券市场发展之初，并没有集中的证券交易场所，后来才慢慢地集中到华尔街上。1792 年 5 月 17 日，一些证券交易经纪商自发签署了著名的"梧桐树协定"，他们开始固定地进行证券交易，形成了纽约第一个有组织的市场。至 1817 年时，这一市场已经十分活跃，参加者于该年 3 月 8 日成立纽约证券交易和管理董事会，并参照当时伦敦、巴黎和阿姆斯特丹的做法，租借华尔街 40 号一个房间开始有进行组织的交易。1863 年，该组织的管理处决定迁址至华尔街 11 号，并更名为纽约证券交易所（New York Stock Exchange, NYSE）。经过 200 余年的发展，纽约证券交易所已成为目前世界金融市场的"心脏"。

（二）规模及成熟度为世界之冠

美国的证券市场可以说是当今世界上最发达、最繁荣的证券市场。它依托于美国发达的实体经济，拥有世界各国中最庞大的上市公司群体，建立了最活跃的二级市场交易，吸引了大量的资金实力最强大的机构投资者队伍，采取最复杂的市场结构、最先进的交易技术等。这个市场包括股票市场、债券市场、基金市场和金融衍生产品市场等，有着丰富的交易品种。美国的证券市场对美国经济增长产生着巨大的促进作用，对世界经济也有着相当的影响，它已经成为名副其实的宏观经济的"晴雨表"。在当今经济全球化发展趋势中，美国的证券市场与各国和地区的证券市场联系将日益紧密，在力求保持其在国际证券市场中的领先地位的同时，不断推出新的监管举措和市场创新，以增强其在国际证券市场中的核心竞争力。

（三）严格的公司治理标准

在美国的资本市场上，公司治理是投资者衡量上市公司好坏的一项主要标准。为保护投资者权益和维护市场的信心，纽约证券交易所对上市公司治理均有着严格的规定，主要包括的方面是：独立董事制度；重大事件披露制度；审计负责制度；公司治理标准和道德规范；公司首席执行官制度。在此上市的本土公司和外国公司都必须严格遵守这些规则，特别是在财务报告和信息披露方面更加严格。当然，美国的上市公司也出现了重大的造假案，今后还会出现违法违规行为，但是美国有着快速的纠错机制。

（四）科学的公司治理评级体系

为了规避和减少投资人的风险，准确评估上市公司治理水平，美国资本市场建立了科学完整的公司治理评级体系。目前主要有 ISS、GMI 和 S&P 三家金融服务机构提供评级服务产品。它们的评级对象涵盖了 5 000 多家美国公司和 2 000 多家外国公司。评级的主要依据包括：公司董事会的独立性和补偿；公司透明度；财务披露；股东权益等。

（五）美国的投资者青睐外国公司

近几年来，美国的资本市场投资趋于多元化，越来越多的美国投资者将资金投向外国公司的存托凭证。据纽约银行估计，在对 DR1.5 万亿美元的投资总额中，美国投资者持有 1.2 万亿美元，非美国投资者持有 0.3 万亿美元。根据美联储统计，截至 2007 年 9 月 30 日，美国对非美国股权（DR 和非美国股票）的投资增加了 1 万亿美元，达到 4.9 万亿美元，与 2006 年同期相比增长 29%，创历史新高。在这 4.9 万亿美元投资中，估计有 25% 或者说 1.2 万亿美元是以 DR 的形式持有，年增长 20%。

（六）投资者关系管理扮演重要角色

美国的投资者关系管理行业很发达，已经成为资本市场的重要组成部分。为了树立上市企业的形象，吸引更多投资者关注，几乎所有的上市公司都设立负责投资者关系的职能部门，投资者关系代表直接向公司决策机构报告。

二、美国资本市场的结构

美国是目前世界上证券市场体系最为复杂的国家之一。规范的证券交易所市场和各种形式的场外交易市场同时并存。不用说美国以外的外国人，就连美国人也经常搞不清楚美国的证券市场结构。按照我的理解，美国的股票市场大致可以划分为 5 个组成部分：交易所市场（Exchanges）、柜台市场（OTC）、第三市场（the Third Market）、第四市场（the Fourth Market）和另类交易系统（Alternative Trading System，ATS）。

（一）交易所市场（Exchanges）

美国的证券交易所有 7 个，其中纽约泛欧证券交易所（与泛欧证券交易所合并）和美国证券交易所是全国性的证券交易所，其他 5 个被视为地区性证券交易所。这 7 个交易所通过市场之间的交易系统（Inter-market Trading System，ITS）连接在一起，形成一个以纽约证券交易所为核心的交易所市场。各所在城市、交易所名称和主要交易商品见表 19 - 1。

表 19 - 1　　　　　　　　　　　　美国证券交易所一览

交易所简称	交易所全称	所在城市	主要特点
NYSE	纽约证券交易所	纽约	最大的证券交易所
AMEX	美国证券交易所	纽约	与 NASDAQ 合并，上市公司以中型企业为主，长于股票衍生产品交易，近年来 ETF 开发非常成功
PSE	太平洋证券交易所	旧金山和洛杉矶	据称在世界上最早建立电子交易系统，高度电子化，无交易大厅
CHX	芝加哥证券交易所	芝加哥	可以交易 NASDAQ 股票，高度电子化的交易系统
PHLX	费城证券交易所	费城	高度电子化，但仍有交易大厅，近年来以衍生品为主
BSE	波士顿证券交易所	波士顿	完全电子化，但仍然有一个专家交易大厅
CSE	辛辛纳提证券交易所	芝加哥	与芝加哥商品期货交易所合并，现已移至芝加哥，已经取消交易大厅

NYSE 在证券交易所市场上占据了绝对的主导地位，在满足美国公司和非美国公司不断增长的融资需求方面，起着举足轻重的作用。纽约证券交易所是不以营利为目的的会员制组织。理事会是纽约证券交易所的最高管理决策机构，它目前由 27 名理事组成。理事会下设顾问委员会、会员申请审查委员会和工作委员会。交易所总经理由理事会选聘。纽约证券交易所设立了三类委员会，分别是理事会委员会、顾问委员会和国际顾问委员会，以及一个独立的市场质量运作委员会。纽约证券交易所与其他美国证券交易所之间通过电子通信网络系统 ITS 相连接。

（二）柜台市场（OTC）

柜台市场是相对于传统的证券交易所而言的，它主要交易那些没有在传统证券交易所挂牌上市的股份公司股票。全美证券交易商协会（NASD）是美国证券业最大的自律组织，负责管理 NASDAQ 市场以及其他柜台市场。

1. NASDAQ 市场

NASDAQ 市场成立于 1971 年，是美国成长最快的市场，也是世界第一个电子化股票市场。经过近 20 多年的运作，NASDAQ 市场发展成为世界上最大的无形交易市场。1998 年 3 月，NASDAQ 市场宣布与美国证券交易所合并，在运行方面相互独立。后来两个交易所又分开了。

NASDAQ 成立的初衷是利用电子设备发布证券交易商对柜台市场股票的报价，促进非交易所证券的交易自动化，使这部分证券交易的透明度增加，并得到妥善的管理。从形式上讲，NASDAQ 是一个连接数千个分布于美国各地的市场参与者的电子网络，在市场上并不存在一个集中的中央交易场所。从实质上讲，NASDAQ 是柜台交易的标准化与组织化，尽管不具备证券交易所的形式，但本质上已经是一个完全的证券交易所。

NASDAQ 证券市场有两个组成部分，即全国市场和小盘股市场。NASDAQ 市场的上市标准在这两个不同部分上有很大差异。小盘股市场上市标准宽松，通常是规模较小的新兴公司选择在 NASDAQ 的小盘股市场上市。规模较大的公司则大多在 NASDAQ 全国市场进行交易。

NASDAQ 的市场参与者主要包括做市商、下单公司（Order-entry Firms）和另类交易系统。其中另类交易系统主要是电子通信网络（ECN），也有一些其他类型的交易系统。

柜台市场的最大特点在于没有集中交易的场所，必须依赖证券交易商相互连接。在 NASDAQ 的无形市场上，有许多身兼经纪商和自营商双重身份的证券商在此创造市场，他们就是做市商。做市商的主要工作，是以自营商的身份自行买卖相关的证券，使市场交易可以顺利进行。近几年来，NASDAQ 市场在全球媒体和公众面前已树立起电子化交易所的形象。但是，事实上，NASDAQ 并不是一个完全自动化的电子交易所，相反，却是一个由做市商和其他市场参与者所组成的分散式交易网络。

2. 公告板市场

公告板市场（OTC Bulletin Board，OTCBB）是一个全国性的股票报价公告栏系统，任何未在 NASDAQ 或其他全国性市场上市或登记的证券，包括在全国、地方、国外发行的股票、认股权证、组合证券（UNITs）、美国存托凭证（American Depositary Receipts）、直接参股计划（Direct Participation Programs）等，都可以在 OTCBB 市场上显示有关实时报价和当前交易价格、交易量等信息（DPPs 直接参股计划显示的是前一日交易信息）。OTCBB 市场证券流通性较差。

OTCBB 建于 1990 年 6 月，当时 SEC 制订了低价股票改革方案，作为市场结构改革的一个试点，以增加 OTC 股票市场的透明度，满足《1934 年证券交易法》17B 条款的要求。该系统较大地便利了报价和成交信息的广泛传播。2003 年，OTCBB 停止运营，被一个新的、更高质量的市场——公告板交易所（Bulletin Board Exchange，BBX）代替。

3. 全国报价市场

美国全国报价市场是以美国全国报价局（National Quotation Bureau LLC，NQB）为核心的一个市场。全国报价局不是一个行政机构，而是一个私营公司，不隶属于 NASD 或 NASDAQ。1913 年 10 月，由几家报价公司合并成为全国报价局。当时的报价范围仅局限于为东部 5 大城市的券商提供服务。随着远程通信和印刷技术的发展，NQB 的服务范围逐渐向西部拓展，发展为全国性印刷公司。它主要提供 3 类市场报价：粉红单（Pink sheet）市场、黄色单市场（Yellow Sheet）和股权单（Partnership Sheet）市场。

粉红单市场是 NQB 的一个股票报价服务系统，专门搜集 OTC 市场做市商对各类店头交易股票的报价信息并将其公布。

黄色单市场是 NQB 专门为公司债提供店头报价服务的系统，目前有 2 500 多只公司债券、高利率债券、可转换债券和外国债券在黄色单市场报价交易。

股权单市场是 NQB 的第三个板块，主要为直接参股计划提供报价和交易信息。

（三）第三市场（the Third Market）和第四市场（the Fourth Market）

机构投资者还积极地利用另外两种类型的股票市场，即所谓第三市场和第四市场。第三市场是指在交易所上市股票的柜台交易，之所以将之与柜台市场区别开来，是因为柜台市场交易的是没有在交易所上市的股票。第四市场指的是机构投资者之间非正式的直接交易。第四市场交易的对象也是以交易所上市股票为主的，基本上都属于大宗交易。

（四）另类交易系统（Alternative Trading System，ATS）

根据美国 SEC 的定义，另类交易系统是指证券交易所或证券商协会以外，不经过美国证券交易委员会注册登记，却能自动集中、显示、撮合、交叉买卖或执行交易及提供成交后信息的电脑系统。

1. 另类交易系统的产生

另类交易系统属于美国股票市场的新生事物。现代信息技术的发展降低了新交易系统的发展成本和进入障碍，各商业机构竞相开发出形式繁多的自动交易系统，为机构投资者和专业市场参与者提供成本低廉且快速的交易服务，因而形成了异于交易所和店头市场的另类交易系统。

2. 另类交易系统的主要类型

在美国，另类交易系统已从 1994 年的 3 家发展到目前的 40 多家。大致而言，另类交易系统可以划分为四种基本类型：电子通讯网络（Electronic Communication Network，ECN）、交叉盘系统（Crossing System）、专用交易系统（Particular Trading System，PTS）和内部对盘系统。

从运营形式来看，一部分另类交易系统的运作与证券交易所几乎完全相同，而且也获准以交易所的形式开展业务，并与传统的证券交易所相抗衡。但是，大部分另类交易系统有着与传统交易所不同的运营模式，通常都是 IT 新技术与金融交易相结合的产物。

3. 对盘系统

在另类交易系统的四种类型中，发展最成功的是 ECN。目前 ECN 的交易量约占纽约交易所交易量和 NASDAQ 交易量的 5% 和 30%。

ECN 的迅猛发展已成为美国证券市场最为引人瞩目的现象。1995～1999年，ECN 占 NASDAQ 市场的交易量比重已从 8% 猛增至 33%，动摇了美国证券市场的原有结构。从深层次上分析，ECN 是依附于 NASDAQ 做市商制度而发展起来的，ECN 神话是技术创新和制度变革的共同产物。与传统的证券交易方式相比，ECN 具有低成本、专业的市场定位、先进的委托传送和撮合系统、交易时间长、撮合速度快等方面的优势。

ECN 的崛起对美国传统的证券交易模式和市场结构产生了深远的影响，它们改变了 NASDAQ 的运作机制。由于 ECN 的存在，NASDAQ 做市商必须将收到的投资者限价委托纳入其报价，或者以自有账户与之进行交易；而 ECN 也将未能撮合成交的投资者委托显示在 NASDAQ 的报价屏幕上。因此，投资者的买卖委托在一定程度上直接参与了股价的形成机制。实证研究表明，ECN 和做市商的竞争使 NASDAQ 市场的买卖价差平均降低了 35%。可见，ECN 的买卖盘驱动交易机制已经融入 NASDAQ 市场中，使传统的做市商制度具有了买卖盘驱动的特点。

毫无疑问，NYSE 和 NASDAQ 是美国股票市场上两个"巨无霸"，它们占据了美国股票交易的绝大部分。如果我们只考虑 NYSE、NASDAQ 和 AMEX 这3个能够上市新股的市场，三者之间的市场份额也是集中在前两个市场巨头。如表 19-2 所示，截至 2003 年 12 月底，美国上市公司共有 6 159 家，其中 NASDAQ 有 3 294 家（由于股市泡沫破灭，NASDAQ 上市公司数据较之前几年急剧减少），占全部上市公司数的 53%。NYSE 有 2 308 家上市公司，占全部上市公司数的 37%。AMEX 虽仍然是一个全国性市场，但在美国股市上如今已只能发挥边际作用。

表 19-2　　　　　美国上市公司的分布（截至 2003 年 12 月底）

市场	上市公司数目	份额
NASDAQ	3 294	53%
NYSE	2 308	37%
AMEX	557	9%
全部	6 159	100%

资料来源：国际交易所联合会统计资料，http：//www. world-exchanges. org/

三、美国资本市场的主要法律

美国规范证券市场的法规主要包括三个部分：联邦制定的各类法律法规、各州制定的证券法规和各证券交易所和其他证券市场自律组织制定的规章

（见图 19 - 1）。其中最重要的无疑是联邦的《1933 年证券法》和《1934 年证券交易法》。

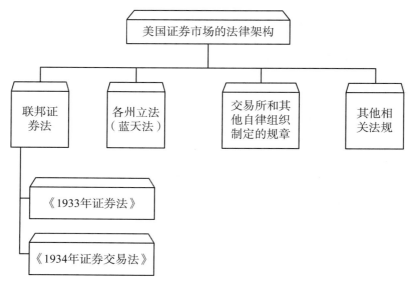

图 19 - 1 美国证券市场法律架构

（一）《1933 年证券法》

《1933 年证券法》主要针对发行市场而制定的，目标是保护发行市场上的投资者。其基本目的是：确保投资者获得有关发行上市证券的财务信息和其他重大信息；禁止欺诈、虚假陈述和证券销售中的其他欺骗行为。

（二）《1934 年证券交易法》

《1934 年证券交易法》是针对交易市场而制定的，主要涉及对证券交易行为的预防性监管，是对《1933 年证券法》的完善和补充。主要内容有：建立 SEC 取代联邦贸易委员会管理证券市场的职能；授权 SEC 管理证券交易所，对证券经纪商和自营商进行注册登记管理；证券在全国性证券交易所上市交易的公司，必须实行连续信息公开制度，让投资者获得充分的信息；资产在 1 000 万美元以上且股东人数在 500 人以上的股份公司需要公开年报及其他定期报告（上述报告现在均可在 SEC 网站 EDGAR 系统中查询获得）；禁止各种操纵市场的行为，禁止内幕交易，限制证券信用交易。

（三）各州立法

早在 1852 年，马萨诸塞州就对公用事业发行证券加以限制，其他州也陆续对证券业活动加以规范。为打击证券市场上越来越严重的欺诈活动，堪萨斯州于 1910 年通过《蓝天法》，第一个规定发行证券必须经过有关部门批准。此后，美国各州纷纷加以效仿，均制定了与《蓝天法》类似的法律。由于各州蓝天法差异较大，美国律师协会制定了一部范本《统一证券法》，供各州参考，后来为美国大部分州接受。美国证券市场快速发展，并在全国范围内逐步实现统一，使得规范证券市场的法律转变为主要是联邦立法，但是在一定范围内，各州证券立法和证券监管仍然发挥着重要作用。

（四）《1940 年投资顾问法》和《1940 年投资公司法》

美国在 1940 年《投资公司法》和《投资顾问法》制定之前，无论是制定法还是判例法均未对基金管理人的受托人义务作出任何规定。

《1940 年投资顾问法》对从事投资顾问业务者的行为进行规范，确立了投资顾问登记制度。

《1940 年投资公司法》是规范从事投资及交易证券的公司（包括投资银行、共同基金等）的重要法律，防止投资公司业务中的利益冲突问题。

（五）《1970 年投资者保护法》

该项法律的目的是对由于经纪商危机而给投资者造成的损失提供一定程度的保护，增强投资者对美国证券市场的信心。根据该法建立了证券投资者保护公司（Securities Investor Protection Corporation，SIPC），以保护投资者免遭因经纪公司破产而造成的损失。

（六）《1999 年金融服务现代化法案》

1999 年 11 月 4 日，美国通过了《1999 年金融服务现代化法案》，彻底解除了银行、证券、保险、基金业之间的限制，允许不同金融机构跨越类别限制开展业务，由此出现了许多跨越传统金融业务界限的新景象。这样的混业经营把各种不同的金融机构都通过信用、价格影响联系在一起，甚至把不同国家的金融机构、产品、价格联系在一起，形成了巨大的关联风险。因此，金融混业经营模式和监管必须进行重构和调整，原则是降低风险、增加透明度和适度的

规模控制。

（七）公正披露规定

该规定要求上市公司在有选择地披露公司股价敏感信息的同时，必须同时或尽快向公众发布该信息。该规定适用于所有在美国资本市场上市的公司，其主要目的是防止公司内部人员利用职务便利获得利益，确保资本市场的公正性。

（八）《萨班斯－奥克斯利法案》

"安然事件"发生后，美国国会开始了对美国证券市场有关法律的改革工作。美国参议员萨班斯和众议员奥克斯利两人联合提出了《萨班斯－奥克斯利法案》，该法于2002年7月正式获得通过。该法案严格界定了上市公司管理者的财务责任和义务，强调了公司内部审计的作用与职责，对公司的信息披露作了明确要求，对公司的外部审计作出严格规定，是继美国1933年《证券法》、1934年《证券交易法》以来的又一部具有里程碑意义的法律，其效力涵盖了注册于SEC之下的约14 000家公司。

四、美国证券市场监管体系

美国证券市场的监管体系是一个多层次的架构最高的监管当局是国会，负责制定与修改规范证券市场的各项法律。在国会以下有两个基本的层次：第一个层次是SEC（商品期货交易委员会和联邦储备委员会也发挥辅助作用）；第二个层次是自律监管，即证券交易所、期货交易所和证券交易商协会等自律组织的监管。

（一）政府主导的集中监管

美国是一个联邦制的国家，根据美国宪法的规定，在对经济生活的干预方面，联邦与州是分权而治的。从美国对证券市场的管理历史来看，各州对证券业的管制要早于联邦。但是，20世纪30年代大萧条之后，联邦取代了各州，成为证券监管的主角。美国联邦证券监管从一开始就强调用法律严格管理跨州的证券发行和证券交易。《1933年证券法》主要针对证券发行问题，其核心是信息公开。法定的监管机构是联邦贸易委员会。《1934年证券交易法》主要针对证券交易而制定，并且设立了专门的联邦证券主管机构——证券交易委员会

(SEC)，以取代联邦贸易委员会行使监管全国证券市场的权力。

（二）证券市场监管的核心机构——SEC

根据《1934 年证券交易法》，SEC 于 1934 年 7 月 2 日正式成立。SEC 是负责美国证券市场监管的核心机构，也是美国证券市场各项变革的重要推动者。

（1）SEC 的组织结构。SEC 共有 5 个委员，其中一个人为 SEC 主席，所有委员都由美国总统任命，参议院批准，任期 5 年，SEC 直接对国会负责。SEC 在全国还有 11 个地区代表处。SEC 下设 4 个部门，17 个办公室。4 个部门分别是：①公司金融部。监管企业向社会公众发布的重大信息。②市场监管部。负责建立和维持法律准则，保持公平、开放、高效的市场运行，规范市场秩序。③投资管理部。监管和调节共有 15 万亿美元资产的投资管理行业，并执行对投资公司和投资咨询商的证券法律管理。④执法部。对违反证券法的行为进行调查，必要时提请委员会采取行动，提交联邦法院或行政执法机构审理，或代表委员会就某些问题进行谈判。

（2）SEC 的主要职责。SEC 的主要职责是：①制定和调整有关证券活动的管理政策，负责制定并解释证券市场的各种规章制度，组织贯彻执行这些规章制度；②管理全国范围内的一切证券发行和证券交易活动，维持证券市场秩序，调查、检查各种不法的证券发行和证券交易行为，执行行政管理和法律管理措施；③作为全国证券发行和证券交易的信息中心，组织并监督证券市场收集和披露各种有关证券发行和交易的信息。

（3）SEC 对证券机构的监管。SEC 对全国和各州的证券发行、证券交易所、证券商、投资公司等拥有根据法律行使全国管理和监督的权力，不受美国总统和其他政府部门的干涉，只有在预算、立法等事项上应同有关主管部门进行协调。具体地讲，SEC 拥有的管理权限和范围包括：①管理各种公开的证券发行，负责证券发行的注册，制定注册标准，并负责公开有关发行者和发行证券的信息；②管理投资公司、投资银行、证券经纪商、证券自营商等专门从事证券经营活动的金融机构和个人；③管理有价证券的交易所内和柜台交易，制定证券交易的管理原则和方法；④监督指导各证券交易所和证券商协会的管理活动。

（4）SEC 对证券发行和交易的监管。根据《1933 年证券法》和《1934 年证券交易法》，凡在证券交易所公开挂牌上市的证券发行，必须向 SEC 和证券交易所进行注册登记；在柜台市场进行的证券发行，如果发行公司的资产和股

东人数超过一定标准，也需要向 SEC 办理发行注册。注册的程序大体相同。

SEC 有权对全国证券交易活动进行检查和监督，并且在各证券交易所派驻监督官员。根据《1934 年证券交易法》，SEC 对证券交易的监管可分为证券交易注册管理和证券交易行为管理。

证券交易注册管理是指对各证券发行公司的交易注册制度和证券发行公司的内部人员交易注册制度。同时《1934 年证券交易法》还规定，凡是有价证券发行公司内部的人员，对本公司发行证券进行交易的，必须向 SEC 进行个人交易的注册申请。《1934 年证券交易法》授权 SEC 维持二级市场上的交易秩序，对证券交易市场上所有参与者实行交易行为管理。交易行为管理主要包括反垄断、反欺诈、反假冒和反内幕交易等内容。

（三）自律监管机构

自律监管机构主要是两类：证券交易所与全国证券交易商协会（NASD）。

（1）证券交易所的自律监管。交易所对证券交易的管理主要可以分为两个部分：对会员的管理和对交易的管理。会员管理制度包括：制定和执行会员注册制度，确定会员的注册条件和接受会员的标准，主持对会员申请的考核；制定会员报告制度，要求会员按照规定的内容和时间向本交易所提供其证券业务的报告和统计；管理会员在本证券交易所的交易账户。证券交易管理制度包括：制定和执行证券发行注册制度，明确证券发行人的责任，确定证券上市的最低标准；制定和执行证券交易注册制度，所有经过发行注册已经在证券一级市场上发行的证券，要进入二级市场流通交易，还必须通过证券交易所的交易注册，证券交易所有权规定交易注册的标准和暂停（或取消）交易注册；规定证券交易中买卖双方的报价和出价所应该遵守的必要程序和规则，并监督执行；制定和执行证券交易的结算交割制度；制定和维持证券交易所正常交易程序的其他管理制度。

（2）NASD 的自律监管。NASD 是一个行业自律组织，依法在 SEC 注册，依据国会赋予的特殊权利对其会员进行监管，它是规范柜台市场的唯一行业自律机构。NASD 制定一系列的规则来对柜台交易市场进行监管。其中比较重要的规定有：证券交易商必须在有充分依据的基础上向客户推荐股票的规定；交易商必须以合理的价格出售股票的规定；证券承销中承销费用的有关规定；关于柜台交易中客户指令的执行和确认的一系列规定。NASD 负责直接监管 NAS-DAQ 市场及其成员的行为，SEC 通过对 NASD 的监管间接地监管 NASDAQ 市场。NASD 对 NASDAQ 的自律监管主要包括两个方面的内容：对 NASDAQ 股票市场交易情况的监管和对 NASD 成员行为的监管。NASD 专门成立了一个子公司——NASD 监管公司（NASD Regulation Corp., NASDAR）来负责市场监管，主要侧重于寻找并处理 NASD 成员的违规情况。同时，NASDAQ 市场公司的市场监察部负责市场监察，它利用先进的自动化监视系统——证券监测自动跟踪系统（SWAT），对所有交易中的异常现象进行监管。

五、NYSE 有关公司治理的规则

（一）公司治理规则要点

经美国 SEC 批准，纽约证券交易所自 2003 年 6 月 30 日起，实行新的公司治理规则。要点如下：半数以上的董事必须由独立董事构成，对董事的"独立性"有严格规定；必须定期召开只有不直接参与企业经营的董事参加的会议，强化对经营者的监督职能；必须设置只有独立董事构成的任免委员会；必须设置只有独立董事构成的薪酬委员会；根据 1934 年的证券交易法第 10A－3 条款，必须设立审计委员会，至少有 3 名以上委员；全部委员必须具有"独立性"；全部的股票报酬制度必须得到股东的同意；制定公司治理的方针，并要求公开其内容；必须制定和公开企业的行动规范和商业道德规则；首席执行官必须每年对纽约证券交易所宣誓，保证没有违反纽交所有关公司治理的规则，当其他经营者违反规则时，首席执行官有义务尽快以书面形式向纽约证券交易所报告；纽约证券交易所有权对违反规则的企业发布公开惩罚通知。

（二）外国公司的适用规则

外国公司适用于母国主义原则。有些规定，如半数以上独立董事和成立企业管理委员会等，不适用于外国公司；有些规定，如设立会计委员会和公司首席执行官报告重大违反事件等，外国公司必须遵守。

另外，纽约证券交易所制定了针对外国公司成立监察委员会的特别措施，主要包括：允许非管理层的职工参与；允许用监察委员会来取代审计委员会；允许外国政府向审计委员会派代表；允许控股董事向审计委员会派代表；对外国政府的发行公司进行豁免；允许法定审计等其他形式取代审计委员会；明确了各国法律框架下股东对审计委员会的任免权。

六、外国公司在 NYSE 上市的标准和程序

（一）上市标准

有国际标准和国内标准两种。外国公司通常选择国际标准上市，现作简要介绍。

1. 股票发行规模：至少有 5 000 个美国存托凭证持有者，至少发行 250 万普通股，股票市值至少 1 亿美元。

2. 公司财务标准（三选其一）：

（1）收益标准：公司连续 3 年的税前利润必须达到 1 亿美元，且最近两年的利润分别不低于 2 500 万美元。

（2）资产标准：（可选择流动资金标准或净资产标准）

流动资金标准：在全球拥有 5 亿美元资产，过去 12 个月营业收入至少 1 亿美元，最近 3 年流动资金至少 1 亿美元。

（3）净资产标准：全球净资产至少 7 亿 5 000 美元，最近财务年度的收入至少 7 亿 5 000 万美元。

3. 子公司上市标准：

子公司全球资产至少 5 亿美元，公司至少有 12 个月的运营历史。母公司必须是业绩良好的上市公司，并对子公司有控股权。

（二）上市程序

纽约证券交易所把上市程序分为四个基本的步骤：

1. 保密性的上市资格复核及发出通过资格复核的信件

公司向纽约证券交易所提交正式上市申请书之前，纽约证券交易所的上市及执行委员会将会对公司进行上市资格的复核。复核程序大约需时两周，要求公司收集和提供指定的公司概要以及财务资料。对于大部分的公司，在他们向美国证券管理委员会提交的草拟注册申请中，已经包含了纽交所上市资格复核所需的大部分文件。

2. 对外证实公司已经在纽约证券交易所申请注册

当纽约证券交易所的上市及执行委员会确定公司有上市的资格后，公司会收到一份通过资格复核的信件，邀请公司提交完整的上市申请书。在公司提交了上市申请所需的关键文件之后，纽约证券交易所会正式接受公司的上市申请，并对外证实公司已经在纽交所申请注册。这时消息会在纽交所的每周简报中刊登。

3. 选择指定交易商专家，负责公司股票的交易及维持市场的流通

当纽约证券交易所公布接受公司的上市申请后，公司可以开始选择指定交易商的程序。指定交易商将成为在纽约证券交易所代表公司股票交易的庄家。

4. 完成上市申请的批核及授权公司可以开始交易

在签署大部分的上市申请主要文件以及完成在纽约证券交易所登记后，以上提及的公司上市意向的消息将会公开刊登。接着可以进行选择指定交易商专家的程序。但是，尚未提交的所需文件一定要在正式交易之前向纽约证券交易所提交。

七、美国存托凭证（ADR）

（一）何谓美国存托凭证

存托凭证是一种代表拥有外国公司股权的可转让证明，可在美国证券市场以美元报价、交易。存托凭证是美国投资者买卖外国公司股票的工具。根据美国证券法，存托凭证可被看作美国国内证券，任何外国公司如想在美国融资或吸纳美国投资均可发行存托凭证。包括 16 家中国公司在内的外国公司多采用发行存托凭证的方式在美国上市。

（二）存托凭证的种类

存托凭证种类很多，按用途不同分不同等级。一级存托凭证，只允许通过柜台交易（OTC）方式买卖，不可以在证交所挂牌交易；二级存托凭证可以在证交所挂牌交易。一级、二级凭证主要用于扩大股东规模。三级存托凭证可在美国主要证交所交易、买卖，主要用途是市场融资。此外，美国资本市场还有 RDR 和 GDR 等凭证。在纽约证券交易所上市的中国公司主要发行三级存托凭证。

（三）存托凭证的交易流程

对于美国投资者而言，购买美国存托凭证等同于购买美国国内的股票，但存托凭证的交易程序却比较复杂。

（四）存托银行的主要功能

存托银行在以存托凭证方式的上市过程中起重要的作用。对于外国公司而

言，选择一家信誉好且有责任心的存托银行十分必要。存托银行主要有以下功能：

（1）受客户委托，建立存托凭证计划，并向美国 SEC 提交上市申请报告。

（2）管理存托凭证计划，包括保管外国公司股票，发行或取消存托凭证，提供存托凭证报告和专业培训，为存托凭证持有者提供服务，协助中间商交易存托凭证，提出投资者关系咨询，帮助公司提升在美国市场的知名度。

八、NYSE 上市的中国公司

目前在纽约证券交易所上市的有国有背景的中国（大陆）公司有 16 家，见表 19 - 3。截至 2004 年 5 月 31 日，16 家上市公司的总市值达 2 770 亿美元。其中，中石油是 84.6 亿美元，位居第一；中石化是 74.9 亿美元，位居第二。基础能源类股占绝大多数，其他有电信、保险和航空类股。

表 19 - 3　　　　　　　在纽约证券交易所上市的中国公司情况

序号	公司名称	股价（美元）	市值（亿美元）	上市时间
1	中石油	46.49	84.6	2000 - 4 - 6
2	中石化	36.9	74.9	2000 - 10 - 18
3	中国电信	33.71	25.4	2002 - 11 - 15
4	华能国际	35.75	23.1	1994 - 10 - 6
5	中国海上石油	43.01	17.7	2001 - 2 - 27
6	中国人寿	23.43	15.8	2003 - 12 - 18
7	中国联通	8.01	9.6	2000 - 6 - 21
8	中国铝业	51.68	6.3	2001 - 12 - 11
9	中芯国际	10.9	4.4	
10	上海石化	33.33	3.6	1993 - 7 - 25
11	东方航空	20	2.9	1997 - 2 - 4
12	兖州煤矿	55	2.7	1998 - 3 - 31
13	南方航空	18.8	2.0	1997 - 3 - 30
14	吉林化工	15.7	1.6	1995 - 5 - 22
15	广深铁路	14	1.2	1996 - 5 - 13
16	燕山石化	15.1	1.0	1997 - 6 - 24

注：上述资料由 NYSE 提供，价格为 2004 年 5 月 31 日实时价格。

九、中国公司在 NYSE 上市益处

（一）有效实现在国际资本市场上的融资

纽约证券交易所是全球最大的证券市场，是国际资本最为集中的市场。除美国本土公司以外，目前在纽交所上市的外国公司有 500 余家，总市值达 6 万亿美元。在这里成功上市的外国公司可吸纳充裕的投资，有效实现跨国融资。据统计，在纽约证券交易所上市的中国公司融资占中国海外上市公司融资总额从 2001 年 10.2% 上升到 2004 年的 25.3%。

（二）利于公司采用先进的公司治理模式

前面讲过，纽约证券交易所对上市公司在公司治理方面有严格的标准，要求公司按通行的国际惯例经营，中国公司也无一例外。这有助于中国企业引进先进的管理模式和经营理念，增强核心竞争力。另外，在中国进行经济结构战略性调整的特定时期，有助于国有企业改革改组，建立现代企业制度。

（三）有利于提高企业的国际知名度

纽约证券交易所本身就是一个国际知名品牌。在这里上市，有利于我国公司树立企业形象，迅速建立产品在世界范围内的认知度，实现国际化经营，有助于产品和服务的推广和销售。诺基亚公司是一个最典型的例子。该公司由一个默默无闻的小公司发展成为世界级的跨国公司，在一定程度上得益于在纽约证券交易所成功上市。

（四）有利于跨国并购和公司间股权置换

纽约证券交易所上市公司的资产有很强的流动性。上市公司的转让可以通过股权买卖迅速完成，公司间的并购也可通过股权置换进行。在当前中国境内资本市场尚未完全开放的背景下，在境外上市的中国企业有机会吸纳国际战略投资者的投资，有机会进行跨国并购。

（五）有利于公司提升市场价值

许多中国公司在美国和香港进行两地同时上市。美国有成熟、发达的二级资本市场，投资者可直接购买在两地挂牌公司的股票。这样有助于公司增强资

产的流动性，减小不稳定性，降低融资成本，扩大股东基础，提升市场价值。

十、NYSE 上市的中国公司的特点

（一）中国上市公司备受投资者关注和青睐

美国的机构投资者把中国作为最具潜力的新兴投资市场。在他们眼里，虽然中国资本市场尚未完全开放，市场机制也不够完善，但中国经济的快速发展和国际化程度不断加深，蕴涵着巨大的投资利益。2002 年间，纽约证券交易所中国上市公司日均成交额为 2 000 万美元，2003 年上升至 5 000 万美元，2004 年猛增到 1.5 亿美元（见图 19 - 2）。成交额的急剧放大，表明美国资本市场在关注中国，中国的上市公司已成为投资热点。

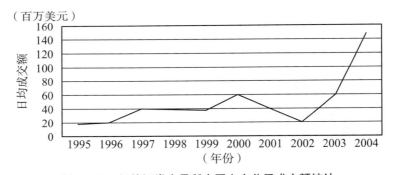

图 19 - 2 纽约证券交易所中国上市公司成交额统计

（二）公司业绩向好，多数公司股价大幅攀升

随着中国经济的迅速发展，中国的上市公司业绩普遍向好，股权收益和市盈率稳步提高。投资者对中国公司的投资热情和信心也不断加强。近一二年来，多数中国公司的股价大幅上扬。由 34 支中国成份股构成的 USX 中国指数，2003 年增幅达 103%，而同期道指增幅为 25%，纳斯达克指数为 50%。2011 年上半年，受大盘震荡和中国宏观经济调控影响，股价出现震荡波动走势。但是，据业内人士预测，从中长期来看，中国上市公司的股价仍有较大的上升空间。

（三）　上市公司结构单一，以能源类股为主

在纽约证券交易所上市的 16 家中国公司中，能源类股有 9 只，电信类股 2 只，航空类股 2 只，保险类股 1 只，科技类股 1 只，基础设施类股 1 只。能源类股中，石油化工股达 7 只之多。能源类股的总市值达 2 155 万美元，占中国企业总市值的 78%。这些上市公司的结构单一性，折射出国内在选择、推荐公司上市过程中对行业方面的照顾还不够全面。

（四）　以国有大型骨干企业为主

在纽约证券交易所上市的 16 家中国公司中，除了中芯国际以外，剩下的 15 家公司绝大部分是特大型国有骨干企业。这一方面反映出这些国有大型骨干企业在资产规模、产业政策等方面占有优势，另一方面也反映出国内在选择公司赴美国上市过程中存在政策倾斜，非国有企业在资产规模和市场竞争力等方面尚存在不足。

十一、中国上市公司面临的挑战

（一）　需要进一步完善公司治理

在纽约证券交易所上市的中国公司中多数是我国大型国有企业，多数通过整合优质资产上市。虽然从形式上看，符合美国的上市标准，采用国际通行的公司治理模式，但在很大程度上仍沿袭原有的国有企业的经营模式和管理理念，与发达市场国家的跨国公司相比有较大的差距。

（二）　加强与投资者特别是中小投资者沟通

中国公司往往对初次上市很重视，上市后就以为完事大吉了，对投资者关系的重要性缺乏认识。目前 16 家中国公司中，仅有中石化在美国设有常驻的投资者关系代表。我于 2005 年出席在美国奥兰多举办的投资博览会，在会场上，看到中国在美国上市的企业中，只有中石化设有展位，有 3 位工作人员（1 名主管和 2 位助手）负责接待美国等境外投资者。纽约证券交易所国际部负责中国区的经理告诉我，中国在美国上市的公司应加大对投资者关系工作投入。

（三）改善公司财务报告和信息披露真实性和可靠性

中国几年来一直处于经济转型期，外国投资者对中国企业的认识经历渐进的过程。在一些美国人的眼里，中国企业在公司管理和运作中还有许多缺陷，特别是对中国公司披露的财务报告的可信度还有所怀疑。这就要求我国赴美国上市的公司要加强自律，严格遵守上市公司治理和信息披露的相关规定。

（四）加强专业人才的培养

对于大多数中国公司而言，境外上市特别是赴美国上市，是一个崭新而陌生的历程。人才的匮乏是各个公司面临的普遍问题。加强专业人才的培养和引进，组建强有力的团队，使他们既懂得国际证券业务，又熟悉美国资本市场体系，懂得美国法律和企业管理，是中国公司急需解决的问题。

（五）持续并大幅提高经营业绩

美国的投资者一般都非常重视上市公司的经营业绩，并把上市公司的经营业绩当作其投资决策的重要指标。中国企业在境外成功上市后，一定要树立为投资者负责，为投资者创造高回报的理念，在改善经营管理，大幅提高经营业绩等方面下工夫，树立良好的国际上市企业形象。

（六）警惕和防范各种风险

中国企业在美国上市后，由于美国的法律法规比较完善，信息披露要求非常严格，相对来说还不太适应这种要求，特别需要注意防范各种法律风险。比如，美国有集团诉讼制度，上市公司违规后，可能招致投资者的集团诉讼。上市后为保护中小股东利益，企业重大经营决策需要履行一定的程序，可能失去某些决策弹性和经营灵活性；公司管理层将面对投资者、监管机构和新闻媒体等国际舆论的监督，就要承担更大的压力。这些都是上市公司需要防范的风险。

十二、中国企业在美国上市前景

在未来的许多年，中国作为经济蓬勃发展的新型市场，仍将是美国投资者投资的热门选择。随着企业自身实力不断加强和国际化程度提高，将会有越来越多的中国公司来纽约证券交易所上市。纽约证券交易所对中国公司上市的前景十分看好，对加强与中国的合作和推动中国公司上市表现出了极大的热情。中国企业的发展将给美国乃至世界金融市场注入活力和动力。

1. 企业上市要与加快公司国际化进程、实现品牌战略相结合

以往中国公司境外上市的主要目的是融资。中国经济已进入新的发展阶段，实现国际化经营，创立世界知名品牌是中国企业的必由之路。应当鼓励大型企业利用境外上市推进国际化进程和实施品牌战略，鼓励产品或出口导向型企业境外上市。

2. 逐步实现上市公司行业结构的多元化

目前在纽约证券交易所上市的中国公司主要集中在能源领域，结构比较单一。目前中国的经济结构已发生深刻的变革，中国已成为世界制造业的中心，同时加快发展高科技和服务业。符合到纽约或其他主要资本市场上市条件的公司很多，行业分布很广，比如制造业、服务业、高科技和房地产业等。应积极引导、鼓励这些企业境外上市，改变目前行业结构比较单一的状况，更好地为国家经济建设服务。

3. 优质企业在境内外两地或多地上市

从实现股东利益最大化角度而言，多地上市有利于企业资本运作和财务安排。欧洲许多国家的公司（比如雀巢公司）都选择在本国股市和伦敦两地上市。今后同时在中国境内上市和境外上市，将会成为中国上市公司发展趋势。这一点在国际证券市场已经得到了证明。建立证券市场的一个重要意义，就是让优秀的公司实现资源配置，满足它们对资金的要求。对于某个国家的公司来说，本国的证券市场显然是最重要的市场。但是，企业也需要直接进入更大、更有影响力的国际资本市场，接触到最多的国际资本，进而打通境外资本市场渠道。

4. 促进跨国并购，实现产业结构调整和升级

跨国并购是国际直接投资的一种方式。它的基本含义是：一国或地区的企业为了某种目的，通过一定的渠道和支付手段，将另一国的企业的整个资产或足以行使经营控制权的股份收买下来，从而对另一国或地区的企业的经营管理实施实际的或完全的控制行为。跨国并购是跨国公司参与全球市场竞争，获取竞争优势的重要战略选择，可以做到强强联合，扩大企业占有的市场份额，促进产业结构调整和升级，实现资源在全球范围内的优化配置。我国企业也要积极"走出去"，在全球范围内寻找适合并购的优质企业和其他资源，实现自身的产业升级。

第 20 讲
美国证券发行制度与发行方式

——兴业银行投资银行业务培训班

我很高兴与各位从事投资银行业务者分享投资银行业务的一些心得。当前，商业银行与投资银行业务相互交叉和渗透，在全球已经成为一种必然的趋势。我们目前虽然主要是做境内投资银行业务，有些是做传统商业银行业务，仍然需要学习和掌握境外投资银行的相关业务。

10 多年来，我几次赴美国考察证券市场，与证券交易委员会（SEC）、纳斯达克、纽约证券交易所，以及摩根士丹利、世达和达维律师事务所、得勤、毕马威会计师事务所等机构学习交流。在此期间，我对美国证券市场的一级市场，对其发行制度和发行方式进行了较多关注和研究。经过这些年的发展，这些基本的做法和技能都没有变化。如果我们做国际投资银行业务，这些东西可以说马上就能派上用场。如果我们做境内投资银行业务，我相信这些东西也会有很大参考价值。因为中国境内证券发行制度和发行方式改革，最终也会沿着这条道路走下去。下面我讲四个方面的内容。

一、美国的证券发行方式、操作办法及其优缺点

美国的证券发行方式是随着证券市场发展不断创新的。美国的发行公司为快捷、经济地从证券市场筹措资金，投资银行为有效便利地促成有价证券向投资者初始发行，共同创造了各种不同的股票发行方式。目前美国常见的证券发行方式主要有以下几种。

（一）协议购买（Negotiated Purchase）

协议购买也称为议价购买，或称包销，是指发行公司选择承销商后，作为承销商的投资银行开始向发行公司进行咨询，告诉其一切应做的发行事宜，并通过双方签订协议，对发行公司的证券进行承销和发售。该种方式通常用于股票发行。根据承销协议，承销商有义务买下该公司本次发行的所有股票，然后

以有利可图的价格，立即将这些股票转卖给其他的机构投资者和公众投资者。尽管这种包销是有条件的，但条件十分有限，而且这些条件与承销商应该为股票寻找买主无关。在这种方式下，承销商"承保"了向公众销售股票所涉及的全部风险，包括股票卖不出去，以低于公开售价出售所造成的损失。

包销的另一种变化形式是余额包销，或称备援承诺（Standby Commitment），即股票发行公司与投资银行签订承销合同，规定公司股票不能全部销售出去时，由投资银行帮助承销其余的部分，然后由投资银行将证券转卖给投资人。在美国传统的证券配售方式下，发行公司并不将其发行的股票卖断给投资银行，然后由投资银行将股票卖给投资人。相反，是由一家被指定的"发行商"（Issuing House）代表发行人刊登招募广告，并接受投资人的申购。当发行商收到足够的申购时，会宣布中止申购，并由发行人将所发行的有价证券分配给申购人。当申购数量超过销售数量时，则采取不同的比例方式分配给申购者，发行商通常不会自己购买这些股票来获利，而只是纯粹发挥其中介的作用。在公开销售前，该发行商从发行人处"承销"（Under Written）全部股票，以确保发行公司可以募集到其所需要的资金。在这种方式下，如果一定时期内（如 2~4 周）公开发售已经结束，而尚有部分证券未卖出，承销商有义务将这部分证券买下，再转售予公众投资者。由此可见，在协议购买方式下，投资银行无论包销还是促销，都有咨询、承销、发售三种功能。这种方式是美国投资银行最常用的发行方式。

（二）竞争标价购买（Competitive Bid Purchase）

美国证券交易委员会（SEC）在 1941 年规定，受《公用事业控股公司法》（Publicutility Holding Company Act）规范的公司所发行证券的销售，必须竞价标购，即对某一以竞价方式销售的证券有兴趣的投资银行，应当组成承销团提出递交封存的标书，各承销团的主办承销商会与其他成员开会协商其所提出的价格，竞价得标的承销团则按一般程序出售其有价证券。采取竞争投标购买方式在公开竞价得标者公布之前，不得进行该证券的销售；当股价下跌时，发行人仍需按原计划进行公开竞价。一般来说，竞价方式的交易成本较低，但其操作程序要比其他承销方式更为严格，在价格波动较大的市场尤其如此。

在美国，竞争投标方式主要用于三个方面：（1）铁路证券发行；（2）公用事业证券发行；（3）国家或地方政府债券发行。美国法律规定，只有这三种行业证券允许使用竞标方式发行。这是因为，通过多家投资银行之间的投标和竞争，才能使这些证券获得最高的发行价。因此，承销商要向发行企业提交

竞争投标标价。当公布标价时，出价最高的投资银行获得承销该证券的资格。

"竞争投标购买"与"协议购买"两种方式在操作上的区别，在于没有咨询顾问环节。在协议购买中，由于只选择一家投资银行，投资银行有咨询、承销、发售三种功能。在竞争投标购买中，由于竞争投标是在一组投资银行之间进行招标，竞争力强的中标，因而省却了咨询这一步骤。在这里，选择是通过竞标进行的。

竞争投标购买的目的是通过投资银行之间的相互竞争，使发行公司获得最高发行价。但研究表明，在许多情况下，并不能达到这一目的。其原因之一，是在竞争投标购买中，发行公司不能从投资银行那里就市场价格等进行咨询，不了解一级市场的行情，因为投资银行在竞争投标中不具有咨询功能。因此，在 20 世纪 60 ~ 70 年代，许多公用事业公司（如电力公司等）获准，可以用协议购买方式发行证券。

（三）佣金或尽力推销方式（Commission or Best Effort Basis）

规模较小的公司或实力不够雄厚的投资银行通常利用"尽力承销"方法销售证券。该方式通常用于发行股票。按照这种安排，发行公司要选择一家投资银行作为承销商；该发行公司的律师还要起草一份登记说明书和有关文件，提供给证券交易委员会审查。这些文件应包括与在该公司进行投资、提供的证券类型、承销方法、第三者保存安排、销售时限所涉风险有关的全部信息。投资银行充当发行公司的代理人，尽力帮助公司销售股票，销售不完的股票退回发行公司。投资银行与发行公司签订承销合同，规定投资银行收取少量手续费（佣金），不承担股票发行的任何风险。尽力销售协议通常允许承销商在 60 ~ 120 天内售出全部或最低数额的证券。投资银行销售是否成功，往往取决于能否在规定的时限内出售规定数额的证券。如果承销商未售出规定数额的证券，则销售不成功，已认购证券的投资者将收回资金。然而，在严格的"尽力承销"安排下，承销商力求售出尽可能多的证券，而未规定必须售出的最低数额证券。尽力承销安排主要有两种类型：（1）"全部或全无"承销安排，即承销商同意按规定的时间售出所提供的全部证券，否则将终止交易，并向投资人退回已获得的定购单。发行公司要在全部股票售出后才能取得销售收益。（2）"部分或全无"承销或"最低和最高限额"承销，即承销商必须售出某最低数额的股票，否则发行将终止，并退回已获得的认购单；一旦最少量的证券被认购，承销商将继续推销该证券，直至到约定的最大发行量。在纯粹的"尽力销售"安排下，承销商力求售出尽量多的证券，股票售出后，将扣除佣金后的销售收益支付给发行人。如果证券未售出，承销商无任何收益，也无任何责任。对投资者而言，这类销售具有风险，因为股票发行公司可能无法从销售中得到足够的资金，用于实施其经营计划。在美国，实行尽力推销方式时，收益由承销商代管，直到承销协议规定的最低限额证券售完为止。这种机制确保了投资人的利益，确保其只有在市场上的其他人也愿意分担风险时，或在已为发行人实现销售证券目标筹集了足够资金时，才进行投资。发行公司自愿承担风险，委托投资银行代销，通常有以下原因：（1）发行公司信誉不高，投资银行不愿承销。（2）代销发行费用少于包销费用。（3）手续简便。发行前股票发行公司只需要与投资银行签订承销合同，由投资银行负责办理股票发行中的申请登记手续。（4）利用投资银行信誉发行，也可能按期售完。

（四）优惠认购（Privilege Dsubscription）

优惠认购方式是指证券由一组特定的投资者购买。特定的投资者通常包括三种人：（1）发行公司的现有股东。当公司发行证券时，通常允许公司原股东优先购买。（2）发行公司的雇员。通常发行公司允许其雇员优先购买新发行的股票。（3）发行公司的顾客。出于公共关系目的和完成发售计划，有时发行公司允许其顾客购买其股票。

发行公司允许现有股东拥有购买新股票的优先权，是为了维护现有股东的控股权。因为现有股东每年有一定比例的分红权利，如果新股票到了别人手里，老股东的权利就被稀释。现有股东即老股东有第一选择权，来买新发行的股票，通常要规定有一段时间的限制，在这段时间里老股东可优先购买。该期限结束，股票就会向社会公众发行。

与协议购买和竞争投标购买不同，在优惠购买中，投资银行没有咨询和承销两个功能，只承担发售一个功能。在发行认购权证，即向现有股东进行发售的过程中，投资银行实际上只承担信托人的角色，而经常由发行公司的商业银行做信托人。当认购权证发售完毕，即向老股东发行完毕，股票大规模向公众出售时，投资银行就充当分配发售的角色了。

（五）上架登记（Shelf Registration）

上架登记是指在申报注册登记表后的一个特定期间内迟延或持续的配售。美国证券交易委员会（SEC）于 1968 年发布《指导原则四》（Guide4），总结按照《1933 年证券法》被准许上架登记的特定状况，并特别强调生效后的补正和修订，确保潜在投资者可以在公开招股说明书中获得最新信息。

 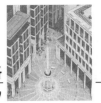
1978 年，美国证券交易委员会（SEC）公布合格发行人（Seasoned Issuer）可使用格式 S-16，准许其在提交注册登记文件时，可大量援引、参照《1934 年证券交易法》的规定，定期披露有关发行人的信息，缩短注册登记所需时间。证券交易委员会（SEC）还对注册登记实行"选择性审核"，使格式 S-16 申报最短可在 48 小时内生效。这样，发行人虽面临利率骤变环境，仍能充分利用有利的利率变化，发行新债券在市场销售。换言之，在正常情况下，发行人可确定新发行证券，不需要在证券交易委员会（SEC）法定的等待期内"测试市场"即可顺利出售。此外，欧洲债券市场快速成长，亦促使证券交易委员会正视国际间的竞争态势。除非美国的证券法规准许发行人以等同于欧洲的速度在美国销售有价证券，否则将有一大部分美国和外国的债券会全部在境外销售。

美国证券交易委员会（SEC）于 1982 年 3 月通过了 415 规则，允许发行人选择"缓行注册发行"方式，允许发行公司在证券公司公开发售前的两年时间内履行注册的要求。在这种方式下，发行公司只需向 SEC 定期提交年度、季度报告及其他有关报告，就可以在市场条件变得有利时，以最低限度的必要准备进入市场。用一个比喻来说，证券就像是被搁置在货架上的货物，等待合适的买主，在将来的某个时间随时取下卖给公众，而不必再经 SEC 批准。由于这种发行方式机动灵活，发行公司可以节省相当的时间和开支。

按照 415 规则，适用上架登记发行有下列十种情况：

（1）由非属注册登记人、注册人或其子公司提出销售或委托销售的证券，即二次承销。

（2）注册登记人股利或利息再投资计划或员工福利计划销售的证券。

（3）流通在外的选择权、认股权证或权利履行而发行的证券。

（4）因应流通在外证券转换，而发行的证券。

（5）以质押形式提供的证券。

（6）依格式 F-6 注册登记的证券，即美国存托凭证。

（7）与不动产放款抵押有关的证券（Mortgage-backed Security），包括不动产放款抵押债券、不动产放款抵押参与或过手凭证（Mortgage Participation or Passthrough Certificate）。

（8）因企业合并而发行的证券。

（9）将立即销售的证券、且持续进行销售，而期间自最初生效日后持续进行 30 日以上者。

（10）依格式 S-3 或 F-3 注册登记的证券，且即将由注册登记人、注册登记人的母公司或子公司，依持续或迟延方式，由本身销售或委托销售者。

"上架登记"方式基本上用于债券承销。按照这种方式的安排，债券的买方要求在债券发行结束日之后的未来某个时间购买债券，并与债券发行人签订"延期交割合同"，以明确其未来的认购义务。承销商只要卖出了合同，就等于完成了承销活动，因此承销商在卖出这一合同，而非真正卖出该笔债券时，即可取得承销佣金。这一制度是美国的独创，集中体现了对将来预期市场行为的提前披露制度，同时也反映出金融市场放松管制的过程和特征。

（六）直接销售（Direct Sale）

直接销售是指股票发行由发行公司自己来承担，不通过投资银行而直接销售给公众投资者。此外，发行公司通常采取两种做法：（1）通过投资银行中介，直接把投票卖给保险公司、储蓄银行、各类基金等。（2）采取非公开的小量股票发行。美国联邦证券市场委员会规定，如果股票发行的对象是有经验的投资者，可以不必提交注册报告，但要限制股票发行的金额。

发行公司采用直接销售方式发行股票，通常需要具备以下条件：（1）股票潜在投资者有限，比如规定投资者为 100 个以内；（2）股票潜在投资者了解股市行情，可以进行投资分析工作，能够保障自己的利益；（3）股票投资者购买股票多以投资为目的，而不以转售给他人为目的。在必要时，一些发行公司还可以要求股票投资者不要转售股票，如需转售，要向发行公司办理登记手续。

一些大的公司如得克萨斯石油、莫比尔石油等，就曾运用过这种发行方式。但是，由于了解该种发行方式的具体程序的发行公司很少，这种方式运用并不普遍。

（七）私募（Private Placements）

私募也称为不公开发售，是指证券发行仅面向特定的少数投资者，而不像公募那样面向广大投资者。由于证券发行人只向少数特定的投资者发售，一般不需要证券商来承销，而是在发行人和认购人之间直接进行，投资银行仅起一些辅助作用。私募市场的发行者除企业、公司、金融机构外，还有一些地方政府部门和公众组织。发行公司选择私募方式，主要原因可能是：公司太小，名气不大，或信誉等级不高；发行额太小或太大，影响发行成本增加等。一般私募发行都是小规模的发行，最高为 3 000 万美元的债券发行。私募用于债券市场要多于股票市场。特定的投资者必须是"对投资的价值及风险具有识别能

力"者（后改为"自卫力认定者"），包括：（1）银行、证券公司、保险公司等金融机构；（2）15 万美元以上的大投资者；（3）净资产超过 1 000 万美元，或年收益在 20 万美元以上的个人投资者。拥有 500 万美元以上资产的慈善团体等。对"少数投资者"的数量限制，最初规定为 35 人以下，1982 年取消了这一规定。

股票私募方式主要有两种：（1）股东分摊方式。通常由发行公司自行办理，采取面额发行、中间发行、无偿发行和有偿无偿混合发行方式。（2）向第三者分摊方式。发行公司通过投资银行的协助，确定一个合理价格，向企业原股东以外的本公司管理人员、职员和往来客户、与本公司有特殊关系的特定者发售新股认购权。这种方式又称缘故发行。这两种方式都体现了一种优惠。

私募发行实质上是投资银行将私募证券推荐给潜在投资者，并代理发行者与投资者洽谈各项发行条件的过程。但是，发行条件的最后确定，则是由筹资者和最终投资者当面议定的。投资银行在私募中，周旋于投资者和发行公司之间，并不参与投资，亦不允许从事承销业务的投资者参与私募投资，因而其收入仅来自代理佣金。由于证券是由发行者直接向少数投资者发售，也不存在价差，发行价就是发行者的出售价。投资银行尽量让发行者能以一个合适的价格即发行条件，从投资者处获得资金。投资银行的工作主要包括：评价公司业绩，信用评级及资信调查；帮助企业拟定发展计划和策略；准备股价备忘录和私募备忘录；寻找合适的潜在投资者，并尽力推荐发行公司的证券，帮助企业进行谈判及拟定各种文件。私募方式的优点是：由于投资银行只充当中间人，发行速度快，发行成本低，而且不必反复在买方和卖方之间进行谈判。其缺点是：由于发行公司比较小，知名度不够，高利率成本，而且限制性强，如在发行比例、发派股息以及投资者进入发行公司董事会等。

二、美国的股票发行程序及其操作细节

在美国，股票发行通常经历以下几个具体步骤。

（一）选择投资银行

发行公司决定采取间接方式发行股票后，面临的首要问题是选择一家合适的投资银行，作为计划发行股票的承销商和承销管理人。发行公司选择承销商时，必须考虑双方面的情况：一是投资银行方面的情况，主要包括其发售股票的记录、提供服务项目、代理发行股票的收费标准、销售网点的多寡等。大多

数承销商习惯于承接某一规模范围内的承销业务，喜欢专攻其比较熟悉的产业。因此，同一投资银行常担任同一产业内的许多公司的承销商。二是发行公司方面的情况，主要包括发行规模的大小、股权结构情况。如果发行规模较小，而选择大的投资银行，发行公司会被对方当做不重要的客户对待，得不到最佳服务。因此，美国发行公司在发行规模较小时，通常选择地方性的投资银行。对于有实力选择承销商的公司来说，其取决的标准通常是谁能最大规模地发行股票，同时又能使股权稀释程度最小化。发行公司并不喜欢将公司的股权集中于少数大机构，因为这会导致公司经营权相对不稳定。但是，大多数发行公司由于经营业绩的原因，没有更多的选择承销商的余地。发行公司应掌握一些有可能承销其股票的承销商。发行公司有时需要介绍人（Finder）或财务顾问（Financial Consultant）协助其寻找承销商，发行公司按募集资金的一定比例对他们分别支付报酬。

（二）召开承销前会议

这是投资银行和发行公司在承销活动开始之前举行的会议。主要讨论筹措资本数量、发行股票的最佳时期、募集资金用途是否合理三个问题。股票顺利出售的一个重要原因是投资者相信未来资金的使用有很好的效益，对公司发展远景充满信心。为此，发行公司通常会向承销商提供有关公司经营计划、财务报表及经营管理层资料的简报。

承销前会议的最终结果是投资银行与发行公司共同签订一份意向性的承销协议。其中主要包括两方面的内容：

（1）投资银行对证券支付的大体价格。投资银行是以固定价格从发行公司承销股票的，承销价格往往参照开会时昨日证券市场收盘价水平确定。如果发行公司已有上市股票，这一价格就与现有股票昨日市场收盘价相同。

（2）开拍价格。投资银行需要再出售股票，他们要承担风险，同时也需要得到保护，双方达成一个开拍价格。当实际出售价格低于此价时，双方协商取消该笔发行业务，以保护投资银行免于遭受更大损失。该协议书通常由承销商的律师负责草拟，并交由发行公司签名确认。采取这种做法是基于承销商希望明确表达在何种条件下才愿意承接该业务。

此外，承销商所送出的协议书通常是未签名的，以避免发行公司据此向其他承销商要价，而取得更优惠的条件。在顺利进行的承销案例中，意向书会被正式的承销协议（Underwriting Agreement）所取代，并很少向政府或自律机构申报。

（三）组织承销团

如果投资银行承销的股票数额巨大，而且价格波动的风险不小，就会组织一个承销团，以便缩小其本身的风险金额。承销团是主承销商邀请其他投资银行参加，共同组成的一个临时性的联合会。主承销商负责代表承销团向发行公司付款。承销团中的各个承销商还有更细的等级划分。根据每个承销商承销全部发行证券金额的比例，可分为主承销商（Major Bracket）、副主承销商（Mezzanine Bracket）和次分销商（Submajor Bracket）。每一家投资银行与其他投资银行和证券交易商之间都有着业务联系，他们在承销中参与分配承销手续费。承销商们应遵守的全部条款和责任都写在了承销协议书中。这份法律文件是每个承销商与发行人之间的约定，每个承销商都必须单独与发行人签署协议。

（四）证券登记

在投资银行向未来投资者出售股票之前，发行公司首先需要向美国证券交易委员会（SEC）进行登记注册。尽管有些证券可以获豁免登记，但大多数证券发行都要遵守《1933年证券法》。《1933年证券法》对发行公司登记报告的内容做了详细的规定，包括：

（1）公司名称、登记注册册名、标准工业分类编码号、纳税号、地址、发行大致日期、公司主要负责人签字；

（2）招股说明书，其内容有风险因素及盈利预测、募股资金用途、发行价格的决定、掺水（发行的股票金额超过实际资本总额的部分）、证券的销售、证券的发行计划、证券的登记情况、有关发行人员的报酬、登记人情况、证券违约的赔偿、发行中的其他费用、近期公司未登记股票的销售情况、公司的报表及担保。

发行公司递交登记注册文件后，有20天的等待期。在此期间，SEC审阅登记说明文件是否准确，绝不允许发行公司向公众发行股票。向SEC提交的一系列文件中，有一部分称为招股说明书，一旦被通过就生效，作为官方的宣传手段向公众发行。在20天的等待期内，发行公司还可向SEC提交一部初步招股说明书（Preliminary Prospectus）（俗称"红鲱鱼"，Red Herring），以供投资银行用于了解公众对这次发行有多大兴趣，还可帮助销售人员做好最后的发行准备工作。

（五）组成承销团

发行公司在申报注册登记表后，组成承销团的工作便随即展开。主承销商会寄送一套文件给可能有兴趣加入承销团者。该文件主要包括下列事项：

（1）注册登记表副本。

（2）承销商之间的协议，其附件包括承销协议草案和自营商协议草案。

（3）承销商问卷，用于回复主承销商所需要的信息。

（4）授权主承销商处理承销事宜的授权书。

有意参与承销者需要签署并反馈承销商问卷和授权书。各投资银行内部都设有证券承销部、销售部和交易部等部门。主承销商是批发商，承销团的其他成员是零售商。承销团中的投资银行数目，部分取决于股票发行的规模。承销团可以有 300 ~ 400 家投资银行。承销团的经营由承销团的协议所控制，协议通常涉及以下主要方面：

（1）股票发行的说明。说明书列示于招股说明书上，全面说明发行的股票和发行人。

（2）优惠条件。承销团成员按公开出售价格减去作为销售手续费用后的优惠价格认购新发行股票。

（3）处理购得的股票。承销团协议规定，各成员不得按低于公开出售价格出售股票。承销团的牵头经理通过会不断地按公开出售价格收购股票来坚持"钉住"市场行情，以便确认所购证券是承销团的哪些成员销售的。通常做法是扣除证券的销售手续费，所购证券再由其他证券承销商去出售。

（4）承销团的期限。承销团协议中的最普通的条款规定，在允许牵头经理提前解散的情况下，承销团存在时间为 30 天。然而，在代表承销团 75% 的成员（按证券数额计算）的要求下，协议可再延长 80 天。承销团成员通常区分成不同的层次，较高层级的承销商所分配的承销数量通常比层级低的承销商要多。承销商的层级取决于其经济实力，以及该层级的其他承销商是否愿意接受其为这一层级。

（六）测试市场

在申报了注册登记表并组成承销团后，主承销商会着手测试市场对发行公司股票的接受度。主要步骤是：

（1）分送初步招股说明书，即将公司的初步招股说明书分别送给承销团成员、承销团的其他可能成员，以及承销商本身的零售、机构投资人。

（2）探寻市场对发行股票的需求。在分送初步招股说明书后，承销商会探寻市场对所发行股票的兴趣。主办承销商通常会进行一系列的路演，来激发市场对该股票的兴趣。一般会邀请机构投资人出席，并由承销商提供有关公司的第一手资料。根据 SEC 的要求，在路演过程中，承销商向投资者提供的书面资料只限于初步招股说明书，口头宣传则没有限制。

（3）亲自接触机构投资人。不论了解市场对股票的需求如何，主承销商会亲自拜访各机构投资人。这样做的目的是激发机构投资者对发行股票的需求，同时确定购买股票的客户的数量。一般市场测试工作必须持续进行到注册登记表生效前夕。

（七）尽职调查会

这是股票正式发行前举行的最后一次会议。在这次会议上，投资银行和发行公司要确认他们完成了法律要求的一切责任和步骤，特别是确认向投资者充分披露了要求披露的内容。承销团中的所有成员及其投资银行有关的高级职员都要出席这次会议，招股说明书中的任何遗漏点都要在该次会上提起注意，从而最终完成招股说明书。更为重要的是，承销团向发行公司支付的最终价格也要在此会议上定出。从这一点上来说，投资银行最清楚将以多少价钱买到证券，因为此时，投资银行已经向各成员发出了初步招股说明书，各成员也把初步招股说明书分发给了销售人员，他们已经了解发行公司订的潜在价格是否适当，这为在这次会议上定出最后价格做了准备。这次会议定出的发行价格，是不可逆转的，将印在最终招股说明书上，然后包括在最终发行中。主承销商的适当调查结果通常记录在承销商备忘录（Underwriter's Memorandum）中，内容主要包括主承销商及其伙伴所采取的调查范围和从中发现的信息。

（八）出售与销售

SEC 对招股说明书登记生效后，承销团正式开始出售股票。选择销售日期时，要考虑避免证券市场的临时性拥挤，减少其他不利事件的影响。在此之前，要及时登出销售广告，要尽快准备好发放的广告材料。正式公开出售称做账本开业，这是反映投资银行古代风俗的古老名称。在账本开业时，主承销商接受承销团参与者和外来者对股票发行的认购。如果股票需求量很大，账本可能立即结束，就宣布该笔证券认购过多，该笔发行称作"从窗户飞出"。如果认购不够踊跃，账本开启保持一个较长时间。通常主承销商还会保留 5%～10% 的股份发售给发行公司的指定人。

（九）稳定市场价格

在证券出售和推销期间，承销团的主承销商通常要稳定发行证券的价格。价格钉住操作的期限通常是 30 天。价格钉住是通过开定购单按规定价格向市场购买。价格钉住操作的目的是防止价格不断下跌，造成承销团全体成员的损失。承销团的主承销商对价格钉住负主要责任。有人指责说，在出售证券期间钉住证券价格，形成了一种垄断性的固定价格的安排。投资银行则认为，不钉住价格会增加风险，从而增加对所发行证券的包销费用。钉住价格具有减缓竞争，减少垄断价格的作用。如果一个承销商企图对某一特定证券制定一个垄断性价格，投资者可以转向其他数千种的发行证券。承销商在任何钉住操作中，对市场的控制程度是微不足道的。

（十）承销团终止

承销商之间签订的合同中所规定的期限一到，承销团将会终止。这是协议发行过程中的最后一个步骤。有时股票需求很旺，发行工作持续几天，证券便全部卖出。有时市场需求不大，需要较长时间，才能将证券全部卖出。投资银行为赚取差价，需要有耐心"钉住"价格，甚至要买回证券，持有一段时间再卖出，这通常需要几个星期时间。有时投资银行会赔钱，因为他们可能不能全部卖出证券，有时要坐等几个月才能最后卖出。无论如何，承销团终止期一到就可解散。

三、首次公开发行价格的形成机理、操作办法

一般而言，股票发行承销价格是由发行公司与股票承销商（主要是主承销商）协商确定的。确定适当发行承销价格是整个公开销售尤其是首次公开发行成功的关键。如果定价过高，承销商很难通过买卖价差获益，而且如果卖价也随之"水涨船高"，则很难全部售出，发行者以后也不容易再次进入发行市场；如果定价过低，对希望尽可能多筹集资金的发行公司不利，同时也使参加承销的投资银行的声誉蒙受损失，不利于其今后承销业务的开展。为此，发行公司和承销商通常要确定一个价格区间，然后通过累积定单方法，最后确定发行价格。

确定合理的价格区间，是通过尽职调查或称为评鉴听证（Duediligence），依据发行公司的净资产价值形成的。收集这方面的信息通常要花费数周的时

间，利用相关的历史资料和有关项目的资料，并综合考虑股票供给和需求、发行成本和收益等因素而作出。

确定首次公开发行价格的方法主要有两种。

（一）可比公司定价法

发行公司和承销商往往首先运用可比公司定价法（Pricing According to Comparable Companies），选择在行业、竞争者、公司规模、市场机会与发行公司相类似的公司，比较这些公司的经营历史、财务状况、股票发行情况和未来展望的分析，以获得定价基准。如果可比公司是一家经营综合性业务的公司，则可针对其几项主要的经营业务，分别挑选相应的几组相似业务，分别确定定价指标比率系数，得出各个业务部门的价格，再将之加总。这些可以作为定价参考的财务指标主要是：

（1）市盈率（Price/Earnings Ratio）。这是最常用的股票定价参考依据。由于新公司尚不存在任何已流通的股份，可先根据公司的现金流量或净收入决定一个询盘价，然后反过来计算出市盈率。

（2）公司总价值与现金流量比（Enterprise Value/EBITDA）。

（3）市盈率与公司增长率比（PE/Growth Rate）。

（4）股价与账目价值比（Price/Book Value）。这一参考指标较少运用，主要用于金融业发行公司。

（5）股价与公司总收入比（Price Revenues）。由于一些发行公司亏损，只能用公司总资产来衡量。特别是一些网络公司多采用这种衡量指标。

（6）私人市场价值（Private Market Value）。

假设另一家公司收购该发行公司，以收购公司的出价来确定初次发行价格。他们考察可以比较公司的发行价格及其二级市场的表现，在确定发行公司的股票发行价格时作为参考。同时，在利用现金流量贴现法分析时，也需要选择可比较公司，通过对其收入、账目价值以及长期行业平均市盈率或者市场对账目价值的比率，来估计其期终值。但是，也有资料表明，运用可比公司定价法，并不能得出精确的结果。特别是在高科技领域的发行公司，由于产品设计、技术、制造和销售都有细微的差别，确认可比较公司相对困难一些。

因此，从总体上说，预期收益增长率、财务杠杆与经营杠杆、红利的可能性和许多其他因素中的差异，使得每次定价完全有别于其他新近的的公募，发行公司和承销商无法使用统一的模型。特别是，如果可比公司不存在，或者公司无完整的每季度收益记录，这种方法便无法利用。

（二）现金流量贴现定价法

在初步磋商阶段，承销商会利用现金流量贴现法（Discounted Cash Flow method，DCF），求得公司的内含价值（Intrinsic Value）。用现金流量贴现法确定发行价格，与一般的资本预算分析相似，即估计发行后增加的现金流量和用于计算这些现金流量的贴现率，然后计算出这些增加的现金流量的现值，这便是公司的名义价值。

首先，假设已经成功募集到必要的资金，预测发行公司未来的自由现金流量。将这一预测推广数年，或者直到公司的现金流量增长到很可能接近行业增长率的时候。

其次，预测公司的期终值。确定期终值的唯一有意义的方式是确定那个时候的市场价值。但是，要估计这个市场价值，需要知道平均的市盈率、市场价值对账目价值的比率，或者行业的增长率。期终值即公司高速增长阶段结束后的自由现金流量的市场价值和高速增长阶段的一组自由现金流量必须贴现到现在。贴现率的制定方法近似于前例中计算市盈率的方法。贴现率必须反映发行公司的风险，然而没有一段较长的历史，可能不能估计风险。可以参考发行业务专家伊博佐对小公司股票的收益率估计即12.4%，这是一个具有平均风险的股票长期收益率。把被选出的贴现率用于自由现金贴现流量和期终值，然后再把这些值带到现在，结果就是发行公司的内在价值。

最后，确定发行公司必须把大部分的股票出售给公众，以获得必要的现金量。发行公司的总值现在能够任意划分成股份。许多承销商喜欢把新发行股票的价格定在10~20美元。发行价格就产生于这些计算。例如，某公司现值估计为2 000万美元，公司需要筹资500万美元，包括必须支付的承销商费用，所以公司的25%必须出售给公众。现金流量贴现定价法似乎是精确的，但仍然需要一系列的假设前提，并无法保证避免收益率经历的这种特性，即明显的系统性的定价过低。这一方法主要运用于成长快的行业和公司。

在运用上述两种方法确定发行价格区间时，还需要根据发行公司的特性和无形价值作出调整。考虑发行公司的特性时，主要着重以下几个方面：

（1）增长率；

（2）盈利表现；

（3）利润额；

（4）资产负债表；

（5）无力偿还的债务；

（6）所有经营风险。

考虑发行公司的无形价值时，主要着重以下因素：

（1）管理质量；

（2）现有股东发起人；

（3）部门价格趋势；

（4）市场状况；

（5）监管风险；

（6）透明度；

（7）与国际要求不相符合的会计准则。

在通常的情况下，为避免发行后（假定发行成功的话）股价下跌，以致使潜在投资者失去兴趣，使后续发行变得困难，会趋向于适当低估股票价值，往往有 15% 的折扣。

四、累积定单定价法的操作

在测试市场阶段，承销商也会根据需求建档或称为询价圈购（Book-building），来了解不同投资人认购股票的意愿及数量，来调整承销价格。这种方法的一般做法是：承销团在路演前，先与发行人确定一个双方认可的定价区间，比如发行股票定价在市盈率 7.5 ~ 8.9 倍之间。在这个定价区间内，承销团成员和所有参与其中的经纪人、交易商等，各自向自己的客户群体（重点是机构投资者和国际投资者）推销发行的股票。通常是向机构投资者分发表格，在各种不同的价位表下，列出每个大机构的名字，供其对不同的价位划圈。对确认的价位划实线圈，需要继续谈价的划虚线圈。在参加路演后，机构投资者将自己在各个价位上所需要的股票数量告诉其经纪人或承销团成员。主承销商负责将所有推销人的定单汇总后，计算在各个不同价位上的需求总量，分析投资人的需求质量（比如是打算长期持有，还是准备短期套利），然后与发行人共同确定出股票的最后定价。一个准确合适的定价应当是发行人当期利益和远期利益的平衡。发行人的当期利益是定价尽可能高，以取得最大的筹资量；其远期利益是定价不能过高，以便为后市留下一定的上升空间，使首次认购发行人股票的投资者尝到"甜头"，发行公司能够长期利用证券市场筹资。一旦价格通过建立投资者购股意愿档案确定下来，股票将会同时以固定价格向国内零售投资者发行。

采取累积订单定价法的好处是：（1）定价尽可能地反映了市场和投资者

对所发行股票的评价，通过对认购者认购愿意的计算和分析，使价格具有某种程度的真实性，能较准确地体现出市场需求。（2）能够促使主承销商和全体承销团成员尽最大努力，广泛接触投资者，从而将股票推销到各个市场层面，以便形成最广泛的投资群体。从发行人角度讲，其不利之处是：（1）发行定价的高低在很大程度上取决于承销团的分配推销能力，以及其努力程度，而后者缺乏明确的判断标准。（2）发行定价几乎完全根据市场需求制定，承销团承担的发行风险已经由于定价时充分考虑市场因素而降到最低，或者几乎不存在任何风险（当然这是在市场没有发生重大变化的情况下）。发行人由此会感到承销商收取的费用和实际承担的风险不成比例。

第 21 讲
国际投资银行及其主要业务

—— 中国国际金融公司投资银行业务培训班

在华尔街，一直有一条不成文的行规，即 "只练不说"。这就是说，投资银行业务是干出来的，不是说出来的。要想真正掌握投资银行业务，仅从书本上是难以学到的。"纸上得来总觉浅，绝知此事要躬行。" 通常采取的最好办法是导师制，即师傅带徒弟的办法，亲自参加和完成一、两个上市业务和并购业务等项目的全过程。当然，在从事投资银行业务的实践过程中，也不排除通过各种学习、研究途径获得投资银行业务的基本知识和技能。除自己注重参与实践外，向他人学习经验，也是取得投资银行业务经验的一个重要渠道。在这里，向大家简要介绍国际投资银行的基本业务，供大家借鉴和参考。

一、投资银行的称谓

我们现在所说的投资银行是美国的叫法，它又称作华尔街金融公司，因为它们大多数集中在华尔街金融区。当然，由于业务发展的需要，华尔街比较拥挤，大都搬出了华尔街。在美国、澳大利亚，投资银行被叫做商人银行，这是一种很传统的叫法。因为投资银行是从欧洲西部的商人银行发展而来的。早期的商人银行主要是进行贸易活动，有少数人赚了大钱，就一方面从事商业贸易，另一方面为其他商人提供资金周转，就变成了融资经纪人和银行家，商人银行由此而来。在法国，投资银行被称为实业银行；在泰国称之为金融证券公司；在新加坡被称为商人银行或证券银行等。我国采用日本的叫法，称之为证券公司。表 21 - 1 介绍了部分国家和地区对证券公司的不同叫法。

表 21 - 1　　　　　　　　证券公司在各国（地区）的不同称谓

国家（地区）	称谓
美国	投资银行（Investment Bank）
澳大利亚	货币市场公司（Money Market Corporations）

续表

国家（地区）	称谓
中国香港	吸储公司（Deposit Taking Companies）
印度尼西亚	投资金融公司（Investment Finance Corporations）
日本	证券公司（Securities Companies）
马来西亚	商人银行（Merchant Banks）
新西兰	非官方货币市场公司（Unofficial Money Market Corporations）
菲律宾	投资商号（Investment Houses）
新加坡	商人银行（Merchant Banks）
韩国	商人银行（Merchant Banks）
泰国	金融证券公司（Finance and Securities Companies）

二、投资银行的职能

投资银行是一种把投资者和筹资者直接联系起来，为它们提供中介投融资服务的金融机构。其主要职能是：

（1）沟通资金需求。有钱人或资金盈余者需要寻找好的企业进行投资，需要资金的企业需要发行股票和债券获得资金。投资银行就把二者联系起来，满足双方的需求。投资者与融资者的交易是不同时的，投资者要先付给企业钱，企业后给投资者利润回报。因此，投资者的收益存在不确定性。这就要求投资银行要有很高的信誉和很强的专业能力，对企业进行推荐、保荐，并承销它们的证券，特别是包销证券，为投资者的权益负责。

（2）促进价值发现。许多企业到底值多少钱，就连企业内部的管理者也很难确定。资产评估机构只能评估企业的净资产值，即固定资产、流动资产、无形资产和对外投资等，无法判断企业的全面价值和未来价值。这就需要由千千万万个资本市场上的投资者运用可比公司定价方法来综合判断。有的人愿意出高价，有的人愿意出低价，最终形成一个投资的"力的平行四边形"，给出一个平均数，这就是企业的资本市场价值。通过资本市场定价，主要根据企业的未来盈利能力进行定价。投资银行通过发掘和培育好的企业，并且把它们推上市场，向投资者推介，就有利于通过资本市场来重新发现企业的价值。

（3）优化资源配置。社会上的资金数额是有限的，它必然流向收益性好、回报率高的企业。当更多的资金流向这类好的企业时，这类企业就能产出更大

的社会财富，从而使资金资源集中到效率更高的企业上，这就提高了社会资源配置的效率。因为在资本市场上，投资者无须召开股东大会表决来决定是否买卖哪个公司的证券，只需要"用脚投票"，快速买卖，干脆利落。

（4）促进产业集中。投资银行与投资者、上市公司共同创造了资本市场。资本不仅会流向一个个企业，也能流向某些特别优秀的朝阳行业，或者集中到某些产业。证券市场不仅促使资金向一个企业流动，还能促使向整个产业集中。这在资本市场的兼并重组中体现得最为明显。到目前，世界上已经历了五次大的并购浪潮，形成了铁路、石油、汽车、金融、传播等行业的集中。

按照美国金融投资专家罗伯特·库恩的看法，只有经营一部分或者全部资本市场业务的金融机构才是投资银行。资本市场是指期限在一年或者一年以上的中长期资金市场。因此，证券包销、公司资本金筹措、并购、咨询服务、基金管理、创业资本及证券私募发行等都属于投资银行业务，而不动产经纪、保险、抵押、短期贷款等都不属于此类。

三、投资银行与商业银行的区别

目前，许多金融集团有商业银行、投资银行、保险公司及其业务。有些商业银行还对投资银行投资，持有证券公司的股份，有的设有专门的投资银行部门。但是，从本质上讲，投资银行与商业银行的业务是不同的。商业银行的业务基本上分为资产业务、负债业务和不能用资产负债表反映的表外业务。负债业务主要是吸收存款和向外借款。资产业务主要是贷款和投资，更重要的是贷款。这两种业务都可以在资产负债表上反映出来，称为表内业务。在表内业务的基础上，利用商业银行的资金、人才、信息、技术等优势，提供其他金融服务项目，叫做表外业务。投资银行既不吸收存款和发放贷款，也不应当对外投资，它是通过找到好的或适当的目标企业，动员投资者对它进行投资，自己只赚取佣金和服务费用。投资银行家刘二飞先生比喻得好，商业银行像个农民，他把庄稼种下去就按期限等待收获，即把资金贷出去，就等着收取利息和本金。投资银行则像个猎人，他需要发现好的猎物，找到好的企业，以极快的速度拿下目标，并且找到热心的投资者，他才会有收获。因此，投资银行业务更多要求人的激情、投入、效率和专长。概括地讲，投资银行属于金融服务业，不同于一般的咨询中介服务业；它只是服务和依赖于资本市场，不同于商业银行；它是智力密集型行业，区别于其他专业性的金融服务机构。当然，在现代，投资银行和商业银行也有业务上的交叉。这种交叉和融合是基于不同本质基础上的行业的业务交叉和融合，这些并不能改变二者的行业本质属性。投资银行与商业银行的其他区别如表 21 - 2 所示。

表 21 - 2　　　　　　　　　　　投资银行与商业银行的区别

	投资银行	商业银行
业务主要领域	资本市场	货币市场
本源业务	证券承销	存贷款
功能（1）	直接融资	间接融资
功能（2）	较侧重于长期融资	较侧重于短期融资
业务概貌	无法用资产负债表反映	（资产负债）表内与表外业务
利润根本来源	佣金	存贷利差
管理机构	专门的证券管理机构或财政部或中央银行与证券交易所多层次管理	专门的金融监管机构监管
经营方针与原则	在控制风险的前提下更注重开拓	追求收益性、安全性、流动性三者的结合，坚持稳健原则

四、投资银行的发展历史

1. 欧洲商人银行的萌发

最早的商人银行起源于中世纪后期的意大利，其中最为著名的要数 1397 年成立的总部设在佛罗伦萨的麦迪西银行（Medici Bank）。17 世纪后，荷兰的阿姆斯特丹成为国际贸易和国际金融中心。到 18 世纪后期，英国的伦敦成为新的国际金融中心，一直统治到第一次世界大战。当时最著名的是巴林家族和罗斯柴尔德家族。巴林家族曾为美国总统托马斯·杰弗逊筹集了 1 500 万英镑的巨款，买下了路易斯安那州；罗斯柴尔德家族利用自己的情报系统，提前一天获知拿破仑兵败滑铁卢的消息，提前开始在市场上大量抛售英国政府债券，引起英国公债价格暴跌，随后通过另一个经纪人大量吸收低价抛盘。第二天，英军战胜法军的消息传来，英国公债价格迅速回升，罗斯柴尔德家族一天内赚了 20 倍，超过了拿破仑和威灵顿在几年战争中获得的财富总和。

2. 美国投资银行的崛起

美国投资银行业的产生比欧洲晚了几十年。19 世纪，美英、美欧的贸易十分繁荣，商人银行在美国纷纷开业。19 世纪中叶，美国内战和铁路建设需要大量资本，发售了大量的政府债券和铁路债券。在整个 19 世纪，摩根·梅

里尔—林奇、雷曼兄弟公司等最为著名。1860 年，J．P 摩根成立了 J．P 摩根公司，1879 年为中央铁路公司包销了 25 万股票，赚了大量的承销费。各家投资银行相继效仿，拉开了货币托拉斯时代的序幕。

3. 投资银行的危机与变革

第一次世界大战后，美国企业的融资方式发生了根本性的变化，从间接融资更多转向通过股票和债券市场融资。按照当时美国政府的规定，商业银行不能直接从事证券发行和承销业务，只能通过其控股的证券业附属机构开展业务。这一时期，几乎所有的商业银行和投资银行都开始从事证券发行业务。银行数目空前增多，达到 3 万多家，证券投资和市场规模空前扩大，虚拟资本的价值越来越高估，严重背离了其对应的实体经济价值。同时，违法违规行为也非常严重，比如虚售（Wash Sales）、垄断（Corners）、大进大出（Churning）、联手操纵（Pools）等，终于导致 1929 年 10 月 24 日——"黑色星期四"股票暴跌，接着发生了 1929～1932 年世界经济危机。到 1933 年末，美国商业银行家由 23 695 家减少到 14 352 家，四年之内锐减近万家。1933 年罗斯福总统上任后，由弗吉尼亚州的参议员卡特·格拉斯与亚拉巴马州的众议员亨利·斯蒂格尔提出改革建议，形成了著名的《格拉斯—斯蒂格尔法》，使美国商业银行与投资银实行严格分业经营。此后，又出台了《1933 年证券法》，主要针对发行市场；1934 年出台《证券交易法》，主要针对交易市场。

4. 美国投资银行进一步发展

经过 1929～1933 年大危机后，在罗斯福总统的"新政"政策刺激下，美国经济开始复苏。尽管当时爆发了欧洲和日本战争，美国证券市场却平稳发展了数十年。1963～1968 年，美国股票交易量增长了三倍。美国政府于 1970 年颁布《证券投资者保护法》，设立了与商业银行保险制度类似的"投资银行保险制度"。1975 年，美国政府又取消了固定佣金制；1980 年，颁布了《存款机构放松管制和货币控制法》；1982 年，颁布了《存款机构法》以及 1989 年颁布了《金融机构重组、复兴和强化法》。1999 年，颁布了《金融服务现代化法案》，允许各金融机构混业经营，掀起了各金融机构并购的浪潮，一些集商业银行、证券和保险业务于一身的大型金融机构诞生。

5. 投资银行在各国的发展

在这段时间，日本证券公司也得到很大发展。1948 年 5 月，日本颁布了第一部《证券交易法》，实行分业经营模式，确立了日本证券公司存在的基础。1949 年，日本又成立、开放了东京、大阪、名古屋、神户、京都等几个证券交易所，并规定东京、大阪、名古屋三个证券交易所为全国性交易所。证券公司的素质和规模也得到了快速的提升。

澳大利亚于 1948 年 12 月在墨尔本成立了其第一家投资银行——英澳有限公司。1948～1957 年间，投资银行业提供了大量承销业务。1958～1966 年间，投资银行为货币市场发展发挥了重大作用。1967～1971 年，投资银行业为澳大利亚经济敞开了国际资本市场的大门。1972～1978 年，澳大利亚的若干立法开始限制投资银行业的发展。1978 年后，澳大利亚投资银行业利用金融管制放松的大好时机不断创新。

此外，东盟国家如新加坡、泰国、马来西亚、印度尼西亚、菲律宾等国的投资银行业也发展了起来。中国香港地区、韩国，拉丁美洲的巴西、墨西哥，中东的约旦，非洲的尼日利亚的投资银行都得到了发展。

五、投资银行的结构

根据托马斯·利奥在《投资银行业务指南》中的划分，按照投资银行的规模和影响，美国的投资银行（当然也可以说是全球的投资银行）可以划分成六个基本层次。

（1）超级投资银行。一个国家或地区中极少数规模最大、实力最强的投资银行。它们往往垄断了该国（地区）几乎所有的大宗证券的发行承销业务和大企业的兼并收购业务。如美国消失的五大投资银行、日本的野村证券等。

（2）主要投资银行。它们是指规模比较大，业务多样化、国际化，但其信誉和实力都不如超级投资银行的全国性投资银行。

（3）次级投资银行。以本国（地区）金融中心为依托，主要为特殊的投资者群体和小型发行企业服务的投资银行。

（4）地区性投资银行。主要为地区性投资者、当地中小企业和地方政府机构服务的投资银行。它们一般不设在金融中心，整体实力和信誉较弱。中国地方区域比较大，很需要发展地区性的投资银行。

（5）专业性投资银行。这类投资银行擅长于某一专门领域内提供证券的发行和其他服务，如高科技领域、公用事业领域等。同时，专业投资银行还为证券发行人提供各种专门的研究产品，成为与超级投资银行“金融百货店”相对应的“金融专卖店”。

（6）商人银行。与英国的商人银行不同，这里主要是指专门进行兼并收购和相应的融资业务的投资银行。

中国目前的证券公司分为综合类证券公司和经纪类证券公司。

六、投资银行的重要业务

投资银行的重要业务主体体现在筹资和投资两个方面。

在筹资中介方面，它们主要有四项业务：

第一项业务是证券承销业务。发行企业如果公开发行证券，需要向证券监管机构申报，需要如实公布招募说明书和相关信息。需要投资银行尽职调查、准备相关文件、选择适当的筹资时机、确定合理的发行价格等。证券需要投资银行推介，把它销售出去，方式有包销、尽力推销、余额包销等。

第二种业务是项目融资。当今社会的一些大型设备或工程建设，如机场、码头、核电站、高速公路等，需要的资金量大，很难在短期筹集到所需的资金，这就需要投资银行为其设计筹资方案，准备法律文件、推介项目、组织谈判等。

第三种业务是兼并收购。投资银行作为兼并收购的中介，可以为收购方提供咨询，为其设计收购中的融资方案，并协助其在短时间内筹集到巨额的收购资金。当然，证券公司也可以为被收购方提供咨询和筹资服务，协助其实施反收购。

第四种业务是证券化。包括资产证券化和融资证券化。资产证券化是将缺乏流动性、但能够产生可预见现金流量的资产转换成为在金融市场上可以出售和流通的证券。美国住房金融业的发展，使投资银行有机会开拓住房金融的证券化业务，这次次贷危机的发生，就是滥用资产证券化的结果。融资证券化是资金需求方用发行证券的方式筹措资金，即"非中介化"或"脱媒"方式。这两种业务在美国已渗入到经济结构的各个角落。

在投资中介方面，主要有五项业务：

第一项业务是承销业务。投资银行向公众推销其所承销的有价证券，由于他们有好的信誉和专业，可使有价证券有一个良好的流通市场，这使投资者可以较为灵活地进行投资，并使证券能良好流通。

第二项业务是私募。投资银行对需要私募的企业或项目进行充分的评估，对项目的现金流量、风险等作出认真的评估，并向投资者推介项目，这就为机构投资者的资金运用提供了好的投资对象。

第三项业务是经纪业务。投资者通常不直接进入证券交易所买卖证券，只委托投资银行进行。投资银行有广泛的营业网点，代理客户进行证券买卖，也可以从事自营业务，为投资者进行证券买卖提供便利条件。另外，证券公司从事自营业务。二级市场的活跃，可以反过来促进一级市场的繁荣。

第四项业务是基金和资产管理。投资银行可以设立资产管理公司和部门，专门从事共同基金和客户资产的管理，来满足投资者的不同需求。

第五项业务是咨询服务。投资银行有专门的专业分析和研究团队，对投资者和融资者提供投资决策信息。研究分析水平往往代表投资银行的专业水平。

七、投资银行的收入构成

投资银行的利润主要来自承销佣金和资产管理费用。我们可以把投资银行的收入分为两类：一类是创造收入的业务，另一类则是不创造收入的辅助业务。创造收入的业务包括一级市场业务：为工商企业融资，为政府融资，为金融机构融资；二级市场业务：充当做市商、经纪商、交易商；企业并购业务：并购、企业扩张、企业收缩；金融工程：资产证券化、金融衍生服务；其他创造收入的业务：咨询服务，基金管理、风险投资和信托业务。辅助性业务包括分析研究、帮助企业从内部融资、信息服务和内部管理。

八、投资银行的发展方向

美国次贷危机发生后，美国的贝尔斯登被收购、雷曼破产、美林被收购、高盛和摩根士丹利变成商业银行。它们在次贷危机产生过程中，创造和出售大量的 CBO 次贷衍生品，自己也购买了大量的这类衍生品，造成严重的亏损，最后资不抵债。美国的大投资银行倒下后，全球投资银行将会吸取教训，以便获得更好的发展。有以下几个问题值得关注：

（1）投资银行的发展规模如何确定。投资银行在传统上以赚取佣金收入为主，对资本金的要求很低。近 10 年来，在高利润诱惑和激烈竞争压力下，大量从事次贷市场和复杂产品投资，投资银行悄然变成追逐高风险的对冲基金。例如，高盛公司在近几年内，直接股权投资和其他投资所获利润占到其总收入的 80% 左右。高盛和摩根士丹利两家投资银行在过去的十几年中，每年的平均净资产回报率高达 20% 左右，远远高出商业银行 12% ~ 13% 的回报率。同时，这些投资银行也拆借了大量资金，杠杆比率一再提高。雷曼兄弟宣布进入破产保护时，其负债高达 6 130 亿美元，负债权益比是 6 130∶260，美林被收购前负债权益比率也超过了 20 倍。投资银行对外

投资和自营没有准备金要求，它们到底需要多少资本金，取决于它们的胃口有多大。美国的投资银行需要收敛其过度扩张之势，接受类似于商业银行的监管模式。

（2）投资银行的业务如何分类。近些年来，投资银行纷纷开始由传统上以服务为主、靠赚取佣金的业务模式转向以资金交易为主的经营模式，大量涉足衍生品交易、对冲基金这些风险较高的领域，变相成为对冲基金。在这一过程中，它们的风险控制又没有及时跟上，导致其纷纷陷入困境。如何设定投资银行的业务范围，或者说突出其主营业务，这也是一个需要反思的问题。

（3）投资银行的市场如何细分。当今国际金融市场的联系日趋紧密，如何防范或有效阻断金融风险的传递，需要进行深入的研究。此次危机表明，在国际金融市场日趋一体化的情况下，金融风险在各个不同的子市场及全球市场的传播，更为迅速、更为广泛、更为深刻。如何对大规模的系统性金融风险有较为有效的预警措施？如何有效阻断金融风险的传递？如何建立起不同国家、地区的监管机构之间的协调机制？这些都值得我们进一步研究。

（4）投资银行的机制如何设计。华尔街金融机构过度强调短期回报的激励机制，也是危机产生的诱因之一。金融机构高层管理人的薪酬和激励机制没有与机构的风险管理、长期业绩相挂钩，形成了较高的"道德风险"，促成管理层短期行为倾向较重。他们为迎合追求利润的需要，投资银行不断设计复杂的产品，以至于其自身都难以对这些产品的风险加以判断，也就难以进行风险控制。金融危机的这一次发作，将促使美国对金融创新中所蕴涵的风险进行重新评估。另外，过去的投资银行多是合伙制，现在多成为上市公司，需要承担对股东的回报压力，也容易使它们变得急功近利。

第 22 讲
美国存托凭证（ADR）与中国公司经验

——南开大学国际金融研究生授课

当前，资本市场全球化的具体表现之一，是新兴市场的外国投资者日益增加。许多过去将外国投资拒之门外的市场都已敞开大门，欢迎外国投资者进入，大幅度提高了资本流动性。中国公司在改革开放以前，较少接受外国资本，现在对外国投资者也发售了境内上市外资股（比如 B 股）和境外上市外资股（比如 H 股）等。然而，国际上尚有许多投资者仍不愿意或无法直接进入其境外各国（地区）的资本市场，因此证券存托凭证业务蓬勃发展起来。

存托凭证市场在 2007 年取得了很大成绩，其成交总额和筹资总额都实现了两位数增长。2007 年，在美国和美国以外的市场上，存托凭证的交易额近 3.3 万亿美元（2006 年为 1.9 万亿多美元），比上一年增长了 72%。同时，来自 27 个国家的发行人完成了 144 只存托凭证的首发和增发，募集资金达 547 亿美元，比上一年增长 22%。"金砖四国"（巴西、俄罗斯、印度和中国）的存托凭证发行人独占鳌头，其占交易总额、流通市值、筹资总额和新上市存托凭证总量的比重分别为 48%、26%、63% 和 73%。根据纽约银行美国存托凭证综合指数，存托凭证的价格年增长率为 16%，创历史新高。其表现连续 6 年超过大部分美国国内市场指数，如道·琼斯指数和标准普尔指数。

一、存托凭证的概念和类型

存托凭证（Depository Receipts，DR）又叫预托凭证、存托股份、存股证、存托收据等，是一种可以流通转让的代表投资者对境外证券所有权的证书，它是为方便证券跨国界交易和结算而设立的原证券的替代形式。DR 所代表的基础证券存在于 DR 的发行和流通国（地区）境外，通常是公开交易的普通股票，现在已扩展到优先股和债券。DR 可以像基础证券一样在证券交易所或场外市场自由交易，并且同时在几个国家（地区）的市场上流通，从而可以同时在多个国家（地区）筹集资金。对于国际投资者而言，这是一种投资股市

的有效方式。因为存托凭证流动性更强，往往比相应的基本股票更容易转手。而且，它们还能被用来避免在公司本国（地区）的市场可能遇到的清算、外汇交易和外资参股等方面的困难。

在美国发行和出售的存托凭证称为美国存托凭证（ADR），它是世界上出现最早、操作最规范、流通量最大，并且最具有代表性的存托凭证。存托凭证是美国银行家 J·P 摩根于 1927 年首创的。为了方便美国人持有远在伦敦的一家英国零售百货公司——赛尔福瑞吉公司的股票，J·P 摩根首次运用了 DR 技术。当时，英国公司股票的美国持有者每年在公司分红派息之际，就必须把其手中的股票寄往英国去领息，一年中往返数次，费时费力且不安全，容易在邮寄过程中丢失。摩根敏锐地觉察到这一问题，并想出了一个点子：美国股东的英国股票不用离开英国，而是由美国银行在英国的代理行代办保管，美国银行则向美国投资者颁发一种表示其对英国股票所有权的凭证，这就是美国存托凭证。由于它首先产生在美国，所以美国存托凭证也就是存托凭证首次出现的代表。90 多年过去了，ADR 的运作方式仍像当年一样。当一个美国的证券经纪人收到顾客买入 100 股英国石油公司股票的请求时，他只用把这一订单打入其所属证券公司的交易平台或在伦敦的另一家证券机构的电脑里，伦敦券商接到指令后买入 100 股该股票，随后交给一家美国银行在伦敦的分支机构代为妥善保管，这家分支机构随后报告其纽约总部，由纽约总部向美国经纪人开出存托凭证，后者再将它交给最终的投资者，整个交易程序在 5 天之内完成。其实，许多交易都不用在美国国外进行，因为美国国内有许多投资人同时买进或卖出，券商可先对之进行撮合，对抵销不掉的差额再与国外联络交易。因此，美国存托凭证可以用来代表已在发行人国内或发行地的二级市场交易的股票，也可以代表在发行人的国内或发行地初级市场和二级市场的部分新股票。美国的投资人通过保管银行行使其股东权利。有关公司的信息均由保管银行通知投资人。现在，存托凭证形式还拓展到了全球证券存托凭证（GDR）、国际证券存托凭证（IDR）以及欧洲证券存托凭证（EDR）等。这些存托凭证主要是用来简化非美国证券在美国市场以外的清算手续。它们都以美元标价，都以同样的标准进行交易和交割，股息都以美元支付，而且存托银行提供的服务及有关协议的条款与保证都是一样的。

存托凭证按发行范围的不同，可分为美国存托凭证、全球存托凭证、国际存托凭证以及欧洲存托凭证等。按照产品的发行方式的不同，可以分为私募发行和公开发售两种方式。按照发起形式的不同，可分为无担保（Unsponsored DR）和有担保（Sponsored DR）的存托凭证产品。按是否可以发行新股票集资，存托凭证可以划分为，对现有股票进行挂牌交易的一级有担保和二级有担保存托凭证；可以发行新股票的方案，包括三级有担保的存托凭证、对合格机构投资者（QIB）出售的144A规则下的私募存托凭证和可在美国境内外挂牌但不在美国公开出售的全球存托凭证。

二、各种存托凭证的特点

1. 第一级有担保 ADR

第一级有担保 ADR 计划是非美国公司进入美国资本市场的最简单方法。由于一级有担保 ADR 是在"柜台"（OTC）市场交易的，所以非美国公司不必遵循美国的公认会计准则（U. S. GAAP）和完全符合美国证券与交易委员会（SEC）的公开性要求。绝大部分 ADR 计划是在 OTC 市场中交易的。一般来说，一级有担保 ADR 计划使非美国公司得以享受在美国公开交易其证券的优点，而无须改变目前编制申报会计报表的方法。对于非美国公司来说，一级有担保 ADRs 计划的主要优点是：①在更广泛的股东基础上，拓展其股票市场；有助于提高或稳定股票价格。②改善公司形象，增进美国市场对其产品、服务和融资手段的理解。③便利从而鼓励美国雇员对母公司的投资。④为公司的股票吸引新的投资者。⑤为公司进入美国市场提供一个低成本的捷径。⑥提供须经美国证券交易委员会（SEC）核准的，在美国交易所上市（二级担保）或日后集资（三级担保）的便利。⑦可以在美国交易其公司在本地已发行的股票证券，而无须按严格意义规定改编既成的会计报表方法。建立一级有保荐 ADR 计划的程序并不复杂，而且该计划建立和维持的成本也很低。

一般建立此计划需要三个主要步骤：①资料豁免手续——非美国公司只需要向美国证券交易委员会提交一份现成的财务报表的英文本，以及该公司当地的管理当局所要求的其他资料。②存股协议手续——由非美国公司、存股银行和 ADR 持有人三方签署一份标准服务合约，它详细规定了各方的责任。③F-6 表格——这是一份简单的 ADRs 注册声明，其中包括该公司董事会中的大部分董事的签名。

2. 第二级存托凭证

二级有担保 ADR 可以由一级有担保 ADR 发展而来，也可以单独建立，与一级有担保 ADR 相比，其最明显的不同之处是可以挂牌上市公开交易，可以根据需要和要求在 NYSE、AMEX 和 NASDAQ 中的任一个全国性的证券交易所

上市。因此，与之相应的要求是必须符合 SEC 的较严格的注册和编制会计报表方法的要求，以及符合美国公认的会计准则（US GAAP）的要求，还必需满足上述所选定的交易场所的上市条件。其主要特点是：①由于可以在 NYSE、AMEX 和 NHSDHQ 公开上市交易，比采用"柜台交易"（OTC）的一级有担保 ADR 可以进入更广泛的投资者市场。②上市挂牌之后，许多股票报价系统随时报告挂牌证券的价格，金融报刊也逐日刊登挂牌证券的价格信息，同时由于可以进入交易所的电脑交易系统，使交易量大大增加。③在三大国家级证券交易所交易的股票，将引起更多的财务分析家、宣传媒介及广大投资者的关注，便于提高公司的知名度。④在适当的时候，可升级为三级有担保的 ADR，随即公开发行新股筹集资金；⑤需要遵守 SEC 规定的全部注册登记手续（呈交 F－6 表格），按《1934 年证券交易法》的规定，每年呈交 20－F 表格给 SEC。财务清单必须部分符合美国 GHHP 的要求。⑥注册费用高，远远高于一级有担保 ADR。⑦不可用于公开发行，筹集资金，只能挂牌上市交易（注：按美国《1933 年证券法》和《1934 年证券交易法》要求，一般情况下，ADR 是以 F－6 表格注册登记，挂牌交易要以 20－F 注册登记，而构成 ADR 基础证券上市，则要以 F－1、F－2 或 F－3 表格登记注册）。

二级存托凭证运作概览，如表 22－1 所示：

表 22－1　　　　　　　　　　二级存托凭证运作概览

美国 SEC 注册	F－6 表格《1933 年证券法》 20－F 表格和 6－K 表格《1934 年证券交易法》
优点	在交易所上市交易/影响大/流动性高
缺点	完全的 SEC 信息披露要求/持续性的申报要求
投资者	所有的美国的和非美国的投资者
市场	纳斯达克，美国证券交易所，纽约证券交易所，非美国的证券交易所
清算交割	T＋3，DTC，Euroclear，CEDEL
成本	200 000～700 000 美元
适用公司	适用于那些希望在不进行公开售股的情况下提高其股份的公开性和流动性的非美国公司。
建立计划的手续	发行公司准备 20－F 表格和上市协议书。发行公司和存股银行讨论存股证协议书，完成、签署并备案 F－6 表格。在 F－6 表格生效，并且上市协议书被批准以后，存股证开始在一家交易所或者 NASDAQ 进行交易。

3. 第三级存股证（公开发行）

三级有担保 ADR，或称为公开发行的 ADR。三级有担保 ADR 与二级有担保 ADR 相比，除具有其全部优点以外，最重要的突破是被允许公开发售新股筹集资金，并可以在 NYSE、AMEX、NASDAQ 挂牌交易。每一个更高一级的 ADR 都增加了其公开性和透明度，增加了吸引力，而同时对注册登记、编制申报会计报表的方法、会计准则，信息披露等的要求更加严格，必须严格符合美国会计准则（US GAAP）。

其主要特点是：①以作为全球公开发行计划的一部分，向美国投资界推销在美国这一世界上最大的流动性最高的资本市场直接吸收资金。②投资者和股东的范围更加扩大，可以在合格的机构投资者（QIB）、不合格的机构买主及个人投资者中获得最高知名度。③《1933 年证券法》以专为首次公开上市用的 F－1 表格，以及按《1934 年证券交易法》以 20－F 表格每年申报。表格 F－2 和 F－3 可以用于以后各次上市的财务清单必须完全符合美国 GAAP。④注册、发行、挂牌等各种费用在所有 ADR 中最高，因此只适用于大规模的发行，一般应超过 5 000 万美元，若发行量少，则单位成本太高，可采用其他方式进行。

发行三级有担保公司参与型存托凭证可以涉及增资发行。它可以包括三种：在美国公开发行的存托凭证，在美国不以公开形式发行的存托凭证，以及在全球交易的存托凭证。三级存托凭证（DR）发行不是以发行公司现有股票为基础，而是以公开发售的方式为公司发行新股集资并上市。二级 ADR 产品和三级 ADR 产品均可在美国和美国以外的一些交易所上市，都必须符合不同程度的 SEC 注册和编制、申报会计报表方法的监管，以及符合美国公认的会计师准则（US GAAP），或全美证券商业协会自动报价系统（NASDAQ）的上市条件约束。

二级 ADR 和三级 ADR 的主要区别在于：①注册方式不同。二级 ADR 根据 F－6 表格《1933 年证券法》和 20－F 表格《1934 年证券交易法》注册上市；②二级 ADR 产品不能公开发行新股筹资，只能以基于原发行地股票交易"流出"转成另外一种金融产品 ADR 的形式再上市，它可以说是一级 ADR 产品的延伸。三级 ADR 则能以公开发售股票（ADR）的方式筹资。③二级 ADR 必须有其第一上市市场，三级 ADR 则无此要求；④两种金融产品的"公开度"不同。发行二级 ADR 所要求填制的 F－6 表格的公开度远不如发行三级 ADR 要求填制的 F－1 表格要求的严格；⑤成本。二级 ADR 的发行费用预算与三级 ADR 的发行费用预算相比要低。

三级存托凭证的运作概况如表 22 - 2 所示。

表 22 - 2　　　　　　　　　三级存托凭证的运作概览

美国 SEC 注册要求：	F - 1 表格和 F - 6 表格（《1933 年证券法》） 20 - F 表格和 6 - K 表格（《1934 年证券交易法》）
优点	筹集资金/公开上市/最大的流动性和市场影响
缺点	完全的美国 SEC 信息披露，持续性的申报成本
投资者	所有的美国的和非美国的投资者
市场	纳斯达克，美国证券交易所，纽约证券交易所，非美的证券交易所
清算交割	T + 3，DTC，Euroclear，CEDEL
成本	500 000 ~ 2 000 000 美元，加上承销商的佣金
适用公司	适用于准备通过公开募股在美国筹集 40 000 000 美元资金以上的，来自于对外国甚少或者没有投资限制的那些国家的发行公司。
建立计划的手续	发行公司准备并且备案 F - 1 表格和上市协议书。在 12 个月之内备案 20 - F 表格，如果发行公司还不是按美国《1934 年证券交易法》注册的公司的话。发行公司和存股银行讨论存股证协议书，并备案 F6 表格。在 F - 1 表格和 F - 6 表格生效并且上市协议书被批准以后，在美国的公开募股被最终确定价格，存股证开始在一家交易所或者 NASDAQ 进行交易。公开募股通常在开始交易的 5 个工作日后结束。（存股银行向承销商发出存股证，后者支付发行公司公开募股的所得）。

4. 根据 144A 规则进行的私募

在 144A 规则下的美国存托凭证计划（RADR），又称在美国不公开发行的美国存托凭证。公开发售 ADRs 具有最大的流动性和公开性，有最广泛的投资者基础，对美国投资者没有投资限制。但是，这种发行方式准备时间较长，美国证券交易委员会（SEC）注册要求严格，成本高。通过 144A 规则下进行私募：可豁免 SEC 复杂的注册程序和严格的披露要求。发行公司不必在招股说明书上公开其"不愿意"公开的公司的信息，以赢得经营上的主动。由于不需要按照美国 GAAP 调整会计报表，还可以节省大量的会计师和审计费、律师费、印刷费等各种费用，从而可以大大降低发行成本。在相对便利地进入美国市场后，为今后的公开发行奠定了良好的基础。当然，按 144A 规则进行私募，也有缺乏众多中小型投资者的市场基础、交易流动性相对较小、信息少、影响面窄的不足。但是，144A 项下私募发行 ADR 产品，可以与发行公司的本国证券和美国以外的 GDR 产品同时发行，同时提高其在国际投资者中的知名度。

根据 144A 规则进行私人配售，是指根据《1934 年证券交易法》第四章第二款的豁免条件，非注册发行公司向合格的美国机构投资者（QIBs）非公开进行的私募发售行为。从某种意义上说，144A 规则是针对外国发行人制定的规则，它向外国融资者提供了一条开发美国资本市场且不必向美国证券交易委员会（SEC）注册的途径。

概括来讲，在美国不公开发行存托凭证（RADR）有以下特点：①RADR 向在美国的 QIBs 作不公开出售。②RADR 通过 PORTAL（自动联挂不公开上市、转类和交易系统）在美国的 QIBs 间进行交易，PORTAL 是以 NASDAQ 为不公开出售的证券而设立的市场。③RADR 在"保管信托公司"（DRC）清算交割。④不需要任何 SEC 注册登记。⑤申请 12g3－2（b）规则下的豁免，以满足信息披露的要求。⑥144A 项下发行，可以相对减少注册登记和呈交报告的工作，这样可以使 RADR 的发行人以同在欧洲市场差不多的花费在美国市场上筹资。⑦QIBs 愿意并且有能力自己研究发行过程中可能承担的风险。⑧对 SEC 依赖性较小，因而可以回避由 SEC 设计，旨在保护小额投资者利益的某些措施。例如，按美国公认的会计准则编制会计报表。

144A 规则的工作程序是：与过去一样，希望在美国出售未注册证券的外国或本国发行人，需要依赖第四章第二节的豁免和符合 D 条例规定的程序。但是，现在如果外国发行人希望利用 144A 规则，它可以：（1）选择使用不可替代的证券；以及（2）通过保留 12g3－2（b）豁免、或用 20－F 表格进行完全申报，满足资料申报的要求。这样，发行者的承销商就可以将"144A 合格"证券配售于合格机构购买者，而后者也可以在 2～3 年的期限里，将它们转售于其他的合格机构购买者。或者，在符合老的 144 规则的情况下，合格机构购买者仍可以将未注册证券出售于其他合格投资者，也可以将来注册证券在海外出售。

根据 S 条例进行的离岸发售：与 144A 规则的机制构成一个整体的，是一项被称为 S 条例的法规。S 条例更加复杂，意义也更为深远。它为根据《1933 年证券法》须进行注册的离岸发售（没有美国销售意图）提供了安全港。对所有本国的以及特别是外国的发行人，S 条例的意义体现在以下三个重要的方面：①S 条例为配售于美国合格投资者的未注册证券提供了可以在海外出售、或者无须证券交易委员会"放弃法律行动公告书"批准即可运销当地市场的途径。②S 条例明确了无须根据《1933 年证券法》注册的离岸发售的条件（在没有针对美国投资者的销售时）。③S 条例几乎将所有的海外发售完成期限从 90 天减少到 40 天或更少。这对存股证发行人意味着，在大多数情况下，供

股及别的海外发售可以紧随其存股证计划之后进行。

对于一项没有美国销售意图的海外发售，S 条例可以提供以下三个例外保证：①如果一家发行人所进行的离岸发售并不具有显著的美国市场利益（SUSMI），无须经过注册，并且在美国投资者可以购买以前没有期限。②如果由申报发行人进行的某些债券离岸发售和所有股本海外发售具有显著的美国市场利益，无须经过注册，但在美国投资者可以购买以前，有一个为期 40 天的期限。③如果由无申报发行人进行的海外发售具有显著的美国市场利益，无须经过注册，但在美国投资者可以购买以前，有一个为期一年的期限。

对于存股证发行公司来说，在 40 天的期限里，如果新的证券可以区别于老的，并且证券商用标准股票证书托存其证券的话，老的证券可以进入存股证计划。40 天以后，所有证券，无论新的还是老的，都可以进入存股证计划。

通过自动联机私募、再售和交易的市场：全美证券自营商协会（NAS-DAQ）已经启用了通过自动联机的私募、再售和交易系统（PORTAL），这是为合格机构购买者交易和清算 144A 合格证券的一个封闭的市场系统。无论是存股证还是非美国证券，都将可以在 PORTAL 系统里进行配售和交易。144A 存股证有不同的统一证券识别号码（CUSIP），以区别于在柜台市场交易的类似的存股证。标准的存股证托管、五日交割及清算程序都仍将适用。非美国证券，将托管于欧洲交割系统（CDEDL），而包括存股证在内的美国证券将托存于存股信托公司（DTC）。通过认可，并脱离交易退出 PORTAL 系统的 144A 存股证，可以使用不同的 CUSIP 号码，重新进入存股证公开市场；或者，在两到三年的 PORTAL 交易以后，144A 存股证将成为可以公开交易的存股证。

5. 全球交易的存托凭证

全球存托凭证（GDR）通常被用来指同时在美国和美国之外进行全球性公开发售的存托凭证计划。正如在前面的存托凭证概念中所介绍的，存托凭证的出现可以便利证券的跨国界交易和交割，降低交易成本，以及扩展投资者尤其是机构投资者的基础。所以，全球存托凭证和美国存托凭证，无论是从法律、运作、技术层面，还是从管理的角度来看，二者并无本质上的区别，"全球"一词被用来代替"美国"一词，仅仅是出于营销方面的考虑。

全球存托凭证，采取同时在两个或更多市场上集资的方法。一般情况下，一次全球存托凭证上市，包括一个公开或非公开的美国发行，以及按 S 法规的一次欧洲发行。对发行人的主要好处，在于以同一种证券进入多个资本市场。S 法规是在 1990 年 4 月和 144A 规则一起被美国 SEC 采用的。这两个措施大大增强了美国不公开市场的流通性。S 法规阐明了在什么条件下，美国以外的国家以 S 法规为依据进行的证券上市和出售，可被视为是在"安全港"之内，而不必向 SEC 注册登记。

相对 ADR 而言，GDR 有以下特点：①同时在全球股票市场（协议集团符合监管条件的）发行，一般包括了美国 144A 规则下的不公开发行和在美国以外国家（地区）的公开发行；②GDR 适用于保管信托公司、欧洲清算（Euroclear）、欧洲货币清算组织（CEDEL）的账户划拨交割；③GDR 跨越多个市场交叉进行信息传递和交易，并且以各个市场的货币进行清算；④如果在美国是不公开出售，就不必向 SEC 作任何登记注册，其注册、交易与 RADR 相同，注册手续简化到最少，但仅可做 QIB 购买；⑤如果在美国上市是公开的，则其注册和交易与三级 ADR 相似，可以面向广泛的投资者，并可在交易所挂牌上市。但是，需要申请 12g3 – 2（b）规则上的豁免，以满足信息公开披露的要求；⑥在美国以外的 GDR（S 规则下的 GDR）不能进入美国市场公开上市，但可以按 144A 规则出售给合格机构投资者（QIBs）；⑦为交易识别便利，用一个统一证券代码（CUSIP）以适用 144A 规则下的 GDR 和 S 规则下的 GDR，这样这些存托凭证（DR）便可以公开在所有市场上方便流通。⑧GDR 一般在"卢森堡交易所挂牌"或在"证券交易自动报价系统"（SEAQ）上报价，SEAQ 以伦敦为基地，联合全世界的股票商，并可以在其他非美国交易所挂牌。GDR 的出现，使全球成为一个统一的股票市场，大大有利于使发行人进入世界范围的发行市场。

表 22 – 3　　　一、二、三级公募 ADR 和美国 144A 规则下的私募 ADR 区别

	公募 ADR			私募 ADR
	第一级	第二级	第三级	144A 规则
发行对象	个人及机构投资者	个人及机构投资者	个人及机构投资者	合格机构投资者
筹资功能	无	无	有	有
发行方式	不公开配售	不公开配售	公开发行	不公开配售
交易地点	OTC	交易所	交易所	OTC
信息披露与监管要求	较宽松	较严格	最严格	最宽松
SEC 注册	需要	需要	需要	不需要
发行所需时间	短	较长	长	较短

三、存托凭证（DRs）的发行方式

1. 公开发行

外国发行者面向美国资本市场拟作公开发行，如果拟以美国存托凭证方式销售其证券，则必须按美国《1934 年证券交易法》递交注册说明书并备案，说明书中必须对保证由美国存托凭证所代表公司的公司证券加以充分说明，同时还必须与它的托管银行一起签署并递交 F−6 表格上的注册说明书供备案，并对美国存托凭证加以说明。需要与注册手续同时进行的是外国发行者与其经纪人或顾问合作，申请其美国存托凭证上市，并向美国证券商协会送交包销（承销）安排书以供审核。

2. 按条例144A 项下私售

外国发行者可以根据条例144A 项下规定在美国私售由美国存托凭证代表的外国证券。这是外国发行者通过私募方式将这种未经注册的证券售给合格的机构投资者。若要有效利用此种回避办法，外国发行者必须按照《1933 年证券法》第 4（2）款的注册豁免规定，发行票据所代表的托管证券。根据条例144A 项下发行的美国存托凭证，通常发给一个或多个投资银行机构或其附属机构。

外国发行者要想利用条例144A 项下所提供的回避途径转售美国存托凭证，必须遵守美国标准化规定的若干限制性条件，并同时防止那些按 144A 项下项目托管和发行的受限制美国存托凭证，与那些不受限制或不经注册的美国存托凭证之间渗透。

3. 全球发行

全球发行意味着外国证券在美国国内和国外资本市场上同时发行。与全球发行相应发行的存托凭证一般称为全球存托凭证在全球发行，部分证券以美国存托凭证形式注册在美国发行和销售。前述在美国公开发行时，应注意的有关规则在全球发行中全部适用。另外，外国发行者和其券商必须清楚并决定除了在美国销售的证券需注册外，发行的其余部分有多少按《1933 证券法》注册。全球公开发行的另一种方式，是按 S 条例规定作全球发行。其中，在国际上或境外发行的部分依《1933 年证券法》的 S 条例规定做全球发行，而在美国上市的部分应按条例144A 项下私售。S 条例规定特别强调，未按《1933 年证券法》注册的证券在国际上发行的同时，可在美国私售。前述两种发行的比较如表 22−4 所示。

表22-4　　　　　　　　公开发行与144A规则下发行比较

	公开市场	符合144A的市场
市场	包括所有机构投资者和个人投资者	限于合格的机构投资者
注册文件	填报F-1表格	免SEC注册登记
上报SEC报告	每年登记20-F表格 按期呈报6-K表格	与发行人所在国的报告要求一致
信息披露	综合的财务、经营管理信息	披露标准与发行人所在国的要求一致
审计	以美国公认的会计标准（GAAP）为准	与发行人所在国的会计标准相同
所需时间	15～17周	8～12周
定价	因投资者范围广、流动性高而容易取得较高定价	因投资者范围较小、流动性较低而导致上市价格较低
费用	法律、审计、印刷和挂牌费用	稍低的法律、审计、印刷费用，不需挂牌

四、存托凭证的运作程序

1. 发行

发行或者产生存股证的过程始于投资者决定购买一家非美国公司股票，并就购入事宜联系其经纪人公司。经纪人公司通过自己的国际分公司或非美国公司当地市场的经纪人买进股票，并要求将这些股票解入存股银行在当地的托管银行。该经纪人公司要将投资者支付的美元兑换成相应的外汇，并付给当地的经纪人。在购入的同一天里，股票被解入托管银行，托管银行随即通知存股银行。存股银行收到通知后，就通过经纪人公司向投资者发出存股证。

其具体运作程序如下：①美国投资者指令承销经纪人去购买美国存托凭证；②经纪人可以购买现成的美国存托凭证，也可以要求存托银行发行新的存托凭证；③为了发行新的存托凭证，美国经纪人与非美国市场的某个经纪人接触；④经由该地市场的证券交易所购买普通股票；⑤购入的普通股票被存入非美国市场内的一个保管银行；⑥保管银行指示美国的存托银行发行存托凭证，表示这些普通股票已经收到；⑦存托银行发行存托凭证，并将它们提供给启动这笔交易的经纪人；最后，经纪人将美国存托凭证交给客户或者保管信托公司（DTC）。

如果是由中国公司发行的美国存托凭证，则其发行过程如下：

①美国投资者通过其经纪人在美国证券市场买入发行公司存托凭证（OTC，NYSE，AMEX，NASDAQ）。

②若证券市场难以满足购买要求，美国做市商将通过存托银行增发ADR予以满足。

③美国做市商向境外证券商（通常是经常往来的同业）发出购买指令，在此项交易成功后通知美国存托银行。

④境内证券商在（上海或深圳）证券交易所购入股票，存入专户中。

⑤上海（深圳）证券交易所执行境内证券商的交易指令；以非交易过户的形式将股票存入在托银行上海（深圳）分行的保管专户。

⑥存托银行上海（深圳）分行接受境内证券商的交割指令，与来自上海（深圳）证券中央登记公司的过户通知校对无误后，向存托银行发出收入股票及发行ADR的通知。

⑦美国存托银行通过美国保管信托公司（DIC）的电脑联网，将新发行的ADR存入美国做市商账户。

2. 转手（市场内部交易）

存股证一旦发出，它就可以像其他任何美国证券一样，自由地在美国被交易。当存股证被出售给另一个美国投资者时，存股证就非常简单地从一个持有人（售出者）转移到另一个持有人（购入者）手里，这种交易被称为市场内部交易。市场内部交易的交割与其他任何美国证券的交割都是一样的：在交易日后第三个办公日用美元结算。因此，存托银行的最重要的功能是作为股票过户代理（注册处）的作用。基于这个理由，存股银行拥有成熟的股票过户系统和保持相应的运作能力是至关重要的。

存托凭证的典型交易人是那些小额投资客户、机构投资者、套做商（套利或套汇）和证券经纪人。据估计，在存托凭证交易业务中，95%是在美国市场买卖现有的存托凭证，其余的5%包括在发行人国内市场买进真实股票，随后发行新的存托凭证，或者是注销存托凭证，同时在发行人国内市场卖出真正的股票。如果是交易不旺的股票，存托凭证发行和注销的次数会增加（相对于现有存托凭证的买进和卖出），来满足市场的需求。因为这时在市场上，证券经纪商是存托凭证发行和注销的主要参与者，现有的存托凭证的交易量反而减少。

存托凭证的交易价格取决于下列因素：①真实股票的价值取决于发行人的经营业绩；②真实股票在发行人国内市场的价格；③发行人国内市场的流通性；④外币汇率和受货币流动不利影响的垫付头寸的成本；⑤建立、交易和管理存托凭证的成本。

在完全自由竞争的市场上，存托凭证的交易价格应该与其所依陈的股票在发行人国内市场上的交易价格完全相同。所不同的是，存托凭证的交易价格应包括投资者在发行或注销存托凭证时承担的正常交易成本。然而，我们是处在并非完全自由竞争的市场，当真实股票在发行人国内市场的价格与在美国市场存托凭证价格的差距加大时，就产生了存托凭证的对冲套利机会。特别是在那些新兴证券市场和那些与纽约时区相反的市场，有限的信息使这种套利现象尤为严重。这种套利的方法是，如果存托凭证以高于真实股票的价格交易（升水价格），交易商在计算交易成本后，就会卖出存托凭证。同样，如果存托凭证以低于真实股票的价格交易（贴水价格），在计算交易成本后，交易商会在美国买进存托凭证，而在发行人国内市场卖出，以从中获利。由于有这些套利买卖的存在，实际上，在美国市场上存托凭证的价格与在发行人国内市场上真正股票的价格差别大的机会并不常见。

3. 存托凭证的注销

存托凭证（ADR）注销是指 ADR 的持有者将 ADR 通过其经纪人回流到存托银行，与此相对应的是普通股由托管银行回到客户手中。其操作过程是（见图22-1）：①欲注销 ADR，美国市场经纪人进行卖盘交易，将原始普通股出售给发行公司当地经纪人。②美国市场经纪人将 ADR 交给存托银行予以注销。③存托银行通过电传指示存托银行发行地分行将普通股交给当地经纪人。④存托银行当地分行将原始股交给当地经纪人及对应客户。

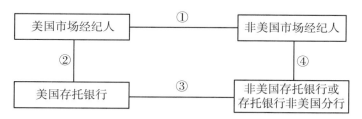

图22-1 存托凭证注销过程

投资者想卖出存股证时，会通知他们的经纪人公司。经纪人公司既可以通过市场内部交易将存股证在美国市场抛出，也可以通过一种称之为跨国界交易的手续将存股证在美国市场之外（通常是在当地市场）卖出。在跨国界交易中，经纪人公司要么由其自己的国际分公司，要么通过当地市场的经纪人，将股票在当地市场出售。为了交割这种交易，美国经纪人公司在接到将股票出售

给当地市场购入者的指示后，就将存股证缴回存股银行。存股银行将取消存股证，并指示托管银行将（存股证所代表的）基础股票解入购进股票的当地证券商的账户。经纪人公司还要负责将外汇兑换成美元，并付给原存股证持有人。

对于由中国公司发行的 ADR，其回流过程为：①美国投资者通过其经纪人在美国证券市场卖出发行公司的 ADR。②若市场难以满足，美国做市商将通过存托银行取消 ADR 来满足其要求。③美国做市商向中国境内证券商发出卖出普通股票的指令，并在此项交易成功后通知美国存托银行。④境内证券商在上海（深圳）证券交易所卖出股票，并代表其为存托凭证转换设立专户。⑤上海（深圳）证券交易所执行境内证券商的交易指令。境内证券商向美国做市商发出成交确认。上海（深圳）证券交易所将结果传送给上海（深圳）证券中央登记结算公司。⑥美国做市商将 ADR 退还给美国存托银行。⑦美国存托银行通知其上海（深圳）分行收到 ADR，并指示其对应的普通股票自保管户中提出，转入境内证券商名下。⑧存托银行上海（深圳）分行指示上海（深圳）证券中央登记结算公司从其保管账户中提出股票，转入境内证券商名下，并将细节通知境内证券商。

4. 存股证的交易（定价）

一旦在美国市场流通的存股证达到相当的数量，通常是一家公司发行股份的 3%~6% 时，一个真正的内部交易市场即开始出现了。在这个市场出现以前，大多数的买进存股证都是通过发行存股证来实现的。当经纪人公司执行客户的指令时，他们会通过比较存股证的美元价格与当地市场实际股票的美元折算价格，来为客户寻求最理想的价值。经纪人公司可以采用三种方法在提供其最理想价位的市场买进或卖出：发行新的存股证，转手已有的存股证，或注销存股证。例如，如果一种股票在当地市场的美元折算价是每股 12.25 美元，而存股证的出售价是每股 12.30 美元，那么经纪人公司就会用买进股票的方法执行客户的指令，存股证即随之发出。当基础股票的价格和存股证的价格持平时，经纪人公司就简单地以买卖存股证的方式来执行客户的指令。这样不断买卖存股证的结果，有助于弥合当地市场和美国市场之内的差价到最小的程度。结果是，95% 左右的存股证交易是由市场内部交易完成的，其中并不包括存股证的发行与注销。

5. 股本发售

当一家非美国公司完成一项部分以存托股证形式出售于美国或国际市场的新股发售时，该公司就将股票解往存托银行在当地的托管银行。然后，存托银行向承销团各成员公司发出存托凭证（存股证）。以这些存股证作为基础，从而形成一个发行、转手或取消存股证的有规则的交易市场。

6. 存股证交易过程图示（见图22-2）

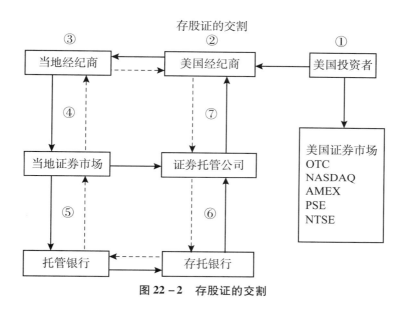

图 22 - 2 存股证的交割

（1）存股证之间的交易（转让）。

买进——投资者指令纽约的经纪商购入存股证；经纪商在美国证券市场买进存股证。

卖出——投资者指令纽约的经纪商抛出存股证；经纪商在美国证券市场卖出存股证。

（2）存股证的发行。

①投资者指令纽约的经纪商买进存股证（就像买进其他美国证券一样）。

②纽约的经纪商与当地经纪商联系，并要求购进相应数量的普通股。

③当地经纪商在当地证券交易所购进普通股。

④股票被存入存股银行在当地的托管银行。

⑤托管银行收到存股证后贷记入存股银行的账户，然后通知存股银行。

⑥存股银行发出存股证，并通过证券信托公司转交纽约的经纪商。

⑦证券信托公司将存股证贷记入经纪商账户，完成美国交割。

（3）存股证的注销。

①投资者指令纽约的经纪商卖出存股证（就像卖出其他美国证券一样）。

②纽约的经纪商与当地经纪商联系，并要求抛出相应数量的普通股；当地经纪商在当地证券交易所卖出普通股。

③当地做市商将售股所得汇给纽约的做市商。

④托管银行将普通股解押至当地证券商，以完成当地交割。

⑤存股银行注销存股证，并指示托管银行解押相应数量的存股证。

⑥证券信托公司将存股证贷记入存股银行的账户。

⑦纽约的经纪商通过证券信托公司将存股证交还存股银行。

五、中国企业进入 ADRS 市场的经验

目前中国企业选择存托凭证进入美国资本市场有四种形式，即第一、第二、第三级有担保和 114A 项下的私募方式。但是，第一、第二级 ADR 均无筹资功能。这是否意味着所有中国企业都必须直接选择第三级 ADR 在美国上市呢？事实上，第一级 ADR 是 ADR 业务中发展最快的部分，而且它占据了目前交易 ADR 品种的 70% 左右。对中国境内企业而言，通过建立第一级 ADR，可以扩大公司在境外的影响，并开始与境外投资机构建立起广泛的联系，为企业进入国际资本市场提供可供选择的工具。许多国际知名公司如 Gumness，DrederBanking，Whad-holding 等均选择第一级 ADR 在美国上市，以此作为进军美国资本市场的"歇脚石"。例如，RTZ 及 HKTelecom 都是通过第一级 ADR 上升到第二级、第三级 ADR 的。

希望通过 ADR 方式进入美国证券市场的中国公司，可以根据自身的不同情况作出不同的选择。①对于美国投资者接纳的大型交通、能源等基础设施企业及业绩优良的骨干工业企业，可以直接选择第三级 ADR 在美国上市、筹资或用于首次公开发行；对于国际知名度较高、业绩优良、运作方式接近国际惯例、海外业务经验较为丰富的其他类型的中国企业，也可以采取该种方式。②对于国际知名度较低，对国际资本市场缺乏经验，但业绩优良的中国企业，则选择一级 ADR 方式进入华尔街是较为稳妥的方式。对于多数 B 股上市的中国企业，由于已积累了一定的经验，则更容易被美国投资者接受。③对于无意在美国市场交易其证券，但欲在美国筹资的企业，144A 项下私募宜作为首选。例如，江铃汽车就是采用了该种方式。④业绩优良的 A 股上市公司，如能率先以 A 股转移为 ADR 在美国上市，将对 A 股市场的活跃产生不可低估的影响。

为了保证企业发行的 ADR 被投资者接受、认可，必须注重公司的信息披露、包装和推介，这是建立和维持良好的投资关系的核心所在。在遵循美国证

券法关于信息披露要求的基础上，以下几个方面的问题尤其应引起中国境内企业的注意。

①信息披露的充分性和适当性。虽然美国投资者对中国及中国企业显示出了浓厚的兴趣，但对中国相对所知甚少，因而多数国有企业在信息披露的充分性方面与其要求颇有差距。例如，土地增值税问题。另外，在信息披露的适当性方面也需考虑，比如中国的上市公司信息披露中，一般均提供经注册会计师（CPA）审计的溢利预测。由于其建立在大量的假设基础上，存在较多的不可预见的因素，因而美国证券交易委员会不允许在正式招股书或注册申报书中出现溢利预测的数字，以免产生误导。尽管不少证券商、投资者对公司的未来盈利计划感兴趣，但在美国的法律环境下，一份正式公布的溢利预测还是存在较大的风险，因此公司披露的信息应当经过适当的筛选。

②公司的形象定位。公司的形象定位包括两个方面：一方面，要求公司管理层的经营策略与能力表现使投资者充满信心；另一方面，要求公司在本地区、本行业中有领导地位，主营业务清晰，并能保持稳定增长，前景良好。公司应通过上述两个方面的努力，塑造"优质股"的形象。在这方面，相信中外投资者的认识是一致的，只是理解不同。例如，多数中国企业热衷于"多元化经营"，尽管可以找出多种理由为此辩解，但多数美国投资者对此心存疑虑。美国《商业周刊》曾以上海二纺机为例，二纺机是一家纺织机械制造商，其ADR引起了投资者的浓厚兴趣。但是，二纺机曾提及拓展快餐业与房地产业。《商业周刊》文中引述渣打银行专业分析师奎妮（Queenie）的评论说，看到一个公司向其无任何专长的领域发展，深感忧虑和不安。

③满足投资需求，并建立投资网络。一般而言，公用事业、基础设施及石化、通讯、食品、零售等行业因其风险小、回报稳定，而备受机构投资者青睐。但是，不同的机构投资者的投资组合、投资重点、侧重行业等各不相同。公司如能精心选择对口的投资机构进行突破，则会事半功倍。同时，公司还应与这类投资者保持密切的联系，并进行面对面的沟通。

总之，对于一个非美国发行公司来说，虽然建立存托凭证计划不十分复杂，但是发行人仍应在慎重考虑其目标和需要之后，再着手制订存托凭证计划。只有在发行人把存托凭证计划作为进入国际资本市场的长期投资战略的一部分，并有高级管理人员的全力支持时，才应考虑实施存托凭证计划。作为发行人，中国企业应该意识到，一个成功的存托凭证计划，不但要求公司长期保持良好的业绩，同时也要求公司长期不断地让投资人了解这些好的业绩。发行人要向美国的投资人"推销"其公司形象，而且得到美国投资者认可才行。

第 23 讲
可转换公司债券的国际经验与发行策略

——高级理财规划师国家职业资格培训班

可转换公司债券是国际资本市场上的一种混合型金融工具，兼具债券和股票两者的功能和优势，进而在一定程度上克服和弥补了单一性能金融工具的固有缺陷，充分适应融资者动态化的需求和投资者追求利益最大化的行为特征。我国的国有企业和民营企业多年来面临着资金的短缺和融资渠道单一的矛盾，随着市场经济的不断完善和竞争的日益激烈，多渠道，低成本融资成为当前促进企业发展的重要任务之一。现拟从企业融资的角度出发，将可转换债券作为企业的融资渠道之一进行比较分析，讨论企业如何对转债这一融资工具加以把握和合理运用的问题。

一、可转债的境内外发展格局

可转换公司债券是普通公司债券和认股权证明的组合，具有公司债券和股票的双重特点，投资者在规定时间内（转换期）具有按照规定的价格（转换价格）将债券转换成发行公司普通股票的权利，同时在转换前，投资者仍可获得定期支付的利息。因此，可转换公司债券的投资者同时拥有债权和股票期权两项权益。与之相对应的是，发行公司也相当于同时发行了债券和认股证。可转换公司债券是国际资本市场上的一种混合型金融工具，兼具债券和股票两者的功能和优势，进而在一定程度上克服和弥补了单一性能金融工具的固有缺陷，充分适应融资者动态化的需求和投资者追求利益最大化的行为特征。

可转换公司债券（Convertible Bond，CB）首创于 19 世纪中叶的美国，至今已走过了 150 多年的历程。美国是全球最大的可转债市场，现在已进入了成熟的阶段。可转换公司债券一直是美国及美国以外的公司进行融资的重要途径之一。特别是在股市周期性低迷或上市公司因行业、产品等原因效益暂时不佳等特定背景下，美国及其以外的企业利用可转债融资更为积极。因为这时股价相对较低，同时又有未来效益较佳的新项目需要融资，而且转股价格高于当时股价，这时企业发行可转债，一方面可以降低融资成本，提高未来收益，另一方面，只要经营成功，有关负债可转为权益，将大大增加公司实力。事实上，在国外成熟市场，可转债基金已经体现出良好的抗跌能力与不俗的涨幅表现。晨星有关数据显示，截至 2010 年 12 月末，美国 83 只可转债基金过去五年的年平均回报率为 5.13%，过去三年的平均年回报率为 4.38%，而同期标准普尔 500 指数年均收益率分别仅为 1.65% 和 -1.08%。最近一年来，美国经济逐步复苏，股市回暖，可转债基金最近一年的平均回报率也达到 17.22%，高于标准普尔 500 指数同期 13.88% 的涨幅。

　　目前国际上的可转换债券已形成了一个种类繁多，用途广泛的庞大家族，而且随着金融工具的创新，还将有大量新型的可转换证券产生。就可转债市场而言，除美国之外，国际上的可转债市场可分为三个类型：第一个类型是欧洲证券市场，以伦敦和卢森堡为代表，通常以美元标价，在市场总量、市场深度、专业化水平等各方面，都是最为重要的市场，适合于规模很大的可转债发行。在欧洲可转债市场上，表现活跃的公司主要来自电信、科技、医药、生物科技、金融、传媒、互联网等发展迅猛的新兴行业。第二个类型是瑞士债券市场，债券以瑞士法郎标价，其配售对象是以瑞士为基地的国际投资人，其发行价格低廉，程序简单；第三个类型是日本债券市场，日本公司在国内外的发行量约占国际发行总量的 1/3，是亚洲最大的债券市场。从国际可转债市场的情况看，发行可转债公司数量多，发行规模大，投资品种多。

　　相比之下，中国的资本市场引进可转换债券的时间比较短，发展得不够充分，境内企业利用境外市场发行可转债也比较少，利用的效率还有待提高。20世纪 90 年代，我国企业才开始尝试利用可转换公司债券来解决企业融资问题。中纺机于 1993 年 11 月 19 日在瑞士发行了 3 500 万瑞士法郎的 B 股可转换公司债券，成为我国首家尝试以可转换债券在国际资本市场筹资的企业。该可转债由瑞士银行担任主承销商，上海申银万国担任副主承销商，发行方案是根据国际通行惯例和当时瑞士市场的基本情况设计的，初始转换价格按 1993 年 11 月 19 日前 5 个交易日中纺机在 B 股收盘价 0.43 美元/股，当时美元兑瑞士法郎为 1∶1.5，期限为 5 年，但持债人 3 年可以赎回。瑞士投资者对该可转债发行反应热烈，认购数大大超过发行总量。但是，由于发行后我国 B 股市场低迷，没有转换成功，公司于 1996 年 12 月 31 日已经偿还了 3 470 万瑞士法郎。从 1993 年下半年开始，深圳南玻开始酝酿可转债发行事宜，于 1994 年 10 月获得

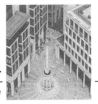
国务院批准，直到1995年6月30日至7月6日，在瑞士资本市场发行了4 500万美元的B股可转换债券，这是我国首家经政府管理部门批准的海外可转换债券发行。该可转债由瑞士银行担任主承销商，德意志银行瑞士分行担任副主承销商，另有14家外国投资银行担任分承销商。该债券发行期限和额度是1995～2000年45 000 000美元，初始转股价格为5.15港元/股，按1995年7月3日在深圳证券交易所7个交易日内公司股票平均收盘价的5.1%的溢价确定，初始汇率为1美元兑7.73港元，转股价格及汇率可根据债券条例中所述情形加以修正和调整。南玻分别于1995年6月30日和7月3日举行了两场推介会，境外投资者反应热烈，发行日当天获得1.5倍的超额认购。南玻B股可转债转股情况比较顺利，发行不到半年时间，就有占发行额3.1%的可转债转股成功。截至1998年3月，共有3 226万美元转换成75 411 269股B股，占发行总额的72%。1996年我国又先后批准镇海化工（2亿美元，在伦敦和香港上市）和庆龄汽车（1亿美元，在卢森堡和香港两个交易所上市）发行境外可转换公司债券，并获得发行成功。1997年5月14日，华能国际为落实340千瓦的扩建和建设新项目，以及母公司逐步收购部分现有运行电站及其扩建项目，采取面值发行、有投资者回售权的发行方式，成功在国际上发行2亿美元的可转债，并在纽约证券交易所和卢森堡证券交易所上市。截至1997年年底，我国已有16笔可转换债券在境外发行，共募集资金16.9亿美元。这些发行主体既包括在香港注册并上市的红筹股公司、境内发行B股的公司，也包括在海外上市的H股公司和N股公司。进入1998年后，我国在香港上市的红筹股公司上海实业（2月17日）、中远集团（香港）（3月2日）、北京控股（3月11日）和粤海集团（3月25日）又发行了总计5.75亿美元的可转股债券。2007年4月16日，中国石化在境外发行117亿港元的可转换债券，转换价为10.76港元。这是亚洲（除日本外）历史上最大规模的国际可转债发行，也是中国公司有史以来最大规模的可转债发行。此次发行债券的所得款项将全部用作偿还中国石化因进行其前上市附属公司中国石化北京燕化石油化工股份有限公司及中国石化镇海炼油化工股份有限公司（两家公司均曾在香港联交所上市）私有化而产生的现有外币贷款。无论是从优化资本市场结构看，还是从拓展企业融资渠道的角度出发，在境内外发行相当数量的可转换债券都是必要的。目前我国的许多企业面临着资金短缺和融资渠道单一的矛盾，随着市场经济不断完善和竞争的日益激烈，多渠道、低成本融资会成为促进企业发展的重要任务之一。

二、可转换债券的融资模式

对一份正常持有并在转换期内实施转股的可转债来说，持有期间可大体视为一般债券，而转换后则变为普通股票。但事实上，这种综合证券的发行及影响，并非按期间划分这么简单，而是对企业融资模式产生了复杂而奇妙的效应。这也是可转债能超越单纯的股权和债券而独立存在并不断发展的原因。

（一）　可转换债券与纯粹债券和股票融资的比较

可转换债券兼有债券和股票的特性。在其他条件相同的情况下，可转换公司债券的票面利率会比纯粹债券要低。投资者之所以会接受可转换债券较低的利率，原因在于他们可能会从债券转换成股票的过程中获取潜在利益。此外，在一般情况下，可转债发行存在一个正的转换溢价，即转换价格高于发行转债时实际股价的比例。在上述前提下，以发行可转换债券为例，可区分两种情况进行定性的对比分析。

（1）股价在发行转债后上涨，并超过转股价格。在这种情况下，可转债将被转换成普通股票，由于转换溢价的存在，发行可转债比选择直接发行股票的定价要高，单位股权筹资额高。但另一方面，如果当时选择发行债券而不是可转换债券，虽然要多付一些利息，但最终却可以避免公司以低于市场的价格向可转债持有人支付所换的股票，并可在股价上升时通过发行股票融资筹集到更多的资金，从而获得更高的收益。因此，在这种情况下，选择发行纯债券要优于可转换债券，而可转换债券又优于发行普通股票筹资。

（2）股价在发行转债后下跌或上涨得不够多。在这种情况下，可转换债券持有者不会去转换普通股，而是会选择继续当债券持有者。由于可转债利率一般低于纯债券利率，故公司的利息成本较纯债券低；另一方面，如果当初选择发行股票的话，因为发行价会高于发行后的市场价，股价下跌，就意味着公司能够收到比其随后股票价值更多的现金，从而从中受益。在这种情况下，选择发行普通股票要优于可转换债券，而可转换债券又优于发行债券筹资。

带你走上境外上市的成功之路

Lead Your Way to the Success of Overseas Listing

表 23 - 1　　　　　　　　可转债券与债券股票两种情形对比

项目	如果公司在随后的表现很差	如果公司在随后的表现出色
可转换债券	因为股价低廉，故转债不会被转换	因为股价较高，故转债会被转换
比较：		
与纯粹债券比较	因为转债利率低，提供了较便宜的融资	因为转债被转换，造成现有股份被稀释，故转债提供了较高的融资成本
与普通股比较	股价下跌，意味着如果当初选择发行股票的话，公司能够收到比其随后股票价值要多的现金，从而从中受益，在这种情况下，转债提供了较昂贵的融资成本	因为当转券被转换时，公司实际上是按较高的价格发行了普通股，故转券提供了较便宜的融资

　　由此可见，可转换债券筹资兼有股票和债券的双重属性，因而与股票、债券筹资特点在某些方面显得中性，介乎二者之间。尽管公司大多致力于战略的制定和市场经营的预测，力图准确地把握未来，但由于市场的不确定性和股价的难以预料，因此，就以上几种筹资方式来说，选择可转换债券可能不是最好的方式，但却也不会是最差的一种抉择。

（二） 可转换债券筹资的优势

　　可转换债券集股票和债券的双重特征及优点于一体。发行可转换公司债券对企业的积极作用主要体现在：首先，可以固定资金成本，因为可转换公司债券的发行均是以固定利率为票面利率的；其次，可以为企业筹措到大量且长期的资金运用，这是我国上市公司取得大量资金的重要渠道之一；最后，可以改善企业的财务结构，发行可转换公司债券属于长期负债，由此可减少企业的短期负债，提高企业的偿债能力和改善财务状况。具体来讲，我国上市公司发行可转换债券有以下几个方面的好处：

　　1. 资金成本低廉优势

　　通常情况下，可转换债券的利息率低于直接债券利息的 20% ~ 30%，我国发行的可转换债券利息率更低。例如，1997 年 7 月发行的五年期"茂炼转债"首年票面利率仅为 1.3%，民生银行和上海机场可转债只有 0.8%，低于活期存款利率。如此低廉的利率水平，如再考虑到债务利息特有的"税盾"作用，可以极大地减轻公司财务上的负担，进而有助于提高公司的经营业绩。可转换公司债券的投资者可获得本金和利息的安全承诺，又可以在发债公司股价上升时将债券转换为股票，获取股票价差收益，这种可转换特点对投资者的价值越高，公司为发行可转换债券所付的利息率就越低。对处于成长阶段的公司来说，低利息的支付显得更为重要，因为公司在初创阶段，自由现金流有限，利息支付越少，公司用于发展的现金越多。且新公司或者那些信用等级稍低的公司出售直接债券较为困难，利率较高，但市场欢迎这些公司发行可转换债券，不是因为其可转换债券质量高，而是因为潜在的普通股质量。

2. 溢价发行的资本筹集优势

可转换公司债券的转换价格通常高于发行时公司股票的市场价格，即存在转股溢价，而增发新股的发行价一般又低于股票的当前市价，这样一来，发行并成功完成转换的可转换公司债券将比直接发行同等数量股票筹集到更多的资金。特别地，以国内证券市场为例，即使以目前转股溢价约 2% 的较低平均水平计算。沪市的平均市盈率大约为 18～20 倍（2005 年），而新股发行市盈率大都不超过 15 倍，那么可转债筹资每股筹资额将比发新股高出 22%（18 ×（1 + 2%）/15 = 122.4%），这也是大量公司热衷于发行可转债的原因之一。当然，这与我国证券市场的一、二级市场一贯存在的过大价格差距不无关系。

从我国上市公司可转换债券发行情况的统计结果来看，转股价上浮比例平均为 9.56%，接近一个涨停板的水平；其中转股价上浮比例较高的有深万科（20%）、民生银行（20%）、南京水运（20%）、复星实业（20%）、亿阳信通（19%）；而转股价上浮比例较低的有中纺投资（2%）、西宁特钢（3%）、彩虹股份（3%）等。由于配股、增发的价格肯定不能超过市场价格，尤其考虑到近期增发所引致股价的特殊走势，转债的这一发行"溢价"优点显得尤为突出。

3. 税收和财务优势

可转换公司债券在转换前，其利息支出可纳入所得税前扣除，而不必像募股后的分红从税后净利中支付，利用了债务融资的税盾效应。在顺利转股之后，筹集资金由债务转为股本，固定偿还的债务本金转变为可永久使用的权益资本，降低了企业的资产负债比率，也避免了到期资金流出的财务风险。

4. 稳定发行公司的股票市价的优势

无论是配股还是增发，都直接涉及公司股本规模的即期扩张，而在中国这个不尽规范的市场中，由于多种因素的影响，股本规模的扩张几乎是股价下跌的代名词。与配股和增发等融资手段相比，可转换债券融资在相同股本扩张下的融资额更大，而且它转换成股票是一个渐进的过程，不会像配股和增发那样一步到位，可以避免一般股票发行后股本迅速扩张带来的每股收益非经营性下

降，对公司股票价格的冲击也比较舒缓。正如斯坦因所指出的，"转券发行比直接股票发行能够传递更好的信号给投资者，股票发行公告会激起市场对股价高估的担心，通常使股价下跌，而转券是债券与股票的混合物，传递较少的不利信号。"

5. 降低代理成本的优势

由于股权和债权在证券利益和优先性方面存在差异，进而产生了不同的干预倾向。债权人只能获得固定收益和优先资产清算权，而不能分享公司盈利高涨带来的收益，从而一般偏爱低风险的投资；而股东以其投资额为限承担损失，具有买权特征，大多偏好高风险投资。因此股东和债权人之间的代理问题一直存在着。可转换债券使得债权人具有向股东转变的选择权，从而在债权人和股东之间架起了一座单向通行桥。当公司经营良好、股价稳定上升时，债权人会适时地将可转换债券转换成股票，以享受公司成长收益。股东收益的减少在一定程度上降低了股东高风险投资和"逆向选择"的可能性，从而减少了与负债融资相关的代理成本。同时，所有权和经营权的分离，使得股东和管理者之间同样存在着利益冲突。可转换债券作为一种"处于发行权益产生的消极影响与发行债务可能产生的财务危机的中间地带"的财务工具，同样有利于缓解股东和管理者之间的矛盾。当公司经营不景气、股价下跌时，转债投资者将不会行使转换权。这样，可转换债券就成为实质意义上的普通债券。作为一种具体形式的债权，管理者将面临还本付息的压力。同时，竞争和被接管的危险迫使管理者为维护自己的声誉、威望和实物报酬等利益而努力实施各种有效决策来改善企业的经营状况，降低资本成本，以提高公司市场价值（股价），从而有效地缓和了股东和管理者的矛盾。可见，可转换债券能够在一定程度上缓解股东和债权人以及股东和管理层之间的代理问题，降低代理成本，进而完善公司的治理结构。

（三）可转换债筹资对发行人的风险

可转换债券具有相当显著的优点，股市低迷时期和高风险的企业是其最适宜的发行时期和发行主体。这是因为，股市的低迷凸显了可转债作为有保证的股票的投资价值，而高风险的公司虽然不能以较合理的条件出售直接债券，但期权特性却使其发行的可转换债券在市场上很有吸引力。但是，在实际运用时也应注意到，发行可转换债券对上市公司来说，也并非万无一失的"保险箱"。发行可转换债券的风险在于：第一，如果可转换债券持有者不是公司原有股东，可转换债券转股后，公司的控制权可能有所改变；第二，可转换债券通常拥有低票面利率，而这一优点会随着转股的发生而消失，同时股份相对扩大增加了不必要的未来股利分红负担；第三，一旦转股失败，公司就面临着巨大的"还本付息"的压力，财务风险增大，轻则资信与形象受损，股价与债务资信下降，导致今后股权或债务筹资成本的增加，重则会被迫出售资产以偿还债务。例如，深宝安转股失败后，由于在短期内一下子难以拿出近 5 亿元的现金，使得利润急速下降。我国许多上市公司发行的可转换债券数量很大，一般都是 10 亿元到 20 亿元人民币之间，银行又介入其间充当担保人，上市公司的财务负担将转化为银行的财务负担。

面对这种方式融资，要仔细研究筹资策略，以趋优避劣：一方面，企业应采取一定的措施，防范转股失败给发行人带来的集中还本付息的压力。如果可转换公司债券转股失败，那么可转换公司债券作为公司债券的一种，就要承担还本付息的责任。虽然转券的票面利率一般低于同期存款利率，但由于其规模大，就不可避免地要面临巨大的一次还本付息的冲击，恶化发行人的债务比例。发行公司必须充分把握可转换公司债券的优势，创造、完善各项条件，迎接挑战。另一方面，企业应利用低融资代价的可转换债券取得更高的经营业绩，通过保持较高的利润增长来抵消高负债的风险；此外，根据会计制度的稳健原则，企业还可以考虑每年折算一定量的偿债基金、减缓可能出现的一次性还本付息的压力。

三、可转换债券融资的定价

经济社会是以交换为基础，交易对象的价值评估就成为一个必须考虑的问题。可转换债券也不例外，公司、企业、发行可转换债券并吸引投资者购买投资，本身就是以一种债权衍生金融工具换取所需资金的交易过程。因此，对作为交易对象的可转换债券准确、有效的评估和定价对发行企业和投资人双方都具有十分重要的意义。

（一）可转换公司债券定价的理论基础

可转换公司债券可以近似地看做是普通债券与股票期权的组合体。

首先，可转换公司债券的持有者可以按照债券上约定的转股价格，在转股期间内行使转股权利，这实际相当于以转股价格为期权执行价格的美式买权，一旦市场价格高于期权执行价格，债券持有者就可以行使美式买权从而获利。

其次，由于发行人在可转换公司债券的赎回条款中规定如果股票价格连续

若干个交易日高于某一赎回启动价格（该赎回启动价要高于转股价格），发行人有权按一定金额予以赎回。所以，赎回条款相当于债券持有人在购买可转换公司债券时无条件出售给发行人的一张美式买权。当然，发行人期权存在的前提是债券持有人的期权还未执行，如果债券持有人实施转股，发行人的赎回权对该投资者也归于无效。

最后，还有可转换债券中的回售条款规定。如果股票价格连续若干个交易日收盘价低于某一回售启动价格（该回售启动价要低于转股价格），债券持有人有权按一定金额回售给发行人。所以，回售条款相当于债券持有人同时拥有发行人出售的一张美式卖权。

因此，对一份典型的可转换债券合约，可以将它完整地描述为以下的一个投资组合（见图23－1）：投资者拥有的利率与可转债利率相同的普通企业债券，投资者到期可以按照特定的转股价格转股的认股权证。投资者到期可以按照某一特定价格回售给企业的看跌期权、企业、发行人、到期可以赎回的看涨期权，由此可得到可转换公司债券价值的近似公式：

可转换公司债券价值＝普通企业债券的价值＋认股权证价值＋投资人回售选择权价值
－企业发行人的看涨期权（赎回选择权）价值

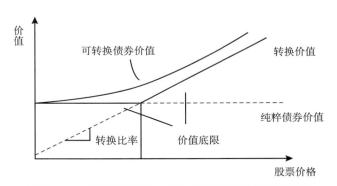

图23－1　纯粹债券价值、转换价值和可转换债券价值

（二）可转换债券定价的具体方法

对于纯债券价值部分，由于可转债的债息收入既定，因此可以采用现金流贴现法来确定，其估值的关键是贴现率 k 的确定。对于这些看涨期权的价值，我们采用 Black-Scholes 运用"无套利均衡"原理提出的——布莱克－斯科尔

斯（Black-Scholes）和二叉树法对看涨期权定价模型来进行估值，其估值的关键是股票连续复利的年收益率的标准差 σ 的估计。具体而言：

（1）可转换债券中的纯债券价值 NPV 就是可转换债券所有未来现金流的贴现值，可表示为：

$$NPV = \sum_{t=1}^{T} \frac{D_t}{(1+k)^{t+h}} + \frac{P}{(1+k)^{T+h}}$$

式中：NPV 为可转债中纯债券价值的现值，T 为可转债现在至到期日的剩余年限的整数年数，t 为可转债当期时间（$t = 0，1，2，\cdots，T$），h 为现在至下一次计息日的小数年数（即时间不足一年时换算成的小数部分），$T+h$ 为剩余年限，k 为贴现率，可直接把相近期限的国债到期收益率或银行定期存款利率作为贴现率或以沪深证交所上市的期限相近企业债的平均到期收益率为基础；P 为可转债面值，D_t 为可转债当期利息。

（2）对隐含期权定价—B–S 模型和二叉树模型。

B–S 模型和二叉树模型在期权定价当中都是广泛使用的方法，对于情况比较单一的期权通常用 B–S 模型估价带入适当的参数即可，如转换期权或回售期权，对于较为复杂的期权，如赎回条款中对不同的赎回期设置不同的赎回价格，通常 B–S 模型难以奏效，只能借助美式期权的二叉树离散模型进行定价。

①B–S 模型。Black-Scholes 模型是布莱克（Black）和斯科尔斯（Scholes）在 20 世纪 70 年代推导出来的计算无红利支付股票的欧式看涨期权和看跌期权价值的微分方程。首先假设股票价格 S 运动遵循一种成为漂移几何布朗运动的规律，即 $dS = udt + \sigma SdB(t)$ 其中 μ，σ 为常数，常数 μ 为单位时间内连续股票收益率的均值，参数 σ 为股票价格的波动率，$dB(t)$ 为一个 Wiener 过程（布朗运动）根据 ito 引理，期权价格 $f = f(S, t)$ 满足以下关系：

$$df = \left(\frac{\partial f}{\partial S}uS + \frac{\partial f}{\partial t} + \frac{1}{2}\frac{\partial^2 f}{\partial S^2}\sigma^2 s^2 \right)dt + \frac{\partial f}{\partial S}\sigma SdB(t)$$

进一步得到 Black-Scholes 随机微分方程，即：

$$\frac{\partial f}{\partial t} + \frac{1}{2}\frac{\partial^2 f}{\partial S^2}\sigma^2 s^2 + r_f \times \frac{\partial f}{\partial S} \times S = r_f \times f$$

解出：

看涨期权的方程解析式为 $c = s(t) \times N(d_1) - Xe^{-r_f^* \times (T-t)} \times N(d_2)$

看跌期权的方程解析式为 $p = Xe^{-r_f \times (T-t)} \times N(-d_2) - s(t) \times N(-d_1)$

其中：C——看涨期权价值

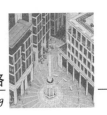
P——看跌期权价值

$S(t)$——标的股票的现行市场价格

X——转股价格（或赎回价格）

rf——无风险年收益率

t——距离转股起始日所剩的时间以年为单位

σ^2 标的股票年度价格波动的方差，波动率的计算 $\sigma = \sqrt{250} \times s$，（以 1 年有 254 个交易日计算），$s = \sqrt{\dfrac{1}{n-1}(r_i - \bar{r})}$，$\bar{r} = \dfrac{1}{n}\sum\limits_{i=0}^{N}\ln\left(\dfrac{S_{i+1}}{S_i}\right)$

$N(d_1)$——关于 d_1 的累积概率函数

$N(d_2)$——关于 d_2 的累积密度函数

$$d_1 = \frac{\log(S(t)/X) + (r_f + \sigma^2 \times 0.5)}{\sigma\sqrt{T-t}}$$

$$d_2 = d_1 - \sigma\sqrt{T-t}$$

②根据衍生证券定价的二叉树法理论（Binomial Theroy）。我们把衍生证券的有效期分为很多很小的时间间隔 Δt，假设在每一个时间段内股票价格从开始的 S 运动到两个新值 Su 和 Sd 中的一个。一般情况下 $u > 1$，$d < 1$，因此 S 到 Su 是价格"上升"运动，S 到 Sd 是价格"下降"运动。价格上升的风险中性的概率测度假设是 p，下降的概率则为 $1-P$。当时间为 0 时，股票价格为 S；时间为 Δt 时，股票价格有两种可能，即 Su 和 Sd；时间为 $2\Delta t$ 时，股票价格有三种可能，即 $Su2$、Sud 和 $Sd2$，以此类推。

期权价格的计算是从树图的末端（时刻 T）向后倒推进行的。T 时刻期权的价值是已知的。例如一个买权的价值为 $\max(ST-X, 0)$，而一个卖权价值为 $\max(X-ST, 0)$，其中 ST 是 T 时刻的股票价格，X 是执行价格。由于世界是风险中性的，$T-\Delta t$ 时刻每个节点上的期权价值都可以由 T 时刻期权价值的期望值用利率 r 贴现求得。同样，$T-2\Delta t$ 时刻的每个节点的期权价值可由 $T-\Delta t$ 时刻的期望值利用利率 r 贴现求得，以此办法向后倒推通过所有的节点就可得到 0 时刻的期权价值。

如果是欧式期权我们可以通过直接公式求得

$$c = r^{-n}\sum_{i=0}^{n}\binom{n}{i}p^i\max[S_0u^id^{n-i}-X, 0]$$

$$p = r^{-n}\sum_{i=0}^{n}\binom{n}{i}p^i\max[X-S_0u^id^n-i, 0]$$

如果期权是美式的，如赎回条款中对不同的赎回期设置不同的赎回价格，则检查二叉树的每个节点，以确定提前执行是否比将期权再持有 Δt 时间更有利，利用倒向递推公式：

令 $VT = \max(ST - XT, 0)$（假设执行价会随期间变动而不同），当 $k < T$ 时，

$$V_k(S_{ki}) = \max\left\{\frac{1}{1+r}\left[pV_{k+1}(uS_{ki}) + (1-p)V_{k+1}(dS_{ki})\right], \max\left[S_{ki} - X_k, 0\right]\right\}$$

其中 $S_{ki} = u^i d^{k-i} \times S_0$；$i = 0, 1, 2, \ldots, k$；$k = 0, 1, 2, \cdots, T-1$

利用上述倒向递推公式得出 V_0 即为美式看涨期权价格 C，若令 $VT = \max(XT - ST, 0)$，求得 V_0 即为美式看跌期权的价格。

举例来看发行人买权（赎回权）的计算，如阳光转债赎回（已摘牌）条款规定：自阳光转债发行之日起 12 ~ 24 个月期间连续 30 个交易日高于当期转股价的 140%，则公司有权赎回；自阳光转债发行之日起 24 ~ 30 个月期间连续 30 个交易日高于当期转股价的 120%，则公司有权赎回；自阳光转债发行之日起 30 ~ 36 个月期间连续 30 个交易日高于当期转股价的 110%，则公司有权赎回；当以上三种赎回条件在各自期限内首次满足时，发行人有权按照面值的 102%（含当期利息）的价格赎回阳光转债，而若首次不实施赎回，则当年将不行使赎回权。

根据这一条款，由于执行价和赎回价不同，因此要对以上美式期权的公式加以修改得：

$$V_k(S_{ki}) = \max\left\{\frac{1}{1+r}\left[pV_{k+1}(uS_{ki}) + (1-p)V_{k+1}(dS_{ki})\right],\right.$$

$$\left.\max\left[Sign(S_{ki} - X_k), 0\right] \times \left[S_t \times 100/11.46 - 102\% \times (1 + I_t)\right]\right\}$$

其中 $S_{ki} = u^i d^{k-i} \times S_0$；$i = 0, 1, 2, \cdots, k$；$k = 0, 1, 2\cdots, T-1$

X_t 表示触发价格，I_t 表示执行时刻的利息，

$$V_T(S_{Ti}) = \max\left[Sign(S_{Ti} - X_T), 0\right] \times \left[S_T \times 100/11.46 - 102\% \times (1 + I_T)\right]$$

在不启动转股价格向下修正条款的前提下，赎回启动价格第一期 $X1 = 11.46 \times 140\% = 16.04$ 元，第二期 $X2 = 11.46 \times 120\% = 13.75$ 元，第三期 $X3 = 11.46 \times 110\% = 12.61$ 元。令 $\Delta t = 0.1$，经测定江苏阳光的年波动率为 27.04%（以 180 天江苏阳光 A 股股票的收盘价格作为样本。根据我们的测算江苏阳光 A 股股票价格每交易日的波动率为 1.71%，按 1 年有 250 个交易日计算 1.71% × 250^0.5），$u = 1.31$，$d = 0.76$，取 $rf = 2.4\%$，则风险中性的概率测度为 $p = 47.67\%$，期初价格以江苏阳光 A 股股票 2002 年 4 月 12 日的收盘价 11.29，转

换比例＝债券票面金额÷转股价格＝100/11.46，将上述参数带入美式期权的二叉树模型逐步计算可以得到，发行者的买权（赎回权）的价值为20.156元。

此外，我们可以计算阳光纯粹债券价值（用NPV法，年利率为1%，贴现率为2.4%）95.944，转换期权的价值为16.544（B-S模型计算），回售条款价值为15.733。

阳光转债估计价值＝纯粹债券的价值＋投资人买权的价值＋投资人卖权价值－发行人美式买权的价值＝95.944＋16.544＋15.733－20.156＝108.065。

四、可转换债券融资的发行策略

可转换公司债券能否发行和转换成功，除发行定价因素外，其影响因素是多方面的。以宝安可转债为例，发行时，股票市场持续的大牛市行情和高涨的房地产项目开发热潮，以及宝安转债设计者对转股形势和公司经营业绩过于乐观的估计，设计了高溢价转股、低票面利率、短期限，以及不完全的转股价格调整等发行条款。虽然在投资者狂热的投机心理驱使下，发行取得了成功，但是从1993年下半年和1994年起，出现了宏观经济紧缩、大规模的股市扩容以及由此引起的长时间的低迷行情、房地产业进入调整阶段等一系列的形势变化，股市不断趋于下跌，宝安可转债的转股遭到了彻底的失败，转换为股票的部分只占发行总额的2.7%。从总体上说，宝安可转债在发行时机上的选择失误、条款设计上的不足和对公司经营业绩过于乐观的估计是转股失败的根本原因。因此，为确保可转换债券发行和转股成功，达到预期的目的，发行公司必须充分把握可转换债券的优势，选择恰当的发行时机，设计合理的发行条款。

（一）适合发行可转换债券的主体

选择合适的发行主体是运用可转换债券筹资取得效益的有效保证。从利用可转换债券融资的角度来看，那些只有具有未来股本扩张需要的公司和适合于负债融资的公司才应该进行可转换债券融资。这是因为，可转换债券作为一种推迟的股权融资，如果公司的实际股本规模已经非常大，每股收益不算太高，那么可转换公司债券发行后，转换期权的行使，会使股本规模进一步扩大，每股收益摊薄，影响公司股东的利益，进而影响公司的投资价值；另一方面，因为可转换债券是一种公司债券，所以可转换债券融资也应视为负债融资。如果到期后可转换债券仍未行使转换权，那么发行公司必须像普通债券那样到期还本付息，会发生巨大的财务风险。一项成功的融资，其标准应当是有利于公司净增产收益率的增加，因为净增产收益率反映了公司权益资本的盈利能力，是公司对股东回报的最好衡量。具体而言，只有当公司资产报酬率大于税后负债平均利息率时，负债融资才能增加公司的净资产收益率，这样的公司才适合利用可转换债券融资。

（二）有利发行时机的选择

选择有利的发行时机是可转换债券成功发行与转换的重要因素。实际上，可转换公司债券发行时机的选择可被视为隐性的发行条件。虽然它不会明确体现在可转换债券的发行条款中，但可转换债券发行时约定的转换价格和利率水平与发行时机的选择息息相关。在亚洲可转换债券市场，曾发生过发行失败的先例。例如，1993 年在市场看好的情况下，泰国有几笔可转换债券已获批准并已定价，但由于官僚主义和程序上的拖延，到了 1994 年初才开始发行，当时市场情况已经变化，导致发行失败。我国境内企业在境外发行可转换债券融资时，应做好市场调查，把握好当时的经济发展状况，瞄准发行时机，力求一次成功，降低融资成本。

具体来说，当一国（地区）经济经过长期紧缩后，宏观经济和微观经济处于复苏阶段，投资、消费、出口开始缓慢增长，物价回升，这是发行可转换公司债券的有利大环境。目前，我国在宏观经济政策上，继续实行积极的财政政策和稳健的货币政策，正呈现出投资、消费、出口共同拉动经济增长的格局，此时发行可转换债券筹集资金，其投资效益将会随着国民经济形势好转而逐步体现出来。

当一个行业刚开始转好时，需求扩大，增加投资是当务之急，此时所属行业中多数公司的业绩往往还比较差，股价也较低，如果利用配股或增发来融资，因以市价折扣法来确定价格，不是筹集的资金太少，就是增加的股本太多。行业复苏初期，公司业绩增长速度有限，过早进行股权融资会导致业绩的摊薄，而利用可转换债券融资，以市价溢价法确定转股价格，转股后以同样的股本可募集更多的资金，且可转换债券发行至少半年后才可以转股，实际转股进度则又取决于市场情况和持有人的判断，这样其股本扩大将是逐步和缓慢的。

此外，2008 年 1 月 4 日《国家发改委关于推进企业债券市场发展、简化发行核准程序有关事项的通知》（发改财金【2008】7 号）规定，可转换债券利率不得超过同期银行存款利率，因此银行利率水平直接影响发行可转换债券

利率。利率水平较低时，是发行可转换债券的良好时机。

当股票市场经过长期低迷后，因经济状况转好，流入市场资金量增加，相关政策的调整等原因促使市场重新走好，并将持续较长时间时，大部分个股将会随着指数的上涨而上涨。这时，利用股权融资对发行人来说成本高，效率低，而利用可转换债券融资，不仅对发行人有利，对投资者而言，未来股价的上升使他们能实现可转换债券的期权价值，因而发行和转股都容易成功。相应的，股价高涨时，企业不宜发行可转换债券筹资。在很多情况下，可转换债券是作为一种延期的普通股来融资的，发行可转换债券的公司希望这些证券在未来被转换为普通股。但是，可转换债券毕竟不是股票，其可转换特性既可能偏向股性，也可能转向债性，未来的股价水平是决定这种偏向的关键因素之一。当股价处于高位时，未来一段时期内股价下跌的可能性很大，债券转股成功的可能性则下降，如果转股不成功，企业就无法摆脱负债。因此，对于负债率较高企业来说，如果真想通过权益筹资，在股价高涨时，不宜通过可转换债券筹资。例如，深圳宝安公司发行的可转债，其转换价格为 25 元（除权除息后仍高达 19.36 元），1995 年年底可转换债到期，深宝安股价只有 2.8 元左右，可转换债券的最终转换率仅为发行总额的 2.7%，以失败告终，原因正在于此。当前我国股市在经历了 10 年来的演变后，股指又回到了 10 年前的点位，已接近底部，应该说此时发行可转换债风险和成本都相对较低。

（三）设计合理的发行条款

可转换债券发行条款的设计是其能否成功发行与转换的关键因素。发行条款的设计不仅要使得可转换债券具备一定的投资吸引力，还要符合发行公司提高经营业绩，保证其财务结构的安全性，最终有助于发行公司实现其既定的筹资目标。

债券发行的要素包括：票面利率、转换期限、转换价格及调整、赎回条款和回售条款等。这些要素的合理设计，将对可转换债券的未来转换产生直接的影响。转换价格高低的设计直接关系到转股比例和债券人的利益，影响着可转换债券的履约价值；转换期限长短的设计则关系到转换的不确定性，能够控制不转换风险和转换风险的程度，赎回条款和回售条款的设计关系到可转换债券的赎回和加速转换问题。因此，这些条款的合理设定对于可转换债券的成功发行及转换是非常重要的。

1. 票面利率

票面利率是可转换债券作为一种债券的重要条款。一方面，可转换债券固定利息为投资者提供了保底收益，是投资者投资可转换债券需要考虑的一个基本要素；另一方面，票面利率关系到企业在未来几年中的利息负担，在一定程度上构成了发行公司的融资成本。因此，票面利率最终确定在怎样一个水平上，其实是发行公司和投资者利益权衡的结果。凡是在发行时做了不利于投资者的条款设计，如转换期限短，转换价格的溢价水平高，设置了赎回条款强制性转股条款等，投资者对票面利率的要求就要高一些。对于那些发行人的行业前景看好、未来股价上升可能性及上升空间都比较大的可转换债券，即使票面利率较低，也还是具有较好的投资价值。

我国政府规定，可转换债券的利率不超过银行同期存款的利率水平，这实际是给出了可转换债券票面利率的上限，但没有给出可转换债券票面利率的下限，考虑到可转换债券的风险，以及投资者的心理接受程度，建议可转换债券票面利率的下限应不低于银行活期存款利率。

在国际市场上，通常设计的票面利率为同等风险情况下市场利率的 2/3 左右，在一些发达资本市场的可转换债券利率比普通债券的利率一般低 20% 左右。从普通公司债券与可转换债券利率差考虑，美国大体在 2% ~ 4% 左右，欧洲大约为 2% 左右，日本则为 1% ~ 2%。目前我国拟发行可转换债券的上市公司公布的票面利率大部分在 1% ~ 1.2% 之间，比同等风险普通债券的利率低 2/3 左右。但是，利率最终确定在怎样一个水平上，要综合考虑当前市场利率及未来走势情况、公司资信等级，以及未来效益预测等因素。

2. 债券期限和转换期限

债券期限是指可转换债券发行日至可转换债券到期日之间的年限。它与可转换债券的偿还密切相关，同时债券期限的长短也会影响到企业募集资金的使用。若期限过短，企业将资金投入长期项目就会面临较大的财务风险，同时对投资者而言，债券期限较短意味着可选择的转换机会自然也会少一些，可转换债券的投资价值会受到影响；而期限过长，则发行人和投资者将会面临更多的不确定因素。因此，对于发行公司来讲，债券期限的选择一定要视企业资金的具体使用计划，尽量使债券期限与相关项目获得收益的时间大致吻合，以保证可转换债券的还本付息。我国规定，"可转换债券的最短期限为 3 年，最长期限为 5 年，上市公司发行的可转换公司债券，在发行结束 6 个月后，持有人可依据约定的条件随时转换股份。"可以看出，我国可转换债券的转换开始日滞后于发行日一段时间，但由于我国规定的债券期限较短，转换开始日滞后时间不宜过长，一般以不超过一年为宜。

3. 转换价格及向下修正条款

转股价格是指可转换债券转换为每股股票需要的可转换债券的票面金额，转股价格的高低可以根据当时的市场及企业自身情况合理制定。转股溢价的高低会影响投资人是否实施转换。例如，新钢钒公司发行规模为16亿元，是比照监管规定的净资产40%的上限制定，且与铜都铜业、西宁特钢、丰原升化等公司制定了一致的高票面利率，但新钢钒公司制定的转股溢价仅为0.1% ~ 0.2%方式，在高利率吸引资金的同时，希望能吸引投资人实施转股而避免到期还本。

转股价格一经约定，一般不做修改。但是，在由于某些情形下股票价格下跌幅度较大，可转换债券的转换价值必然发生贬损，这时就有必要将转股价格向下进行修正。修正条款的一般形式为，当公司股票价格在任何连续若干个交易日中至少有若干个交易日的收盘价不高于当时转股价的若干百分比时，公司董事会有权以不超过若干百分比的幅度，降低转股价格，设计向下修正条款的意图是为了保证转股成功。

4. 赎回条款

赎回条款主要是为了保护可转换债券发行公司的利益。在基准股票市场价格持续上涨的情况下，对可转换债券持有人可能获得的收益进行限制，通过设定赎回条款，促使持有人行使转换权，从而提高可转换债券的转换率，使公司在资本计划方面更主动。因此，赎回条款也被称为加速转换条款。我国相关办法规定，"该可转换债券所对应的股票价格在相当程度上超过转换价格，市场利率下降到票面利率以下的一定程度，实施赎回条款。"赎回实质上属于提前偿还的一种方法，更多地考虑了发行人如何避免利率下调的风险，还本压力及财务风险。

5. 回售条款

回售条款是指按照募集说明书、合同的约定，在发行人股票价格持续低于转股价格达到一定幅度时，可转换债券持有人按事先约定的价格，将所持债券卖给发行人的一种特权，回售条款所规定的回售权行使的条件有三个核心要素：其一是约定股票市场价格低于转股价格的幅度，这个约定的幅度越大，回售的可能性就越小；其二，是回售价格，它是指持有人将可转换债券回售给发行人时，单位可转换债券所能获得的价格，回售价格一般应高于债券的票面金额。回售价格越高，转股的可能性越低；其三是回售期间，也就是投资人可以行使回售权的期间，该期间一般是可转换债券存续期间的后半段，回售期间越长，转股的可能性越小。回售条款所规定的特权是发行人赋予投资购买人的一种看跌期权，以设立收益底限的方式保护购买人的利益，属于可转换债券价值构成的一部分。

总之，条款的设计要与公司的基本素质相匹配，要兼顾可转债的顺利发行和公司价值增加两方面的利益。设计需要针对市场利率状况及趋势、股价以及汇率的波动情况、甚至国内通货膨胀、政府经济政策动向、公司的长远经营业绩趋势等一系列复杂多变的因素进行评估。在权衡投资者的收益要求、公司的债务风险承受能力、公司原有股东的利益等基础上，对拟发行的可转换债券发行条件进行谨慎的论证和分析，设计出合理的、符合企业自身情况的可转换债券发行条款，使之既能以足够的预期收益吸引既定的投资者购买，又不至于造成价值过分背离发行价格而损害发行企业和原股东的利益。

五、我国企业境外发行可转债风险监控

我国企业境外发行可转债，需要在以下几个方面加强风险监控。

（1）需要按照中国人民银行发布的《境内机构发行外币债券管理办法》和国家发改委颁布的《关于对借用国外贷款实行全口径计划管理的通知》及国务院关于可转换债券试点工作的总体部署要求，对我国企业境外发行可转换债券进行总量控制和严格管理。国家外汇管理局发布的《2010 年中国跨境资金流动监测报告》中透露，2010 年外资来中国境内直接投资行业主要集中于制造业与房地产业，尤其是近年来房地产行业外资流入增速较快。据商务部统计，从 2001 年至 2010 年，房地产业的来华直接投资占外资流入总量的比例基本保持在 10% 以上，2006 年以后占比逐步提高，2010 年达到 23%。许多中国境内企业在境外的融资平台只是一个壳公司，在发行境外可转债时，也需要部分热钱以债券形式流入中国境内。

（2）针对境外投资者利用可转换债券的债与股互换机制对国内企业进行控股转化，制定特殊的条款，限制境外投资者所持有可转换债券的转换数量，保证国有股的控股地位不因转换而受到威胁。可以采取国际通行做法，通过立法做出外资股权不得超过 49% 的一般规定；特定行业或民族特有工业，诸如金融、运输、中医药等外资股权比例不宜超过 25%，以免失去对此类企业的控制权，削弱竞争力；对于亟待开发或国外资源依赖性较强的行业应允许外资股权控制在 49% 以上。国有企业既要积极参与，又要慎重入市，利用国际可转换债券市场进行融资，促进我国国有企业的改革发展，推进中国证券市场的国际化进程。

（3）在选择境外发行可转换债券的试点企业时，应注重优先选择整体效益好、业绩优良，且成长性好的企业。发行可转债的企业选择发行时机，还应考虑发行公司内部的一些因素。例如，发行公司应处于成长阶段，有比较可靠的业绩增长；公司财务结构比较稳健，能够承受新增债务；发行公司应该有适宜的投资项目，这些投资项目必须符合我国产业发展方向。这类企业对可能出现的提前偿还风险有较强的应付能力，其成长性也便于债券向股票转换，从而减少企业债务负担。

（4）密切注意国际可转换债券市场动态，选择适当时机，设计合理可行的转换债券期限和转换定价，尤其要设定科学适当的转换比例。特别是在目前国际经济和政治环境复杂多变，各国汇率和利率走势迷离的情况下，发行企业应在正确分析国际资本市场利率变动趋势的基础上，正确判断筹资时机，更好地利用融资风险管理工具，改善和重构企业的资产结构，减少和预防境外融资风险。

（5）严格审核企业财务效益，选择灵活的发行结构。在不突破总发行额的前提下，可以考虑采取分次发行的方式，既要避免因大额转股发生股权稀释效应，又要缓解转股失败一次还本付息的巨大资金压力，为企业经营运转留有余地。

（6）发挥外资银行在境外发行可转债融资中的作用，借助外资银行丰富的经验和良好的声誉，通过密切的银企合作，充分利用外资银行提供的资金调拨、外汇交易、发行证券、国际租赁等海外融资服务，降低在世界范围内融资的巨额成本。目前离岸人民币市场已建立起了一整套融资机制，从贷款到发行债券，外资企业可以稳定地获取人民币资金。对于选择中国香港离岸市场发行人民币债券的跨国企业来说，充分借助拥有丰富经验的本地银行，将会大大降低 CFO 投资的风险。例如，渣打银行（中国香港）作为香港地区的三大发钞行之一，2010 年 8 月成功承销了第一支在香港地区发行的人民币债券，帮助麦当劳成为第一家在香港地区发行人民币债券的跨国公司。这标志着跨国公司为中国业务筹资有了新的融资渠道。

第 24 讲
美国买壳上市操作实务及问题

——中国西部国际资本市场高峰论坛

从 2010 年下半年开始，美国证券交易委员会（SEC）等机构集中调查在美国上市的中国概念企业。其中被调查的企业许多是在（曾在）美国柜台交易市场挂牌交易的中国企业。这表明中国企业在美国柜台市场买壳上市进入多事之秋，这个市场对中国企业也就成为一种难以言表的是非之地。同时，我们也注意到，美国证券交易委员会（SEC）在 2011 年 11 月 16 日批准了更为严格的反向并购（借壳上市）公司的上市规则。在新规则规定下，借壳企业的股票需在美国场外市场、美国国家级交易所或外国交易所交易时间不少于 1年；需提交至少一个经审计的会计年度的财务报表；在上市前的 60 个交易日内，至少有 30 个交易日股价不低于 4 美元。SEC 还批准了美国纳斯达克（NASDAQ）、纽约泛欧交易所（NYSEEuronext）及纽约泛欧全美证券交易所（NYSEAmex）3 家主要交易市场实施该新规则。

中国境内企业进入美国资本市场，一般有两条主要通道：一条是首次公开发行（IPO）；另一条是反向收购上市。据美国《巴伦周刊》报道的数据，近几年来，已经有 350 多家中国企业利用反向收购方式在美国上市。此外，PCAOB 披露的数据是，反向收购上市的公司几乎 100% 是中国企业。还有资料显示，目前约有 300 多家中国企业在等待着从 OTC 转到主板市场上市。相对于 IPO 来说，反向收购上市方式具有独特的吸引力。一方面，借壳不需要经过复杂的登记和公开发行手续，5 ~ 6 个月的时间即可通达美国资本市场，而 IPO至少需要一年或更长的时间。另一方面，借壳的费用也低得多，即购买美国一家空壳公司大概只需 15 万 ~ 35 万美元，而 IPO 的前期费用至少 1 000 万美元。应当说，只要中国企业是按照美国规则进入该市场，并经过一定时期积累和发展，具备了一定的实力和经验后，在美国纽约证券交易所和纳斯达克证券交易所、美国证券交易所成功转板，进行首次公开发行，是无可厚非的。包括美国乃至全球的很多企业都是通过采取这种方式，最初在柜台市场挂牌交易，最终成为美国乃至全球的著名上市公司的。现在的问题在于，对大多数中国境内企

业来说，它们并不真正了解在美国买壳上市的运作方式，许多人甚至连直接上市与间接上市的区别、柜台挂牌与主板上市的区别也分不清楚。他们在一些机构和个人的忽悠下，抱着投机心理、侥幸心理、冒险心理，在美国柜台交易市场买壳上市和反向并购，在寻求境外上市的过程中走了弯路，有的甚至上当受骗，有的触犯中国和美国相关法律，还有的被做空机构打击所误伤，付出了沉重的代价。下面我们就尝试来讨论美国买壳上市的相关问题。

一、直接上市与间接上市两种方式的区别

中国境内企业要想成为在美国上市的公司，通常有两种方式可以采用，这在开头已经讲过。一种是直接上市（IPO/DPO）；另一种是间接上市（如反向收购）。这两种上市方式各有自己的特点和优势。直接上市是企业经过境内监管机构批准后，直接向美国证券交易委员会（SEC）申请批准 IPO（首次公开发行），然后申请在证券交易所上市交易股票。间接上市是经过有关境内外机构批准，通过收购在美国已经上市的公司的大部分股权，然后反向并购境内公司的股权，而实现在美国证券市场上市的目的。其中反向收购是公司间接上市的一种正常运作方式，也可以说是中国境内公司实现在美国上市的一条捷径。

买壳上市在美国已经有较长的历史，现在采用这种方式在美国上市的公司也越来越多。据统计，买壳上市的公司在 1999 年时为 350 件左右，大体与采取 IPO 方式上市的公司数量持平。美国次贷危机引发全球金融危机的当年，即 2008 年，美国证券市场没有 1 家公司进行首次公开发行（IPO），但是，采取反向并购（Reverse Merger）方式进入美国柜台交易市场的企业仍然大有人在。

二、柜台交易市场（OTCBB）与纳斯达克（NASDAQ）的区别

纳斯达克（NASDAQ）最早是由分散在美国各地并由券商投资建立的场外交易市场，后来实现了全国统一联网，建立了自动报价及交易系统，并发展成为今天的主板市场规模。2006 年 6 月，纳斯达克宣布将股市分为三个层次：（1）全球精选市场，在财务和流通性方面的标准为世界交易所最高；（2）全球市场，公司必须满足严格的财务、资本额和共同管理等指标；（3）资本市场，公司的财务指标没有全球市场标准那样高，但管理标准一样。纳斯达克市场上市企业可以公开发行股票。

NASDAQ 与 OTCBB 有着一些相似之处。OTCBB 是针对中小企业及新兴创业企业设立的电子板市场，也称为场外招示板市场（Over-the-Counter Bulletin Board）。OTCBB 市场的股票与 NASDAQ 市场的股票都由做市商通过纳斯达克工作站 II（Nasdaq Workstation II TM）高度复杂而封闭的电脑网络进行报价，又同在 NASD 的管辖范围内。但是，OTCBB 挂牌交易的公司不能公开发行股票，不是中国境内通常意义上的上市公司，只能叫做柜台交易的公司。如果企业花费几十万美元买壳在 OTCBB 挂牌，又没有私募筹集到资金，每年还要支付 10～20 万美元的维护费用（包括审计等），就是不合算的。其最大的好处是通过私募融资后，企业各项指标提高，可以向 NASDAQ 升级，公开发行股票筹资。1997 年 4 月，美国证券交易委员会批准了 OTCBB 的永久性运营地位。美国内外的一些人士总是喜欢把 OTCBB 等同于 NASDAQ 市场，甚至把 OTCBB 称做是 NASDAQ 的第三部分市场，我认为目前这还是一种不太准确的说法。这往往也是中国境内企业搞不清楚 OTCBB 与 NASDAQ 区别的地方。

　　应当说，OTCBB 与 NASDAQ 有着本质上的区别。OTCBB 是一个会员报价媒介（Quotation medium for subscribing members），并不是发行公司挂牌服务（Issuers listing service）机构。与纳斯达克市场相比，OTCBB 既没有挂牌报价的严格条件和标准，也不提供自动交易执行体系，还不与证券发行公司保持联系，只是由几个做市商相互交易。OTCBB 的做市商所承担的义务也与 NAS-DAQ 有所不同。可以说，OTCBB 是以进入门槛低而取胜的，在 OTCBB 板块上很少出现大的基金与机构投资者，投资者大多以小型基金与个人投资者为主。一般客户都是具有一定资金实力而又喜欢冒险的人。在 OTCBB 挂牌的公司，只要股东权益达到 500 万美元，或年净收入超过 75 万美元，或股票市值达到 5 000 万美元的，并且持股 100 股以上的股东人数在 300 人以上，公众流通股达到 100 万股，每股股价达到 5 美元的，做市商在 3 名以上的，便可向 NASDAQ 提出申请，升入纳斯达克的小型资本市场。所以，有人把 OTCBB 称做是纳斯达克的预备市场。当然，OTCBB 与纳斯达克既有本质区别，又有相似之处。因此，有人把现在的 OTCBB 市场比作 20 世纪 80 年代的纳斯达克，把现在的 OTCBB 与纳斯达克的关系比作当年的纳斯达克与纽约证券交易所的关系。

　　20 世纪 90 年代初期，在美国 OTCBB 市场上出现过几起欺诈案。美国 SEC（证券交易委员会）通过《柜台交易市场合格规定》加以规范，要求所有在 OTCBB 交易的公司成为"报告公司"，而不再像以前那样，"不强制要求公司信息披露"。由此在 OTCBB 挂牌的公司，不仅要回头做前两年的审计，向 SEC

上报类似于招股说明书的复杂的注册文件，而且以后还要按时向 SEC 上报季度报告和经过审计的年度报告。对于许多收入几乎为零的小公司而言，这些审计和法律费用无疑是一笔额外的负担。许多柜台交易公司被迫降到更次一级市场"粉红单市场"（Pink Sheets Market）。经过一年多时间的整顿，到 2000 年 6 月，OTCBB 的公司数量由 6 000 家左右减少至 3 600 家。

三、在 OTCBB 上市的中国企业

美国作为全球金融业最为发达的国家之一，除了有主板市场、NASDAQ 市场、OTCBB 市场外，还有粉红单（Pink Sheets）市场及其他市场（有几家券商之间约定的不定期的交易市场等），这就构成了一个完善的多层次的无缝隙的市场体系。如果一家小型公司，既达不到纳斯达克全国市场的上市要求，也达不到纳斯达克小型资本市场的上市要求时，就可以考虑在柜台交易市场OTCBB 上市。一般而言，任何未在纳斯达克或其他全国性市场上市或登记的证券，都可以在 OTCBB 市场报价交易，只要该公司向美国证券交易委员会申报其资讯即可。

目前，在中国境内需要融资上市等待证券监管机构核准上市的企业数量太多。在 2008 年上半年，据德勤会计师事务所有关人士估计，已经与证券商签署上市服务协议的企业大约有 7 600 家，又过了半年，估计当时可能会超过 1 万家。许多企业没有太多的上市选择机会，它们中不乏品质优良、发展前景好的企业，由于无法克服资金瓶颈，阻碍了企业的长期发展，甚至使企业陷入财务困境。但是，中国境内企业的领导者不熟悉美国资本市场运作，对境外上市的理解还存在着误区。加之这些企业的自身抗风险能力较差，前期又要付出成本，这就使得他们不敢贸然进军美国的主板市场，也不敢进入柜台交易市场。其实，企业先进入柜台交易市场，在次级市场经过充分的锻炼，待其经营业绩和市场表现赢得投资者的关注和认同之后，再向主板市场攀升也不失为上策。这样可以巩固企业在投资者心目中业绩稳定增长的良好形象，使其股价在市场上得到良好表现。

在 2010 年时，在美国 OTCBB 市场挂牌交易的公司大约有 3 000 多家。在 2008 年年底时，在美国 OTCBB 市场挂牌交易的中国公司（包括在港澳台注册的中国公司）达 172 家。较早期在美国 OTCBB 市场挂牌交易的中国企业有：蓝点（BLPT. OB）、世纪永联（FRLK. OB）、易博软件协作网（ESFB. OB）、深圳明华、GSL、力兴电源、拓普科技，及得益电讯等多家企业。

四、上市（Going Public）与挂牌（Listing）的区别

在中国境内证券市场上，上市和挂牌这两个概念常常混为一谈。这是因为，中国证券市场发展历史较短，还没有建立起多层次的资本市场体系。一般情况下，中国企业的股票在首次公开发行（IPO）后即可获得上市资格。股票上市是指已经发行的股票经证券交易所批准后，在交易所公开挂牌交易的法律行为。股票上市的目的是连接股票发行和股票交易的桥梁。实际上，在美国资本市场上，上市与挂牌这两个概念之间有明显的区别。我们可以从以下几个方面来看。

（1）从定义上看，上市（Going Public）是指公司首先通过对社会发行或收购一定数量的外部新股，再把它变为证券市场上的公众公司，最后在公开的市场上进行交易的行为。挂牌（Listing）则是指当公司符合某一交易市场的挂牌条件时，通过美国证券交易委员会（SEC）审核批准后，在 NYSE、AMEX 或 NASDAQ 等证券市场上发行新股或挂牌交易。

（2）从交易场所看，在证券市场上，上市可选择的交易地点有很多，如 OTCBB 和粉红单市场都可以上市；挂牌的场所常常特指纽约证券交易所、美国股票交易所和 NASDAQ 市场。

（3）从功能上看，公司上市不一定具备筹资功能，但公司直接挂牌上市（IPO）后就具备了筹资的功能。

（4）从运作程序上看，公司可以先选择在低层级的证券市场（如 OTCBB）上市，一旦符合挂牌标准，就可以向美国证券交易委员会提交相关文件，申请在高层级的证券市场挂牌（如在 NASDAQ）上市。

通过以上分析，可以看出，私人拥有的非上市公司欲成为公众的挂牌公司，有两种方式可供选择。公司可以一步完成，即上市与挂牌基本同步完成，也可以先上市，再挂牌。有的公司愿意选择第二种方式，它的好处在于：它可以避免因采用 IPO 方式挂牌失败而造成财务和时间损失，还可以保证上市的一次成功，从而降低企业在证券市场上市的难度。

五、反向收购买壳上市

1. 壳公司

按照国际惯例，壳公司在实质上是指在国际证券市场拥有和保持上市公司资格，但其业务规模较小或已经停止，业绩一般或已经没有业绩，总股本和可

流通股份规模小，或已经停牌网上交易，股价低或趋于零，但仍然申报财务报表的上市公司。该公司的股票可以在某个证券市场交易，是因为它要么曾经提交过登记表，或在某个证券法的规定下获得该市场的豁免。上市公司成为壳公司可以有多种原因。比如，高科技公司的技术跟不上潮流而停业，开矿公司因资源储备不足或产品价格低而放弃，制造业公司因工资太高、竞争无力而停工。在美国，这类公司的股票仍可在电子报价系统（Over-the-Counter，OTC）交易。

2. 买壳上市

买壳上市是指非上市公司通过收购上市公司，获得上市公司控股权后，再由上市公司收购非上市公司的实体资产和业务，从而将非上市公司的主体资产和业务注入上市公司，实现上市公司控股非上市公司的目的。它也被称为反向收购。非上市公司的原股东取得70%～90%的上市公司股权。通过对上市公司的控股，可以达到间接上市或直接上市的目的。一个典型的买壳上市由两个交易步骤组成。其一是买壳交易，非上市公司股东以收购上市公司股份的形式，绝对或相对地控制一家已经上市的股份公司。其二是资产转让交易。上市公司收购非上市公司股权，而控制非上市公司的资产及营运。

3. 主要特征

非上市公司收购上市壳公司后，壳公司并未消失，而是继续存在（公司名称可以改变），只是将大部分或相对多数股权交由收购公司所有，收购公司通过资产置换等方式，将自己的资产和业务并入上市公司壳公司。

六、买壳上市与直接上市（IPO）比较

1. 操作上市时间短

买壳上市大约需要3～9个月的时间。买股票仍在交易的壳公司需要3个月时间；买已经停止交易的壳公司到恢复交易需要6～9个月时间。直接上市（IPO）一般需要1年时间，如果包括前期准备时间，则需要1年半或更长的时间。

2. 上市成功有保证

买壳上市通常是壳公司已经存在，或者是由参与方已经把壳公司买到手了，只要收购方与之完成交易即可。操作过程不受外在因素的影响，不需要承销商介入，上市成功是有保证的。直接上市（IPO）有时由于承销商觉得市场不利而导致上市发生困难，或是由于发行价格太低而被放弃上市申请，而前期上市费用（比如律师费、会计师审计费、上市申请资料制作费等）通常已经

提前付出。尤其是美国的承销商一向较多关注中国的大型国有企业上市，规模较小的民营企业即使业绩很好，也较少有机会被青睐。

3. 上市费用比较低

买壳上市除支付 200 万 ~ 300 万元人民币外，其余的费用主要支付国际审计师的审计费用，视壳公司的种类情况而定，一般需费用约为 50 万 ~ 70 万美金。不需要支付前期费用，后期由证券商融资后支付，佣金一般有 6% ~ 12% 的折扣。直接上市（IPO）一般需要支付 75 万 ~ 100 万美元的费用，另外还要加约 8% 的承销商佣金。会计师的审计费用相对要高。

4. 融资的时间不同

买壳上市完成后，需要推动股价上涨，才能进行公开发行（增发新股和配股）融资。这时，承销商开始介入，因公司已经成为美国上市公司，承销商当然愿意承销新股发行。如果进行私募，除在买壳收购之前或在买壳过程中进行外，更多的是在收购完成之后进行。一般二次发行或私募融资的金额约在 200 万 ~ 2 000 万美元之间。直接上市一旦完成，就可以立即筹集到资金。

5. 参与的中介机构有所侧重

买壳上市完成后，需要聘请金融公关公司和做市商共同工作，推动股价上涨，以配合二次融资。直接上市只有承销商组成承销团，有时也需要金融公关公司参与。

6. 进入的渠道不同

买壳上市是从场外交易市场 OTCBB 切入，待股票价格上升和其他条件具备后，视市场时机再进入主板市场 NYSE、AMEX 或 NASDAQ。直接上市是直接在纽约证券交易所和 NASDAQ 的全国市场上市，成功的机会都比较小。1999 年，美国完成 380 个 IPO 项目，2002 年仅有 25 家完成 IPO。采取反向收购的方式相对成功的机会大一些。

买壳上市与直接上市的区别见表 24 - 1。

表 24 - 1　　　　　　　　　　买壳上市与直接上市的比较

	IPO 直接上市	买壳上市
费用	￥750 000 ~ ￥1 000 000	￥300 000 ~ ￥500 000
时间	1 年	3 ~ 9 个月
成功率	没有成功保证	有成功保证
融资	立即融到资金，但上市机会低	可二次发行融资、私募、并购方便

七、买壳上市的操作过程

1. 编制公司英文本商业计划书

当公司决定在美国买壳上市后，首先要用英文编写一份 2～3 页的简要商业计划书。其内容包括：公司的历史背景；管理团队情况；公司财务状况；公司的产品和市场分析；公司的市值等。

2. 提供公司的财务报表

要按照美国通用会计准则或国际会计准则进行编制，时间为公司最近三年的财务年度。历史较短的公司也可只提供两年的财务报表。

3. 寻找壳公司

一个好的壳公司需要具备以下条件：（1）壳公司可以没有资产，没有业务，但不能有债务和法律诉讼。这就是所谓的"干净"的壳公司的概念。（2）壳公司的上市资格必须保持完整，包括符合美国证券交易委员会（SEC）的要求，按时申报财务报表和企业业务状况，否则美国证券交易委员会可视为无效，而取消其在 OTCBB 的交易资格。（3）壳公司要有足够的"公众股份"和"公众股东"，这样合并后，股票交易才能活跃。这里所谓的"公众"概念是指反向收购合并时，股票在市场上可自由交易流通的股东。股东人数一般在 300～1 000 人之间。如果股东人数超过 1 000 人，新公司需要与这些股东联系，递交资料报告，成本会增高，而且收购遇到的困难会增大。

4. 壳公司提供法律证明书

该壳公司应当提供其法律证明书，用以证明：该公司股票是"可以交易的股票"；新增发的股票符合证券法 144 条例的规定。144 条例是为没有经过登记注册的被限制的股票规定的交易规则。当为首次公开发行准备的登记注册表已经递交时，向新股东增发的新股是不受交易限制的。在注册登记表递交之前，公司领导人、董事和其他原始股东通过私募方式购买的原始股是被限制的，是非登记股票。如果满足证券交易委员会的 144 条例的某些条款，这些股票还是可以卖出的。

5. 商定收购合并方案

选好拟收购的壳公司后，就可以办理收购合并手续。其中对双方公司的财务报表审计最为重要，而且花费时间最长。这项工作完成后，合作双方根据协议共同商定合并方案，确定股权分配方案及费用支付方式等具体事宜。

6. 制作法律文件

双方商定好并购方案后，即可编制收购法律文件，签订合同。收购合并手续办理完后，收购公司就自然变成美国 OTCBB 上市公司的子公司，收购公司（买方）的原股东对上市公司依然享有控股权，至此反向收购即告成功。

7. 向美国 SEC 提出申请

合作双方完成反向收购的全部过程并且签约之后，须向美国证券交易委员会提交申请备案，并向 NASD 申请股票在 OTCBB 交易。

8. 企业与做市商商谈、沟通

NASDAQ 规定每一只股票可以有 3 个做市商（Market Maker），每个做市商可以做 3 只股票。新合并的公司可以继续选择原来的做市商，也可以更换为新的做市商。为使新公司的股价上升更快，应与做市商商讨股票交易策略。

9. 金融公关公司

为了使新公司的股价上涨更快，除与壳公司的原做市商和新公司增加的做市商相互配合外，通常还要聘请金融公关公司。由金融公关公司向更多的股票经纪人、证券分析师、机构投资者和公众投资人推荐，使他们关注新合并公司的发展，引起人们对新公司股票的兴趣。由于壳公司是美国柜台交易的上市公司，资格不能消失，所以壳公司继续存在，只是控股权由收购公司的股东所有，收购公司将资产业务装入壳公司内，成为其子公司。

10. 申请进入 NASDAQ 全球资本市场

当公司达到 NASDAQ 全球资本市场的挂牌标准时，可向 NASDAQ 提出申请，进入 NASDAQ 全球资本市场挂牌。NASDAQ 全球资本市场挂牌标准为：股价达到每股 5 美元、有形资产净值达到 1 500 万美元、发行市值达到 800 万美元、税前收入达到 100 万美元、公众流通股数达 110 万股、公众持股人数达 400 个。美国 SEC 对公司从 OTCBB 上升到 NASDAQ 市场并无特殊规定，其一般要求是：符合在 NASDAQ 市场挂牌资格标准；企业须向 NASD 提交申请；由做市商协助；每股股价须达到 5 美元以上；每月交易量达到证交所规定的要求。所以，有些企业在 OTCBB 市场的股票价格已长到 100 多美金，早已符合 NASDAQ 市场挂牌标准，它们仍选择留在 OTCBB 市场。

八、买壳上市的时机选择

选择买壳上市的最好时机，需要考虑以下因素。

1. 证券市场的行情

最好的买壳上市时机应当是整个市场大势处于底部的时机，这时以最低的价格买壳，成本最低，买入后随着经济形势好转和股市开始上扬，上市公司的股价便随着大盘上升而增长。

2. 符合公司发展战略

中国境内的许多中小企业在短期内，很难具备在境内和境外主板市场上市的条件，但它们又处在重要的发展时期，特别需要建构一个良好的资本运作平台。因为获得资金就意味着获得了商机。那些坚信自己会有更大发展的企业，选择在美国买壳上市，作为向主板市场的过渡，也不失为一项明智之举。

3. 恰当的退出时机

从买壳上市成功到实现融资，使企业价值增大，还要考虑在恰当时机，使股票价格上升到理想价位后，考虑持有的部分和全部股份退出。如果企业确实有良好的发展前景，也可以选择长期经营，通过每年的利润分享和红利分配收回买壳上市的成本。

九、买壳上市后的融资渠道

许多企业买壳上市的直接目的是为了融资。融资渠道或方式可以分为权益性融资和债务性融资两类。

1. 权益性融资

（1）新股增发（Rights Offering）。公司买壳上市后，可以通过转板升级、发行新股的方式来筹资。新股增发在技术上与 IPO 一样，必须经过 SEC 批准。但是，上市公司已经有在市场上的股票价值体现，增发过程容易取得承销商的支持，并且在公开市场上发售。这时与承销商的合同一般为 Stand By（剩余权益包销）合同。新股增发的固定费用由律师费、审计费等构成，一般在 12.5 万~15 万美元之间。由于增发新股涉及当前股东的购股权益和权益持有情况，承销商的佣金费用难以确认，但其成本要大大低于 IPO 的成本。公司的原股东也可以按规定出售其所持股票（但需持股一年以上，原股东可以适用 144 条例进行售出套现）。

（2）二级发售（Secondary offering）。二级发售是指公司的主要个人或机构持股人，对公众发售其限制性股票。二级发售的程序与 IPO 完全一样，必须申报 SEC 批准。承销商采取包销（Fim commitment）或代销（Best Effort）方式，二级发售的律师费、审计费和申报费也在 15 万美元左右。但是，由于二级发售需要散发招股说明书，总发售成本会上升，一般在 40 万～60 万美元之间。为了推广二级发售，可以结合远期凭证发售，来增加整个销售的吸引力。

（3）资本私募（Private placement）。资本私募豁免于 SEC 批准。私募对象包括三类：机构投资者；富有的个人投资者；美国以外的海外投资者。SEC 对私募金额没有作限制性的规定，但规定了分别为 100 万美元以下、500 万美元以下和无限额私募的三个等级。对无限额私募，要求资本筹集者对投资人提供和展示相关的审计文件和其他详细的财务报告。资本私募投资人对其持有的股权有 1 年的禁售期，但可以私下交易，私下交易豁免于 SEC 批准。如果通过证券商或注册经纪人进行私募，佣金费用平均在其融资额的 10% 左右，其他包括各州政府的文件处理费等费用，通常在 50 万～250 美元之间。这些费用均在资本募集后扣除，不会产生前期费用。

（4）认股权证（Warrants）。认股权证也称为远期凭证，一般是在发行优先股时使用。它能使股东以低于市场价格的价格折价购买新股，因此它也有价格。在大多数远期凭证发行中，认股价低于市场价格的 10%～20%。远期凭证的面值可以拆分很多，甚至几分钱一股，因而发售量很大，也能筹集很多钱。

（5）私人基金和风险基金。公司买壳上市后，成为上市公司，就有了明确的退出机制。如果它的成长性被看好，风险基金和私人基金也愿意向它投资。

2. 债务性融资

（1）银行贷款。公司买壳上市后，其价值就得到明确的确认，银行贷款此时就变得相对容易。同时，公司可以利用公司股票作为质押进行贷款。

（2）发行债券。如果上市公司是资金规模较大、收益稳定的传统行业的公司，可以在适当的时候发行公司债券。但是，必须首先取得 Moody 和标准普尔 500 的信用评级。它们对公司的评级越高，发行公司债券越容易。

（3）其他贷款形式。短期贷款包括：商业票据（Commercial Paper）、过桥贷款（Bridge Loan）等。

十、反向收购上市的注意事项

1. 股权分配

收购公司在壳公司中所占有的股份，视收购公司的业绩而定。一般是占壳公司的全部股份的 70%～90% 不等，有的占股比例高达 95%。越是后市被看

好的企业（题材充足、业绩良好），占上市壳公司的股份会越高。但是，买壳不能收购上市公司100%的股份，因为上市公司必须有一定数量的公众股东，否则就不成为上市公司。

2. 买壳合并的方式

买壳作为合并的方式是一种反向收购的方式，被收购的本来是壳公司。壳公司是美国的上市公司，即使无业务运营，无股票交易，其资格也不能消失，壳公司会继续存在（可变更为新公司的名称）。壳公司（卖方）只需将控股权交由收购公司（买方）原股东所有，收购公司则须将其业务全部或大部分纳入壳公司，壳公司成为其子公司。

3. 收购股权比例及时机确定

收购公司在将其资产、业务纳入壳公司的比例与时机问题上，需要制定详细的可行性计划。

4. 成立海外控股公司

为了减少上市公司的税负，反向收购的主体公司可以在美国境外注册设立海外控股公司，例如在百慕大、开曼、英属维尔京群岛登记成立海外控股公司，然后以这家控股公司的名义再进行反向收购。

5. 壳公司类型的判断

（1）申报且交易壳（Reporting and Trading Shell）。

假如一个壳公司定期向美国 SEC 提出申报，并且公司至少有一个以上的做市商对该壳公司的股票进行买卖，这种壳公司就是申报且交易的壳公司。这种公司的壳的价格是最为昂贵的，因为这种壳公司可以在收购完成后 3 个月内进行上市交易。

（2）申报但无交易的壳公司（Reporting and None-Trading Shell）。

假如一个壳公司定期向美国 SEC 提出申报，但并没有做市商对该壳公司的股票进行买卖，这种壳公司就是申报但无交易的壳公司。这种壳公司的价格较以下两种壳公司要贵一些，因为这种壳公司在收购完成以后 4～6 个月，即可以进行上市交易。

（3）无申报且交易的壳公司（None-Reporting and Trading Shell）。

一个壳公司并没有向美国 SEC 提出申报，但有一个以上的做市商对该壳公司的股票进行着买卖交易，这种壳公司是无申报且交易的壳公司。在美国，对于资本市场的监督管理是多标准的。在粉红单市场上，就存在着这种无申报但进行交易的壳公司。这种壳公司的价格一般比较便宜，因为这种壳公司须在收购完成后 6 个月才可以上市交易。

（4）无申报且无交易的壳公司（No-Reporting and No-Trading Shell）。

假如一个壳公司既没有向美国 SEC 提出申报，也没有任何做市商对该壳公司的股票进行买卖，这种壳公司就是无申报且无交易的壳公司。这种壳公司的价格相对便宜，因为这种壳公司在收购完成后，大约需要 9～12 个月，方可上市进行交易。

6. 壳公司的性质

壳公司的种类的不同决定了收购完成后上市交易的时间长短。它的时间周期一般为 3～12 个月不等。另一个影响收购完成后上市交易时间的因素是壳公司的性质。有的壳公司虽然没有交易也没有提出申报，但是它的性质各有不同。一般而言，可以根据壳公司的性质，对它们做出如下的分类：破产的壳公司、停止营业的壳公司、空白支票的壳公司、原始的壳公司、分拆的壳公司，以及 504 壳公司和 419 壳公司等。

（1）破产壳公司（Bankruptcy Shells）。

破产壳公司是指那些经过美国的破产法院裁定后已经破产的上市公司。它们由法院从法律上免除了其所有的负债及诉讼。这种壳公司被视为最好的壳公司，因为经过免除资产、债务后，所有的资产、负债都已经不复存在，这对于收购方来说已没有任何风险。

如果一个上市公司是由于经营不善导致资不抵债而向破产法院申请破产的，这时候在美国就会有一批业内人士（其中包括律师、会计师或者投资公司等）组成一个团队，向破产法院申请得到壳公司的身份，即我们所说的上市公司资格。在得到同意后，他们首先会付出一笔费用，这样就可以拥有这家上市公司的控股权。因此，虽然这个公司已经濒临破产，但是公司可能还有 300 或 500 个股东，这些股东仍持有公司股票，只是拥有的股票已毫无价值。所以，通常这些股东愿意放弃其对该壳公司的控股权，希望可以从买壳方所付出的买壳资金中得到一些现实利益。如果新公司的题材能够推动股票价格上涨，他们就会再次购买新公司的股票。

在各种类型的壳公司中，破产的壳公司是最为昂贵的，即使它既没有进行申报，也没有进行交易，由于没有任何的负债及诉讼，对于收购企业（买方）意味着是零风险，因此有时候价格也会较高。据此，我们不能直观地认为，没有申报、没有交易的壳公司就一定是最便宜的壳公司。

（2）停止营业壳公司（Ceased Operation Shells）。

停止营业的壳公司比破产壳公司略微逊色，因为它没有进入破产法院免除债务的法律程序。例如，一个采掘金矿的上市公司，原来有股东 1 000 人，由

于金矿资源被挖空，公司被迫宣告停止营业。由于是自然不可抗力造成公司处于停业状态，所以在公司变卖了设备，偿还了债务以后，该公司没有出现资不抵债的情况，也就不需要进入破产程序。虽然它已经停止营业，但其上市公司资格依然存在。

（3）空白支票壳公司（Blank Checks Shells）。

空白支票壳公司在公司成立时就须向美国 SEC 提出申报，并且说明此公司无任何业务，只是伺机将它转卖给他人。其申报的目的在于保留这个申报（Reporting）资格，只有具有这样的资格，公司才能够在 OTCBB 待价而沽。在1998 年以前，空白支票壳公司非常盛行。通常想要上 OTCBB 板块的公司，都会去买一个空白支票的壳公司，因为买壳后，上市公司就可在 OTCBB 挂牌交易。后来 SEC 发现了这种现象，得知很多公司在购买这种壳公司后，股东们会抛售股票，导致很多散户成为直接的受害者。所以，美国 SEC 在 2000 年发布文件，规定：凡是购买空白支票的壳公司，公司的新发行股票不能在 1 年内抛售，且必须向 SEC 出具"登记"的法律手续。SEC 作出这样的要求，使使用空白支票的壳公司少了一大半，因为很多人不愿意花大笔律师费去登记。

（4）原始壳公司（Virgin Shells）。

原始壳公司与分拆壳公司在特征上非常相似，但也有所不同。原始壳公司是不存在任何业务的壳公司。根据美国《公司法》的规定，真实、有营运的公司可以把子公司的股票转给老股东，也就是说，当公司成立了新公司即子公司，并且将子公司的股票送给母公司的股东，使每个母公司的原股东都有子公司的股票，这种形态被叫做"Virgin"，意思是原始的从母公司里面衍生出来的公司。在股票被分出去以后，它并不会影响上市公司的上市资格。与此同时，子公司本身也同样具有了上市公司的条件。事实上，此公司并非子公司，它只能被认作是母公司的关联企业，因为这是同一批股东所拥有的两家公司。但是，到底子公司是否真正拥有上市资格，还是令人质疑的。买这类壳公司一般需要的时间周期较长，大约需要一年半到两年的时间。如果收购企业在选壳的时候，选择购买了这种壳公司，其结果将不尽如人意。

（5）分拆壳公司（Spin-Off Shells）。

分拆壳公司是指一个上市公司把其中的一部分业务分拆出来，并使分拆出的公司同样具有上市公司的资格。由于此类公司仍存在业务，也就会有相应的债务及诉讼的可能。它的好处是会因为现存的业务而给公司股价的提升带来帮助。

（6）504 壳公司（504 Shells）。

美国证券法 D 规则 504 条款规定了小额公开发行（Direct Public offering）的具体程序。该条款规定：凡筹集资金在 500 万美元以下的，均被视为小额公开发行。通过小额公开发行募集资金后，就可以成立一个公开发行的公司。申请上市的公司在成立后，必须提交 Form10 表格到美国 SEC，经审批后公司就可成为申报公司（Reporting Company）。在获得申报公司的资格后，公司可再向 NASD 递交表格 Form211，所有程序完成后，公司方可以在 OTCBB 上进行交易。

通过以上三个步骤而不是通过 IPO，该公司即可成为一个壳公司，这种壳公司被称为 504 壳公司。

（7）419 壳公司（419 Shells）。

419 壳公司的形成与空白支票壳公司的程序相似。

7. 反向收购的一般程序

（1）购并双方的董事会通过购并决议。

（2）股东会批准并购决议。

董事会将通过的决议提交股东大会讨论，并由股东大会予以批准。美国的《示范公司法》规定，凡获得具有表决权的股份持有者中的多数同意的决议，被视为通过。

（3）购并各方签订购并合同，双方公司的购并合同也必须经各方董事会及股东大会的批准后方能生效。

十一、中国企业到美国买壳上市的条件

根据操作中的经验，一般来说，具备这些条件的企业适合到美国买壳上市。

1. 传统行业企业

（1）年净利润大于人民币 1 000 万元。

（2）年增长率不低于 10%，最好大于 20%。

（3）有确实的企业发展计划，比如行业整合、新产品开发和新市场开拓等。

2. 高科技企业

（1）年增长率大于 30%。

（2）企业有良好的市场背景，在未来的两年内预计达到 1 500 万元以上的

税后净利润，并有可信赖的商业计划书作支持。

（3）企业拥有专有技术，并且该技术比同类技术有明显的竞争优势。

3. 行业

买壳上市的公司本身没有行业限制。但是，中国境内企业所在的行业必须不在外商投资限制性行业范围内，同时该企业所在的行业必须不在美国政府对中国限制性行业范围内，比如军工行业、某些高科技领域和惩罚性行业。

十二、中国企业在美国买壳上市利弊及展望

1. 正面效应

（1）买壳上市有规范的市场操作程序，基本上没有人为的限制，上市成本可以更为低廉。

（2）企业在国际资本市场建立运作平台，为后续的收购合并、融资、退出提供了渠道。

（3）企业的知名度得到提高。企业成为美国柜台交易的上市公司后，企业可以实行股票期权制度，将有利于增强对人才的吸引力。

（4）有了良好的退出机制。企业根据不同的市场和自身的情况，可以选择不同的退出方式。例如，选择二级发售（Secondary Offering），限制性股票出售，职工股权分配计划等。

（5）公司在美国有了良好的融资渠道。

2. 负面影响

（1）公司的运营成本增加。公司买壳上市后，每年约增加10万~20万美元的会计审计和律师费用。在上市初期的1~2年内，每年付出8~12万美元的投资者关系管理费用。公司还需聘用相关的行政人员、独立董事，还要进行各项申报，均需投入大量的资金和精力。

（2）企业的透明度增加。公司买壳上市后，需要接受SEC和广大投资者监督，公司的各项财务数据、重大变更、主要股东和高级管理人员的利益分配都需要如实披露。在美国发生安然事件后，SEC加大了对上市公司的监管力度，公司必须加强内部控制程序，提高透明度。

（3）企业在美国买壳上市后，成为跨国经营企业，国际形势的任何变化，包括汇率变化，都会对企业价值产生重大影响。

3. 展望

进入2012年后，第一季度已有3家中国企业向美国SEC递交了上市申请，

另有至少 20 多家中国企业在排队等待上市时机。这些准备赴美国上市的中国公司，都选择了传统的首次公开发行（IPO）方式，而非 2011 年饱受诟病的"借壳上市"。企业都选用信誉高的大型投资银行、律师事务所和审计师事务所，而且更加重视准时、准确发布年报、季报，重视公关和投资者关系，并将公司在美国市场融资的长期维护成本列入了上市预算。可以说，企业的上市决定更加理性，上市过程也更规范，上市准备也更为充分，做足了功课。

第 25 讲
超额配股选择权制度及其借鉴
——上海交通大学上市融资实务高级培训班

企业在境外上市，需要了解股票发行过程中，如何将超额配股选择权授予承销商，如何在新股派售过程中维护后市股价稳定。这是保证发行成功的一项国际惯例，是一项国际通行的发行技术规则。

超额配股是指股票发行时分配给投资者的股份数量多于分配给承销商的数量。为了完成由超额分配所产生的额外买盘，承销商通过"超额配股选择权"从发行公司和现存持股者那里购入额外股份，以避免售后市场（aftermarket）股价出现大幅波动。在美国，适用这项技术的期限和可交割股票的数量由美国全国证券交易商协会（NASD）的规则限定。由于这一发行方式在 20 年前由美国的绿鞋公司和它的承销商首先采用，所以又称为"绿鞋技巧"（green technique）。现在国际证券市场已经普遍接受和采纳这一方式，把它作为新股或新债发行后稳定后市的工具。如果一项新的证券发行不包括超额配股选择权，就会引起一级市场的投资者担忧，因为这意味着购买发售的股票后，后市股价不能得到稳定。

一、超额配股选择权的设计目的

新股或新债发行后的数日中，由于市场在寻找合理的价值，同时受二级市场价格负面或正面的影响，新发行证券的价格可能大幅波动，此时必须设法稳定市场，以维护发行公司的声誉和保护投资者的利益。设计超额配股选择权的目的，就是要创造一种机制，使承销商在新股价格跌穿发行价时，有动机买入股份以支持股价，同时使承销商在股价升越发行价时，向公司要求发行更多的股份。应当指出的是，在股价跌穿发行价时稳定股价，并不意味着以发行价买入股份直至全数使超额配股选择权，而是要通过维护一个可以维持的股价水平（可能大幅低于发行价），使股价跌势减慢，或者尽可能止跌回升。因此，设计超额配股选择权并不是让承销商多赚钱，也不是让发行公司通过发行额外股份筹集更多资金，而是旨在增强承销商的护盘能力。在新股发行后，出现价格大幅波动的情况下，如果承销商超额配售部分的股份没有来源，即未获得发行公司的许可，承销商就只能使用"光脚鞋"（bare shoe）方式，一旦售后股价上涨，就必须以高于发行价的价格从市场上购回相应的股价，从而招致经济损失。在发行实务中，承销商常将"光脚鞋"与"绿鞋"结合使用，以增大股票买卖空间和市场支撑能力。从实质上说，超额配股选择权是一种承销商在发行公司许可下，超额配售股份的股票发行方式，是一种为防止股票发行过程中，价格下跌而设计的一种股票发行机制。

二、超额配股选择权的具体操作

承销商在与发行公司签订包销协议时，以及承销团成员间签订承销协议时，要明确授予主承销商以一定额度的股份超额配售权利。超额配售的股票规模可根据发行人和市场的实际情况而定，通常不超过股票发行规模的15% ~ 20%。按照美国纳斯达克店头市场（Nasdaq）的规则2710（c）（6）（b）（ix），超额配售的股票规模则不得超过发行证券总额的15%。超额配售期限一般为30天。

承销商在进行股份销售分配时，可根据当时的市场气氛和自己的市场感觉，选择是否采取超额配股权以及超额配股的规模，决定是仅采取绿鞋发行方式，还是采取绿鞋加光脚鞋发行方式。绿鞋和光脚鞋部分的股份售出价格一般不应高于股票发行价。

假定一家公司计划发行1亿股普通股股票，按15%的比率，承销商有权要求发行公司额外发行1 500万股。又假定发行公司准许承销商在30天内以约定价格（40元）另向其买进承销股票1 500万股，承销商在配售期间以每股41元卖出该普通股1.15亿股，此时承销商便有1 500万股的卖空部位。在股票价格跌下时（假设跌为35元），承销商会在股市进行稳定市场操作，以补回其空头部位。当市价上涨时（假设涨至45元），承销商会部分或全部行使其超额配股选择权，以约定价格向发行公司买进1 500万股以内的额外股票。很明显，如果售后市场价格跌穿发行价，承销商便有动机买入股份（以补足给投资者的配额），这样便能造成上市后最重要的头30天对股价的暂时支持。如果后市股价升越发行价，承销商便会行使超额配股选择权，让发行公司发行额外股份（最多1 500万股），以补足承销商最初超配的缺口。

股票发行上市后价格下跌，承销商维持股价，以发行价购进被人抛售的股

票，通常会出现三种情形：（1）在发行价价位上抛售的股票数量不超过 1 500 万股。此时即使没有任何其他人购买抛售股票，股价也会至少停留在发行价上。如果此时还有别人以高于发行价的价格购买股票，股价就会上扬。（2）在发行价价位上抛售的股票数量超过 1 500 万股，而且没有别人在发行价或高于发行价价位上购买。这时，承销商再购进 1 500 万股后便无法再支撑股价。通常，如果承销商对后市不敢乐观时，有时也会考虑在发行 1 500 万股基础上，再多超额配售一些股票，即发行一定数量的"光脚鞋"，以加大对后市股价的支撑力度。（3）承销商使用"绿鞋加光脚鞋"后，仍无法把股价维持在发行价上。通常这一情况不多见。此时，承销商可能从维护自身声誉的角度考虑，动用自有资金购买发行人的股份，以便不使股价跌得太低。

按照美国的惯例，发行人应事先在关于销售的注册登记表上，载明该超额配股数的全部数额，若其未全部履行，则应在注册表生效后补正（Post-effective Amendment），以取消未履行部分的注册登记，由此而产生的损失仅是对该等证券的注册费用。在规定的时间里，承销商及其律师还将其配售的股份数量及股东名单、绿鞋发行以及稳定市场的交易情况告知上市地证券交易所和发行公司，并按规定予以公告。绿鞋部分的股份能否最终发售与二级市场行情有很大关系。最理想的情形是，新股发行时二级市场股价上涨，投资者感到认购新股后在二级市场有利可图，此时超额配售部分的股票即可完全售出。但是，这种情形在发行价格完全由市场确定时比较少见，最常见的情形是迫于抛售压力，绿鞋部分的股份只能部分售出或完全售不出去。

在 30 日的股价稳定期间，"绿鞋"方式在一级市场和二级市场同时操作；该期间的二级市场视同在一级市场操作。当 30 日的股价稳定期结束后，新股付款日也即到期。这时的新股在技术上已成为一只"成熟股"，就不再允许"绿鞋"行为继续存在。

三、超额配股权操作中的结算安排

（1）证券承销商将在证券中央结算系统建立两个账户。

第一个账户由发行公司存入即将发行的额外股票，例如上述例子的 1 500 万股股票。第二个账户将用于存放承销商为稳定市场所买入的任何额外发行的股票。

（2）如果承销商进行市场购买，将由其在证券交易所的交易席位进行。

买进的股票将存入第二个股票账户，然后将股票以此账户转给投资者。当此账户存入股票时，第一个股票账户将相应取消同等数量的股票。因此，如果承销商进行市场买入，并将买入股票转给超额配售的承配人，就不需要行使相同数量的绿鞋条款股份。

（3）如果承销商行使绿鞋条款，交付部分或全部超额配售给承配人的股份，承销商将通知发行公司。

该等股票的交收将由承销商在第一个账户中进行，将相应款项（扣除包销佣金后）付给发行公司。

（4）在30天稳定市场操作结束前，证券承销商将进行市场购买，或行使绿鞋条款，或将二者结合，以完成将股票交付给超额配售的承配人。

第一个账户中余存的股份将在30天稳定市场操作期结束时自动取消。

四、超额配股权的操作要点

1. 不可在短时间内一次用完超额分配的股份

稳定股价必须在一个预期会有市场支持的价位上进行。如果新股开始买卖时价格下跌，承销商不可一味买入直至补足股份缺口，这种做法不会使股价得到有效的支持。承销商应判断在什么价位介入才能相对稳定股价，这要根据具体市场状况而定。承销商一般会在多个主要的下跌水平尝试稳定股价，直至找到一个水平能使卖出压力消失，股价得以稳定下来。这时承销商才应购入超额分配股份。至于应购入超额分配股份中的多少，以及在什么时候、什么股价买入，则是一个合理判断的问题。如果全部将超额分配的股份（比如1 500万股）在开始买卖后的前十分钟买入，则完全不能达到稳定股价的目的。简言之，采用超额配股选择权并不能确保股价维持在发行价水平，只是尽可能使股价跌势减慢，或停止股价急跌。

2. 不可事先设定一个公式决定买价

稳定市场的过程涉及诸多因素，难以事先准确预测某股票上市后的表现。小至一个行业的股票，大至整个证券市场，都会受全球及国家经济、政治形势和全球股市走势的影响。因此，限定一家承销商在某价位买入额外股份是不现实的。发行人必须授予主承销商酌处权，以便主承销商能在其交易人员（凭借在类似项目上的丰富经验）认为买入会对股价有正面影响时的价位买入，稳定下跌的股价。

3. 同一股票的超额配股选择权不可由两家以上投资银行操作

两家投资银行同时操作同一只股票的超额配股选择权很容易出现混乱。国

际资本市场的惯例是由一家投资银行操作超额配股选择权。要成功协调两家投资银行进行此项工作难度很大，因为在市场操作中，作出买卖决定是数分钟内的事情，在国际资本市场中，也从未有两家投资银行同时操作稳定股价的例子。

五、我国借鉴超额配股选择权的利弊

目前我国证券市场尚处于发展的初级阶段，投资者的投资行为还未达到完全理性化程度，市场的投机性和情绪化色彩还比较浓厚。每当股票发行上市数量较大且较集中时，市场反应就相当敏感和脆弱，往往对股票发行造成很大压力。特别是随着《证券法》的贯彻实施，今后我国的股票发行上市制度将趋于完善，上网竞价、入标定价（Book Building）、储架发行等更加市场化的做法将会逐步采用，一级市场的风险也会相应增大。因此，引进国际通行的超额配股选择权制度是有好处的。

首先，在市场气氛不佳，对发行结果不可乐观或难以预测的情况下，采取绿鞋方式发行股票，可以获得较圆满的发行结果。对发行人而言，可以使预定的发行计划得到顺利实施，把市场的不利影响降到最低程度，避免由于发行计划推迟造成发行成本增加等后遗症。在发行顺利的情况下，还可以筹措比预计更多的资金，增加公司净资金含量。对承销商而言，既可以降低其承销风险，又可以维护其声誉。

其次，采取绿鞋发行方式，由于保持了发行过程中的股价稳定，也有利于股票上市后价格稳定，从而改善目前一、二级市场风险、收益不对称的现象。这对于维护发行人在二级市场的形象和增强投资者的信心，都是大有裨益的。

当然，采取绿鞋发行方式也会有一些不足之处，主要是对一些增长潜力较强的公司来说，如果过多地以较低的发行价格发行股份，扩张公司股本，会使发行人筹集的资金减少，并对公司每股盈利和现有股东权益造成一定的摊薄效应。但是，就总体而言，采取绿鞋发行方式是利大于弊的。

第 26 讲
纽约证券交易所专营商制度及其借鉴

——纽约金融学院投资银行业务高级培训班

当今世界证券市场发展的大趋势之一，是在交易制度方面寻求"指令驱动机制"与"报价驱动机制"的良好结合。美国纽约证券交易所实行的专营商制度就是一个比较成功的范例。中国企业在美国等境外资本市场上市后，需要关注自己股票的交易情况，更好地稳定股市的交易价格，并且增强其流通性；我国境内证券市场的交易制度也与纽约证券交易所的专营商制度有一些共同的基础。因此，需要我们进一步了解该项交易制度，很好地研究如何充分发挥专营商的积极作用，而避免其消极影响。

一、专营商制度的内涵与机制

专营商（Specialist）制度是指纽约证券交易所对挂牌交易的每一种股票都指定一名专营商，专营商承诺维持股票双向交易，保证每种上市股票价格"有序连续"的制度。纽约证券交易所规定，一家符合条件的券商可以被指定为多种股票的专营商，但一家公司的普通股票只能委派一名专营商。专营商同时充当自营交易商（Trader）、经纪商（Broker）、做市商（Market-maker）三种角色。自营商角色是指当其他经纪人和投资者没有交易对手时，该专营商通过自己的账户和资金与投资者以及其他经纪商直接交易，并严格遵守交易所的规定，其价格必须优于已有的客户指令。经纪商角色是指当其他经纪人接受了过多的客户委托，无法及时完成以及无法等待客户限定的价格出现时，该专营商接受客户各种形式的委托并执行这些指令，记录由于条件不具备而不能执行的指令，等待机会撮合成交。做市商角色是指券商先垫入一笔资金建立某些股票的足够库存，然后保持对指定股票的买卖双向报价，随时准备充当股票交易对手，以便使投资者总能以市价成交。自营商的这种以自有资金为卖而买、为买而卖的方式把证券交易市场上的买卖双方连接起来，组织市场活动，为有价证券创造了转手交易市场，他们在这种买卖中赚取差价利润。具体来说，专营商

的主要作用有三：一是决定专营股票每个交易日的开盘价，这一职能相当于电脑主机的集合竞价功能；二是保持证券交易的连续性。当交易双方报价相差太大，供需暂时不一致时，他们要用自己的资金以稍高的买价或稍低的卖价买卖其所负责交易的股票，维持交易顺利进行；三是抑制股票大幅波动。当证券市场因突发事件出现供求失衡时，专营商有义务买卖股票促使证券市场趋于平衡。

纽约证券交易所的专营商制度是为弥补"指令驱动"机制（Order-Driven-System）的不足，解决股票交易市场中委托买单和卖单数量不平衡矛盾而设立的，它是一种辅助性的制度。纽约证券交易所"指令驱动"不同于 NASDAQ 的"报价驱动机制"，其优势是交易直接，投资者的交易金中可省去支付给做市商的买卖价差，但最大的缺陷是无法保持市场的流动性和稳定性。在现实的股市中，交易者可能因报价不多或缺少交易对手而无法成交，大宗交易可能会费时过久，或影响价格波动，个人投资者可能会因为信息缺乏或预期不合理，而无法报出真正反映投资价值和供求关系的市场价格，使价格频繁波动。专营商在委托单出现短期不平衡的情况下，及时组织交易、处理指令并参与买卖，不仅保证了交易的及时性和连续性，而且避免价格严重偏离最近一次交易所达成的价格水平，维持了短期价格稳定。这对于交易量小、交换不活跃的股票尤为重要，因为流动性差的股票往往会越来越受投资者冷落。事实上，专营商的这种业务多是在市况较为严峻的情况下发生的。同时，专营商掌握着市价委托单和限价单的有关情况，虽然他不知道股票的真实价值，但他可以根据限价指令记录估计股票的需求状况和价格走势，不断报出较为恰当的买卖价格，并以报价为中介传递到市场，引导投资决策行为，并反过来影响报价，在此过程中使价格逐渐向其实际价值收敛。纽约证券交易所禁止专营商在股价大幅下跌时抛售和大幅上涨时收购；相反，在市场出现过大卖出压力时，他必须买进，市场出现过大抢购压力时，他必须卖出，从而减缓了二级市场价格波动。专营商的这一行为受到交易所的严密监控，一旦它未能履行维护市场公平秩序的责任，将受到严厉制裁或取消专营商资格。

二、专营商制度运作的微观基础和条件

1. 合理确定股票买卖价差

专营商提供做市服务来合理确定股票买卖价差，并承担相应风险的直接目的是获利，能否获利及获利大小关键在于其能否确立合理的报价，并正确调整

价差，保持某一水平下买卖指令的大体平衡。报价价差（Qaoted Spread）是某时候做市商买入和卖出牌价的差额，并不代表做市商的实际利润，其实际利润取决于实现价差（realized spread）即从实际的连续对冲交易中获得价差收益。如果买卖指令失衡，实际价差将直接受到影响，甚至出现单边市场使做市商无法取得利润。专营商在确定买卖价差时，必须综合考虑一系列影响价差的因素。主要有：

（1）经营成本。比如委托单处理成本的大小，包括办公场所及设备专用、交易所会员制、工资成本等。

（2）风险补偿。专营商维持股票多头头寸（Long Position）或空头头寸（Short Position）会有三类风险。一是未来股价的不确定性。持有多头头寸的专营商担心股价下跌，持有空头头寸的专营商担心股价上涨。二是专营商解开头寸（Unwinda Position）预计所需时间及其不确定性，这主要取决于股票买卖抵达市场的速度（也即市场厚度）。三是竞争程度。在某些交易中，如果专营商的交易对手比之占有更充分的信息，结果便是信息更灵通的交易者获得更好的价格，使专营商蒙受损失。一般来说，经营成本大，风险程度高，买卖价差也大。然而，价差幅度受到纽约证交所的严格规定和监测，不能无限制地扩大。

2. 保持合理的持仓量控制风险

专营商不以获取价格波动的投机性收益为目标，一般希望持仓量比较稳定。只要其执行的买卖指令平衡，持仓量就相应会保持在一个相对稳定的水平，他也就能从买卖交易中赚取期望利润。然而，股市纷繁复杂、变幻莫测，专营商会经常被迫作出非意愿的存货变动，不能实现自己的资产组合偏好。由于仓位的存在，使得专营商经常面临着价值和持仓成本的影响。为此，专营商必须随时监测头寸，相机调整报价水平，避免头寸大起大落，增加风险和资金占用成本。同时，专营商也必须很好运用风险管理手段，比如利用期权市场，以多样化的资产组合分散非系统性风险。

3. 具有一定的资金实力和融资渠道

专营商的交易活动在理论上不需要大量融资，因为一定时期内股票买卖数量对等便可理想操作。但是，由于现代股市交易规模日趋扩大和复杂，再加上持仓量变化，专营商的股票头寸也相应频繁波动，便要求专营商必须具有一定的资金实力。纽约证券交易所对专营商的最低资本金要求，在 1987 年股灾前为 10 万美元，还应有低成本的融资渠道。传统的融资方法是以其持有的证券向银行抵押贷款，但银行系统的成本一般较高。目前国外较通行的融资方式是

股票回购，买卖双方在成交的同时就约定未来某一时间的某一价格，双方再行反向成交，这一方法操作简单且成本较低，对专营商低成本融资能收到积极效果。从某种意义上说，发达的证券回购市场是现代专营商制度的基本条件。

三、美国对专营商的要求与监管

1. 专营商的资格

从纽约证券交易所的规定看，一家专营商应符合以下基本条件：

（1）具有一定的资金实力，以保证能建立足够的库存证券用以满足平衡市价的交易需求；

（2）要有管理证券库存的能力，以降低库存证券的风险；

（3）要有准确的报价能力，要熟悉自己证券的品种，并具备一定的分析能力，使报价能在一定程度上决定该品种的交易价格和交易数量，同时也保证了做市商本身的利润；

（4）要有足够的机构网点和优秀的市场分析及交易人员，具备足够的市场经验和投资知识，有良好的信誉，富有责任心和历史使命感。

2. 一般资本要求

（1）每名专营商必须就其所注册的每只普通股有容纳 5 000 股的持仓量。

（2）就每只可兑换优先股可容纳 1 000 股的持仓量。

（3）每名专营商的净流动资产要求定为 500 000 美元或总持仓量值的25%（以较高者为准）。

（4）在登记为专营商之前，会员必须通过交易所指定的专营商考试。

3. 专营商的义务

（1）专营商对被指定负责的股票，有责任在其上市后的一段时间内保持正常价格波动。当由于突发事件引起股价剧烈波动时，有责任以自营业务平抑价格或托市。所有专营商应相互配合，共同维护市场的正常运行。

（2）为维护交易的连续性和稳定市场，专营商在公众不愿出价或要价时，要以自己的名义提出要价和出价，既缺少买盘时充当买方，缺少卖盘时充当卖方；当公众的出价与要价差距很大时，专营商有责任以比较高价或比较低价卖出，以保持价格的连续性。

（3）交易所内的做市商不得开出与客户市价委托方向的买价或卖价，不得发出与客户委托的限制价格相同的买价或卖价，即使专业经纪人在受到客户的限价委托之前发出买价或卖价，也不能享受"时间优先"原则。

（4）专营商有义务每日向有关监管部门汇报该日买卖报价成交情况。有关监管部门若认为市场中存在不正常因素时，专营商有义务协助监管部门的调查。

4. 专营商的责任

（1）执行交易所其他会员所交予的限价盘。

（2）作为自营商为其本身的账户买卖。他必须就其所获指派的股票持续地维护公平及有序的市场。换言之，他通常应在本身的账户内进行买卖，以收窄每宗交易之间的价格变动，增加市场的深度。

（3）就其注册作为专营商的证券，他应对交予他的所有买卖盘保存有效记录，以及对所有该等买卖盘的执行、更改及注销保存有效记录，并必须保留此等记录及所有有关文件为期 3 年。

5. 专营商的优惠

（1）专营商为保证交易的连续性和有序性时常会遭受损失，因此可免去其交易税或过户税作为对其补偿；在交纳保证金时，可以享受优惠或减免；还可以重新买回过去 30 天中亏本出售的股票，并可以在计算税前收入时用这些损失抵成利润。

（2）为保证专营商有足够能力履行义务，专营商有权对自己负责的账户开设特种交易账户，通过交易账户取得证券融资，一般可在约相当于证券市价总值 90% 的质押贷款；还可以以自己的库存证券向商业银行或融资公司取得短期贷款。

（3）专营商由于其在市场中的特殊地位，享有一定的信息优先权，掌握着未成交委托单的报价和数量，全面享有买卖盘记录，了解停止损失委托的数量和价格以及发生单边市场的预兆。

（4）专营商在从事大宗交易时，可以延缓成交回报，待其平仓后再予揭示。在特殊情况下，专营商可以优先吸纳客户买卖盘，用以平仓。

6. 专营商的特权

（1）就限价盘而言，担任经纪或代理的专营商向佣金经纪人收取佣金的一部分。

（2）sup Dot（将买卖盘在会员公司之间传送及传达送往纽约证券交易所大堂的电子通讯网络）向专营商提供买卖盘流通情况的实时详细资料。专营商可以看见入市商号的代码、分行及秩序号码。

7. 专营商的监管

（1）美国证券交易委员会（SEC）就专营商本身账户买卖制定了具体措施，借以使此等人士获指派的股票能维持一个有序的市场。

（2）纽约证券交易所也要求专营商将其在多个未公布及随机抽样的一周期间内所做的买卖向交易所提交详细的资料。另外，纽约证券交易所规定，专营商不得担任其所负责股票发行公司的高级职员或董事，不得参与其所负责股票发行公司的代理竞争，不得卷入经理集团与不同意见集团之间的争议，不得挪用其所负责股票发行公司所拥有的证券或成为该公司股东，或使专业经纪人处于内幕人士的地位，从而影响和限制其创造市场的能力，也不得接受其所负责的股票发行公司给予的佣费或其他报酬，以保证其行为的公正，保证其他投资者利益，不得跟所负责股票发行公司从事价格商业性交易，其目的在于保持专业经纪人的独立地位，以避免任何利益冲突。

（3）在每个季度期间，专营商必须获其指派公司中一个或多个高级职员，以获悉有关公司发展的最新资料。

（4）交易所的联机监察程式监察开市期间自动行情显示装置所记录的一切买卖。

（5）设立市场表现委员会来发展和管理一个用于定期评估专营商表现及市场素质的系统，从而确定是否有任何专营商需要采取行动改善其表现。

（6）如专营商的表现未符合预订标准，则会采取下列行动：发出专营商表现评估问卷；监察其于上午九时四十五分前能显示开盘交易或报价的次数比例；监察其对买卖盘及管理信息的反应；监察在连续两季度内通过该项专营商成交的交易占交易股数的百分比。

四、专营商制度的功效和缺陷

根据纽约证券交易所的运行经验，实行专营商制度后，有以下潜在优点：

（1）有利于提高市场运作效率。

证券交易中买盘和卖盘出现不均衡是经常的，如果这种不均衡持续下去便是对市场效率的损害。在交易供求失衡的情况下，购买者由于没有相应的证券供给而无法有利于提高市场运作效率。证券交易中买盘和卖盘出现不均衡实现购买需求，只好以高于现价的价格购买，然而并非所有的购买者都有接受高价和支付的能力。这时专营商以高于该证券的初始价格而低于现价的价格出售该证券，就能满足购买者的需求。尽管此时价格比初始价格高，但却降低了所有购买者的购买水平，调节了供求的平衡，提高了整个市场的运作效率。

（2）有利于证券市场稳定。

专营商制度本身有利于减少个股买卖之间的价差。纽约证券交易所要求专营商在出现价格剧烈波动时，要尽力减小股价巨幅波动和市场震荡的频率，如果专营商失职，就会被暂停或撤销专营商资格。典型的事例是 1963 年 11 月 22 日，肯尼迪总统遇刺消息传出后，纽约证券交易所出现恐慌性抛盘，股市面临崩盘危险，此时专营商果断行动，大量接盘，直至交易所采取闭市措施，基本保证了市场稳定。

（3）有利于证券市场活跃。

专营商本身既是买家又是卖家，在任何交易时间，只要他进行做市，就意味着一定有交易价格和交易对手，不会出现无股票可买或卖出的股票无人接手的情形。同时，该制度又能避免"指令驱动"模式以牺牲价格稳定性来换取大宗交易的不足，能在保持市场稳定的同时完成大宗交易，从而节省交易时间和由于价格波动引起的额外交易成本。

（4）有利于证券价格在一定时间内保持连续和稳定。

证券市场由于供求关系的改变，会使证券价格在一定程度上偏离其价值界定。"指令驱动"模式在强调供求关系的同时，却容易忽视时间因素。当买卖盘出现暂时不平衡时，价格可能剧烈波动；如交易者即刻成交，买卖双方任何一方都将使投资收益减少，以致影响其投资信心和热情。专营商通过对证券价值发现来确定稳定的双向报价，使买卖价格不会随供求关系变化出现相应波动，使供求变化的不确定性得到缓解。

专营商制度也存在着一定的局限性，这主要是由于做市商制度本身的缺陷造成的。主要表现有：

（1）可能增大交易成本。

专营商为提供服务投入资金要承担一定风险，并聘用相关的专业人员，会因此要求就其所提供的服务取得补偿，导致投资者承担较高的费用。这些补偿的典型例子包括获得资讯上的好处等。纽约证券交易所的专营商是唯一全面知悉买卖盘记录的人。另外，补偿形式也可以是持仓方面的好处（例如可首先吸纳客户买卖盘）、交易费用及收费享有宽减，以及税项宽减。专营商享有的利益可能在一定程度上扭曲市场。

（2）只能起辅助性的有限作用。

专营商制度作为现行指令驱动交易制度的补充，只能与指令驱动制度有效配合，而不能完全取代它。做市商作为稳定市场的力量之一，只能减缓股价巨幅波动，不能充当牛市中的阻碍和熊市中的支撑，也不能抢救即将倾覆的市场。例如，美国 1987 年 10 月 19 日"黑色星期一"，尽管有纽约证券交易所内的专营商给尽力减轻股价波动，但股灾还是未能幸免。

（3）受利益驱动比较明显。

专营商通常只选择一些对市场影响较大、成长性强且业绩良好、发展潜力较大的股票，以便在成交量放大时更多获利；而对一些表现不好、市场影响小、交易量小的股票不屑一顾，以避免交易量低于某一限界时亏本。专营商在熊市时只能在某种程度上买入股票；资金短缺时则会停止入市，为平衡其账目成为卖家。在市况反复波动的情况下，专营商的资源也许瞬间不胜负荷。就是在市况温和波动的情况下，专营商有时也会要求暂停交易，停止报价，或拒绝按其报价执行交易。

（4）可能引致滥用特权。

专营商在证券交易所具有特殊地位和双重身份，特别是掌握着未成交的委托报价单数量，为他们利用掌握的市场信息牟取暴利或控制市场提供了可能。例如，尽管规定同一笔业务中做市商不得以经纪人和自营商双重身份出现，按照"客户优先"原则，当市场价格较为有利时，必须先替客户买卖，只有手中的客户委托单全部完成后，才能做自营交易，但在目前的监管制度和技术条件下，尚不能准确地鉴别专营商的行为。再如，如果专营商属于一个提供一系列金融服务（包括基金管理和企业融资）的大集团中的一员时，可能会出现利益冲突。还有，专营商之间可能会相互串通，预先订出价格或避免相互出现竞争。

Part 5 境外上市公司监管及风险控制

Supervision and Risk Control of Oversea Listed Company

第 27 讲
境外上市公司监管政策与监管措施
——上市公司监管国际高层研讨会

  中国企业赴境外上市，如何接受境外上市地和境内的监管，以及境外如何对中国的境外上市公司进行监管，这在全球都是一个正在探索和解决中的问题。美国电影《华尔街》中有一段著名的台词说，"在华尔街的金融游戏中，你要么是局内人，要么就出局。做不成真正的玩家，你就什么也不是"。上市公司如何在残酷的金融游戏中成长起来，站稳脚跟，成为"局内人"，的确是一种严峻的考验。

  中国企业面对的是国际投资者，国际投资者本来就对中国企业的情况不太熟悉、了解，中国企业对他们的法律和文化也不太熟悉、了解，特别是上市企业与投资者之间的交易是不同时性的，投资者先给企业资金，企业后给投资者分红，而盈利又不确定，双方难免会在利益分配、信息披露、行为表现等方面产生矛盾和冲突，有时还会卷入司法纠纷中。为了解决或减少这些问题的出现，一个重要的措施是加强对上市公司严格监管。这一点大家都已达成共识。只有这样，才有利于约束上市公司，保护投资者权益。应当说，经过较长时期发展，以及在曲折中不断总结经验，境外成熟资本市场在上市公司监管方面积累了丰富经验，也形成了一系列较为系统、完善并有效执行的制度。各国（地区）政府、欧盟，以及国际证监会组织、巴塞尔银行监管委员会、世界银行等也都陆续采取了一系列监管措施，以健全上市公司监管制度，严惩违法违规及严重失信行为，保持及恢复市场秩序和投资者信心。

  那么，从 2010 年下半年以来美国对中国上市公司集中调查，以及 10 年前美国对安然等造假上市公司严厉查处，有哪些监管政策和监管措施值得我们汲取呢？下面我做一些基本情况介绍，并欢迎大家参与讨论。

一、在政府主导下市场主体广泛参与监管

  一般来说，美国的资本市场是最为发达、证券投资最为普及，且参与监管

的市场主体也最为广泛。因此，美国对其境内和外国来的上市公司的监督环境是最为严苛的。从监管架构来看，美国的监管体系是一个多层次的架构：最高的监管当局是国会，负责制定与修改规范资本市场的各项法律。比如，国会曾通过著名的《萨班斯－奥克斯利法案》等，吸取安然、世界通讯等造假的事件的教训，加大对上市公司监管力度。在国会以下有两个基本的层次：第一个层次是美国证券交易委员会（以下简称 SEC）。商品期货交易委员会和联邦储备委员会也发挥辅助作用。SEC 是证券市场监管的全面负责者，CFTC 负责监管指数性质的衍生产品交易（具体单只股票的衍生金融产品交易由 SEC 负责监管），联邦储备委员会负责货币政策，但也有责任对证券、银行监管部门之间进行协调。第二个层次是自律监管，即证券交易所、期货交易所和证券交易商协会等自律组织的监管。自律监管组织（Self Regulation Organization，SRO）在美国资本市场监管体系中占有重要地位。其中最重要的两个自律监管组织是 NYSE 和 NASD。另外，还延伸到各个市场参与者，比如审计机构、法律机构、媒体、个人投资者等。特别是，还有虎视眈眈的试图通过做空来谋取利益的对冲基金。有些人会把国际市场曝光部分中国境外上市公司的财务造假丑闻与别有用心地抹黑中国的行为等同起来。应当说，这需要具体分析。一些机构通过搜集可能涉嫌财务造假企业的相关信息，披露并做空相关的问题上市公司，只要不涉嫌诋毁和造假式炒作，对于提高国际资本市场信息披露质量，降低跨境上市公司与投资者的信息非对称性壁垒是有利的；对提高国际资本市场对跨境风险资产的风险定价能力，为各国交易所展开更为市场化的竞争提供可能性，也是有利的。这些监督者越多，而且越靠近市场，他们发挥的作用就越直接，成本越低，越有纠错效果；越靠后的、靠上的，最后补救的性质就越强。当然，如果做空机构企图通过操纵市场，造成股价大幅波动，蓄意牟取暴利，这本身是违法美国证券交易法规的，中国概念企业也需要进行法律维权，反击做空势力。例如，一些去年遭遇恶意做空的中国概念股，嘉汉林业、辽宁新兴佳、中国清洁能源等，相继动用了法律武器，在美国提起了法律诉讼。简言之，我们可以把美国的监督模式概括为一种"全民监督"的模式。

　　我们首先来看看 SEC 的监管：美国 SEC 从 2010 年下半年开始对中国在美国上市的企业进行集中调查，查处财务造假等方面的欺诈行为，主要通过司法程序，使企业有的被停牌，有的被摘牌，有的遭到起诉。再看证券交易所的监督：主要按交易所的规则，对不能按时提交年度财务审计报告的企业勒令退市。比如，2010 年 9～10 月，纳斯达克勒令同心国际、福麒国际退市，股价

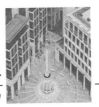

暴跌，转至粉单市场交易。再看审计师事务所的监督：主要通过出具有保留意见、无保留意见、拒绝出具审计意见等手段。比如，审计师事务所德勤质疑多元印刷的财务数据，多元印刷将德勤解聘，当日，多元印刷股价暴跌达54.63%，多元系旗下的另一家上市公司多元水务也跟着暴跌近50%。再看来自律师事务所的监督：主要通过司法诉讼。例如，2010年10月以来，多家美国律师事务所对中国绿色农业提起集体诉讼。诉状称，中国绿色农业的部分前高管和现在的高管对公司的真实财务状况存在虚假陈述和遗漏情况，根据诉状中的描述，中国绿色农业的财务报表在公司质量和性质方面误导了投资者。诉状中还写道，中国绿色农业提交给SEC的2010年财务报表中存在极大的错误与误导。此消息导致中国绿色农业股价连续大跌。2010年6月2日，美国克史密斯律师事务所指出，阿特斯太阳能公司可能已经触犯联邦证券法。该所调查的重点指控之一是，2009年5月26日至2010年6月阿特斯太阳能的财务报表，以及公司对业务运营前景预估存在重大虚假和误导性。消息传出后，阿特斯太阳能股价盘后暴跌17.79%，报收9.75美元。再看来自媒体的监督：2010年8月，《巴伦周刊》撰文质疑在美国借壳上市的中国公司，描述了通过反向收购上市的中国公司的种种问题，文中具体点了稳健医疗、东方纸业、天人果汁等多家中国公司的名。此前，《巴伦周刊》还曾质疑动物饲料及猪肉产品企业艾格菲国际集团，此后该公司一直未能达到产量目标，股价也从15美元一路跳水到2.50美元。再看来自对冲基金等做空者的"监督"：这种"监督"是一种猎杀。其手法是做空者先找到一些他们认为存在问题的公司，然后建立空头，接着通过各种途径散发他们做空的这些公司存在的问题，这些消息往往会导致股价暴跌，做空者从中获利。例如，2010年7月，美国一家研究机构Muddy Waters Research指责东方纸业存在欺诈行为，将其评级调低至强力卖出，目标价为1美元以下。Muddy Waters估计，东方纸业向美国SEC提交的申报材料中将公司资产价值夸大了10倍左右，营业收入也高估了40倍。Muddy Waters此前已经做空东方纸业股票，并表示会对自己的报告负责。7月第一周的交易日，东方纸业一周蒸发了50%的市值，股价由此前的8美元上方跌至4美元左右。2010年9月15日，勃朗特资本公司基金经理约翰·汉普顿（John Hempton）将其对旅程天下的报告发布在公司网站上，报告内的结论显示，旅程天下向美国SEC递交的文件中存在虚假描述，根据其这一研究结论，布郎蒂（Bronte）和汉普顿做空旅程天下股票。当日开盘，该股暴跌30%，并最终收跌19.08%。最后，看来自个人投资者的监督：2010年10月22日，一名自称在德勤做了35年会计，并在中国有10年工作经验的美国个人投资者阿尔弗莱德

412

（Alfred）撰文，质疑山东博润的财务数据，称其利润率有问题，导致博润当日大跌 25.27%；10 月 27 日，阿尔弗莱德再度撰文，进一步质疑博润。截至 11 月 2 日，博润从阿尔弗莱德质疑起，累计跌幅逼近 40%。2010 年 10 月 26 日，美国上市公司调查报告独立撰写人 Roddy Boyd 撰文，质疑泰富电气的销售与运营费用，导致泰富电气当日大跌 13.58%。从以上这些案例中，我们可以看到，这些在美国上市的公司处于美国"全民监督"的包围之下，需要将公司的经营情况更好的公开化，披露更多的信息，接受公众的监督，以增强国际投资人的投资信心和国际资本市场的认可度，否则将付出惨重的代价。

二、明确上市公司董事及高层管理人员对信息披露的责任

在全球证券市场上，最重要的监管制度可以说是强制性信息披露制度。有了这种制度，还必须让所有涉及的人严格执行。证券信息披露制度，又称公开制度或公示制度，是指证券发行公司在证券的发行、上市和流通各个环节中，为维护公司股东或债权人的合法权益，将与其证券相关的一切重大信息予以真实、准确、完整及适当的公开，以供投资者作出证券投资判断参考的法律制度。该制度发端于 1844 年英国的《股份公司法》，为美国 1933 年《证券法》和 1934 年《证券交易法》所确立。美国大法官路易斯（Louis. D. Brandeis）的名言是："公开制度作为现代社会与产业弊病的矫正政策而被推崇，阳光是最好的防腐剂，电灯是最有效的警察。"目前，国际资本市场的信息越来越对等，无论是在中国还是在美国出现问题，有关信息都会在公开化的市场中快速流通和引发效应，中国在美国等境外资本市场上市的公司要特别注重信息披露的及时性和准确性。

美国证券市场信息披露制度，主要包括以下五个方面。

（1）发行信息披露制度。它是旨在向社会公众募集或者发行有价证券而进行的信息披露制度。美国的大部分州，除少数实行《蓝天法》的州外，在证券发行时，监管部门实行注册制。只要拟发行公司充分披露了所有的信息，做到准确、充分、及时，监管机构就批准发行上市，至于有没有人愿意买企业的股票，价格是多少，那是由市场决定的事情。也就是说，买者和卖者责任自负。如果发现有欺诈行为，那就要严厉惩罚。这种制度是一种宽进严出、后发制人的制度。按照注册制的一般规定，在注册资料送达监管部门前，不得从事

任何市场推介和承销活动；在等待监管部门进行形式审查阶段，发行人与承销商可进行宣传，并作口头要约，与潜在投资者接触，但不得进入实际销售过程。

（2）持续信息披露制度。它是指证券发行人及其主要股东和有关当事人披露与证券交易和证券价格有关的一切重大信息。持续性信息披露制度规范的是证券交易市场。证券发行后，证券发行人仍应向投资者、证券市场持续地提供重大信息，包括季度报告、中期报告、年度报告等定期的信息披露；也包括发生重大变动公司所进行的临时披露和为执行证券交易所及时公开政策而公开的各类报告文件。

（3）定期信息披露制度。美国的定期报告包括季度报告和年度报告。美国 SEC 依照《1934 年证券交易法》的规定，年度报告必须对公司的业务及管理情况作广泛的披露，并要求提供两个会计年度经审计的资产负债表、损益表、资金来源和使用说明等。适用于季度报告的 10 - Q 各细则要求发行公司按季度披露有关经营情况，提供最近会计季度及上一会计季度同期的资产负债表、损益表等财务资料，无须审计。另外，还包括在每年召开股东大会前的法定时间内向股东发送的委托投票权征求通知，并按法律规定登载相关信息。

（4）预测性信息披露制度。预测性信息在习惯上被称为"软信息"，一般包括对未来盈利之类的财务性事项的预测，公司管理层对未来计划或目标的描述等。美国对该类信息的披露有自由披露与持续性披露两种不同的监管方式。美国 SEC 最早禁止披露预测性信息，因为这种信息带有主观判断和推测，担心会让无经验的投资者产生信赖心理。1978 年，SEC 才发布了准则，鼓励预测性信息披露，并于 1979 年颁布第 175 号规则，采纳了"规则安全港"（Rule Safe Harbor）制度。预测性信息制度发展到今天，被认为是有助于保障投资者的，而且是符合公众利益的。

（5）购并法律制度中信息披露。美国该方面的规定主要集中在 1968 年制定的《威廉姆斯法》中。这部关于上市公司收购行为的法规在西方最早。该法第 13、14 条规定了收购方在取得上市公司（目标公司）5% 或 5% 以上股权时，应当履行的披露义务。该法第 13 条要求，持有某一上市公司 5% 以上股权的股东，或采取联合行动购买某一上市公司 5% 以上股权的，应当披露其持股情况。"联合行动"的双方不一定有关联关系，只要他们通过书面或口头的协议，或通过其他默契而"一致行动"，就产生披露义务。具体的披露义务是：在 10 个日历日内填写有关表格，向 SEC、证券交易所和目标公司备案。之后，每买入或卖出 1% 以上该种股票，或购买意图发生变化时，应及时（一天内）向上述机构补充备案。SEC 对持有上市公司股权达 5% 或 5% 以上，但在以前 12 个月内持有该公司股权不超过 2%，并无意取得该公司控制权的公司或个人，只要求其填写简易表格。因此，持股人可以根据自己是否有进一步收购的目的而选择填写哪一种表格，便于市场据此区分持股人的意图。

尽管美国有着完善的强制性信息披露制度，但是仍然有重大的财务欺诈案发生。在境外成熟市场中，普遍存在着上市公司董事及高层管理人员对所提供信息责任意识不强，甚至有意造假的现象。2001 年末和 2002 年，接连爆发安然、global crossing、adelphia、世界通信（worldcom）和施乐公司等世界著名的大上市公司的财务舞弊事件表明，上市公司会计舞弊现象已经成为世界性的难题。针对这种情况，美国国会进一步完善信息披露制度。在《萨班斯－奥克斯利法案》中，提出了新的信息披露规则。证券发行公司在迅速的、现行的基础上，披露公司财务状况或财务经营状况的实质性变化；在提交给 SEC 的定期报告中，披露所有的资产负债表外交易；提高证券发行公司对预测的财务状况的披露；证券发行公司制定对高层财务人员的道德守则，如果没有制定道德守则，应当说明为什么，在道德守则出现变化或者废弃时进行及时披露；审计财务报表要反映所有由审计师指认的"实质性的校正调整"；年度报告应包含"内部控制报告"。与此同时，美国国会还认识到，即使有了好的信息披露制度，还必须确保有人来严格执行。于是，该法案第 906 节规定，自 2002 年 7 月 30 日开始，所有依照美国 1934 年证券交易法第 13（a）或 15（d）节的规定定期向证监会提交财务报告的上市公司（包括美国本国公司和在美上市的外国公司），都要由其 CEO 和 CFO 个人书面保证：（1）公司所提交的定期报告"完全符合"证券交易法第 13（a）或 15（d）节的要求；（2）该报告中的财务信息"在所有实质方面公平地反映了该公司的财务状况和运营结果"。根据这一要求，2002 年 7 月 30 日后所有根据证券交易法提交年报和季报的美国上市公司，以及所有提交年报的在美上市的外国公司，都必须在提交报告的同时提交 CEO 和 CFO 签署的书面保证。

美国 SEC 还就强化公司的信息披露义务等向纽约证券交易所提出了加强公司责任和建立上市新标准的建议，为纽约证交所采纳。新标准通过规范信息产生和发布的全过程来保证公告信息的及时、客观、真实、准确、全面。新标准规定，上市公司必须建立一套经营与伦理守则，并将该守则向公众进行公告。对公司董事或管理层中出现的任何违反守则的行为应当即时披露。公司还

应当建立审计委员会、报酬委员会和聘任委员会的规程指南。这些指南也在应当公告的文件之列。标准还要求，非执行董事必须遵守公司的行政纪律。CEO必须在每年的年报中确认他们没有发现违反纽约证券交易所上市规则的情况，这项确认不仅是一种道德约束，更是一种责任指向。

三、扼制上市公司高管人员及其他
关联方侵犯公司利益的行为

在过去 70 多年的时间里，各国对投资者的保护都是着重于审计结果的报告，即为公众提供公允、透明的财务成果信息，以及帮助理解这些财务成果的其他相关信息。《萨班斯－奥克斯利法案》的原则精神认为，公司仅仅提供财务成果是不够的，还必须分析和评估达到这些成果的过程，它要求企业要建立内部控制制度，并且评估内部控制的有效性。因此，这个法案带来了从简单的信息披露转向实质性管制的监管政策和理念的变化。当然，实施萨班斯法案给企业增加了一些管理成本，迫使企业支付较高的审计费用。企业放弃更多的生产活动带来的机会成本，减小了利润空间，减缓了发展速度。管理者和外部审计人员之间的工作存在着一些重复的地方。面对紧张的审计人力资源，会计师事务所在重新评估接受和保留政策时会被迫放弃一定的审计客户，这样较小的公司容易因此受到伤害，等等。有很多公司抱怨实施该法案的负担几乎超越了实施该法案的收益。针对广泛的批评，上市公司会计监督委员会于 2007 年颁布了 AS5 来代替 AS2，并把它作为独立审计人员对公司财务报表作出更客观评价的指导原则。

从披露的境外上市公司的欺诈案件中，可以看出，上市公司高管人员及控股股东利用各种手段，侵害公司及小股东利益的问题比较普遍。这些常见的手段通常包括：向高管人员巨额贷款；与投资银行狼狈为奸，通过发行股票获取不义之财；错误地利用以股权为基础的激励计划，通过虚报赢利，抬高公司股价，然后趁机抛售所持股票获利；通过子公司洗钱、谋取私利等。在管理层操纵股价方面，一个比较著名的例子是思科公司。该公司曾经连续 25 个财季每股收益都比其预期正好高 1 美分，从而使其股价持续上升，至 2000 年成为市值最高的美国上市公司，其财务总监也被誉为最好的财务控制专家。然而，管理层在合法的范围内调整财务报表的空间毕竟是有限的，尤其是当实体经济不景气时，要想合法地调整出良好的财务报表是不可能的，于是有些公司的管理

层就试图进行财务欺诈。

针对这些问题和情况，一些国家（地区）制定法律法规，限制向高管人员提供个人贷款及担保，完善股权激励计划及相关的会计、披露等制度，提高公司与管理层及主要股东有关的经济业务的披露要求。这些措施最集中和明显的体现在美国《萨班斯－奥克斯利法案》第 404 条款的规定中。该规定要求公司和审计人员重点关注控制环境和公司的持续经营能力；要求公司在实际工作中，保持对内部控制大量的记录，以便在将来更好的控制会计人员的思维，促进控制过程的合理化和简单化。要求公司把它作为失败后重建的助手，作为与执行人员沟通内部控制信息的手段。这些要求增加了财务报告的透明性和可靠性，揭示了内部控制的许多重大漏洞，推动了披露和纠正错误机制的完善，增加了投资者的信心，并最终支持形成一个更加有效的资本流动机制。那些不能按照法案要求通过审计的可能性，将会对公司的股票价格、借款利率、债券评级等产生不利影响。因此，《萨班斯－奥克斯利法案》的审计规定，相当于给投资人提供了额外的保证。

特别是，该法案把审计要求与高管人员的经济利益紧密联系起来。例如，其第 304 节规定，当会计报表与证券法存在实质性的不符时，公司的首席执行官和首席财务官应当返还首次发行证券或其在备案后 12 个月内从公司受到的奖金、红利、其他形式的激励性报酬，以及买卖股票所得收益。第 1103 节规定，SEC 有权在对可能违反证券法的行为的调查期间冻结支付给公司主管、政府官员、合伙人、有控制权的人士、代理人或是公司雇员的特殊报酬。这些规则侧重从收益上限制高级管理人员的报酬和股票收益，辅之以严厉的刑法责任和民事责任，使得证券欺诈的违法成本大大地提高了。

另一个重要的措施是规范公司的期权激励制度。在美国，公司采用期权激励其管理人员是普遍的现象。在 2002 年的系列丑闻中，期权因其潜在的利益激励机制而受到人们的怀疑，认为它是公司管理层舞弊的一个重要原因。由于期权激励对于美国经济的巨大推动作用，最终在会计改革中，没有对期权会计做出根本性的变化。但是，期权计划的授予权被提高到股东会的层面。对于管理层激励自己的行为应当作出合理的制度安排，如建立由独立董事构成的薪酬委员会负责管理层的股权激励计划，计划的最终决定权应当在股东大会，以此防范公司管理层因自身利益的驱动进行会计舞弊。

四、加强公司治理中的董事会、独立董事制度和审计委员会制度

全球的法律体系分为英美法系和大陆法系。德国、日本、中国等是大陆法系国家，强调监事会和董事会的作用。美国、英国、中国香港等是英美法系国家和地区，它们通常不设监事会，强调董事会的作用，后来为了弥补没有监事会的缺陷，建立了审计委员会。美国的有些上市公司的董事会完全由独立董事组成。

但是，在上市公司实践中，有些公司的董事会还是不能行使应有的职能。例如，根据调查发现，安然公司的董事会成员都是金融方面的专家，他们在过去几年中也接触到了足够多的显示安然公司经营风险的事实，但是他们仍然置若罔闻，对管理层的几乎全部提案表示一致的同意。美国上市公司的董事会大多都与管理层有着千丝万缕的联系，管理层通常通过老关系、赞助、签订咨询合同、支付咨询费等手段把公司的董事变成"自己人"，甚至独立董事也不例外，董事会的信用机制也因此失灵。董事会没有尽到保护股东利益的责任，公司被管理层少数"内部人"严重控制。上市公司董事会监督能力弱化成为美国上市公司发生财务欺诈的一个重要原因。例如，安然公司的董事会每年举行5次例行会议，还有数量不定的特别会议。例行会议每次开两天，每天开两小时，主要内容就是听取公司管理层以及审计机构的报告；而特别会议基本上都是电话会议。除了这些会议以外，安然的董事会基本上不再和公司的管理层进行沟通，董事会成员之间也很少进行沟通。因此，这个全球第七大公司需要董事会批准的全部重大事项都是在每年仅仅20多个小时的会议上获得批准的。

针对这些问题，各国（地区）在健全董事会、独立董事和审计委员会制度方面采取了许多措施。

首先，强化董事会的独立性，建构公司治理中董事、董事会的信用机制。从法理上说，公司和股东将公司事务托付于董事，便与董事之间建立起了信托关系。这种信托关系是建立在董事、董事会具有受托人品格中所包含或要求的关于信任、信赖和谨慎、善意、坦诚的品格基础上的。作为受托人的董事必须要能够获取公司及股东的信任，这就要求董事对股东和公司的忠诚就要"像狗对主人一样忠诚"。信用的制约机制发挥作用的前提是相关各方必须切实履行自己的义务。2002年6月，纽约证券交易所"公司责任和上市标准委员会"

受托，撰写了《关于改进上市公司公司治理制度的若干建议》的报告，其中开宗明义地指出："美国的制度依赖于上市公司的董事们的能力和诚信，依赖于他们能够坚持无懈可击的道德标准，勤勉地负起监督上市公司管理层的责任。报告中所有的建议都是为了给予那些诚实、勤勉的董事以更好的工具，来加强他们对上市公司管理层的监督能力，也为了鼓励尽可能多的诚实正直的人作为董事、管理层和雇员为上市公司服务"。纳斯达克证券交易所在制定的公司治理新规则中规定，如果一个董事的家庭成员是发行人或者其关联公司的高级管理人员，或者在过去的三年内是，则这个董事不被认为是独立的。对于前任雇员、审计员和公司间互兼董事，提案规定了三年的"冷却期"。在独立董事薪酬方面，新的条例吸取了安然事件的教训，将过去的独立董事获得的年薪不得超过 6 万美元的规定修订为不得收取任何薪酬，包括捐赠以及其他相关收入。此外，规定如果公司的独立董事中包括慈善机构的负责人，公司便不得向该慈善机构捐赠超过 20 万美元或占公司或该慈善机构年收入 5% 的款项，否则该慈善机构的负责人将被取消独立董事资格。

其次，在独立董事的数量和职能方面，提高了独立董事在董事会成员中的比例，赋予独立董事在董事提名、薪酬制定、审计等方面的监督权，禁止独立董事及其家属受雇于其担任独立董事的公司，限制独立董事从公司取得董事收入以外的酬劳。例如，纽约证券交易所的新规则规定，独立董事在董事会中必须占多数。上市公司必须设立一个聘任委员会、一个薪酬委员会或由公司自行任命的具有相同职能的委员会和一个审计委员会。每个委员会都必须由独立董事组成。在具有特定控制权的公司，可以不要求建立这些委员会，但至少应当建立由至少三名独立董事组成的审计委员会。新规则还要求，独立董事与所在上市公司不能有任何实质性的关联。董事会应当建立判断董事独立性的权威性标准。在董事符合该标准时，进行一般性公告，在董事不符合该标准时，要特别公告说明。现行标准仅规定了要根据"现行的定义排除与管理层或公司之间任何可能干扰董事独立行使职责的关系"。为了保证公司董事的独立性，新规则将现行的"三年冷却期"改为"五年冷却期"，即公司员工在离开公司后五年内不得担任公司独立董事。同时，为了保障公司财务报表的真实性，纽约股票交易所提出审计委员会成员不得获取除董事会津贴以外的任何报酬。所有这些规定不仅从业务上、地位上强化了董事会的独立性，而且从形式上、实质上强化董事会的独立性，这就使董事、董事会对股东、公司的忠诚义务、勤勉义务、善管义务及相应的信用机制规范化、制度化。

最后，在审计委员会方面，规定公司聘请注册会计师及决定其报酬必须先

经审计委员会批准；注册会计师应当及时向审计委员会报告其与公司管理层在会计等方面的分歧；审计委员会必须具备较高的独立性，应当是独立董事，但不能是公司或者其子公司的关联人士；除了作为董事会成员外，也不得从公司中接受任何咨询、顾问费或者其他酬金；为保证能够及时发现公司的会计和审计问题，并保持较快的反应能力，审计委员会可根据需要聘请专家，也允许公司雇员匿名或者秘密举报。

五、进一步提高中介机构的独立性，加强对中介机构的监管

在境外的资本市场中，投资者的有效决策和市场机制的有效发挥，有赖于注册会计师在确保上市公司所提供信息质量方面充分发挥作用，也有赖于证券分析师分布的客观公正的研究报告，还有赖于其他证券机构提供的良好服务。证券从业人员的职业道德水平是保障证券市场健康发展的重要基础。

然而，美国多年来一直追求效率，在金钱的诱惑和腐蚀下，资本市场中的许多精英们的职业道德素质明显下降，最终造成一系列的重大丑闻。一位美国律师在他写的《欺诈原理》一书中说："那些大骗子比你强吗？当然不是。他们仅仅是知道了一件你不知道的事情：欺骗是通向永恒财富之门最快捷、最有保证、也是最辉煌的道路。"从所披露的境外资本市场的一系列案件来看，成熟市场也存在注册会计师缺乏独立性，不能勤勉尽责，甚至与客户串通作弊等现象。与审计师相同，披露的案件也表明，投资银行、基金管理公司、投资咨询机构、律师事务所、信用评级机构等也存在缺乏独立性，与上市公司高管人员串通，侵犯公司和小股东利益的行为。仅在安然事件中，投资银行就承担着贷款方、证券承销商、合并顾问等多重角色。在利益出现重叠和冲突的时候，双方就相互勾结，共同牟利。投资银行蓄意隐瞒财务真相，帮助公司设计虚假的交易，欺骗投资人、股东和评估公司。因此，投资银行对安然等公司的欺骗活动负有不可推卸的责任。

为此，各国（地区）采取了一系列的措施，来提高这些机构的独立性，加强对这些机构的监管；建立健全职业道德规范，强化中介机构及其专业人士的诚信教育。2002 年 7 月，美国在参众两院通过的《萨班斯－奥克斯利法案》中，为了维护和保证会计师独立性，对影响会计师主动丧失职业操守的利益驱动因素进行有效的控制和约束，建立公司治理中的信用机制，提出了若干重要

的措施。

在强化审计独立性方面，对注册会计师提供非审计服务进行限制，明确禁止审计师为同一审计客户提供如下业务：（1）与审计客户会计记录或者财务报表编制有关的簿记或者其他服务；（2）财务信息系统设计与执行服务；（3）评估或者估价服务，出具公允性意见或者实物捐赠报告服务；（4）保险精算服务；（5）公司内部审计外包服务；（6）提供管理职能或者人力资源服务；（7）经纪人或者承销商、投资顾问或者投资银行服务；（8）法律服务和与审计无关的专家服务；（9）公众公司会计监督委员会依法规定不允许的其他服务。

在加强对会计师行业监管方面，要求成立上市公司会计监察委员会，负责监管上市公司审计。委员会受美国 SEC 直接监管，但为民间性质，其运行经费由上市公司分担，工作人员也按市场价格付酬。委员会被赋予审计准则制定权，会计师事务所注册权、日常监督权、调查和处罚权（包括永久禁止注册会计师和事务所执业）等。这就改变了自 1933 年以来美国注册会计师行业一直采取"受监管的自我管制"的架构。"受监管的自我管制"的架构即 SEC 对国会负责，负责上市公司财务报表规则的制定，在利益上独立于会计师事务所和上市公司；规则的制定权被委托给美国注册会计师协会和财务会计准则委员会，SEC 只保留最终监督权和否决权。行业自我管制的责任，由会计行业内部成立的 aicpa 负责。

在建立审计师轮换制方面，规定会计师事务所的主审合伙人，或者复核审计项目的合伙人，为同一审计客户连续提供审计服务不得超过 5 年，否则将被视为非法。这一规定的理念基础在于：会计师事务所负责某一审计客户审计的合伙人在对该客户的审计工作达到一定时间以后，必须轮换，以免审计合伙人与审计客户合作时间过长而影响其独立性。

在内部审计的信用机制方面，强调要充分发挥审计委员会的作用。法案第 301 条要求所有的上市公司都必须设立审计委员会。审计委员会制度是为了弥补美国公司治理结构中无监事会这一制度的弱点，增强对管理层和董事会的制约，自 20 世纪 60 年代起开始引入的。法案对上市公司审计委员会的职能等做了更具体而明确的规定，主要包括：（1）会计师事务所向审计客户提供审计和非审计服务，以及报酬如何，都必须事先经过客户审计委员会的批准。（2）事务所应当及时向客户审计委员会报告重大的会计事项，包括：拟采用的主要会计政策和会计惯例；所采用的公认会计原则允许的所有备选会计处理方法，在使用该备选方法上的分歧，以及事务所认为应当优先采用的方法；事务所与客户管理层之间其他重要的交流文件，例如管理人员信件或者未调整差异的明细

表等。为保证履行职责，切实保护投资者利益，审计委员会必须具备较高的独立性。为此，该法规定，审计委员会委员应当由独立董事组成，并且除作为董事会成员和审计委员会成员外，不得从公司中接受任何咨询、顾问费或者其他酬金，也不得是公司或者其子公司的关联人士。

在审计人员跳槽限制方面，当审计师跳槽去被审计公司工作时，为保证审计工作的独立性，法案规定在会计师事务所开始对上市公司实施审计前1年，如果该公司的现任CEO、财务总监、CFO、首席会计官或者担任同等职务的任何人，曾经受雇于该事务所，并参与该公司有关的审计工作，则该事务所不得担任该公司的审计工作，否则将被视为非法。审计师跳槽去被审计公司工作必须有一年冷冻期。

在确保证券分析师的客观性和独立性方面，针对《格拉斯·斯蒂格尔法》的废除，商业银行和证券业之间构筑的"防火墙"被拆除的情况，该法案规定由美国授权和指导证券执业机构和证券交易所制定相关的规定，避免证券分析师在其研究报告或公开场合向投资者推荐股票时可能存在的利益冲突，提高研究报告的客观性，向投资者提供更为客观和可靠的信用信息。其具体制度设计为：（1）禁止公开发布经纪人和交易商的投资银行业务人员提供的研究报告，以及非直接从事投资研究的人员提供的研究报告；（2）由经纪人和交易商的非投资银行业务官员负责对证券分析师的监管和评价；（3）经纪人和交易商，及其投资银行业务人员，不得因证券分析师对发行人证券提出了不利的或相反的研究结论而对其进行报复和威胁；（4）在规定一定期限内，承销商或做市商的经纪人和交易商不得公开发布关于该股票或发行人的研究报告；（5）在经纪人和交易商内将证券分析师划分为复核、监察等部门，以避免参与投资银行业务的人员存有潜在的偏见；（6）要求证券分析师、经纪人和交易商在研究报告公布的同时，披露已知的和应当知晓的利益冲突事项。

六、加大对违法和失信行为的处罚力度，加强执法监督

在传统上，境外对经济违法和失信行为往往偏重于民事赔偿。对公司的管理层而言，只要不是恶意欺诈，公司的管理层可以通过经济赔偿或者罚款等途径来解决问题，不用承担刑事责任。但是，从境外披露的一系列上市公司恶性案件来看，仅仅局限于民事赔偿是不够的，并不足于威慑犯罪的发生，也不足以体现量刑和处罚适当。因此，各国（地区）采取了用重典治乱世的举措，在继续发挥民事赔偿机制作用的同时，纷纷强化行政和刑事处罚的力度。

这一方面，以美国《萨班斯－奥克斯利法案》最为典型。该法案大幅加重了对公司管理层等违法行为的刑事法律责任和处罚措施。主要体现在以下几个方面：

一是公司定期财务报告虚假的刑事责任。《法案》第 906 节（a）规定，公司定期报告应当清楚地反映公司重大的财务状况和经营成果，公司首席执行官和财务总监应当对此出具书面声明。公司首席执行官和财务总监知道定期报告不符合法定要求而出具声明的，将被单处或者并处不高于 100 万美元的罚款、不高于 10 年的监禁；若故意造假则将被单处或并处不高于 500 万美元的罚款、不高于 20 年的监禁。

二是公众公司欺诈股东的刑事责任。《法案》第 807 节规定，发行人在根据《1934 年证券交易法》规定进行注册，或者申报发行证券的过程中，欺骗任何人；或者在上述注册、申报过程中采取虚假的或伪造的主张、陈述或许诺，通过买卖证券获得金钱和财产，将被单处或者并处罚款、不高于 25 年的监禁。

三是销毁公司审计记录的刑事责任。《法案》第 802 节（a）规定，为发行者进行审计的审计师，没有遵守保留所有审计或复核的工作底稿 5 年的规定，或者违反 SEC 规定的证券发行者进行审计时保留相关的记录的法规和规章，将被单处或者并处罚款、不高于 20 年的监禁。

四是销毁、更改或伪造记录的刑事责任。《法案》第 802 节（a）规定，在联邦调查和破产过程中，以阻止、妨碍或影响调查或正当行政行为为目的，在任何记录、文件或有形物中故意更改、销毁、破坏、隐瞒、掩盖、伪造或作假账，将被单处、并处罚款、不高于 20 年的监禁。第 1102 节进一步明确，任何人以阻碍官方调查为目的，企图或者作出改变、销毁、篡改或隐匿记录、文件或其他材料，或者其他的妨碍、影响或阻止官方调查的行为和企图，将被单处或者并处罚款、不高于 20 年的监禁。

五是加重对犯有欺诈罪的个人和公司的处罚。《法案》第 1106 节规定，对违反《1934 年证券交易法》第 32 节（a）规定的证券欺诈行为，由原来单处或并处罚款 100 万美元、不高于 10 年的监禁，修改为单处或并处罚款 500 万元、不高于 20 年的监禁；二是将对非自然人的罚款从不高于 250 万美元，修改为不高于 2 500 万美元。

六是延长诉讼时效，进一步增强民事诉讼制约力度。《法案》第 804 节规定，起诉证券欺诈犯罪的诉讼时效由原来从违法行为发生起 3 年和被发现起 1 年分别延长为 5 年和 2 年。

七是以刑事手段打击报复举报人行为，强化举报制度。《法案》第1107节规定，对向执法官员提供有关触犯或可能触犯联邦刑律行为的真实信息的人故意进行打击报复，采取危害举报人的行动，包括干涉举报人的合法工作和生活来源，应单处或者并处罚款、不高于10年的监禁。

同时，《法案》第806节规定，公众公司雇员不能因为合法揭发公司违反证券法律，SEC的任何法规和规章，或联邦法律有关欺诈股东的条款，而被解雇、降职、停职、威胁、骚扰，或以其他方式在雇佣关系中被歧视。一旦受到侵害，可以得到以下救济：恢复雇员非因歧视而能达到的职务等级；补偿欠薪包括利息；补偿由于歧视产生的特殊损害，包括司法费用，专家作证费用和合理的律师费。

从上述的规定可以看出，《法案》对公众公司欺诈行为和高管犯罪的刑事处罚力度是史无前例的。法案第906节关于公司高管人员不能保证公司定期财务报告真实性，最高可以处以20年有期徒刑的规定，和美国持枪抢劫的最高刑罚相同。这一规定无异于宣布，财务造假等同于持枪抢劫。

以往与证券相关的刑事罚则大都规定在证券法框架当中，而这次国会在通过时则直接将《萨班斯－奥克斯利法案》第906节置于了美国法典第18编中的刑事法律框架之下。无论是第302节下的"民事"书证要求，还是第906节下的"刑事"书证要求，事实上都是要求上市公司的CEO和CFO个人，以书面承诺的形式出面担保上市公司年报和季报等披露性法律文件的真实准确性，并为此承担个人的法律责任。这表明，只要证明公司财务报告存在虚假陈述，公司的CEO和CFO将直接面临刑事处罚。

另外，《萨班斯－奥克斯利法案》扩大了美国SEC处理公司诈骗的权限，包括可以禁止违反职业操守的人士出任上市公司的高管等，并要求增加其人员编制和经费预算。据美国SEC统计，2003年间，其共向199家上市公司提出财务诈骗的检控（2002年为163家），禁止170名人士出任公司要职（2000年为38人）。

该法案还强调，要加强SEC对上市公司信息披露审查权，SEC将要求公众公司达到所谓的"永久性"信息披露要求，SEC必须在三年期限内对每个上市公司提交的信息披露进行审查，并做出审查结论；对于高层财务人员的道德法典的制定，该法案第406条要求SEC制定相关规则，规定每个上市公司必须在其递交给SEC的定期报告的同时，披露该公司是否已经制定了适用于高层财务人员的"道德法典"。"道德法典"必须包括以下内容：（1）诚实、道德的行为，包括私人利益与职责发生明显冲突时的道德准则；（2）在公众公司提交的报告中，应包括充分的、公正的、准确的、及时的和易懂的信息披露；（3）与政府的有关法规相符合；对于违反财务报表的披露要求的行为，对个人的处罚额由 5 000 美元提高到 10 万美元，并可同时判处的监禁期限由 1 年延长到 10 年，对团体的处罚额由 10 万美元提高到 50 万美元；该法案还提出要进一步提高财务信息的透明度和及时性。适应这一要求，美国 SEC 在 2002 年 8 月做出规定，缩短上市公司定期报告披露期限，其中年度报告第 1 年仍为 90 天，第 2 年改为 75 天，第 3 年起改为 60 天；季度报告第 1 年仍为 45 天，第 2 年改为 40 天，第 3 年起改为 35 天。2003 年 12 月 15 日为截止日的年度报告披露期限将改为 75 天，季度报告披露期限将改为 45 天。

七、加强全球各国（地区）监管部门之间的监管协调与合作

随着全球资本市场相互联通，企业跨境上市日益增多，涉及境外上市公司的主体与其境内控股子公司的法律架构事务，也涉及从事上市业务的各类中介服务机构的行为。从披露的重大上市公司违法违规案件来看，涉及面相当广，有些还是跨国性的。因此，各国（地区）纷纷加强监管部门之间的合作。有的国家（地区）强化了银行、证券、保险监管机构之间的协调监管机制，有的国家（地区）合并金融机构监管职责，成立单一的金融监管机构。另外，欧盟、国际证监会组织、巴塞尔银行监管委员会、世界银行等还成立了专门委员会，研究跨国违法违规案的查处问题，以期制定国际通行的监管规范，提升各国的监管水平，强化国际监管合作。

特别值得关注的是，从 2010 年下半年以来，美国相关机构集中查处在美国上市的中国企业，中国部分境外上市公司财务造假和欺诈等问题集中暴露出来。可以说，炒作美国资本市场垃圾壳资源，是当前中国境外上市公司频爆造假丑闻的主要策动源。例如，去年被提起集体诉讼的 12 家在美上市公司，占美国市场针对外国发行人集体诉讼总数的 43%，其中有 9 家是反向收购上市的。从 2011 年 3 月至今，先后有 18 家中国公司被纳斯达克等停牌，4 家企业被勒令退市。应该说，通过购买壳资源在美国上市并收取费用，抑或中国企业反向收购海外壳资源通过运作后转板纽交所，然后融资后抛股套利等，只要不涉及财务造假和信息欺诈，就都无可厚非，而且这种方式为中国企业赴美上市提供了低成本捷径。但是，问题在于各国对这种跨境反向收购的上市方式缺乏有效监管。跨境上市模式自身难以克服上市地与企业所在地的空间隔阂，妨碍了

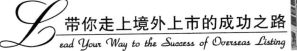

上市公司信息的跨境流转，也妨碍对信息可靠性的可信审查。按照美国的上市规定，在美国上市的中国企业需要由在美国上市公司会计监管委员会注册的审计机构进行财务审计。当前国内会计师事务所等因未获得美国市场从业资质，而无法为中国海外上市公司提供服务；而能提供服务的部分美国会计师事务所则因在中国没有从业资格，一般把相关财务审计等业务委托或外包给国内相关的会计师和律师事务所，从而客观上增加了财务审计等的委托代理成本，为跨境上市企业的财务造假和信息欺诈营造了较为复杂的自由裁量空间。目前共有54家中国境内会计师事务所在美国会计监管委员会注册，但由于这些审计机构都位于中国境内，美国监管机构对其没有监管权。美国上市公司会计监管委员会主席詹姆斯·多蒂此前就曾表示，无法监管位于中国的审计机构，导致美国在投资者保护方面存在巨大漏洞。另外，即便美国对涉嫌财务造假的中国公司成功施行了集体诉讼，但只要这些企业在美国及其与美国有监管协议的其他国家没有足够可资执行的资产，那么这种可使企业面临重创的制度对跨境造假和欺诈者的惩罚将形同虚设。为此，中美两国监管机构将就中国赴美上市企业及其审计机构进行监管的问题进行磋商，有望达成一份会计监管对等协议，合力堵住跨境监管漏洞。

第 28 讲
OECD 公司治理原则与中国上市公司实践

——江苏省企业改制与境内外上市融资论坛

中国企业在境内外上市，面临的一个重要问题是要加强公司治理。世界经济合作与发展组织（OECD）制定的公司治理原则，是对所有公司治理的最基本要求。各国（地区）在完善公司治理中，都重视依据这些原则，针对各自的不同情况，建立和完善适合本国国情的公司治理机制。我国也承认和接受这些原则，并且把它们贯彻于公司治理实践。

一、国际公司治理的历史沿革

（一）公司治理问题的产生

公司人治理问题是股份有限公司诞生后而提出来的，其核心是解决股份公司的所有权和经营权分离，所有者与经营者利益不一致，而产生的委托—代理的问题。美国经济学家伯利（Berle）和米恩斯（Means）在一项开创性的实证研究中（1932），提出了著名的"所有权与控制权分离"命题。他们认为，股份公司由于股东人数增加，股权高度分散，没有人能拥有一家公司的主要股份。因此，实际上，企业的控制权会转入公司管理者手中，管理者的利益经常偏离股东的利益。鲍莫尔（Baumol，1959）、玛瑞斯（Marris，1964）分别提出了企业最小利润约束下的销售收入最大化模型、最小股票价值约束下的企业增长最大化模型和最小利润约束下的管理者效用函数最大化模型，从不同的角度，揭示了掌握控制权的管理者与拥有所有权的股东之间的利益目标差异，从而提出现代公司治理结构问题，以及如何激励约束管理者与股东利益目标一致的问题。

早期的公司是由其创办人直接进行管理的。公司的创办人既是所有者，又是经营者，合二为一。早期的大多数公司都是采用家族式管理模式。后来，随着业务的扩展，比如技术、市场和交通通讯发展，企业的规模也日益扩大，并

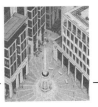
伴随着管理过程的复杂化，家族式的所有者经营模式已不再适应公司发展的需要，需要委托有专业知识、经验的职业经理人专门进行管理。股份公司的产生为所有权和经营权分离创造了最重要的条件。因为股权的拥有者与公司的决策者相分离，大部分股东实际上不参与公司的日常经营管理。从交易费用经济学的观点来看，企业组织的产生和发展是降低交易费用，提高经济效率的客观要求，有效率的组织结构应符合资产专用性、外部性和层级分解的原则，现代公司的所有权与管理分离应比早期公司创办人与管理人合一更有效率。但是，公司所有权和经营权分离，产生了股东和公司实际管理者之间的委托—代理关系。如何处理好这一关系，使所有者不干预公司的日常经营，同时又能使公司的经理层以股东利益和公司利润最大化为目标，就成为产生公司治理问题的根源。

（二）公司治理模式的发展

在西方国家，公司治理特别是股东和经营者在公司治理结构中的地位和作用，经历了一个从管理层中心主义到股东会中心主义，再到董事会中心主义的变化过程。在股份公司发展的早期，股东权益是得不到保障的，因为公司管理人员直接决定公司的全部事项。当时，很多股份公司没有设立股东大会，完全由经理人包揽公司的全部事项。比如，1551 年成立的莫斯科福公司（第一个股份公司），就没有设立股东大会这样的机构。17 世纪成立的荷兰东印度公司，也没有设立股东大会。发展到 19 世纪中期，股东大会才成为股份有限公司的最高决策机构。这主要得益于当时民主思潮的影响，各国民法逐渐开始规定股东大会是股份有限公司的最高权力机关。进入 20 世纪以来，由于股份公司的规模不断扩大，股权日益分散，特别是公开上市的股份公司的股东人数以亿计，股东遍布世界各地，召开全体股东大会十分困难，而且也不可能。正如有人戏言，如果中石化开个全球股东大会，在天安门广场都装不下。再加上公司的经营业务日趋复杂、专业，一般的股东由于不具备足够的专业知识，无法对公司经营层有真正透彻的了解，股东大会仅成为一种形式。在这种背景下，权力日益集中到公司经营者手中。然而，公司经营者的利益与所有者的利益往往是不一致的，经营者感觉自己经营很重要，为公司创造了那么大的价值，倾向于将自己的利益最大化；股东认为资本是我的，你是受雇为我打工，倾向于自己的利益最大化，从而引发了许多损害所有者权益进而导致经营危机的问题。例如，20 世纪 20 年代，美国通用汽车公司因缺乏所有者监督而经营不善，面临亏损，后来公司股东加强了自己的权力，才逐步走出困境。为了控制经营者的权利，在股东大会的基础上，公司成立了董事会，企业的重大决策由董事会做出，权力由经理层转向了董事会，公司治理以董事会为核心。但是，董事会的出现仍然没有解决因公司所有权与控制权分离，而产生的委托—代理问题。例如，美国在 20 世纪 60 年代，这个问题就非常严重。主要原因是许多公司的经理层进入公司董事会，并且在董事会里占据多数地位。一些公司的首席执行官同时兼任公司董事长，导致由于偏离股东利益最大化目标而造成的各种弊端。于是，在 20 世纪 70 年代，美国又掀起了有关公司治理结构讨论的热潮。

（三）当代对公司治理的关注

从 20 世纪 80 年代开始，英国对公司治理模式日益关注。当时，英国不少的著名公司，比如蓝箭、克拉罗尔、泊尔佩克等，都相继倒闭，引发英国对公司治理问题的讨论，也产生了公司治理模式委员会及有关的公司治理准则。1991 年 5 月，由英国的财务报告委员委托伦敦证券交易所等机构，联合成立了一个由 12% 权威成员组成的委员会。该委员会的主席是艾德里安（Adrian Cadbury）。这是世界上第一个关于公司治理的委员会。该委员会于 1992 年 12 月发表了题为《公司治理的财务方面》的报告，强调了公司治理的外部模式，强调了外部非执行董事在内控和审计委员会中的关键作用，突出董事会的开放性、透明性、公正性与责任。该报告提出的一系列原则和理念，已成为今天公司治理最佳做法的核心内容部分。在 Cadbury 报告的基础上，美国又出版了关于董事会薪酬的 Greenbury 报告，以及关于公司治理原则的 Hampel 报告，制定了一整套关于董事、董事报酬、信息披露业务与审计四个方面内容的公司治理原则。同时，在这三个报告的基础上，还出现了一个"三合一"的综合准则；伦敦证券交易所以这三个报告为基础，提出了对上市公司具有约束力的超级准则，来提升公司的治理标准。

1999 年 5 月，经济合作和发展组织（OECD）在总结市场经济国家的经验，特别是亚洲金融危机教训的基础上，组织专家经过一年多的研究，制定了 OECD 公司治理原则。1997 年，亚洲金融危机爆发后，人们对亚洲企业的治理结构广泛关注。当然，亚洲金融危机爆发与其国内金融监管不力有关，同时与企业本身的治理不完善也有直接关系。亚洲企业很多是家族式的管理，银行与企业的关系也过于密切；还有裙带资本主义导致企业过度负债和扩张，低劣的信息披露又掩盖了这些问题；亚洲企业的会计和审计制度也没有与国际接轨；对中小投资者缺乏有效的保护；董事会缺乏诚信而不能尽责；对管理层缺乏约

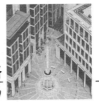
束及对金融风险评估的监管机制等。这些方面的原因都降低了金融系统和企业对外部冲击的抵御能力。OECD 为此提出了公司治理结构的原则。

现在，公司治理已经成为全球关注的热点问题。除 OECD 制定的公司治理基本准则外，世界银行也成立了专门的公司治理论坛。世界银行行长詹姆斯·沃尔芬森说："对世界经济来说，完善的公司治理机制与健全的国家治理是一样重要的。"一些机构投资者也纷纷加入了研究公司治理的行列。例如，美国著名的机构投资者——加州公职人员退休基金会，也发起建立国际公司治理网络，每年举行一次年会，并开辟了专门的网站，并在全球范围内推进公司治理改革。在欧洲，出现了欧洲公司治理机制网络；在日本，出现了日本公司治理见解。为了改善公司治理，提高企业的竞争力，英国政府修改了公司法。从全球看，许多重要的证券市场越来越关注公司治理，对上市公司的监管内容不仅包括了信息披露，而且越来越强调上市公司治理模式。在我国，证券监管机构和各证券交易所也要求新发行上市的公司，除要强化信息披露制度外，还将公司治理是否完善作为一项考核指标，并推动上市公司提高公司治理水平。

二、OECD 公司治理结构的五项原则（目标）

OECD 公司治理的基本原则或目标，包括以下五项内容。

（一）股东的权利

《公司治理原则》（以下简称《原则》）强调："公司治理框架应保护股东的权利"。股东的权利包括购买、出售、转让股份，参与公司利润分配，参加股东大会并投票等。但是，股东不参与公司的日常管理，公司的管理由董事会及董事会任命的管理层来承担。股东对公司的影响体现在几个重要方面，如选举董事会成员、修改公司组织文件、批准特别交易等。

（1）股东的基本权利包括：以各种方式进行所有权登记；转让股份；及时、定期获取公司有关信息；参与股东大会并投票；选举董事会成员；以及分享公司利润。了解这些基本权利是很重要的，了解它才能行使它。现在我国的许多上市公司股东不把自己视为股东，而称为"股民"，仅把自己视为参与股市的民众，权利和责任意识很薄弱。

（2）股东有权参与公司基本变化的决策，并有权获取充分的相关信息。公司的基本变化包括：修改公司章程或类似文件；批准增股；以及事实上导致出售公司的特别交易。股东参与公司决策的基本前提是享有知情权。我国股东目前这方面的意识也比较薄弱，其更多关心的是公司股票价格的高低，热衷于打探上市公司的内部信息，而不关心公司内部的决策和公司经营状况。股东对公司变化的了解应深入到上述的层面。

（3）股东应有机会有效参与股东大会并投票，并被告知有关规则，包括股东大会投票程序。具体内容包括：股东应被告知有关股东大会日期、地点、议程，以及会上将要决定的问题的充分、完整、及时的信息；应向股东提供机会，使他们能在股东大会上提出有关董事会的问题，并要求大会讨论某些内容（在合理的限制之下）。这种限制，如对大会讨论的内容的要求需得到持有一定比例股份的股东的支持；股东可到场或不到场投票，这两种投票要具有同等效力。为增强股东的参与，公司应积极支持在投票中应用现代技术，如电话、电子方式等。在这方面，我国不少上市公司的大股东是有机会参与股东大会的，而中小股东参加股东大会就有很多困难。

（4）若股本结构和安排使一些股东对公司的控制与其占股份不成比例，应公布这样的股本结构和安排。某些股本结构使某一股东对公司的控制与其所占股份不成比例，如金字塔结构和交叉持股可减弱非控股股东对公司政策的影响。除所有权结构外，股东协议（小股东的联合）、投票限制（规定股东的最大投票权，无论其实际拥有股份多少）也可影响股东对公司的控制。在这方面，我国还缺乏有效的机制，应当给予中小股东一定的发言权，对大股东有一定的限制，这样就能减少大股东对公司的绝对控制。

（5）应使公司控制市场以有效和透明的方式运作。应明确制定和公布关于在资本市场获取对公司的控制、合并以及出售相当比例的公司资产等特别交易的规则和程序，从而使投资者明白他们的权利和追索权，应以透明的价格和公平的条件进行交易，以保护所有投资者的权利。反兼并不应被用来使公司管理者逃脱责任。反兼并措施的广泛运用可阻碍公司控制市场的动作。在一般情况下，反兼并措施只不过被用来使管理者逃脱股东的监控。例如，避免反兼并可以采取毒丸政策，公司大量负债，提高资产负债率，吓跑攻击者，但同时也使公司背上沉重的债务包袱，这种做法对投资者是会造成损失的。又如，为避免兼并，可以提高公司的股价，使兼并者无力收购公司，但在推高股价的同时，通常会采取许多措施，甚至制造虚假的信息和舆论，这对中小投资者也是有一定损害的。再如，反收购时，也可以采取寻找白马王子（寻找骑士）的策略，在投靠更大的公司寻求保护的同时，其中也会有更大的内幕交易，也会存在损害中小股东利益的问题，应将规则和实情先告知投资者，不应以为避免

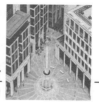

收购采取的措施作为逃避投资者监督公司管理层的借口。

(6) 股东（包括机构投资者）应考虑行使投票权的成本和好处。

（二）平等对待所有股东

《公司治理原则》（以下简称《原则》）强调："公司治理框架应确保平等对待所有股东，包括拥有少数股权的股东和外国股东。当权利受到侵害时，所有股东都应有机会享受有效的赔偿。"投资者关注其资产不被公司管理层、董事会或控股股东滥用。《原则》支持在公司治理中平等对待所有投资者。股东权利能否得到及时合理的赔偿，应存在这样的法律机制，使小股东在认为其权利受到侵犯时能够诉诸法律。然而，上述机制也可能导致过多的法律诉讼。为此，许多法律体系规定了保护经理人员和董事会成员不受过多法律诉讼困扰的条款，即所谓"安全港"，在保护股东权利和避免过多法律诉讼之间寻求平衡。当我们国内的中小股东受到侵害时，还没有建立一套有效的保护投资者权益的教育体系、诉讼体系和赔偿机制。教育机制是指监管者与投资者之间的一种互动的讨论，监管者把有关的规则告诉投资者，使投资者明白什么是合法的，什么是非法的，得到一种直接保护。同时，投资者了解有关法规后，也能间接地迫使上市公司和证券公司以及其他中介机构自觉遵纪守法，起到一种社会监管作用。还应当建立起中小股东受到损害的诉讼机制，根据国际上的做法，该机构可以设在监管部门内部，也可以设在民间机构。当中小股东利益受到损失时，机构应当告诉投资者如何解决问题。但是，该机构并不能对股东本身出示专业的法律意见，只是可以告诉他们起诉程序和机制，使投资者做到投诉有方。还应当建立一种基金，当股东利益受到侵害时，从基金中拿出钱赔偿给投资者，这是一种赔偿或补偿机制。对外国投资者也应当如此。目前，B股信息披露不够透明是一种普遍问题，没有指定的报刊和网站，外国投资者几乎无法知道中国B股公司如何运作，权益得不到有效保护。H股与A股、B股与A股还存在着同股不同价的问题，这实际上是如何做到同股同价的问题。

(1) 同一类别的所有股东应予以平等对待。在同一类别之内，所有股东应拥有同样的投票权，所有投资者在购买股票之前应能获得关于所有类别股票投票权的信息。投票权的任何变化应由股东投票决定。公司的最佳资本结构（普通股、优先股及其他股份形式的构成和比例）由管理层和董事会决定，并获得股东批准。确定最佳资本结构的目的在于从公司利益出发，合理分配风险和收益。投资者在投资之前有权获得相关信息。不同类别股票投票权的改变，一般需经股东大会批准，由相关类别股票的特定多数同意后而定。托管人或指定人应在股票所有人同意的方式下投票。在一些经济发展与合作组织国家，通常是由作为托管人或指定人的银行和证券公司代股东投票。现在的趋势是取消法律规定中使托管机构自动代股东投票的条款。可要求托管机构向股东提供行使投票权的有关信息。股东可委托托管机构行使所有投票权，也可自己保留一部分投票权。托管机构代股东投票时，应遵从股东意见，同时又不因征求股东批准而增添过多负担，有必要在上述两点之间要求平衡。股东大会的过程和程序应对所有股东一视同仁。公司程序不应使投票过于困难和昂贵。管理层和控股股东有时会设法阻止非控股股东或外国投资者参与公司决策，具体做法如收取投票费用、禁止代投票及其他限制股东行使投票权的措施。应鼓励公司取消对股东参加股东大会的人为限制。

（2）应禁止内幕人交易。上述行为与平等对待所有股东原则相悖，从而违反了公司治理原则。在这方面，我国将会继续加大对内幕交易等违法事件的查处力度，把违法行为降到最低程度。

（3）董事会成员和经理人员对影响公司的交易或事项的所有实质利益给予公布。上述实质利益是指董事会成员和经理人员在公司有亲属或其他特殊关系，从而影响其对某一交易活动的判断。

（三）公司权益持有者在公司治理中的作用

《原则》强调："公司治理框架应承认法律所确定的公司权益持有者的权利，鼓励公司与其权益持有者在创造财富、工作及保证企业健全财务状况的可持续性过程中开展积极的合作。"一个公司的竞争力和最终成功，需要各类权益所有者包括投资者、雇员、债权人及供应商的共同贡献。这里包含三项内容：

（1）公司治理框架应确保尊重受法律保护的公司权益持有者权利。公司权益持有者的权利由法律（如劳动法、商业法、合同法、资不抵债法等）确立。即使某些领域没有明确的法律规定，公司从自身信誉和业绩出发，也通常对权益持有者的权利做出承诺。

（2）在法律保护之下，当其权利受到侵害时，公司权益持有者应有机会获得赔偿。

（3）公司治理框架应允许建立公司权益持有者参与的激励机制。上述机制包括：雇员参与董事会、雇员拥有股份计划或其他利润分享机制、债权人在债务公司资不抵债时参与公司治理等。

（4）当公司权益持有者参与公司治理过程时，他们应能够得到相关的信息。

当然，我国在建立和完善公司治理机制的过程中，企业还存在不少历史遗留问题。比如，企业内部职工持股最初是企业的一项福利政策，期待公司上市后股票卖出获取差价，取得资本利得，这个问题只能逐步得到解决。再如，公司通过股票期权制度，对管理层实现激励和约束机制，促进管理者更好地把公司利益与自身利益结合起来，为股东创造更大的价值。这里也还有很多问题。例如，市场行情不好时，公司业绩再好，股票价格也不会高，报酬也不佳。这就会产生管理层的短期效应，管理层在任期中无法抬高股票再卖出。还有跳槽问题。未来人才市场竞争会非常激烈，有些公司的关键人物跳槽，对公司的冲击无法估量。那么，实行股票期权可附加一种"金手铐"制度，对某些人员的跳槽实行限制。

（四）信息披露和透明度

《原则》强调："公司治理框架应确保及时、准确的披露所有与公司有关的实质性事项的信息，包括财务状况、业绩、所有权以及对公司的治理。"信息披露体系的作用包括：帮助股东有效行使投票权；影响公司行为，保护投资者，吸引资本，维持资本市场的信息，促进公众对企业结构、活动、政策和业绩的了解等。信息披露要求不应给企业增添不合理的负担，也不应强制企业公布有损其竞争力的信息（除非该信息为正确制定投资决策和避免误导投资者所必不可少）。为确定信息披露最低要求，许多国家运用了"实质性信息"的概念。所谓"实质性"信息，是指若不公布或不正确公布，将对信息利用者所做经济决策产生影响的信息。从我国的情况看，上市公司信息披露确比以前有很大进步，由最初的初次披露到重大事项披露、年度报告、中期报告以及今后出现季度报告，还可以在互联网上进行披露，披露的密度和标准都在提高。我国提倡采取国际会计准则进行财务信息披露，当然在尚未与国际会计准则接轨前，会对不同行业采取不同的披露要求。但是，总的来说，差距还是很大，制造虚假信息的问题有时还比较严重。

按照OECD原则，信息披露应符合若干具体要求。

（1）信息披露应包括、但不限于以下实质性信息：

①公司的财务和运营结果。公司的财务报表主要包括资产负债表、损益表、现金流量表等。财务报表有两个主要作用：一是凭以进行适当的监控；二是提供评估证券价值的基础。管理层对公司经营状况的分析，通常会在公司年度报告之中。

②公司目标。除商业目标之外，还应鼓励公司公布与商业道德、环境及其

他公共目标有关的政策。

③主要股权和投票权。了解公司所有权结构是投资者的基本权利之一。对主要股权和投票权的信息披露包括：主要股东、特别投票权、股东协议、控股股权、主要交叉持股及交叉担保。

④董事会成员和主要经理人员，以及他们的报酬。投资者需要了解董事会成员和主要经理人及其报酬，以便正确评价他们的经验、资格、潜在利益冲突、报酬计划以及激励机制的作用等。

⑤实质性的、可预见的风险因素。上述风险因素包括：某一产业或地域风险；对某些商业的依赖；金融市场风险（包括利率和汇率风险）；衍生产品交易或表外交易风险；与环境责任相关的风险。

⑥有关雇员和其他权益持有者的实质性问题。包括：管理层/雇员关系，和其他权益持有者（债权人、供应商及当地社区）的关系。一些国家要求公布公司的人力资源政策，如人力资源开发计划或雇员参与股权计划，因为这些计划与公司的竞争实力密切相关。

⑦治理结构和政策。特别是股东、雇员和董事会成员之间的权利划分。

（2）应按照高质量的会计、财务和非财务及审计标准编制、审计和披露信息。信息的质量取决于编撰、公布信息的标准。《原则》支持建立高质量的、国际认可的标准、以提高各国信息的可比性。

（3）应有独立的审计者进行年度审计，以便对财务报表编制和提交的方式提供来自外部的客观的保证。提高审计独立性的措施包括：运用高质量的审计标准，加强董事会审计委员会，扩大董事会选择审计师的责任等。一些经合组织国家还采用了其他措施，如规定审计师从某一客户收取非审计收入的最高比例，审计师之间互检，审计师的强制转换，股东直接任命审计师等。

（4）信息公布渠道应能让使用者公平、及时和低成本地获取信息。信息公布渠道与信息内容本身同样重要。以电子方式填报数据、国际互联网络及其他信息技术等有助于改善信息公布渠道。

（五）董事会的责任

《原则》强调："公司治理框架应确保公司的战略方针、董事会对管理层的有效控制，以及董事会对公司和股东的责任。"董事会的主要职责是监控管理层，为股东提供足够的收益率，并防止利益冲突。为有效履行上述职责，董事会必须在一定程度上独立于管理层。董事会的另一项重要职责是保证公司的经营活动遵守有关法律。另外，董事会须充分重视并合理处理公司其他权益持

有者（雇员、债权人、顾客、供应商及当地社区）的利益。

（1）董事会成员应全面了解有关信息，忠诚、勤勉、细心维护公司和股东的最高利益。目前我国上市公司在这方面的差距还比较大。董事会和董事会成员是对全体股东负责的。董事是代表董事会的，应当拿最基本的报酬。与经理人员不同，经理人员是稀缺人才，对经理的聘用是按照市场价格来确定的，报酬与其所创造的价值挂钩。目前，我国上市公司董事会成员也参与企业管理，同时也是经理人员，报酬无法分清楚。同时，在勤勉尽职方面，也有很大的差距。董事有勤勉尽职和诚实信用的义务。现在许多董事缺少这种意识。董事在履行决策时，应合理注意、审慎判断、自主决策、不得有疏忽、怠懈。在国际上，对如何确定董事勤勉尽职，有两种见解：一种是按照普通人的标准来衡量，董事应当按照在一个相似的环境下，处于相同位置的普通的谨慎的人的行为的标准来行事；另一种是按照普通董事的标准来衡量。要求董事必须具备一般的知识、技能和经验，并及时履行职责和采取行动。这两种看法总的来说都要求合理的注意、审慎的判断、自主的决策，不得有疏忽和过失、怠懈。当然，并不是说董事在任何情况下对所有的问题都应当承担责任。如果董事没有参加会议或在会议上反对某项不当的决议，或者在作出决议前被高层管理人员的报告所欺骗，或者另一部分执行董事出现了不当行为，则不能判定董事存在疏忽而应当承担责任。但是，如果不经过审阅就批准了财务报告，或者对公司经营管理当中存在的明显的不当行为采取了放任态度，那么就不能以不存在疏忽或不知情为由免除责任。在国外，投资者起诉上市公司和董事的现象非常普遍。我国上市公司完善公司治理结构后，这类情况也会大量出现。另外，并不是每一位董事都应当成为公司经营管理的全职督导，也不需要事必躬亲，不需要对公司经营管理中的所有过失无条件承担责任，董事之间也有责任划分。再一个就是诚实信用义务。它是指董事在履行职责时，应以公司的最大利益为重而诚实地行事，不能将自己或第三者的利益置于公司利益之上。自己的行为不能与自己对公司所承担的责任和义务相冲突。董事应当亲自行使酌情处置权，也就是亲自对发生过和将要发生的事情进行了解、斟酌、思考、判断和决策，而不能擅自将董事的权力下放给高级管理人员或其他人员。

在美国的一个案例中，一家公司将董事会的大部分职责委托给另一家管理公司在 20 年内行使，董事会只留下一个不重要的事务性工作，法院判决该合同无效。现在许多公司董事会成员的知识不够，就想找一个偷懒的办法，找一个管理顾问公司来替之决策，这就应该承担责任。法律不认同傀儡董事和影子董事的存在。如果董事允许自己成为他人的傀儡，按照他人的指令行事，由于他是占据董事职位的事实董事，仍然应独立承担责任。董事应以公司的最大利益为重，即董事履行职责时的行为、决策应以对公司最有利为基点，凡是为了个人、亲戚或第三者的利益，使公司的利益受到损害或不公平的待遇，即使公司获得了部分利益，该董事的行为也不符合诚信义务的要求。董事不得从事不符合法律、公司章程规定的自我交易，禁止董事从公司获取货款和财务资助，严禁利用董事职位和职权谋取私利，如收受贿赂、转让职位、如挪用和盗用公司的财产、泄露公司的机密，董事不得从事动机不纯的公司行为。比如，现在公司董事可以买卖股票，也允许三类企业用公司财产买卖股票，那么，董事就不能将个人买卖股票与公司买卖股票混在一起，将个人投资损失转嫁给公司，或者将公司的获利转变为个人利益，损害公司的利益。

（2）当董事会决议可能对不同类别股东产生不同影响时，董事会应公平对待所有股东。

（3）董事会应确保遵守有关法律，并考虑公司权益持有者的利益。

（4）董事会应履行某些主要职能，包括：

①检查和指导公司战略、主要行动计划、风险政策、年度预算以及商业计划；建立业绩目标；对上述计划、目标的实施及公司业绩进行监控，监督主要的资本支出、兼并和财产剥离。

②选择、报酬、监督、在必要时替换主要经理人员，并监督职位接替计划。

③监察主要经理人员和董事成员的报酬，确保正式、透明的董事会任命过程。

④控制和管理董事会成员、管理层和股东的潜在利益冲突，包括对公司财产的误用及滥用相关方交易。

⑤确保公司会计和财务报告体系的真实，包括独立审计；并保证公司具有适当的控制体系，特别是监控风险、财务控制和遵循法律的体系。监控治理行为的有效性，并在需要时做出改变。

⑥监管信息披露和交流过程。不同国家的公司法赋予董事会不同的职责。但是，从公司治理的角度讲，上述几项为董事会的基本职责。

（5）董事会应能独立（特别是独立于管理层）对公司业务做出客观的判断。董事会的独立性通常要求有足够数量的董事会成员不受雇于公司，并与公司或管理层无密切联系，这并不排斥股东作为董事会成员。董事会成员的独立性有助于对董事会和管理层业绩进行客观评价；这种独立性在管理层、公司和

股东的利益可能不一致的领域（如经理人员报酬、职位接替计划、公司控制的改变、反兼并措施及审计职能等）也发挥着主要作用。执行总裁与董事会主席的职能分离可保证权利的平衡，提高董事会决策的独立性。

①董事会应考虑委派足够数量的能够对可能产生利益冲突的事情进行独立判断的非经理董事会成员。这些关键责任包括财务报告、任命以及经理人员和董事会成员的报酬。董事会可考虑成立特别委员会来处理潜在的利益冲突。特别委员会应至少由一定数量或全部由非经理董事会成员组成。

②董事会成员应花足够的时间履行责任。过多的在董事会担任职务不利于有效行使职能，一些国家对此有所限制。董事会成员应接受培训，更新知识，以便有效地履行其职责。

（6）为履行其职责，董事会成员应能获得准确、相关和及时的信息。董事会成员需及时获得有关信息，以支持其决策，非经理董事会成员通常没有主要经理人员那样充分的信息来源。若非经理董事会成员能够接触主要经理人（如公司秘书处和内审师），并能由公司出资获取独立的外部信息，那么将有助于扩大非经理董事会成员对公司的贡献。为履行其职责，董事会成员应确保他们获得准确、相关和及时的信息。

三、如何采取措施完善公司治理

在我国，目前公司主要存在着以下几个方面最基本的问题：

（1）所有者特别是国有出资者不到位。国有企业中，国家产权所有者是谁不明确。由于国有股占绝对控股地位，当上市公司遇到债务危机时，谁都不出面偿还债务；当分配利益的时候，国有股东都出现，都说是自己的资产。迫切需要解决国有资产管理体制问题，在坚持国家所有的前提下，充分发挥中央和地方两个积极性，建立中央政府和地方政府分别代表国家履行出资人职责的国有资产管理体制。这两级国有资产管理机构，应当有所有者权益，实现权利、义务和责任相统一，管资产和管人、管事相结合。

（2）上市公司与控股股东之间存在着过多关联联系。目前这一情况有所好转。在过去，上市公司与其所属集团母公司基本上是"一套班子，两块牌子"，在人员、财务、资产、业务、机构上都没有分开。企业集团母公司认为，把优质资产拿出来上市，把不良资产留给母公司，就是要通过上市为集团提供解决资金困难的渠道，因而操纵上市公司，把上市公司作为"提款机"，将上市公司最终掏空、弄垮。现在监管机构要求上市公司与集团母公司在人员、财务、资产、业务、机构等方面完全独立。

（3）股权结构不合理。一般来说，股权高度集中和高度分散都是有缺陷的。股权高度集中容易产生损害中小股东权益的事情，中小股东难以有表达自己意见和进行决策的机会。特别是在国有股权"一股独占、一股独大"情况下，当国有资产管理体制未能理顺和完善时，上市公司容易成为上级主管机关控制的"翻牌公司"，走上政企不分的老路。因此，要坚持除少数必须由国家独立经营的企业外，积极推行股份制改革，发展混合所有制经济。除重要的企业由国家控股外，要实行投资主体多元化，通过市场化运作，逐步降低股权集中度，使股权结构趋于合理。

（4）监事会的功能极其有限。主要表现在两个方面：一是监事缺乏必要的独立性，对公司的高级管理人员是否尽职难以发表独立意见。许多上市公司的监事会成员原是董事长或总经理的下属，担任监事后仍然听从于董事长和总经理，否则难以继任。二是缺乏监管手段，在许多方面流于形式。监事不参与公司经营管理，很难对董事和管理层进行全过程监管，往往是通过查账和审计进行事后监管，不能及时发现和解决问题，监督作用的发挥在很大程度上受到限制。因此，迫切需要解决好独立董事和监事在监督公司中的关系，以及他们发挥作用的途径，使其相互有合理的分工，又能互相弥补作用的局限，形成监控合力。

（5）商业银行作为债权人对公司实施监控作用小。OECD 公司治理准则规定，在必要的条件下，债权人是可以参与公司治理的。从国际经验看，最优的公司治理机制有赖于公司的长期增长机会，以及公司所投资的资产性质。风险投资的中小公司和成熟稳重的大公司，股权融资比重大的公司和债务融资比重大的公司，它们的治理结构都存在着一定的差别。在债务融资比重比较大的公司中，债权人的作用在公司治理中就应大一些。目前，对这类公司的治理问题还研究得不够深入，债权人作用的发挥也很有限。

（6）对公司治理结构的干预和监管问题。公司董事会经常会发生争执和纠纷，经常有损害中小股东权益的事件发生。按通理，这是公司本身应解决的问题，政府部门不能用行政手段来处理公司内部的问题。目前，《公司法》对此规定非常不明确，公司治理结构又未很好建立起来，政府部门由于政企分开而无权监管，这就变成一个空白地带、薄弱地带。所以，需要完善公司治理结构来填补这一空白。法院在审理此类案件中，也需要不断积累经验，提高办案效率和处理效率。

今后需要采取有效措施来推进公司治理，重点解决以下问题：

（1）继续实行上市公司与控股股东在人员、财务、资产、业务、机构等

方面完全独立，分清各自的权利、义务和责任。

（2）增强董事会的职能。要健全独立董事制度。独立董事是与企业没有商业利益关系的专业人士，不是由总经理聘用的，而是由股东大会选举产生。他们应当有正直的品格、勤勉的态度、精湛的专业能力，为全体股东负责，特别是为中小股东负责，而不是看董事长和总经理的眼色行事。这里也需要解决独立懂事的激励约束机制问题。如果提供的报酬太低，独立董事可能缺乏为股东利益负责的动力；如果报酬太高，那就会影响"独立性"，使他们成为与公司管理层同一类的人员。如何保持其"独立性"，如何维持二者的平衡，是需要很好研究的问题。就美国而言，独立董事年薪包括工作、交通等费用，一般为 6 万~7 万美元。在我国的上市公司中，有的披露独立董事年薪为 2 万元。再一项就是董事长和总经理职能要分清。许多公司引进国外公司的 CEO，这需要结合我国公司特点来实施，并不断试验和检验其效果。

（3）要推进建立社会诉讼机制、赔偿机制，强化司法监督。股东可以通过民事诉讼渠道委托中介机构代理集团诉讼，追究董事的民事责任，依法获得赔偿，从而督促董事守法经营。目前，大家对此已有了初步的了解，今后这类问题会越来越多。由于董事是受股东的委托来监督公司管理层，必须对股东负责。投资者遭到损害后，首先会想到追究董事责任，因为投资者与董事之间的关系是信托关系。律师受到股东委托后，会将很多投资者的委托集中起来，形成集团诉讼。国际上这种情况非常普遍，现在要做的是怎样避免更多的董事受到诉讼，以避免董事战战兢兢，需要在保护投资者和保护董事会之间找到平衡。对我国来讲，中小投资者处于弱势地位，更多的是他们的权利受到侵害，迫切需要进一步加强保护。

（4）要强化监事会的作用。包括要明确监事会的职责、加强监事的责任和义务等。如何加强监事会的功能和职责，确实是一个普遍的难题，目前还未找到更好的办法，需要好好探索和总结。

（5）建立对高级管理人员的激励和约束机制。目前，国际上通行的是股票期权制度，需要结合中国企业的实际情况，制定相关的规定和办法。

（6）明确上市公司信息披露责任。在这方面，主要是推动我国会计准则与国际会计准则接轨，采用国际会计准则进行披露。这是一个较长期的过程。在没有完全接轨之前，要提高信息披露的标准，缩短披露的时间，增加披露的密度，特别要明确相关人员的法律责任。另外，要使披露的信息简明通俗，便于普通投资者及时了解、理解。还要加强对上市公司信息披露的实时监管、即时监管，避免信息披露造成信息失真、不实。

第 29 讲
独立董事在上市公司治理中的作用
——武汉大学金融与管理学研究生授课

企业在境内外上市，按照上市地监管者的要求，都需要完善公司治理。完善公司治理的一个重要方面，就是建立起独立董事制度，发挥独立董事的作用。今天我来讲解独立董事在公司治理特别是上市公司治理中的作用。

一、独立董事的概念

1. 概念含义

独立董事（Independent Director）又称独立的外部董事或独立非执行董事，理论上是指不在公司担任除董事以外的其他职务，并与其所受聘的公司及其主要股东不存在任何其他契约关系的董事。他们既不是公司的雇员及其亲友，也不是公司的供货商、经销商、资金提供者，或是向公司提供法律、会计、审计、管理咨询等服务的机构职员或代表，与公司没有任何可能影响其对公司决策和事务行使独立判断的关系，也不受其他董事的控制和影响。在中国证监会《关于在上市公司建立独立董事制度的指导意见》（以下简称《指导意见》）中，所界定的独立董事是"不在公司担任除董事外的其他职务，并与其所受聘的上市公司及其主要股东不存在可能妨碍其进行独立客观判断的关系的董事"。

2. 相近概念

（1）外部董事（Outside Director）；

（2）非执行董事（Non-Executive Director）；

以上两个概念均是指本人目前不是公司雇员的董事。外部董事是美国的叫法，非执行董事是英国的称谓。

（3）内部董事（Inside Director）；

（4）执行董事（Executive Director）；

以上这两个概念是与前两个概念相对应的，是指那些既是董事会成员、同时又在公司内任职的董事。

（5）关联外部董事（Related Outside Director），即非独立的外部董事或非执行董事。这些董事虽然不是公司的雇员，但与公司存在着这样或那样不符合独立性要求的关系。例如，他们可能是本公司的大股东、供货商和经销商的代表、退休不久的高级经理人员，或是董事长或总经理的亲属或至交。

由上可见，外部董事或非执行董事并不都是独立的，只有那些满足上述独立董事条件的外部或非执行董事才属于独立董事。

3. "独立性"定义

独立董事独立性定义的规定是独立董事制度的核心。美国工业组织劳动大会同盟认为：独立性是指董事与公司间只存在一项重要联系——他或她的董事身份。美国最大的私人养老基金"教师保险养老协会－大学退休基金"认为：独立性是指董事不是公司现任或前任雇员并与公司、公司管理层之间没有任何可能影响其对股东忠诚的经济或个人联系。泰国《公司治理指引》认为：独立董事应独立于公司大股东并不参与公司日常经营。一些组织在界定"独立性"内涵的基础上，列举了构成"独立性"的四项要素。

（1）股权关系上的独立。

美国联邦储备保险公司（FDIC）认为，独立董事不能"拥有或控制，或前一年拥有或控制代表该机构发行在外的股票的10%或以上投票权的资产"。香港证券交易所《证券上市规则》认为，持有公司已发行股本总额不足1%的股权一般不会妨碍独立董事的独立性，但如果该董事从关联人士处以馈赠形式或其他财务资助的方式得到这些股份，即趋向显示其并非独立。为显示其独立，独立董事一般不应在该公司或其附属公司的业务中拥有任何财务或其他权益（不论过去或现在），但拥有1%以内的股权或作为董事或专业顾问而收取的利益除外。

（2）业务关系上的独立。

美国证券交易委员会（SEC）规定：独立董事不得：在此前的两个财务年度内，曾因商业关系而向公司支付过或收到过超过20万美元的金额；或者，他在某一个商业机构中拥有股权或代表某一股权而有投票权，而该公司曾在此前两个财务年度内向公司支付或收到过一定的金额，并且该金额乘以他所拥有的股权比例后其值大于20万美元；或者，他是某一商业机构的重要管理人员，而该商业机构曾因商业关系而向公司支付或从公司收到过超过该机构年度总收入5%金额的款项，或者超过20万美元金额的款项；或者，他与过去两年内曾经担任过公司法律顾问的法律公司具有职业关系。美国加州公职人员退休基金在其拟定的《美国公司治理原则》附录中规定，独立董事必须不是该公司顾问或高级管理层的成员，且与该公司的顾问公司不存在关联关系；与该公司的客户与供应商不存在关联关系；在过去 3 年内没有与公司间从事过 10 万美元以上的交易，在过去 5 年中，与该公司不存在根据证券和交易委员会要求应当披露的业务关系。

（3）与公司经营的独立。

美国 SEC 规定：独立董事不得是公司的雇员，或者在此 2 年内曾是公司的雇员；或者，他是此前两年在公司内曾担任过首席执行官或高级管理人员的某一个人的直系亲属。美国《密歇根州公司法》规定，独立董事必须由股东会产生，不得由董事会任命，以防止受大股东或经营层控制的董事会影响独立董事的人选。纽约证券交易所规定：独立董事意味着该董事独立于管理层，并且与公司不存在任何董事会认为有可能影响到（作为审计委员会委员）进行独立判断的关系。本公司及其附属机构的雇员均无资格担任独立董事。美国加利福尼亚州公职人员退休基金（CalPERS）规定：独立董事是指在过去 5 年中未曾担任公司的高级管理人员；不是公司的顾问及顾问公司的高级经理人员，也不与顾问公司存在关联关系；与公司的客户或供应商不存在关联关系；与公司或高级经理人员不存在个人服务合同；与接受公司大量捐赠的非营利机构不存在关联关系；在过去 5 年中，与公司之间不存在根据证监会规则 S – K 要求应当披露的业务关系；不是本公司经理人员担任董事的另一家公司的雇员；和该公司的子公司之间不存在上述任何关系；不是上述任何人员的直系亲属。中国香港证券交易所要求独立董事"在集团内无担任任何职务"。

（4）利益关系的独立。

英国海尔梅斯（Hermes）养老基金管理公司规定，独立董事不代表大股东或其他单个利益团体（供应商或债权人等）；未从公司获得除独立董事费之外的收入；未参加公司的股票期权计划或以公司业绩为基础的报酬计划；无利益冲突或交叉担任董事。

二、独立董事的角色和作用

1. 期望角色

在西方国家，独立董事被视为站在客观公正立场上保护公司利益的重要角色。他看问题的客观性是由其独立性派生出来的。人们普遍预期独立董事能够承担起发现公司经营危险的信号，并对公司的违规或不当行为提出警告的责任。按照中国香港董事学会编印的《独立非执行董事指南》的看法，独立董

事以正直的品格、精湛的专业、勤勉的态度为全体股东负责，而不是看董事长和总经理的眼色行事。人们期望当公司出现问题时，独立董事能够质询、批评、甚至公开谴责管理层。因此，如果独立董事没有事先发现公司的违规或不当行为，其本身也会受到股东和社会的谴责。当然，独立董事也可以提出建设性的意见，而不意味着对每个问题都持相反态度，以此来显示自己的清高。

尽管法律没有对董事进行分类，更没有规定不同类型董事应该承担不同的责任，但在实践中，独立董事的角色与执行董事是很不相同的。投资者、股东及市场越来越依赖独立董事对公司表现进行密切监督，并且在公司与经理层存在利益冲突问题上，倾向于主要听取独立董事的意见。为了扮演好监督者的角色，独立董事必须能够不断对公司的经营管理与经理人员的行为提出尖锐的问题。现在，当公司面临收购、重组、清盘等可能与管理层发生潜在利益冲突的重要决策时，新闻媒体已习惯于引述独立董事的意见、态度与行动。20世纪90年代以来，英美等国发生了许多独立董事通过辞职或公开谴责或质询管理层及控股股东，从而使公司的违法行为和无能得以曝光的例子。例如，美国通用汽车公司（GM）90年代发生危机时，独立董事挺身而出撤换了不负责任的管理层，使得董事会和独立董事能够对管理层的决策进行更有效的监督。这是独立董事发挥作用的一个很好例证。

2. 发挥作用的条件

独立董事虽然对公司治理有一定作用，但并不能解决公司治理的所有问题。在美国，关于独立董事的角色和贡献仍然存在着争论。独立董事的存在只是有效的公司治理所采取的制衡机制之一，影响企业表现和行为的其他诸多因素同时在起作用。不能抱有独立董事可以解决公司一切问题的幻想。当然，在公司建立了一套有利于独立董事充分发挥作用的完整制度时，独立董事是可以发挥一定作用的。

国外成熟市场的经验表明，在下列条件下，独立董事能够对提高公司绩效发挥有限的影响：（1）独立董事为董事会的决策引入了外部独立的观点；（2）独立董事花费了足够的时间和精力参与、研究、分析公司的活动；（3）独立董事具备相关的技能与经验；（4）董事会内独立董事的数量使得他们有能力影响公司的决策；（5）董事会本身确实起到了公司方针制定与战略决策的作用；（6）独立董事必须有权解雇不合格或不忠诚的经理人员。

应当特别说明，当今世界瞬息万变，独立董事很难随时掌握公司发生的情况和面临的问题。经理层或内部人如果不向独立董事提供充分真实的信息，或者没有授权独立董事可以直接接触公司内部重要的当事人取得第一手资料，独立董事将很难发挥作用。因此，信息对称问题是独立董事发挥作用的关键。因此，各国在设计建立独立董事制度时，都明确保证独立董事知情权的原则。

3. 主要作用

（1）监督公司经营管理：审查公司的重要决策；保证公司财务及其他控制系统有效运作；保证公司运作不违反有关监管要求和标准；对照既符合实际但又比较高的标准评价和监督管理层的表现；保证股东充分了解他们所关注问题的有关信息；判断公司是否达到了其他主要利益相关者（雇员、债权人、供应商、消费者、特别利益集团、社会）的预期。

（2）提高公司绩效：为公司带来新信息、新思想、新技能；帮助公司更广泛地接触其他行业、金融市场、政府和新闻媒体；对公司的计划和绩效评价提供客观和理性的观点；帮助管理层识别机会、预期潜在的问题、制定适合的发展战略。

（3）保护股东权益：保证公司投融资决策是经过客观、详细的论证后作出的；保证公司的所有活动都以增加股东价值、避免公司资产贬值为目的；保证董事会与管理层之间的信息传递准确、及时、完整。

三、独立董事制度的国际比较

1. 典型的美国独立董事制度

美国是独立董事制度建立最早、最为完善的国家。早在 20 世纪 30 年代，美国 SEC 就建议公众股份公司设立"非雇员董事"（Non-Employee Director）。1940 年《投资公司法案》规定，董事会中至少 40% 的董事必须为独立董事。1977 年，纽约证券交易所开始在上市公司规则中规定，自 1978 年 6 月 30 日开始，上市公司应设立审计委员会，其委员全部为独立董事。1991 年，美国证券交易所规定，上市公司至少应有 2 名独立董事。Nssdaq 规定，上市公司必须至少有 2 名独立董事，1998 年进一步规定上市公司的审计委员会必须至少由 3 名独立董事组成，现全部由独立董事组成。

2. 独立董事在全球的分布

经济合作和发展组织（OECD）在《公司治理原则》中，要求公司董事会应考虑委派足够数量的能够对可能产生的事情进行独立判断的非经理董事会成员。这些成员的关键责任包括财务报告、任命以及经理人员和董事会成员的报酬。

当前在许多国家和地区，独立董事的职责和作用得到了突出的强调。世界

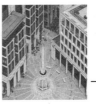

经济合作组织（OECD）在《1999 年世界主要企业统计指标的国际比较》报告中，专门比较了各国和地区公司董事会中独立董事所占的比例，其中美国为62%，英国为 34%，法国为 29%。另据 Korn-Ferry 公司 2000 年 5 月发表的调查结果，《财富》美国公司 1 000 强中，董事会的平均规模为 11 人，其中内部董事 2 人，占 18.2%；外部董事 9 人，占 81.8%。表 29 - 1 给出了部分国家和地区公众股份公司董事会的构成情况。可以看出，在几乎所有的成熟市场中，公众股份公司董事会中非执行董事的比例都超过了 50%，美国的这一比例达到了 77%。

表 29 - 1 　　　　　　　　若干国家和地区董事会的构成情况

国家（地区）	董事会平均人数	非执行董事比例	董事的平均年龄	董事的年龄限制
澳大利亚	8	75%	55	72
比利时	15	78%	56	70
法国	13	82%	59	71
中国香港	8	15%		
意大利	11	73%	57	57
瑞典	9	85%	56	无
瑞士	5	89%	60	70
英国	12	50%	56	无
美国	13	77%	61	无

资料来源：Information from specific stock exchanges, Corporate Governance – an international review, SpencerStuart, 1997

3. 独立董事任职资格的规定

美国全国证券交易商协会规定：独立董事应该能够阅读、理解公司的财务报表。此外，发行人应保证审计委员会中至少有一名成员具有财务会计的专业背景，精通公司财务会计及财务信息披露的有关要求。

美国密歇根州《公司法》规定：为保证独立董事有足够能力履行职责，董事必须具有 5 年以上的企业、法律或财务工作经验。

马来西亚高级金融委员会规定：独立董事应该具备较高的素质、信用和必需的专业技能，为公司的战略、绩效、重要职位的任命、行为标准的制定等提供独立的判断。

泰国证券交易所《准则》规定：非执行董事的候选人只有当本人能够确保有足够的时间和精力履行职责时才应该接受任命。

墨西哥商业协调委员会《公司治理准则》规定：选择独立董事时应考虑其能力、经验、职业声望。

4. 独立董事人数及在董事会中比例规定

美国全国证券交易商协会上市规则规定：所有上市公司必须设立审计委员会，该委员会至少应有 3 名成员，全部为独立董事。

美国 CaIPERS 的指引规定：董事会中绝大多数董事应为独立董事。

美国机构投资者协会规定：公司董事中至少有 2/3 应该是独立的。

美国《投资公司独立董事条例》规定：独立董事应在董事会中占多数。

香港证券交易所主板和创业板的上市条例规定：上市发行人的董事会必须包括至少两名独立非执行董事。

新加坡股票交易所主板上市指引规定：发行人的董事会中至少应该有两名独立于发行人并与发行人无重大商业或财务联系的外部董事。

韩国交易所规定：从 1999 年开始，上市公司董事会席次中必须逐渐达到至少要有 1/4 以上由外部董事担任。

中国证监会《指导意见》规定：董事会中应当有 1/3 以上为独立董事，其中应当至少包括 1 名会计专业人员。

5. 独立董事选任和罢免规定

绝大多数国家法律规定股东会有权任命独立董事。独立董事选任和提名主要有董事会提名、股东提名、提名委员会提名三种方式。例如，中国证监会《指导意见》规定，上市公司董事会、监事会、单独或者合并持有上市公司已发行股份 5% 以上的股东可以提出独立董事候选人，并经股东大会选举决定。

绝大多数国家没有对独立董事的任期作出特殊规定。美国密歇根州《公司法》规定，独立董事的最长任期为 3 年。3 年后还可以继续担任董事，但不再认为他是独立的。中国证监会的《指导意见》规定：任期与其他董事相同，可连选连任，但连任时间不得超过 6 年。

法律和其他规范性文件对独立董事的辞职和罢免没有十分详细的规定，因此独立董事的辞职和罢免在决定程序上与一般董事相同，只是要求公司将独立董事辞职、罢免及其事由单独列项予以公告。《香港证券交易所创业板上市规则》规定，如果独立非执行董事辞职或遭免职，发行人及当事人均应及时通知本交易所，并解释理由。中国证监会的《指导意见》也规定，独立董事辞职应向董事会提交书面报告，对任何与其辞职有关或其认为有必要引起公司股东和债权人注意的情况进行说明。独立董事任期届满前不得无故被免职。提前免职的，上市公司应将免职独立董事作为特别披露事项予以披露，被免职的独立

董事认为公司的免职理由不当的，可以作出公开的声明。

6. 独立董事的薪酬规定

绝大多数国家和地区没有对独立董事的薪酬做出特殊的规定。在实践中，董事薪酬结构中，股票或以股票为基础的报酬的比重在增加。在部分国家中，独立董事也可以获得不具有显著比例的股票期权甚至股票。例如，澳大利亚投资经理协会规定，董事会应制定政策鼓励非执行董事持有本公司的普通股。中国证监会的《指导意见》规定，上市公司应当给予独立董事适当的经济补偿。目前，典型的美国大公司独立董事年平均收入为 33 000 美元左右。有报道称，中国上市公司独立董事年平均约 3 万 ~ 10 多万元不等。独立董事的报酬安排应考虑其自身利益与独立性之间的平衡。

7. 独立董事会议规定

一些机构规定，独立董事每年应定期举行特别会议，公司的其他董事和高级管理人员不得参加。例如，美国通用汽车公司规定独立董事每年应举行 2 ~ 3 次会议。美国加利福尼亚公职人员退休基金规定独立董事应定期（每年至少一次）单独举行会议。世界经济合作组织在《公司治理原则》中提出，董事会可以考虑成立特别委员会来处理潜在的利益冲突。特别委员会至少由一定数量或全部由非经理董事会成员组成。

四、我国上市公司治理结构的问题

1. 代理人："三合一"

从形式上看，上市公司设立的董事会和监事会是双层委员会制度，分别代表公司、股东利益和在一定程度上代表其他利益相关者（职工、社会等）利益，但因只有董事会代表股东利益，可以直接决定公司的重大经营决策，向股东大会负责，监事会在法律上只被赋予了有限的监督权力，没有罢免董事的权力，在实际上可归纳为单层董事会制度。同时，国有股所有者代表缺位，既在董事会中形成了由代表国家股或政府控制的法人股的"关键人"控制的局面，又在董事会中形成了许多成员同时兼任公司经理层要职，放手让"内部人"控制的局面。另外，控股股东持股比例过大，难以对其进行有效制衡。控股股东与上市公司往往在"人、财、物"等各个方面形成错综复杂的关联关系，控股股东通过内部关联侵占上市公司利益。这些不良现象又均是合法的。

2. 缺乏制衡机制："三分开"

从法理上讲，股东会是上市公司的最高权力机构，董事会受托从事战略规划和重大决策，监事会负责对公司董事和经理监督，经理层负责公司经营运作。但实际上，我国上市公司董事会的成员主要来源于控股股东，新董事包括独立董事人选提名、董事的选聘标准、董事的罢免动议主要由控股股东决定，尽管董事长的产生主要由董事会决定，但董事会一般又受制于控股股东。监督虽然在法规上归监事会负责，但大多数上市公司没有监事会常设机构；监事会规模也偏小，有的甚至达不到法定人数要求；监事会成员许多不具备相应的专业知识；监事会同样受控股股东控制，在公司治理中形同虚设。高级管理人员本应按照市场原则产生，即出多少钱、聘什么人、办什么事，但我国目前上市公司的总经理主要来源于公司内部和控股股东委派，以及上级党组任命，很难体现全体股东为实现其财富最大化而聘选能人的意志。

3. 监督机制弱化："三缺位"

一是利益相关者参与权不到位。一些上市公司除对本单位职工利益比较重视外，对其他非股东利害相关者保护不够。目前上市公司最主要的利害相关者是贷款银行，只要少数贷款银行通过派出董事或监事参与公司治理。随着利害相关者自我保护意识增强，上市公司与利害相关者之间的利益冲突事件呈上升趋势。二是管理层激励机制不到位。由于多数董事和经理人员都不是通过市场机制竞争产生的，原国有企业中一度形成的"官本位制"在薪酬体系中仍起作用。一些按市场原则选择的合格的经理人才，要按市场原则获得充分激励，其合理性也常常受到怀疑。据调查显示，目前近半数的高级管理人员不在上市公司领取报酬；报酬结构形式单一，总体持股数量较少，持股比率偏低，管理人员"零持股"现象比较普遍；高级管理人员年度报酬与公司经营业绩相关程度不高，年度报酬对高级管理人员没有产生明显的激励约束作用。三是会计准则和审计服务不到位。部分中介机构如会计师事务所、律师事务所等缺乏信誉，没有良好的职业道德和素质，不仅没有起到促进公司治理改善的作用，反而成为为公司做假账、提供虚假信息，欺骗投资者的帮凶，造成上市公司信息披露失真，股票价格难以反映公司真实价值，投资者无法对公司真实价值作出准确的判断，从而也使得二级市场所具有的公司控制权转移的功能难以发挥。

4. 小股东弱势："三原因"

（1）"理智的冷漠"。在公司股权分散的情况下，小股东要为公司的重大事宜投票，是需要付出相当成本的。最基本的工作是要收集、加工相关信息，并做出决策。对小股东来说，做出理智的判断而付出的成本通常要大于因投票而得到的利益。因此，一个理智的股东会对积极行使投票权持冷漠的态度。

（2）"搭便车"。在存在众多独立股东的情况下，对公司管理层的监督在

很大程度上具有"公共产品"的特性。每个股东都希望其他股东行使监督权，而自己不必亲自参与监督，这样可以省掉因参与监督所付出的成本，收益却由所有股东分享。由此导致的结果是，谁也不愿意行使监督权。

（3）小股东被轻视。在管理者控制的情况下，管理者追求自身利益的最大化，往往通过自我交易等方式"掠夺"小股东，而小股东无力做出有效的抵抗。大股东还限制小股东的权利，比如限制投票权和通讯投票方式等，小股东的股权因分散而控制功能受到很大影响，削弱了小股东在公司治理中的作用。

在公司治理结构中，小股东因其弱势地位经常受到两方面的侵害：一是不称职的管理层机会主义行为带来的损害，即通常说的代理成本，这是所有股东都要承受的，小股东尤其无能为力。二是控股股东对小股东的损害，即通过损害小股东利益来增加自己的利益，在企业理论中通常称为"掠夺"。当大股东控制管理层或管理层持有较大股份时，代理成本和掠夺行为常合二为一。即使大股东不参与管理，为获得大股东的支持，管理层也会做出有利于大股东的交易决策。在这里代理成本直接体现为大股东的"掠夺"。从我国上市公司发生的一些案例看，"掠夺"常表现为以下几种形式：大股东在公司担任管理者、装修豪华的办公房、购置豪华的小汽车、把公司费用做自己的大额预付款；大股东在公司任职支取过高的薪水；大股东与公司争夺商业机会；以高于市场价格向公司出售大股东的屋业；以低于市场利率向公司借款或以高于市场利率贷款给公司；不顾公司现金紧张支付红利或阻止向小股东支付红利迫使其以低价出售股票予控制者；支付不同红利，通过降低小股东股份的市场能力增加大股东股份的市场能力；将公司的控制性股份售予计划掠夺公司的人；发行股票稀释小股东的股份价值；发行股票做虚假陈述等。

五、我国引进独立董事制度的目的

1. 增强董事会的独立性

在公司与执行董事存在利益冲突时，独立董事将外部的、客观的观点引入董事会，以便作出公正客观的判断。独立董事需要在以下情况中做出客观公正的判断：公司管理层的绩效评价；董事的任免；高级经理人员及董事的薪酬决定；关联交易；公司利润分配以及其他。在解决这些敏感问题上，独立董事的独立性和客观性使其意见特别有价值。

2. 强化董事会战略管理职能

当公司管理层对公司发展趋势作出错误判断和假设时，独立董事从不同角度提出并分析问题，对公司内部的一致性思维进行挑战。他们为公司带来新的知识、技能和经验，对公司战略、投资、融资、项目计划等提出客观的意见和建议，能够帮助公司管理层识别市场发出的预警信号，认清公司面临的潜在危机和商业周期影响，矫正董事会的战略判断和决策失误。小天鹅一度受"网络热"影响，管理层试图向 IT 行业发展，3 名外籍独立董事据力反对，强调公司优势在于洗衣机，保持了"以洗为主"的方向，事实证明是正确的。

3. 制衡董事会权力

当公司由董事会主席和首席执行官合一的内部人或关键人控制时，独立董事实际发挥的作用，可以及时识别、限制乃至避免该内部人或关键人控制董事会的不当行为。独立董事通常需要在以下问题上发挥识别和限制功能：高级经理人员用公款进行个人消费；用公司的钱为自己购买荣誉；过分奢侈的在职消费，如高档汽车、豪华办公室等；轻易对外承诺搞大型豪华而不能给公司带来应有效益的投资项目。

4. 关注利害相关者的利益

当公司可能发生侵害利害相关者的利益行为时，独立董事将站出来为这些人说话，维护雇员、债权人的合法权益。当公司无视其在环境保护、劳动安全、平等就业机会等方面的责任时，独立董事还通过主要由其组成的道德委员会行使权力，妥善处理这方面的事务，提高公众公司的社会责任和道德意识。这既有利于维护公司形象，也有利于公司免予起诉而遭受损失。

六、独立董事行使职权的机构

根据 OECD 的《公司治理原则》，许多国家倡导在公司董事会中建立专业委员会，独立董事在专业委员会中发挥主导作用，或者其大多数成员成为独立董事，委员会的主席或召集人须为独立董事。设立专业委员会，可以使独立董事在投入有限时间的情况下，全面把握和处理大公司面临的许多复杂问题，从而使他们的贡献最大化。

1. 审计委员会

审计委员会的主要职责是：（1）对公司的信息披露过程进行审查，确保公司完全、及时、准确地披露法规要求的有关信息；（2）聘任公司外部审计；（3）对公司内、外部审计人员及其工作进行审查；（4）对公司内部控制进行审查。

2. 提名委员会

提名委员会的主要职责是：（1）分析董事会的构成情况，明确对新董事的要求；（2）制定董事选择的标准和程序；（3）广泛搜寻合格的董事候选人，必要时可聘请独立的外部中介机构提供帮助；（4）对新董事人选进行考核；（5）确定新董事候选人提交股东大会表决。

3. 薪酬与考核委员会

薪酬与考核委员会的主要职责是：（1）制定董事与高级管理人员考核的标准，并对他们进行考核；（2）制定、审查董事与高级管理人员的薪酬政策与方案；（3）根据有关法规的要求，向股东、机构和公众披露公司的薪酬政策及实施情况。

七、我国上市公司独立董事制度的基本特点

1. 我国上市公司治理结构的特殊性

（1）不同于英美的单一制委员会（董事会）模式：英美法系国家采取单一的董事会制度，即由股东选举一个董事会，代表其利益经营公司。股东通过董事会对公司实行控制，并责成董事会对公司经理实行指示和监督。股东在股东大会上，通常按一股一票和多数通过原则进行表决。由于董事持有大量股份，并且公司股权高度分散，认为引进独立董事可加强对管理层控制。我国公司治理结构由股东大会、董事会、监事会组成，分别行使权力机构、决策机构、监督机构的职能。

（2）不同于德国的双层制委员会（董事会—监事会）模式：大陆法系国家如德国、法国、日本、中国都在《公司法》中保持这种制度。但德国最为典型：监事会主席由股东任命，并在监事会中有投票权；董事会的董事由监事会任命，并可撤销任命。董事会的董事不能兼任监事会的监事。监事会负责监督公司管理活动，可以审阅和否决管理部门的投资计划。监事会成员由股东和雇员构成，但都必须为整个公司利益负责，不能以各自原有的身份分别代表两个利益群体。我国公司监事会由股东大会选举，但他不能任免董事和高级管理人员，无权代表公司起诉，授予的权力较小。

（3）不同于日本公司治理模式：日本虽然也属于大陆法系国家，但他们公司董事会主要由管理层构成，对公司监控主要通过企业间交叉持股和主办银行体制来实现。日本的金融机构大量持有企业股票，企业之间也相互持有股票并持有不少金融机构的股票，形成密切的商业利益关系，认为这种体制能对企

业造成严格的连环制约，起到监督公司的效果。我国公司交叉持股情况较少，更多的是大股东控股、参股企业。贷款银行一般不介于公司治理；中小股东参与公司治理也不积极，流通股股东用脚投票现象严重。

2. 独立董事与监事会的关系

（1）独立董事侧重于事中的制衡作用，他更多需要以专家的内涵、独特的眼光预感公司未来发展，影响及参与公司决策，在公司管理经营全过程中制衡；监事会侧重于财务监督和事后审查，无法参与全过程的经营管理特别是决策活动并进行监管。

（2）独立董事重点关注中小股东的权益不受侵害，主要责任是确保董事会考虑的是全体股东的利益，而不仅仅是某一派别或某一集团的利益；监事会是对股东大会负责，更多地受到控制股东的制约。

（3）独立董事直接参与公司决策活动，参与确定公司业务及事务上的方向，以及对董事会面临的公司重大决策和其他问题发表肯定的客观的意见，监事会重点检查决策程序的合法性、合规性，一般不参与公司具体管理决策活动。

（4）独立董事履行董事职责，在大股东或机构投资者与中小股东利益冲突时，代表中小股东利益，为中小股东说话；监事会负责监督董事的行为，也包括对独立董事行为的监督。

八、我国上市公司独立董事制度的基本要求

（1）独立董事应由具有良好信誉的专业人士担任。

董事会成员中至少 1/3 为独立董事，其中至少包括 1 名会计专业人士。

具备上市公司运作的基本知识，熟悉相关法律、行政法规、规章及规则。

有五年以上法律、经济或其他履行独立董事职责所必需的工作经验。

（2）独立董事应具有独立性，具备进行独立客观判断的专业知识和经验。

独立性——不在公司担任除董事外的其他职务，与其受聘的上市公司及其主要股东不存在可能妨碍其进行独立客观判断的关系。

（3）下列人员不得担任独立董事：

在上市公司或者附属企业任职的人员及其直系亲属、主要社会关系；

直接或间接持有上市公司已发行股份 1% 以上或者是上市公司前十名股东中的自然人股东及其直系亲属；

在直接或间接持有上市公司已发行股份5%以上的股东单位或者在上市公司前5名股东单位任职的人员及其直系亲属；

最近1年内曾经具有前三项所列举情形的人员；

为上市公司或者其附属企业提供财务、法律、咨询等服务的人员或在相关机构中任职的人员；

公司章程规定的其他人员；

中国证监会认定的其他人员。

（4）通常独立性可体现在五个方面：

财产独立——不是公司股东，并且不代表任何重要股东，不在公司或其附属公司的业务中拥有任何财产或权益；

人格独立——能够对公司的重大事项进行独立的判断，并且熟悉财务和经营；

业务独立——与公司无论过去和现在都不存在经营业务上的关联；

利益独立——不从公司获得除董事津贴之外的收入，不参与公司的股票期权计划或以公司业绩为基础的报酬计划；

运作独立——既独立于董事会其他成员，又独立于公司的经营管理层，须由股东大会产生，不由董事会任命，必须具备5年以上的证券从业资格的商业、法律或财务经验。

（5）独立董事的提名、选举程序及任期。

董事会、监事会、单独或合并持有5%以上股份的股东有权提名；

股东大会选举决定；

独立董事详细情况及其独立性声明应予以公告；

独立董事情况报派出机构和证券交易所备案，派出机构对其独立性做事后认定；

连任不得超过6年。

（6）独立董事履行职务的制度保障。

对重大关联交易、董事及高级管理人员的提名、薪酬、可能损害中小股东权益的事项等，向董事会或股东大会发表独立意见。

独立意见的类型：保留意见及其理由；反对意见及其理由；无法表示意见及其障碍。

独立意见披露：涉及需要披露的事项，独立董事的意见应予以公告；独立董事出现意见分歧时，各独立董事的意见应分别披露；独立董事意见、提案的公告事项，由董事会秘书办理。

特别职权：向董事会提议聘用或解聘会计师事务所；向董事会提请召开临时股东大会、提议召开董事会；独立聘请中介机构，出具独立财务顾问报告；向中小股东征集投票权等。

（7）保证独立董事的工作时间及工作条件。

独立董事每年工作时间不少于 15 个工作日，确保其有足够的时间和精力，有效地履行其职责。

独立董事享有与其他董事同等的知情权。凡须经董事会决策的重大事项，公司必须按法定的时间提前通知独立董事，并同时提供足够的资料。独立董事认为资料不充分的，可以要求补充。当 2 名以上独立董事认为资料不充分或论证不明确时，可以书面联名提出延期召开董事会或延期审议该事项，董事会应予采纳。董事会秘书应当积极协助独立董事工作，保证独立董事获得必要的信息，以支持客观、独立的判断。

独立董事行使职权所需费用由公司承担。

第 30 讲
激励型认股权利弊与在我国的实施

——国有企业及上市公司管理层股权激励与收入分配制度改革研讨会

许多想到境外上市的公司高管人员问，在境外上市可以实施股权激励计划吗？我说"是的"。按照国家外汇管理局汇综发〔2007〕78 号文的规定，境外上市公司本身或境外上市公司在境内的母公司、子公司及分支机构的员工、高管人员和核心技术人员等可以在境外特殊目的公司上市之前，办理境外上市公司员工持股计划和认股期权计划的预留备案登记，不能实际持有其股份，而实际持有其股份必须在特殊目的公司上市之后。在这里，我不去重点介绍办理这些手续的具体程序和规则，而是想着重从总结境外上市公司相关经验的角度，分析股权激励计划的利和弊，以便对其有全面的认识，在实施中更好地扬长避短，趋利避害，以达到激励和约束管理层的效果，从而为上市公司创造最大的价值。

一、 激励型认股权制度面临质疑

一般来说，激励型认股权或认股期权（Executive Stock Option）是将一般意义上的认股权运用于企业激励机制的一种制度创新。可以在两种意义上对它作出理解：作为认购本公司股票的权利，它赋予持有者在一段时间内按事先约定的价格（执行价格）购买一定量的公司股票的选择权。认股权行使期限内股票市价超过其执行价，权利拥有者可以交纳认股款取得股票并在市场出售，获得股票市价与执行价间的差额。如果公司股价大幅下跌，持有者可选择放弃这一权利，避免更大的损失。认股权的主要授予对象是公司 CEO 或掌握核心技术的员工。作为公司提供报酬的形式，它以记名方式被无偿授予管理者和员工，构成其薪资收入的额外部分，这一权利不可转让或买卖，若经理人员或授予员工脱离原公司，即自动丧失剩余认股权。此外，根据美国税法的规定，激励型认股权的执行价要等于授予当日的股票市价，即授予时刻认股权理论价值为 0，因此执行前从会计确认的角度可以不予以成本化，即不作为薪资费用冲减企业利润或分期摊销，而在认股权实际行使日直接按认购价记作现金资产和股权资本的增加。强调它是"激励型"认股权而非"酬劳型"认股权，理由就在这里。

认股权作为一种长期激励机制源于美国硅谷的新经济。企业通过向管理层及核心技术人员授予股票选择权，借助"前瞻性报酬"最大限度地调动管理者的人力资本，以求在知识要素为主要驱动力的新经济时代，用较"低"的成本获取最强的竞争实力。激励型认股权被美国企业界广泛誉为"新经济的福音"、"硅谷奇迹的创造者"和企业运营的"免费午餐"。从 20 世纪 90 年代开始，随着美国高科技产业迅猛发展，认股权制度在美国得到快速发展，几乎100%的高科技公司和大约90%以上的上市公司都采用了这一激励机制。现在这项制度已经迅速遍及世界各地，在全球范围内受到普遍欢迎。然而，在美国安然公司财务造假事件发生后，一向为美国资本市场推崇的认股权问题终于爆发了。受美国股市十几个月熊市的影响，加上安然公司的会计丑闻，美国的认股权正在变为经理滥用权力和经理侵蚀公司财富的象征。正如巴菲特指出："当前一哄而起激励型认股权为大批平庸的首席执行官提供了大发横财的捷径，这是在大量牺牲股东利益来奖励平庸业绩。"

可以说，激励型认股权是一把"双刃剑"。它在带来巨大财富效应，激励人力资本最大限度发挥的同时，也为财务资本的所有者们带来了极大的市场风险，使其不得不面对可能的道德风险，绞尽脑汁去寻求监管办法。认股权与生俱来就是一种危险的金融工具，但正是由于它的高获利性、可操纵性和非成本化的会计处理，使其深受经理人欢迎，激发经理人开拓进取，不断创造一个又一个的商业奇迹。认股权的确激励经理人做出了更大的"蛋糕"，但同时又帮助经理人分走了更大的一块，最后留给投资者的蛋糕反而少了。激励型认股权利弊互生。对认股权问题的解决不能寄希望于单纯的消除弊端，只能试图在认股权利弊中寻求最佳平衡点，使约束和激励相平衡。

二、激励型认股权制度的主要优势

激励型认股权作为一种长期激励的报酬制度，其优势主要表现在以下方面。

1. 认股权是处理公司委托—代理关系的有效契约

委托—代理问题是现代公司治理的核心问题。在现实生活中，由于委托人与代理人各自有着特殊的利益主体地位，其效用最大化目标往往不一致。因

此，委托人必须设计一个双方都能接受的契约，通过一套激励和约束的机制即报酬与贡献相关的原则，使其二者的利益尽可能趋于一致，从而利用代理人的某种优势来弥补委托人的某些不足，促使代理人像为自己工作一样去采取行动，最大限度地增进委托人的利益。

认股权作为一种效用长久的奖励方式能够使委托人和代理人的目标最大程度地趋于一致。这种报酬制度将代理人对企业的贡献转化为对企业的股权，使代理人的长远利益与企业的长期发展相结合。要使公司得以生存发展，就必须提高自身价值和股东价值，为此就必须提高公司的长期竞争能力、获益能力，力争以最少的资本投入获取最大的经济效益。由于公司经济效益好坏直接关系到其高层管理人员能否通过行使认股权获得股票市价与其执行价格间的差额，使得管理者利益与企业市场价值直接挂钩，公司高层管理人员便有动机尽最大努力来提高公司的长期竞争能力、获益能力，追求公司长期经济效益最大化。换言之，认股权能成为公司高层管理人员提高公司价值、股东价值的强大动力，使委托人和代理人的目标达到最大程度的一致，从而激励公司经理在实现自己利益最大化的同时，也实现公司委托人利益最大化。

另一方面，认股权的存在在一定程度上减少了企业家产生机制中由于委托人和代理人信息不对称所引发的"逆向选择"问题，是一种比股票激励更为有效的契约机制。在一般的股票激励机制下，无论企业今后经营业绩如何，其高级管理人员获得的股票价值总会存在，其持有股票的权利将得到保护，尽管股价会随公司业绩波动，但不会对其利益产生实质性的影响，这很容易使那些经营管理能力缺乏但希望获利的人产生成为公司高级管理人员的冲动。这些人通过四处活动取得委托人的信任，利用信息不对称而造成的机会，使委托人受到蒙蔽，进而损害其利益。在认股权激励和约束机制下，公司高级管理人员的利益获得具有一定的风险性，即如果公司未来业绩下降，市场反映不佳，其拥有的认股权价值就会丧失。只要缺乏经营管理才能的人无法获得除本身才能之外的额外利益，就能对其追求管理职位冲动产生抑制效果。认股权制度把上市公司高级管理人员的利益"锁定"在自身经营管理能力范围内，使其利益与其能力和对公司的贡献趋于一致，从而在很大程度上减少了"逆向选择"问题的发生。

该方面的例证可以在欧洲瑞士的雀巢公司中找到。雀巢公司从 20 世纪 90 年代初开始实行认股权制度。公司董事长马赫总结说，欧洲与美国的最大差别就在于激励高层管理人员长期效力的力度不够，欧洲总裁以往的所做与其所得不符，收入结构不合理，主要是固定工资部分过多，这不仅妨碍激励企业总裁努力工作，反而会给企业发展带来负面影响。

在美国更是不乏激励型认股权实施成功的案例。一些企业通过实施该项制度，真正实现了所有者与管理者的"双赢"。例如，罗伯特·戈伊祖塔从1981年起担任可口可乐公司首席执行官，直至他1997年去世。公司送给他价值可观的认股权和限制性股份，他把该公司发展成为世界顶尖级的大企业，他自己也赫然成为管理层中的首位亿万富翁。认股权这种应用广泛的前瞻性的激励机制，激励着美国公司管理层努力奋斗不断提高公司利润水平，从而为美国经济注入了新的活力。

2. 激励型认股权是企业财务运作的"免费午餐"

实施激励型认股权能减轻公司日常支付现金的负担，节约大量营运资金，有利于公司的财务运作。特别是对新成立的或处于成长中的中小型企业来说，由于缺少足够的可供分配的利润和现金流，不可能以现金支付高层管理人员很高的薪酬。通过认股权使公司高层管理人员在将来行权时获取数额较大的报酬，可以代替当前的现金支出，而且未来行权获得报酬是通过资本市场来实现的，"公司请客、市场买单"，不需要公司任何现金流出。这样，有助于公司把节省的资金投入生产过程，从而增加公司的产出和利润，提高竞争能力。例如，迪斯尼公司通过实施认股权计划，使其总裁艾斯纳在1998年有了5亿美元的进账，他不必为公司拖欠其工资而操心，迪斯尼公司董事会也不必因承担任何现金支出而费神。

激励型认股权在会计处理上不计入成本，公司在支付大量认股权形式的薪酬时，可以隐瞒这部分运营成本，从而调高损益表中的利润。美国许多公司选择认股权的动因，就在于认股权的低成本激励特点。这种制度不需要企业承担任何费用，相应使企业利润增加，从而在激烈的市场竞争中获得主动。从投资者的角度看，利润和认股权价值是公司前景的两个具体化身。当媒体将CEO们价值上亿元的认股权薪酬炒得如火如荼时，公司公布的利润额反而因成本降低而呈现上升趋势，显示出公司"春风得意"和"踌躇满志"的现状和未来，使投资者对公司前景的预期更加乐观。正是由于激励型认股权在企业财务运作中有这两方面的优势，它被人们称为企业的"免费午餐"。

3. 激励型认股权是企业实施人力资源战略的重要手段

实施认股权可在一定程度上解决企业发展中人力资本的价值实现问题，对企业吸引、激励、挽留人才发挥着不小的作用。知识成为经济发展的主要驱动力是新经济时代的显著特点，而知识获得则要以人力资本为依托，人才竞争成为现代企业竞争的关键。由于高科技企业成败关键在于其拥有的知识产权和独

家开发的项目，因而享有专利技术的高级管理者或一两名高级技术人员就能决定公司的命运。在 20 世纪 90 年代，美国经济持续增长和就业率持续增高，美国的劳动力市场成为卖方市场，招揽人才和稳定掌握知识的员工队伍，防止知识外溢，成为美国公司的棘手任务。激励型认股权计划在许多公司特别是新兴高科技公司中成为薪酬和激励机制中的重要的杠杆。认股权通过长期报酬的形式，将优秀人才的利益与公司利益捆在一起，使其以企业所有者和主人翁的身份，广泛参与企业经营管理，并在分享企业利润过程中与企业结成紧密的利益共同体。同时，公司通过实施认股权时附加若干限制条件来留住人才，比如许多企业规定在认股权授予后一定期限内，经理人员不得行使该权利；在第二年至第四年可以部分行使。经理人员若在限制期间离开公司，就丧失剩余认股权，给经理人员铐上了"金手铐"。这些措施不仅避免了现有人才流失，而且吸引了更多人才流入。

美国税法对激励型认股权在税收政策上给予支持，避免了公司主管的薪酬被高额所得税"吞噬"，使得认股权在吸引人才上的优势更为显著。按照美国税法的规定，认股权持有者在行使权利时不用支付股票市价与认购价差额的税款，只有当以后将股票出售时，按其股票持有时间的长短，以较低的资本利得税率纳税。这样，认股权不仅递延薪酬资金的纳税时间，还享有一定程度的税收优惠，在美国这样的高税收国家，广受公司管理层欢迎。例如，1999 年 6 月，百事可乐公司同某公司高级管理人士约瑟夫·加利达成意向，准备让其出任百事可乐北美地区一个部门的负责人。但是，在 6 月 24 日，加利与百事可乐公司的高层进行接触并商谈有关计划几个小时之后，加利的律师却突然通知百事可乐公司说，加利决定改变初衷，转而投入网上书店——亚马逊公司出任总裁。原来，亚马逊公司为争夺加利付出了高昂的代价：给予 150 万股左右的股票期权，并吸收他担任董事会成员。可以说在 20 世纪 90 年代的美国，激励型认股权成为企业进行人力资源竞争的重要手段。

可以说，在 20 世纪 80 年代，硅谷高科技企业崛起，纳斯达克股价走高，都与此有密切的关系。虽然很难找到确切证据验证认股权与企业发展间的必然联系，但 20 世纪最后 20 年里，无论是企业经营管理者，还是公司股东或资本市场参与者，都力图相信认股权是促使新经济腾飞的福音，是企业治理结构调整的最终出路，并通过对美国国会施加压力，迫使其在相关的会计制度和税收制度上做出让步。随着认股权"免费午餐"优势的显现，企业开始毫不吝惜地向管理层大把奉送认股权，加之纳斯达克节节攀高，使认股权发展一发而不可收，也使认股权的潜在问题进一步扩大化。

三、激励型认股权制度的不足

进入 21 世纪后，尤其是 "9·11" 事件以来，美国经济陷入低谷，美国经济潜在问题——暴露出来，其中包括认股权问题。虽然媒体和学术界大都将矛头指向由认股权引起的经理人诚信危机和对认股权不适宜的会计处理方法，但这似乎没有揭开问题的本质，其最为严重的后果就是损害了股东及投资者利益。

1. 认股权是稀释股票价值的危险工具

公司对其经理人员发放的认股权，虽然英文是 "Stock Option"，即股票期权，但它并非真正意义上的期权。很重要的一个区别是，股票期权的标的物是本来存在的股票，而认股权是在执行时，公司才把股票创造出来[①]，如果不执行，公司就不创造这些新股票。因此，当认股权被执行时，公司原有的权益会被稀释。人们都同意，认股权是企业前景的一个具体化身，但从将来业绩改善或提高中获益，这种权利与生俱来地属于股东，因为股东提供资金并承担亏损的 "第一风险"，就是为了得到这种回报。所以，实施认股权制度的一个基本事实是，它代表从普通股中取走的某种东西。

为了具体地说明这一点，我们假设某公司原有资本 $2 000 000，年资本收益率为 10%。在外流通有普通股 100 000 股，每股 $20，若该企业向经理人员奉送了一定量的认股权，可以据此以每股 $20 的价格购买 100 000 股原公司股票。普通股价值减少的具体原因在于当企业业绩改善时，由于认股权被执行，使原股东持有的股份比例大幅减少，这种稀释效果可通过假设企业价值翻倍来看：

业绩改善前：

企业原价值 $2 000 000；每股价值 $20；企业年收益 $200 000，每股收益 $2；

业绩改善后：

企业年收益 $400 000，每股收益 $4；企业价值升至 $4 000 000；每股价值 $40；

由于股票价格上涨，使得认股权有利可图，致使其持有者执行该认股权

---

① 公司透过把股权赠与或配予经理阶层和优秀员工一般有三种方法，一是由原股东把其股权出让予雇员（公司由单一大股东组成且股份属于私人股份时较适宜）；二是由公司增发新股予雇员（比较通行）；三是公司自二级市场上回购股票来支付认股权、可转换证券等的需求（值得注意的是，多数国家原则上禁止公司股份回购）。在美国大部分公司是采用第二种方式，即增发新股授予雇员，对公司或大股东来说这种方法也是最为廉价的。

利，公司收到 $2 000 000 认股款并发行了 100 000 股新股以保证认股权的行使。此时，企业价值升至 $6 000 000；但由于股票数量倍增导致股东持股比例大幅下降，使每股实际价值却从 $40 降为 $30；若年资本收益率仍保持 10%，则未来每股收益降为 $3。

显而易见，认股权存在减少了普通股在企业价值上升时应得的利益，而当股票下跌甚至企业破产时，管理层只要不执行认股权，即可避免其损失，损失将 100% 地转嫁给股东。认股权存在使股东权利和义务得不到平衡，本质上是对股东利益的一种损害。尽管上市公司赠与股份的方式并非只有增资扩股一种，但无论是由大股东单独出让股份或是公司回购股票库藏，只是改变了股东的受损面或受损群体，始终都无法改变认股权侵占原有普通股权益这一基本事实。

认股权的全部价值都是以普通股价值减少为代价而得到的，股东付出这样的代价是否值得呢？据普华永道会计师事务所对美国高科技公司所作的一项调查显示，这些公司的总经理通过执行认股权获得的股份约占公司总股本的 12.1%，平均价值为 4.68 亿美元。相比之下，投资者却根本没有从这些全球要价颇高的管理者手中得到他们应有的高额回报。其中 CEO 薪资最高的 5 家公司中，有 4 家公司几乎跌入业绩最差企业行列。正如巴菲特所说，公众为公司管理支付了过高的价格，而结果换回的只是平庸的业绩。

尽管如此，由于股票市场有着疏忽大意之处，对普通股的评定通常在认股权发行前后一模一样。所以，企业可以将认股权作为管理层的不合理报酬，而不会引起普通股股东的怀疑和批评。特别是当市场火爆或存在人为操纵时，大量认股权可以在不减少普通股价格的基础上实现很好的价值，使公司证券表面上达到了很高的市值，从而加剧了公司市值与其真实价值的背离。

2. 认股权价值与股价之间易形成"连环虚涨"[1]

由于认股权可给予其持有者以高度的获利杠杆作用，公司高层只要通过对股价稍加操纵，即可引发一系列的"连环虚涨"，使股市沉迷于一种奇怪的循环，引发股价与认股权价值之间的"自我强化"过程，加剧了"泡沫"的膨胀。

为了阐述这一点，首先看一下股价上涨时，认股权价值变动对股票价格变动的敏感程度：

$$认股权价值杠杆系数 = \frac{认股权价值上涨幅度}{股票价格上涨幅度} = \frac{\Delta 认股权价值/认股权价值}{\Delta 股票价格/股票价格}$$

[1] 该词出自于本杰明·格雷厄姆的《证券分析》。

$$=\frac{股票价格}{认股权价值}=\frac{股票价格}{股票价格-执行价}>1①$$

通过上述推导可以看出，当股票价格上升时，认股权价值的上涨幅度超过股票价格的上涨幅度。尤其是股票价格接近执行价时，持有者未来获得巨额利得的机会最大，即认股权发挥其高度的获利杠杆作用的机会越多。激励型认股权发放时刻理论价值为 0，当其以薪资形式发放给管理层时，比直接向其授予普通股或现金，提供了更大的未来创造价值的机会。

进一步分析认股权价值与股票价格的关系，为简单起见，假定公司无负债，所以公司市场价值 = 权益市价 + 认股权价值，我们沿用前面的例子：

100 000 普通股每股价格 \$20，认股证可购买 100 000 股普通股，执行价格 \$20/股。

A 时刻：股价升至 \$30，认股权理论价值 \$10/股，若认股权未被执行，公司的市场价值为 \$4 000 000。

B 时刻：股价升至 \$40，认股权理论价值 \$20/股，若认股权未被执行，公司的市场价值为 \$6 000 000。

从 A 时刻到 B 时刻，股价上升了 \$10，涨幅达 33.3%；股价上升带动了认股权价值由 \$10/股上升到 \$20/股，涨幅达 100%；在两者的综合作用下，带动公司市场价值增长了 37.5%，使企业价值升幅超过了股价涨幅，这似乎意味着公司股票被"低估"。在未来一段日子里，股价具有较大的成长空间，从而再度吸引了投资者的购买热情；认股权价值上升，使首席执行官的年薪有如同拦路抢劫一般所获巨大，这种高薪不仅成了公众心目中成功企业的标志，而且使公众乐观地认为认股权的惊人价值预示着股价的长期上扬。如果加上操纵者的推波助澜，会使公众不由自主地陷入匪夷所思的狂热状态。

这种膨胀使得公司市值与其实际价值即未来净收益的现值之间的差距越来越大。美国"9·11"事件之后，很多公司的收益预期已经达不到华尔街分析员的预计，这势必影响股价的走势，通过造假抬高股价就成了许多公司负隅抵抗的唯一选择，不可避免地引发了上市公司的诚信危机。

3. 认股权易引发经理人的道德风险

道德风险问题根源于经理人和业主各自掌握公司信息的不对称。掌握着控制权的经理人比掌握所有权的业主更了解公司情况，经理人可能按照自己利益

---

① 由于激励型认股权不可单独交易，只能通过执行后取得股票再将其卖出取得价值，因此认股权理论价值通常等于股票市价减去认股权的执行价，股票价格变动额即认股权价值变动额。

 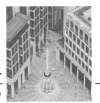
而不是业主利益来行事，若经理人不那么诚实，他可能想尽办法将公司的钱揣进自己的腰包。认股权与股价相联系的杠杆作用，让经理人看到高股价带来的巨大预期收益，同期，美国监管观念发生变化，更强调一种近乎"理想"的"企业自律"，让企业自己做风险管理模型，自己测算风险约束，使得企业的管理层更有机可乘。

通过行使认股权，公司经理人有可能在短短数年内成为百万富翁、千万富翁、亿万富翁，而达到这个目的的途径就是不择手段地抬高股价，甚至以非法手段如造假账来操纵公司股价。从表面上看，公司股价短期内可以迅速攀升，但公司经理也可以利用认股权把公司或外部投资者的真金白银落入自己的腰包。当问题最终暴露出来时，受害的只是外部投资者和公司下层员工，那些内部的高层管理者早已行使认股权，大捞一把后逃之夭夭了。

事实上，这种情况在许多国家屡见不鲜。在美国，许多公司的高层经理为让其认股权收益最大化，在1999年、2000年进行了一连串收购，通过资本运作来推高公司股价。但是，这些收购公司没有几家对目标公司业绩有贡献，公司高层却通过认股权大获其利。美国环球公司创办人在1998年和1999年行使认股权，赚得7亿多美元，随之在洛杉矶购买一幢价值9 000万美元的豪宅，虽然现在环球公司正在申请破产，但该人的豪宅工程仍然在进行。Qwest Communications的主席今年行使认股权获利19亿多美元，在科罗拉多州购入3万英亩的大农场和大量19~20世纪美国西部油画。安然公司的两任总裁在丑闻传出前，通过操纵股价兑现认股权分别获利1.4亿和6千万美元。在香港，有一家高科技公司股价曾一夜升天，其管理高层通过认股权成了当年香港地区的"打工皇帝"，但是从科技股泡沫破裂后，其公司股价一落千丈，公司员工随时都在担心公司破产和自己失业。美国最成功的投资家巴菲特认为，这样的公司经理为了攫取股东的财富，千方百计地推高公司股价，而不是真正提高公司业绩，对与市场和广大投资者贻害无穷。

除了这种明显的、直接的道德风险外，认股权还会带来一种潜在的、间接的道德风险。认股权价值只与股价单向上涨相连，而不承担股价跌破认股权执行价后的损失风险，这种激励作用会使经理人在追求公司业绩改善过程中不惜铤而走险，涉足能带来巨额回报的高风险行业。如果项目成功，经理人即可通过执行认股权获得比普通股高得多的资本利得，分享普通股的收益。由于信息不对称情况存在，投资者无法了解企业经营项目的具体情况尤其是风险状况，当问题出现造成企业亏损或破产时，投资者只能无奈地承受全部损失。经理人只要不执行认股权或通过非法手段抬高股价，就不必为其失败承担任何损失。

虽然这些经理人的出发点可能是改善公司业绩，但结果往往为公司未来经营埋下重大隐患。

4. 认股权会计处理的非成本化高估了公司利润

从会计确认方面来说，由于激励型认股权的认购价与市价相等，尽管公司给予员工认股权数量和认购价是依据员工的服务价值，但是，公司并没有为实施该计划而履行相应的义务。带激励性质的认股权价值来自税后利润的分配，因此，按历史成本计价原则，这种纯粹的激励型认股权在员工为公司服务的期间也就不存在酬劳成本确认和酬劳费用分摊问题。认股权价值在会计处理上不冲减收入和利润，容易导致公司实际利润被高估，因而遭到人们的批评。通过一组数据可以说明这一问题。据测定，截至 1998 年年底，美国发放认股权的公司普遍存在利润虚增现象，高科技公司尤为严重。一旦认股权计入运营成本，其盈利水平将大幅缩水甚至转为负数。以世界最富有的美国微软公司为例，其 1998 年对外公布的利润为 45 亿美元，如果扣除当年发放的认股权成本，则该公司不仅利润荡然无存，还留下 180 亿美元的亏损。戴尔公司 2001 年盈利将减少 59%，英特尔减少 79%，思科减少 171%。2001 年，甲骨文公司 CEO 拉里·埃里森获得公司 2 000 万股认股权，作为其薪酬的一部分，而此前埃里森已经拥有甲骨文公司的股票达 7 亿股；同年，苹果公司 CEO 史蒂夫·乔布斯获得公司授予同样数目的认股权。据统计，2001 年美国大公司发给高级经理人薪酬中，认股权占 58%。

问题在于这一为各方关注的问题一直难以解决。这首先是由于美国财务会计准则委员会（FASB）迫于来自公司团体和硅谷高科技公司的强大游说压力，对认股权成本化问题迟迟议而不决。其次原因是期权费用估价的一般方法缺乏准确性。目前通行的期权估价方法是按照著名的布莱克－舒尔斯模型建立的公式。在具体计算中，数学模型与现实复杂性之间存在着鸿沟，布莱克－舒尔斯公式的设计只是针对可以在开放市场中交易的期权作价。而在认股权计划中，公司雇员获得的认股权却不是来自市场，并且公司对其交易有各种限制。更严重的是，公式使用的 6 个主要变量在高度发达的市场中很难直接进行客观量化，而这意味着公司经理可以轻易地在公式变量的代入值上做手脚，从而能够达到隐瞒成本的目的。美国全国创业资本协会（NVCA）评论说，按照目前的计算方法得出的认股权价值"充其量是随意的"。

质言之，认股权会计处理非成本化是对认股权侵害股东权益的一种掩饰。认股权的非成本化问题和经理人的道德风险问题共同形成了公司的"诚信危机"。

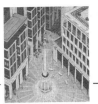
5. 认股权的激励效果受到经济周期的制约。

认股权的价值源于股价与认股权执行价之间的差额，认股权激励实质上是以股价作为对经理人业绩考评的一种手段。股价即企业市值波动通常包括两方面的因素：系统因素和非系统因素。非系统因素是企业特有的影响自身股价变动的因素，诸如经营业绩改善、新产品开发、市场青睐程度等；系统因素是整个市场共同承担的诸如经济景气状况、市场利率水平等变化引致的波动。也就是说，股价涨跌不仅体现了企业本身的经营情况，而且很大程度上受到经济周期运行的影响。由于系统因素存在，使以股价为杠杆的认股权激励不能公平地体现经理人的努力程度和经营成果。

当一国经济处于周期性低谷时，受整个市场衰退趋势影响，股价下跌态势强劲，即使经理人员和员工付出巨大努力也不能取得良好的经营成果，也不能抵挡大势压力提升股价，这种环境使认股权兑现机会十分渺茫，激励效果难以体现出来；在经济繁荣时期，市场投资热情高涨，泡沫接连膨胀，即使经理人十分平庸或懈怠，也可通过高涨的股价实现巨大的财富效应。正如巴菲特所说："如果股市很旺，没有头脑的人都能获利，即使能力十分低下；当利率大幅下调时，根本无须提高企业水平就能赚到大钱，就像一只既游不动又叫不响的瘦鸭子在涨水的池塘里也能浮得高高的。在这种环境下，谁也不应得到奖励。"

在美国，尽管优先认股权在1950年就已经出现，但认股权文化却始于20世纪80年代的牛市。其中的缘由就在于1964~1982年间，股市基本上没有什么起色，认股权根本不可能让首席执行官心动。后来股市重新焕发了生机，才使认股权刹那间成了致富的最佳工具。事实上，认股权机制在经济萧条时普遍存在激励不足，而在经济繁荣时又暴露出激励过度。这种激励机制在某种程度上是既有失公平，也有失效率。

四、激励型认股权制度在我国的实施

目前中国已有相当多的上市公司在进行这一试点。从公布的材料看，浙江创业、武汉中商、武汉中百、鄂武商、上海金陵、自仪股份和上实联合等一批上市公司进行了探索，从而使认股权在一段时间内成为众所瞩目的焦点。从上市公司实行股权激励的实际内容看，目前采用的多是"股票奖励"计划，真正意义上的"认股权激励"还没有出现。从国际经验和国内发展趋势看，上市公司积极进行认股权探索是必要的，对现行上市公司经理人员薪酬制度改革，进一步改善我国公司治理结构有积极的意义。但是，在发达市场经济体制下都问题重生的认股权制度，如何在中国健康地发展，在我国推行认股权激励机制是否妥当，这些问题都值得探讨。

1. 实施认股权激励机制对国有企业改革和发展具有深远意义

随着经济全球化程度不断加深，企业竞争日趋激烈，从国际人才市场引进优秀人才将成为公司竞争战略的构成部分。企业要加快发展，就不可能再漠视这种世界潮流的冲击。加快收入分配制度改革，实施有效的认股权激励机制，对国有企业留住人才、吸引人才，形成稳定的经营者队伍具有重要的作用。目前，合理的经营者报酬制度和收入保障机制在我国尚未形成，国有企业中有能力、有经验的经营者包括技术骨干、业务骨干等的流失现象比较严重。在我国加入 WTO 后，参与经济全球化程度进一步加深的情况下，国有企业面临的市场竞争压力日益加大。要保持国有经济的竞争力和控制力，就需要稳住企业现有的经营人才和技术骨干、业务骨干，同时需要创造条件吸引更多优秀人才进入国有企业工作。认股权这种有效的产权激励机制，把经营者利益与企业利益紧密联系在一起，在相当程度上能够调动企业经营者的积极性，对增强国有企业活力发挥重大作用。

认股权制度实施也有利于改善上市公司的持股结构，使股权结构趋于均衡，发挥制衡作用。目前国内上市公司中的国有股占绝对比重，在一定程度上影响中小股东发挥参与公司决策作用。适当减持国有股不会造成国有股的控制权丧失，还可以增加持股人群，分散风险并增加股份的流通性。实施认股权制度，赋予管理人员和其他员工认购股份的权利，并由国有股中出让适当部分来满足认股权执行需要，可通过员工之手将国有股间接推向资本市场，减少国有股直接减持对资本市场的震动，对员工和国家都是有益的。通过改善持股结构，进一步完善上市公司治理结构，形成有效的监督制约机制，对国有企业改革是有积极意义的。

2. 目前上市公司内部治理结构问题也制约认股权激励效果的发挥

实施认股权制度对完善公司治理结构有重要作用，但这项制度充分发挥作用又需要以公司治理结构完善为先决条件。目前我国上市公司虽然经过股份制改造，实现了由厂长经理负责制到公司治理结构转变，但企业法人治理结构仍然不尽完善。主要表现在国有产权代表缺位，旧体制影响根深蒂固，监督制衡有效性低下，高层管理人员大权独揽，这容易把与管理层利益和股东利益挂钩的认股权机制扭曲，把股东利益置于管理层利益之下。此外，有些上市公司的高层管理者的货币化收益看似不会太好，但是他们可以从多种途径获得大量灰

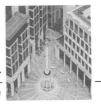

色的非货币化收入，这在某种程度上也不利于认股权激励效果的发挥。同时，在已经改造为公司制的企业中，虽然都建立了股东大会、董事会和监事会等法定等机构，但每个机构及其成员的行为并未完全走上法制轨道。突出地表现为：董事会实际上还是政府的机关，其中外部董事、独立董事和熟悉企业业务的独立董事比例极低；监事会形同虚设，监事的监督职能没有真正履行；大股东通过关联交易损害公司利益，侵犯小股东合法权益；国有控股企业"重筹资、轻转制"，"内部人控制"现象比较普遍。在现有的公司治理结构中能否形成有效的监督约束机制，发挥认股权的正面激励效果，抑制道德风险，还有待于进一步探讨。

3. 国内目前尚不具备实施认股权激励机制的必要外部条件

有效实施认股权制度需要两个必要的外部条件予以配合：一是有有效的经理人劳动力市场。这样才能保证企业的经理人是在竞争性的人才市场中选拔产生的。但是，我国目前国家控股的上市公司管理层的任命基本是由政府主管部门、组织部门闭门操作的结果。政府任命控股的上市公司高层管理人员时，注重被任命者对所任命组织或领导的忠诚度是必要的，但忽略与现代企业经理人所要求具备的素质是不妥的。当公司管理人员职位升迁与广大股东利益不一致时，认股权的激励作用发挥程度就相当有限。二是有有效的资本市场。这不仅使认股权流通方便，也为检验公司业绩提供了客观手段，有利于迫使公司经理提高经营绩效。中国改革开放以来，资本市场有了较快发展，形成了一定规模，但仍然不够完善，不仅上市公司质量有待大幅提高，而且中介机构诚信和执业水平也很有限，整个市场法制建设比较薄弱，股市丑闻迭出，不能作为国民经济和企业业绩的晴雨表发挥作用，因而也难于对企业提供监督功能。在这样的市场条件下，认股权更可能成为公司高层管理者操纵股价的动力。这不仅对上市公司发展不利，也会对国内资本市场带来更多的负面影响。

4. 目前国缺乏与实施认股权制度配套的政策法规措施

目前我国的宏观政策是在稳定中求发展，而认股权本身有较大的风险性，其实施可能不太有利于资本市场稳定发展。我国资本市场发展处于初级阶段，投资者的风险意识和承受能力有限，一旦问题爆发，容易对社会稳定造成不利影响，拖累我国经济增长步伐。目前我国上市公司增发新股和股份回购都受到很多政策限制，公司缺乏必要的股份来源以保证认股权行使，从而使认股权制度在我国目前难以推行。目前我国对私有财产的承认和保护政策也有待加强，对经理人通过执行认股权获取的收入如何确认其合法性，能否在法律上给予承认和保障，在税收政策上能否给予支持，这些都直接关系经理人利益的保护能否落实，也关系认股权能否顺利实施。

5. 广开思路寻找更符合我国国情的激励和约束手段

我们引进认股权制度的目的是要减少委托代理冲突，吸引和激励优秀人才，为公司股东创造更大价值。认股权只是可供选择的一种金融工具。如果实施认股权计划需要支付的监管成本很大，或存在潜在的高风险，我们就应权衡利弊，寻找更多适合我国国情的金融产品。相比较而言，目前选用可参与优先股来替代一般意义上的股权激励计划可能更为适宜。首先，优先股每年可获得固定股息，这部分股息可以固定构成经理人薪金的一部分，股息价值易于衡量，并且是从税后利润分配中支取，使损益表中的利润可以适当抬高又不会过分虚增。其次，优先股无法在二级市场交易，使经理人无法通过抬高股价大幅获利，在一定程度上避免道德风险发生。再次，可参与优先股与普通股的股利分配，使公司经营良好时，经理人可以获得与股东同等的参与利润分配的权利，对经理人起到一定的激励作用。虽然优先股的激励效果可能不及认股权，但产生的风险和问题可能会小得多，比较适宜在我国推广。

对认股权的认识不应仅停留在表面，或单纯从制度层面上谈如何完善，认股权是金融产品以非融资目的运用于现代企业竞争和公司治理结构调整的一次尝试。无论结果如何，它预示着未来企业竞争的一个新空间。如果说 20 世纪最初的几十年是企业间财务资本竞争的时代，过去的 20 年是企业间人力资本和知识技术资本竞争的时代，那么在未来一段时间里，企业竞争将会引入新的竞争因素，即金融创新产品的竞争。共同基金、衍生金融、组合投资、拆散打包、垃圾债券、网上投资等新金融工具，可以运用到企业运营的各个角落，无论是融资、调整公司治理结构、盘活固定资产、兼并收购，这些金融产品都将适用并发挥神奇的作用，释放出惊人能量。安然公司虽然失败了，但安然公司曾经借助大量复杂的金融衍生工具设计仅在 10 年内就成为经营传统行业的全球顶尖大公司，可谓世界奇迹。虽然激励型认股权制度现在看来也是败笔，但不可忽视其对硅谷高科技产业的巨大推动作用。失败是成功之母，泡沫破裂也并非终局。关键是如何在失败中寻求更大的成功。

金融创新工具的一大弱点就是风险和效用紧密相连，巨大效用背后隐藏着巨大隐患。这将是运用这种竞争手段的企业的最大不利之处，甚至可以说是致命之处。这种隐患不易被人察觉，问题出现就会使人陷入困地，即使内部人士也难幸免。随着 80 年代以后金融工程学兴起，这一问题解决出现了曙光。一批批专业人士投身于金融创新产品的开发、研究和设计工作，针对个别企业并

通过量化控制风险，增大了金融产品在企业运营中的效用。

可以看到，认股权虽然只是 20 世纪初产生的认股权证的一种演化形式，但其对企业运营发挥着不可估量的效应。随着现代金融业快速发展，如果能将大量金融创新产品运用于企业竞争中，再加上专业人士对风险进行量化控制，其必定会成为企业竞争的致命武器。

第 31 讲
资产泡沫的特征、周期与管理
——全球化时代的风险管理与危机管理论坛

从全球视野来看，我们已经经历了数次全球性的金融危机。历次全球金融危机都是从资产泡沫破灭开始的。我们的企业特别是境内外上市公司在追求资产增值、股票溢价的同时，需要吸取资产泡沫导致金融危机的教训，切实采取措施，防患于未然。下面讲五个相关的问题。

一、资产泡沫的定义

资产泡沫（Assets Bubbles）是各国经济学家一直试图分析和政府部门一直努力解决和控制的问题。目前对资产泡沫的认识已经形成了多种观点乃至流派。不过，《帕尔格雷夫政治经济学大辞典》中的定义，是从资产泡沫形成的机理和过程特点进行描述的，比较形象和直观，易于被人接受。资产泡沫是指"一种或一系列资产在一个连续过程中陡然涨价，开始的价格上升会使人们产生还要涨价的预期，于是又吸引了新的买主——这些人一般只是想通过买卖谋取利润，而对这些资产本身的使用和产生盈利的能力是不感兴趣的。"简言之，资产泡沫是在对某些资产不切实际的高盈利预期的投资狂热驱动下产生的这些资产的现行价格与实际价值严重背离的状态。当泡沫的大小、持续时间和波及的范围达到一定程度时，便形成所谓的"泡沫经济"。股票和房地产通常被认为是最容易产生泡沫的资产。在股票市场上，如果股价急剧上升，严重背离企业的实际价值，并建立在不切实际的过高预期上，就容易引发股市泡沫。从广义上看，资产泡沫是指以货币和证券等形式表现的资产价格严重超过资产实际价值的部分。这个超过的部分在一定的范围内是合理的，甚至是必要的，它是调节资产供求关系的润滑剂，是促进资产生成的动力机，但超过一定限度就走向反面，引起对实际资产价值的与高预期能量相同的反向低估造成的大幅度贬值，对整体经济的实体起到严重的伤害作用。

二、资产泡沫的若干例证

在近 30 多年内，许多国家（地区）发生过资产泡沫的现象。在这里，我试举例说明。

1. 日本的泡沫经济

日本的泡沫经济发生于 20 世纪 80 年代末期，当时日本经济凭借房地产、银行业和小市值股票的泡沫式发展而迅猛增长。1986 年初，日本的日经 225 股票指数为 13 000 点，到 1989 年上涨到 39 000 点；该年度第四季度，在东京证券交易所上市的股票市值达 600 万亿日元，为日本当时名义国民生产总值的 1.5 倍。同时，日本房地产价格大幅度上涨，1986 年日本的土地资产额为 176 万亿日元，1989 年达到 521 万亿日元，四年间价格上涨近 2 倍。这种泡沫经济崩溃后，日本陷入了长期的、痛苦的恢复期，数年后仍没有出现缓和的迹象。产生这种泡沫的经济原因主要有两个：一是对整个经济的长期增长反复出现高盈利预期；二是 1986 年利率下调，实行宽松的货币政策，放松对银行业监管，导致资金流动性加强。

泡沫式经济是以一种复杂的模式相互影响的。一般来说，对经济增长的高预期导致过多的银行借贷，过多的银行借贷流入房地产业推动地价上涨，而上涨的地价又刺激了股票价格暴涨。在经历相当长的增长期后，这三种泡沫式的经济迅速在短期内崩溃。20 世纪 90 年代初期的高利率、经济疲软、外国资本撤除以及银行业丑闻不断曝光，最终导致了这种泡沫经济的破灭。日经指数暴跌、不断下跌的股票价格和坏账，对日本银行业造成巨大的打击。房地产价格下降虽略显缓慢，但整个市场变得萧条而毫无生气。

日本的经济崩溃是在短时间内发生的，它的恢复却是长期而痛苦的。各家银行为应付坏账、尤其是房地产业的坏账，被搞得焦头烂额。尽管日本的房地产价格颇为昂贵，但这反映的却是一种市场的无流动性而不是保值。股票市场进入持续低迷的状态，仅略高于其 1989 年高峰期的一半。

2. 泰国的泡沫经济

泰国的泡沫经济发生于 20 世纪 80 年代后期至 90 年代初期，与日本非常相似。在 20 世纪 80 年代晚期，外国资本大量流入泰国，大大推动了当地工业化进程，并刺激了外贸出口。在外国资本的刺激下，尤其是在使贷款变得相对容易的固定汇率的刺激下，银行的借贷日益增加，房地产价格随之暴涨，而这种价格暴涨的房地产又成为进一步借贷和进行股票投机的抵押资产，加剧了房地产和股票价格的上涨。

到 20 世纪中期，泰国出口减慢，使得泡沫经济随之崩溃。面对房地产和股票价格下跌和坏账增加，由于泰国政府实行固定汇率制度，无法通过降低利率来缓解经济崩溃。高利率给泰铢带来巨大压力，政府尽力避免货币贬值。自 1997 年亚洲金融危机以来，泰国股票市场下跌近一半。

3. 墨西哥比索危机

墨西哥比索危机发生于 1993～1994 年期间，它的崩溃阶段比其增长和高峰期更加引人注目。外国资本尤其是来自美国新兴市场的基金，希望在墨西哥价格低廉的市场环境中大发其财，从 1992 年开始，大量流向墨西哥市场特别是债券市场，在 1993 年投资达到高峰，大量的外资流入加剧了泡沫经济的形成。

到 1994 年 12 月，外国投资者认为墨西哥的资本流入和外汇储备难以弥补墨西哥 1995 年的经常项目的赤字亏损，美国联邦储备委员会决定通过提高利率降低经济增长速度，便大量减少对墨西哥投资，造成比索突然贬值。随着外国资本从墨西哥和其他地方撤离，资金流动性减弱，销售压力增大，国家外汇储备锐减。政府被迫允许比索价格随意浮动，导致比索在 12 月的最后 10 天下跌 32%，全年下跌 39%。股票市场以美元计全年下跌 44%，在 12 月下旬更为集中。

在此期间，墨西哥政府如果反应比较迅速，就能够减缓经济崩溃和促进恢复。但是，由于外部因素的强大作用，很难控制经济的软着陆。墨西哥政府在宣布货币贬值和具体稳定措施方面动作迟缓，人们普遍认为，其做法加剧了经济崩溃的严重程度。

4. 美国的泡沫经济

1995 年，美国的互联网股票价格在信息技术高预期的刺激下迅速上升，政府实行通融的货币政策，养老金和互助基金的资金大量流入该行业公司股票。后来，由于信息技术开发缓慢，销售状况不佳，大型竞争者加入，导致股价大幅下挫。从 1997 年第一季度开始，互联网股票价格缓慢复苏。

1985 年，美国出现杠杆收购热潮，为投资者提供了获得集中的高收益的新机会。国内公共私人养老金、私人投资基金的资金纷纷流入，后来由于政府实行严格的银行放款标准、高违约率以及 Drexel 破产，导致经济泡沫破碎。

1973～1974 年、1978～1979 年，由于全球两次石油价格波动，许多投资者把投向其他行业部门的股票向能源股票转换，导致股价升高。后来由于石油卡尔特的崩溃，出现股价大幅下跌。恢复过程从 20 世纪 80 年代早期开始。

20世纪70年代，美国由于对通货膨胀恐惧，实行宽松的利率政策，再加上其他部门的低收益率，大量资金投向黄金，黄金价格猛涨。后来，美国利率变得紧缩，80年代通货膨胀率较低，致使黄金价格持续走低，90年代仍不够景气。

在20世纪70年代，Nifty Fifty股票被美国称为"单一决定股票"，即购买者只需决定是否购买的股票。这种大市值股票被投资者认为有无限增长的价值，投资越多回报越多，这种只赚不赔的理念导致大量资金流向股市。当标准普尔500指数的市盈率为18倍时，Nifty Fifty的最高盈利倍数为42倍。

在美国股市暴跌前的29个月里，Nifty Fifty股票使道·琼斯指数增长了50%，在随后的20个月里使其下跌了35%。这些泡沫股票的价值不仅被投资者严重高估，而且其价格上涨时又面临着基础的毁灭。在1973～1974年间，这些股票价格每年下跌20%～25%，以后的10年里一直低于发行价格，尤其在1975～1977年间下跌最为严重，直到1980年7月才恢复其最高水平。随着1982年美国长期牛市的开始，Nifty Fifty股票再次复活，其不俗的价格表现超出了1970～1997年中整个股市的水平。

与泰国、日本和墨西哥的泡沫经济不同，Nifty Fifty股票的崩溃以及与此有关的整个股市的低迷，并未影响美国的宏观经济。

5. 红筹股价格下跌

在1996～1997年的18个月里，香港股市的红筹股上涨了150%，恒生指数同期仅上涨50%。1997年，红筹股在香港股市的比例由1994年的4%提高到12%～15%，占整个股市全天交易额的25%。

人们普遍认为，红筹股有中国内地政府背景，母公司会不断向其注入资产，盈利还有很大空间。境内外的资金不断投向红筹股，股价一再被推高。1997年前5个月里，红筹股发行筹资达250亿港元，高于1996年全年发行筹资额的160亿港元的水平，也高于本年度H股筹资90亿港元的水平。香港证券期货交易委员会估计，从内地流入的资金占市场资金总量的10%。人们预测，一旦红筹股资金来源由于种种原因出现紧缩，或者由于红筹股盈利没有达到预期标准，而被人们调低预期，红筹股价格就会进入调整期和低迷期，并对经济和货币政策产生不可预知的影响。事实上，在当时的情况下，引起了对冲基金的注意，它通过复杂的手段，在股市和期货市场连续冲击，引起了香港股市大跌，刮起了亚洲金融风暴。

6. 美国的次贷危机

在2007年前，美国的一些贷款机构向信用程度较差和收入不高的借款人提供贷款，而且运用杠杆效率将次产品包装成高回报产品销售，推高美国住房价格。在截至 2006 年 6 月的两年时间里，美国联邦储备委员会连续 17 次提息，将联邦基金利率从 1% 提升到 5.25%，加重了购房者的还贷负担，同时美国住房市场开始大幅降温，购房者难以将房屋出售，也难以通过抵押获得融资。受此影响，很多次级抵押贷款市场的借款人无法按期偿还借款，次级抵押贷款市场危机开始显现，并呈愈演愈烈之势。2007 年 8 月，由美国次级抵押贷款市场出现动荡，引起了抵押贷款机构破产，投资基金被迫关闭，投资银行被收购，股市剧烈震荡，风暴席卷美国、欧盟和日本等世界主要金融市场。

三、资产泡沫的若干特征

1. 资产价格超越其真实价值的背离性

任何资产的真实价值都是由资产收益、长期利息、风险溢价、收益的预期增长率等基础因素决定的，资产的价格就是投资者对资产预期收益的贴现值。资产泡沫的特征就是由于对资产的未来收益预期大大调高，而使资产的现行价格大大高于资产的真实价值，从而使资产价格的价值决定转化为资产价格的供求关系决定，不切实际地高估了资产的真实价值。资产的真实价值被严重高估并表现为现行市场价格的部分就是泡沫。

2. 短期内难以精确度量的模糊性

资产价格与资产真实价值之间的差异发生于交易或流通市场。从供求双方的角度看，这种流动性是一种选择权和信用的扩展。在一个相对较短的时间内，影响流动性期权价值的影响因素很多，难以直接对期权推导出定价模型进行量化。从长期来看，由于竞争市场的存在，价格对短期信息冲击会慢慢吸收，价格变动将呈现出规律性和稳定性。因此，资产泡沫在短期内难以精确进行测度，从长期过程可以观察它的运动规律。

3. 有限理性的投资者心态的投机性

资产泡沫受随着资产价格上升而不断上升的盈利预期的支撑，其中背后的动力是投资者企图靠侥幸和机会快速获取利润的心理动能。支持泡沫形成的投资者是有有限理性的"经济人"，他们的学习成长与市场成熟有共生的特征，因而对资产的未来价格总是有进一步上升的预期。从市场心理学的角度看，表现出明显的时间上的套利投机性。

4. 对经济金融体系的巨大破坏性

在一定的限度内，资产泡沫不是完全有害的。它也有促进社会投资和居民

消费需求的一面，但前提是它尚未大到不可调和的状态。当资产泡沫发展到极端时，它使经济运行失衡，经济比例结构破坏，资产总量虚增，经济体系扭曲。当泡沫迅速破灭时，价格会突然狂跌，资产负债表上的资产大量缩水，而负债仍然呈刚性，普遍出现支付危机，造成整个经济体系中的链条断裂。资产泡沫还干扰资本市场机制正常的信息揭示功能发挥，引起资本资源错配（mismatch），使大量资源迅速集中到某个局部，导致资源浪费和整个经济体系破坏。根据托宾 Q 理论，当泡沫出现 Q 值异常时，会导致宏观调控失误，影响宏观调控效果。

四、资产泡沫的变化周期

通过对许多资产泡沫案例分析，可以看到资产泡沫具有周期性。它通常要经历产生、发展、顶峰、破碎和恢复几个阶段。

1. 产生

资产泡沫通常是随着大幅度改变盈利预期的市场刺激因素产生的。市场刺激因素主要来源于它对经济中的一个或多个部门盈利预期的影响。刺激资产泡沫形成的因素可能是政治、经济、货币、技术或农业等方面的。这些因素的来源可能是国内或者国外。它们也可能是人们期待已久的或出人意料之外的。虽然刺激因素可能影响整个经济中的盈利预期，但其最大的影响还是在于对某个特定的部门（有时是多个部门）的影响。这一部门的盈利预期通常大幅度上升，并保持较高的水平。如果投资者期待高于平均盈利增长持续过长的时间，即使较高但并不异常的盈利预期也可能引发泡沫现象。

资金流动性的大幅度增长能使新近受欢迎的资产在不耗损其余市场的情况下产生大幅度价格上涨。这一增长通常由中央银行宽松的货币政策驱动，但也可能受急于抓住期待的超额收益的外国资金的刺激。资产的预期价值高于实际价值，使价格的价值决定机制弱化，转化为价格的供求决定机制，形成产生资产泡沫的可能性，加上资金没有障碍地流向这些部门，资产泡沫就成为现实。

资产泡沫的生成表现为价格远远高于其实际价值。高企的价格需要得到公众对资产本身信心的支持。公众对资产的信心不仅表现为盈利预期异常之高，而且表现为资产本身被不成熟的投资者所理解。他们的参与将使得泡沫现象进一步加剧。资产还有能将它们与对一般市场水平的期待或忧虑连接在一起的吸引力。

2. 发展

资产泡沫生成初期往往并不典型，会在空间上扩散和程度上加深。这个发展期可能维系几个月，也可能长达几年。发展期的主要特征是投资者群进一步扩张。一般来说，最初的投资者较早发现盈利中潜在的变化趋势，通过投资获取了早期收益。由于其收益颇丰而引人注目，便吸引不太成熟的投资者跟进。投资者群逐渐扩大，包括了大量的散户投资者，他们希望能够效仿成熟投资者的做法，能获得意外的收获。

在发展期中，企业和相关机构或企业通过机构投资者向市场传递了大量信息，指导市场对资产估价。企业参与市场的目的极为复杂，一些企业可能与机构投资者合谋推高价格，来获取投资和投机收益。在信息不对称情况下，企业发布利好信息，投资者接受并改变预期，资产价格会快速上升。在信息被市场充分消化且表明企业预期收益永久变化时，市场价格将会趋向均衡。但是，往往在市场价格均衡前，资产泡沫就接近了顶峰。

最终不成熟的投资者群迅速扩大，对市场知之甚少的投资者盲目卷入。这些投资者不是市场上的常客，他们也不了解资产背后的驱动力。他们只是受到未来规模可观而唾手可得的收益的诱惑。他们的参与在很大程度上反映的是早期投资者的收益而不是资产的当前状况。他们参与市场对资产泡沫起到了推波助澜的作用，使资产泡沫迅速膨胀，从一种质态向另一种质态转化。

3. 顶峰

在资产泡沫达到顶峰期时，泡沫资产估值与一般市场资产估值产生了很大背离。泡沫资产的市盈率通常是一般市场资产的数倍或者数十倍以上。投机活动日益占据了对泡沫资产投资活动的大部分，对一般市场也产生了外溢效应。

在这一阶段中，泡沫资产的所有权集中在一部分杠杆比率很高的机构投资者和广大个人投资者手中。市场出现异常高的交易量和换手率，是泡沫资产顶峰时期的特征。

4. 破碎

泡沫资产"破碎"典型地是以资产价值急剧大幅度下跌来表现的。估值当初上升时未考虑的基本情况大大超过了总体市场的幅度。同样，价格现在也以为触发破碎的事件不相符的幅度下跌。影响泡沫资产的典型问题有欺诈事件、管理不当或最新情况披露等。一个引人注目的投资者的主意改变、一项政策或措施的转移、一起削弱投资者信心的不相关的事件，都可能成为泡沫资产"破碎"的导火线。当泡沫破碎在资本市场上出现时，整个市场通常随着普遍的盈利不良状况或不相关的流动性枯竭而产生下跌。

正如增长预期推动增长期形成一样，下跌预期也推动着抛售阶段到来。促使价格大幅度上扬的两个因素，即对杠杆比率的依赖和不成熟的投资者的参

与，加剧了资产价格下跌的势头和危机的严重性。当价格开始下跌时，采用杠杆交易的投机者售出股票以维持最低出资比率，从而进一步压低了价格。如果泡沫资产的所有权集中在少数具有高杠杆比率的投资者的手中，价格的下跌可能会尤为剧烈而突然。

在资产或其证券抛售过程中，不成熟的投资者行动通常要迟于投机者。但是，一旦他们认识到价格正在下跌，他们也会立即抛售泡沫资产，从此没有人再对价格给予支持。这些投资者由于受到变幻莫测的市场震荡，尤其会寻求现金而不是其他种类的资产。这一做法导致了不仅限于泡沫资产的整个市场价格的急剧下跌，也导致其他非泡沫资产的价格下跌，使整个市场陷入萧条和纷乱之中。

5. 恢复

在市场崩溃之后，泡沫资产需要相当长的恢复期。即使资产价格止跌趋稳，通常数年内仍不景气。整个市场价格通常也随着泡沫资产下跌，但通常程度较轻，恢复较快。在恢复期，市场的主导者将资产转移到别的资产范畴。这些新市场的主导者常常定位于泡沫资产相反的领域，但转移的情况并不总是如此绝对。

泡沫现象的后遗症常常延续到该资产类别被认为是规范的和安全的为止。当泡沫资产价格确实得到恢复时，这种回转通常由宏观经济形势好转促成，而不是由对另一次大规模收益的期望促成。因此，估值和价格也趋向与一般市场一致。但是，泡沫现象出现的频率表明，投资者可能学会谨慎对待某一类别的资产，而不能同时学会怎样避免所有泡沫现象产生。

五、资产泡沫现象管理

从理论上说，在资产泡沫早期形成时，如果中央银行逐步紧缩银根，泡沫资产适度而持续发展，软着陆应该是可行的。同时，当资产价格存在较大泡沫时，鼓励市场扩容，增加资产供给，会促使资产价格下滑，减少泡沫破碎对经济的破坏。不过，在实践中，一旦资产价格上涨到了顶峰阶段，超过一定的临界点，要阻止其崩溃是非常困难的。一种充分膨胀的泡沫资产有着自己的动力，在运行中有自己的惯性，能够阻止试图对其进行控制的人为的措施。

目前国际上尚未建立起真正有效的测度资产泡沫的数学模型。在存在诸多变量和障碍的复杂经济环境中，要准确确定资产泡沫周期的当前阶段尤为困难。如果没有事后分析的帮助，判断短暂的停滞究竟是崩溃的开始，还是只是持续发展中的暂时停顿，几乎不可能。各国（地区）的市场监管者都偏向于避免过早进行干预而损害市场或降低政府信誉，这在新兴市场国家中尤为明显。资产泡沫即将崩溃的标志通常反映在泡沫资产所必需的三个条件的恶化中。通过对流动性、过高的盈利预期或高盈利预期、资产价值虚增的反常的长期持续过程分析和观察，有助于及时识别资产泡沫。其中特别是货币指标能提供最好的泡沫资产崩溃前兆。不过，它也并不总是最可靠的，泡沫可能会在几乎无任何前兆的情况下破碎。也有学者提出，可以利用非流通的股票标的资产与股票间的流动性差异，来对股票价格进行一定的控制和管理。

　　当即将来临的资产泡沫破碎变得非常明显时，过高的预期也无法有序地被逐渐削弱。公司试图压低盈利预期的努力似乎影响力很小。这可能是因为期待反映了宣传声势和外部力量，而不是公司的基本情况。当期待超过了现实状况的时候，中央银行逐步削减流动性计划，也无法实现软着陆。如果政府公开承认市场失稳，反而会引发和加剧公众的恐慌心理，促使资产泡沫加速破碎，引起市场和经济的巨大震动。

第 32 讲
国际应对股市突发事件的经验及借鉴
——哈佛大学商学院代表团授课

有效应对股市突发事件，保持市场相对稳定，是各国政府及其监管机构以及广大社会公众都高度重视，并且致力于解决的问题。许多国家和地区在股市出现大的危机后，都组织专家进行研究，力求对股市危机进行检讨和反思，找出进一步改进的措施。这对促进一国或地区股市稳定和健康发展是十分必要的。一国或者地区的证券市场之所以称得上"成熟"的原因之一，就是市场经历了若干次危机或大的波动的磨难，增加了市场的适应能力和应对能力。我们需要借鉴国际成熟市场在这方面积累的有益经验。作为赴境外上市的中国企业，也需要很好地了解国际股市可能出现的危机，以及应对危机的各种措施，并且能够在力所能及的范围内予以恰当应对。

一、国际股市突发事件的种类

依据国际股市突发事件造成股价下跌的深度、幅度、持续时间的长短、波及范围的广度，以及对经济的危害程度，可以大体把国际股市突发事件分为以下三类。

1. 股市灾害

股市灾害通常是指某一国家和地区股市价格突然大跌，持续时间较长，波及全球市场，并伴随或引发其他国家和地区宏观经济严重危机和萧条。股灾具有以下特征：（1）突发性。股灾通常爆发于人们对股市繁荣的深信不疑的狂热时刻，在某种偶然因素的刺激下，使股市长期累积的矛盾的两个方面发生倾斜，形成一触即发、势不可当的态势，出现大海退潮般的快速消退情势。（2）联动性。股灾通常先从某一国家或地区的股市打开缺口，迅速向周边市场乃至全球市场蔓延，最终引发地区性或全球性股市暴跌。股灾通常爆发后会很快向金融、房地产等其他行业渗透和扩散，如同瘟疫的传染效应一样，引发和加剧金融危机、经济危机。（3）毁灭性。股灾通常首先会摧毁广大投资者和市场人士的信心，引起整个市场恐慌性抛售，出现"羊群效应"。同时，股灾会毁灭投资者的财富，使上市公司的价值和股东的财富大量缩水，股市价值在很大程度上消失。它给人们造成的心理创伤和经济损失，通常不亚于爆发一次世界大战造成的结果。（4）不确定性。股灾爆发和结束的时间很难预测，其暴跌的幅度和持续的时间长短也很难把握，股灾最终造成的社会危害和经济损失更难准确估量，即使世界著名的经济学家、金融专家也难于预言，而许多事实表明，股灾发生往往与他们的看法和预料恰恰相反。（5）系统性。股灾发生的区域范围、影响的行业广度都是系统的、全局的，而不是非系统的、局部的；股灾毁灭的不是一两个百万富翁、一两家投资银行和金融机构，而是影响一个国家、地区乃至世界的金融、经济，导致股市的所有功能丧失，使整个证券行业陷入困境。

2. 大幅调整

大幅调整通常是指某一国家或地区的股市，在某一重大事件的引发下，在短期内出现巨幅下挫，虽然通常不会伴随宏观经济恶化，但会对证券行业造成打击，使投资者的财富大量缩水，对股市信心产生明显的负面影响。大幅调整具有以下特征：（1）突发性。股市大幅调整的突发性与股灾来临的突发性有相似之处，都发生于人们对股市繁荣的盲目乐观和沉湎着迷之中。但是，两者也有区别：股灾的突发性是国内经济乃至世界经济深层矛盾长期积累到一定程度的结果，而大幅下挫和调整往往是由某一涉及全局的重大事件所引致，是在股市这个国民经济运行的"晴雨表"中对重大事件消化的表现。重大事件本身具有的影响力与股市价格的敏感性结合起来，就使股市表现出了难以支撑当期价格的脆弱性。（2）周期性。从中长期来看，股市具有起步冷淡、狂热投机、惨跌调整、巩固成熟、稳定发展的周期性。大幅调整就体现了这种周期中的某一个阶段的特点，因而它是股市本身行情的自我调整、自我整理的必然要求的表现，是一种自我修正、自我纠错的机制。（3）波动性。股价巨幅调整不是一次形成的，一次下跌并不能彻底到位而完成调整，它往往是连续数日、数月甚至更长时间下跌累积的结果。在这种总体性的大幅调整过程中，还会伴随无数次的小的反弹行情，经过多空双方持续的拉锯式的较量，最终形成股价跌幅较深的结果，当然最终也形成了最低程度的对股价的支持。（4）局域性。股价大幅调整通常发生于某一国家或地区的股市，虽然它对周边市场乃至全球市场也会产生影响，但比较而言，它主要局限于一国或地区市场内部，不会对全球市场造成太大的影响，从而形成全球性的股灾。大幅调整的这种局域性的特点，使它与股灾区别开来，这是判定某一大幅调整会不会演变成股灾的一个重要标志。（5）可控性。由于大幅调整与股灾有很大的区别，尽管它也有对

经济和心理的杀伤力，但人们仍然可以运用经济和心理的力量，对其进行反向控制。人们可以按照一定的方法，设计特定的制度，对其进行事先识别、预测、防范和化解；人们可以运用法律、经济、行政、舆论等手段对其进行事中管理，以减轻和缩小其危害程度和扩散范围；也可以通过事后的统计和总结，建立起监控的技术性参数，估计和预测其风险水平。

3. 持续低迷

持续低迷通常是大幅调整的渐变形态，是指一国或一地区股市价格指数处于走低状态，或者说达不到应有的理想水平。市场交投清淡，投资者和市场人士信心不强，而且持续时间较长。持续低迷具有以下特征：（1）滞后性。股市作为国民经济运行的"晴雨表"，其持续低迷反映了两种情况：一种情况是该国或地区的宏观经济虽然没有恶化，但预期不景气，股市保持低迷与之相适应，具有同步性；另一种情况是宏观经济形势正在好转或趋好，而股市没有能够及时与之配合，表现出滞后性。这种滞后性往往在股市经历了暴涨和暴跌之后，在元气尚未彻底恢复之时，表现得更为明显。（2）惰惯性。持续低迷的股市一旦进入下降通道，就会形成一种向下的惯性。这种向下的惯性达到一定的地步时，要开始恢复上升，这需要积累相当的能量，才能逐步实现反弹，以至出现反转行情。这是一个较长的时间过程。从国际股市的情况来看，往往需要 2~3 年的时间。（3）心理性。处于持续低迷状态中的恐慌情绪是所有投资者和市场人士的集体心理的表现。即使到宏观经济状况好转时，投资者遭受股市大跌打击的心理创伤恢复仍然十分缓慢。首先敢于建仓的投资者此时可以被称为"第一个吃螃蟹的人"，他仍然要冒一定的风险。犹豫、彷徨、焦虑心态是股市持续低迷时期的主要心态和市场氛围，这加剧了市场持续低迷的程度，为整个股市蒙上了阴影，而且其起的动能作用比经济状况好转时起的作用要大。（4）双端性。持续低迷的状态往往与股市大跌和股市复兴两个方向衔接，它处于中间的过渡状态。它可能是作为股灾后期或者末端的股市表现而存在，既不可能继续大跌，同时又缺乏上攻动力；也可能是作为股市恢复性增长的前奏和早期信号而出现，既孕育着上升动力，又受到下跌惯性的牵制，从而呈现出摇摆不定的矛盾状态。（5）补偿性。股市作为整个金融市场中的一个基本的部分和重要的板块，对其他市场起着复杂的联动作用。由于股市持续低迷，在性质上不同于股灾，因此低迷的股市在使投资者的财富缩水的同时，也把投资者的资金挤到其他金融产品市场，使投资者在这个市场上的投资损失在其他市场上的投资收益中得到补偿。出现这种现象的前提是：股市持续低迷与宏观经济状态良好形成反差；持续低迷在很大程度上是由某些特殊原因、特别是非经济因素而造成；其他金融市场板块受政策鼓励而活跃，且收益率高。

二、国际股市突发事件的主要原因

1. 宏观经济形势恶化

股市作为一个国家或者地区经济体系的重要组成部分，与整个经济环境有着密切的联系。如果宏观经济形势趋于恶化，金融体系不稳定，上市公司经营难以为继，必将导致股市出现危机。例如，1929~1933年美国股市大危机、1987年世界股市"黑色星期一"、1995年墨西哥金融危机、1997年东南亚金融危机和1998年美国次贷危机引发的全球金融危机等，都是由于宏观经济出现严重泡沫，盛极而衰引起的。在股灾爆发前，这些国家和地区的经济、金融都经历了较长时期的繁荣，股市经历了数年的牛市，货币政策经历了较长时期的松动状态。股灾爆发后，工农业产值连续下降，国民收入大幅减少，工商企业和银行纷纷倒闭，失业人数大幅增加，生产停滞甚至倒退，影响和波及英国、德国、法国、意大利、西班牙、日本、俄罗斯等国家，最终酿成世界性的经济大危机。例如，美国1929~1933年的股市大危机，不仅道·琼斯工业股票指数价格从每股142美元跌至63美元，20种公用事业类股票从每股142美元跌至28美元，20种铁路股票从每股180美元跌至28美元，股市总市值只相当于危机爆发前的六分之一，而且美国工业产值下降56%，退至1905年的水平；失业人数升至1 283万人，占到美国劳动力总数的四分之一；银行倒闭和停业整顿的达4 004家，占到银行总数的28.2%；国际收入由878亿美元降至402亿美元，人均收入由681亿美元降至495亿美元。在分析这场大危机的原因时，凯恩斯主义认为，是市场经济内在的不稳定性引发了有效需求不足，投资机会耗尽和投资需求锐减。货币主义则认为，是中央银行未能执行好货币政策，没有阻止银行冒险经营和走向破产，货币和物价严重失稳。从根本上说，大的股灾无一例外的都是根源于宏观经济恶化。

2. 政治、军事和自然灾害等重大不可抗力事件的影响和刺激

一国或地区发生的重大政治、军事、自然灾害等事件具有不可抗力性，它会直接影响该国或地区乃至世界经济形势，延缓经济增长速度。由于人为力量对它无可奈何，它便直接改变人们对经济增长前景的预期，必然反映到股市整体走势上，并通过股市巨幅调整和剧烈震荡表现出来。例如，美国总统肯尼迪遇刺、印度尼西亚社会动乱、菲律宾军事政变、伊拉克袭击科威特、美国9·11事件、台海紧张局势、美国打击伊拉克、日本神户大地震等，都引起了

股市的大幅下挫。当代法国著名数学家勒内·托姆首创的突变理论，揭示了事物质变的两种形式，即突变和渐变及其原因，说明一名质态的转化过程如果控制曲面穿过折叠区（包括双质区、三质区等）就会发生突变；如果绕过折叠区，变化就是渐进的。这就回答了为什么政治、军事、自然灾害等重大不可抗力事件能够引起股市暴跌，使股市突然失稳，质态变化表现为突变；而股市复苏时，往往要经历一个持续低迷的过程，表现为缓慢回升的渐变形式。其根本原因在于，相应的股市有个折叠区，危机爆发时，各种控制因素将投资者的行为水平推入了这个折叠区，复苏时各种因素又使投资者的行为绕开折叠区，沿着曲面的连续部分回升，表现为渐变的过程。在特定的条件下，只要控制条件得到改变，突变和渐变两种质变形式是可以相互转化的。例如，经济危机涉及的是全部公司亏损或盈利大幅度下降，而又首先表现为货币危机，切断了企业的整个资金链条，股市的稳定性就会发生突变而崩盘；如果经济萧条发生于某些行业、公司，危机不是首先变现为货币危机，股市失稳就会表现为渐进的过程。这就如同拆除一堵墙，如果是从上往下逐块拆除砖头，整个过程就是稳定的渐变；如果是从墙的基部拆除砖头，这个行动就会造成余墙的不稳定性，发生突变而倒塌。因此，大幅下挫和持续低迷是股市稳定态向不稳定态转化的两种形式。在特定的控制条件下，它们相互之间会发生转化。在大多数情况下，这两种质变形式是交错在一起的，是混合发生作用的。

3. 重大证券欺诈、内幕交易等丑闻导致投资者失去信任

国际股市中的严重的非法和不道德行为，特别涉及政府官员、证券机构、上市公司等欺骗广大投资者的行为，对股市稳健发展会产生直接的杀伤力，主要表现为扭曲市场体系，资源配置不当，损害投资者和社会公众利益。比如，贿赂会造成较多的资源配置到较差的对象；欺骗性信息会误导投资者或消费者购买较差的产品和服务；盗窃会增加某些产品和服务的成本而升高价格；不公平歧视将导致从能力低下的人那里购买产品和服务，或者将产品和服务卖给受歧视以外的人。一旦这些不道德行为的骗局被揭穿或曝光，投资者和社会公众从上当受骗中猛醒过来，就会引起他们的信任危机，直接改变他们在股市中的投资决策，从而引起股市暴跌。例如，1989 年日本利库路特股票贿赂案、1991 年日本野村股票丑闻、1994 年台湾洪福证券公司违规交易丑闻曝光后，都引起了投资者的恐慌抛售，导致股市大跌。从股市心理学的角度讲，股市走势是直接建立在投资者和市场人士的心理预期基础上的。这种心理预期的前提条件是对股市参与者行为的信任，而取得信任的前提条件是股市参与者行为的合法性和道德性。国外学者伯纳德·巴伯（Bernard Barber）说：有两种信任，

"一种是对技术表现能力的期望，另一种是对受托责任能力的期望。"信任包括可预见性、可依靠性和信赖三个基本的要素。可预见性可以避免出乎预料的情况的发生，并做好应对准备，减少风险；可依靠性提供保证，确定可以信赖一个人，他将按所期望的去做；信赖是相信一个人会一直是可预见的和可靠的。当你面对某种风险时，就出现了对信任的需要。当一个人获得实际经验而对另一个人产生信任时，他感到与其进行交易的风险降低了，因而信任是一种降低风险的机制。显然，投资者和市场人士基于某些人的非法和不道德的行为，对其丧失了信任，整个股市的系统性风险就到来了。

4. 股市本身存在严重的制度性缺陷

当今国际股市金融创新步伐不断加快，金融衍生产品层出不穷。比如，互换合约、远期合约、卖出期权合约、买入期权合约、掉期合约、最高限价合约、最低限价合约、套利合约、回购合约等。这些金融创新工具在产生积极作用的同时，其本身固有的风险也逐步释放出来。如果一国或地区的股市没有健全、完善、有效的内部风险控制机制和制度，一旦工作人员严重违规操作，而又缺乏自律觉悟，就可能酿成重大事件，并以乘数效应向四周扩散，引发股市悲剧。例如，1992～1995 年间，英国老牌的巴林银行新加坡分部缺乏交易和清算分开制度，让年仅 27 岁的尼克·里森在任期货交易员的同时，兼任清算部经理，从而为其掩盖交易错误提供了条件。在短短的几年间，他通过 88888 号账户隐瞒了 5 000 万英镑的交易损失，最终导致巴林银行损失 14 亿美元而破产，并引起世界股市震荡。事后人们总结到，如果尼克·里森只任交易员，他只是为客户代客理财，便没有必要隐瞒交易错误造成资金损失；如果他只任清算部经理，他便没有机会也没有必要为其他交易员的失误行为进行隐瞒而制作假账。再如，1996 年日本住友商社有色金属交易部的首席交易员滨中泰男与一名 8 年前就已经离职的雇员，长期从事未经授权的国际期铜交易，他们利用公司的名义以私人账户进行交易，而公司缺乏有力的监督机制，来及时发现这种活动，最终使住友商社遭受了 18 亿美元之多的巨额损失，并引起伦敦、纽约两地金属交易所的铜价重挫。世界上最大的金属交易市场——伦敦金属交易所三个月期铜交易价，从该消息发布前的每吨 2 150 美元，跌至每吨 1 800 美元（6 月 17 日），达到两年里的最低点，并波及全球市场。公司或公司本身的严重制度性缺陷与个人的违法行为结合在一起，将使股市灾难雪上加霜。可以说，制度与人品相比，制度因素是根本性的。制度不好或有重大缺陷，就会纵容坏人胡作非为，同时会使好人无法发挥作用，迫使好人最终变成坏人。此外，股市中的个人投资者与机构投资者的比例严重失调，以及有关股市的交易

制度、税收制度、利率制度等的缺陷，也会引起股市大幅波动。

三、国际股市突发事件的应对措施

1. 交易制度措施

从目前国际上证券交易所的情况看，所采取的证券交易制度措施，主要有五个方面的内容。第一个方面是涨跌停板制度。韩国、泰国、菲律宾和台湾地区的证券交易所以及华沙证券交易所，采取以前 1 日收盘价为基础的下一盘每日固定涨跌幅停板制度；吉隆坡证券交易所等采取以前一收盘价为基础的下一盘固定价格的上午盘的涨跌幅停板制度，上午盘的涨跌幅为前 1 日收盘价的30%，下午盘的涨跌幅为上午盘收盘价的 30%。东京证券交易所采取依据不同股价范围的不同涨跌幅制度，一般股票每日涨跌幅于 67% ~ 30% 之间。巴黎证券交易所采取针对不同股票交易形态的不同涨跌幅度与暂停交易时间制度。马德里证券交易所采取以前一盘收盘价为基础的下一盘阶段性涨跌幅度制度，上午盘和下午盘的每一盘涨跌幅为前一盘收盘价的 15%，达到涨停后再放宽至 20%。第二个方面是市场短路和暂停交易制度。规定股价波动幅度超越预先设置的标准时，整个市场或某只股票中断若干分钟交易或提前收市。1987 年 10 月 27 日，美国股灾发生后，针对道·琼斯指数下跌 554 点的情况，纽约证券交易所首次启用暂停交易制度。规定当道·琼斯指数下挫 554 点时，交易暂停 1 小时。1997 年后，这一标准又经过多次修改。1997 年 10 月，伦敦证券交易所对 FIISIOO 股份推出电脑连续竞价系统后，规定如果某证券价格波动过大或发生电脑技术问题，可暂停交易；若总体市场价格大幅波动，也可暂停多种证券交易。多伦多证券交易所、韩国证券交易所、泰国和德国证券交易所等也都采取这一制度。第三个方面是限速交易制度。规定不高于上档或不低于下档成交价买卖，以减缓交易速度。1990 年 6 月，美国证券交易委员会（SEC）核准纽约证券交易所规则 80A，规定当道·琼斯工业指数较前日收盘价涨 1.9%（原规定为涨 50 点）时，用来买进纽约证券交易所上市的 S&P500 成份股指数套利市价委托单，仅能以 "BuyMinus" 的指令执行（即不高于上档成交价的情况下才执行）；当下跌 1.9%（原规定下跌为 50 点时），用来卖出的纽约证券交易所上市的 S&P500 成份股指数套利市价委托单，仅能以 "Sell Pell" 的指令输入（不低于上档成交价）。当指数波动幅度回到较前日收盘价的 0.9% 以内时，该限制自动解除。1997 年韩国证券交易所推出股指期货交易后，引入 "二轮车" 制度（Sidecar），规定当任何合约成交价较前日收盘价下跌4％，并达到1分钟以上时，程式交易指令将延长5分钟执行，5分钟后自动恢复，使程式交易的可能影响减至最低，并保证期货与现货市场平稳运作。第四个方面是特别报价制度。规定某只股票买卖委托严重失衡时，证券交易所让会员公告特殊买卖价，吸引相反委托。东京证券交易所设立这一制度，规定特别报价可以交易所规定的变动单位在5分钟或更长时间内更改一次，直到委托供需达到平衡时止。与暂停交易制度相比，该制度实施与恢复交易的标准及时间较为模糊。第五个方面是申报价和成交价挡位限制制度。规定开盘时第一个买价（无第一个卖出价时）和第一个卖价（无第一个买入价时）必须分别高于或等于、低于或等于前1日收市价减、加四个升降单位。规定盘中买价申报要介于当时卖盘价减一个价位的范围，在没有现实买盘价时，买价申报要介于当时卖盘价减一个价位和当时卖出价、前1日收盘价或当天最低成交价三者中最低价低四个单位的范围内；在没有现存卖盘价时，买盘报价要高于或等于当时买盘价减四个价位；如果没有现存买卖盘时，买盘报价要高于或等于最后卖盘价、上日收市价和当日最低成交价三者中最低价减四个价位。卖盘价的申报规定与此相反。香港证券交易所采取此项制度。台湾证券交易所采取"二档限制"制度，即在连续竞价期间，每一盘成交价有所谓"延续最近成交价或揭示价有两个升降单位范围"的限制。

2. 机构和基金调节措施

从目前国际股市的情况看，主要采取以下有关机构和基金调节的措施，来应对股市突发事件。第一项措施是专家经纪人制度。在美国纽约证券交易所，每只股票都被指定一名专家经纪人负责，每名专家经纪人都被规定最多负责3只股票，该专家经纪人执行场内经纪人的委托，连续提供最新、最佳买卖价格，并以自营商身份买入和卖出，保持股价的连续性和稳定性。加拿大多伦多证券交易所规定，在认为有必要时，可与发行人磋商，委托一名专家经纪人负责监督公司的股价波动。该专家经纪人认为有必要时，可以发挥自营商的职能，调节股市供求关系，维护市场稳定。第二项措施是股市安定基金制度。由政府或政府授权机构出面，建立专门用于稳定股市的投资机构，并负责解决资金来源问题，在股市大幅下跌时进行托市。1990年5月，韩国政府设立"股市安定基金"，基金规模为59.2亿美元，相当于总市值的4％。该基金由证券公司、保险公司、机构投资者、上市公司提供。后来，随着市场规模的扩大，该基金由于资金数额有限，难以调节市场，于1997年10月停止运作。1998年8月14日至28日，香港特区政府为应对以对冲基金为首的国际炒家对金融市场的冲击，维护市场稳定，共动用1 180亿港元的外汇基金，购入大量恒生指

数成份股,在股票市场和恒生指期货市场进行反击,击退国际炒家,并有一定的获利。1999年10月,香港特区政府将其持有的股份作为投资信托基金(取名"盈富基金")向投资者出售,成功地进行了变现。1999年7月,台湾地区设立所谓"国家安定基金",资金规模为5 000亿元台币,资金来源为金融机构、劳工退休和保险基金、邮政储蓄基金、邮政寿险存金、公务人员退休抚恤金等的借款,以稳定股市。1996年初,中国大陆在台湾海峡进行军事演习时,台湾地区曾动用"公营资金"入市干预,进行托市。第三项措施是调整信用交易保证金比例制度。在监管机构核定的范围内,根据股价指数的高低,公告调整融资比率和融券保证金比例,以刺激或冷却市场。1996年7月,台湾证券交易所规定了融资比率和融券保证金成数参考指标,在点位越高时,相对鼓励卖空,而不鼓励买空。同时,视平时证券价格波动情况,调整单只证券的融资比率和融券保证金比率。韩国证券交易所规定,保证金的比率为40%~100%不等,最低初始保证金要达到40%。当保证金维持率低于130%时,就需要追缴保证金;凡客户委托买卖时,还应缴纳履约价款。东京证券交易所和泰国证券交易所等也采取类似的弹性保证金比率制度,以此来调节市场供求关系。

　　3. 政策干预和舆论引导措施

　　从国际证券市场的情况看,在股市跌幅较大、人心失稳时,政府除采取调节利率、汇率、税率等措施来刺激市场外,还通过其他政策措施指引来维护市场。首先,调节利率、汇率和税率,这不仅仅是为了应对突发事件,更重要的是为促进股市长期稳定发展,当然在短期会有明显的调节效果。所以,许多国家和地区的政府把调整利率、汇率、税率等宏观调节手段作为长期和短期调节股市的根本手段。其次,还需要配合其他政策调节措施。比如,调节和降低交易佣金和手续费;增加证券公司融资渠道和融资手段;拓宽其他社会资金进入股市的渠道和条件限制;允许和鼓励符合条件的外国资金特别是机构投资者资金进入市场;调节和编制股价指数;减少市场股票供给;允许上市公司依法回购股票等。采取这些措施的关键,是从改变市场供求关系入手,增加入市资金,减少股票供给,形成股票求大于供的局面,促进股价回升。再次,政府要员出面讲话和进行道义劝告,监管机构和有关组织开展投资者教育活动,对稳定人心和维护市场也有积极的作用。美国在这方面采取的措施比较果断,效果比较明显。每当面临股市大幅波动时,美国总统和联邦储备委员会主席就会公开发表讲话,阐明政府对经济形势的看法,表明对市场发展态势的信心。美国证券交易委员会(SEC)恰当地在全国范围内组织开展投资者教育活动,比如召开恳谈会、散布有关资料、举行有关研讨会、回答投资者问题等,以保持和恢复投资者的信心。美国证券交易委员会（SEC）总结了这方面的经验，认为"投资者教育是在股市下跌的时候，解决问题是在太阳高照的时候"，是符合市场客观规律的。最后，各国政府会从市场长远发展着想，采取许多根本性的措施，来减缓股市危机或大幅波动。比如，健全和完善金融体系，改善银行机构的不良资产情况，提高其抗风险能力；解决证券公司和其他证券机构面临的各种困难，注入资金，并增强其内部控制风险的能力；有针对性地推动上市公司开展重组，把一部分面临经营困难和资金困难的上市公司改造成脱胎换骨的上市公司，赋予其可持续发展的生机和活力；实现国民经济战略性调整，使整个经济结构趋于合理，提升产业级别和促进产品更新，增强经济实力；更好利用境内境外两个市场、两种资源，优化资源配置，为股市创造更为有利的经济社会环境。

第 33 讲
全球经济调整与资本市场机会

—— 第六届中国（银联信）银行业博鳌年会

我很高兴来到博鳌出席这次第六届中国（银联信）银行业年会。按照会议的安排，我想就全球经济结构调整与资本市场机会专题谈一些个人的看法，与各位会议代表交流和分享。

我们注意到，由于受金融危机的影响，2009 年世界主要资本市场的 IPO 融资额降至约 1 900 亿美元，仅相等于 2008 年的 60%。同时，中国香港、上海、深圳三大股市的 IPO 融资额达 700 亿美元左右，比 2008 年增长 1 倍，占到全球股市融资额的 1/3，在全球资本市场中所占份额急剧增加。从 2011 年前 11 个月的表现看，中国香港、深圳、上海三大股市在全球融资额最高的 5 大证券交易所中占 3 席。凭着 12 月的 IPO 上市窗口，预计港交所 2011 年的融资总额将达到 334 亿美元，将与纽约证券交易所并列全球证券交易所冠军。2011 年，中国创业板 IPO 数量创出新高，自 2009 年以来，首次超过中小板 IPO 数量。另外，创业板市场的平均筹资额和市盈率与 2010 年相比均有所下降。

这些数字的变化意味着什么？它与全球经济调整有着怎样的内在联系？我拟从更大的宏观背景，从以下三个方面做些分析。

一、全球经济重心转移

当前大家仍然关注全球金融危机如何演变和发展，这里涉及的重要问题是美欧等发达国家、地区和中国等发展中国家在结束这场危机，促进世界经济复苏中发挥的作用。

大家看到，当前的金融危机已经不是单纯的金融危机，而是经济重心从发达国家地区向发展中国家转移。这种转移在事实上已经发生了 30 多年，而且目前仍在继续。早在 100 多年前，美国通过生产和向欧洲第一次世界大战参战国出售战争资料积累了大量的财富，成为世界上最强大的国家，对世界经济有了绝对的影响力。正如有人所说，美国经济打个喷嚏，世界经济就会感冒。直到这次美国信用市场出现问题很快扩散到全球，美国消费需求崩溃导致了经济大萧条以来世界经济的最大衰退，这说明了美国经济对世界经济仍然有着决定性的影响。欧盟是全球第二大经济体，是中国最大的贸易伙伴，我国对欧盟的进出口总额超过了对美国的进出口总额，对欧盟的出口约占出口总量的 20%。欧盟陷入债务危机必将严重削弱其购买力和国内需求，对中国出口欧洲的贸易产生不利的影响。同时，欧债危机会导致欧元持续贬值，人民币兑欧元汇率不断上升，直接降低了中国出口产品的竞争力，增大出口企业成本，减弱我国产品在欧洲市场的竞争力，在其他因素不变的情况下，仅汇率因素就会使对欧出口减少 10%。欧债危机给世界经济蒙上了阴影，也会间接地影响中国对外贸易。这种机制主要表现在危机对我国的主要贸易伙伴如美国、日本的影响。由于欧元贬值，使得美日的出口竞争力受到削弱，直接导致中国出口下降。欧洲债务危机爆发对中国的金融市场短期内也有一定的影响。一方面，市场上存在着人民币升值的预期，且中美利差短期内难以改变，危机爆发可能导致大规模的短期国际资本流入中国，进一步加大中国国内的冲销压力，从而加剧流动性过剩与资产泡沫价格。另一方面，欧债危机持续刺激避险资金对美元的需求，推升美元指数，导致海外热钱回流美国本土，A 股市场则面临海外资金撤离引发的指数震荡下跌。这两方面的作用都可能影响中国的资金的流入流出。欧债危机进而形成的欧元危机在影响人民币汇率的同时，欧元币值不稳定，会影响我国储备资产安全。2007 年发生的次贷危机使美国政府采取了史无前例的扩张性财政货币政策，导致美元中长期贬值的可能性加大。因而，中国外汇资产多元化的方向就是增持更多的欧元资产，欧元汇率的变动就会影响中国大额欧元储备的估值。扣除汇率、资产价格波动这些估值效应的账面损益，储备余额变化与国际收支平衡表上反映出来的由于交易导致的储备变动可能形成差异，甚至差异较大，因为欧元贬值，美元走强，有可能导致大量的账面汇兑损失。而当欧元反弹，市场回暖，情况则可能逆转，这无疑加大了中国外汇储备多元化的难度。因此，如果没有美国和欧洲的金融和经济的实质性的恢复，走上健康发展之路，全球经济很难得到真正持续的恢复。

但是，全世界也都看到，中国自 1978 年改革开放以来，GDP 就有了全球最高速度的增长。中国不仅在消费品和服务的生产、提供数量方面超过了美国，比如在所有重要的商品中，像钢材、铜、水泥、棉花、大豆、小麦、玉米和汽车、住房、旅游等成为全球最大的消费国和进口国，而且在许多其他的经济领域发展速度也是最快的。首先以原油为例来说，虽然中国的原油日消费量

只是美国的 1/3，但中国的原油消费量以年均 10% 的速度增长，远远高于美国年均 1%～2% 的增长率，无疑中国每年的石油消费净增长已超过了美国。再以零售销售为例，尽管 2008 年中国的销售总额约为 1.5 万亿美元，低于美国 4.5 万亿美元的销售额，但是中国的零售增长率过去的 3 年约每年超过 15%，远高于美国的 3%。实际上，中国每年增加的零售额将近 2 200 亿美元，而美国每年的零售额只增加大约 1 400 亿美元。所以，即使从以美元价格计算的商品需求角度来说，中国对世界的贡献和影响也超过了美国。我们还看到，有越来越多的中国品牌、中国并购和中国自有和管理的公司在国际市场出现。此外，其他国家如印度、巴西、俄罗斯等也在生产出具有更高科技含量的终端产品，正在从扩大的工厂车间转向全球经济的驱动力量。当然，我们也清醒地看到，中国等新型市场国家（以"金砖四国"为代表）在全球经济的影响力增大，是一个从量变到质变的过程，要代替美国成为全球经济的引领者，至少还需要 10～20 年或更长的时间。在这个过程中，中国通过大量进口原材料、机器设备、奢侈品和服务，推动着世界经济复苏。中国自身的复苏既期待美国和其他欧美市场的复苏，而更依赖国内消费市场的扩大。目前中国私人消费支出仅占 GDP 的 40% 弱，比其他较大的经济体的 60% 还有差距，随着中国城乡居民收入逐步提高，社会保障体系进一步完善，居民在养老、医疗、住房、教育等方面的费用支出会明显增加，这有助于使国内的消费市场扩大到应有的规模。

当然，全球经济重心的转移，并不意味着西方发达国家会失去它们的收入和财富，失去它们在国际市场的重要地位，而是说发展中国家将会获取全球的经济增长空间和地位。这种特征在近年来全球股票市场和商品市场的不同上涨趋势中就已经表现出来。

二、全球经济结构调整

尽管全球经济重心正在发生变化，但发达国家和发展中国家在全球化过程中，都面临着相互关联的经济结构失衡的共同问题。这种全球经济的结构性失衡是金融危机在全球蔓延的重要原因。

美国自 1971 年停止美元与黄金双挂钩以来，原有世界货币体系中的"黄金锚"被彻底抛弃，转由美国经济背书的无纪律的美元体系所代替。美国为了保证能以美元来调配全球资源，紧紧抓住能源、粮食体系和金融市场体系这两个核心砝码。美国利用金融创新手段，通过泡沫化的财富增长，不断吸纳增长的发展中国家的产能，促成全球生产要素围绕美国消费而配置的局面。与此同时，美国经济则被异化地建构在虚拟经济不断走高的基础上，美国经济运行逐渐由国家负债经营转化为社会个体负债经营，用现在的话说，就是"杠杆化"程度和范围不断扩张。过度借贷、过度消费成为美国经济的显著特征。随着美国等发达经济体的高消费、高杠杆积累到一定程度，虚拟经济严重脱离实体经济，这种经济结构失衡必然会以金融危机的形式释放出来。欧盟的经济长期由德国、法国两大强国主导和领航，其余的五国（葡萄牙、意大利、爱尔兰、希腊、西班牙）既没有经济的基础动力，也没有主导的支柱产业，在整个欧盟经济中处于边缘化的状态。但是，弱国为了能够跟上整个联盟的发展步伐，只有通过运用财政政策调控工具，来拉动就业和经济增长，做到指标上不掉队，这种内部经济发展不平衡也是债务危机发生的原因。欧洲开始于第二次世界大战结束后实行的高福利制度和人口老龄化、经济增长缓慢使得各国政府预算压力不断扩大，财政负担增大，而且短期内难以解决。发达国家以高税收来支撑高福利制度，在一定程度上缓解了社会矛盾，推动了经济增长和社会繁荣，但我们也要看到，它也产生了长期的负面影响。税收高和劳动力成本高昂，使得发达国家产业资本不断流向新兴市场。发达国家的传统制造业逐步萎缩，去工业化进程加速，产业出现"空心化"，进而导致税基下滑，就业机会减少，政府财政收支缺口不断增加。高税收又抑制了投资和创新的动力，让欧洲国家的竞争力急剧下滑。

另一方面，以中国为代表的新兴市场国家，鉴于资金缺乏和技术滞后，在庞大的就业压力之下，凭借廉价的劳动力比较优势，积极嫁接外部技术和资本，形成了以出口和投资为导向的经济增长模式。经济增长对出口需求的过度依赖，造成大量出口积累的外汇储备迅速增加，又不得不以极低的利率借给美国，维持其长期的借债消费。当外部需求一旦出现问题，发生萎缩，国内社会就会发生一系列的连锁反应，产能出现消化不良，内部企业竞争加剧，失业问题日趋突出，甚至对社会稳定形成压力。同时，经济增长过度依赖投资拉动，造成重工业比重不断提升，资源和环境瓶颈紧张，城乡差距也不断扩大，投资边际效益递减规律作用日益明显，新增投资的效益越来越低。反映在宏观层面上是单位投资产生的 GDP 不断下降，微观层面是资产经营效果不断下降。这种情况很像克鲁格曼在 1994 年所批评的，靠高投资支撑高经济增长的亚洲奇迹不过是纸老虎，三年后的亚洲金融危机果然证实了他的预言。

根据以上的分析可以看出，无论是以美国为首的发达国家，还是以中国为首的发展中国家，都必须调整各自的经济结构和产业结构，建构新的平衡的经济体系。发达国家要"去杠杆化"，即提高储蓄率，降低负债，打牢优良的实

体经济基础；发展中国家要改善内部的经济结构，更多依靠提升内需去消化过剩产能，并大力培养适应全球绿色经济需要的战略新兴产业，调整一、二、三产业结构、地区结构、投资与消费结构，运用科技力量来转变经济增长方式。从这个意义上说，这场全球性的金融危机宣告了全球原有经济结构的破产、原有增长模式的终结，为我们提供了转变经济发展方式的新机遇。

三、全球资本市场机制再造

适应全球经济重心转移和经济结构调整态势，全球资本市场作为全球经济的晴雨表和服务器，也需要对自己的结构和功能做出相应的调整，增强资本市场与全球经济的协调性。可以判定，随着金融危机逐步弱化，全球资本市场将进入一个结构和功能（二者结合即机制）逐步调整的时代。德国著名投资大师安德烈·科斯托兰尼曾用"狗与主人"的关系来比喻股市与经济的关系：主人与狗走在大街上，狗不停地围绕主人前后来回跑动，而主人则以固有的节奏和步伐前行。我这里讲的并不是仅指股价及其指数会随着经济指标变化而上下波动，而是指深层次的整个资本市场的结构和功能将会跟随全球经济变化态势做出或快或慢的调整。我们可以设想：

第一，全球股市去"泡沫化"动能加强。一般来说，伴随着经济减速，各国的货币供应量增长可能停滞，货币流通速度也会随之降低，价格高涨的资产泡沫随时有可能破裂。例如，东南亚金融危机、日本 20 世纪 90 年代以后的"失去"20 多年。中国经济以平均 10% 以上速度已经高速发展多年，我国人均 GDP 也已超过 3 500 美元。跨入中等收入水平国家。随着国际金融危机以及欧债危机的先后发生，我国经济再要想以 10% 的速度增长绝非易事。传统粗放性增长模式将受到能源价格、人力成本、出口萎缩等多方面的制约。未来中国经济方式必然发生由外需向扩大内需为主，缩小贫富差距，完善社会保障制度，加大对"三农"、自主创新和先进制造业、服务业的投资等方面的转变；并最终建立结构均衡、组织合理、布局优化、技术先进、清洁安全、附加值高、吸纳就业能力强的现代产业体系。综观世界各国的发展历史，没有一个国家能够维持超过 30 年以上的超常规发展，日本、韩国、东南亚、南美国家无一幸免。因此，在未来几年中，中国经济减速运行可能是大概率事件。中国股市去泡沫化也会采取较为温和、循序渐进的方式进行，以避免对金融、经济产生较大的负面影响。

第二，排除不良上市公司并且"算后账"趋势加强。在全球金融经济发生困难时，许多国家和地区会对其金融经济形势进行比较冷静的反思，从过去的盲目乐观和狂热中清醒过来，甚至会重新算经济账，看看以往有哪些经济金融措施是得不偿失的，是需要改进的。例如，美国经济复苏目前仍然比较乏力，特别 2011 年 3 月份日本地震和海啸对美国经济影响较大，进一步放缓了美国经济复苏步伐。同时，中国经济也面临着较大的通胀压力，中国央行多次提高存款准备金率，多次加息，以抑制通胀，而经济也出现了放缓迹象。在这种情况之下，5 月份美国股市开始下跌。此时，原来在一片涨声中被推高的中资概念股股价，被发现已严重高估，于是过高估值的股价开始下挫。从 2010 年下半年开始，美国证券监管机构集中查处中国概念股上市公司，中资概念股中不合规问题相继暴露，市场出现了对中资公司的信任危机，股价开始大幅度下跌。事实上，经济本身的内在扭曲、矛盾是导致泡沫出现的一大原因。过多的流动性追逐仍处于盈利预期阶段的企业，泡沫出现是必然的。资本的支持为互联网发展带来新一轮繁荣，然而超出实际收益过高的估值与盲目的融资，以及投资者的过度热捧，由于整体经济状况的变化，最终还要带来市场估值的修正。互联网、信息技术产业的小周期波动取决于经济发展大周期的波动。经济增速下滑是美国股市、中国股市以及在美国的中国概念股股价暴跌的基础性因素。但是，一些中国概念股企业在美国股市遭受"滑铁卢"，并不能影响中国政府一贯支持企业利用境内境外两个市场、两种资源的基本政策，并不能削弱中国企业"走出去"，到国际资本市场上市融资，打造有国际竞争力企业的热情，并不能减少国际投资者对新兴市场国家企业的浓厚兴趣和信心，也不能动摇国际资本市场"所有企业都可以上市，时间老人告诉一切"的基本理念。当然，它会提示境外上市企业和国际投资者：要更加注重上市公司的质量，建立更严密的财务内控制度和更成熟的公司治理体制，进一步遵守国际资本市场的游戏规则，管理层有更多的国际金融知识、经验和经营管理能力，树立更积极的公众形象；更加警惕资本市场特别是互联网上市公司的股价"泡沫"，以扎实经营、健康成长的实体经济为基础；更加注意上市地国家（地区）对外经济战略和策略变化，更要加强调国际监管的协调和配合。

　　第三，创业板市场倡导的高科技、高成长性企业上市，将会成为全球资本市场的共同追求目标。虽然各国（地区）资本市场在几百年或几十年的发展中，形成了不同的市场板块，比如主板市场着重为那些大型的传统企业上市融资提供服务，中小板市场着重为那些规模偏小、但增长较快的各行业的企业类型提供融资服务，创业板市场则着重为那些高科技、高成长性的创新型企业提供融资服务。但是，在全球运用高科技占领竞争制高点、培育新的利润增长点

的过程中，各国（地区）市场、各种板块都会把高科技、高成长性企业作为上市重点，它们的原有上市标准、上市规则和监管措施都将可能做出变更，各个市场板块的差距将会缩小，界限会变得模糊。因此，无论是证券业还是银行业，在培育和筛选企业上市时，都有必要把企业的高科技、高成长性作为首要的标准。从这个意义上讲，中国在应对全球金融危机中推出创业板市场，是非常及时的，是非常有远见的，尽管搞好创业板市场建设还有很长的路要走。

第四，新兴经济体的创新型企业与发达国家的著名大型企业将相互跨境上市。由于新兴市场国家、特别是"金砖四国"存在和不断生成大量的高科技、高成长性企业，这些企业处于经济结构调整中的快速成长期，单个的国内的资本市场无法在短时期内全部容纳它们，满足它们的全部融资需求，这就需要把它们输送到全球各个欢迎它们的资本市场中去，等它们利用国际资本发展起来，还可以在本国实现第二上市。从我国创业板市场推出后中小企业上市准备情况就可以看出，它们一方面积极准备，争取在国内创业板市场上市，另一方面又准备若国内市场暂时不能接收它们，或不能被批准上市时，就随时转向国际资本市场。应当说，企业自主利用境内境外两个市场、两种资源，政府统筹境内境外两个大局，这是一种非常合理的选择。站在国家的角度来看，由于高科技、高成长性的创新企业具有高风险的特征，我们不能把所有这些企业的风险全部留存在国内，而是应当把它们输送到全球各个资本市场去发展，把风险释放到全球各个资本市场中去，否则可能会重蹈境外一些创业板市场推出两三年后，由于风险高度积累而宣告失败的覆辙。国际上创业板市场推出后两三年就萎缩或关闭的例子并不少见。与此同时，新兴经济体国家也需要吸引境外大型蓝筹企业来境内上市，增加和建设国际板块，为庞大的国内资金提供更多的保值增值、平衡风险的渠道和选择，也为国内投资者找到获得更高稳定收益的投资对象，弥补以中小企业为上市主体所产生的收益不稳定的不足。当然，发展中国家包括中国的货币要实现完全自由兑换还是一个较长的渐进过程，但是我们可以采取更加灵活和务实的方法，借鉴国际的成功经验，一步一步来实现这个目标。

第五，新兴经济体的资本市场将会适当放慢交易速度，趋于稳健。我们注意到，在这次全球金融危机爆发前，越南、迪拜等新兴经济体的资本市场股票的市盈率都达到了100多倍，在危机中跌去2/3之多，中国股市也存在暴涨暴跌的情况。这种情况既与对新兴市场经济体的增长预期有关，也与它们的股市交易制度设计有关。拿我国来说，中国的股市只有20多年的成长时间，相比有400多年历史的股市还是很年轻的，但是我们股市的交易速度是世界上最快的。有学者提出，如果股市交易速度快有好处，为什么国外的成熟股市不去选择交易快呢？难道它们不知道或没有能力使交易速度变快吗？事实上，处于经济结构调整中的高科技、高成长性上市企业，不需要过快的交易速度，不需要过高的流动性和换手率，因为这样不利于投资者对这些上市企业进行价值判断和长期投资。现在国内一些人嘲笑国际资本市场的流动性差、交易速度慢，而对中国资本市场特别是创业板市场的高换手率和周转速度快引以为豪，我认为这种心态是肤浅的。资本市场交易速度过快，有利于中间商获取利益，有利于投机者炒作上市公司，而不利于上市公司以价值引导投资，这会与经济结构调整中的上市公司结构调整产生摩擦，降低资本市场的结构、功能与经济发展要求的契合度。我们相信，随着我国资本市场结构和功能的合理调整和制度进一步完善，这个问题也能随之得到很好的解决，真正实现资本市场持续稳定发展。值得期望的是，中国证券监管者已经充分认识到证券市场特别是创业板市场存在的一级市场"三高"（高发行价、高市盈率、高筹资额"）和二级市场高换手率、股价大起大落的问题，正在着手从多个方面加以解决。

主要参考文献

[1] ［英］欧阳（Lan M. Oades）著，张青龙译：《中小企业境外上市指南》，中信出版社2007年版。

[2] ［美］杰弗里·蒂蒙斯、小斯蒂芬·斯皮内利著，周伟民、吕长春译：《创业学》，人民邮电出版社2007年版。

[3] ［美］詹姆斯·B·阿科波尔、罗恩·苏尔茨著，吴珊、庄园、陈启清译，吴珊校：《公开上市》，中国人民大学出版社2002年版。

[4] 孙旭：《美国证券市场信息披露的理论综述》，《东北财经大学学报》2008年第2期。

[5] ［美］戴维·N·费尔德曼、斯蒂文．德莱斯纳著，丁薇、戴虹译：《反向并购》，世纪出版集团、上海人民出版社2007年版。

[6] ［德］马提亚斯·君德尔、布庸·卡佐克著，吕巧平译：《私募股权融资工具与投资方式》，中信出版社2011年版。

[7] 张龙主编、赵清副主编：《中国企业境外上市监管》，中国金融出版社2011年版。

[8] 张朝元主编，于波、谢利锦、杨彬副主编：《境外上市实务》，中国金融出版社2011年版。

[9] 马瑞清、［澳］安迪·莫、［澳］珍妮斯·马编著：《中国企业境外上市指引》，中国金融出版社2011年版。

[10] 刘鹤扬、盛立军、潘蒂著：《私募融资230问》，华夏出版社2005年版。

[11] 本杰明·格雷厄姆著：《证券分析》，海南出版社1999年版。

[12] 刘立喜：《可转换公司债券》，上海财经大学出版社1999年版。

[13] 斯蒂芬·A·罗斯著：《公司理财》，机械工业出版社2011年版。

[14] 宋逢明：《金融工程学原理》，清华大学出版社1999年版。

[15] 章东斌：《B－S模型在我国上市公司可转换债券估值中的应用》，《山东财经学院学报》，2005年。

［16］李燕媛：《中国上市公司可转换债券融资的思考》，《天津商学院学报》，2004 年 1 月。

［17］王慧煜：《我国可转债发行条款设计》，《经济师》，2004 年第 6 期。

［18］Stein J. Convertible Bonds as Backdoor Equity Financing ［J］. Journal of Financial Economics，1992，32（1）：3 − 21.

［19］Brennan，M. J. and E. S. Schwartz. Convertible Bonds ：Valuation and Optimal Strategies for Call and Conversion ［J］. Journal of Finance，1977：1699 − 1715.